清代通史

萧一山 著

八

商务印书馆
创于1897 The Commercial Press
2019年·北京

第八册目录

下卷

第四篇 清代后期之社会与经济

第四篇　清代后期之社会与经济

第二十三章　政治组织之新制

一百一　维新添设之机关

（一）总理各国事务衙门

清代政制，在中央者，原以内阁为行政中枢。自设军机处，而其权始移；初为办理枢务承写密旨之地，后则内外臣工所奏事，经军机大臣定议取旨，有事无不总汇；且内阁翰林院撰拟有弗当，又下军机处审定，故所任最为严密繁巨，俨然实际之内阁矣。惟咸丰十年以后，外交事务日繁，特设总理各国事务衙门，派恭亲王奕䜣、大学士桂良、户部右侍郎文祥管理。其时仅文祥为军机大臣兼领，咸丰十一年桂良入军机，同治元年奕䜣又以议政亲王总领军机大臣，于是军机处与总理衙门，皆为政令所从出，总署且有渐夺军机处实权之趋势。故军机大臣之重要者，例亦兼管总署。先是军机处之设立，向无诸王在军机处行走者，仅嘉庆四年以事务较繁，暂令成亲王永瑆入直办事，旋以与国家定制未符罢之。至奕䜣为军机处领班，先后共二十八年，醇亲王奕譞、礼亲王世铎、庆亲王奕劻承之，必以亲贵莅枢要之地。因是军机处为中央政府之总机关，而首领则亲王宗室也。总署设立四十一年始改为外务部，由奕䜣、奕劻先后兼领四十年，仅光绪二十六年拳匪事变中，端郡王载漪兼领数月而罢。故总署之权，实与军机处相埒。盖以同、光以来，对外之交涉，重于对内之施政，事繁而势重，殆属必然，论清代政治组织之改革，当以总署之设为权舆矣。总署以咸丰十一年二月正式成立，由东堂子胡同旧铁钱局改建，其内部组织如下：

一、总理各国事务亲郡王贝勒大臣,大臣上行走,均无定额,因俄约有“照会送军机处”等语,故文祥请派军机大臣兼管,嗣后遂成定制,惟人数不定。总理大臣初仅三人,嗣增至八九人,至光绪十年堂官有十四人。光绪二十四年上谕各直省督抚均着兼总理衙门行走。内阁学士准良奏称无裨益之实,请收回成命,不许。于是总理衙门大臣竟有数十人之多。

二、章京初置满、汉各八人,挑满、汉各二人为总办章京,再择满、汉各一人为帮办章京。同治元年增额外章京满、汉各二人。同治二年,又增额外章京满、汉各六人(光绪九年增章京四人,十年又减,故不计)。二十三年章京各增二人。同治三年另设司务厅,置领办二人,掌稽察一切事务;收掌四人,掌收发往来文牍之事;请送印钥四人,掌呈递折件,监视关防,及请送印钥事。章京办事分五股:

甲、英国股　掌英吉利、奥斯马加二国交涉往来之事,凡各国通商各关榷税均隶焉。

乙、法国股　掌法兰西、荷兰、日斯巴尼亚各国交涉往来事,凡保护民教及各岛招工诸务皆隶焉。

丙、俄国股　掌俄罗斯、日本两国交涉往来事,凡陆路通商边防边界诸务皆隶焉。

丁、美国股　掌美利坚、德意志、秘鲁、意大利、瑞典、挪威、比利时、丹麦、葡萄牙各国交涉往来事,凡设埔、保工诸务悉隶焉。

戊、海防股　光绪九年添设,掌南、北洋海防之事,凡长江水师沿海炮台、船厂,购置轮船、枪炮、药弹,创造机器、电线、铁路,及各省矿务皆隶焉。

五股外复有清档房,掌稽察章京、修档、校档及供事、缮写、清档之事。设提调二人、督修五人、承修五人、校对五人。又有军机处并行章京八人,掌交涉事务、检查机密文移。其推补升转俱由军机处主持,乃军机处章京兼办外交事务者也。总理衙门之职责,据《大清会典》所载:“掌各国盟约,昭布朝廷德信,凡水陆出入之赋,舟车互市之制,书币聘飧之宜,中外疆域之限,文驿传达之事,民教交涉之端。”及外国使臣入觐朝贺诸事。似于外交外,仅通商、关税为其兼摄,其实凡一切与外人发生关系之事务,以及新兴事业,如海军、船械、制造、电信、邮传、铁道、矿务、学校等无不属之。奕䜣之原奏曰:“查各国事件,向由各省督抚奏报,汇总于军机处,近年各路军报络绎,外国事务,头绪纷繁。驻京之后,若不悉心经理,专一其事,必致办理延缓,未能悉协机宜。请设总理各国事务衙门,以王大臣领之,军机大臣承谕旨,非兼领其事,恐有歧误,请一并兼管,并请另给公所,以便办公,兼备与各国接见。其应设司员,拟于内阁部院、军机处各司员章京内满、汉各挑取八员轮班入值。一切均仿军机处办理,以专责成。俟军务肃清,外国事务较简,即行裁撤,仍归军机处办理,以符旧制。”咸丰帝批示由礼部设立专司,奕䜣覆奏曰:“礼部为考论典礼之地,礼制较崇,该夷往来其间,殊与礼制未协……因拟别设衙门,视同四驿馆,暗寓不得比于旧有各衙门以存轩轾中外之意。”可见是署初设仅为接待各国驻使及交涉事务,视同四驿馆,惟体制较崇耳。一切虽仿军机处办理,而创设伊始,未成定制,故对各部院、各督抚行文用咨,或承转奏报,无直接发令之权。殊不料后来事务愈加繁重,举一切新政皆掌之,是不啻后日外务部、学部、邮传部、工商部、海军部及税务处之综合机构,其责任直加乎军机处矣。

(二)总署之附属机关

税务设关,其监督向属户部,自咸丰三年,上海为刘丽川所据,英、法、美三国领事劝在租界征税,设管理关税委员会,三国各派一人,遂启外人干预之端。八年,天津约成,改组会章,税关引用外人。九年,江督何桂清任李国泰为总税务司,沪关成立,继及粤关,始由总理衙门札委。同治二年,上海总税务司署移至北京,遂为总署之一附属机关。总税务司综理全国关税行政,与关员任免事务,管辖五科三处:五科曰总务科,职至重要,设正副主任各一人,均洋员。帮办为华人。曰机要科,司机要文件,设正副主任各一人,后改副主任为帮办,此科事务,华员从未参与。曰统计科,总辖海关会计兼管债赔款,并审查各海关会计事,设正主任一人,副主任五人,分股办事,下设华帮办,无定额。曰汉文科,管理各关汉文报告,及总税务司与政府往来公文,设正副主任各一人,由洋员中通汉文者充任,华帮办、供事、文案各若干人。曰铨叙科,管关员任免进退,设正副主任各一人,华帮办、供事无定额。三处曰造册处,设于上海,管理编制及印刷统计,供给纸张文具,设正主任一人,副主任二人,一华一洋,帮办、供事无定额。曰驻外办事处,设于伦敦,掌采办海关用品,招用投效人员,接洽偿付借款,支付关员来华旅费,设正主任一人,帮办若干人。曰内债基金处,设于北京,与总税务司署分立,专司政府委办之内债基金,设正主任一人,汉文案一人,华帮办、供事若干人,均由税课司调用。各海关设税务司一人,管理全关行政,虽事务繁简不同,而办事约分六课:一总务,二秘书,三会计,四统计,五监督,六查验。一、二、三、四课以内班洋帮办为课长,五、六课以外班洋帮办为课长,副税务司天津、广东设二名以上,上海尤多。各关人员分内外两班:内班为税务司、副税务司、洋帮办、华帮办、供事、文案司书录事;外班为总巡兼理船厅验估、验货、华洋钤子手。辛丑以后,常关亦设于海关内,有常关课,以洋帮办为课长。各关监督,已形同虚设,至遇放行官物及豁免捐税等事,咨行照办,而海关未奉总税务司令文,不即实行也。光绪三十二年,政府欲挽回海关主权,特设税务处,以铁良充督办税务大臣、唐绍仪为会办大臣,所有各海关华、洋人员统归节制。外人大肆非难,谓关税担保外债,不能任意变更制度,政府不得已声明内部并不更动。此项改革计划,无形搁浅,而大权仍旁落于外人。喧宾夺主,未有若斯之甚者也。外交与税务,在鸦片战争以前,全由两广总督及粤海关监督兼任,五口通商以后,伊里布、耆英均以钦差大臣,办理通商税饷事宜,因有总理五口大臣或五口通商大臣之称。咸丰八年,通商之交涉,移于上海,遂以两江总督或江苏巡抚署理钦差大臣,办理五口通商事务。咸丰十年又改长芦盐政,崇厚为天津、登州、牛庄三口通商大臣。同治元年专任苏抚薛焕为五口通商大臣。所有各国照会及一切通商事宜,均由南、北两大臣转咨总理衙门。以故通商大臣虽非总理衙门之附属机关,而实等于总理衙门在地方所设之分部。其时长江以南之通商口岸,已逐渐增多,最后且达三十余处,遂不称五口通商大臣,改称南洋通商大臣,由两江总督曾国藩兼摄。同治九年天津教案发生后,李鸿章调督直隶,崇厚出使法国，裁三口通商大臣，改以直督兼北洋通商大臣。口岸亦增至十余处。自后江督与直督兼领南、北洋通商大臣以为常。凡通商口岸之税银及货船进出口之数目，必须按结（三个月）呈报通商大臣，再由各大臣咨报总理衙门及户部。所以第一任之总税务司，由两江总督委派者，即因其兼任通商大臣也。但海关由外人把持后，通商大臣所施行于各关之权力，仅为洋税稽核权，以及拨用与支销方面，关务实权全在总税务司手中，情形极为特殊。南、北洋大臣不仅管理通商税务，凡与外人交涉之事，皆由其主办。因此直隶总督与两江总督之地位，在清末能超出其他各总督之上者，亦以有此兼职也。在当时通商与外交，视为一事，总理衙门未成立以前，通商大臣实际上等于后来之外务大臣，总理衙门既设立以后，南、北洋大臣，更不啻该衙门之外交总代表，凡与外人议约、订约、换约之事，辄由南、北洋大臣任之。李鸿章任北洋大臣亘二十六年，经手之事最多，故外人隐称之为“第二朝廷”。其于总署虽无直接隶属之关系，但一切事皆由总署承转，故清代官书均列南、北洋大臣于总署之下，实为代总署以执行外交之任务也。至总署所特设之附属机关，曰同文馆。掌通五大洲之学，以佐朝廷一声教，原为一训练翻译人才之学校，以后科目渐增，共分八馆：即英文馆、法文馆、俄文馆、德文馆、天文馆、化学馆、算学馆、格致馆。英、法、俄、德四馆更分为前、后两馆，即高级、初级之意。考选八旗子弟与民籍之俊秀者，记名入册，以次传馆肄业。由总理衙门大臣内特简为管理大臣，其下设提调、帮提调各二人，掌经理训课及督察生徒勤惰之事。各馆设洋教习、汉教习各若干人，并设总教习一人，以洋人充任之。洋教习由各国聘请。学生肄业三年，期满举行大考，依其成绩任为八九品官。此外则各国出使大臣、副使、参赞及总领事，皆由总署管辖。出使大臣掌往来聘问采访风俗之事，以联邦交，颁给国书，奉以将命，三年期满，颁辞任国书。遇重事则授以全权，有举劾参贰之责，董察游历之事，黜陟领事之权，保护工商之务。出使大臣为外交之经常代表，固无庸详释也。

（三）外务部

总理衙门为特设之机关，不与六部并列，权或更重于六部，而责任不专属于一人。总理大臣均系兼职,且人数太多,地位相等,意见纷歧,虽有亲郡王管部为领袖,亦不能统率指挥,故各国办理交涉,均感不便。且南、北洋大臣兼办外交,负实际折冲之责,而总署既无统属之权,遇事必须请旨,以致形成两个外交机关之现象,外人屡请改革,均无结果。光绪二十七年因拳匪之乱,订立辛丑和约,其第十二条,系将总理衙门改为班列六部以前之外交部。六月初九日上谕曰:

从来设官分职,惟在因时制宜,现当重定和约之时,首以邦交为重,一切讲信修睦,尤赖得人而理。从前设立总理各国事务衙门,办理交涉,虽历有年所,惟所派之王大臣等多系兼差,未能殚心职守,以专责成。总理各国事务衙门着改为外务部,班列各部之前。简派和硕庆亲王奕劻总理外务部事务,体仁阁大学士王文韶着授为会办外务大臣,工部尚书瞿鸿禨着调补外务部尚书授为会办大臣,太仆寺卿徐寿朋、候补三四品京堂联芳着调补外务部左右侍郎,所有该部应设员司额缺选补章程,并堂司各官应如何优给俸糈之处,着政务处大臣会同吏部妥速核议具奏。

外务部之组织,与各部有不同者,即沿总理衙门旧制,设立总理外务部事务之亲王一人,谓之管部,另有会办大臣二人,其一为尚书,至宣统三年新内阁成立时,始裁撤。尚书改为外务大臣,左右侍郎改为外务副大臣。部内分设四司:

一、和会司　专司各国使臣觐见会晤,请赏宝星,奏派使臣,更换领事,文武学堂、本部员司升调各项保奖。

二、考功司　专司铁路、矿务、电线、机器、制造、军火、船政、聘用洋将洋员、招工出洋学生。

三、榷算司　专司关税、商务、行船、华洋借款、财币、邮政、本部经费,使臣支销经费。

四、庶务司　专司界务、防务、传教、游历、保护、偿恤、禁令、警巡、词讼。

此外未尽事宜，各以类从。每司设郎中、员外郎、主事各二员，额外行走六员。又设左、右丞各一员，正三品；左、右参议各一员，正四品，即充总办职掌。各司掌印，兼充帮总办，每司设掌印一员、帮掌印一员、主稿一员、帮主稿一员。其后又增参事四人。司务厅司务二员以候补主事拣补，掌理收文监印及部中一切杂务。分俄、德、法、英、日本五处，每处设七品、八品、九品翻译官各一缺，原议由同文馆学生及各省学堂高等生拣补，旋改为由大臣酌量选派，留部差遣。至同文馆设提调一员，以各司帮掌印拣员兼充。帮提调二员，以七品翻译官选充。

光绪三十二年外务部设立储才馆一所，凡有调用人员及凡与有关交涉之事，均由该馆经办。储才馆由本部堂官直辖，设提调一人，就司员中选派，总理馆事。帮提调一人，佐提调办理馆事。设文案一人，办理文牍；支应一人，办理经费收支事宜；庶务一人，办理杂务，并照应一切事宜。聘讲员一人，以欧洲公法专家充之。书记生无定额，视馆事繁简为增减。驻外使馆有参领缺出，即由储才馆中合格人员调充。三十三年又奏定变通出使章程，头等出使大臣秩一品，二等秩二品，三等秩三品；头等参赞秩三品，总领事、二等参赞均秩四品，头等通译官、领事、各馆商务委员、三等参赞、二等通译官、副领事、一等书记官均秩五品，二等书记官秩六品，三等书记官秩七品。英、法、德、俄、美、日本六国，通商日久，每馆设二等、三等参赞各一人，二等、三等通译官，一等、二等书记官各一人，商务委员一人，共七人。奥、意、比、荷四国交涉稍简，每馆设二等参赞一人，二等通译一人，一等、二等书记二人。西班牙、葡萄牙、古巴、墨西哥、秘鲁五国皆由兼使办理，设立分馆，每馆设二等参赞一人，代办使事。二等通译一人，二等书记一人。商务委员各使馆专派一人，稽查外国商务及金银市价，随时禀报外务部及农工商部。医官由部酌派，供事由使臣咨取。盖外务部成立之初，其职权与总理衙门相同，至光绪三十二年，另设农工商部、邮传部、陆军部及税务处，所有前管之新政事业，如海防、电信、铁道、矿务、税务诸端,均移归他部管辖,外务部始成为纯粹办理外交之机构,其所属亦仅有在外国之使领馆矣。

(四) 会议政务处

戊戌政变以后,慈禧恶外人益甚,于是义和团乘之以作排外运动。结果八国联军入京,帝后远播,痛定思痛,乃有变通政治、力图自强之谕,通饬各大臣各抒所见,剀切敷陈,以待甄择。光绪二十七年遂设督办政务处,派庆亲王奕劻,大学士李鸿章、荣禄、昆冈、王文韶,户部尚书鹿传霖为督办政务大臣,刘坤一、张之洞(两江、湖广总督)亦着遥为参预,于一切因革事宜,悉心评议,俾回銮后切实颁行,示天下以必信必果、无党无偏之意。政务处开办条议如下:

> 向来军机处为政事统汇,今别设政务处,以军机大臣领之,并添派王大臣领之,事体重要,天下观风。在事之员,皆当力任其难,勿劳勿怨,变法宗旨,具见上年谕旨,果能内外一心,实事求是,则转贫为富,转弱为强,皆于是乎在。若辨之不明,行之不力,私心不化,积习不除,虽有良法,仍无实际。远有熙宁之前鉴,近有戊戌之前车,所当深思熟计也。办事不当畏难,不可不知其难;立法岂能徇众?不可不谋于众。集思广益,公而忘私,其根本也;浑化中西,折衷至当,其指要也;端不轻发,令出必行,其措施也;任人善任,遍观厥成,其归宿也。兹当开办之始,略具条议:
>
> 一、本处王大臣以下,应设提调二员,章京八员或十员,钦遵圣谕以心术纯正通达时务者充之。朝官自京堂以下,外官自监司以下,迄于布衣,均可选充。首论心术,兼取才望,不拘成格。其堂司相见之礼,亦较各部院衙门优加礼纪,盖政务重大,非其人不得预,既用之须重之也。
>
> 一、政务千端万绪,约而言之,兴利除弊而已。大利当兴而不兴者,非常之原,黎民所惧,可与乐成,难与图始也。积弊当除而不除者,舞弊之人,窟穴于斯,衣食于斯,一人革之,而众人挠之也。今既

奉旨举办，当首破因循瞻顾之习，事无轻发，发则惟行，不惟及其阻挠者以溺职论，先事示立木之信，乃可次第收破竹之功。《书》曰“允执厥中”，又曰“惟断乃成”，两言尽之矣。

一、政务处之设，略仿宋三司置条例司遗意而变通之。王安石之变法，举青苗、保马、方田、水利诸政与其宾僚谋之一室，失询谋佥同之意，故天下以为不便。今则钦奉明诏，俾中外大臣各抒所见，各竭所知，以俟圣明裁择。大哉王言，远迈前古！各官章奏，均交政务处详审，分别可行与不可行，开办之初，首在细心阅看。其不可行者，暂从搁置，仍条列其难行之故，呈堂候核；至其可行者，分别缓急，量为删增。“政务”二字，包举万端，今之上言者，不及百人，有利当兴，有弊当革，而中外臣工未经言及者，则当由政务处自拟办法，斟酌妥善。将来奉旨举办之事，勒为成书，即是一部政典，故此事断非一手一足之烈，亦非一朝一夕之故，亟当旁求俊乂，协赞嘉猷，若仍照各衙门事例，有名无实，有始无终，则与变法自强之本意大谬矣。

一、政务纷繁，各官章疏别择以后当区分门类，各认各股，专心办理。类如官制、学校、科举、吏治、财政、军政、邦交、商务、工艺、刑律，举办虽有缓急，考订不容疏漏。而每门之中，又分子目，如官制则有文员、武职、裁并、添置诸事；学校则有国子监、府州县学，以及各省书院学堂，而报馆、译书局、方言、测绘、天算均隶之。科举则有小试、乡会试、特科诸目。吏治则有清讼、催科、荒政、保甲、巡捕诸目。财政所包最广，如农田、水利、屯垦、畜牧、关榷、赋役、矿务、铁路、钱币、银行、盐法、漕运、食储、捐饷、棉桑、纺织诸局皆隶之。军政则有水师、陆师、操法、战术、饷章、营制、军械、炮台、营垒，以及调防、裁汰诸事。邦交则外务、出使、洋税、教堂、游历，以及条约、公法皆属之。商务乃财政之大端，别为一门，用昭郑重。工艺则有关制造者皆属之。刑律一门，似应与公法参订互证，以办民教交涉之案，而商律附焉。每举一事，各归各股，由该管章京妥议办法，再由提调复核，商订参议，公同斟酌，呈堂审定，然后奏请圣裁。

一、变通法制，大纲有二：一则旧章本善，奉行既久，弊窦丛生，法当规复先制,认真整理;一则中法所无,宜参用西法,以期渐致富强。法当屏除成见,择善而从,每举一事,宜悉心考求,凡中国政书及上海所译各种西书,皆当购存公所。东洋与我同洲,变法未久,遽臻强盛,此尤切近可师者,当咨由日本出使大臣将彼国变易各大政行之有实效者,概行抄录赍送,并遍咨出使各国大臣将各国财政、军政、商务、工艺诸大端择其尤要者,分别录送,以备稽核。

一、政务处之设为自强计,中国之弱由于贫,列国之强由于富,是救贫又为自强之始基。然变置之初,断断不宜从理财入手。方今中国一丝命脉,惟在人心,而匪党蔓延,时相诱煽,若此时先事搜括,天下将谓千利百病一无兴除,所变者特厉民之法耳。从此人心一失,虽有良法,亦难措置。当先取天下所甚疾者,剔除一二事;所甚愿者,施行一二事;使天下之人晓然于朝廷变法,实为吾民兴利除害,人人有悦服之忱,而事事有求实之意,则此后下令如流水矣。前之洋债未清,今之偿款又迫,每年二千余万于何取偿?夫理财只有两途,曰开源,曰节流,开源之事或缓不济急,或放利多怨,不如自节流始。节流之法,不外汰冗兵以节饷,汰冗官以节禄,汰无益之局以节经费,饷也、禄也、经费也,皆天下之民之膏血也,既取其膏血而虚糜之,今为时世所迫,凡虚糜者一切如故,而别事敲骨吸髓以应外人之求,不惟民心不甘,朝廷亦决不忍出此,当尽裁冗费以付偿款,再有不足,然后取之于民,庶可笃祜而对天下矣。

一、上年谕旨,严禁新旧之名,以浑融中外之迹,而申之以去私心、破积习,此即政务处简明切要之宗旨也。同为大清臣子,而自分新旧,苟为异同,隐患中于国家,党祸及于士类,维新之极,而有康逆之乱;守旧之极,而有拳匪之乱。朝廷旰食,薄海撄心,列国所讥,亦中华之耻也。今当尽化偏私,恪遵圣训,迂谬之论,一切屏除。惟是崇尚西法者,往往不揣本末,锐意更张,则亦贤智之过。今言变法,动引日本为例,殊不知日本幅员非广,风气齐一,号令易行,且以外国学外国,譬犹楚学齐语,不甚悬殊,故事易举而效甚速。中国地方四万余里,历代相承二千余年,从不知西学为何事,东南诸行省风气已开者，语以西法，尚不惊疑，若西北之民，质性忠朴，耳目未广，骤令变革，何异聋俗鸣球、修菱蒂藕乎？故欲变法断难以通行之文告，处四海之齐民，法当因地制宜，因势利导。且即以西法论，有西政、西艺之不同，今学西法，欲学其事，先学其心。西人之心公，而中人多私；西人之文简，而中文太繁；西人之事实，而中事多虚；西人之言信，而中人多伪。本原大异，而徒取则于事为文貌之间，虽累万人不为功，累百年难求效也。自同治初年以来，非不讲求洋务，局厂如栉，船炮如云，积三十年有何成效？所以然者，西人作事，千人一心，共利其国，国利而身亦利。中人作事，百人百心，各利其身，身有利有不利，而国则决无一利。此所以股票不售，公司涣群，凡西人有利之事，中国效之，皆赔钱之事，必先正中国之人心，乃可行西人之善法，正本清源，匪异人任矣。

一、破除陋习，先自政务处始。近年方略会典诸馆三年一保，躐等迁除，名器不尊，适长奔竞。今奉上谕，以纯正通达见待，则在事者已结主知，自毋庸以三年列保，以免希冀速化者视为捷径，竞事夤缘。其供事诸人，则照军机处例，优予出身，以示鼓励。

一、举行要政，其事体重大，须考订精核商榷者，应俟回銮以后，悉心详议。其有芟除积弊，有益民生，可以立见施行者，应由行在政务处请特旨即日分别兴除，以慰天下之望。

一、为政在人，千古不易，政务处无论立法如何详密，要须中外大臣实心实力破除因循敷衍之习，始能望成功而收明效。此处乃天下政治之管辖，当广集英贤，资其策力，非其才不能徇情，而得其人不当限资格，朝廷用人，一秉大公，当自政务处始。

此虽政务处之条议，实即清廷变法之宣言，凡戊戌维新所拟办之事，光绪二十七年以后，皆逐渐实行之。惟效果仍鲜，诚如条议所云：欲学其事，先学其心，徒取则于事，虽累万人不为功。慈禧之心，果能去私、去虚、去伪否？奕劻之心，果能破除因循敷衍之习否？不待智者而知。故政务处欲收变法自强之效，岂不戛戛乎难哉？三十二年，改政务处为会议政务处，各部尚书均为政务大臣，于是乎政务处一变而为内阁矣。日俄战后，日本战胜，论者咸谓为立宪战胜专制，竞言宪政。于是政务处设立考察政治馆，旋改为宪政编查馆。分设编制、统计两局，各派局长、科员等，分理其事，而以提调总司其成。宪政编查馆实为筹备宪政之惟一机关。据《皇朝续文献通考》云："甲午之役，创痛巨深，始议变法。庚子以后，朝野一哄，咸借立宪以欺耳目，是丹非素，如堕五里雾中。……阳以立宪为名，阴收攘权之实，削趾就履，举国若狂，twisted人乘之，遂至大乱。资政院其初恍也。因系政务处改设，特连类及之。"但资政院章程在宣统三年改订时，仍有会议政务处与内阁并举，可见资政院非由政务处改设，殆一类似阁议之机关耳。故《清史稿》云："光绪三十二年，改组内阁，设会议政务处，以各部尚书为内阁政务大臣。"刘氏《续考》所谓资政院系政务处改设殊非事实也。

一百二　中央政制之改革

（一）资政院之成立与召集

辛丑回銮，锐意求治，派大臣赴各国考察。光绪三十二年七月诏曰："考察政治大臣载泽等回国陈奏：国势不振，由于上下相睽，内外隔阂，而各国所以富强，在实行宪法，取决公论。今日惟有仿行宪政，大权统于朝廷，庶政公诸舆论。廓清积弊，明定责成，以预备立宪基础。"九月奕劻等遵旨核议厘订官制，请暂设资政院，谓舆论究以何者为标准？采取舆论究以何者为枢机？此各国所以有议院选举之法为国民代表也。吾国三代时国民议政之事最多，如盘庚之诞告有众，咸造王庭，《周礼》小司寇致万民于外朝，而询国危、国迁之类。至两汉以后，大意寝亡，虽廷臣会议，有议郎、博士等微员参与其间，而庶民不与焉。西国当吾东周初年，已开民会，事必经民会议定始行。近世文明日进，议院林立，与《周书》谋人之意符合。日本昉之，明治二年，设集议院，凡上有所创，必付议院行，下有所陈，亦由议院达，以故君民一体，上下同心，有战则人尽当兵，有费则人愿加税，富强之故，有由来也。中国此时程度诚不能早设议院，但谕旨昭示预备立宪，则必博采舆论，以宣上德，而通下情，若仍用保举征辟之法，与原设政务处无异，即与谕旨公诸舆论之意不符。且国民义务以纳税为大宗，见在财政艰难，举行新政，何一不资民力？若无疏通舆论之地，则抗粮闹捐之风，何自而绝？日本明治元年，岁入银三千三百八万余元，至明治三十年岁入已二万三千八百七十余万元，三十年中增加七八倍，而民不怨，中国岁入银八千余万两，一言加税，阻力横生，对镜参观，其故安在？此不能不采舆论者一也。见拟官制内阁设总理大臣一人、左右副大臣各一人，言官弹奏，多以政府权重为词，不知东西各国，内阁只总理大臣一人，从无专权之事，因有议院持其后，舆论所是者，政府不得非之，所非者政府不得尽是之，不得已而解散议院，惟君主大权可行，虽政府无权焉。安有前明阁臣自作威福之事乎？此不能不采舆论者又一也。近日民智渐开，收回路矿之公电，告讦督抚之公呈，纷纷不绝，若听其漫无归宿，致人人有建言之权，时阅数年，政府将应接不暇。惟专设一舆论总汇之地，非经由资政院者，不得上闻，使院当舆论之冲，政府得安行其政策，而民气疏达，亦不致横决难收，保全甚大。此舆论之不能不归于资政院者又一也。光绪三十三年八月，谕设资政院，派溥伦、孙家鼐充该院总裁。资政院章程原由宪政馆定设总裁二人，寻增协理四人。参议员一百三十人以钦选、会推、保荐之法定之：一、王公世爵勋裔已满三十五岁者钦选十人；二、京官已满三十岁者，会推五十四人；三、各省官绅士商已满三十岁者，由督抚保荐六十六人。任期二年，得连任二次。其有勋德闻望之绅耆，或富商报效至五万金以上者，均得钦派为额外参议员。凡军人、司法官、巡警各官、收税各官、审计官、行政裁判官、学生、小学堂教员、选举事务各员，均不得为参议员。每年正月二十日至四月二十日为开院之期。非全院人员三分之二以上列席，不得开议。会议之事，以参议员过半数同意时定之。若可否同数，则由议长定之。各省应保人数，二十二省六十六人，应视各省人数多少，程度之高下，由总裁、副总裁会同民政部指定。三十四年六月，资政院奏言立宪国之有议院，所以代表民情，议员多由人民公举，凡立法及预决算，必经议院协赞，方足启国人信服之心。《大学》云："民之所好好之，民之所恶恶之。"《孟子》云："所欲与聚，所恶勿施。"又云："乐以天下，忧以天下。"

皆此理也。……日本预备立宪,于明治四年设左右院。七年开地方会议。八年立元老院,二十三年遂颁宪法而开国会,所以筹立议院之基者,至详且备。谨旁考各国成规,揆以中国情势,酌拟院章目次凡十章,先拟就《总纲》、《选举》二章呈览,报可。宣统元年以后,更续订八章,大致如下:

第一章　总纲　第一条:钦遵谕旨,以取决公论,预立上下议院基础为宗旨。　第二条:总裁二人,总理全院事务,以王公大臣简充。第三条:副总裁二人,佐理全院事务,以三品以上大员简充。　第四条:议员以钦选及互选法定之。　第五条:议员于院中应有之权,一律同等。　第六条:会议期分为二种:一常年会,每年一次,以三个月为率;一临时会,无定次,会期以一个月为率。　第七条:开会闭会均明降谕旨,刊布官报。　第八条:开会之日,恭请圣驾临幸,或由特派亲贵大臣代行开会礼,宣布本期应议事件。

第二章　议员　第九条:议员由下列各项人员,年满三十岁以上者选充:一、宗室王公世爵。二、满、汉世爵。三、外藩。四、宗室觉罗。五、各部院衙门官,四品以下、七品以上者,但审判官、检察官及巡警官不在其列。六、硕学通儒。七、纳税多额者。八、各省谘议局议员。　第十条:议员定额,一项十六人,二项十二人,三项十四人,四项六人,五项三十二人,六项十人,七项十人,八项一百人(共二百人)。　第十一条:前七项钦选,第八项互选,由该省督抚复加选定。第十二条:钦选及互选详细办法另定。　第十三条:议员以三年为任期,任满一律改选。

第三章　职掌　第十四条:资政院应行议决事件:一、国家岁出入预算。二、国家出入决算。三、税法及公债。四、新定法典及嗣后修改事件,但宪法不在此限。五、奉特旨交议事件。　第十五条:前条所列第一至第四各款议案,应由军机大臣或各部行政大臣先期拟定,奏请开会时交议,但第三、四款,资政院亦得自行草具议案。　第十六条:所列事件议决后,由总裁、副总裁分别会同军机大臣、各部行政大臣具奏请旨裁夺。

第四章　资政院与行政衙门之关系　第十七条:资政院议决事件,若军机大臣或各部院行政大臣不以为然,得声叙原委事由,咨送复议。　第十八条:咨送复议事件,若仍执前议,应由总裁、副总裁及军机大臣或各部行政大臣分别具奏,各陈所见,恭候圣裁。　第十九条:会议时军机大臣及各部行政大臣得亲临会所或派员到会陈述所见。　第二十条:资政院于各衙门行政事件,及内阁会议政务处议决事件,如有疑问得由总裁咨请答复,若军机大臣或各部行政大臣认为必当秘密者,应将大致缘由声明。　第二十一条:军机大臣或各部行政大臣如有侵夺资政院权限,或违背法律等事,得由总裁、副总裁据实奏陈,请旨定夺。前项陈奏事件非有到会议员三分之二以上之同意,不得议决。

第五章　资政院与各省谘议局之关系　第二十二条:资政院于各省政治得失,人民利病,有所谘询,得由总裁、副总裁札行该省谘议局申复。　第二十三条:各省谘议局与督抚异议事件,或此省与彼省之互相争议事件,均由资政院核议。具奏请旨核夺。　第二十四条:各省谘议局如因本省督抚有侵夺权限或违背法律等事,得呈由资政院核办。

第六章　资政院与人民之关系　第二十五条:各省人民于关系全国利害事件,有所陈请,得拟具说帖,并取具同乡议员保结,呈送资政院核办。　第二十六条:其经审查后批驳者,在本会期内不得再递。　第二十七条:人民陈请事件,各股议员审查认为合例可采者,得将该提议作为议案。其关于行政事宜者,应咨送各该衙门办理。第二十八条:资政院不得向人民发贴告示或传唤人民。　第二十九条:资政院于民刑诉讼事件,概不受理。第三十条(略)。

第七章　会议　会议时由总裁为议长,副总裁为副议长,议长有事故时,由副议长代理。　第三十一条:常年会自九月初一日起,至十二月初一日止,得延长会期一个月以内。　第三十二条:遇有紧要事件,由行政各衙门或总裁、副总裁之协议,或议员过半数之陈请,均得奏明候特旨召集临时会。　第三十三条:议员于召集后应以抽签法分为若干股,每股互推一人为股长。 第三十四条:会议非有议员三分之二以上到会不得开议。 第三十五条:会议以到会议员过半数之所决为准。 第三十六条:自行提议事件,非有议员三十人以上之同意,不得作为议案。 第三十七条:预算法典及重要议案,先由各股议员调查明确,方得开议。 第三十八条:先期将议事日表通知各议员。 第三十九条:议员于议案有关系本身或其亲属及一切职官例应回避者,不得与议。 第四十条:议员如原有陈奏之权者,于本见行开议之事不得陈奏。 第四十一条:议员除现行犯罪外,于会期内非得本院承诺,不得逮捕。 第四十二条:议员于本院议事范围内所发言论,不受院外之诘责。 第四十三条:会议不禁旁听,经议员公认应禁止者,不在此限。 第四十四条:议事细则等另行厘定。

第八章　纪律

第九章　秘书厅官制(秘书长一人,一、二、三等秘书官各四人,掌会计文牍。)

第十章　经费(均从略)

就以上章程,可知资政院即系国会之雏形。惟钦选与互选各占半额,谘议局相争事件,由资政院核议,似省级议会有下级隶属关系,与今日之议会全由民选者不同耳。各省谘议局互选之议员,采间接选举制,类如美国之参议院,吾国现在之监察院。但各省定额,又以人口多寡分配,奉天三人,吉林、黑龙江各二人,顺直九人,江苏七人,安徽五人,江西六人,浙江七人,福建四人,湖北、湖南各五人,山东六人,河南、山西各五人,陕西四人,甘肃三人,新疆二人,四川六人,广东五人,广西三人,云南四人,贵州二人。此与美参议院每州二人,监察院每省五人不同耳。宣统元年,各省谘议局召集开会,互选资政。二年四月,钦选各项议员,亦奉敕选定。八月二十日为召集期。九月初一日,资政院举行第一次开院礼,监国摄政王代行莅院颁谕嘉勉。三年九月遵章第二次召集开会,时武昌革命已起,而清社旋屋矣。吾国之有国会,盖自此始,追逐世界潮流,倡行立宪政治,不得不谓为社会组织之最大改革焉。

(二) 内阁制度之建立

清初官制,以内阁六部为中枢,雍正以后,内阁之权,移于军机处,而内阁徒存其名。庚子拳乱以后,设会议政务处,与内阁相表里,颇有恢复旧观之势,顾军机大臣仍秉钧衡之任,各政务大臣仅能于会议时发抒意见而已。无论内阁大学士与军机大臣,皆非一人独擅其责,故不能与古之宰相、今之阁揆相比拟。光绪三十二年编纂官制,预备立宪,始拟以内阁、军机处改并为责任内阁,以符宪政之常轨,于是设弼德院以相维系,资政院以为监督,增裨前事,取臬殊方,而六部亦渐扩充,中央政府之组织全新,存改洄沿有不同矣。兹分述如下:

甲　内阁

总理大臣一人,协理大臣一人或二人,国务大臣十人,由各部大臣兼充,丞一人,承宣厅厅长、副厅长各一人,制诰、叙官、统计、印铸四局局长各一人,大臣皆特简,丞以下俱请简。其属有佥事、艺师、艺士、录事各员,所辖有法制院院长、副院长各一人,参议四人,参事、佥事、录事视繁简酌置。总理掌参划机要、缔纶时务、法律诏令,会国务大臣尾署名衔。会议时充议长,协理佐之。丞掌主阁务,综理众局,方轨诸长。承宣厅掌布丝纶,守法典,司文书图籍。制诰局掌诏旨制敕、玺书册命,起草进书,稽颁宝星勋章,典领藩封勋级。叙官局掌考功定课、汇核履行。统计局掌统一计表,刊行年鉴。印铸局掌编辑官报,余依往制(原礼部铸印局题销铸印,掌铸宝玺,凡内外诸司印信并范治之)。法制院掌编纂法规,修明法令,拟上候裁。光绪三十二年改组内阁,设会议政务处,以各部尚书为内阁政务大臣。宣统三年改责任内阁,以军机大臣为总协理大臣,并定内阁属官制。盖与三十二年编纂官制大臣所奏定者又不同矣。

乙　各部

新内阁设十部,即外务部、民政部、度支部、学部、陆军部、海军部、法部、农工商部、邮传部、理藩部是也。部设大臣、副大臣各一人,俱特简。承政厅左右丞、参议厅左右参议各一人,参事四人,司务厅司务二人。惟陆军部、海军部有左右丞、左右参议、司务,陆军部有检察官八人,部副官四人,各省调查员无恒额,录事二人。海军部有一等参谋官二人、二等四人,秘书官六人,司电员、艺师、艺士、录事无恒额。兹将各部分司及职掌表列于下:

部别	分司	官名人数			职掌
		郎中	员外郎	主事	
外务部	和会	二	二	二	使臣觐见盟约赏赉兼司领事更替司员叙迁
	考工	二	二	二	司铁轨矿产电线船政凡制造军火聘用客卿招工游学诸事
	榷算	二	二	二	番货海舶征榷贸易综典国债邮政勾检本部暨出使度支
	庶务	二	二	二	江海防务疆域界址凡传教游历偿恤禁令裁判狱讼
民政部	民治	二	四	五	编审户口兼司保息乡政
	警政	二	四	五	巡察禁令分稽行政司法
	疆里	二	四	二	掌经界图志审验官民土地
	营缮	一	二	四	陵寝工程修治道路并保守古迹祠庙
	卫生	一	二	二	检医防疫建置病院
度支部	田赋	三	五	四	土田财赋稽核八旗内府庄田地亩
	漕仓	三	四	三	漕运核销仓谷委积各省兵米谷数
	税课	三	四	三	商货统税校比海关常关赢绌
	筦榷	三	四	四	盐法杂课凡盘查道运各库振敛土药统税并校其实
	通阜	三	四	四	矿政币制稽检银行币厂文移
	库藏	三	五	三	国库储藏典守颜料缎匹两库
	廉俸	三	四	四	核给官禄审计百司职钱餐钱
	军饷	三	四	三	核给军糈勾稽各省报解协饷
	制用	四	六	三	核工银经划京协各饷兼司杂支例支
	会计	三	四	四	国用出纳审计公债外款编列出入表式

续　表

部别	分司	官名人数			职　　掌
		郎中	员外郎	主事	
学部	总务	二	五	六	机要文移审核图书典籍
	专门	二	四	二	大学及高等学校政艺专业咸总领之
	普通	二	二	六	师范中小学校各以其法定规程稽督课业
	实业	二	二	二	农工商学校并审核各省实业为民兴利
	会计	二	二	二	支计出入典领器物及教育恩给
陆军部	承政	司长一	科长四	科员二八	出纳文移旌别员司功过
	军制	一	七	四一	编制征调凡军械制造交通建筑并审验法式
	军衡	一	四	四七	班秩阶品封赠袭荫凡军官佐并领其籍
	军需	一	三	三〇	粮饷廪饩兼司军需人员教育
	军医	一	二	一四	防疫治疗兼司军医升迁教育
	军法	一	二	司法官十四	审判监狱勾检军事条约
海军部	军制	司长一	科长五	科员十四	规制铨法旌别水师人员功过封荫赏恤并典领之
	军政	一	三	八	营造船舰检校器械兼司军港工程
	军学	一	五	十四	学校教育舰队训练
	军枢	一	三	十	文牍典章汇纪员司集课文簿
	军储	一	三	十	经营费用稽核粮廪服装与其物用
	军法	一	二	司法官十	视陆军部同
	军医	一	二	四	视陆军部同
法部	审录	四	四	四	朝审录囚复核大理院审判厅刑名
	制勘	三	五	四	秋录实缓定科刑禁
	编置	三	五	四	盗犯减等定地编发
	宥恤	三	四	五	恩诏赦典清理庶狱
	举叙	三	四	四	升迁调补纪功罪征考法官律师书记
	典狱	三	四	四	修葺囹圄严固扃钥俘隶簿录并典司之
	会计	三	四	四	财用出入勾稽罚锾钧金
	都事	三	四	四	翻译章奏收发罪囚文移

续 表

部别	分司	官名人数			职　　掌
		郎中	员外郎	主事	
农工商部	农务	三	四	四	农桑屯垦树艺畜牧各省水利汇核支销
	工务	三	四	四	综事训工制器尚象并物占各省矿产设法利导
	商务	三	四	四	埠市治教励民同货修订专利保险约章稽颁保护诉讼禁令
	庶务	三	四	六	章奏文移会计本部收支籍纪员司迁补
邮传部	船政	二	二	四	议船律兼司营辟船坞测量沙线
	路政	二	三	六	议路律兼司厘定轨制规画路线
	电政	二	三	六	议电律兼司官商局则例海陆线规程
	邮政	二	二	四	议邮律兼司邮局汇兑邮盟条约
理藩部	旗籍	一	四	四	职掌皆仍旧可参看本书卷上第十九章第七十六节第三目佐理部之职官表(三)理藩部盖即由理藩院改名也事在光绪三十二年翌年始奏定官制耳
	典属	一	三	四	
	王会	一	四	三	
	柔远	一	四	三	
	徕远	一	二	二	
	理刑	一	二	二	

各部主事下原有笔帖式 皆改为小京官(七品)、录事(八九品)人数不等。外务部之建置,系由总理各国事务衙门更名,班列各部上。光绪三十年设巡警部,三十二年更名民政部。光绪三十三年改户部为度支部。光绪二十二年置管理官书局大臣,二十七年更命尚书张百熙充管学大臣,管理大学堂事。二十九年改学务大臣。三十二年始设学部,置尚书、侍郎、左右丞、参议、郎中、员外郎、主事等官,视学官无定额。宣统元年改视学官为差,每司增郎中一人。宣统三年改尚书为大臣,侍郎为副大臣。陆军部于光绪三十二年由兵部改设,省并练兵处入之。宣统二年,改尚书为大臣,侍郎为副大臣,并两厅十司为八司。增承政司,省军乘、军计、军学三司。三年,又以军实司省入军制,改军牧司、军学处为暂设。故仅六司矣。海军部虽系海军衙门变名,然甲午熸师以后,海军衙门即无形取消。

至光绪三十三年始议恢复,设海军处,暂隶陆军部,置正使、副使各一人,承发官二人,录事四人,设机要、船政、运筹三司,置司长、副官各一人,科长七人,承发官三人,科员十八人,考工官五人,艺师三人,艺士四人。股长、股员酌置,录事十八人。明年改设海政、船政、筹备、储蓄、医务、法务六司。宣统元年命肃亲王善耆筹备海军,旋复命贝勒载涛等充筹备海军大臣。二年,订海军暂行官制,置大臣、副大臣,遂为专部。光绪三十二年改刑部设置法部,并十七司为八司,设收发所,裁司务厅入都事司,司库入会计司,司狱改令小京官兼充;曰正管守长,录事兼充曰副管守长,旧设提牢厅,以员外郎、主事兼充,曰总管守长。宣统三年改尚书为大臣,侍郎为副大臣。商部初设于光绪二十九年,省铁路、矿务总局入之。其冬复省工部入之。三十二年更名农工商部,改平均司为农务,通艺司为工务,保惠司为商务,会计司为庶务。宣统三年尚、侍改为大臣、副大臣。邮传部光绪三十三年设。先是船政招商局隶北洋大臣,内地商船隶工部,邮政隶总税务司,路政、电政别简大臣领其事,至是俱并入,置尚书、侍郎及五司。宣统元年省庶务司。三年改尚书为大臣,侍郎为副大臣。此各部建置之沿革也。原有六部,惟礼部于宣统三年改设典礼院,置掌院学士、副掌院学士各一人,学士、直学士各八人,总务厅厅长一人,簿正、典簿、司库无定员。礼制、祠祭、奉常、精膳四署署长各一人,佥事、鸣赞、序班、录事酌置,读祝官、赞礼郎、陵寝各官如故。凡涉行政,俱划归各部。中央政府之制度,彻底更张,旧制所存无几,不久,清社亦亡,民国成立,而内阁之组织仍大致相沿,惟名称稍有变更耳。

(三) 内阁以外之机关

中央内阁十部以外,资政院为议会之初形,宣统三年复设弼德院,系仿日本元老院之制,亦有英国贵族院之意也。宪政编查馆会奏略称:“窃维弼德院制度,昉于东西各国之枢密院、参事院,与国初议政处及汉之中朝官、唐之翰林、明初内阁略同。所以上备顾问,参议国务,密翊君上帷幄之谋,隐匡政府措置之用,为国家重要机关,亟宜成立者也。我国预备宪政,以钦定宪法为依归,查日本宪法规定,紧急命令,独立命令,皆为各国所无,而皇室事项,外交事项,欧洲必经由议院者,日本皆列之于君上大权,与宪法大纲正相符合。故日本枢密院权限皆有审议及解释上列各端重要事件之规定,实为弼德院所宜仿。现拟该院权限所及,凡关于皇室及宪法附属法令,并外交条约,内治重要者,皆由该院拟议,则任寄优崇,范围宽广,朝廷获谘询之益,政府收补助之助,此应陈明者一也。国务大臣皆任行政,而谋议或虑其偶疏,宗人府、内务府皆分任皇室职权,亦未便使其不预计画。其尤要者,自院长以至顾问大臣,皆为专任,自可从容讨论,抉择大政之宜。而各国务大臣与宗人府、内务府长官,皆得兼顾问大臣,亦可收联络之效,无隔阂之虞。此应陈明者又一也。日本枢密院大臣多用曾任政府及立功受爵诸人,盖取其勋望懋著,经验素优,是以汉之功臣,每与朝议,宋之旧相多列经筵,其职任或有不同,而用意则如一致。见拟顾问大臣皆特重其资格,参日本之新制,即合历代之成规,而于应议诸端,皆可酌损益之中,袪新旧之失,尤于宪政裨益实多。此应陈明者又一也。总之立宪官制,其相与维系补助者,皆有精意存乎其间,缺一有所不可,弼德院可以近依帝座,朝夕论思,凡上下应达之机缄与操纵内治外交之扃钥,股肱元首、左右阁臣,皆于该院寄之。是又立宪初基所必宜注重者也。”院设院长、副院长各一人,顾问大臣三十二人,参议十人,秘书厅秘书长一人,秘书官一、二等各三人,三等六人,分掌庶务。其官制章程二十四条,惟国务大臣宗人府内务府大臣,均候旨兼任一条,颇为当时御史所反对,疏入未报。首任弼德院院长为陆润庠,副院长为荣庆。此外尚有军谘府、盐政院及大理院。军谘大臣二人,掌承诏命冀赞军谋。总务厅军谘使二人,掌总领众务。副官二人,递事长一人,递事员五人,第一、二、三、四各厅长副官俱一人。每厅四科,科长各一人,科员酌置。测地局局长一人,司务三人,三角、地形、制图三股,各股长一人,班长、班员、印刷所科员、艺士、司务,无恒额。军事官报局正、副局长各一人,庶务、文牍、收支、编纂、译述、校对无恒额。军事参议官十五人。光绪三十三年初设军谘处,隶陆军部。宣统元年,以立宪大纲皇帝统率海陆军,别建军谘处,命贝勒载涛领之。明年设军事会议处。三年改称府,令陆军大臣领其事。犹今日之参谋总长也。复有盐政院,设盐政大臣一人,由国务大臣特简兼任。丞、参议各一人，总务厅南盐厅、北盐厅厅长各一人，参事二人，佥事、录事酌置。大臣掌主盐政，丞掌佐理鹾纲，总务掌综理庶务，典守机要，南盐厅掌淮、浙、闽、粤盐务，北盐厅掌奉、直、潞东盐务。初沿明制，差御史巡视盐课，后改盐政。都察院奏差者，亦以盐政名之。各省以督抚兼理者，并因地制宜，定为永式。宣统元年设督办盐政处，命镇国公载泽充督办大臣，产盐、行盐各省督抚，俱充会办。三年以整理国税，改处为院，特置盐政专官。中央变更之新制，系仿欧美三权分立之精神，内阁管行政，资政院主立法，而司法方面则改大理寺为大理院，设正卿（正二品）、少卿（正三品）各一人，刑科、民科推丞（正四品）各一人，推事（正五品）二十八人。典簿厅都典簿（从五品）一人，典簿（从六品）四人，主簿（正七品）六人，录事（八、九品）三十人。正卿掌申枉理谳，解释法律，监督各级审判，以一法权。少卿佐之。推丞分掌民刑案款，参议疑狱。刑科掌被旨推鞫宗室官犯，披详刑事京控上诉法状。民科掌宗室诤讼，披详民事京控上诉法状。都典簿掌簿籍罪囚。典簿掌出纳文移。大理于重罪为终审，凡法庭审判，推事五人会鞫之，是为合议制。附设总检察厅，掌综司大理民刑案内检察事务，监督各级检察厅，调度司法警察官吏。厅丞（从三品）一人，检察官（正五品）六人，主簿二人，录事四人。看守所所长（从五品）一人，所官（正八品）四人，录事（九品）二人。光绪三十三年改设，下设京师高等审判厅，厅丞一人（正四品）刑科民科推事十二人，（从五品）典簿厅典簿（正七品）二人，主簿（从七品）四人，录事（九品）六人。于重罪为二审，轻罪为终审。审判会鞫视大理。检察厅厅长一人（正四品），掌纠正同级审判，监督下级检察厅。检察官四人，典簿、主簿各一人，录事二人，看守所所长、所官各一人，录事六人。宣统三年增置典簿、主簿各一人。京师地方审判厅厅丞一人（从四品），刑科、民科推事三十人（从五品），典簿二人（正七品），主簿二人（正八品），录事十四人。于重罪为初审，轻罪为二审。推事三人会鞫之。检察厅检察长一人（正五品），检察官五人（正六品），典簿（从七品）、主簿（从八品）录事各二人。看守所所长（从六品）一人，所官二人。先是京城内外设预审厅，掌主诤讼，隶民政部，至光绪三十三年省入地方审判厅，宣统元年以狱讼烦兴，增设民、刑各一庭,及典、主簿等,合如上述。下复有京师初级审判厅,刑科、民科推事(从六品)各一人,录事二人,于轻罪为初审,推事一人讯断之,是为单独制,检察官二人,录事一人。即所谓简易法庭也。自大理院以下司法虽独立,行政则仍归法部,迄今尚相沿未改也。

(四) 各部附属之机关

各部所附属之机关甚夥,兹照六部例,分述如下:

〔外务部〕**出使大臣** 同治六年,始遣使办理交涉,以道员志刚及美使蒲安臣膺其选。光绪元年定出使制命,前已述之,不再赘。

督办税务处 督办税务大臣、帮办大臣各一人,以大学士、尚书、侍郎充,后改大臣、副大臣充。掌主关税,督率关吏。提调、帮提调、分股总办、帮办俱各一人,外务部、度支部丞、参兼充。所辖总税务司、副总税务司各一人,税务司四人,副税务司六人,各关税务司五十九人,副税务司三十七人。初海关置监督,旋改归督抚监督,名焉耳。自道光以来,海疆日辟,于是始置南洋、北洋通商大臣,关道及监督隶之,亦有将军兼理者,如福州之闽海关。咸丰以后聘用英人威妥玛、美人斯密斯襄办税务。李泰国继之,派为总税务司,凡海关俱置税务司、副税务司,俱外国人充之,是为海关聘用客卿之始。时管辖之权,属总理衙门。光绪二十三年,始设税务处,总税务司以次各官并受其节制,实则大权已旁落。先是户关、工关分隶户、工两部,至是始以常关标名,常关分设税局五十里外者归监督,五十里内者归税务司,此内、外常关名称所由昉也。

〔民政部〕**内外城巡警总厅** 厅、丞各一人(正四品,光绪三十三年升从三品),掌徼循坊境并典跸路。警卫总务处总佥事各一人,从四品。行政、司法、卫生三处各佥事三人,正五品。警官五品各四人,六品内城十人,外城九人。七品内城十一人,外城九人。八品内城十四人,外城十三人。九品内城十五人,外城十三人。录事(八、九品)各四人。光绪三十年设京师内、外城巡警总厅,置参事(后改佥事)

各一人,分管总务、警务、卫生三处,内城五分厅,外城四分厅,知事(正五品)九人。三十二年增司法处,改警务曰行政,升总务处佥事品秩,为属官首领。置五品以下各警官,无定员,并内五分厅为中、左、右三厅,外四分厅为左、右二厅,省知事四人。设内城二十六区,外城二十区,置区长(六、七品警官充),区员(八、九品警官充)各一人。三十四年省内外城区半之。宣统元年裁分厅,省知事。

〔度支部〕**清理财政处**　提调、帮提调各二人,本部丞、参兼充。总办、帮总办各一人。总核坐办科员无恒额。各省清理财政正监理官二十人,给三、四品卿衔。副监理官二十有四人。宣统元年置。

大清银行　正监督(正三品)、副监督各一人。储蓄银行总办一人。分行总办二十人(津、沪、汉、济、奉、营、库、重、广、赣、晋、汴、浙、闽、吉、秦、皖、湘、滇、宁各一人)。光绪三十三年设户部银行,置总监督,秩视左、右丞,寻更名正监督。明年改为大清银行。

造币总厂　正监督(正三品)一人,副监督二人。分厂总办、帮办各五人,光绪三十三年置。

〔学部〕**国子监**　丞一人,正四品,掌文庙辟雍典礼。典簿四人,正七品,掌祀典庙户。典籍四人,正八品,掌祭器、乐器。文庙奉祀官七、八、九品各二人。正通赞官(从六品)、副通赞官(从八品)各二人。二、三等书记官各三人。光绪三十二年置。

大学堂　总监督一人,正三品。经、法、文、工、商五科监督各一人,奏派。教务、庶务、商务各提调,俱延聘。光绪二十四年创设京师大学堂,命大学士孙家鼐领之。三十二年定总监督为专官。

〔法部〕**修订法律馆**　大臣无定员。提调二人,总纂四人,纂修、协修各六人。庶务处总办一人。译员、委员无恒额。光绪三十三年设。

〔农工商部〕**农事试验场、工艺局、勸工陈列所、化分矿质所、度量权衡局、商标局、商律馆**　俱遴专业者分治其事。

〔邮传部〕**邮政总局**　局长一人,副大臣兼充。总办一人,法国人充。

铁路总局 提调二人,京汉局总办、提调各一人。南局、京局会办各一人。京奉路局总办二人,提调一人。京张路局总办、会办各一人。沪宁路局总办一人。吉长路局、广九路局总办、提调各一人。张绥铁路总办、会办各一人。萍株路局、正太路局、汴洛路局、道清路局,总办各一人。

电政总局 局长一人,提调二人,分局总办、帮办、提调各一人。各省分局总办各一人。电话局总办、会办各一人。天津、广州、太原、烟台总办各一人。

交通银行 总理、帮理各一人。北京总银行,上海、汉口、广州分银行,总办各一人。

一百三　地方制度之因革

(一) 各省增设之机关

清末地方制度之变更略少,光绪三十二年编制馆拟定外省官制疏云:“我朝承明制,管官官多,管民官少,州县以上,府道司院,层层钤制,而以州县一人萃地方百务于其身,又无分曹为佐,遂致假手幕宾,寄权胥役,坏吏治、酿祸乱皆由于此。今拟仿汉、唐县分数级之制,分地方为三等,甲等曰府,乙等曰州,丙等曰县,每府、州、县各设六品至九品官,分掌财赋、巡警、教育、监狱、农工商及庶务,同集一署办公。每省以督抚经营外务、军政,兼监督一切行政、司法,以布政使专管民政,兼管农工商,以按察使专管司法上之行政,监督高等审判厅。另设一财政司,专管一省之财政,兼管交通事务,秩视运司,均酌设属官,佐理一切。此外,学、盐、粮、关、河各司道仍旧制。”此于地方管民官少之弊,颇能道出,但后仅省会司道,别易新名,员额愈益。改学政为提学使,按察使为提法使,各级审检厅隶之。故事凡遇地方要政,藩、臬两司得与督若抚议,议定禀仰施行。遇吏员升迁调补亦会详焉。至是改称三司云。

甲、布政使司 各省之督抚及布政使,一仍其旧,无所变更。巡抚为一省之行政首长，总督为兼辖二、三省之军政首长，布政使则为一省之财政首长，亦干预一切政务。故清代地方制度，实以军政、民政、财政分权并立，而互相牵掣之组织也。太平天国以后，此三权鼎峙之状况，颇有改变，而督抚之权始大扩张，遂形成军阀割据之局面，后目当再述之。

乙、提法使司　提法使（正三品）一人，掌司法行政，监督各级审判厅，调度检察事务。署设三科：曰总务，曰民刑，曰典狱。科长各一人（正五品），一等科员各一人（正六品），二等科员（正七品）无恒额。惟奉天置佥事科员，别有正司书、副司书。光绪三十三年东三省各置提法使一人，宣统三年改各省按察使为提法使，停辖邮传。

丙、提学使司　提学使（正三品）一人，掌教育行政，稽核学校规程，征考艺文师范。署设六科：曰总务，曰专门，曰普通，曰实业，曰图书，曰会计。科长、科员分治之。别设学教公所，有议长、议绅以讨论其事。光绪三十一年改置，增吉林、黑龙江、江苏（旧置江南学政）、新疆各一人。余仍学政额。

丁、高等审判厅　厅丞（从四品）一人，刑科、民科推事（正六品）六人，典簿（正七品）一人，主簿（正八品）二人，录事（正九品）无定员。检察厅检察长（从四品）一人，检察官（正六品）一人，录事二人。

戊、劝业道　巡警道　光绪三十四年置，秩正四品。巡警道公所分设四课：一总务，二行政，三司法，四卫生。每课设课长一人，正六品，副课长一人，正七品。课员每课不得过三、四员，正八品。各州厅县设警务长一员，并区官若干员。劝业道公所分设六科：一总务，二农务，三工艺，四商务，五矿务。每科设科长一人（正六品），副科长一人（正七品），科员每科不得过四、五人（正八品）。各厅州县设劝业员一人，得参用本地士绅。议省守巡道，酌留一、二带兵备者，未果。此即今警务处、建设厅之先声也。

东三省地处边要，自光绪三十三年行省改建，变通例章，增置司道，提学、提法，各省通置，无庸赘述，今综新设诸司详下：

甲、民政使司 民政使(从二品)一人,掌主民籍。佥事(从四品)、科员(一等从五品,二等正六品,三等正七品,各司同),各有恒额。一、二等医官(正六品、七品)无定员。初建行省,于督署设承宣、谘议二厅。置左右参赞各一人,从二品,佥事一人,一、二、三等科员佐之,旋省。光绪三十三年置民政使,秩正三品,宣统元年,依布政使例,升从二品。主属吏升迁调补。

乙、交涉使司 交涉使(正三品)一人,掌主邦交,有佥事、科员,一、二等译官佐之(一等正六品、二等正七品)。光绪三十三年奉天、吉林各置一人。宣统二年,直隶、江苏、浙江、福建、湖北、广东、云南并援奉天例续置。

丙、度支使司 度支使(正三品)一人,掌主财赋。有佥事、科员,一、二等库官(一等正六品,二等正七品)佐之。光绪三十三年三省各置一人,宣统元年,省黑龙江一人,隶民政司兼理。

丁、旗务使司 旗务使佥事、科员如各司,光绪三十三年奉天置,宣统元年省。

各省府县之司法机关,有设地方审判厅者,置推事长(从五品)一人,刑科、民科推事(从六品)六人,典簿(从七品)、主簿(从八品)各一人,录事无定员。检察厅检察长(从五品)一人,检察官(从六品)一人,录事二人,看守所所官(正九品)一人,录事无定员。初级审判厅推事(正七品)二人或三、四人,录事无定员。检察厅检察官(正七品)一人,录事二人。看守所所官一人。先是府有司狱,县有典史,自审判厅成立,裁司狱典史,别设管狱官(从五品)一人,副管狱官(从六品)一人。课长、文牍、守卫、庶务各一人。光绪三十四年,奉天设模范监狱,置正管狱官。宣统二年增置副典狱官,厥后各省府、厅、州、县有仿而行之者。

(二) 督抚权力之扩张

我国自秦、汉而后地方政府之组织,恒视中央三公(丞相、太尉、御史大夫)之政权、军权、监察权而分立,如守、尉、监是也。元、明以来,一国事权,操自枢垣,汇于六曹,分等于疆吏,行省视为中书省之分枝机关,以布政使理民财之政,与军、监两权俱统属中央,地方几无独立之权力可言。明末总督、巡抚皆临时设置,初以督办军务、巡察吏治,清代沿之,遂为地方之军政首长。布政使虽仍与督抚同议省政,然以户籍、财赋为专责,故三者仍有鼎峙之势。总督兼理军民,巡抚专理民政,皆有标兵,惟巡抚不兼提督衔者,不得典军事而已。清室以异族入主,对军权极为注意,除派八旗劲旅分驻各省以资弹压外,地方之常备兵(绿营),每省设提督以统之,总兵分道以镇各道府。其军队之编制、数额、布置、调遣,皆统一于兵部。换言之,即军政、军令之总机枢,悉操于皇帝之手,假兵部以发号司令。遇有重大军事行动,则特简钦差大臣,总司兵符。可以调集各省之兵,亦能分派他省之兵,归某省将领指挥。故全国之军队为单元体,中央对于兵权之控制极严。总督、巡抚仅得利用统属之兵以维持治安,绝无拥兵自雄之实力也。洪、杨之乱,经制之绿营兵,既腐败不能作战,而总司兵符之钦差大臣,亦往往得罪以去。江忠源、曾国藩以团练起兵远征,所向奏功,其部下营官,皆积勋至督抚、提镇,而全国之地方大吏,在同治年间,几尽为湘、淮军人物所占据。其不由湘、淮军出身者,如张曜之嵩武军、丁宝桢之东军,亦皆以军功而获得督抚之地位,是以太平乱后之地方长官,胥藉军队之实力以为重。此种军队,既非经制之兵,无从受兵部节制,皆惟将领之命令是从,其将存则军完,将亡则军散,于是单元体之军权化为多元体,国家之军队变为私人之军队。凡为钦差大臣者,如无得力之军队以支持之,则固不能如中叶以前可代表皇帝任意征调矣。曾国藩早虑及此,因有外重内轻之奏,南京平定,即毅然遣散湘军,以释清廷之疑,而杜忌者之口。然李鸿章之淮军,左宗棠之"老湘营",仍有平定捻、回之功,而清廷亦渐视典兵为地方疆吏当然之事,且有随意编练军队之权。如《曾文正公大事记》所载同治七年,国藩调督直隶,入京陛见,与西太后对答之语,殊可寻味。记云:

是年十二月十四日陛见,太后云:"直隶甚是空虚,汝须好好练兵!"曾答:"臣的才力怕办不好!"同月十六日陛见,太后又云:"直隶空虚,地方是要紧的,汝须好好练兵!”曾答如前。

次年正月十七日入见,太后又问:“汝到直隶办何事为急?”曾答:“遵旨以练兵为先,其次整顿吏治。”太后问:“汝打算练二万兵么?”答:“打算练二万人。”问:“还是兵多些,勇多些?”答:“现尚未定,大约勇多于兵。”问:“刘铭传之勇(淮军),现扎何处?”答:“在山东境内张秋地方,他那一军有一万一千余人,此外尚须练一万人,或就直隶六军增练,或另募北勇练之,候臣到任后察看,再行奏明办理。”问:“近来外省督抚,也说及海防之事否?”答:“近来因长毛、捻子闹了多年,就把海防事都看松些。”问:“这是一件大事?”答:“这是第一件大事,兵是必要练的,哪怕一百年不开仗,也须练兵防备。兵虽练得好,却断不可先开衅。讲和也要认真,练兵也要认真,二事不可偏废,都要细心地办。”

曾氏到任后,奏称:“直隶练兵,当参用东南练勇之法。”奉旨报可。即此问答,可见太平战役以后,清廷对于地方大吏之职权,认练兵为最要,已无疑义。直隶总督统辖督标四营(所谓亲军),节制一提督、七总兵,有练军六军,兼辖保定城守,热河、喀尔沁,吉林、奉天捕盗,永定河、运河等营。固有兵力,已极雄厚。李鸿章继国藩为直督二十余年,其所部淮军,除刘铭传带赴台湾,张树声带赴广东,潘鼎新带赴广西者外,多数皆北移直隶、辽东一带。益以海防建设,清廷几委全责于鸿章,故北洋之海军,加乎南洋,而鸿章始得以一省之兵,搏倭人全国之师也。甲午战败,各省督抚以力求自强相号召,更相率创练新军。如直隶练军原由国藩抽练六千人,功效既著,又增练五千人,共一万一千人,至是,聂士成复于淮军内选练马步队三十营采德国营制操法,编为武毅军。张之洞创练自强军十三营于江南,器械训练,悉仿欧洲。光绪二十二年,又练洋操队二营于湖北,复以练军重在操演,令分防各营以十之一更番来省教以新操,俟练成后,转授各营,以是湖北勇营有一万二千六百九十人,新军一千九十三人。时步军统领荣禄疏荐袁世凯练新军,称为新建陆军。旋就胡燏棻在天津小站(新农镇)所练之定武军为基础而扩充之。荣禄为直隶总督时,畿辅一带，有董福祥之甘军，宋庆之毅军，聂士成之武毅军，袁世凯之定武军。旋管兵部，乃奏设武卫军，以士成驻芦台为前军，福祥驻蓟州为后军，宋庆驻山海关为左军，世凯驻小站为右军。而自募万人驻南苑为中军。然福祥、宋庆仍用旧法编练，仅士成用德式操练，世凯用日式操练，最称劲旅。庚子以后，诸军皆熸，惟世凯一军独完，遂为其坐镇直隶之凭借。光绪三十年划定军制，区全国为三十六镇，各省多未能如期完成，只袁世凯之北洋六镇，纯为新式，遂造成北洋军阀之系统焉。

（三）南、北洋大臣之特殊权力

各省督抚之权力，既皆以军事而有所扩张，然若无饷以养之，则地方之练勇亦不能长久维持。自厘金之兴，始为将兵者解决一项难题，似不啻与虎添翼矣。曾国藩能勘定洪、杨者依此，各督抚之得以自练新军者亦依此。因而打破军、民、财三政对峙之局，而事权渐归于一，地方势力之扩张，皆由斯际为枢纽。薛福成云："国家承平二百余年，凡有大寇患，兴大兵役，必特简经略大臣及参赞大臣，驰往督办。继乃有佩钦差大臣关防及号为会办、帮办者，皆王公亲要之臣，勋绩久著，呼应素灵，吏部助之用人，户部为拨巨饷，萃天下全力以经营之。总督、巡抚不过承号令备策应而已。其去一督抚，犹拉枯朽也。故督抚皆奉命维谨，罔敢违异。道光季年，海疆事起，经略大臣才望稍不如前，权力亦稍减焉，已与各行省大吏有互为胜负之势。咸丰之世，粤匪势张，首相赛尚阿与总督徐广缙相继奉命，督师剿贼，皆无远略，以偾厥事。自时厥后，或用尚书、侍郎及将军、提督为钦差大臣，或用各行省督抚兼任兵事，而能有成功者则在督抚为多。曾文正公以侍郎剿贼，不能大行其志，及总督两江，而大功告成，以其有土地、人民之柄，无所需于人也。是故疆臣建树之基，在得一省为之用，而其绩效所就之大小，尤视其所凭之地以为准焉。"（见《庸庵海外文编》卷四）薛氏所言督抚权力之消长，确系当时实情，而绩效所就之大小，尤视其所凭之地以为准，更属不易之论。观乎清末督抚之卓卓有声者，以两江、直隶为最，即可想见矣。此二督不仅凭借之厚，且又兼南、北洋大臣，遂各形成一特殊权力之地方政府。南洋大臣原为五口通商大臣之改称，系对外国交涉而设,除薛焕一度专任外,以后皆由两江总督兼领。江督统辖三省(江苏、安徽、江西),财赋甲于全国,以康熙二十四年为例,钱粮两项,一占全国三分之一,一占全国四分之一,已可谓席丰履厚。道、咸以后,历年对外贸易增长,而以上海为中心,海关税收,三省厘金,正如锦上添花。是以自强运动之倡导,虽发之于总署,而实行之者则江督及南洋大臣也。江南制造局之设,为自强新政之规模最大、成效最著者,即曾国藩、李鸿章为督抚时所首创。左宗棠、沈葆桢所设之福建造船厂,亦以二人先后为江督始得支持。通商大臣又不仅稽关税,办外交,理洋务,亦兼督海防。(毛昶熙奏称:"专办洋务,兼督海防。")同治九年八月,国藩奏设江南轮船操练局,同时福建船厂之舰队亦成立,是为南洋海军之基础。陆军之改用洋枪,亦由南洋始。薛焕初利用外人组织长胜军以守上海,而李鸿章仿之,淮军遂皆用洋枪,延外人教习操练。其后长胜军解散,而上海之洋枪队仍为南洋大臣所指挥之武力。益以江督所统辖督标二营、三巡抚、一提督、九总兵,兼江宁城守一营、扬州盐捕二营。张之洞为江督,又训练自强新军十三营。合计防练军约五万余人,兵力之雄厚,仅次于直隶,而为各省之冠。以故拳匪乱时,两江总督刘坤一能与外人结东南互保之约,不受清廷乱命者,即因有此军队饷源之凭借也。若北洋大臣自咸丰十年崇厚出任三口通商大臣,至同治九年始免,改由直督李鸿章兼任。崇厚初练新军四百八十人,同治三年增为一千四百人,逐年递增,渐次推广,北洋洋枪队之成立,专负防守沿海之责,俱出于三口大臣之训练。鸿章督直,淮军移防,军权益加稳固。同治末年,日兵犯台,沈葆桢奉命渡台查办,请由北洋拨洋枪队三千人,南洋拨洋枪队二千人,随之援台。当时虽改调别军,而南、北洋新式兵力之实在情形可见也。光绪初年,筹办海防,先成北洋舰队。增购船械,设海军营务处于天津,北洋海军之筹建,即在斯时。至是南消北长,北洋之军力,渐加乎南洋之上矣。光绪十一年,北京设海军衙门,虽以醇王为督办,鸿章为会办,然上谕:"责成李鸿章专司其事。"故指挥实权,仍操北洋大臣手中。甲午战败,北洋之海军、陆军,始见削弱,自荣禄加以整顿,袁世凯练兵小站,而北洋之新军,又复冠于各省。其任直督者,非资硕望隆拥有实力之人莫办。清廷筹备宪政,虽曰俯顺民意,博采舆论，亦有鉴于地方权力之扩大，而隐欲集权中央，故设海军部以收南、北洋海军之权，设陆军部及练兵处以统一全国之军政、军令。然积习已成，南、北洋大臣之特殊势力，仍足以影响全国，左右朝政。故袁世凯得以既罢而复起，又假手北洋军人之一纸通电，即足逼清帝退位也。南北洋地当冲要，凡任大臣者，皆以个人之勋望得之，朝廷亦审慎择人，俾之坐镇。南洋大臣自同治以后，凡五十年，曾国藩、曾国荃、李鸿章、左宗棠、沈葆桢、刘坤一先后即共占四十年；北洋大臣亦五十余年，除崇厚之十年专任外，四十年间，李鸿章先后占二十八年，袁世凯占七年，以故二人之权威最重，影响最大，卒移清祚，胥此积因。李固有其特殊之勋绩，而袁则以淮军子弟袭其余荫，成功多由侥幸，若以练兵而获实力，则又由荣禄之提携暗助，戊戌告密之功，乃势所必然，是康梁维新之举，不啻为袁世凯制造机会也。总之，清室以军权之统一而存，军权之下移而亡，南、北洋二督臣，不过各省疆吏之特著者耳。其实他省督抚能于辛亥革命时，纷纷独立，亦可为权移地方之明验矣。

（四）谘议局之成立

清廷既筹备宪政，先设资政院，而立宪政体之要义，在予人民以与闻政事之权，使为行政官吏之监察，故不可无议院以作人民闻政之地。于是宪政编查馆、资政院、王大臣奕劻、溥伦等会奏各省谘议局及议员选举章程，略谓："谘议局之设，为地方自治与中央集权之枢纽，必使下足以裒集一省之舆论，而上无妨于国家统一之大权。此其要义一也。夫议院乃民权所在，然议政之权虽在议院，而行政之权仍在政府，即如外国监督政府之说，民权似极强矣，而议院攻击政府，但有言辞，并无实力，但有政府自行求退，议院并不能驱之使行。普鲁士、日本宪法，且明载进退宰相任免文武官之权，在于其君。此足见民权之是言非行矣。况谘议局仅为一省言论之汇归，尚非中央议院之比，则其言行界限尤须确切订明，不容稍有逾越。此其要义二也。敕定宪法之国，必先期宣布开设议院年限，今资政院、谘议局已次第建立为议院之基础矣。朝廷自将宣布年限以定人心，而促进步，此日各省谘议局办法，必须与异日京师议院办法有相成而无相悖,宣布年限之后,局中议员即当随时为选入议院之预备,故议院资格、议事权限,皆当于此时早为厘定。此其要义三也。"旋奉懿旨,着各督抚迅速举办,实力奉行,限一年内一律办齐。朝廷轸念民依,将来使国民与闻政事,以示大公。先设谘议局以资历练。各该督抚当本集思广益之怀,行好恶同民之政,虚公审察,惟善是从。兹将谘议局章程择要甄录如下:

一、议员定额

奉天五十名　吉林、黑龙江各三十名　顺直一百四十名　江宁五十五名　江苏六十六名　安徽八十三名　江西九十七名　浙江一百十四名　福建七十二名　湖北八十名　湖南八十二名　山东一百名　河南九十六名　山西八十六名　陕西六十三名　甘肃四十三名　新疆三十名　四川一百零五名　广东九十一名　广西五十七名　云南六十八名　贵州三十九名　京旗及各省驻防均以所住地方为本籍　京旗于顺直设专额十名　各省驻防每省暂设一名多至三名。

二、议员选举

采复选举法,以州、县为初选,府及直隶厅、州为复选区。男子年满二十五岁,有中学以上毕业之资格,举贡生员以上之出身,文七品武五品以上未被参革者,办理公益事务满三年以上,或有五千元以上之营业资本或不动产者,均有选举之权。

男子年满三十岁以上,得被选举为议员。凡品行悖谬营私武断者,曾处监禁以上之刑者,营业不正者,吸食鸦片者,有心疾者,身家不清白者,不识文义者,失财产上之信用,被控尚未清结者,均不得有选举及被选举权。

本省官吏或幕友,常备军人,及征调期间之续备后备军人,巡警官吏,僧道及其他宗教师,各学堂肄业生,见充小学教员者,停止被选举权。

三、议长、副议长

设议长一人,副议长二人。常驻议员互选定额十分之二。

四、任期及会议

任期以三年为限,以第一次开会之日起算。会议分常年临时二种:常年会每年一次,会期以四十日为率(九月初一日至十月十一日得延长会期十日以内)。遇有紧要事件,经督抚之命令,或议员三分之一以上之陈请,得召集临时会,会期以三十日为率。会议不禁旁听,须禁止者,不在此限。议决事件,除议长、副议长认为应行秘密者,均公布之。

五、监督及罚则

各省督抚有监督谘议局选举及会议之权,并于议案有裁夺施行之权。得令停会七日,并奏请解散。凡议员屡违局章,或语言行止谬妄者,或以本局之名义干预局外之事者,停止到会,其情节重者除名。无故不到会延至十日以上者均除名。

光绪三十四年清廷颁布议院未开以前筹备事宜,第一年筹办谘议局,第二年举行谘议局选举,各省一律开办。同时举行资政院选举。因此宣统元年各省谘议局均成立,次年资政院亦召集开院。地方政权之转移,民主政治之建立,实以是为嚆矢也。

(五)新建之省府州县

同治以前,内地原只十八省。光绪间,于新疆平定后,首建为行省,台湾继之,后又改东北奉天、吉林、黑龙江等处为三省。甲午之战,割台与日,清末有二十二省。兹将新建五省之府县及沿革表列如下:

新疆省	古雍州域外西戎之地,顺治四年哈密内属,吐鲁番亦入贡。惟四卫拉特仍据其地。准噶尔数侵喀尔喀,圣祖三临朔漠征之。乾隆二十年准噶尔平,二十三年回部亦平。二十七年设伊犁总统将军,及都统、参赞、办事、协办、领队诸大臣,分驻各城。并设阿奇木伯克理回务。光绪八年回乱荡平,九年,建行省。置巡抚等官,辖府六、直隶厅八、直隶州二、厅一、州一、县二十一。宣统三年编户四十五万三千四百七十七、口二百六万九千一百六十五
迪化府	迪化 阜康 孚远 奇台 吉昌 绥来 直隶厅四 镇西 吐鲁番 哈密 康尔喀喇 乌苏(按直隶州厅略与府相等,惟领域较小)

续 表

伊犁府	绥定　宁远 直隶厅二　塔尔巴哈台　精河
温宿府	温宿　拜城
焉耆府	新平　轮台　婼羌 直隶州一　库车　分领县一　沙雅　直隶厅一　乌什
疏勒府	疏附　伽师
莎车府	蒲犁厅　巴楚州　叶城　皮山 直隶州一　和阗领县二　于阗　洛浦 直隶厅一　英吉沙尔
台湾省	顺治十八年,郑成功逐荷兰人,存明正朔,置承天府,名曰东都。设二县:曰天兴,曰万年。郑经改东都为东宁省,升二县为州。康熙二十二年清改置台湾府,属福建省,领县三。雍正元年增置彰化县。光绪十三年改建行省,领府三、州一、厅三、县十一。户二十二万四千六百四十六人、口一百七十八万六千八百八十三
台湾府	台湾附郭　彰化　云林　苗栗 埔里社厅
台南府	安平　凤山　嘉义　恒春 澎湖厅
台北府	淡水　新竹　宜兰 基隆厅
台东	直隶州
奉天省	明辽东都指挥使司,清定都沈阳,尊为盛京。顺治元年设内大臣,三年改为昂邦章京,给镇守总管印。康熙元年改为镇守辽东等处地方将军。四年改镇守奉天等处地方将军。光绪三十三年,罢将军,置东三省总督,奉天巡抚,改为行省。宣统三年编户一百六十五万五百七十三,口一千六十九万六千零四。共领府八、直隶厅五、厅三、州六、县三十三
奉天府	承德(宣统二年裁以府直辖)辽阳州　复州　抚顺　开原　铁岭　海城　盖平　辽中　本溪　金州厅 营口直隶厅(隶奉锦山海道)　庄河直隶厅(隶东边道)
锦州府	锦　锦西厅　盘山厅　义州　宁远州　广宁　绥中
新民府	镇安　彰武 (嘉庆十八年分奉天府承德县、锦州府广宁县地设新民厅,隶奉天府。光绪二十八年升为府,增置二县)
兴京府	通化 怀仁 辑安 临江 凤凰直隶厅领州一县二 岫岩州 安东 宽甸
长白府	安图　抚松 法库直隶厅(柳条边门之一)

续　表

海龙府	东平　西丰　西安　柳河 辉南直隶厅(宣统元年分府东南八社设厅,治谢家店)
昌图府	辽源州 奉化 怀德 康平
洮南府	靖安 开通 安广 醴泉 镇东
吉林省	古肃慎地,明建州卫,顺治十年置昂邦章京及副都统镇守宁古塔。康熙元年改为将军,十五年徙吉林,改吉林将军。光绪三十三年建行省,改将军为巡抚。宣统三年编户七十三万九千四百六十一、口三百七十三万五千一百六十七。辖府十一、州一、厅五、县十八
西南路道	吉林府　长春府(西南路道驻府)(二府均未领县) 伊通直隶州　濛江州　农安　长岭　桦甸　磐石　舒兰　德惠　双阳
西北路道	新城府(伯都讷厅) 双城府(原厅) 宾州府(原厅) 五常府(原厅) 榆树直隶厅 滨江厅(道驻厅治哈尔滨) 长寿 阿城
东南路道	延吉府(道驻府治南冈) 和龙　宁安府　东宁厅　珲春厅　敦化 穆稜　额穆　汪清
东北路道	依兰府(道驻府治) 临江府　密山府　虎林厅　绥远州　方正　桦川　富锦　饶河 宣统元年拟置而未行者:宾清州 郭利州 临湖县
黑龙江省	明领于奴儿干都司,康熙二十二年因对俄用兵,始设镇守黑龙江等处将军,驻瑷珲城,寻移驻墨尔根。三十八年移驻齐齐哈尔,遂为省治。光绪三十三年改为行省,置地方官制,为道三、府七、厅六、州一、县七。宣统三年编户二十四万一千零十一、口一百四十五万三千三百八十二
龙江府	清初达呼尔人居此,康熙三十年始建城,外郭周十里,旧名卜魁城。既成,以嫩江北岸有齐齐哈尔庄故名
呼兰府	巴彦州　兰西　木兰
绥化府	分领县一　余庆
海伦府	青冈　拜泉
嫩江府	以墨尔根城改置　讷河直隶厅(宣统二年置)
瑷珲道	瑷珲直隶厅　黑河府
呼伦道	呼伦直隶厅　胪滨府
兴东道	领县二　大通　汤原 直隶厅三　肇州　大赉　安达 光绪三十三年拟设　林甸　诺敏　通北　铁骊　四县　布西　甘南　武兴　呼玛　漠河　室韦　舒都　萝北　乌云　东陆　春源　十一直隶厅　佛山府　鹤冈县

第二十四章　各种制度之损益

一百四　军事制度

（一）兵制之演变

有清以武功定天下，八旗之制，实等举国皆兵，故太祖统一建州，太宗征略藩属，世祖定鼎中原，胥赖旗兵之力。然入关以后，养尊处优，二三十年间，已尽失慓悍之习，不堪作战矣。如《啸亭杂录》所记衣衣道人之言，大将军勒尔锦驻守荆州，与吴三桂相持数载，无尺寸功，终日胆战心惊，卒以获罪。三藩卒赖以平定者，皆各省绿旗营之功也。绿营为各省之常备军，百余年后亦复腐败不堪，乾隆金川之役，嘉庆教匪之乱，绿营兵衰气竭，欲振不易，又借乡勇以平乱。惟乡勇旋召旋撤，其额数之多寡不齐，器械之良窳不一，饷章之增减不定，聚散无恒，与额兵迥异，无编制可言也。洪、杨起事之时，官方所征调之绿营、乡勇，皆败亡相继，到处扰民，于是民畏兵而迎敌，而太平之势力乃大张。官兵既不足恃，地方多练团自卫，曾国藩之湘军，李鸿章之淮军，其始皆乡兵练勇，然以军法布勒之，其经制反过于绿营。军事甫定，各省险要，悉以勇营留防，旧日绿营，遂同虚设。绿营兵饷，不及防勇四分之一，升擢拥滞，咸辞兵就勇。左宗棠建议于南北扼要之处，留勇营屯驻，遂有防军之称。练军始自咸丰间，以勇营日多，屡令统兵大臣以勇补兵额，而以余勇备缓急，尚无别练之师。至同治元年始令各疆吏以练勇人数、口粮悉数报部稽核。是年于天津创练洋枪队。二年以直隶额兵酌改练军。四年兵部、户部诸臣会议，选练直隶六军，始定练军之名，各省练军，乃踵行之。练军虽在额设制兵内选择，而营哨饷章悉准湘、淮军制，与防军同，其绿营制兵分布列郡汛地，练军则屯聚于通都重镇，简器械，勤训练，以散为整，重在屯防要地，其用亦与防军同，故练军亦防军也。自咸丰军兴，由绿营改为勇营，为留防营，为练军，实皆湘、淮军之体制。光绪中叶以后，防练军改为巡防队，至宣统年间新军兴起，非特绿营尽汰，即湘、淮营勇驻防南、北洋者，所存亦无几矣。新军始于庚子乱后，各省皆起练新军，或就防军改编，或用新式招练，至光绪三十年，画定军制，京师设练兵处，各省设督练公所，改定新军区为三十六镇，新军制始画一。其意盖以新建陆军为国防军，而旧有之防练军、巡防队为省防军，惟三十六镇仅成立二十六镇，而武昌革命军起。《清史稿》云："扰攘数年，卒酿新军之变，以兵兴者，亦以兵败，岂非天哉？"盖清之兵制，由旗兵而绿营，由绿营而练军，由练军而巡防队，而新建陆军，实则后三者皆由湘、淮军蜕变而来，前既资其力以平巨乱，后卒亦因之而覆亡，此固无关乎天命，实系中国民族革命之潮流，以隐司其激荡之力耳。可见凡一制度、一势力之兴起，从未有久而不弊者，此亦历史自然之趋势也。

（二）旗兵与绿营

八旗官兵额数，代有增减，光、宣之季，实存名数，职官约六千六百有奇，兵丁十二万三百有奇。八旗各营印务、参领虽设专职，大率参领、副参领兼之，印务章京、印务笔帖式亦兼职，亲军校、亲军拜、唐阿等在各旗支饷，实于他所供差。前锋、护军、统领诸职，虽已汰去，而设官已久，职亦较崇，仍存其名云。兹表列如下：

旗名	都统	副都统	参副领	章京	佐领	骁骑校	笔帖式	领催	马甲	养育兵
镶黄	一	二	各五	八	八六	八六	八	四二八	一五六二（随八六）	二二二七
正黄	一	二	各五	八	九三	九二	八	四六二	一六二八（随九三）	二三九三
正白	一	二	各五	八	八六	八六	八	四三〇	一四一四（随八六）	二二〇四

续 表

旗名	都统	副都统	参副领	章京	佐领	骁骑校	笔帖式	领催	马甲	养育兵
正红	一	二	各五	八	七四	七四	八	三七〇	一二八七(随七四)	一八八八
镶白	一	二	各五	八	八四	八四	八	四二〇	一四一四(随八四)	二一八〇
镶红	一	二	各五	八	八六	八六	八	四三〇	一五四八(随八六)	二二〇四
正蓝	一	二	各五	八	八三	八三	八	四一七	一四九一(随八三)	二一三九
镶蓝	一	二	各五	八	八六	八六	八	四三九	一五九〇(随八六)	二二四九

各旗复有亲军校十一至十九,亲军一百五十余人,弓匠长二至七人,工匠七十二至八十八人,枪甲二十余人,陆军部承差三人。大约镶黄旗共有四千六百三十人,正黄旗四千九百十二人,正白旗四千四百八十八人,正红旗三千八百九十五人,镶白旗四千三百九十七人,镶红旗四千五百七十七人,正蓝旗四千四百三十三人,镶蓝旗四千六百九十人。此满洲八旗之概况也。蒙古八旗,镶黄旗凡一千三百六十三人,正黄旗凡一千一百七十一人,正白旗凡一千三百七十八人,正红旗凡一千五十人,镶白旗凡一千一百十八人,镶红旗凡一千四十五人,正蓝旗凡一千四百四十八人,镶蓝旗凡一千一百九十八人。汉军八旗:镶黄旗凡三千三百三十二人,正黄旗凡三千二百六十人,正白旗凡三千二百六十八人,正红旗凡二千二百三十二人,镶白旗凡二千四百二十四人,镶红旗凡二千三百四十二人,正蓝旗凡二千五百六十二人,镶蓝旗凡二千三百七十六人。此外护军参领、护军校、包衣护军校等三百三十六人,护军三千六百七十二人,马甲三百,枪甲四百,养育兵一千八百二十六。包衣护军一百二十,包衣马甲三十,包衣养育兵六十。凡六千四百八人。健锐营三千八百七十八人,内火器营三千九百二十人,外火器营三千七百人,左右翼前锋营护军、统领等官二百三十人,兵一千六百六十八人。八旗护军营护军、统领等一千五百人,

护军万四千八十一人。八旗包衣属镶黄旗者凡二千六百八十八人。属正黄旗者凡二千八百三十一人，属正白旗者凡二千九百五十八人，属正红旗者凡一千三百六十七人，属镶白旗者凡一千九百十六人，属镶红旗者凡一千八百十八人，属正蓝旗者凡二千七百四人，属镶蓝旗者凡二千九百三十五人。以上共职官六千六百八十人，兵丁十三万三百有九人。八旗驻防之兵，大类有四：曰畿辅驻防兵，其藩部内附之众，及在京内务府、理藩院所辖悉附焉。曰东三省驻防兵。曰各直省驻防兵，新疆驻防兵附焉。曰藩部兵。其驻防地及兵数，上卷已述之，兹不赘。惟至清末，其人数未加益，合天下之禁旅驻防，共二十余万人，与清初正等，而养育兵反居多数。则知其逐渐损失淘汰者盖不少矣。绿营综天下都六十六万人，安徽最少，闽、广以有水师故最多，甘肃次之。绿营之隶禁旅者，惟京师五城巡捕营，将军兼统绿营者惟四川，有屯兵者惟湖南、贵州。新疆之绿营，始乾隆二十五年，由陕、甘陆续移往。驻防各省标兵，规制督抚得随时疏定。绿营战功，自康熙征三藩时，用绿旗兵至四十万，所向克捷，其后平定准回金川，咸有勋绩。乾隆四十六年增兵，而川、楚教匪之役，英、法通商之役，兵力反逊于前。迨太平天国起，广西绿营额二万三千，土兵一万四千，遇敌辄靡，承平日久，暮气乘之。自同治迄光绪，叠经裁汰，绿营之制，仅存而已。大约京巡捕营尚一万人，十六门门甲、门军九百五十。直隶四万二千八百十人，山东一万七千八百七十五人，山西一万六千四十五人，河南一万四百六十八人，江苏二万五千七百七十人，安徽九千三百六十四人，江西一万一千七百四十人，长江水师一万一千六十四人，福建二万三千六百七十八人，台湾八千二百六十八人，浙江二万三千四百九人，湖北一万五千三百四十三人，湖南三万零二十四人，陕西一万八千六百八十七人，甘肃一万二千七百二十五人，新疆二万六千五百十五人，四川三万一千二百八十一人，广东四万六千七百七十四人，广西一万四千一百十五人，云南一万二千五百七十二人，贵州四万二千九百零五人。都四十六万二千三百八十二人。较之旧额已减二十万，道光末年额，已减十二万，而长江水师与台湾旧额皆不及，故合计裁者几达十分之三云。然此亦多有名无实，《清朝续文献通考》云："国初设绿营兵与八旗相表里，始未尝不建威销萌也,迨承平日久,精锐既尽,计口授粮,有似传袭,不肖营员,干没折扣,以空名例支额饷,国家未收增兵之益,而徒受增饷之害,实则兵未尝增也。会督抚阅操,则雇市上游手乞儿以充数,而饷已入橐者不赀,以故发难起,卒未闻绿营有一兵之可用者。或虑骤予铲改,足以召变。嗟乎!非老则弱,又焉能变?不裁何待哉?"光绪二十一年广西按察使胡燏棻条奏云:"夫绿营之所以不能遽裁者,徒以水有汛,陆有铺,缉捕防守有专责耳。殊不知近年绿营兵饷,藩库入不敷出,往往按照七八成或五成核放者,每月仅领饷银数钱,平日不敷养赡,多以小买营生,巡缉俱属虚文。况各省水陆聚会之区,如闽、浙之渔商则雇船出洋自护矣,是汛兵亦无用。直省之会城,则另设保甲守望等局以巡缉矣,是铺兵亦无用。为今之计,莫如酌地方之繁简,裁其老弱,按年先裁二成,五年裁竣,国家可省千余万金,即以此款责成直省按照西法挑选老兵子弟年力精壮者,另行创练新军。"清廷虽屡谕各省裁减兵勇,除山东巡抚李秉衡分限五年裁减五成外,其余各省裁减一、二、三成不等。四川仅裁一百二十余名,江苏裁四百八十余名。各省绿营及练勇尚八十余万人,饷银共约三千余万两,绿营饷银一千余万,既多虚额,未得其用,于是又别练新军陆军矣。

(三) 练军与巡防队

防军初皆招募,于八旗绿营外,别自成营,兵数多寡不定,分布郡县,遇寇警则隶于专征将帅。二百年间,调发征戍,咸出于此。若乾隆间台湾之役,乾嘉间黔、楚征苗之役,嘉庆间川、楚教匪之役,道光间洋艘征抚之役,皆暂募勇营,事平旋撤,或以勇丁充补标兵,无防练军之兵也。道、咸间,洪、杨事起,各省多募勇自卫,张国樑募潮州勇丁最多。曾国藩治湖南练勇,定湘军营制,益以淮勇,多至二百营。左宗棠平西陲,所部湘军亦百十营。军事甫定,以勇营留防,分汛巡守,遂有防军之称。同治四年,因选练直隶六军,始定练军之名,练军与防军同,悉准湘淮军制也。各省所增编防练军,光绪二十四年核其总数如下:

直隶练军一一〇〇〇人　　留防淮军三一〇〇〇人　　新军一一四〇〇人

毅军一〇〇〇〇人	山东防军一三九五〇人	
奉天练军一一四〇〇人	吉林防军八五九八人	练军四四三八人
黑龙江练军七九七一人		
山西练军四九〇〇人	河南防军九一九〇人	陕西防练军一四四五〇人
甘肃防军一二五〇〇人	新疆防军二七八四五人	塔尔巴哈台勇营二四三二人
四川勇营一五六九八人	云南防军一五三三人	贵州练军九四八六人
广东勇营一一八〇〇人	广西勇营一六九四〇人	
湖南练军一二九七〇人	湖北勇营一二六九〇人	新军一〇九三人
江苏防军二三七九〇人	自强新军三一七〇人	得胜军三〇〇〇人
安徽防练军一一二九〇人	江西防军九三六三人	
浙江防军二一三〇〇人	福建防军一〇五四〇人	

各省防军练勇凡三十六万余人,岁需饷银二千余万两。

光绪二十七年以各省制兵防、勇甚为疲弱,着将原有各营严行裁汰,精选若干营,分为常备、巡警等军,一律操习新式枪炮,认真训练,以成劲旅。光绪三十年练兵处成立,次年奏各省防营名目错杂纷歧,拟令改正,统名为巡防队,自第一营起,次第排列,其零星队伍,并宜归并成营。各省续备军应一律改为巡防队。巡防队步队一营,设管带官一员,书记长一员,分三哨,有哨官哨长,每哨八棚,每棚什长一名正兵九名,伙夫一名,加以司书生五名、鼓号目一名、鼓号兵六名,护目一名,护兵十六名,共三百零一员名。马队一营,设管带官一员,书记长一员,哨官三员,哨长三员,什长十二名,正名一百零八名,每棚九名,马夫火夫各十二名,每棚各一名,加鼓号目兵,护目兵等共一百八十九员名。马一百三十五匹。《皇朝续文献通考》云:"案自创练陆军,令各省汰旧留新,限期成镇,维时疆臣负有守土职责,深以地方治安为忧,率请酌留旧营,以防内患。于是部臣始有改编巡防队之请。厥后皖、粤新军屡变,亦均借防营之力以遏乱萌。迨至辛亥武昌变起,宁、皖各省将军督抚纷请增募防军,然祸起仓卒,缓不能济。时袁世凯奉命督师,亦奏请在直隶、山东、河南等招募壮丁一万二千五百人,编集二十五营,作为湖北巡防军,请款四百万两,诏如所请。卒复汉阳,功在垂成,旋忽停战,星星之火,势遽燎原,固不得引为巡营之咎也。”此可见巡防队乃防练军之变名,所以维持地方治安者,皆省防军也。譬如两江总督端方于光绪三十三年奏称:江苏各巡防营队一律改编,以江宁为一路,编步队七营,苏常为一路,淞沪为一路,镇扬为一路,每路各编五营,淮徐为一路,马步共编十一营,合计三十三营。此盖江苏原有防军三分之一,其余皆改新式陆军,视为国防军矣。他省所改编之巡防队亦分为若干路,亦有以一路为一军者,成都且将驻防满营亦改编为巡防队三营。盖自此而驻防旗兵与绿营标兵,大略尽汰,陆军兵制变而益新矣。

(四) 新建之陆军

陆军新制,始于袁世凯所练之新建陆军。先是李鸿章督直,周盛波所统之盛军驻天津之小站,营屯田,以是名小站曰新农镇。甲午中日之役,盛军调援朝鲜,败绩。袁世凯方自朝鲜归,条陈十事,廷议从其一,即练兵是也。步军统领荣禄疏荐之,命接统胡燏棻在小站之定武军,称新建陆军。(世凯自朝鲜回国后,随直隶臬司周馥办东征转运事宜,袁氏本以知兵自诩,长芦运司胡燏棻说世凯练兵,世凯云:“须饷优械精,熟练数月,能操不溃之权,方敢措手。否则决不愿随人奔溃。”不久清廷派燏棻会同洋员汉纳根在津招募开办洋队,因该洋员所拟之办法不能实行,遂中止。另由胡燏棻招练定武军十营,步队三千人,炮队一千人,马队二百五十人,工程队五百人,共四千七百五十人,参用西法教练。乙未,中日和议成,袁世凯以浙江温处道留京充督办军务处差委,荣禄令其草拟创练新军办法。于是年十月由醇王、庆王会同军机大臣奏请变通军制,在天津新建陆军,保荐世凯督练。会燏棻被派造津芦铁路,定武军须人接统,遂奏请由袁就定武军凑足七千人,候有成效,逐渐扩充。)营务处各冠以字,曰参谋,曰执法,曰督操,曰稽查。设兵官学堂,以德国兵法教之。其营制:步队一营,计官弁兵夫一千五百五十四员名,炮队一营,一千六百五十一员名,工程队一营一千四十二员名,马队一营,八百九员名,每营随军官车四十辆,马队减半。光绪二十五年据世凯奏:见有步队五营,炮队马队各一营,工程队半营。计七营半,约万余人。及世凯督直,奏定北洋营制饷章,先练常备兵二镇。北洋之兵,皆归掌握。三十年,旨派庆亲王奕劻总理练兵事

宜,以世凯为会办。三十一年,奏定立军制,大略如下:

一军之制　总统官一员　总参谋官一员　一、二等参谋官各二员　炮队协领官一员　工程队参领官一员　护军官一员　执事官一员　一等书记官四员　总执法官一员　总军需官一员　总军械官一员　总军医官一员　总马医官一员　书记长五员　司事生三名　司书生十五名　稽查官一员　弁目三名　马弁三十名　护目六名　护兵六十名　伙夫九名　骑马三十三匹

一镇之制　统制官一员　正参谋官一员　二、三等参谋官各一员　执事官一员　一等书记官三员　正执法官一员　正军需官一员　正军械官一员　正军医官一员　正马医官一员　司号官一员　书记长七员　司事生五名　司书生十五名　弁目一名　马弁十六名　护目三名　护兵三十六名　伙夫五名　骑马十七匹

一协之制　统领官一员　参军官一员　执事官一员　二等书记官二员　司书生二名　司号长一名　弁目一名　马弁六名　护目一名　护兵十五名　伙夫二名　骑马七匹

一标之制　统带官一员　教练官一员　执事官一员　掌旗官一员　副军需官一员　副军械官一员　副军医官一员　副马医官一员　司号长一员　二等书记官二员　司书生二名　弁目一名　马弁四名　护目一名　护兵八名　伙夫二名　骑马四十匹

步队营制　管带官一员　督队官一员　队官四员　排长十二员　司务长四员　正目三十六名　副目三十六名　正兵一百四十四名(每棚四名)　副兵二百八十八名(每棚八名)　军需长一员　军医长一员　医生一名　书记长一员　司书生六名　号目一名　号兵八名　护目一名　护兵十八名　匠目一名　枪匠四名　皮匠四名　医兵四名　备补兵三十六名　伙夫三十八名　驾车兵四名　喂养夫四名　随营车四辆　驾车骡十二匹(马队营制、炮队营制、过山炮队营制、工程队营制、辎重队营制,皆大同小异,故从略)

军乐队制　每镇一队　队官一员　排长一员　一等乐兵二名

二等乐兵六名　三等乐兵十二名　学习乐兵二十四名　伙夫五名(粮饷局、军械局、军医局,从略)

饷章　自总统至司书生一千五百九十五员名,均支薪水。目兵匠夫二万三千七百六十名,均支饷银。骡马四千四百六十九匹,炮一百零八尊。薪公饷干炮费,每月共需银十九万三千六百四十二两八钱六分。总统项下各员,平时不设,除去薪饷五千一百五十三两五钱二分外,每月实支银十八万八千四百八十九两三钱四分。此为二镇薪饷之数,每镇实支银九万四千二百四十四两六钱七分。

军非常设,镇略等于今之师,协等旅,标等团,营名未变。惟湘、淮军每营五百人,营哨官长夫在外,此则六百四十余人。湘军营官月薪五十两,办公费一百五十两,新军营官月薪一百两,公费一百四十两。正兵月饷四两五钱,而湘军则每日一钱四分,合四两二钱也。标统月薪二百两,公费二百两,协统月薪二百五十两,公费二百五十两,镇统月薪四百两,公费六百两。总统月薪六百两,公费一千两。光绪三十一年袁世凯即按新军制改编保定所驻之京旗陆军为第一镇,迁安之陆军左镇为第二镇,近畿之武卫自强军为第三镇,马厂之常备右镇为第四镇。旋以第二镇之一部及武卫右军之先锋队,扩充为第五镇。又以第三镇之一部及武卫自强军余部,扩充为第六镇,是为北洋六镇。举行秋操于河间,北洋陆军之声誉,遂布满于世。光绪三十三年改设陆军部,奏定全国常备兵额约需三十六镇,其分配如下:

近畿四镇(山东、东三省各移住一镇)　直隶二镇　山东一镇(第五镇移住山东,应令该省另编一镇,将第五镇调回。或腾出第五镇见饷,由陆军部另编一镇)　江苏二镇　江北一镇　安徽一镇　江西一镇　河南一镇　湖南一镇　湖北二镇　浙江一镇　福建一镇　广东二镇　广西一镇　云南二镇　贵州一镇　四川三镇　山西一镇　陕西一镇　甘肃二镇　新疆一镇　热河一镇　奉天一镇　吉林一镇　黑龙江一镇边省限五年，内地限二三年内一律编练足额。至清末实际编成者仅二十六镇。兹将顺、直六镇之官兵驻地列下：

第一镇	驻京北仰山洼	官七四八	兵一一七六四
第二镇	驻保定永平等处	官七三七	兵一一七三一
第三镇	驻锦州吉林等处	官七五三	兵一一八八三
第四镇	驻马厂	官七四八	兵一一七五六
第五镇	驻山东济南潍县	官七四八	兵一一七六四
第六镇	驻南苑	官七四七	兵一一八四六

其后袁世凯得操纵满清命运，即赖此六镇之力。而革命党屡次起义以至于辛亥成功者，亦假各省新军之力也。

一百五　选举制度

（一）科举之流弊

自唐用科目举士，宋以经义试士，而明则专取四书五经命题，谓之制义，即俗称八股也。有清一代，相沿未改。尊其体曰代孔孟立言，严其格曰清真雅正。禁不得用秦、汉以后之书，不得言秦、汉以后之事。于是士人皆束书不观，争事帖括。至有通籍高第，而不知汉祖、唐宗为何物者，更无论世界各国矣。乾隆三年兵部侍郎舒赫德奏言：

> 科举之制，凭文而取，按格而官，已非良法。况积弊日深，侥幸日众，古人询事考言，其所言者，即其居官所当为之职事也。时文徒托空言，不适于用，墨卷房行，辗转抄袭，肤词诡说，蔓衍支离，苟可以取科第而止。士子各占一经，每经拟题多者百余，少者数十，古人毕生治之而不足，今则数月为之而有余。表判可预拟而得答策，随题敷衍，无所发明，实不足以得人，应将考试条款，改拟更张，别思所以选拔真才实学之道。

章下礼部,复奏称:

取士之法,三代以上出于学,汉以后出于郡县吏,魏晋以后出于九品中正,隋唐至今出于科举。科举之法不同,自明至今,皆出于时艺。科举之弊,诗赋只尚浮华而全无实用;明经徒事记诵而文义不通。唐赵匡所谓"习非所用,用非所习"是也。时艺之弊,今该侍郎所陈奏是也。圣人不能使立法之无弊,在因时而补救之。苏轼有言:"得人之道,在于知人;知人之道,在于责实。"能责实,虽由今之道,而振作鼓舞,人才自可奋兴。若惟务徇名,虽高言复古,法立弊生,于造士终无所益。今谓时文经义及表判策论皆空言剿袭而无用者,此正不责实之过。凡宣之于口,笔之于书,皆空言也。何独今之时艺为然?时艺所论,皆孔孟之绪言,精微之奥旨,参之经史子集,以发其光华;范之规矩准绳,以密其法律。虽曰小技,而文武干济英伟特达之才,未尝不出乎其中。不思力挽末流之失,而转咎作法之凉,不已过乎!即经义表判论策,苟求其实,亦岂易副?经文虽与四书并重,积习相沿,士子不专心学习,若著为令甲,非工不录。表判论策皆加复核,必淹洽词章,通晓律令,而后可为表判;有论古之识,断制之才,通达古今,明习时务,而后可为论策。何一不可见之施为,切于实用?必变今之法,行古之制,将治官室养游士,百里之内,置官立师,讼狱听于是,军旅谋于是,又将简不率教者屏之远方,终身不齿。毋乃纷扰而不可行!况人心不古,上以求实,下以名应,兴孝则有割股庐墓以邀名者矣,兴廉则有恶衣菲食敝车羸马以饰节者矣。相率为伪,借虚名以干进取,及莅官后,尽反所为,至庸人之不若。此尤近日所举孝廉方正中所可指数,又何益乎?司文衡职课士者,诚能仰体谕旨,循名责实,力除积习,杜绝侥幸,文风日盛,真才自出,无事更张定制为也。

八股文系以起、承、转、合四段而中加四比、六比,有固定之格式,其文义不出五经四书之范围,以故坊间选刻中式者之文以为闱墨,士子揣摩背诵,辗转抄袭,即可得售。甚至五经四书亦无须研习,随题敷衍,而文义不通。徒使才智之士,耗精力于蝇头卜题之中,而反与学术截分为两事。若欲治学问,则终身不屑应试,或中途而改辙,以重习经史古文者,比比皆是。曾国藩家书云:"吾谓六弟(国华)今年入泮固佳,万一不入,则当尽弃前功,壹志从事于先辈大家之文。年过二十,不为少矣,若再扶墙摩壁,役役于考卷截搭卜题之中,将来时过而业仍不精,必有悔恨于失计者,不可不早图也。余当日实见不到此,幸而早得科名,未受其害,向使至今未尝入泮,则数十年从事于吊渡映带之关,仍然一无所得,岂不靦颜也哉?此中误人终身多矣。温甫(国华字)以世家之子弟,负过人之资质,即使终不入泮,尚不至于饥饿,奈何亦以考卷误终身也?"国藩虽出身科第,然对于考卷之误人终身,知之甚稔,故劝其弟尽弃前功,从事古文,不必扶墙摩壁,役役于截搭卜题之中。所谓卜题者,即预猜试题,先为草稿,俾不致临时张皇,亦可以倩人代作。清代习俗,凡为应试亲友祖饯者,必置藕、玉黍及猪蹄三味。取偶遇熟题之意,以祝其成功也。所谓截搭者,即东抄西袭,强凑成文,就经子拟题百余,皆可预得答案也。且遇有割裂出题之学使,(如鲍桂星督学河南,出题每多割裂,一题曰:"及其广大草。"人嘲以诗云:"广大何容一物胶?满场文字乱蓬茅。生童拍手呵呵笑,渠是鱼包变草包。"又一题曰:"七十里子。"人嘲以诗云:"没头没脚信难题,七十提封一望迷。阿伯不知何处去,剩将一子独孤栖。"盖"及其广大草",即《中庸》"一撮之山"下有"及其广大,草木兴焉"句之割裂题也。"七十里子",即五爵封邑,"伯七十里,子男五十里"之割裂题也。)则亦非望文生义,勾连补缀不可耳。因此时文皆成滥调,骊中彪外,羌无内容。舒赫德之建议改革,即由于此。其时鄂尔泰当国,力持议驳,科举制义得以不废。洎乾、嘉以后,考据之学大行,辑佚之风日盛,于是考生有故造僻典,以愚试官者,而试官虑人之议其腹俭,特取中之。清末诸子之学渐昌,蔡元培所作八股文,多用周、秦诸子典故,非如当时之高头讲章,而房官为之推荐,闱墨为之选刻,一时摹仿得隽者甚多。可见风气足以影响科举,而科举不能拔取真才,甚至人才为考卷所误,终老泥蟠,岂何以应世变兴时务耶?《随园诗话》载吴江徐灵胎《刺时文》云:"读书人,最不齐,滥时文,烂如泥。国家本为求才计,谁知道变做了欺人技。三句承题,两句破题,摆尾摇头,便道是圣门高弟。可知道三通四史,是何等文章?汉祖、唐宗,是哪一朝皇帝?案头放高头讲章,店里买新科利器;读得来肩背高低,口角唏嘘,甘蔗渣儿,嚼了又嚼,有何滋味?孤负光阴,白日昏迷,就教骗得高官,也是百姓朝廷的晦气!"《皇朝续文献通考》云:"孔子曰:推十合一曰士。不知今日之彪彪然以士自号者,其能推而合之者有几也?国家之礼士,不为不重,凡以为治民耳。夫岂不欲得经义治事者而任之?乃者所习非所用,所取亦非所用,所谓文章之士,不可以治国者,意在斯乎!顾皇朝开国二三百年,挟时文以进者,亦每有魁垒鸿石磊落乎鼎钟,此特亭林谓士之能得科目,非科目能得士也。"其对时文科举之流弊,颇能言之尽致矣。

(二)科举之罢除

甲午以后,世变日亟,论者谓科目人才不足应时务,咸议罢之。至谓八股与中国不两立。于是御史杨深秀上书请废八股,为礼部尚书许应骙所驳。戊戌四月初,梁启超复联合举人百余人,连署上书,请废八股,书格不得达。及康有为、张元济被召见,皆力陈其害。康谓辽、台之割,二百兆之偿,安南、缅甸之弃,轮船、铁路、矿务、商务之不兴,以及民之贫国之弱,皆由八股害之。光绪帝喟然曰:"西人皆日为有用之学,我民独日为无用之学!"康即请曰:"皇上知其无用,能废之乎?"帝曰:"可也。"康退,告宋伯鲁,使抗疏再言之。疏既上,帝立命军机大臣批准。刚毅谓此乃祖制,不可轻废,请下部议。帝曰:"部臣据旧例以议新政,惟有驳之而已。吾意已决,何议为?"遂下诏自下科始,改试策论。诏云:"我朝承宋、明旧制,以四书文取士,康熙年间曾经停止八股,改试策论,未久旋复旧制。一时文运昌明,儒生稽古穷经,类能推究本源,发明义理,制科所得,实不乏通经致用之才。乃近来风气日漓,文体日敝,所试时艺,大都随题敷衍,于经义罕有发明,而谫陋空疏者,每获滥竽充选。若不因时通变,何以见实学而拔真才?着自下科为始,乡会试及生童岁科各试,向用四书文者,一律改试策论。其如何分场命题考试一切详细章程,该部即妥议具奏。此次特降谕旨，实因时文积弊太深，不得不随时改变，以破拘墟之习。至士人为学，自当以四子书六经为根柢，策论与制义，殊流同源，仍不外通经史以达时务，总期体用兼备，人皆勉为通儒。毋得竞进博涉，徒蹈空言，以致负朝廷破格求才至意！”政变以后，慈禧推翻一切新政，又诏复八股取士之制。既立溥儁为皇子，诏于光绪二十六年三旬寿辰开恩科乡试，次年会试。庚子乱作，未暇举行。光绪二十七年，诏议变法，改乡会试头场试中国政治史事论五篇，二场试各国政治艺学策五道。三场试四书义二篇，五经义一篇。不得用八股文程式。二十九年、三十年，犹连举恩科会试。三十一年，张之洞、袁世凯始会奏请罢科举。其言曰：

科举之弊，古今人言之綦详，而科举之阻碍学堂，妨误人才，臣等亦迭经奏陈，久在圣明洞鉴之中。是以前奉谕旨，递减科举中额，期以三科减尽，十年之后，取士概归学堂，固已明示天下以作新之基，而徐俟夫时机之至，所以为兴学培才者，用意至为深远！臣等默观大局，熟察时趋，觉见在危迫情形，更甚曩日，而科举一日不停，士人皆有儌幸得第之心，以分其砥砺实修之志，民间更相率观望，私立学堂者绝少，非公家财力所能普及，学堂决无大兴之望。就目前而论，纵使科举立停，学堂遍设，亦必须十数年后，人才始盛，如再迟至十年甫停科举，学堂有迁延之势；人才非急切可求，又必须二十余年后，始得多士之用。科举夙为外人诟病，学堂最为新政大端，一旦毅然决然，舍旧谋新，则风声所树，观望益倾，群且刮目相看，推诚相与，而中国士子之留学外洋者，亦知进身之路，归重学堂，益将励志潜修，不为邪说浮言所惑，显收有用之才俊，隐戢不虞之诡谋，所关甚宏，收效甚巨。且设立学堂者，并非专为储才，乃以开通民志为主，使人人获有普及之教育，具有普通之智能，上知效忠于国，下得自谋其生也。其才高者固足以佐治理，次者亦不失为合格国民，兵农工商各完其义务，而分任其事业，妇人孺子亦不使闲处，而兴教于家庭，无地无学，无人不学，以此致富奚不富，以此图强奚不强？故不独普之胜法，日之胜俄，识者皆归其功于小学校师，即其他文明之邦，强盛之原，亦孰

> 不基于学校？而我国独相形见绌者，则以科举不停，学校不广，士心既莫能坚定，民智复无由大开，求其进化日新也难矣！故欲补救时艰，必自推广学校始，而欲推广学校，必自先停科举始。拟请宸衷独断，雷厉风行，立沛纶音，停罢科举，庶几广学育仁，化民成俗，胥基于此！

旋奉上谕："三代以前，选士皆由学校而得人极盛，实我中国兴贤育才之隆轨，即东西洋各国富强之效，亦无不本于学堂。方今时局多艰，储才为急，朝廷以近日科举，每习空文，屡降明诏，饬令各省督抚广设学堂，将俾全国之人咸趋实学，以便任使，用意至为深厚。前因管学大臣等议奏，已准将乡会试中额分三科递减。兹据该督等奏称：科举不停，民间相率观望，欲推广学堂，必先停科举等语，所陈不为无见。着即自丙午科为始，所有乡会试一律停止，各省岁科考试亦即停止。其以前之举贡生员，分别量予出路。及其余各条，均着照所请办理。总之，学堂本古学校之制，其奖励出身又与科举无异，历次定章，原以修身读经为本，各门科学尤皆切于实用，是在官绅申明宗旨，闻风兴起，多建学堂，普及教育，国家既获树人之益，即地方亦与有光荣。经此次谕旨后，着学务大臣迅速颁发各种教科书，以定指归，而宏造就。并着责成各该督抚实力统筹，严饬府厅州县赶紧于城乡各处遍设蒙小学堂，慎择师资，广开民智，其各认真举办，随时考察，不得敷衍瞻徇，致滋流弊！务期进德修业，体用兼赅，共副朝廷劝学作人之至意！"自此谕降后，而科举之制度遂罢。三十二年政务处奏定举贡生员出路章程，仍用考试，择优录用，以两科为限。民国以来，八股文虽已成陈物，然而文官考试之制度未废也。

(三) 特科之举行

清代于制科外，复有特科之举行，如康熙、乾隆时之博学鸿儒等科是也。光绪帝因外侮日逼，颇有革旧图新之意，因于二十四年正月，以贵州学政严修奏请开议专科，遂允先行特科，次行岁举。特科约以六事：曰内政、外交、理财、经武、格物、考工。由三品以上京官及督抚学政各举所知，咨送总理衙门,会同礼部,奏请试以策论,名为经济特科。岁举则每届乡试年分,由各省学政调取各学堂书院高等生,送乡试分场专考。五月帝擢康、梁,决心变法,诏改八股文为策论,以经济特科岁举归并正科,毋待来年。光绪二十七年四月,奉旨照博学鸿词科例开经济特科,着政务处大臣议定考试章程。二十八年十月,谕政务处分咨原保大臣及各省督抚务于四月以前齐集京师。计中外臣工奏保者三百七十余人,其中有见任实缺或充要差为该省督抚奏留不考者,报到一百二十二人。于会试后举行考试,系以二场分试策论,第一场为正场,录取者再行复试一场,均试以论一篇,策一道。题目钦命,简派大臣校阅。闰五月十六日在保和殿考试。六月予考取一等袁嘉穀等九名,二等冯善征等十八名,带领引见,升叙有差。此经济特科举办之情形也。科举废后,学部奏准考验游学毕业生,酌拟等第,给与进士举人出身,其章程大略如下:

一、考试分两场:第一场就各毕业生文凭所注学科,择要命题考验。第二场试中国文、外国文。

一、每学科各命三题,作二题为完卷。中外文作一题为完卷。

一、试卷由襄校评记分数,再由学部大臣会同钦派大臣详细复校,分别最优等、中等。

一、毕业生考列最优等者,给予进士出身,优等及中等者,给予举人出身,均由学部开单带领引见,请旨。

一、毕业生准给出身者,并加某学科字样,习文科者,称文科进士、文科举人,法科、理科、医科、工科、商科、农科仿此。

凡游学生于考验获得出身后,复经廷试一次,分为一、二、三等。中文与科学并能优长者列一等,中文平妥、科学优长者列二等,科学优长未作中文卷者列三等,凡得有进士出身者,一等赏给翰林院编修或检讨,二等赏给翰林院庶吉士,俟三年期满,由掌院学士出具考语,奏请分别授职编检。三等赏给主事,按照所学科目,分部学习。其已得有举人出身者,仿照举人考职成案,分别赏给主事、内阁中书、小京官、知县等官。此即俗称之洋举人、洋进士、洋翰林等是也。初时试仅数十人,后至四百余人,每岁一试。自光绪三十一年至宣统三年凡七试而清亡矣。兹记所取人数如下:

光绪三十一年:考试出洋毕业生,给予金邦平等十四人进士、举人出身,并赏翰林院检讨、主事、中书、知县各职有差。

光绪三十二年:赐游学毕业生陈锦涛等三十一人进士、举人有差。

光绪三十三年:验看廷试游学毕业生,赏进士章宗元等四十人翰林、主事、中书、知县各职有差。

光绪三十四年:予游学毕业生陈振先等进士、举人出身有差。

宣统元年:引见廷试游学毕业生进士黄德章等一百零二人,予翰林院编修、检讨、庶吉士、主事、内阁中书、小京官、知县各职有差。又学部考试游学毕业生最优等林大闾等十三名、优等于树桢等五十二名、中等林大同等一百九十名。

宣统二年:廷试游学生,一等梁宓等八十名,二等王兆枏等一百三十二名,三等孙毓汶等二十六名。又验看学部考验游学毕业生吴匡时等七人,赏给进士、举人有差。又引见廷试游学毕业生进士项骧等二百三十七人,予翰林各职有差。

宣统三年:引见廷试游学毕业生进士江怀古等四百三十九人,予翰林各职有差。

清代又有孝廉方正之科,始自雍正,赐六品章服,引见用五十五岁以上者为知州,余用知县。嘉庆恩诏每府、州、县、卫各举孝廉方正,暂赐六品顶戴荣身,以备召用。道光元年,御史许乃济奏称:国家颁发明诏,令举荐才品优长之士,原以广励人材,冀收得贤之效。乃比来外省视为不急之务,或数郡不举一人,其所举者又或牵于情贿,漫以衰庸充数,以致此事竟成具文,殊失拔滞显幽之义。其后咸丰、同治初元,均有御史陈奏滥保孝廉方正之折,可见地方有司,久视为具文,而真儒潜修之士,又不肯干谒公庭,以致应诏无人矣。光绪五年,周德润奏云:"夫砥节砺行之儒,大都不求闻达,其虚声动众者,必非真材,况夤缘以求保荐耶?近闻各直省所举孝廉方正,名实相符者固不乏人,其虚应故事曲循人情者尤指不胜屈。而乡曲之士遂以奔走郡县联络耆绅为捷径,致令卑污庸劣之辈滥厕孝廉方正之名,殊非朝廷敦崇实学之意。"言官虽屡次陈奏,而选举冒滥如故也。宣统二年,各省所保多至百数十人,少亦数十人,乃定期每年八月考试一次。是年取得一等之举贡朱炳灵等十五名,着以知县用;廪增附生魏炳文等三十五名,着以州判经历用。二等之举人刘庆鸿等三名,着以州同用。五贡安于恒等十名,着以州判经历用,廪增附生王调元等六十二名,着以府经历、县丞、州吏目用。其余未经录取者,均赏给六品顶戴。此种循例而举,循例而应之特科,殊非一般人所注意者矣。

(四)捐纳之赀选

清制入官重正途,自捐例开,官吏乃以资进,其始固以搜罗异途人才补助科目所不及,中叶而后,名器不尊,登进乃滥,仕途因之淆杂矣。捐例不外拯荒、河工、军需三者,曰暂行事例,期满或事竣即停。而现行事例则否,盖常捐也。大抵平民捐贡监封典,无关铨政者,属现行事例,余属暂行事例。捐途文职小京官至郎中,未入流至道员,武职千、把总至参将,皆可以纳捐而取得资格,而现任职官并得捐升、加级、纪录。惟捐纳官不得分吏、礼部,道府非由曾任实缺正印官捐纳,仅授简缺,则著为令。铨补则新捐班次视旧班为优,此通例耳。捐事户部捐纳房主之,收捐或由外省或由部库,或省部均得报捐。凡报捐者曰官生,部予以执照,贡监并给国子监照。俊秀纳贡监或职衔,由原籍地方官查出身家清白,季报或岁报。捐职官者,查明有无违碍,取具族邻甘结,依限造报,逾限或查报不实罪之。其大略也。文官捐始康熙十三年,以用兵三藩,军需孔亟,暂开事例。十六年左都御史宋得宜言:"捐例系万不得已而开,然开例三载,所入只二百万有奇,而捐纳最多者,莫如知县至五百余人,始因缺多易得,踊跃争趋。今见非数年不能选授,亦观望徘徊,请饬部限期停止,以示慎重名器之意。"帝纳其言,滇南收复,捐例停。嗣以西安、大同饥,又永定河工,复开事例。

雍正、乾隆、嘉庆三朝,虽皆知捐纳非美事,然旋停旋开迄未能禁止也。宣宗、文宗御极之初,首停捐例,一时以为美谈。自道光七年,开酌增常例,又次第议行,其时捐例多沿旧制,惟于推广捐例中,准贡生捐中书,豫工例中准增附捐教职而已。咸丰元年,特开筹饷事例,明年续颁宽筹军饷章程。九年复推广捐例,时军兴囊绌,捐例繁多,无复限制,仕途芜杂日益甚。同治元年,御史裘德俊请令商贾不得纳正印实官,以虚衔杂职为限。许之,旋部臣言捐生观望,有碍饷需,诏仍旧制。光绪初,议者谓乾隆间常例每岁贡监封典杂职捐收约三百万,今捐例折减,岁入转不及百五十万,名器重虽虚衔亦觉其荣,多费而有所不惜,名器轻则实职不难骤获,减数而未必乐输,所得无几,所伤实多,停捐为便。五年,清廷以捐例无补饷需,实伤吏道,明诏停止。未几海疆多故,十年开海防捐,如筹饷例。减二成核收,常例捐数并核减。十三年停海防捐开郑工捐。十五年,复罢郑工捐,开海防新捐。屡展限行之十余年。二十六七年间,江宁筹饷,秦、晋实官捐,顺、直善后赈捐,次第举办。及锐意变法,言者多谓纳捐非善政,诏即停止。然报效叙官旧捐移奖,且继续行之,但有停捐之名而已。此种卖官鬻爵之办法,为清朝政治腐败最大原因之一,盖以官为贸易,必操奇而计赢,略一侵吞钱粮,已逾原捐之数,明效输将,暗亏帑项。况捐班流品太杂,竟有市井、驵侩及劣幕、蠹书、土痞、无赖、舆台、仆隶之徒,亦皆张罗杂凑,溷入仕途,国与民交受其病矣。至捐纳教职者,多不通文理少年,以之为学问优长、年高齿长者之师,岂非笑柄乎? 冯桂芬《变捐例议》云:“道光中安徽朱孝廉凤鸣叩阍进所为《尚书题论》,上温诏褒之。其任官惟贤一论,颇传诵京师。有曰:‘国家用科目,君子小人参半也;用捐班,则专用小人矣。’又曰:‘上以急公好义为招,特假以为名,下以利市三倍为券,将务求其实。’又曰:‘捐班逢迎必工,贿赂必厚,交结必广,趋避必熟,上司必爱悦,吏部必护持。’又曰:‘与其开捐,不如勒派富民,百十家之勒派,其害偏,开捐则将为贫民亿万家之勒派,其害普。与其开捐,不如加赋,有形有限之加赋,其害近,开捐则将为无形无限之加赋,其害远。’抉开捐之弊,可谓至矣! 平心论之,实苛论也。国朝捐班,亦有李公世杰、傅公鼐诸人,安得谓专用小人乎?顾特千百中之一二耳。夫求一二于千百中难矣。近十年来,捐途多而吏治益坏,吏治坏而世变益亟,世变亟而度支益蹙,度支蹙而捐途益多,是以乱召乱之道也。居今日而论治,诚以停止捐输为第一义。"然光绪季年,名虽停止捐纳,而实则有报效捐复一条,更为贪污官吏以保障,御史陈善同谓之奖励官邪,开此方便之门。是则以赀为选之政,实与清朝之命运相终始矣。

一百六　学校制度

(一)旧教育制度之概况

古者家有塾,党有庠,州有序,国有学,其所称为士者,出则负耒,入则横经,莫不雅歌投壶,以咏先王之风。自汉武广置学官,一以利诱之,而三代学校之遗意,荡焉无复存矣。清沿明制,于京师设国学,各直省曰府、州、县学,特以诗赋、策论、时文为一时之风尚,三载宾兴,帝王命学臣一时按临而甄录之,复为之选派儒官,以资表率。迨其既也,师与生终岁不相见,惟入学时之脩脯则龂龂焉,学校名存实亡,已非一日。于是书院代之以兴。各省及府、州、县次第建立,延聘明经行修之士为之长,秀异多出其中,如李二曲之于关中,张伯行、蔡世远之于鳌峰,沈国模、史孝咸之于姚江,皆明代讲学之法也。高宗明诏奖励,比于侯国之学,儒学浸衰,教官不举其职,所赖以造士者,独在书院,其裨益育才,非浅鲜也。其事于卷上中已详述之,惟始则师生矗没研究道艺,颇著声光,后则山长以疲癃充数,士子以儇薄相高,其所日夕咿唔者,无过时文帖括,率皆贪微末之膏火,甚至有头垂垂白不肯去者,此朱子所谓:"科举不累人,人自累科举耳。"故末叶书院虽广设,如丹阳之凤鸣,苏州之紫阳、正谊,湖南之城南、求实,吉林之白山,湖北之经心,广西之榕湖,奉天之萃德、萃升,江宁之崇文,贵州之文庙,江西之鹿洞,衡阳之船山,河南之嵩阳、明道等,而所造就之人才,仅广东之广雅,湖广之两湖,及江阴之南菁为最著。广雅初创于两广总督张之洞,在光绪十三年,奏准拨款,每岁可得息银七万七千一百五十两,充膏火、薪水各项经费。设在广州西北五里之源头乡。分经、史、理学、经济四门,各立课程日记。两省肄业生额定各百名,添设分教四人,分门讲授。院长实总其成。十六年,之洞又在湖广总督任内,奏设两湖书院。南菁创办较早,成绩最优,为江苏学政黄体芳(漱兰,瑞安人,时官兵部侍郎)所设。光绪九年,两江总督左宗棠奏云:“前接江苏学政黄体芳缄称:江阴创建经古书院,名曰‘南菁’(取朱子“南方之学,得其菁华”语意),仿诂经精舍之例,专课通省经古。惟经费不敷,落成有待,请拨款接济,并常年膏火之资。臣以创建书院系嘉惠士林起见,捐廉一千两佐书院工料之费,并准北票费项下,提银二万两解由学臣饬江阴县发商生息,以为每年膏火之资,年终结算,申报学臣,移咨臣署备案。”可见南菁经费,最初仍系官款,后得苏绅捐助沙田五万亩,始有基金耳。赵椿年《覃孠斋师友小记》云:“书院之经费,先由漱兰师捐廉为倡,同官咸起相应,共得钱三万三千串,分存常州府属八县各典中,月息一分,以为课生膏火。因内课生月支膏五千文也。光绪十四、十五、十六三年,由苏绅费学习及姚文枏、盛康、陈美棠、郑惇五等先后捐助川沙、南通等处沙田约五万亩。是为书院经费之基本。”南菁书院之规制,视学海堂、诂经精舍尤为闳美,光绪十年以后,江苏文献几可取征于此。在江阴县城内中街,就水师营协镇、游击两署改建,院舍七进,为课生斋舍、掌教住宅,正中楼上、下十间,上为藏书楼,下为客厅。课分经学、古学两门,各设内课生二十人,分居训、诂、词、章四斋,每斋十人,设斋长一人。光绪十年秋开课,掌教为南汇张文虎(啸山),到院两月,以足疾辞归。即改延定海黄以周(元同),在院凡十五年,至光绪二十四年归隐杭州。黄体芳任满回京后,由长沙王先谦(益吾)继之,下车观风之试,发《劝学琐言》一本,以《尔雅》、《说文》、《文选》、《水经注》四种分发各属为集注,未能有成。幕中有林颐山(字晋霞,慈溪人)与缪荃孙(字筱珊,江阴人)分主古学讲席。过此则为学校时代矣。南菁之课生,其后有名者,如华世芳、唐文治、谢钟英、孙同康(后改名雄)、雷曜瑨、庄蕴宽、曹元弼、李钟钰、曹元忠、胡玉缙、吴朓(后改敬恒)、钮永建、冯善征、孙揆均、张一麟、张一鹏、陆士奎、沈恩孚、汪荣宝、蒋维乔、陈懋治、陆增炜、顾震福等。《皇清经解续编》二百零九种,即南菁所汇刻。又刻《南菁丛书》八集四十一种,此在书院中最称辉煌者也。

甲午以后，议兴新学，浙江巡抚廖寿丰因将旧有敷文、崇文、紫阳、学海、诂经、东城六书院酌筹改并，就普慈寺后专设一求是书院。委杭州知府林启为总办，延一西人为正教习，授各种西学，华教习二人副之，一授西文，一授算学。监院一人，管理院事。由绅士举送年二十以内之举贡、生监，择其行谊笃实，文理优长，平日究心时务，而无嗜好习气者，送院肄业，但予奖赏，不给膏火，以五年为限。此书院以讲求新学为事者。《续皇朝文献通考》云：光绪二十二年江苏学政瞿鸿禨奏南菁书院虽隶县治，而入院肄业者，为通省人才所萃，请照省会书院之例，作为南菁高等学堂。据赵椿年记云："余十五年己丑离院，光绪二十七年由学使李殿林奏改南菁高等学堂。《南菁学友录》（孙揆均撰）载书院时代至二十九年止。"此记改制迟五年，不知孰是，或名改而实未改耳。三十三年，张之洞奏改经心书院为存古学堂。盖自庚子以后，政府虽谕令书院与学校相辅而行，然时会所趋，各省皆改书院为学堂矣。

〔附记〕　宣统元年山东巡抚袁树勋奏："堂邑义丐武训，经光绪十四年给予乐善好施建坊。今临清有武训义塾，即乞人所建者也。访诸耆老，佥云：'武训行乞三十余年，未尝费一钱，甘一饭，终身不娶，积铢累寸，设学三州县，宅舍经费惟备，倩人董理，己绝不过问，惟师生有惰者，则长跪其前，因是成就日多。'臣查武训所设学塾与捐钱之数，在奏奖以后者。以一乞人兴学三州县，捐资万余串，仅予寻常旌表，不足以示来兹而兴薄俗，恳恩宣付史馆立传，以彰奇行。"武训兴学之精神，今人类能言之，观袁氏一疏，可知梗概矣。

（二）无系统教育时期

学校新制之沿革，略分二期：同治初迄光绪辛丑以前，为无系统教育时期；辛丑以后迄宣统末，为有系统教育时期。自五口通商，英法联军入京后，清廷鉴于外交挫衄，非兴学不足以图强；又震于列强之船坚炮利，急需养成制造船械及海陆军之人才，故其时首先设置之学校，曰京师同文馆，曰上海广方言馆，曰福建船政学堂，及南北洋水师武备等学堂。初以交涉重任,率假手无识牟利之通事,往往以小嫌酿大衅,因悟通事之不可恃,遂有同文馆之设。同治六年始添设算学馆。时京僚懵于时务,尚以下乔迁谷为耻也。原疏驳斥众议,谓:“西人制器之法,无不由度数而生,中国欲讲求制造轮船机器诸法,苟不借西士为先导,师心自用,无裨实际。若以师法西人为耻,其说尤谬。中国狃于因循,不思振作,耻孰甚焉? 今不以不如人为耻,独以学其人为耻,将安于不如,而终不学,遂可雪耻乎?”同治二年,李鸿章仿同文馆例,奏设广方言馆。上谕令广州亦查明办理。同治五年,左宗棠奏设福建船厂,并设随厂学堂。前后堂学生毕业后,选派赴英、法学习制造驾驶。亦有学矿学、化学及交涉公法者。初期学堂,以船政所成就之人才最多,不仅为中国海军之嚆矢也。光绪八年李鸿章奏设天津水师学堂,仿闽学制。又于光绪十一年设天津武备学堂,规制略仿西洋陆军学堂,挑选营中精健聪颖、略通文义之弁目入堂肄业。文员愿习武事者一并录取。其课程一面研究行军新法,及各种枪炮、土木营垒、布阵攻守各术,一面赴营演习,聘德国教员,不能直接听讲,仍用翻译,辗转教习,与水师专重外国文者不同。初仅肄业一年,考试及格,发回各营,其后逐渐延长年限,选募良家年幼子弟肄业。迨庚子之变,学堂适当战区,全校沦为灰烬矣。然北洋军阀将领,出身其中者甚夥云。此外广东水陆师学堂,则粤督张之洞于光绪十三年奏设,之洞调任湖广,又奏设湖北武备学堂。其办法课程,水师分管轮、驾驶两项,陆师分马步、枪炮、营造等项,大略参照北洋成法。洎海军成立,新军改建,此类学堂南洋及各省增设日盛,不具述。至湖北自强学堂,亦之洞创设,初分方言、格致、算学、商务四门,惟方言一斋,住堂肄业,余三斋按月考课。其后算学改归两湖书院,格致、商务停课,本堂专课方言,以为西学阶梯。方言分英、法、德、俄四门,亦类似同文馆之学堂也。光绪二十二三年间,各省学堂未能普设,中外臣工多以变通整顿书院为请,诏饬裁改。礼部议准章程,并课天算、格致等学,如陕西等省创设格致实学书院,以补学堂之不足焉。大抵此期设学之宗旨,专注重实用,盖其动机缘于对外,故外国语及海陆军得为主要,无学制系统之足言。惟南洋公学虽亦承袭此期教育之宗旨,而学制分为三等,已寓普通学校及预备教育之意。先是,津海关道盛宣怀于天津创设头、二等学堂,头等学堂课程四年,第一年习竣,欲专习一门者,得察学生资质,酌定专门凡五:一、工程学,二、电学,三、矿务学,四、机器学,五、律例学。二等学堂课程四年,按班次递升,习满升入头等。意谓二等拟外国小学,头等拟外国大学。因初设采通融求速办法,教员既苦乏才,学生亦难精选,无甚成效。《续皇朝文献通考》云:"案光绪十二年津海关道周馥请设博文书院,嗣因拨款与税务司德璀琳意见不合,遂辍。至光绪二十一年直隶总督王文韶奏,津海关道盛宣怀捐办西学学堂,从之。"二十二年,宣怀任铁路督办大臣,又于上海创设南洋公学,如津学制而损益之,经费取给招商、电报两局捐助十万两,奏明办理,因名公学。分四院:曰师范院,曰外院,曰中院,曰上院。外院即附属小学,为师范生练习之所。中、上院即二等、头等学堂,寓中学堂、高等学堂之意。课程大体中文、英文两部,而注重法政、经济,上院毕业生择尤异者咨送出洋,就学于各国大学,谓国内大学猝难设置,以公学为预备学校,而以外国大学为最高学府。论者谓中国教育有系统之组织,此其见端焉。光绪三十年改为高等商务学堂。三十二年由商部接收,改为上海实业学堂。仍由招商局年拨二万两,电报局年拨二万元,作常年经费。与京师各实业学堂规模相同,而常年开支及游学经费需七万余两之谱,商部整理扩充,当另筹的款耳(京师高等农业学堂,高等工商业学堂二所,开办费四十一万六千两,常年费二十九万七千五百两,由学部咨度支部筹拨)。此第一期无系统教育之大略也。

(三) 有系统教育时期

自甲午一役,丧师辱国,列强群起攘夺权利,国势益岌岌。朝野志士,恍然于向者自强之不得其本。刑部侍郎李端棻奏筹议京师建立大学堂。吾国旧制,原以国子监为太学,肄业生徒,有贡有监。贡生凡六:曰岁贡、恩贡、拔贡、优贡、副贡(以上五贡,谓之正途)、例贡;监生凡四:曰恩监、荫监、优监、例监;谓之国子监生。分六堂肄业,每堂内班各二十五名,乾隆初加至三十名。外班各二十名,后裁。名为坐监肄业,率假馆散处,遇释奠堂期季考月课暂一齐集,监内旧有号房五百余间,修圮不时,且资斧不给,无以宿诸生。孙嘉淦以刑部尚书管监事,乞给监南官房,令助教等官及肄业生三百余人居住,严立课程,奖诱备至。六堂讲师,极一时之选。三年期满,分别等第,以示劝惩。是为“南学”。乾隆四十八年,谕国学为人文荟萃之地,规制益隆,应增建以臻美备。明年高宗驾临辟雍,行讲学礼,观礼者达三千八百八十人,彬彬称极盛矣。嘉庆以后,视学典礼,率行不废。道光末,诏整饬南学,住学者百余人,监规颓废已久,迄难振作。咸丰军兴,岁费折发,章程亦屡更。同治初元,以国学专课文艺,无裨实学,令兼课论策,留心时务。增发岁费三千两,选文行优者四十人住南学,厚给廪饩,文风稍稍兴起。光绪二年增二十名。十一年许各省举人入监,曰举监。然例监为捐纳所得,恩荫监皆八旗学生及官员子弟给荫入监,月课虚应故事,虽明谕屡督责,迄难振刷。故端棻以建立大学为请也。光绪二十四年御史王鹏运又言之,着军机大臣会同总理衙门妥议。旋奏以事属创始,筹划匪易,当即查取各国学校制度,斟酌损益,草定章程,举其要义四端:一、宽筹经费,二、宏建学舍,三、慎选管学大臣,四、简派总教习。诏如所拟,命吏部尚书协办大学士孙家鼐为管学大臣,工部侍郎许景澄为总教习。就景山东马神庙前和嘉公主旧第,稍购附近民房益之。拨户部向存华俄银行五百万金为基金,刻期兴办。戊戌政变后,诏复八股,家鼐遂以时文、性理论录士,得百余名。十一月开学,学生不及百人,分诗、书、易、礼、春秋六堂课士,每堂不过一二十人,兢兢以圣经、理学诏学者,犹国子监之旧制也。二十五年秋,学生招徕渐多,将近二百人,乃别立史学、地理、政治三堂,其余改名曰立本、求志、敦行、守约。其初学生分三类:曰仕学院,曰中学,曰小学,均午前读经,午后习科学。至是改堂后中小学合并,惟仕学院名尚在,分隶史学、地理、政治三堂。时各省学堂未立,大学堂虽设,不过略存体制,士子虽稍习科学,大都手制艺一篇,呫毕咿唔,求获科第而已。景澄等心知其非,一日笑语家鼐曰:“公办学堂,太偏于理学。”家鼐乃乞病,景澄兼管理事务,方欲有所整顿,而拳乱起,学堂悬悬不绝如线。未几,景澄殉难,弦诵辍响者年余。二十七年冬,迫于时变,维新之论复起。十二月,诏以张百熙为管学大臣,同文馆归并大学堂,添建讲舍,广购书籍仪器,附设译局(一设京师,一设上海)。经费除华俄银行五百万基金外,每年大省二万,中省一万,小省五千,拨解常款。特派吴汝纶为总教习,张鹤龄为副总教习,于式枚为总办,李家驹、赵从蕃为副总办。先设预科,分二门:曰政科、艺科。速成科亦分二门:曰仕学馆,曰师范馆。又改同文馆曰译学馆。新进士入堂肄业曰进士馆,并前附设之医学馆,及新筹设之实业馆,各处学生约计一千余人。停止学生膏火,酌收膳费。自此大学之规模始粗具,不同于往日矣。光绪二十九年,汝纶卒,以汤寿潜继之。又请派湖广总督张之洞会办京师大学堂。之洞因奏请专设总理学务大臣,以统辖全国学务,大学堂另设总监督。得旨管学大臣改学务大臣,派大学士孙家鼐充之,以张亨嘉为大学堂总监督。先是百熙遵拟学堂章程,疏言:

> 古今中外学术不同,其所以致用则一,欧美、日本诸邦现行制度,颇与中国古昔盛时良法相同。《礼记》载家有塾,党有庠,州有序,国有学,比之各国,则国学即大学,家塾、党庠、州序即蒙学、小学、中学等级,盖甚分明。周以前选举、学校合而为一,汉以后专重选举,及隋设进士科以来,士皆殚精神于诗赋策论,所谓学校,名存而已。今日而议振兴教育,必以真能复学校之旧,为第一要图,虽中外政教风气原本不同,然其条目秩序之至赜而不可乱,不必尽泥其迹,不能不兼取其长,谨上溯古制,参考列邦,拟定京师大学堂暨各省高等学、中学、小学、蒙学章程,候钦定颁行各省督抚,按照条规实力奉行。

是为钦定学堂章程,教育之有系统自此始。大学堂分大学院、大学专门分科、大学预备科三级,附设仕学、师范两馆。大学院即研究院,专门分科凡七:曰政治、文学、格致、农业、工艺、商务、医术,即大学分院系之制也。预备科分政、艺两科,即文、理科之制也。预科为入分科大学之预备,三年卒业与高等学堂同。中学四年卒业,为入高等学堂之预备。蒙学四年,寻常小学三年,此七年定为义务教育。寻常小学卒业入高等小学,三年卒业,奖给附生。中学卒业,奖给贡生。高等学堂卒业,奖给举人。大学分科卒业,奖给进士。钦定章程虽未臻完备,然已有系统组织之制度矣。时百熙招致海内名流,任教大学,吴汝纶复赴日本参观,留日学生迭起风潮,谣啄繁兴,党争日甚。于是清廷派荣庆会同百熙管理大学堂事宜。二人学术思想既各不同,用人行政,意见尤多歧异。适之洞入觐,之洞负海内重望,创设书院、学堂甚多,所著《劝学篇》尤传诵一时。荣庆约同百熙奏请添派之洞会商学务。是年十一月,百熙、荣庆、之洞会奏重订学堂章程,改蒙学为蒙养院,一名幼稚园,寻常小学为初等小学,大学院为通儒院。师范馆为优级师范学堂。各省师范学堂作为初级师范学堂,进士馆并入仕学馆,不在各学堂系统以内。农工商实业学堂亦分初等、中等、高等三级。其学制之系统,大约如下:

蒙养院—初等小学(五年)—高等小学(四年)—中学(五年)—高等学堂大学预科(三年)—大学本科(三年或四年)通儒院

大学本科:

一、经学科——分十一门:曰周易、尚书、毛诗、春秋左传、春秋三传、周礼、仪礼、礼记、论语、孟子。附理学。

二、政法科——分二门:曰政治、法律。

三、文学科——分九门:曰中国史、万国史、中外地理、中国文学、英国文学、法国文学、俄国文学、德国文学、日本文学。

四、医　科——分二门:曰医学、药学。

五、格致科——分六门:曰算学、星学、物理、化学、动植物、地质。

六、农　科——分四门:曰农学、农艺化学、林学、兽医。

七、工　科——分九门:曰土木、机器、造船、造兵器、电气、建筑、应用化学、火药、采矿冶金。

八、商　科——分三门:曰银行及保险、贸易及贩运、关税。

洎管学大臣改为学务大臣,实以大学校长兼全国教育部长之职权矣。光绪三十一年,诏以各省学堂次第兴办,必须有总汇之区,以资董率,而专责成,特设学部,命荣庆为尚书,熙瑛、严修为侍郎,裁国子监,停科举,中国之新教育制度,始大致确定焉。

（四）学部成立后之教育

光绪三十二年学部奏请明定教育宗旨，以忠君、尊孔、尚公、尚武、尚实宣示天下。其时各省多遵谕改书院为学堂，以省城之大书院为高等学堂，府郡之书院为中学堂，州县之书院为小学堂。是年江南总督周馥奏办理学务情形，略称："大江南北，人文渊薮，自经前督臣魏光焘、署督臣端方竭力提倡，臣抵任后就原有之始基，期教化之进步。如原有之三江师范学堂，易名两江。本年新建斋舍，即可续设小学，选该堂之毕业生往充教员，以为实地练习。原有高等学堂，按普通预科办法，本年旧班各生冬间毕业以后，改办专门预科。原有农工商实业学堂，向就格致书院改设，迭经改造，可收学生二百人，见拟将商科专归商务学堂，将原有实业学堂专课农工矿学，增定规制，俾速造就。原有算绘学堂改为宁属初级师范学堂，以去年新设之师范传习所归并其内。上年所开传习所原有各生本年毕业，择其尤者已分派各县为小学教习。前设之蚕业公所，去年归并实业学堂，本年毕业，择其尤者派赴各县巡回教授，以期普及。见改名江南蚕桑学堂。此外省城新增官立之学堂：一为商业学堂，教授普通中等学科，专为造就各商子弟而设。一为简字半日学堂，专为开通下流社会易习官音而设。城内分设四所，并通饬各属推广办理。一为四区高等小学堂，及教育研究所，于四城各设完全小学校一所，以为小学模范。一为旅宁第一女学堂，本由官绅集资创设，旋由司月贴经费。踵设者复有惠宁毓秀多校，亦皆整饬有法。又幼稚园为小学之预备，经官绅开办，稍拨经费奖助，以端蒙养之基。此宁省改良新建各学堂之情形也。其师范学堂，在省外者，江北则高等学堂改为初级师范，附设高等预科。徐州由道筹设师范学堂，海州、泰州、宝应、高邮有师范传习所，其余民间之自设师范研究会计共二十余起。又从前宁属官立中学，只有江、淮、徐、海四所，见在续立者，有淮安、通州、泰州、高邮四所。其在省会官助民立者，有钟英、正谊、达材三所。民立者，有湖南、湖北、浙江、皖江、江西各旅学及培元中学各一所。各府、厅、州、县所设蒙小学堂，综计已有小学三百四十七所。本年绅民呈请立案及徐州等属册报者，共一千一百余所，私塾改良尚不在内。此外府、州、县分设各学堂之情形也。学校林立，考核宜严，学务处派员分路调查,自以江宁、通州两处,成效为最著。余如徐属之邳州、睢宁以及海州各处,俱能认真经理。其有课程不完者为之整顿;教习不当者为之改延;学科不合者为之厘订;经费不足者为之另筹。并饬各州县绅耆开办劝学所及传习所,一面酌派员绅分赴城乡演说劝导,启发民智,俾知兴学之益,此考查各学堂之情形也。宁垣为南洋总汇,负笈出洋之士,络绎于途。从前派赴东西各国官费学生约计二百余名,去岁详定分别,文武陆军学生归督练公所经理,文学生归学务处经理,学费由江属筹防局及支应局按季总汇。其习日本师范者,则由各州县认解。见有师范速成毕业学生十余名及学习法政速成之官绅二十名均已分别任使。本年选派赴日本学警察监狱十二人,与北洋见派各生合为一班,咨送东渡,费由宁、苏、皖分认。又宁、扬各州县承办学务管理需员,曾通饬就地筹款,选士绅赴东考察,以四月为限。此外赴东自费各生,照章考验,随时咨送。此选派学生出洋之实在情形也。惟是学制既定,经费难筹……欲图教育之普及,非收学费不能持久。查东、西各国除武备师范蒙小学堂外,凡入学校之士,皆取学费,盖以坚其向学之志,而绝倚赖之心。惟是从前已招官费生必待其毕业方能改章。然非学部妥定一章程,通行各省,恐难于定议。又中学以上收费,大都取于力足自赡之家,有志向学之士,至蒙小学堂多系贫寒子弟,不便收取学费。外洋各国皆系绅富捐助,学生仍纳纸笔书籍小费,而其强迫教育则在明定国律,凡有子弟不学,罪其父兄,此制中国亦宜仿照。总之此时兴学非收学费不能普及,而普及尤以小学为要。前准学部定章,只有劝学一条,而无酌收学费及向学与否劝惩各条,只有高等小学奖励之条,而无初等小学奖励之条,未免缺而不备。应请饬下学部,会同政务处核议施行。"此为江苏一省设立学堂之情形,其他各省亦大致相同,惟数目不如江苏之多耳。光绪三十四年学部奏称:"自章程颁行以后,将及五年,查各省学务情形,大都省城则注重高等而中学或犹未备,府城则注重中学而小学或仅数区,州县设高等小学堂而初等或竟未设。不揣本而齐末,如崇墉之无基。学堂名目,虽有等级之可分,学生程度几无高下之可别,推求其故,皆由办理学务者但知援据变通招考,而不问学生程度,流弊所及,则各处皆聚一方之财力,设立一二名称较崇之学堂,于小学不复措意。为学生者亦不自揣其学力如何，但冀考入以为徼幸奖励之地，遇有高等学堂招考，则中学堂全班学生为之掣动，循是递推，恐纷纭转徙，下级学生永无毕业之人，越级躐升，高等课程更多迁就之处，英俊子弟无由深造，普通教育无由振兴，贻误后生，妨碍学务，非细故也。"因停止变通招考之例，凡属高等教育者，概不得招收未经中学堂毕业之学生。宣统二年，学部奏陈各省学务情形，谓：各省高等学堂皆已设立，然事属创办，学生程度未能合格，设备又不完全，虽袭高等之隆称，实不足为大学之预备。实业学堂江宁一所，教科程度均未完善，其他各省简陋更甚，盖中国先少实业人才，办理不能合法，以致设备则因陋就简，教科则沿讹袭谬，外观虽就，成就无期。师范学堂省会所在均已设优级选科，繁盛府治亦开设初级，惟湖北之两湖师范，江宁之两江师范，规模宏远，成就较多。中学堂每府率设一所，惟湖北、开封、常州、松江、上海各中学教科较为完备。至初等小学本以教育普及为指归，沿江各省所设者较胜于河南。河南初等小学岁费不过四五十金，多亦不过百金。沿江各省初等小学岁费有逾千元者，少亦须用三数百元，两者相衡，难易较著。是年统计各省学生人数，共一百二十八万四千九百六十五人（民国元年统计二百九十三万三千三百八十七人，宣统三年大约在二百万人左右），学堂处数共四万二千四百四十四处。京师有学堂二百五十二处，学生一万五千七百七十四人。以二十三省平均计之，每省尚不及六万人，但新疆只四千余人。乾、嘉极盛时代，大县应童子试者三四千人，小县二三千人，以十八省一千四百县每县平均三千人计之，应有童生四百二十万人。以彼例此，则知去教育普及之程度尚逖乎远矣（乾、嘉童生与人口比例约七十分之一，清末学堂学生与人口比例约二百五十分之一）。

（五）武学之教育

清代无武学有武科，自入关之初，即与文科乡会试同年举行，惟乡试以十月，中式者曰武举人，次年九月会试京师，中式者曰武进士。凡乡会试俱分内外三场：首场马射，二场步射，技勇为外场；三场策二问论一篇为内场。乡试由顺天府及各省布政使主之，而以兵部侍郎及各督抚为监临主考官,科甲出身同知、知县四人为同考官,外场佐以提镇大员。考试规程大率视文闱减杀,一般人对武闱亦不甚重视。殿试临轩传唱状元、榜眼、探花之名,一如文科。初制一甲进士或授副将、参将、游击、都司,二、三甲进士授守备,其后一甲一名授一等侍卫,二三名授二等侍卫,二三甲授三等及蓝翎侍卫,营卫守备有差。考试初制首场马箭射毡球,二场步箭射布候,均发九矢,马射中二,步射中三为合式,再开弓、舞刀、掇石,试技勇。旋改马射树的距三十五步中三矢为合式,步射距八十步中二矢为合式,再试以八力、十力、十二力之弓,八十斤、百斤、百二十斤之刀,二百斤、二百五十斤、三百斤之石,弓开满,刀舞花,掇石去地尺,三项能一二者为合式,不合式不得试下场。合式者印记于颊,嗣改印小臂,以杜顶冒。乾隆间改步射距三十步射六矢中二为合式,马射增地球,遂为永制。内场论题,向用《武经七书》,后改《论》、《孟》、《孙子》、《吴子》、《司马法》。中额约文闱之半。嘉庆以后,策论改默写武经百余字,遂专重骑射技勇,内场为虚设矣。光绪二十四年内外臣工请变更武科旧制,废弓矢,试枪炮,未许。二十七年,卒以武科所习硬弓石、马步射无与兵事废之。其时屡遘外患,朝野上下,竞言尚武,以将有将学,兵有兵学,参谋、军医、经理、军械,无不有学。诏各省应于省会建立武备军堂,仿照南、北洋湖北所设武备学堂办理。先是光绪七年李鸿章于天津设水师学堂,授以英语、数学、物理、测量、驾驶、诸学,授之枪俾习步伐,树之桅俾习升降,教之经课以文培其根本。三年后头班学生伍光鉴等三十人均已毕业,此为继福建船政学堂后所培养之海军人才。十一年鸿章以周盛波、周盛传之请,仿照西国武备书院之制,设立学堂,遴派德国兵官李宝、崔发禄、哲宁、那珀、博郎、阌士等充当教师。所习天文、舆地、格致、测绘、算化诸学,炮台、营垒新法,皆有实用。并时操习马队、步队、炮队,及行军布阵、分合攻守诸式,兼习经史,以充根底。两年后于西洋武备各学,俱通门径,发回各营,转相传授。并选新生入堂,分番迭进,成就更多。吾国之有武学,盖以此为始也。十三年,两广总督张之洞设水陆师学堂于广州。同时两江总督曾国荃设南洋水师学堂于南京。二十年之洞署江督,又设陆军学堂,延请德国教官五人,分马、步、炮、工、炮台各门。二年后专习炮法,三年毕业,分派各营任用。二十三年,之洞移督湖广,又设武备学堂于武昌,延德人法勒根汉、根次、斯忒老三人为教习,考选学生百二十名,并选派津、粤学堂出身久充教习者十二名为领班学生,以江汉关道蔡锡勇为总办。是年,浙江巡抚廖寿丰亦设武备学堂于杭州。二十四年,陕西巡抚魏光焘,山西巡抚胡聘之,安徽巡抚邓华熙,吉林将军延茂,亦各设武备学堂于省会。而袁世凯练兵小站,设随营学堂,分同文、炮队、马队、步队四项。直隶总督荣禄奏奖出力各员,以炮队监督段祺瑞为尤。祺瑞毕业天津武备学堂,派赴德国深造,回国后即为世凯派充炮兵营管带,后与王士珍、冯国璋号称北洋三杰者也(世以士珍为龙,祺瑞为虎,国璋为狗。三人名末一字,同属玉部)。而祺瑞与李鸿章同乡里,人皆以合肥称之,以隐示淮军之衣钵相传耳。庚子乱后次年,天津武备学堂已鞠为茂草,扫地无余。清廷振兴戎政,饬令各省筹建武备学堂。时袁世凯为直隶总督,奏武备学堂须学习四年,始可毕业,又须入营历练二年,再入大学堂肄业三年,综计须八九年乃能成材,缓不济急,因建立将弁学堂,选调将领二十名,哨官长四十名,弁目六十名,教以军制、战法、击法,及通信、测绘、数理化诸学。八个月卒业。又以武学堂亦分三等,曰小学堂、中学堂、大学堂。中学、大学规模虽不可不备,而阶级断难以骤跻,只可从缓建立,为今之计,惟有赶办小学,以为造端之基。并别设速成学堂一区,以为救时之用。其实各省虽设武备学堂,大都有速成科一年毕业,而正科则三年毕业也。光绪三十年练兵处奏定陆军学堂办法,令各省设立讲武堂,又于近畿各省,先成立速成学堂,挑选武备学堂学生入学肄业,备补队官排长。光绪三十一年练兵处筹拟陆军小学堂章程。世凯因将随营学堂及将弁学堂,俟毕业后分起停止,以符定章。于是各省之武备学堂,皆改为陆军小学堂,亦有设讲武堂者。宣统元年,前督办陆军各项学堂事宜副都统段祺瑞咨陆军部称:北洋陆军讲武堂自光绪三十二年五月开办,学兵营于是年闰四月开办,扣至宣统元年六月,该堂营员兵毕业之期。计讲武堂先后六班,共七百四十员,学兵营前后三班,共一千一百二十四名,宪兵学堂,今改名警察学堂,于光绪三十一年八月开办,三十二年毕业,共学员四十员,学兵一百零一名,电信学队于光绪三十一年五月开办,计学员一员,学兵八十三名,三十三年十二月毕业。而保定之直隶陆军速成学堂尚未计及也。盖光绪三十一年兵部奏筹陆军速成学堂,即将保定陆军学堂改为全国性之军事学校,名数酌增十倍,每年考收以一千一百四十名为定额,计京旗八十名,直隶、江苏、湖北、四川、广东各六十名,顺天、奉天、山东、河南、安徽、江西、浙江、福建、湖南、云南各四十名,山西、陕西、广西、甘肃、贵州、新疆、吉林、黑龙江各三十名,江宁、杭州、福州、荆州、成都、广州、绥远、热河、察哈尔九处驻防旗人各十名,密云、青州、西安三处驻防各八名,宁夏驻防六名。由陆军部试办。学生分为两班:如有普通学程度者,归第一班,习军事专科,一年半毕业;如普通学未全或全未肄习者,归第二班,先习普通学一年,再习军事学一年半,共二年半毕业。毕业后均入队充学习官三个月,学习期满,准其回堂加习功课半年。此校规模最大,章则亦较完备,即后来之保定陆军军官学校,全国军官将领,大半皆由斯出身,对国家之命运,关系甚巨。盖所以继北洋系军阀执兵权以影响政治者也。宣统三年,军谘府接收军官学堂,奏改为陆军预备大学堂,以储高等将领之材,而为将来陆军大学之基础。此即后日之陆军大学,凡军校毕业后,欲再深造者选入之。至是而武学之制度,始粗具规模矣。

一百七 司法制度

(一) 司法制度之改革

中国政治自秦、汉以来,向以政权、军权、监察权为鼎立,司法之制,即寓于监察权之中,故都察院、刑部、大理寺谓之三法司。凡诉讼在外省由州县层递至于督抚,督抚则上之三法司。明制刑部受天下刑名,都察院纠察,大理寺驳正,清则外省刑案,统由刑部核复,不会法者院寺无由过问,应会法者亦由刑部主稿;在京讼狱,无论奏咨俱由刑部审理,而部权特重,是以行政而兼司法也。外省刑名,总汇于按察使司,而督抚受成焉。按察使本为一监察机关,与督抚之兼右都御史衔,则又似监察而兼司法矣。无论行政机关或监察机关,皆可兼任司法,而司法无独立之可言。自外国三权鼎立之说输入中国,而领事裁判权又为世人所诟病,若欲收回法权,其势非使司法独立不可。光绪变法，三十二年改刑部为法部，统一司法行政；改大理寺为大理院，配置总检察厅，专司审判，于是刑部不掌现审，各省刑名，划归大理院复判，并不会都察院，而三法司之制遂废。题本改为折奏，内阁无所事事，秋朝审专属法部，其例缓者随案声明，不更加勘，而九卿科道会审之制亦废。各省设高等审判厅、检察厅，都城省会及商埠各设地方及初级审判厅，改按察使为提法司。三十二年法部奏定各级厅试办章程，宣统二年法律馆奏颁法院编制法，由初级起诉之案，不服，可控由地方而至高等；由地方起诉之案，可控由高等而至大理院，名为四级三审制。从前审级、审限、解审、解勘之制，州县行之，不行于法院。审判分民事、刑事，民律艰于成书，所据者第《大清律》"户役"、"田宅"、"钱债"、"婚姻"各条，而法未备；司法事务有年度判断，有评议刑事，有检察官，莅审人命，由检察官相验，法院行之，而不能行于州县。刑诉制度，盖杂糅矣。然除州县初审外，司法已自成制度，脱离行政、监察二权而独立矣。尔时所以急于改革者，亦曰取法东西列强，借以收回领事裁判权也。领事裁判权行诸上海会审公堂，因与外人订约，中外商民交涉词讼，各赴被告所属之国官员处控告，各按本国律例审断。同治八年，定有洋泾浜设官章程，遴委同知一员，会同各国领事审理华洋诉讼。其外人应否科刑，谳员例不过问，华人第限于钱债、斗殴、窃盗等在枷杖以下准其决责。后各领事扩张权限，公堂径定监禁数年者，外人不受中国之刑章，而华人反就外国之裁判，事之颠倒，莫逾于此！清季士大夫习知国际法者，每咎彼时议约诸臣，不明外情，致使法权坐失。庚子以后，各国重立和约，我国断断争令撤销。而各使借口中国法制未善，靳不之许。迨争之既亟，始声明如异日审判改良，允将领事裁判权废弃，载在约章，存为左券。故二十八年设立法律馆，有按照交涉情形，参酌各国法律，务期中外通行有裨治理之旨。盖亦欲修明法律，俾外国就范也。直隶总督袁世凯、两江总督刘坤一、湖广总督张之洞会保刑部左侍郎沈家本，出使美国大臣伍廷芳修订法律。三十三年更命侍郎俞廉三与沈家本俱充修订法律大臣。沈家本等乃征集馆员，分科纂辑，并延聘东西各国之博士律师，藉备顾问，复调取外国留学生从事翻译，自三十年四月初一日开馆以来，各国法律之译成者十余种。

新刑律草案，即出日本博士冈田之手，全依日本法，举《大清律例》而一概废除之矣。

(二) 刑律之改革

大清律以名例居首，其次分隶于六部，合计三十门，凡四百六十条，顺治初厘定，大都沿明之书。康、雍稍稍变更，总为四百三十六条，律首六赃图、五刑图、狱具图、丧服图及纳赎、收赎诸图，律文及注，颇有增损。律末并附比引律三十条，此其大较也。自是厥后，虽屡经纂修，然仅续增附律之条例，而律文未之或改。惟乾隆五年芟除总注并补入过失杀伤收赎一图而已。例文自康熙初年仅存三百二十一条，末年增一百一十五条。雍正三年，分别订定，三百二十一条曰原例；康雍间现行例二百九十条曰增例；又以上谕及条奏二百有四条曰钦定例；总计八百十有五条。乾隆时，准五年修例一次，高宗性矜明察，临御六十年，每阅谳牍，必求其情罪曲当，以万变不齐之情，欲御以万变不齐之例，故纂修八九次，删原例增例诸名目，而改变旧例，及因案增设者为独多。嘉庆以降，按期开馆，沿道光、咸丰以迄同治，而条例乃增至一千八百九十有二。盖清代定例，一如宋时之编敕，有例不用律，律既多成虚文，而例遂逾滋繁碎。其间前后抵触，或律外加重，或因例破律，或一事设一例，或一省一地方专一例，甚且因此例而生彼例，不惟与他部则例参差，即一例分载各门者，亦不无歧异，辗转纠纷，易滋高下。雍正帝有“宽严之用，必因乎其时”之遗诏，惜后世议法诸臣，未尽明世轻世重之旨，从未有统合全书逐条厘正者。繁猥丛积，因循久之。至沈家本等开馆修订，先将例内今昔情形不同，及例文无关引用，或两例重复，或旧例停止者，奏准删除三百四十四条。三十三年又删并旧例四十九条。宣统元年全书纂成，交宪政编查馆核议。二年，复奏订定名为现行刑律。时官制改变，立宪诏下，东西洋学说朋兴，律虽仍旧分三十门，而芟削六部之目，其因时事推移及新章递嬗而删者颇多，全书仍存三百八十九条，旧新例统一千六百六十六条，是年冬颁行焉。惟诉讼法酌取英、美陪审制度，各督抚多议其窒碍，遂寝。先是，三十三年法律馆拟订刑法、民法、商法等，欲依外国新例，分别撰上，一破旧律成例。其新刑法草

案凡总则十七章,曰:

法例　不论罪　未遂罪　累犯罪　俱发罪　共犯罪　刑名　宥恕减轻　自首减免　酌量减轻　加减例　缓刑　暂释　恩赦　时效　时期计算　文例

分则三十六章,曰:

关于帝室之罪　内乱之罪　国交之罪　外患之罪　漏泄机务之罪　渎职之罪　妨害公务之罪　藏匿罪人及湮灭证据之罪　伪证及诬告之罪　放火决水之罪　危险物之罪　关于往来通信之罪　伪造货币之罪　伪造文书及印文之罪　伪造度量衡之罪　关于祀典及坟墓之罪　鸦片烟之罪　赌博彩票之罪　奸非及重婚之罪　关于饮料水之罪　关于卫生之罪　杀伤之罪　堕胎之罪　遗弃之罪　逮捕监禁之罪　略诱及和诱之罪　关于安全信用名誉及秘密之罪　窃盗及强盗之罪　诈欺取财之罪　侵占之罪　赃物之罪　毁弃损坏之罪

两编合共三百八十七条,经宪政编查馆奏交部院及疆臣核议,签驳者夥。宣统元年,沈家本等汇集各说,复奏进修正草案。时江苏提学使劳乃宣上书论之曰:"修改刑律义关伦常诸条,未依旧律修入,但于附则称:中国宗教尊孔,以纲常礼教为重。如律中十恶,亲属容隐,干名犯义,存留养亲,及亲属相奸、相盗、相殴、发冢、犯奸各条,未便蔑弃。中国人有犯以上各罪,应依旧律别辑单行法以明惩创。窃维修订新律,本为筹备立宪,统一法权,凡中国人及在中国之居住外国人,皆应服从同一法律,是此法律本当以中国人为主。今乃依旧例别辑中国人单行法,是视此新刑律专为外国人设矣。本末倒置,莫此为甚。……泰西各国凡外国人居其国中,无不服从其国法律,不得执本国无此律以相争,亦不得恃本国有此律以相抗。今中国修订刑律,乃谓为收回领事裁判权,必尽舍固有之礼教风俗一一摹仿外国,则同乎此国者,彼国有违言,同乎彼国者,此国又相反,是必穷之道也。总之,一国之律,必与各国之律相同,然后乃能令国内居住之外国人遵奉,万万无此理,亦万万无此事。以此为收回领事裁判权之策,是终无收回之望也。各省签驳草案,每以维持风化立论,而按语乃指浑道德、法律为一,视法律为全无关于道德教化,故一意摹仿外国,而于旧律义关伦常诸条,弃之如遗,焉用此法为乎?"二年,资政院开,宪政编查馆奏交院议,将总则通过。时劳乃宣充议员,与同院内阁学士陈宝琛等尤力持不少息,而分则遂未议决。余如民法、商法、诉讼法、国籍法,俱编纂告竣,未经核议。惟法院编制法、违警法、禁烟条例,均经宣统二年十二月一并奉旨颁布,新刑律仅行之一年而清亡矣。

(三) 新旧刑律之异点

清末司法之改革,以见行律备新旧过渡时代之用,但删去律文数十条,例文数百条,从前之缘坐、凌迟、枭示、戮尸、枷号、刺字、鞭责、铁杆、石墩、笞杖诸刑,尽行删除,又改死罪为徒流者数十项,不得谓非善政也。先是,定例斩、绞立决重犯,除例内载明恭请王命先行正法外,其余一切立决之犯,督抚专折具奏,交刑部速议,限三日复奏,奉旨允准后,由刑部用钉封行知外省,该督抚接到钉封,方准行刑。虽封疆大吏亦无专杀之权,所谓"征伐必自天子出"也。自咸丰初年太平军兴,各省军务繁赜,土匪变兵纷起,因奏报周折迁延,多误军机,暂定就地正法先斩后奏之章,行之日久,疆吏藉图简便,流弊滋多,草菅人命,恐所不免。光绪二十四年九月规复寻常盗案,不准就地正法。各省俱以地方不靖为借口,此制迄未能革也。所谓"强盗"一项,明律不分首从,一概斩决,康熙以来,太平已久,民风醇厚,盗贼稀少,故律外另定新例,分别法无可贷、情有可原。无可贷者,仍照决斩,有可原者按例减发新疆为奴,贷其一死。至道光末年,盗贼充斥,非严法不足以定乱,经王大臣议定,仍复旧律,不分首从,但系把风、接赃一概骈诛。同治九年,纂为定例。见行律更列举理论上及实际上情节之重轻,以拟定法律上处刑之重轻,系照外国法义立论,盖已有进步之观念矣。光绪三十一年,沈家本奏请删除重法数端,略称:

现行律例款目极繁,而最重之法,亟应先议删除者,约有三事:一曰凌迟、枭首、戮尸。"凌迟"之刑,唐以前无此名目,《辽史·刑法志》始列入正刑之内,宋自熙宁以后渐亦沿用。元、明至今,相仍未改。"枭首"在秦、汉时惟用诸夷族之诛,六朝梁、陈、齐、周诸律,始于"斩"之外别立"枭"名。自隋迄元,复弃而不用。今之"斩"、"枭",仍明制也。"戮尸"一事,惟秦时成蟜军反,其军吏皆斩戮尸,见于《始皇本纪》。此外历代刑制,俱无此法。明自万历十六年定"戮尸"条例,专指谋杀祖父母、父母而言。国朝因之,后更推及于强盗。凡此重酷之刑,固所以惩戒凶恶,第刑至于斩,身首分离,已为至惨,若命在顷忽,菹醢必令备尝,气久消亡,刀锯犹难幸免,揆诸仁人之心,当必惨然不乐。谓将以惩本犯,而被刑者魂魄何知?谓将以警众人,而习见、习闻转感召其残忍之性,实非圣世所宜遵。请将三项一概删除,死刑至"斩决"而止。凡律例内"凌迟"、"斩"、"枭"各条,俱改"斩决","斩决"而下,依次递减。一曰缘坐。"缘坐"之制,起于秦之参夷及收司连坐法。汉高祖除三族令,文帝除收孥相坐律,当时以为盛德。惜夷族之诛,犹间用之。晋以下仍有家属从坐之法,唐律惟反叛恶逆不道律有缘坐,他无有也。今律则奸党、交结近侍诸项俱缘坐矣;反狱、邪教诸项亦缘坐矣;一案株连,动辄数十人。夫以一人之故而波及全家,以无罪之人而科以重罪,汉文帝以为不正之法,反害于民。北魏崔挺尝曰:"一人有罪,延及阖门,则司马牛受桓魋之罚,柳下惠膺盗跖之诛,不亦哀哉!"其言皆笃论也。今世各国皆主持刑罚只及一身之义,与罪人不孥之古训实相符合。请将律内缘坐各条,除知情者仍坐罪外,其不知情者,悉予宽免。余条有科及家属者准此。一曰刺字。"刺字"乃古墨刑,汉之黥也。文帝废肉刑,而黥亦废。魏晋六朝虽有逃奴劫盗之刺,旋行旋废。隋、唐皆无此法。至石晋天福间始创"刺配"之制,相沿至今。其初不过窃盗逃人,其后日加烦密,在立法之意,原欲使莠民知耻,庶几悔过而迁善,讵知习于为非者,适予以标识助其凶横;而偶罹法网者,则黥刺一膺,终身僇辱。夫肉刑久废,而此法独存,汉文所谓痛肌肤痛而不德者,未能收弼教之益,而徒留此不德之名,岂仁政所宜出此?请将“刺字”款目,概行删除。凡窃盗皆令收所习艺,按罪名轻重定以年限。俾一技能娴,得以餬口,自少再犯三犯之人。一切递解人犯,严令地方官佥差押解,果能实力奉行,逃亡者至少也。

奏上,悉允之,中外称颂焉。三十三年,家本为刑律草案告成,复奏旧律之宜变通者五端:一曰更定刑名。改五刑为“死刑”、“徒刑”、“拘留”、“罚金”四种。徒刑分为“无期”、“有期”。一曰酌减死罪。按唐律死刑止四百余项,历朝增添,至同治九年修例,多至一千四百余项。但西国死刑仅十余项,日亦止二十余项,彼此比较大相悬殊,无怪外国以我法为不仁也。家本以死刑条目较繁,每年实予勾决者,十不逮一,有死罪之名而无死罪之实,拟准各国通例酌减之。一曰死刑仅用绞刑一种,仍于特定之刑场密行之。一曰删除比附。在唐神龙时赵冬曦曾痛论其非曰:“死生罔由于法律,轻重必因乎爱憎,受罚者不知其然,举事者不知其法。”诚为不刊之论。立宪之国,立法、司法、行政三权鼎峙,若许司法者以类似之文致人于罚,是司法而兼立法矣,因律无正条而任其比附,轻重偏畸,转使审判不能统一。兹拟删除。一曰惩治教育犯罪之有无责任俱以年龄为衡。十六岁为丁年,丁年以内乃教育之主体,非刑罚之主体。凡幼年犯罪改用惩治处分。以上数端,均与欧美各国近代之刑法接近,惟仅颁布一年耳。刑讯一事,御史刘彭年奏称:民事不准刑讯,无待游移,至于人命、盗贼以及情罪较重之案,似未便遽免刑讯。修律大臣伍廷芳复奏言:泰西各国无论各法是否俱备,无论刑事、民事大小各案,均不用刑讯。此次修订法律,原为收回领事裁判权起见,故齐一法制,取彼之长,补我之短,实为开办第一要义。惟中外法制之最不相同者,莫如刑讯一端。现值百度维新之际,因革损益,难缓须臾。必待各法备后始去刑讯,旷日持久,收效何时?设将来裁判诉讼诸法同时颁布,群情狃于故习,仍以去刑讯为不便,将武健严酷之风,终无禁绝之日,于此而欲收回领事裁判权,其可得哉?夫今日中国刑讯之弊,非一端矣。原奏所谓中国民事、刑事不分,至有钱债细故、田产分争亦复妄加刑吓,洵属历来之锢习。又其甚者,竟至波及案外无辜,横加敲扑，小民遇有讼事，无计避地方之拷责，冤抑莫伸，铤而走险，渊鱼从雀，驱之者谁？兴言及此，可为寒心！原奏乃谓：有刑讯则犯人尚有畏刑之心，去刑讯则问官穷于究诘。徒责小民之无良，而不计问官之残酷，揆诸公理，已觉背驰。况自来懦弱者往往畏刑自诬，凶暴者往往茹刑不吐，徒恃刑求，必不免有枉滥者。该御史奏请未便遽免刑讯之处，应无庸议。谕旨下政务处刑部知之，不作肯定之批示。于是伍廷芳又请严饬督抚、臬司、州县嗣后审理案件，凡罪在流徒以下者，照新章不准刑讯，倘有阳奉阴违仍用刑求者，即令上司指名严参，毋许循隐。诏如议行。至于监狱之改良，颇有可述者。监狱与刑制相消息，从前监羁罪犯，并无已决、未决之分，其囚禁在狱，大部未决犯为多。既定罪，则笞杖折责释放，徒流军遣即日发配，久禁者斩绞监候而已。州县监狱以吏目、典史为管狱官，知州、知县为有狱官。监分内外，内监以禁死囚，外监以禁徒流以下，妇人别置一室曰女监。徒以上锁收，杖以下散禁，囚犯日给食米一升，寒给絮衣一件，锁纽常洗涤，荐席常铺置，夏备凉浆，冬设暖床，疾病给医药，例虽如此，而实不然。外省监狱多湫隘，胥役藉端虐诈，弊窦丛滋，铁窗滋味，人所难堪。虽屡经参奏，不能革也。刑部有南、北二监，额设司狱八员，提牢二员，掌管狱卒，稽查罪囚，轮流分值。每月派御史查监，有瘐毙者，亦报御史相验，年终并由部汇奏一次。防闲至为周备。光绪三十二年，审判划归大理院，院设看守所以羁犯罪之待讯者，各级审判厅亦然。于是法部狴犴空虚。别设已决监于外城，以容徒流之工作，监犯习艺之作工始此。旨令各省设置新监，其制大都采自日本，监房有定式，工厂有定程。法律馆特派员赴东调查，又开监狱学堂，以备京外新监之用。然斯时新法初行，措置未备，外省又限于财力，未能遍设也。有设者，则号曰模范监狱。总之，新法之精神，不同于旧律者，大约有三：一曰民事刑事之划分；二曰注重人道主义；三曰法律之前人人平等。家本等所订之民法、商法、国籍法等虽尚未编定，然新刑律及民事诉讼法、刑事诉讼法业经颁布，民国以后，且多采用之矣。惟刑讯迄未能禁止，乃法制改革中之遗憾耳。

〔附记〕　秦瑞玠《大清新刑律释义》云：“我国自有历史以来，向崇道德、宗教、礼仪、政治,而不言法律,故一般法制,几无历史沿革之可言。惟刑名则与礼制相出入,与政术同作用,又与兵事类列,较之一般法制史,其沿革起源为最早。始自唐虞,迄于前明,以至今日,就刑法沿革论之,略可分为两大时期:第一期:自虞、夏至前明,此期可分之为二:(甲)自虞、夏至隋、唐。(乙)自唐以后至前明。第二期:自国初以至今日,其间又可细分为三时代:(甲)旧律时代,自国初至光绪二十八九年间为止,所奉行者,为原有之《大清律例》,实悉本唐律及明律之旧,分吏、户、礼、兵、刑、工等总目而为六。又分名例职制公式,至断狱、营造、河防等门目为三十,更分子目为四百三十有六,以律为本,例各随之。(乙)现律时代,自光绪二十九年后至宣统三年为止。所奉行者为《大清律例》已修改之《现行律例》。盖旧律承自前明,实始有唐,历千余年,多不合于现时之应用,如流囚家属,私出外境,违禁下海,封禁矿山,朝见留难,文官不许公侯等条,均成虚设。官制既改,又不得不废六律之名,而废'凌迟'、'枭首'、'戮尸'等惨酷之刑,及免'缘坐'、除'刺字',尤为仁政所暨。'笞'、'杖'改为罚金,'徒'、'流'均免实发,改为工作,废死罪之虚拟,改并律定之'笞'、'杖'、'徒'、'流'、'死'及例定之军遣,而为'死'、'遣'、'流'、'徒'、'罚'之五种。禁人口买卖,废关于奴婢、奴仆之条例,改减蒙古例,订满、汉通行刑律,删除旗籍与民人轻重互异之条,变通秋审之制。又另增'私铸银圆'、'窃毁铁路物件',及'揭损邮票'等各专律,均为此数年间刑法上沿革之大略。(丙)新律时代,自豫定宣统四年实行以后,至于将来均属之。新刑律草案由修订法律馆起草,自光绪三十三年八月告成。经各部及各省签注,加以修正,复经宪政编查馆核订,经资政院第一期议会议决通过原则,而分则不及议毕,于宣统二年十二月一并奉旨颁布,虽声明仍可提议修正,而大致无甚变更。其调查考订之事,虽出于日本冈田朝太郎者为多,而沈公实始终主持其事,沟合新旧,贯通中外,为现时最新最完备之法典。自新刑律草案出,而礼教之争议生。主进化者,谓新刑律与礼教并不相妨,主国粹者谓新刑律于礼教显有违背,彼此相持,争议甚剧。议者一则曰:全弃中律,概从外邦。再则曰:专摹外人,置本国风俗于不顾。三则曰:不为本国数万万人计,专为外国流寓之数千人计。宪政编查馆核订刑律原奏有云:刑律之是非,但论收效之治乱为何如,不必以中西而区畛域,且必上折衷于唐、虞、夏、商、周刑措之盛,而不容指秦、汉以后之刑律,为周孔之教所存。”此新旧刑法沿革之大略,观之亦可知其异点矣。

第二十五章　社会之变迁与一般现象

一百八　社会组织之沿革

(一) 家族社会之演变

自宋代以后,中国家族社会制度,系由"宗"与"家"两种要素而成立者,但以生存竞争,愈演愈烈,贫苦农工,不但不能尽宗的义务,即家的赡养亦无力负担,故对于"宗"与"家"之观念,不及其本身生存之观念,因逐渐趋于淡薄。清代鸦片战后,欧美自由平等之思想,风靡一时,个人主义发展,一般人乃明了自身除为家族之一分子外,仍为社会组织之一员,且保有不可侵犯之人格与人权。个人具备独立自主之精神,不为他人之附属品,于是三纲——君为臣纲、父为子纲、夫为妻纲,及忠、孝、贞、顺之说,被视为奴隶道德,而加以摈斥矣。因此对于家族社会之伦理观念,顿形改变,尊祖敬宗之事,认作封建思想。一般农民,又常失业转徙,或远趋他乡,或佣工城市,脱离家族之控制,已不知宗法为何物。盖家族制度盛时,每一分子之养育、疾病、困穷、灾难乃至犯罪之际,均予以援助与救济,个人认家族之需要,较邦国更为神圣,故家族不啻生活合作互保之天然组织。及清季社会之变乱日剧,困难日增,一家之主,恒不克维持其全家之生计,而许多宗族,亦无照顾老病、残废、孤寡之能力,不得不仰赖社会,或"各奔前程"。(俗谚云:"夫妻本是同林鸟,大难来时各自飞。"夫妻为家族主体,且有此种现象,何况家族分子乎?)且学堂兴起,儿童之教育,由专门训练之教师担任,家族对儿女教育之责,已大不如昔。因是家族社会之组织,渐呈摇动不安之象,而卒至于崩溃矣。此可从三方面征之:

一、家族社会之经济的崩溃　五口通商以后，西洋工业产品，挟武力以侵入中国市场，关税受其协定，运销资以便利，物美价廉，源源而来，日增不已。我国固有之农业手工业经济，悉被扰乱。清末疆吏及少数小资本家始知仿效东、西洋工业社会，采用新式机械，从事生产事业，此中国社会工业化之先声也。但新兴小工业之力量薄弱，不能与欧美甚至日本大资本家之威力相抗。外国产品垄断中国之市场，虽穷乡僻壤，亦充斥洋货，其结果竟使中国之手工业寖失其独立之地位，人民日用必需之棉布，即其一端也。男耕妇织，本为中国人之传统职业，然清末则不闻纺织之声矣。陇亩辍耕之叹，亦因外货使谷贱伤农，农村生活，反以购买机制商品代替手制商品而达于不自然之高度，入少出多，岂何以济？小手工业者，既不能操业以自给，又不能佣工于规模较大之工厂，生活艰难之呼声，弥漫于城乡市野，绝无能力瞻顾家室，更何况族人？其幸而挤进工厂者，工资太薄，父母家室之瞻顾，恒苦不足，乃不得不让妻儿同作女工、童工，是不但宗族之分散，已属必然之势，即一家之团聚亦不能保矣。此就家族社会所凭借之经济基础而言也。

二、家族社会之政治的崩溃　继西洋之经济势力而侵入中国者，则为自由平等之政治思想。中国家族制度所以能维持长久者，以家主族长握有政治之威权，可以制法（所谓家法），命令及判决，对属下有生死之权力。政府默认其权，不加干涉。家族实等于一个小王国，其首长即为此小型政治团体之统治者，故父曰严君。来璧（Paul Lapie）在《家庭中的妇女》（*La femine daus la famille*）一书中云："在中国，中央政府的权力薄弱，乐于在全国撒下一个财政的及法律的管理之网，其网眼则甚宽大，只可笼罩着一般家庭，而让各个人从中漏脱。"盖欧人之眼光视我国政治组织之分子，不是个人而为家庭，政府权力，不能渗入父子兄弟夫妻之间也。至清季受西洋学说及政体之影响，此种制度，根本动摇，因家族首长之权力，新学家认为应属之政府，而不应放任于家族之宗主。个人为国家组成之分子，有其应得之自由，不能受家长之支配。且男女平等，妇女亦为具独立人格之个人,同属政治组织之一细胞。家族社会之政治的基本观念,遂破坏无余。政府权力可达于父子兄弟夫妇之间,而家族社会之政治性乃顿然改观矣。

三、家族社会之法律的崩溃 孟德斯鸠(Montesquieu)之《法意》谓:法律之制定,系根据事物之本质。换言之,即由于社会关系及各时代之意愿而产生。清季家族社会所凭借之政治、经济的基础俱已崩溃,而时代之意愿又迥不如前,于是法律亦随之转变矣。前章所述新旧刑法之争议,即为显著之对立现象,盖修订法律虽欲采取各国一般之法律观点,而疆吏驳议者,多拟维持宗族制度也。清廷颁布折衷之现行律,仍不敢多所更张,但新刑法已将关于伦常诸条,未依旧律修入,仅于附则提及中国以纲常名教为重,如律中十恶,亲属容隐,干名犯义,存留养亲等别辑单行法耳。至民国以后,民法废除宗祧制度,将立嗣问题一扫而空,对于中国家族社会之法律基础影响甚大。此项传统的宗法观念既打破,而家族制度即不易维持矣。又如女子之地位,在法律上不能与男子平等,夫妻相殴,而妻罪加重,妇女无继承财产之权,庶子、奸生子不能承宗接祧,旧律例所以如此规定,即为维护宗族首长之特殊地位,至清末则"天赋人权"之说由阶级而扩及性别,新法律已有逐渐转变之势,民国以后之民法,不但人人平等,毫无阶级意识之存留,即女子亦有继承权,且规定夫妻财产制,于是旧有家族社会之法律基础,乃彻底崩溃矣。

总之,中国宗法社会,为封建时代之遗物,封建时代,地广人稀,诸侯皆可尽量发展。秦废封建,宗法亦随之破坏。但以礼教之防闲綦重,又因农业社会安固守常之风,于是家族社会遂代之以兴。唐代有别籍异财,亏败名教,玷污风俗,先决六十之诏令,至宋儒提倡有系统之家族伦理学说,如司马光之《家范》、朱熹之《家礼》等,而家族制度乃确立焉。九世同堂,张公百忍,大家庭制度恒为举世所艳称。然以经济情况之转变,此种家族集团,颇不易维系,子孙别籍异财,已成一种有力之趋向。故袁采有:"兄弟义居,固世之美事,顾见义居而交争者,前之美事,乃甚不美矣!故兄弟当分,宜早有所定;兄弟相爱,虽异居异财,亦不害为孝义。一有交争,则孝义何在?"之语。政府为维持家族社会制度,不惜以法令禁止别籍异财。(宋太祖开宝元年六月诏:"父母在者,子孙不得别财异居。"二年八月诏:"察民有父母在而别籍异财者论死。"真宗大中祥符二年正月诏:"诱人子弟析家产者,令所在擒捕流配。")但"一门数灶",与"共甑分煮饭,同铛各煮鱼"之事,隋、唐已然,何况后世?经济制度之基础既决,事必乞灵于法律,殊不能保障其不变也。清代之大家庭制度,早有不能维持之势,即父母在,亦可以分爨别居矣。中西交通以后,西方社会之小家庭制度,渐为中国人所羡慕,再益以经济生活之压迫,政治观念之新颖,由农业时代逐渐走向工业社会之路,因此家族制度之崩溃,乃成自然之趋势,固亦无可如何。法律遂不得不就事物之本质而重新规定。今惟穷乡僻壤中,尚能见家族社会之残余痕迹,若城市则已完全改观矣。

(二) 乡社之情形与城镇乡之地方自治

光绪三十三年正月,民政部奏饬各省查报乡社情形,以重治本,疏云:"地方自治,一时未能骤行,而各省乡社办法之善否,即为地方自治民生休戚所关。欲兴民政,自以考求各省乡社情形为入手办法。查《会典》保正、甲长、乡约等本悬之功令,自咸丰、同治以来,地方多事,举凡办防集捐,供支兵差,清理奸宄诸事,各牧令又无不借乡社之力。于是边腹各地,名目纷立,推择各殊,有曰乡正、乡耆、里正者,有曰寨长、圩长者,有曰团总、练总者,有曰公正、公直者,有曰镇董、村董者,有曰社首、会首者,羼杂离奇,不可胜举。近年推行警政,如奉天等省,则各乡社又多称巡长等名,此名目之不同也。其经理之地,有仅止一村者,有多至数村十村者,边远州县,乡保且有管至百十里者,此地势广狭之不同也。其更代之法,有一年一易者,有数年一易者,有轮流充当者,有由地方官札谕派委者,而以公众推举者为多。所遴用者,或为生贡,或为职衔军功人员,或为平人。地方官待遇之者,或贵之为缙绅,或贱之如皂隶,而要之官民相通,又皆以乡社为枢纽。是以细故之裁判,公用之科摊,案证之传质,护田防盗之计画,新政旧章之颁布,多隐以乡社司之。且有牧令倚以收赋税、集团练者,大约如古之王烈、田畴者固不乏人,而猾贪虎冠,为地方之害者,亦所在不免。几有为者不善、善者不为之势。近年海口通商之处,亦多有研究自治组织会所者,较之相沿乡社办法已有进步。然当棉蕝之初,尤宜详为调查,以期整齐而免流弊。”盖其时已注意于社会之组织矣。光绪三十四年(戊申),清廷既宣布筹备宪政,乃订定逐年筹备事宜,拟于己酉第二年筹办城镇乡地方自治设立自治研究所。第三四年仍续办城乡镇地方自治,并筹办州、厅、县地方自治。梁任公先生所谓官办的自治,盖即指此。《宪政编查馆核议民政部所拟城镇乡地方自治章程折》略称:

查地方自治之名,虽近沿于泰西,而其实则早已根荄于中古,《周礼》比闾、族党、州乡之制,即名为有地治者,实为地方自治之权舆。下逮两汉三老、啬夫,历代保甲、乡约,相沿未绝。即今京外各处水会、善堂、积谷、保甲诸事,以及新设之教育商会等,皆无非使人民各就地方聚谋公益,遇事受成于官,以上辅政治而下图辑和,故言其实,则自治者所以助官治之不足也。民生所需,经纬万端,国家设官董治,仅挈大纲,非独政体宜然,实亦势有不逮,若必下涉纤忽,悉为小民代谋,官少则丛脞,官多则烦扰。况山国泽国,利害不必悉同;好雨好风,嗜欲尤多殊异。强以官府之力,行一切之法,意本出于爱民,而受之者或反以为不便。北宋用青苗法乱天下,而朱子社仓用意与之相仿,乃为法于后世者,则一主以官,一主以民之故也。言其名则“自治”者与“官治”相对而言也,无官制则无所谓自治,犹无二物则无所谓彼此。自治之事,渊源于国权,国权所许,而自治之基乃立,由是而自治规约不得牴牾国家之法律,自治事宜不得抗违官府之监督,故自治者乃与官治并行不悖之事,绝非离官治而孤行不顾之词。惟立宪国之所异者,彼于官治、自治之限阈,郑重剖晰,勒为法典,上下相信,守之不渝,民固不得奋私智以上渎,而官亦不得擅威福以下侵;用能互相系属,而龃龉不生;各守分限,而责任无贷。于是自治与官治乃有合则双美,离则两伤之势矣。

此折已充分说明官办、自治之意义，盖本于君主专制国之立场，实与民主之精神无涉。吾国旧有乡治，由家族扩充而成，似尚有民主之若干成分，乡里假保甲之名，行自治之实，与官治相对立，古代之民本政治，诚如黄宗羲《原君》所谓："古者以天下为主，君为客，凡君之所毕世经营者，为天下也；今也以君为主，天下为客，凡天下之无地而得安宁者为君也。"可见古代实有民主政治之精神，与今日世界之共和、立宪相同；而后世以君为主，人民为客，乃假以自治之名，以助官治之不足，犹谓自治之事，渊源于国权，此国权之代表，君乎？民乎？故梁先生叹为代大匠斫必伤其手，固有精神，泯然尽矣。兹将自治章程，择要录下：

第一章　总纲　第一节自治名义。第一条：地方自治以专办公益事宜，辅佐官治为主。按照定章由地方公选合格绅民，受地方官监督办理。第二节城、镇、乡区域。第二条：凡府、厅、州、县治城厢地方为城，其余市镇、村庄、屯集等各地方人口满五万以上者为镇，人口不满五万者为乡。第三条：城、镇、乡之区域，各以固有之境界为准。若境界或必须另行析并者，由该管地方官详确分画，申请督抚核定，嗣后如有应行变更，或彼此争议之处，由各该城、镇、乡议事会拟具草案并交府、厅、州、县议会议决之。第四条：嗣后若因人口之增减，镇有人口不足四万五千，乡有多至五万五千者，由该镇董事会或乡董呈由地方官申请分别改为乡、镇。第三节自治范围。第五条：城、镇、乡自治各款：一本城、镇、乡之学务。中小学堂、蒙养院、教育会、劝学所、宣讲所、图书馆、阅报社、其他关于学务之事。二本城、镇、乡之卫生。清洁道路、蠲除污秽、施医药局、医院医学堂、公园、戒烟会、其他关于卫生之事。三本城、镇、乡之道路工程。改正道路、修缮道路、建筑桥梁、疏通渠沟、建筑公用房屋、路灯、其他关于道路工程之事。四本城、镇、乡之农工商务。改良种植牧畜及渔业、工艺厂、工业学堂、劝工厂、改良工艺、整顿商业、开设市场、防护青苗、筹办水利、整理田地、其他关于农工商务之事。五本城、镇、乡之善举。救贫事业、恤嫠、保节、育婴、施衣、放粥、义仓、积谷、贫民工厂、救生会、救火会、救荒、义棺、义冢、保存古迹、其他关于善举之事。六本城、镇、乡之公共营业。电车、电灯、自来水、其他关于公共营业之事。七因办理本条各款筹集款项等事。八其他因本地方习惯向归绅董办理素无弊端之各事。第六条:前条第一至第六款所列事项,有专属于国家行政者,不在自治范围之内。第七条:城、镇、乡地方就自治事宜,得公定自治规约,惟不得与本章程及他项律例章程相牴牾。自治规约内得设罚则,以罚金及停止选民权为限。第四节自治职第八条:凡城、镇各设自治职。一议事会,一董事会。第九条:凡乡设自治职。一议事会一乡董。第十条:城、镇、乡有分属二县以上,或直隶州与县管辖者,其自治职仍得并设,毋庸分立。第十一条:城、镇有区域过广,其人口满十万以上者得就境内画分若干区,各设区董办理区内事宜,其细则以规约定之。第十二条:乡有户口过少,其选民全数不足议员定额十倍之数者,不设自治职,与同一管辖内邻近之城、镇、乡合并办理。若情形不便合并者,除按章设置乡董外,不设乡议事会,以乡选民会代之。第十三条:凡二乡以上有彼此相关之事,必须连合者,得以各该乡之协议设连合会办理之。第十四条:城、镇、乡各设自治公所,为城、镇、乡议事会及董事会乡董办事之地。自治公所可酌就本地公产房屋或庙宇为之。第十五条:城、镇、乡居民享有本地方公益之权利并有分任本地方负担之义务。第十六条:居民具备资格者为城、镇、乡选民。第十七条:一品行悖谬营私武断者,二曾处监禁以上之刑者,营业不正者,失财产上之信用被人控实尚未清结者,吸食鸦片者,不识文字者,均不得为选民。第十八条:选民有选举自治职员及被选举为自治职员之权。第十九条:不得选举自治职员及被选举为自治职员:一见任本地方官吏者。二见充军人者。三见充本地方巡警者。四见为僧道及其他宗教师者。第二十条:见在学堂肄业者不得被选为自治职员。第二十一条:凡被选为自治职员者非有事由不得谢绝当选,亦不得于任期内告退。第二十二条:无故谢绝告退停止其选民权。

第二章　城、镇、乡议事会　第一节员额及任期。第二十三条:城、镇议事会议员,以二十名为定额,人口满五万以上,每加五千得增一名,至多以六十名为限。第二十四条:议事会议员按照人口之数定之。不满二千五百者六名、不满五千者八名、不满一万者十名、不满二万者十二名、不满三万者十四名、不满四万者十六名、四万以上者十八名。第二十五条:父子兄弟不得同时任为议员,若有父子、兄弟为城、镇总董、董事或乡董、乡佐者不得为议员。第二十六条:议事会各设议长、副议长一名,由议员用无名单记法互选。第二十七条:议员以二年为任期,每年改选半数。……第二十九条:任满再被选者均得连任。第三十条:议员因事出缺至三分之一者应即补选。……第三十五条:乡选议员无定额以本乡选民全数充之。乡选民会设议长、副议长均由会员互选。第二节职任权限。第三十六条:城、镇、乡议事会应行议决事件。一自治范围内应行兴革整理事宜;二自治规约;三自治经费岁出入预算;四经费岁出入决算报告;五筹集方法;六处理方法;七选举上之争议;八自治职员办事过失之惩戒、九关涉全体赴官诉讼及其和解之事……第三节会议。第四十三条:每季一次以二五八十一月为会期,每会期以十五日为限,得展限十日以内。……

第三章 城、镇、乡董事会 第一节员额及任期。第五十四条:城、镇、乡董事会各设总董一名,董事一名至三名,名誉董事四名至十二名。第五十五条:总董以本城镇选民由议会选举二人,呈由地方官申请督抚遴选任用。董事由议会选举,呈请地方官核准任用之。……第六十八条:城、镇董事会应办事件。一议事会议员之选举及其议事之准备;二议决各事之执行;三以律例章程或地方官示谕委任办理各事之执行;四执行方法之议决。第六十九条:于议会决议事件,得声明缘由交由复议,若坚持不改,得移交府、厅、州、县议会公断。……

第四章 乡董 第一节员额及任期。第七十九条:各乡设乡董、乡佐各一名,以本乡选民由该乡议会选举,呈由地方官核准任用之。第八十条:不得同时兼任议员。第八十一条:以二年为任期,任满改选,均得连任。……第二节职任权限。第八十七条:照六十八条及六十九条办理。……

第五章　自治经费　第一节类别。第九十条:城、镇、乡自治经费。一本地方公款公产;二本地方公益捐;三按照自治规约所科之罚金。第九十一条:前条公款公产以向归本地方绅董管理者为限。第九十二条:公益捐。为二种:一附捐,二特捐。就官府征收之捐税附加若干为公益捐者,为附捐,于所征捐税之外另定种类名目征收者为特捐。附捐不得过原征捐税数十分之一。……

第六章　自治监督　第一百零二条:城、镇、乡自治职各以该管地方官监督之。第一百零三条:地方官有申请督抚解散城、镇、乡议事会,城、镇、乡董事会,及撤销自治职员之权。……

自治章程凡九章一百十二条,对城、镇、乡议会董事会及职员之选举职权,规定极详,其精神仍系受地方官之委任监督,非纯粹民治也。此虽采取日本之自治法规,而与西洋之民主政治,显然两事,但已较保甲之组织又进一步矣。以余所知,此章程虽已公布施行,但厅、州、县及城、镇、乡之议会,终清世并未实行,仅总董、区董、乡董由地方官委任,亦无城、镇、乡公所之组织,且只以城市为然,尚未能普遍及于镇、乡、村、集。真正之乡村自治,仍根据旧有之习惯,而以宗族为主体,民国以后袁世凯且下令停办自治。至民国八年始复公布县自治法。十年公布市自治及乡自治制,大致仍根据清代之自治章程,惟市乡纯任民治耳。

一百九　宗教之概况

(一) 文庙之祀典

孔子系中国文化集大成者,历代尊为至圣先师,原非宗教,自汉谶纬之学兴,有拟为素王者,始带神秘的色彩。六朝后有儒、释、道三教之称,乾隆九年,因河南有三教堂约五百九十余处,而商城石洞尤为宏壮。像用铜、铁、土、木、石皆藻绘金饰,佛踞中坐,老子、孔子互相左右而略小,俯仰旁侧。其奉祀缁流羽士,宁陵、信阳且有以女尼主持者,上谕以为秽媟,令河南巡抚严行禁止,将圣像迎往洁净公所奉安。其祠宇改称寺观,三教碑额悉行撤去。若向属公地，管领无人，见在住持僧道本无产业可依，酌令迁于别寺观居住，佛老诸像听其移奉。将其地改为书院义学，安奉圣像，报明礼部存案。豫省界连燕、赵、秦、晋，此五北省风气相类，三教堂亦所在多有，惟南中罕闻，令一体严行饬禁。可见政府不以儒教为宗教，然奉祀之典，则特加隆焉。清崇德间始建文庙于盛京，以颜、曾、思、孟配，定春秋二仲上丁行释奠礼。世祖入关，以国子监为大学，立文庙制方南向，西持敬门，前大成门，内列戟二十四，石鼓十，东西舍各十一楹，北向。大成殿七楹，陛三出。两庑各十九楹，东西列舍。启圣祠正殿五楹，两庑各三楹。燎炉、瘗坎、神库、神厨、宰牲亭、井亭皆如制。顺治二年，定称"大成至圣文宣先师孔子"。春秋上丁，遣大学士一人行祭，翰林官二人分献，祭酒祭启圣祠。以先贤、先儒配飨从祀。月朔祭酒释菜，设酒芹枣栗。先师四配三献，十哲两庑监丞等分献。望日司业上香。正中祀孔子南向，四配复圣颜子，宗圣曾子，述圣子思子，亚圣孟子。十哲闵子损、冉子雍、端木子赐、仲子由、卜子商、冉子耕、宰子予、冉子求、言子偃、颛孙子师，俱东西向。两庑从祀者：

先贤：澹台灭明　宓不齐　原宪　公冶长　南宫适　公皙哀　商瞿　高柴　漆雕开　樊须　司马耕　商泽　有若　梁鳣　巫马施　冉孺　颜辛　伯虔　曹卹　冉季　公孙龙　漆雕徒父　秦商　漆雕哆　颜高　公西赤　壤驷赤　任不齐　石作蜀　公良儒　公夏首　公肩定　后处　鄡单　奚容蒧　罕父黑　颜祖　荣旗　句井疆　左人郢　秦祖　郑国　县成　原亢公　祖句兹　廉洁　燕伋　叔仲会　乐欬　公西舆　如狄黑　邽巽　孔忠　陈亢　公西蒧　琴张　颜之仆　步叔乘　施之常　秦非　申枨　颜哙　左丘明　周敦颐　张载　程颢　程颐　邵雍　朱熹　凡六十九人

先儒：公羊高　穀梁赤　伏胜　孔安国　毛苌　后苍　高堂生　董仲舒　王通　杜子春　韩愈　司马光　欧阳修　胡安国　杨时　吕祖谦　罗从彦　蔡沉　李侗　陆九渊　张栻　许衡　真德秀　王守仁　陈献章　薛瑄　胡居仁　凡二十八人(《清史稿》云二十八

人,实载二十七人。或遗胡瑗,待查)

启圣祠启圣公(孔子之父叔梁纥)位正中,南向,配位先贤颜无繇、曾点、孔鲤、孟孙氏东西向。两庑从祀先儒周辅成、程珦、蔡元定、朱松、张子廸(横渠父雍正间入),圣兄孟皮(咸丰三年增)。雍正元年改启圣祠为肇祖祠,追封孔子五代王爵。肇圣木金父位中。朱熹在康熙末已改升十哲之次,乾隆三年后升有子若为十二哲。历朝皆有复祀、增祀之人,至同治二年更订增祀位次,各按时代为序,其两庑分配如次:

东庑:公羊高 伏胜 毛亨 孔安国 后苍 郑康成 范宁 陆贽 范仲淹 欧阳修 司马光 谢良佐 罗从彦 李纲 张栻 陆九渊 陈淳 真德秀 何基 文天祥 赵复 金履祥 陈澔 方孝孺 薛瑄 胡居仁 罗钦顺 吕枏 刘宗周 孙奇逢 陆陇其

西庑:穀梁赤 高堂生 董仲舒 毛苌 杜子春 诸葛亮 王通 韩愈 胡瑗 韩琦 杨时 尹焞 胡安国 李侗 吕祖谦 黄干 蔡沉 魏了翁 王柏 陆秀夫 许衡 吴澄 许谦 曹端 陈献章 蔡清 王守仁 吕坤 黄道周 汤斌

同治七年以宋臣袁燮(西庑)、清儒张履祥(东庑)从祠。光绪初元,增入陆世仪(西庑)、张伯行(东庑),并汉儒许慎(东庑),河间献王刘德(西庑),宋儒辅广、游酢(西庑)、吕大临(东庑)。三十四年又增顾炎武、王夫之(东庑),黄宗羲(西庑)。宣统三年以汉儒赵岐(西庑)、元儒刘因(东庑)从祀。祭典自明定八佾十二笾豆。嘉靖九年始厘为中祀。康熙时,圣祖释奠阙里,三跪九拜,曲柄黄盖,留供庙廷。世宗临雍,止称诣学,案前上香,奠帛献爵,跪而不立。黄瓦饰庙,五代封王,圣诞致斋,圣讳敬避(孔子名丘,避讳加邑为邱,读如期音。惟圜丘字不改)。高宗释奠,均法圣祖,躬行三献,垂为常仪。崇德报功,远轶前代,已隐寓升大祀至意。光绪三十二年礼部议升为大祀,有事遣亲王代,分献四配,用大学士,十二哲两庑用尚书。迎神送神饮福受胙,行三跪九拜礼。上香旧制,立而不跪,亦改为皇帝跪上香。临文称引先师,拟改三抬。三十四年,学部奏文庙工程办法,参稽礼制,相度地形,采三楹五陛之规。宣统三年,估修文庙工程用银三十七万四百余两。大成殿改九楹五门,一律修饰见新。历代帝王之于孔、孟,尊崇可谓备至,此中国文化精神之所系,所以重师道,辨名分,明伦纪,正人心。其后康有为有以孔教为国教之议,自称长素,而孔学原非宗教,不易得人同情也。

(二) 佛教之盛行

佛教自后汉明帝永平八年传入中国,《魏书·释老志》、《隋书·经籍志》言之綦详。降及唐代,高僧辈出,各阐师传,遂开十宗:曰律宗,曰俱舍宗,曰成实宗,曰三论宗,曰瑜珈宗,曰天台宗,曰贤首宗,曰慈恩宗,曰禅宗,曰净土宗。言其盛衰,则律宗自明末宝华山三昧律师后,代有闻人。禅宗分派,临济为盛。贤首宗至明季式微,清初柏亭大师成法出,撰述宏富,大阐宗风。天台宗自明末蕅益大师后,兼开净土法门,灵乘、灵耀,宏宣此宗。康熙时净土宗大师有省庵、梦东、达默、古昆。瑜珈宗久亡,慈恩、三论诸宗,更无人顾问矣。昔人谓学校坏而二氏之教兴,刑赏穷而地狱之说起,神道设教,古代已然,与人为善,岂曰小补!历代帝王颇多信仰,三武之摧残,不旋踵而即复;诸儒之辟斥,反撷其精华以自淑。其教至乾隆为最盛,嘉庆以后寖衰。咸丰时,洪、杨以耶稣教为号召,排斥异教,寺观为墟。剥极则复,光绪年间又勃然兴起矣。清代诸帝,世祖皈依禅宗,顺治十五年,遣使迎僧通琇及其徒行森至京供养西苑。十六年谕:"尔禅师通琇,临济嫡传,笑岩近裔,心源明洁,行解孤高,故于戊戌之秋,特遣皇华之使,聘来京阙,卓锡上林。朕于听览之余,亲询释梵之奥,实获我心,深契予志,洵法门之龙象、禅院之珠林者也。"世祖以董鄂妃之薨,哀痛过甚,削发出家,即由茆溪森为之披剃。惟为太后所阻,不久病死。故世传顺治出家之说,非毫无根据也。其时高僧如玄水杲、道忞(木陈忞)、憨璞聪等皆承召对,不令称臣,致拜都门,宗风自此大振。圣祖巡幸所至,寺院各有题词,遇山林学道之士,好礼有加,亲制重修天竺碑文,有云:"能仁之量,等于好生;佛道之成,关于民隐。将使般若之门,随方而启;仁寿之域,举世咸登。”康熙帝提倡理学不遗余力,又好西法算术,而其尊崇佛教,则犹先代遗风也。世宗喜研禅理,又极提倡净土,自号圆明居士,撰有《御制语录》十九卷、《拣魔辨异录》八卷。《语录》第十二卷,系与人问答言句,第十九卷则集内廷王大臣诸人之语录,名曰《当今法会》。于净土祖师中,特提莲池大师为模范,采其要语,别为一卷。御制序文云:“朕欲表净土一门,使学人宴坐水月道场,不欲歧而视之,误谤般若,故择其言之融会贯通者,刊为外集,以示后世。盖鉴于禅宗空洞之弊,而欲矫正之,示学人以脚踏实地也。”是书见解极高明,雍正帝之学术思想在清帝中为首屈一指,即由其于佛旨有得也。高宗笃嗜《藏经》,尽力剞劂与翻译。明万历中所刊《大藏》六千七百七十一卷,乾隆三年敕选后世大德著述增为七千二百四十七卷,从事雕刻,是谓《龙藏》。先是圣祖曾刊刻《圆觉》、《金刚》等二十二经,为清朝刊经之始。《龙藏经》则始于世宗,而高宗完成之者也。二十四年敕和硕庄亲王允禄选择通习梵音之人,详译全藏经中诸咒,编为《满汉蒙古西番合璧大藏全咒》,计八十八卷。附《同文韵统》六卷、《字母读法》一卷、《读咒法》一卷,共九十六卷,颁发中外各大丛林。三十八年又敕以清书翻译《大藏经》,五十五年告成,计二千四百六十六卷。顺、康、雍、乾四帝虽重佛阐教,然于寺院之建立,僧尼之出家,限制綦严。顺治二年,定僧道均给度牒,以防奸伪。凡寺观若干,僧道若干,各令住持详询籍贯,具结投僧道官,加具总结,在京者呈部,在直省者赴地方官呈送,汇申抚按解部,颁给度牒,不许冒充混领,事发罪坐经管官。惟明制凡给度牒先令考试,于经律论中命题,取者得给,不取者停其剃度,故僧多有学问。清初免试僧之制,研究三藏者鲜矣。又严禁京城内外不许擅造寺庙佛像,必报部方许建造,僧道不许自置缘簿募化,不许私削发为僧。僧道官住持纵隐,一并治罪。康熙六年通计各省敕建大寺庙六千七十有三,小寺庙六千四百有九,私建大寺庙八千四百五十有八,小寺庙五万八千六百八十有二。僧十一万二百九十二名,道二万一千二百八十六名,尼八千六百十五名。共计寺庙七万九千六百二十有二,僧尼道士十四万一百九十三名,平均每寺庙不及二名。康熙十三年,定僧录司、道录司,左右各二人(僧曰善世、阐教、讲经、觉义;道曰正一、演法、至灵、至义)在外省府曰僧纲司、道纪司;州曰僧正司、道正司;县曰僧会司、道会司;专管僧道恪守戒律清规,违者听其究治。若所犯与军民相涉,在京申部酌审,在外听有司断理。此即所谓僧官、道官也。

(三) 寺庙之整饬

清初佛教之盛,寺庙之多,尚有另一原因。即士大夫抱亡国之痛者,不愿薙发胡服,宁剃度以资潜修。《续三字经》所谓“披发左,衣冠更,难华夏,尽为僧”者是已。于是革命志士多隐迹其中,借寺庙以为护符,从事反清运动,如一念和尚、黄蘖禅师之类,比比皆是,故天地会之五祖亦为五僧,朱三太子、天德皇帝均曾为僧,胡秉耀、朱毛里之后明,即以积善禅林为大本营也。康熙五十年以后,清廷渐感觉寺庙为革命机关之严重性,乃禁止创建增造。谕曰:“直省创建寺庙,多占百姓田庐,既成之后,愚民又为僧道日用,纠集银钱,购买田地给予,以致民田渐少。且游民充为僧道,藏匿逃亡罪犯,行事不法,实扰乱地方。着各督抚及地方官除原有寺庙外,其创建增,永行禁止。”雍正十三年十一月,高宗即位后,谕云:

> 佛法以明心见性,兴善能仁,舍贪除欲,忍辱和光为本,而后世缁流,竟借佛祖儿孙之名,以为取利邀名之具,奸诈盗伪,无所不为。以致宗风颓败,象教衰微,此皆不肖僧徒贻之咎也。我皇考聪明睿智,天纵多能,而于性宗之理,洞晰精微,深通奥妙。万几余暇,每召见僧衲指示提撕,冀其勉力参悟,俾佛教广有传人,以为劝善去恶之一助。此大慈悲父觉世之苦心也。乃数年以来,真能领会圣训者甚少,皇考尝为叹息。今陆续散出于外,其间品行不一,难保无借端生事之人。如昔年世祖章皇帝时,木陈忞大有名望,深被恩礼,而其所著《北游集》则狂悖乖谬之语甚多。至其夸张恩遇处尤为庸鄙。又玉琳国师弟子骨严、行峰著《侍香纪略》一书,更为诞妄荒唐,供人喷饭。已蒙皇考特降严旨,查出销毁,此中外所共知者,前事可鉴。朕不得不留心申饬,着该部传旨,通行晓谕,凡在内廷曾经行走之僧人,理应感戴皇考指迷接引之深恩,放倒身心,努力参究,方不负圣慈期望之至意!

倘因偶见天颜,曾闻圣训,遂欲借端夸耀,或造作言辞,或招摇不法,在国典则为匪类,在佛教则为罪人,其过犯不与平人等。朕一经察出,必按国法佛法,加倍治罪,不稍宽贷。

又谕:

历代僧人披剃,有给与度牒之制,顺治八年,停其纳银,康熙初年并给发度牒,亦经停止。盖其时僧徒尚未甚多,又当玉琳国师、筑溪禅师主持法席,相继振兴,犹知共循遗轨,故不给度牒,亦属可行。近日缁流太众,品类混淆,真心出家修道者,百无一二,而愚下无赖之人,游手聚食,且有获罪逃匿者,窜迹其中。是以佛门之人日众,而佛法日衰。不惟参求正觉,克绍宗风者寥寥,即严持戒律习学小乘之人,亦不多见。蔑弃清规,徒增尘玷,流弊不可胜言。朕崇敬佛法,秉信夙深,仰蒙皇考嘉奖,许于当今法会中,契超无上者朕为第一,则并无薄待释子之成见可知。特以护持正教之殷怀,不得不辨其薰莸,加之甄别。着该部仍行颁发度牒,给在京及各省僧纲司等,嗣后情愿出家之人,必须给度牒方准披剃。仍饬府州县等衙门严查,僧官胥吏毋许借端需索扰累!僧徒违者,从重治罪!

又谕:

四民之中惟农夫作苦,自食其力,最为无愧。饬庀八材,以利民用,非百工莫备。士则学大人之学,故录其贤者能者。至于商贾,阜通货贿,亦未尝无益于人。而古昔圣王尚虑逐末者多,令不得衣丝乘车,推择为吏,以重抑之。今僧中有号为应付者,各分房头,世守田宅,饮酒食肉,并无顾忌,甚者且畜妻子,道士之火居者亦然。夫一夫不耕,或受之饥;一女不织,或受之寒;多一僧道即少一农民。乃若辈不惟不耕而食,且食必精良;不惟不织而衣,且衣必细美;室庐器用玩好百物争取华靡。计上农夫三人,肉袒深耕,尚不足供给僧道一人,不亦悖乎？朕于二氏之学，皆洞悉其源流，今降此旨，并非博不尚佛老之名也。盖见今之学佛人岂特如佛祖者无有，即如近代高僧，能外形骸清净超悟者亦稀；今之道士，岂特如老庄者无有，即如前世山泽之癯，能凝神气怡养寿命者亦稀。然苟能遵守戒律，焚修于山林寂寞之区，布衣粗食，独善其身，犹于民无害也。今则不事作业，甘食美衣，十百为群，农工商贾终岁竭蹶以奉之，而荡检逾闲，于其师之说，亦毫不能守，是不独在国家为游民，即绳以佛老之说，亦为败类，而可听其耗民财溷民俗乎？着直省督抚饬各州县按籍稽查，除名山古刹收接十方丛林，及虽在城市，而愿受度牒，遵守戒律，闭户清修者不问外，其余房头应付僧、火居道士集众面问，愿还俗者听之，愿守寺院者亦听之，但身领度牒，不得招收生徒。所有资产，如何量给还俗及守寺院者为衣食计，其余归公，留为地方养济穷民之用，并道士亦给度牒之法，该部详议具奏。

连降三旨，其注意僧道可知。外省僧道闻之，皆惶惑不安，恐资产归公，有将已身田宅诡寄他人户下，希图藏匿者，有谋嘱书吏分立花户诡名，以多报少者，有减价速售变银入橐者，且有局外人从中索诈者。乾隆元年部议各寺资产免其稽查，以省纷扰。僧录道录，慎选充补。颁给度牒，由地方官造册取结汇齐报部，照册给发。应付僧愿受戒，给予度牒，不愿者即令还俗，编入里甲为民。老迈残疾既难受戒又难还俗者，查实亦给度牒，深山僻壤寺僧亦姑注册，惟不许招受生徒。火居道士勒令还俗，有年老别无营运者，亦暂给部照，不许招徒。嗣后妇女有年未四十出家者，严行禁止。二年又谕：朕之酌复度牒，以僧道太繁，贤愚混杂，其中多童稚孤贫，父母主张出家，非其所愿；亦有托迹缁黄，利其财产，荡检逾闲，甚至匪类作奸犯科，不得已而薙发道装以避捕诘，藏垢纳污，无所不至。是以给发度牒，令有稽考，亦如民间之保甲，不致藏奸，贡监之执照，不容假冒。果能奉行尽善，则教律整饬，而闾阎亦觉肃清，岂欲繁为法禁苦累方外之民耶？四年统计颁发各省度牒部照三十四万一百二十纸，较康熙初年之十余万人，约增加三倍。嗣后度牒由师徒相传，不再发给。三十九年谕：

僧道度牒,本属无关紧要,而查办适以滋扰,着永远停止。度牒之制既停,僧道之增益滥,观嘉庆间有开会招摇妇女入寺之禁,道光间有坐门募化,讹索搅扰之禁,则知以寺庙为淫窟,借穿掌钉腮以讹诈者,已不能免矣。

(四)喇嘛教之利用

佛法始自印度,东流而至西番,其番僧又相传,称为喇嘛。“喇嘛”之字,《汉书》不载,元、明史中或讹书为“刺马”,其义盖西番语谓上曰喇,谓无曰嘛,喇嘛者,谓“无上”,即汉语称僧为“上人”之意耳。黄教始宗喀巴,盛于元,沿及于明,封帝师国师者皆有之。清惟康熙年间封一章嘉国师。其达赖喇嘛、班禅额尔德尼之号,不过沿元、明之旧,换其袭敕而已。各部蒙古,一心归依喇嘛,兴黄教即所以安抚蒙古,非若元朝之曲庇谄敬番僧也。其胡图克图之相袭,乃以僧家无子,授之徒与子何异?故必别觅一聪明有福相者并为呼毕勒罕。后呼毕勒罕率出一族,因私而争,清廷乃定金瓶掣签法,以革一人授意之弊。先是喇嘛早行教关外,崇德间称为金刚大士。顺治八年创建黄寺,剃度喇嘛百有八人,均以内府三旗及五旗王公府属管领下人披剃。雍正帝夺位,喇嘛为之助,遂以潜邸建雍和宫,为京师第一大庙,设王大臣管理之。喇嘛传教,皆用西藏语文,限于满、蒙,绝少汉人。雍正五年,始拨帑银十万两,为哲布尊丹巴呼图克图修建大刹,封伊后身,以为喀尔喀、蒙古大喇嘛,与达赖、班禅等。乾隆元年僧道给与度牒,在京各寺庙喇嘛共九百五十九名,后增三百十四名,皆与度牒,至三十九年始停止。至道光二十五年定台吉当喇嘛,照例报院,请领度牒,如未领牒,私自出家者,勒令还俗。失察之盟长札萨克罚俸。是度牒之制虽停止,而台吉出家,仍须报理藩院请领度牒也。咸、同以后,英、俄人对新疆、西藏均有所觊觎,新疆则煽惑回人,西藏则煽惑达赖。达赖赴印度,英以国宾礼之。且派人研究西藏历史,倡藏族来自印度之说,以迷惑藏人。光绪二十七年及宣统元年达赖两次派喇嘛赴俄,俄皇召见,礼遇至渥。其不轨之心,早已显露。驻藏大臣联豫奏闻,清廷命川督赵尔巽派兵赴藏,以防叵测。达赖聚兵谋抗拒,藏军不待交绥而即纷散。达赖宵遁,不知所往,清廷乃下谕曰:

西藏达赖喇嘛、阿旺罗布藏、吐布丹甲错夙荷先朝恩遇，至优极渥，该达赖具有天良，应如何潜修经典，恪守前规，以期传衍黄教。乃自执掌商上事务以来，骄奢淫佚，暴戾恣睢，为前此所未有。甚且跋扈妄为，擅违朝命，虐用藏众，轻启衅端。光绪三十年六月间，乘乱潜逃，经驻藏大臣以该达赖声名狼藉，据实纠参，奉旨暂行革去名号。迨该达赖行抵库伦，折回西宁，朝廷念其远道驰驱，冀其自新悛改，饬地方官随时存问照料。前年来京展觐，赐加封号，锡赉骈蕃。并于起程回藏时，派员护送。该达赖虽沿途逗留，需索骚扰，无不量予优容，曲加体恤，宽既往而策将来，用意至为深厚。此次川兵入藏，专为弹压地方，保护开埠，藏人本毋庸疑虑。讵该达赖回藏后，布散流言，借端抗阻，诋诬大臣，停止供给。迭经剀切开导，置若罔闻。据联豫等电奏：川兵甫抵拉萨，该达赖未经报明，即于正月初三夜潜出，不知何往。当谕令该大臣设法追回，妥为安置，迄今尚无下落。掌理教务，何可迭次擅离？且查该达赖反复狡诈，自外生成，实属上负国恩，下辜众望，不足为各呼图克图之领袖。着即革去达赖喇嘛名号，以示惩处。嗣后无论逃往何处，是否回藏，均视与齐民无异；并着驻藏大臣迅即访寻灵异幼子数人，缮写名签，照案入于金瓶掣定，作为前代达赖喇嘛之真正呼毕勒罕，奏请施恩，俾克传经延世，以重教务。朝廷彰善瘅恶，一秉大公，凡尔藏中僧俗，皆吾赤子，自此次降谕之后，其各遵守法度，共保治安，毋负朕绥靖边疆，维持黄教之至意！

达赖喇嘛既革去名号，以前为其诬陷撤销之第穆呼图克图则复其靖善禅师名号。时清廷所派帮办温宗尧开缺回川，译英国《蓝皮书》，附奏大旨谓：英、俄两国各自为防，各有所忌，我宜趁此时机，整理藏政。藏人分三级：曰官吏，曰喇嘛，曰百姓，政尚专制，官吏之命令，虽至虐不敢违，喇嘛百姓，无不仰其鼻息。喇嘛向俄，百姓向英，我能增长权力，制其官吏，则向俄向英，均归无效云云。后外电传达赖已抵俄京，将借俄力以返拉萨。俄之牢笼达赖，专为蒙古也，英虑其侵略西藏以危印度，故猜沮甚至。自达赖斥革，英、俄二使均给外部照会，代之恳请。外部复文称：“黄教本尚清净,该达赖性喜弄兵,已不胜掌教之任,况违抗朝旨,迭次擅离藏地,何可更示宽容?查康熙朝第六世达赖伊西札穆苏亦经被废,当封噶勒藏嘉木磋仍为六世达赖,兹之斥革另举,亦犹循祖宗故事,于藏中政体无关。"英政府始声明,不因已革达赖一人之故,干预藏务,致碍邦交。于是风波渐息,清廷一面调集重兵入藏,以资镇压,饬堪布随时安抚藏民;一面决取政教分离主义,照会外国驻京公使,此后事无巨细,非经驻藏大臣磋商、政府认可,概无效力。如再遇有达赖私与外人缔结条约情事,中国政府一律不能承认。盖政府拟以达赖专理教务,不复令其预闻政事。终清之世,新达赖未签定,已革达赖逃亡印度,渐为英人所轻,至宣统退位后,始乘间回藏云。

(五) 道教之源流

马端临《文献通考·经籍考》云:"道家之术,杂而多端。盖清净一说也,炼养一说也,服食又一说也,符箓又一说也,经典科文又一说也。黄帝、老子、列御寇、庄周之书所言者,清净无为而已,而略及炼养之事,服食以下,所不道也。至赤松子、魏伯阳之徒,则言炼养而不言清静。卢生、李少君、栾大之徒,则言服食而不言炼养。张道陵、寇谦之之徒,则言符箓,而俱不言炼养、服食。至杜光庭而下以及近世黄冠师之徒,则专言经典科教,所谓符箓者,特其教中一事。于是不惟清净无为之说,略不能知其旨趣,虽所谓炼养、服食之书,亦未尝过而问焉矣。"《道教概说》解释服食为金丹之服药,炼养为元气之修炼,魏伯阳、葛洪倡之。然以服食而达神仙长生之目的,事实上不可能,至寇谦之遂起符箓及科教(讽诵经文)之道。盖三代以神道设教,于是有巫祝史之官,战国以来,方士朋兴,祈禳,禁咒,黄白,呼吸道引,服饵之术先后出,于是秦皇、汉武皆好神仙,东汉始有鬼道。所谓太平道、天师道之类,亦称佛法曰浮屠道。皆以道为名,不云教也。迨道士以道之名专为己有,谓之道教,而佛、儒二教亦起而鼎峙矣。道教袭老、庄之玄言,学巫祝之祭祷,行方士之术数,包罗已至猥杂,更摹仿佛经,抄袭名字,尤为识者所鄙。惟清心寡欲,有益修养,不信天命,不信业果(《云笈七签》引仙经云:"我命在我,不在于天。"儒畏天命,修身以俟;佛亦谓此身根尘幻合,业不可逃,寿终有尽),独欲却病延年,长生不老,与近代医药昌明后延长寿命之说相近。烧炼黄白,起于方士,道流承之,铅汞炉鼎,龙虎水火,劳劳千载,而金丹终于无功。然其术西传大食,旋入欧洲,至十九世纪,化学始立。迄今进步一日千里。阐明电子、原子循环变化之道,黄金可成,殆非虚语。惜其说太杂,不明飞升尸解之寓意,妄诞不经,费精神于虚牝耳。道教之祖,始于张陵,沛丰邑人,为留侯八世孙,汉光武建武十年生,章和二帝,屡召不起,客蜀隐鹄鸣山,造符书为人治病。桓帝永寿二年,以经箓、印剑授其子衡,衡子鲁拜汉宁太守,鲁子盛自汉川徙居信州龙虎山,世以其法,私相传授,未闻见重于世。至北魏嵩山道士寇谦之奉其书献明帝,帝起天师道场于平城,始见尊重。按《晋书》殷仲堪及郗愔、郗昙均奉天师道,《王羲之传》:世事张氏五斗米道,凝之信之尤笃。足征天师之称,典午已然。梁武帝立元坛三百所,唐天宝六年,赠天师为太师。宋祥符九年,赐信州道士张士随号真静先生。嗣是世袭封号,特无阶品。徽宗崇宁二年,赐张继先号虚靖先生。元世祖至元十三年,赐道陵三十六代孙张宗演嗣汉天师演道灵应冲和真人,给三品银印,令主江南道教。明洪武元年,太祖曰:天岂有师?革其旧号,封张正常为正一真人,秩二品。隆庆中,降为提点,六品,万历时复之。京师设僧道官,始于洪武十五年,僧凡三等:曰禅、讲、教;道凡二等:曰全真、正一。设官不给俸,隶礼部。道录司左右正一,二人,正六品;左右演法二人,从六品;左右至灵二人,正八品;左右元义二人,从八品。阁皂山、三茅山各灵官一人,正八品。太和山提点一人。府置道纪司,都纪一人,从九品。副都纪一人。州置道正司,道正一人;县置道会司,道会一人。明世奉道甚至,世宗尤躬亲斋醮,不理朝政。封道士邵元节为致一真人,陶仲文为秉一真人。自号一阳真人、忠孝帝君;又号太正真人万寿帝君。清代仍明旧封,顺治八年五十二代天师张应京入觐,给一品印,谕令法祖修道,谨德修行,身立模范,禁约该管员役,俾之一守法纪,毋致生事。务使异端方术,不得惑乱愚民。康熙十九年五十四代天师张继宗入觐,留京三年。三十三年,命进香五岳。雍正元年,授五十五代天师张锡麟光禄大夫。九年赐帑重修龙虎山殿宇,并增置香田。盖以法官娄近垣为帝设坛礼斗,确有灵应,又以符水解退余邪,涣然冰释。因赐娄近垣常住大光明殿,封为妙正真人,推本其祖师之正传,使天下之人,知正教常垂宇宙,其裨益世道人心,非浅鲜也。乾隆元年清厘僧道,颁给度牒。四年,禁止真人传度,如有法员潜往各省考选道士受箓传徒者,将法员治罪,该真人一并议处。道教从此衰矣。十二年以副都御史梅瑴成言,更正龙虎山正一真人品秩,照太医院使例为正五品,不许援引假借题给封典。朝觐为述职大典,未便令道流厕身其间,一概停止,以肃体制。三十一年,又谕正一真人,向系承袭一品,未免太优,遽降五品,又未免过于贬损,着加恩视三品秩,永为例。是年五十七代天师张存义入觐。四十五年五十八代天师张起隆入贺万寿。五十四年谕正一真人,嗣后着五年一次来京。是朝觐一事,虽令禁止而实未停也。至嘉庆五年五十九代天师张钰入觐后,二十四年谕正一真人系属方外,原不得与朝臣同列,嗣后仍照旧例,朝觐筵燕,概行停止。盖有清晚叶对道教之天师,已不甚重视,惟全真教在北方仍盛。全真教始王重阳(哲),重阳受度吕嵒(字洞宾,道号纯阳),嵒得道钟离权(字云房,号正阳),权得东华帝君(王玄辅,字少阳,战国时人,梦传《黄庭经》)秘诀。加以钟离所传之刘海蟾(名操,字宗成),是谓道教五祖。重阳传马丹阳(名处钰,字通宝)及妻孙不二(号清静散人),钰传谭长真(处端)、刘长生(处玄)、丘长春(处机)。长春应成吉思汗命,行万有余里,绝沙漠,达雪山,告以清心寡欲为长生久视之道。成吉思汗称为神仙,"教天下应有底出家善人,都管著者,好的歹的,丘神仙你便理合,只你识者,奉到如此"。道教自丘处机始大昌,处机、处玄、处端、处钰、清静、处一(姓王,名处一,字精通,号玉阳)及郝大通(字太古,号广宁),是为道教七真,皆山东人也。此后道教分派至八十余种之多,然大别只有两种:一为天师道,一为全真教。天师正一真人虽亦授徒,但天师系属世袭,应有妻子,虽亦斋戒,而非斋期亦可御酒肉。故正一道之徒,皆属在家者,是为火居道士。全真教不饮酒茹荤,不畜家室,授徒传教,是为出家道士。亦犹佛教有出家僧与火宅僧之别也。全真教北方为盛,北平城外之白云观,即其教之中心。南方惟武当山、茅山为全真。道观可分为二:一曰小道院,如北平吕祖庙、上海三茅阁等是已;二曰十方丛林,有传戒之特权,如各省玄妙观、白云观等是已。道士亦有二种：一曰记名出家，其人因多病，许与小道院为徒弟，仍在家中教养。及岁时先跳墙，然后可婚娶。跳墙者，逃走出亡之意也。二曰实行出家，终身为道士者也。先拜小道院院主为师，结发成髻，改服圆领阔袖之道袍，穿白布高袜、云履青鞋。习字读经，至于洒扫炊事，担水负薪，无一不服勤，如此约一年，如值白云观受戒之期，与院主诣观，毕业应受之戒律，然后始得道士资格，俗称老道。成绩优者，留观学习；其余戒众，一律发给衣钵戒牒，或归还本观，或挂单于各省之十方丛林。总之，小道院能受徒而不能传戒；大道院则能传戒而不能直接受徒也。昔人言："道家之说杂而多端。"观五千余卷之《道藏》可知矣。至白莲、大成、混元、无为、大乘、红阳、清水等教，以烧香礼忏，煽惑人心，治病除灾，造作经咒，皆杂糅佛、老而成，递演为川、楚之教匪，又演为八卦教、义和拳，其事当另述之。惟在理教起于清初之杨莱如，从劳山程扬旺学，一日自言见圣宗下降度化，遂得道。传燕、齐间，得大弟子八人，遂立斯教。言在儒、释、道三教之理中，奉释教之法，修道教之行，习儒教之理。其习俗戒烟酒不禁茹荤，不设像不焚香，多用咒歌偈语。光绪六年御史李璲奏请密拿，人以其禁烟酒有益也，入者仍多，北方尤盛。太谷教主三教合一，开山祖为明嘉靖间之李兆恩，始传者，道光时石埭周星垣（太谷）也。游扬州，江督百龄甚之，下狱瘐死。门弟子记遗说曰《太谷经》。再传有南北二宗：北派推仪征张积中（字石琴），咸丰时，太平军及捻匪蜂起，移家山东肥城县之黄崖山，据险自保，从之者如流水。积中严其组织，众奉为领袖，世称黄崖教。同治四年，巡抚阎敬铭以蜚语朋兴，发兵往剿，积中自焚，全寨一炬，此派遂亡。开南派者，仪征李平山（字晴峰），引积中为戒，深相韬晦。入室弟子为黄葆年（字隰朋），由名进士宰泗水十年，解组后居吴中讲学，及门号为"黄老师"而不名，名流多钦仰之。盖已杂糅儒、佛、老之说，而非纯粹之道家矣。所谓悟善社、道德学会、红万字会之类，皆以道名，其实皆在理教之意也。

（六）天主教之式微及复振

基督教为犹太人耶稣所创，基督者，希伯来语施恩泽之义也。耶稣以天为父,自称神子,代众生受苦,以救万世。盖其时犹太教徒有基督降生、援救世人之说,耶稣毅然自信,奔驰各处,说天国之福音,显奇迹以治病,为犹太教徒所恶,控之罗马官吏,钉死于十字架。其徒以神为慈爱之父,人类皆神之子,基督亦然,赍命赎罪救人,自天而降,故以天主称之。及其教西行入罗马,欧洲人悉奉之,各国以耶稣诞生之年(汉哀帝建平三年、西历纪元前四年)起数,不自立年号也。唐贞观间,有大秦(即罗马)上德阿罗本远将经像来献,太宗诏立大秦寺,度教徒二十一人。世阅七朝,当代宗之建中二年,有大秦寺僧景净,述其缘起,撰《大秦景教流行中国碑》(明天启五年在西安发见),是为基督教传入中国之始。此即西洋不信基督为神之聂斯脱利宗(Nestorians)也。中国又有三夷寺,解者曰:大秦一也,祆神二也,末尼三也。大秦称其国,即景教,祆神著其所祀之神,即拜火教。若末尼则西女之入中国者。或以此为回教,实则系《稽神录》及《老学庵笔记》所谓之明教,后称摩尼教者也。摩尼教创于波斯人摩尼,合祆教、佛教、基督教之教义而成。被波斯王钉死,其教传于东方,回纥人信之。景教碑称三像:曰妙身无元真主阿罗诃,曰分身景尊弥施阿,曰妙身之母。疑即天父、天主、圣母耳。至宋初,聂派主教返欧报告,中国境内只剩一个景教信友。元世祖时,天主教徒(称也里可温之景教,与方济各会互相争衡)至北京,信徒达六千人(德礼贤《中国天主教传教史》谓归化圣教者约有三万人,大抵不是汉人,以阿兰人与蒙古人居多数。元末教皇又派一专使 Manignolli 来华,见中国多事,即启程返欧,基督教在中国,遂入于闭关时代),中国之有正式基督教自此始,然元亡亦随同消灭。明季意大利人利玛窦以天文算学为神宗嘉许,于是北京始建瑰伟之教堂,浸及全国,信徒达三十万人,基督教之基础以立。清初德人汤若望以历学受世祖宠遇,掌钦天监事,尊为通悬教师(原称通玄,继避康熙帝讳,改通悬,后被杨光先参劾,出狱后,又改通微),比利时人南怀仁亦以历学为圣祖信任,受钦天监正,卒谥勤悫。汤、南等皆天主教徒,谨守利玛窦遗法,不强人入教,不强使奉教者尽变中国习俗礼式。后以多敏诺会、方济各会等排斥耶稣会,教皇始下禁令,不准用中国礼式,事见上卷,不复赘。然自此中国政府亦禁止传教,而天主教遂式微矣。雍正元年,礼部议复浙闽总督觉罗满保奏：西洋人在各省起盖天主教堂，潜住行教，人心渐被煽惑，毫无裨益。请将各省西洋人除送京效力外，余俱安插澳门，天主教堂改为公所，诸入其教其严行禁饬。得旨允行。仁宗秉承祖训，嘉庆十年谕：军民人等嗣后傥再有与西洋人往来习教者，即照违旨例从重惩究，决不宽贷。又谕：西洋人除贸易外，如有私行逗留、讲经传教等事，即随时饬禁。十六年谕刑部议复御史甘家斌奏请严定西洋之传教治罪专条一折，西人素奉天主，其本国人自行传习，本可置之不问。至若诳惑内地民人，甚至私立神甫等项名号，蔓延各省，实属大干法纪。而内地民人安心被其诱惑，递相传授，迷罔不解，岂不荒悖？试思其教不敬神明，不奉祖先，显畔正道。内地民人，听从传习，受其诡立名号，此与悖逆何异？若不严定科条，大加惩创，何以杜邪术而正人心！嗣后西洋人有私自刊刻经卷，倡立讲会，蛊惑多人，及旗民等向西洋转为传习，并私立名号，煽惑群众，确有实据，为首者当定为绞决。其传教煽惑而人数不多，亦无名号者，着定为绞候。仅止听从入教，不知悛改者发往黑龙江给孛伦达呼尔为奴。旗人撤去旗档。至西洋人现住京师者，不过令其在钦天监推步天文，无他技艺，足供差使。其不谙天文者，何容任其闲住滋事？着该管大臣等即行查明，除在钦天监有差使者，仍令供职外，其余俱发交两广总督俟有该国船只到粤，附便遣令归国。其在京当差之西洋人，仍当严加约束，禁绝旗民往来，以杜流弊。至直省地方更无西洋人应当差役，岂得容其潜往传习邪教？着各督抚实力严查，如有在境逗留者，立即查拿，分别办理，以净根株。基督教之不能扩展者以此。自道光二十二年《南京条约》成立以来，广州、福州、厦门、宁波、上海五处开为通商口岸，教士接踵由五口潜入内地，一时东南数省到处有十字架之标记。二十五年，两广总督耆英奏法兰西夷呈请天主教劝人为善，非邪教，请弛汉人习教之禁。部议准海口立天主堂，华人入教者听之。习教虽免查禁，然仍不准外国人赴内地传教。咸丰八年，《天津条约》定天主、耶稣等教在中国传习者一体保护。更许法国教士在各省租买土地，建造房屋。英、法既开先例，各国一体均沾，于是基督教更扩展于黄河流域及东北各省，数十年中突飞猛进，发达极盛。宣统元年出使意国大臣钱恂奏称：

西教流入中国,始于唐代,有碑可证。前明正德以后,教分新旧,哄争剧烈,时旧派有会名耶稣乙脱者,自揣西方势力不振,改辙而东,而中国西教遂盛。明臣徐光启即此会中人也。乾隆以后新派接踵而来,就近日统计上言之,犹新少而旧多。中国俗称天主教者,即旧教;俗称耶稣教者,即新教也。传旧教者重礼节,重皈依;传新教者重演说,重周济;其用不同,其体则一。旧教奉教王为进退,故昔盛而今衰;新教恃国力以蔓延,故今强而昔弱。东方旧教自教王力微以后,颇为法国政府所主持,光绪三十三年法国裁抑旧教,没其产逐其人,事极严厉,教王不悦,彼此撤使,法国遂不问东方旧教事。而德以专崇新教素排旧教之国,起而揽任东方旧教事,用意至为深鸷。中国失此机会,未将旧教事权主张担任,致柄仍外操,诚为可惜。今犹幸旧教之徒未尽倾心于新教之国,补牢未晚。查旧教之在东亚者,以香港为总汇之地,画中国版图为五部:第一部乃直隶全省、满蒙全境及河南卫辉一府;第二部乃山东、山西、甘肃、陕西及新疆;第三部乃浙江、江南、江西、湖南、湖北、河南;第四部乃云南、贵州、四川及二藏;第五部乃福建、广东、广西也。此五部中又各分十区、十二区、六区、四区不等,都凡四十二区,区各有长,掌区之行教。即如直隶分为四区,区长一驻顺天,二驻永平,三驻河间,四驻正定。在顺天、永平、正定者为拉萨里派,在河间者即耶稣乙脱派也。华民受其学校教育及蒙其慈善恩惠者,人数之多,阅之增骇。谨将光绪三十三年统计约数,开单呈览,此不过就臣在洋所调查者而言,恐未尽确,且不过就直隶一省而言,他省尚不在内,他区更不可胜计。约略言之,中国全境信旧教者当不下百一十万人。臣又见教王文库,藏有福建人控诉案牍多件。夫以中国食毛践土之人,而远越数万里控诉于教王,则中国主权安在?将欲收拾此辈人心,自非洞悉其教业之盛衰与教政之施行不可;而欲悉教业教政,又非确查其教地所驻在与教派所区分不可。教派在中国曰拉萨里者六区,曰耶稣乙脱者二区,曰米兰者三区,曰巴黎者十区,曰兴脱者六区,曰佛郎昔斯者九区,曰罗马者、曰司堆尔者、曰巴尔母者、曰奥古士丁者各一区,曰多迷尼加者二区。虽同奉天主，而宗旨既微有不同，事业亦各随而异。方今预备立宪，则教民统计，应所必详，有统计乃可以施抚驭之策，旧教无国力以为之助，收拾较易着手，果先将旧教抚驭得法，不使龃龉，更推而收拾新教，亦未始竟不可成之事。臣愚以为宜先于畿辅调查入手，作一模范，然后推于行各省。选择明于教学外交之官员，与各区教长联络往来，务尽悉其情状，以闻于朝，以布于世，俾外人知我中华既非排斥教人，亦非藐视教务，庶几民教意见消融较易，而不至因教案酿成国际交涉，实中国莫大之幸。

此疏于清末天主教在中国之概况，备举无遗，谓教徒不下百十万人，当系就罗马教廷所作之统计，较之清初已近四倍。惟《皇朝续文献通考》谓："岁癸丑（民国二年），各教会联合设立中华续行委办会于上海，为交通国内外教会之总枢纽，总计全国天主教徒约四十万人，基督教徒约二百七十二万人，教会除宗教宣传外，对于社会事业如教育医药等亦极力进行，所办学校中小学凡一万三千余所，大学与专门学校二十余所，医院三百二十余所，药房二百四十余家。"教会联合会系新教所设，对天主教之估计，似不可靠。而钱氏所言百余万人，则大略近之矣。

（七）中国所订之传教章程

天主教来中国，对于中西文化交流之影响极大，本书上卷已详言之矣。惜耶稣会解散以后，中国禁止宗教宣传，教士来者既稀，而西洋文化之输入亦随之中绝。其时传教干禁，入教者人多不齿，故教民必被欺于平民。自通商以后，地方官负有保护教民之责，民教相争，往往袒教民而抑平民，以苟图息事。而神甫、牧师等又藐视官吏，庇护教徒，于是教民势力顿出平民之上，民教之龃龉以起。无赖之徒辄借入教以鱼肉乡里，平民屈抑无告，乃激而成仇教巨案。除第三篇所述之天津、江楚、川黔教案外，他如皖南白会清，温州施鸿鼇，长乐罗金福，花县王任凤，海阳林奴仔，鹤山李镜湖，九江赫教士，江宁谢长年，永年魏长庆，以及扬州、台湾各案纷起。同治十年总理衙门致书各国公使，详述教案起衅之由，并拟章程八条如下：

自中外互市以来,所订条约原期有利无弊,彼此相安垂诸悠久而不变也。乃查看近年虽有条约,非但不能行之于将来,即目前亦有难安之势矣。其通商一事,尚称平顺,可免争端,惟传教之流弊,有不可胜言者。按传教之本意,原谓劝人为善,而天主教之与中国民心,大为枘凿,何哉?殆办法未能合宜以致之耳。所当亟求妥法挽回而补救之,庶于各国和好之大局,与各国通商之大局无碍也。传天主教士所至地方,往往于民不合,故历年来各种案件,颇有不能相容之处,贵大臣当亦知之有素矣!夫天主教之初来中国也,名曰西儒,其始入教者不无安分之人。而自换约后大为不然,遂将劝人为善之教,华人皆轻视之,而存不服之心。加以入教者倚势欺人,于是不服之心,固结而不可解。迨民教相争,酿成案件,地方理当查办,而教士又出而庇护之,教民借此藐视官长,民心更为不服。且当中国有事之秋,凡一切罪人讼棍,俱以教中为逋逃薮,从中生乱,百姓始而抱怨,继将成恨,终且为仇。各处民人不问天主、耶稣有无区别,而皆指为天主教也。不知西洋各国疆界有分,而概视为外国人也。祸端一启,凡驻居中国之西人,所在皆为危境,即安居无恐之省,百姓亦闻而生疑,疑心甚而忌心生焉。据此情形,安有不激而生变者耶?究其实教非一教,国各一国,纵使告者谆谆,难必听者不藐藐。本王大臣任事十年,旦夕焦劳,不料今年天津之案果变生仓猝,不及防矣。该处地方官查获正凶,骈首受戮,以及赔偿、抚恤各件,虽云办理尚妥,而中心总未释然。皆因民教不安,必致滋事,成案以后,仅照此案为成例,恐办法愈办而愈难,亦祸端愈多而愈烈也,岂得相安无事乎?总之,各省教案虽因百姓积怨而成,实由教民相逼处此耳。各省一切案件,地方官办理固未尽善,未尝不由中西各国办事大员,明知民教意见未能融洽,不为立法挽回,一旦事出不测,外国只求满其所欲,而人心服与不服不暇顾问,全属以力为强。而中国地方官无法可施,只图敷衍了事,暂顾目前,不思久远之计,即或与外国熟计深思,筹商善后之策,又不肯平心论事,而皆以万不可行者强为劝勉,反为阻滞,此岂代两国诚心办事之人哉?今本王大臣统观全局,甚欲中外永远和好,先必妥筹善法。因思泰西各国,彼此均有教士,互居其地,其所以能久远相安者,非处置得宜,曷克臻此?故传教与习教者行所无事也。以本王大臣所闻,不论何国教士,住居某国,即以某国之法律风俗是遵,从无自立门户者。若抗违国法官令,僭越权柄,以及损人名节,有害人民,使人疑而生怒,种种不法之事,皆有严禁以治之。即如在中国立堂传教,先必令本地士民悦而不怨,信而无疑,方可办理,自然彼此久安,何得拆堂毁教乎?而传教人再将分内所行之事,一一宣示于众人之前,实无有与教相反者,更不为习教人所指使,擅与地方公事,以势压人,招绅民之怨。到处教士皆能如此,则百姓可与久安,官员亦易于保护矣。近观在中国传教者,所行所为,实与本王大臣所闻各节,大不相同,犹之一国之中有无数敌国而自专自主者,似此而欲久安,官民不同心怨恨,岂易几乎?本王大臣思患预防,惟恐津案已结,各处教民闻之,必以津案为口实,而反气焰凌人,平民不怨毒更甚乎?一旦发泄而成巨案,地方官办理不下,督抚亦无可如何,即总理衙门有力难施。倘将来中国百姓同心变乱,我大皇帝遣将命师,万不能胥中国之民而悉诛之,况众怒已成,谁肯束手待毙?及至时难挽救,再欲中外和好,保全大局,彼此均无能为役,得不归咎于中外各国办事之大员乎?且无论中外何国,必以得民心为要,民心未得,以势迫之,定必生变。国家政令虽严,亦难望其遵行不怠也。中外办事大员,身当其任,补救无方,忍置中国与各国商民同溺患难之中,不思以善法维持,后来一切公事,万难措办矣!本王大臣欲顾全各国和好大局,力求补救之法,特拟章程八条,一并缮送贵大臣查阅,除致各国大臣外,专此缕布,惟贵大臣谅之察之。

一、教中所立育婴堂,向未报官立案,而收养幼孩其中,事难共白,因此酿疑起衅者有之。何不将外国育婴堂概行裁撤,以免物议?如必欲设堂,只收奉教者无人抚养之孩,然亦必报官立案,注明何日收养何人,准于何日领回,并准无嗣者具结取保抱养为子,此方昭核实。至于教外幼孩,当由中国督抚饬令各属地方官选派绅董自行收养,中外各行其善,自免疑端。查中国育婴堂之例,幼孩出入,必将来历报明地方官,到堂后,其家准来看视,待长成后,或无子者准其具保抱养为嗣,或仍准其家来堂领回,堂中亦善于抚育,足为善事之一端也。闻各国在本国设立育婴堂,其办理与中国略同,惟于中国所立外国育婴堂,收养幼孩,不问来历,不肯报官,到堂后他人不得抱养,其家不准领回,不许亲人来看,如此何能不使百姓生疑?即如津案妄传挖眼剖心,曾经奏明并无其事,而民心至今疑怀莫释。故能钳其口,万不能服其心,而欲将来不再因疑生事耶?果能将外国育婴堂概行撤回,仍归本国设立,凡中国幼孩,无论在教与否,皆归收养。中国各省办此善事,不可枚举,何必西人搀越,致以善举而启疑团?故此事不如各行其善,实为两便。

一、教堂内凡中国妇女概不准入堂,即外国女士亦不准在中国传教,所以严规矩而免人疑议也。查中国素以名节廉耻为重,男女异居,不相授受,礼至肃也。天主教开禁以来,妇女入堂,男女不分,各处教堂,相习成风,无怪百姓轻视传教,且疑有秽乱之事。

一、传教士居住中国,法律风俗不得自立门户,尤不可有违国法官令,僭越权限,以及坏人名节,凌辱民人,令人多疑,而犯众怒。若毁及中国圣教,公愤难容。各教士悉归地方官约束,至中国教民一切所事与平民无异,凡演戏、赛会自当照常免派钱文,而应有差徭与地方公事,不得借端推诿,至于应缴在官钱粮,应纳业主租项,更不准恃强挂欠。外国教士不可包揽抗违,遇有民教交涉讼事,听凭地方官从公审断,传教士不得插身帮讼。如原被告有教民在内,不准隐匿不到,致案中之人拖累无休。倘教士干预讼事,地方官将请托原函禀呈督抚,咨报本衙门,将教士撤回本国。而教民若有户婚、田亩、词讼擅敢央求教士出面说情者,地方官从严究办。查中国崇重儒教,以释、道两教推之喇嘛,原非中国人,而无不敬守中国法令,凡是非曲直,听官办理。闻外国传教士居住各国者,国律风俗在在遵行,从不自立门户,违国法,背官令,僭越揽权,或污人名节,虐待平民,致人怀疑,而犯众怒。教士既来中国传教,自应归地方官约束,乃竟有骄矜自大,藐视官长,殊非自爱。而习教者本系中国黎民,更宜守分,与平民一律,况教民乡城皆有,邻里、乡党更宜彼此亲睦。乃遇有地方公事与公举各款,辄敢恃教免摊,自待已薄,何怪人皆轻之?更有抗粮、拒捕、辱官、虐民等事,教士不知底细,反为刁恶教民所惑,包庇不肯送官究办,于是有犯重罪投入教中而求保护者。且各省教民结讼,竟有外国教士出头干讼,如四川教民妇女骗赖平民租项,反戮伤平民身死,法国主教者居然行文说情,教民妇女竟不抵罪,川民无不切齿。贵州入教者遇有讼事,自称教民,以为护符,恶迹可知。各省民间互相结婚,入教者必令不入教者退婚,或父兄入教者,必指不入教者之子弟为忤,呈控到官,教士袒护各种情事,何能免人怨恨?

一、中国人外国人相居密迩,用法两无所偏,若遇命案当抵偿者,中国人照中例,外国人照西例,以服民心。无论中外办案,当就本案定罪,不得于办罪之外,另议赔偿,且不得于本犯之外,任意牵连无辜绅商受累。而地方官遇有民教交涉之案,或民人欺入教者,照所犯之事拟罪;或入教者欺民人,亦照所犯之事拟罪,均当平允。如习教者行为不法,为地方官访闻,或被人告发,自当照例拿办,教士皆不得包庇隐匿;如有庇匿不到案者,先将犯法者照例究办,仍将庇匿抗传之教士,与犯人一律办理,或将教士撤回本国。查同治六年四川殴毙教士冯弼乐一案,业已拿获冉老五正法,有梅教士硬指绅士主使,逼勒赔银八万两。本系无知贫民滋事,及至激成巨案,反逼守分绅富赔银,此等情形,怨望最深。又查同治八年四川殴毙教士李国一案,实由教民逼人退婚肇祸,经李中堂、崇将军会办,已将正凶何彩正法、刘幅拟绞。而教民杀死平民,及历年奸掳焚杀首恶教民王学鼎、张添怡等虽已议罪,终不到案。其司铎覃辅臣纠众杀毙团民赵永林等二百余名,梅教士声称已赴外洋,不能查办,川民愈加忿怒。

一、法国传教士往何省传教,于所领执照内,必将某省、某府详注照内,指定在某省传教,不得暗赴他省,并注明某人收执,不准转给他人。该教士所过关卡,一切应纳税之货,不得私自携带,希图偷漏。至抵某省、某府,应将所领执照,即呈地方官衙门验看,如验得人地不符,或私授中国教民顶冒,除将原照注销外,如查出有私买、私授与不法等事,定将顶替教民严究,仍将教士驱之回国。凡照内教士姓名,以华字为凭,各处易于认别,若教士或回国,或病故,或改业,理应将执照缴销。至各省有叛逆之处,领照之人,不准前往。将来有教士请照前往之省,查系军务之省,即将执照一概停给,所以明保护之意也。查贵州教案内赵教士一名,所领执照并未注明于花名册内,嗣德翻译来函,据称查得洋文册内,有被伤身死之赵司铎,实系同治四年六月二十五日领照之瑞勒思,即其人也,误为赵姓云云。又查同治四年六月二十五日三百二十五号之瑞勒思乃往四川者,而贵州护照簿内,实无赵姓,亦无瑞勒思。似此传教省份与教士姓名先后互异,何堪取信,而能保护?又教士林辅臣杀死俄人案内,林辅臣先充教士,又服役于市馆中,而原照竟不缴还,或私相转给,或遗落他人,非但冒充之弊难免,且恐落于逆贼之手,则国家受害甚大,亦大失教中体面。

一、传教士本系劝人为善,当于收人入教之先,细访其人有无作恶犯罪之事,当收者收之,不可收者去之,应照中国所有庙宇,知会地方保甲,登记册内,便于查核之例。如收一人,必分别呈报地方官,于何年月日进教者,系何处人,向来作何事业,实无犯罪更名,以便查考。或其人出外,或病故,皆当报明。其人进教时本无罪恶,进教后所为不法,旋即逐出教外,一体呈报,按月按季,汇登总册,呈送地方官备查。地方官如查庵庙寺院之例,按月按季前往稽查,则教民无玷,而民教俱各相安。查同治五年贵州巡抚案报贵定县有冉石保等,先曾从贼,嗣入教民袁玉相、夏正兴团中,借教中声势,纠众杀害王江保、左寅寿二人重伤,三人将其家财什物牛马掳抢一空。又查同治八年贵州巡抚案报遵义县公禀内,有宋玉山、唐神仙、谭元帅、蹇元渊等先后曾从贼受伪职,嗣入教中,扰害乡城人民,不可胜计。又有杨希伯、刘开文、郑小明、霍闻九、赵文庵等,皆系遵属素不安分之人,同入教中,在堂执事,乡愚被其讹索,孤弱受其欺凌,出入衙门,干预讼事。若教民涉讼审虚,杨希伯等率领教民多人,闹入县衙,强逼县官另断。教民被官管押,即用外国教士名帖,硬请释放。他如强占人之妻女、财产,及人命重案,不可枚举。

一、洋教士在中国,当照中国规矩,不可干名犯义,擅用关防印信,于大小衙门送递照会。如有本身应诉之件,而于他项词讼无关者,准照中国儒教士子之例,缮禀呈明地方官核办。如欲晋见中国大宪,亦与中国士人见大宪之例同。其见地方各官亦同此例。但必相见以礼,毋许扰乱公堂,有失体统。查同治六年成都将军咨报法国有洪主教者,移行四川省局官员,擅用关防。同治七年本衙门收到贵州主教胡缚理照会一件,擅由提塘官驿送递,且保举前任道员多文等,请予优奖。山东传教士有擅称巡抚之事,四川、贵州教士,因教案而有请撤地方官之说,是侵官吏之权,事已难恕,甚至侵国家之权,其实难容。似此无理已极,安得不犯众之怒?

一、嗣后教士不得任凭私意,指请索还教堂,以免启衅。所有教中买地建堂,或租赁公所,当与公正原业主在该管地方官呈报。查明于风水有无妨碍,即使地方官核准,尤必本地民人众口同声无怨无恶,始可照同治四年定章,注明契上,系中国教民公共之产,不可伪托他人买产成交,更不得听信奸民蒙蔽,私自买卖成交。查传教士久居中国,本欲彼此相安,中国人无所忿恨,自然攸往咸宜。迩来教中一切行为,多致中国民心不服,即如查还教堂一节,近年各省地方抵还教堂,不问民情有无窒碍,强令给还。甚至绅民有高华巨室,硬指为当年教堂,勒逼民间让还。且于体制有关之地,以及会馆、公所、庵堂为绅民所最尊、最重者,皆任情需索,抵作教堂。况各省房屋即实属当年教堂,而多历年所,或被教民卖出民间,辗转互卖,已历多人,其从新修理之项,所费不资,而教士分文不出,逼令让还,此等情事,如何不令百姓怒目眈眈,视同仇雠,而激生事变?

以上所开各节,不过举其大略而言,足见传教士行为非是,民教不安之证。譬之有病,延医审病发药,急求有益无害,不致因传教一事,而伤中外和好大局也。推之各省案件尚多,不及缕述。总之,人有善恶,惩恶即以劝善,犹之奸商舞弊,不严办奸商,而公正商人必受其累。教士传教,不问善恶,招之使来,一入教中,则不善者必借教势欺害良民,甚而抗拒官长,众怒已成,将合中国百姓如津民之恨洋人,当其时国家政令虽严,亦难挽救,岂非危险之至乎?兹拟各条,中国自必竭力保护,不失宽和之道,而教士如能实力奉行,自可相安无事。倘以此为不便于教士、不合于教规,惟有请回本国传教可耳。中国教民,中国定与不入教者一视同仁,无所厚薄,此非不准教士传教于中国也,实因教士未能自安本分,为不肖教民所惑,势必激起众怒,而至决裂之地矣。然与其临时无可挽回,不如及早筹防之为愈也。

此书对教案发生之原委,已透彻说明,对传教章程之规定,亦至为周详。并极言倘中国百姓众怒已成,同心变乱,国家政令虽严,亦难挽救;其后拳匪以"扶清灭洋"为口号,在三十年前总署王大臣均已预料及之矣。无如章程之筹防,外人并未照行,且送复文驳斥,中国国势,每况愈下,对教士已无控制之能力,故终不免酿成庚子之祸。光绪二十四年,德宗召见钱恂,即有"教案我最担心"一语,可见总署所鳃鳃以为虑者,固未能防患未然也。但以教案多天主教之司铎神甫所为,使中国人对天主教之印象至为恶劣,而天主教之一蹶不振,此殆为最大之原因。耶稣教传入后,一反其道而行之,而势力乃蒸蒸日上,在清末负沟通中西文化之责者,皆新教徒任之。若回溯利玛窦与耶稣会士之光荣,则总司枢机之教廷,实应憬然知戒焉。

(八) 耶稣教之传入

基督教之新派改正宗(Protestants),清代普通称为耶稣教或基督教者,于嘉庆十二年英国之苏格兰人马礼逊(Robert Morriison)始至广州开基。马属长老会,承伦敦传教会(London Missionary Society)之派遣,于一八〇七年九月初抵粤,年仅二十五岁。时清廷禁止传教,马氏乃入东印度公司为翻译,以商人身份得留居,其于公司事务外,先着手译《圣经》及编布道小册,以树立中国基督教之基础。六年后,伦敦传教会始续派米怜牧师(Wm. Milne)为之助。嘉庆十九年,马氏为刻印工人蔡高施洗礼,此为中国第一位新教徒。次年又令米怜偕手民梁发赴马六甲开办英华书院以印经育才为事,最早之华文杂志《察世俗每月统纪传》,即米怜所编印者也。梁发旋由米怜施洗,对传教事业,至为热心,自编《救世录撮要略解》一小册,以备布道之用。嘉庆二十四年回国,以原稿交马礼逊审阅后付梓,分送亲友,因此为清吏所捕。受笞三十,罚银七十两,书版被毁,始得马氏保释。嘉庆二十五年,梁复赴马六甲,寻又回里,翌年再南行。道光二年(一八二二年),米怜逝世,梁复返粤,受马氏聘,助其传道。翌年十二月,马氏回英前,亲行宗教仪式,按立梁发为宣教士,即中国基督教之第一位牧师(其时尚未有牧师之称)也。梁发既正式为教会工作,即编撰小书先后达十二种,随时分散宣传,尤注重各县应考之士子,每长途跋涉,亲赴考棚,派送福音书。马礼逊所译之华文《圣经》,即于是年全部完成,在马六甲刻版印行。此为《新旧约》最早之汉译本。先是,马氏就天主教所译之《使徒行传》及《四福音》加以修正印行,天主教徒视为异端,怒而焚之。自马译《圣经》成,英、美教会对此大为注意,纷纷捐款赞助。道光五年,马氏回粤,至十四年病殁广州,先后在华传教,盖二十有五年矣。其事业得力于梁发之助者为多,如梁著之《劝世良言》一书,即为洪秀全皈依基督教之根由,而影响之大可知。马氏故后,梁发忽被清吏严缉,逃亡澳门、马六甲、新加坡。道光十九年始回故乡高明,热心传教如恒。咸丰五年逝世,享寿六十七岁。鸦片战争前,欧、美教会派遣来华之教士约二十人,对于编译工作最有成绩者,一为美国海外传教会,即公理会教士裨治文(E. C. Bridgeman);一为伦敦传教会之麦都思(W. H. Medhurst),而贡献特大者,则为荷兰传教会派遣之郭士立(K. F. A. Gutzlaff)牧师。郭氏为德国普鲁士人,道光七年被派东来,先至荷属之葛罗巴岛习华文九年,至澳门习粤语,译《圣经》。尝三次北上,由马礼逊供给经籍,沿途派送。道光十四年至香港任英官翻译,尽力传教及训练中国教士,派入内地工作。二十一年,组织“福汉会”,陆续派遣会员入内地传道,多在客家区域。二十六年,已有会员三百人,担任传道者五十人,耶稣教渗入内地,当以郭牧师为开山祖矣。郭氏改订马礼逊、米怜所译《圣经》,称《旧约》为《旧遗诏圣书》、《新约》为《救世主耶稣新遗诏书》,洪秀全所刊之《新旧遗诏圣书》即此译本也。郭氏以教会事业日益发达,恒苦精神不给,乃吁请瑞士之巴色会,派四人来华,其一即瑞典人韩山文(Theodore Hamberg)也。洪仁玕避难香港，往依之，为述洪秀全早年事迹，韩据以撰《太平天国起义记》（原名直译为《洪秀全所见之异象及广西乱事之起源》）。咸丰元年，郭氏去世，四年，韩氏亦病殁。其时米怜之子及裨治文译《新约全书》，由英国圣书公会印行，卢卫廉牧师（Wm. Lobschced）亦修正郭氏译本，而《新旧约》之名，已为太平天国晚年所采用。麦都思早于道光十三年，在巴达维亚（Batavia）刊行《神理总论》，道光二十三年至上海工作，翌年，修正重印，改名《天理要论》，署"尚德者纂"。以后洪秀全旨准颁行诏书中，即有此书。对天朝人物之宗教信仰，发生极大作用。此时在中国之西教士，共一百四十人，其中曾编著小册问世者，有三十九人，书目有二百六十六种之多。以米怜、郭士立、麦都思为最著。若直接施教于洪氏兄弟者，则美国密苏里州人罗孝全（I. J. Roberts, 1802 – 1871）也。罗属美国南部浸信会，因读郭士立在华旅行传道之报告，大受感动，遂于道光十八年来华，时该教会已有叔克（J. L. Shuck）牧师先来，两人因格于时势，不能进入内地，暂住澳门。二十二年迁寓香港开设宏艺书塾，协助郭士立工作。二十四年罗氏始至广州开基，未几叔克与狄凡（Devan）医生同来，租房为宣道所。二十六年十三行大火，宣道所亦炬，罗乃于南关东石角立礼拜堂，此即翌年洪秀全由花县前来学道之处也。二十九年，罗氏自建礼拜堂，称粤东浸信教会，叔克重建宣道所，称一号浸信教会。其初来中国之耶稣教传教士，无论属于何派，几尽为基本主义之信徒（Fundamentalist），墨守传统之教条，对非奉基督教者，即指为邪教徒（Pagan, Heathen），故宣传小册多以打击偶像崇拜为教道，洪秀全开始即以捣神毁庙为事，均受此种影响。又所称救世主耶稣本是神天上帝之圣子，盖神爱世，致赐已独子降世，代人赎罪，止息上帝之公怒，救脱世人出魔鬼引人作恶之手。惟以迷惑偶像为罪恶，如敬信耶稣，皆得诸罪之赦。转略"救世主原有神之妙性"，及"由神风（圣灵）至圣之德投入童女之腹成胎出世为人"之"三位一体"说而不知发挥，致与洪秀全以至不良之影响，使之完全趋于迷信。至以上帝为创造一切，宰治一切之唯我独尊真神，犹袭《旧约》犹太人之上帝观，而非《新约》耶稣所谓之仁爱的上帝观矣。故排斥性极强，《太平天国起义记》云："天父上主皇上帝责孔丘曰：'尔因何教人糊涂了事，致凡人不识朕，尔声名反大过于朕乎？’孔丘始则强辩，终则默想无辞。……上帝怒甚，命天使鞭挞他，孔丘跪在天兄基督前再三讨饶，鞭挞甚多，孔丘哀求不已，上帝乃念他功可补过，准他在天享福，永不准他下凡。”既诋孔子教人之书多错，又称其功可补过，即后来洪氏改变对儒家态度之理论根据。谓：“孔子之书不必废，其中有合于天情真道者亦多，洵属开卷有益。”是则新教所形容之上帝，为一极端嫉妒、动辄发怒施威之独裁者，即洪秀全所资为榜样者也。且以耶稣自天而降，广行神迹，死后复生升天，如基督徒者，一旦悔悟皈信，便可“得救”。对于耶稣在世之言行，崇高之伦理，完善之品格，仁爱之教训，以及牺牲救人之精神，反认为次要，此乃历来神学家以超自然的神秘主义之基督，掩盖历史上真实生存之基督。天父圣子之尊卑有殊，而三位一体之观念全失。故洪秀全得假托为天父次子，杨秀清等为天父余子，洪宣娇为天父之女，如此亵渎上帝，虽为当时教士所指责，不知此正洪氏所受《劝世良言》之影响，而为初来传教士自贻之罅漏也。总之，基督教原始教义，有三种成分：一为犹太传统之上帝为创造主；二为耶稣救世主；三为给人神力之圣灵。此三者受希腊哲学之影响，至第二世纪末，始将希腊之上帝观与犹太之上帝观会通为一，即以上帝为无极的，不变的，形上的，属灵的精神元素，是名“洛迦”（Logos）；如《约翰福音》所谓“元始有道，道与上帝共在，道即上帝”者是。斯与中国所谓之皇天上帝为“天地上下十方万灵自然真宰之神”者完全相同。耶稣会士初来中国，颇能会通东西两方之上帝观，因得中国人之信仰而不受阻挠。盖基督、耶稣之本体完全存在，上帝爱人救世之功能，亦复显然，“道成人身”，“圣灵感人”，其本质皆为神，然三者不能平等独立，同列为尊，以违背一神主义，又不能以基督圣灵居次要地位，故神学家始形成三位一体之教义——即上帝之本体（神质）唯一，而妙用（位者，拉丁文为 Persona，在戏剧为角色，在法律为法人之义，非“个人”也。亦有功用或机能之义）则分三。在《使徒信经》（*Apostles'Creed*）、《奈西信经》（*Nicens Creed*）中，均有此重要教义。神学家为此教义，常争辩不休，景教之东来，即由耶稣为人为神之主张不同，然其说近于真象。近代教会，多不注重此种教义之解释，大多数教徒对之亦不求甚解，甚且委为神意而非人所能知,仅成为基督教一种传统的象征而已。此为基督教在中国不能深入生根之最大原因。至于民初有三百余万之信徒,表面似甚发达者,乃以新教后来容纳中国之伦理观,如梁发《劝世良言》所谓“儒教所论仁义礼智之性,至精至善之极,与救世真经圣理,略相符合,惟知性而不知灵魂”之说,教士多沿袭之,不敢显然与儒教为难;又以科学文化为媒介,促成中国之维新,此与初期之天主教耶稣会士,固有异曲同工之妙也。据钱恂奏疏云:“新教恃国力以蔓延,有辅助之财,供其挥霍,有武力之援,以恣其要求,故办理新教,动关国际,一涉国际,辄形棘手。然新教教派,持论每平易近人,且多通晓普通科学,乐于亲近中国文人,果有明于教学者,不为忤教昧教之谈,以与晋接,亦可借通民教隔阂之气。查有路德派者,德意志、瑞典等国人为多,新教本宗也。有喀尔维派者,荷兰等国人为多。有英吉利派者,英国国教也。有梅秃特派者,英教之别宗也。有长老派者,美国人为多,中国新教以此派为最盛。有浸礼派者,以浸为洗之派。有萨技脱派者,以通行礼拜日之上一天行礼拜者也(安息会)。以上八派,皆新教之行于中国,派不同者,事亦不同,然大旨无殊。体察教务者,不可不分别研究,即遇有国际交涉,亦当随之而异其操纵者也。”此举各国教派之大概而言,若细察之,美国教会即有七十余派之多,愈分愈歧,已不能悉述矣。

(九) 回教之概况

回教原名伊斯兰教,教主穆罕默德生于南朝陈宣帝太建三年,世居阿拉伯之麦加城。二十五岁前为贾,四十一岁,受天经创教,即圣位。天经名《甫尔加尼》,亦曰《可兰》。即穆氏挟以布教者也。五十四岁,迁都默底纳,置四配暨辅土迁士侍从等。六十四岁三月十二日卒(唐贞观八年),以额补白克尼袭圣位。《唐书·西域传》永徽二年,大食王豃密莫末腻遣使朝贡,自言王大食有国三十四年,传二世。说者谓豃密莫末腻即额补白克尼之转音。杜佑《通典》亦附记回教,又谓之摩尼教(按:摩尼教为波斯之祆神教非回教也)。唐宣宗时阿拉伯商人苏莱曼(Sulayman)有《东游记》,述广州为中外主要之贸易场,唐廷派回教徒一人管理商务,每当节日，领导大众行祷告礼，并为回教国王向阿拉求福。其后阿布赛哈散(Abu Zeid Hassan)之游记，并述黄巢破广府，因商而来之回回教徒、犹太教徒(开封有挑筋教徒，称青回回教者，即犹太教也。初名一赐乐业教，即以色列教)、基督教徒共十二万人无能幸免。《唐书》亦载邓景山至扬州大掠百姓商人资产，波斯、大食贾胡被杀者数千人。可见亚西人之来中国者甚多，故《旧唐书·西戎传》有"贞观开元，藁街充塞"之言。藁街者，即当时外人之居留地也。然此仅指由海道而来之阿拉伯人、犹太人、波斯人。其由陆路而来者，则以土耳其人为先导。洪钧《元史译文证补》云："匈奴之后，突厥最盛，突厥既灭，回纥乃兴。今日玉关以西天山南北，悉为回部，无所谓突厥也。而突厥之称，乃独流传于西土，曰突而克，亟读之即突厥，曰突克蛮犹言突厥同类，今法人称土耳其国，音如突而克月，称其人类曰突而克，英人称其国曰突而克以，皆为突厥转音。今葱岭西北西南诸部，我国统称之曰回，西人则称为突厥。回纥之盛，威令行于咸海、里海之间，其衰播越未越于葱岭、金山以外。突厥盛时，东自辽海以西，至西海万里，南自沙漠以北，至北海五六千里。极西之部可萨，亦曰曷萨，西国古籍，载此部名哈萨克，即曷萨转音；亦曰喀萨克，即可萨转音。里海、黑海以北，皆其种落屯集。又东罗马古书载与突厥通使，东罗马即《唐书》之拂菻国也。种类繁多，幅员辽阔，匈奴而后，实维突厥。而散居西土，亦惟突厥旧部为多。"据《北史》，突厥自俟斤(一名燕都，是为木杆可汗)以来，其国富强，有凌轹中夏之志。后与魏伐齐至并州，魏、齐惧其寇掠，皆倾府藏以给之。隋文帝遣将征之，沙钵略可汗不得已，称臣于隋。启人可汗(突利)娶隋公主，事隋甚恭。其子始毕可汗乘隋末乱离，围炀帝于雁门，由是朝贡遂绝。群雄如薛举、窦建德、王世充、刘武周、梁师都、李轨、高开道之徒，皆称臣以求其助，华人多往依之，控弦且百万，戎狄炽疆古未有也。《唐书》：高祖起太原，遣府司马刘文静往聘与连和，始毕献马二千五百来会，恃功骄横，视中国为不足与，书辞悖嫚多烦求。帝方经略天下，故屈礼多所舍贷，赠赉不赀，然而不厌无厓之求也。此虽不明言高祖曾称臣于突厥，而微意可见。今土耳其人常谓中国曾朝贡于其国，即指隋末群雄求助之事。实则仅为短期偏隅之现象，及唐太宗贞观四年，即一举而击灭之,虏降其可汗。既而以降众居中国非是,令徙还故地。至天宝初,回纥复灭其国,而部众或走薛延陀,或入西域,东突厥遂亡。西突厥原分乌孙故地,统叶护可汗时,并铁勒(狄历,丁令,高车),下波斯、罽宾,遂霸西域诸国。唐高宗时,苏定方大破其众,擒其可汗,设二都护府,西突厥亦亡。突厥余众西走者,因建土耳其国。突厥与阿拉伯为邻,其族先改信伊斯兰教,因以传入新疆。回纥其先为匈奴人,凡十五种,皆铁勒之一部。叛突厥后,改称回纥,既亡突厥,又并薛延陀,尽得古匈奴地,于唐天宝初年,国力最盛。葛勒可汗曾派其子叶护助唐击安史,所虏子女、玉帛亦多。代宗时,与吐蕃(西藏)连兵侵唐,郭子仪说服回纥,合击吐蕃。唐德宗时,合骨咄禄毗伽可汗尚唐公主,上书恭甚,言昔为兄弟,今婿半子也,自称臣子。又请易回纥曰回鹘,言捷鸷犹鹘然。文宗时,回鹘内乱,饥疫并作,为黠戛斯所攻破,回鹘分裂走散,有碛西诸城,居甘州,无复昔时之盛。世称中朝为舅,宋神宗时有众三十余万。至元代又变为畏兀儿,即今新疆之维吾尔也。回纥初居蒙古地方,自被黠戛斯所破后,一部分南迁入甘肃、新疆,另一部分则远徙于葱岭以西,建国于中亚细亚,因突厥之关系,亦宗信伊斯兰教。盛时西灭波斯之萨曼王朝,东并新疆之疏勒、于阗。其统兵之王弟玉素普卡底(Yusuf Gudr)自称于阗国王,宋初朝贡中国。故伊斯兰教之得以大行于中国者,即回鹘之力,中国人称其族曰回族,遂称其教曰回教,并称天山南路曰回疆。《元秘史》云:"委吾种的主亦都兀惕差使臣阿惕乞剌黑等来成吉思处说:'俺听得皇帝的声名,如云净见日,冰消见水一般,好生喜欢了。若得恩赐呵!愿做第五子出气力者。'成吉思说:'你来!女子也与你,第五子也教你做。'于是亦都兀惕将金银、珠子、段匹等物来拜见成吉思,遂将阿勒阿勒屯名的女子与了。"蒙古初兴,回即降附,故元代视色目人高于汉人、南人,回教之扩张甚速,隶于察合台汗国,以肃王纳忽里镇之。明初定其地,置安定等卫,而回回、畏兀儿、哈剌灰(火州在柳城西七十里,吐鲁番东三十里,即汉车师前王地,隋高昌国)皆降服。盖其地种落杂居,头目不相统属,而南路各城之王,仍为察合台后裔。阿拉伯回教初分十叶、索尼两派,当奥梅亚朝(Omayyads),十叶派因避难而至中国者甚多。明末玛墨特自撒马耳干移居喀什噶尔,各回城靡然从之，二子长名加利宴，次名伊撒克，亦皆得回人之信仰，长开白山宗，次开黑山宗。和卓木（掌教）之权，渐取察合台后王而代之。清康熙时，准部噶尔丹率兵入喀什噶尔，立回教白山派教主亚巴克为汗，尽执察合台后裔于伊犁，天山南路始无蒙古人踪迹。而和卓木之裔，遂兼执政教两权。康熙三十五年，噶尔丹为中国所败，其质伊犁之回酋阿布都实特自拔来投，圣祖优恤之，遣人护送至叶尔羌。其子玛罕木特有二子，即所谓大小和卓木也。回疆之平，俱见中卷及本卷，各有专章，不复述。中国回教分三支：甘肃河湟之回，曰汉回，亦曰东干。其人虽突厥、回纥遗种，而语言服饰，皆从华制，散处各省及天山北路者是已。新疆南部之回，曰缠回，即畏兀儿人也。自称喀什噶尔人（Kasgarlik），回回之名，即由是族而起，其种族与西域土著，邻近氐、羌，以及突厥人、阿拉伯人颇多混合。有名无姓，尊穆罕默德为脴昻伯尔，译言天使也。七日礼拜入寺诵经，谓之朱玛，每日五次诵经，谓之奶玛子。散处阿尔泰山、塔城、伊犁至中亚一带之回曰哈萨克（Kazak），又名吉利吉斯（Kirghiz），为黠戛斯及突厥之混合种，俄国可萨克骑兵即此族人。三种人虽皆信回教，而风俗习惯颇不相同，如回文二十八字母，横行直书，汉回用阿拉伯音，缠回用法尔西音，可萨克则稍染俄风。礼拜寺中司诵读者曰掌教，回言和卓木，教授经典者曰阿浑，号召大众者曰满耳金，诵经者曰海提卜。其教徒不与外人结婚，且尚薄葬，戒食猪肉（《可兰经》云："豕污不可食。"俗传种种，均不可信），禁烟酒，刲牲必延师诵经，不信堪舆、巫觋，不演剧，不置木偶。初甘肃、西宁番地撒拉尔司人所奉回经，皆默诵。乾隆初有循化厅回人自西域归，琅诵回经，自谓得真传，创立新教，遂与老教为仇。其党苏四十三杀老教徒百余人，四十六年，阿桂平兰州、华林山，而新教一熄。嗣有伏羌县阿浑田五、马四圭、张文庆等仍兴新教，为马明心报复，老教徒又被焚掠。阿桂平通渭县之石釜堡，而新教再熄。然哔伽场、黑褐衫、舍勒尔皆新教中之支派。又有大会、花寺两派，大会中人吸烟饮酒，彼族以为秽污教门，恒仇视之。故同治初元，马桂源将大会中人压死石磊下者百余。缠回虽数十家必建寺，寺必有学，其人笃信教祖，自为风气，不在中国传教。故清末之回教徒，各省散布虽广，户口仅在五百万左右云。

一百十 清代之礼制

(一) 吉礼

中国重礼治而轻刑法,孔子所谓“道之以政,齐之以刑,民免而无耻;道之以德,齐之以礼,有耻且革”之言,可以征之。自虞廷修五礼,兵休刑措,天秩虽简,鸿仪实容。沿及汉、唐,讫乎有明,救敝兴雅,咸依为的。煌煌乎上下隆杀以节之,吉凶哀乐以文之,庄恭诚敬以赞之,纵其间淳浇世殊,要莫不弘亮天功,雕刻人理,随时以树之范,故群甿蒸蒸,必以得此而后足于凭依,洵品汇之玑衡也。斟之,酌之,损之,益之,以求合乎时代,而与宗教刑法相表里;盖与人为善之方,则宗教以导之,礼制以防之;惩人为恶之义,则礼禁于未然,法施于已然;修明讲贯,安见不可与三代同风?郭嵩焘拟西洋社会于唐、虞三代之盛,中山先生亦有是言,可知治世之略,虽古今东西未尝不同揆也。清人入关,顺命创制,规摹一依明旧。草昧初辟之鲜民,欲事更张,如废八股,禁弓足,不三五年辄复之。太后再婚,孀娃妙选,苍水所诋,幼帝蒙羞,乃诏礼臣参酌往制,勒成礼书,以为民轨则焉。《大清通礼》成于乾隆时,道光年增修,光绪季叶,设礼学馆,将有所缀述,增“曲礼”一目,又仿宋太常因革礼例,增“废礼”、“新礼”二目,未及编订,而国变作矣。兹循五礼之序略述之。一曰吉礼,凡国家诸祀皆属于太常、光禄、鸿胪三寺,而综于礼部。惟堂子元日谒拜,立杆致祭,与内廷诸祀,并内务府司之。清初定制,凡祭三等:圜丘,方泽,祈谷,太庙,社稷为大祀;天神,地祇,太岁,朝日,夕月,历代帝王,先师,先农为中祀;先医等庙,贤良昭忠等祠为群祀。乾隆时,改常雩为大祀,先蚕为中祀。咸丰时,改关圣、文昌为中祀。光绪末改先师孔子为大祀,殊典也。天子祭天地宗庙社稷,有故遣官告祭;中祀或亲祭或遣官;群祀则皆遣官。大祀十有三:正月上辛祈谷,孟夏常雩,冬至圜丘,皆祭昊天上帝。夏至方泽,祭皇地祇。四孟享太朝,岁暮祫祭。春秋二仲上戊祭社稷,上丁祭先师。中祀有十二:春分朝日,秋分夕月,孟春岁除前一日祭太岁,月将;春仲祭先农,季祭先蚕,春秋仲月祭历代帝王,关圣、文昌。群祀五十有三:季夏祭火神,秋仲祭都城隍，季祭炮神，春冬仲月祭先医，春秋仲月祭黑龙、白龙二潭，暨各龙神，玉泉山、昆明湖河神庙、惠济祠，暨贤良、昭忠、双忠、褒忠、显忠、表忠、旌勇睿忠亲王、定南武壮王、二恪僖、宏毅、文襄、勤襄诸公等祠。其北极佑圣真君、东岳、都城隍，万寿节祭之。亦有因时特举者，视学释奠先师，献功释奠太学，御经筵祗告传心殿。其岳镇海渎帝王陵庙、先师阙里、元圣周公庙，巡幸所莅，或亲祭或否，遇大庆典遣官致祭而已。各省所祀如社稷、先农、风雷、境内山川、城隍厉坛、帝王陵寝、先师、关帝、文昌、名宦、贤良等祠，名臣忠节专祠，以及为民御灾捍患者，悉颁于有司，春秋岁荐。至亲王以下家庙祭始封祖，并高曾祖祢五世，品官逮士庶人祭高曾祖祢四世。其余或因事，或从俗，第无悖于祀典，亦所在不禁，此其概也。坛壝之制，清初建圜丘于正阳门外南郊，方泽于安定门外北郊，祭告天地，所谓天坛地坛者也。圜丘南向三成：上成径九丈，二成十五丈，三成二十一丈。一九、三五、三七，皆天数也。通三成丈四十有五，符九五义，量度准古尺，当营造尺八寸一分，又与九九数合。坛面甃砖九重，上成中心圆面，外环九重，砖数一九累至九九。二三成以次递加。上成每面各十有八，二成各二十七，三成各四十五，并积九为数，四乘之，综三百有六十，以应周天之度。其高下成五尺七寸，二成五尺二寸，三成五尺。栏柱阶级并准今尺。古今尺度赢缩稍差，用九则一。坛面为艾叶青石。皇穹宇台面墁青白石，大享殿外坛面墁金砖，坛内殿宇门垣俱青琉璃。乾隆时所改定也。更名大享殿曰祈年殿。殿圆南向，内外柱各十有二，中龙井柱四，金顶檐三重，覆青黄绿三色琉璃。基三成，南北陛三出，东西陛一出，上二成各九级，三成三级。东西庑二重，前各九楹，后各九楹。内垣高一丈一尺，址厚九尺，顶厚七尺，周千二百三十六丈一尺五寸；外垣高一丈一尺五寸，址厚八尺，顶厚六尺，周千九百八十七丈五尺。西向门二，南北并列焉。祭天坛自新南门入，祭祈年殿自北门入。光绪十五年祈年殿灾，营度仍循往制，至今仍为故都伟大建筑物之具有特色者，西洋人恒称道之。其余如地坛、社稷坛、日坛、月坛、先农坛、先蚕坛，规制皆益拓，不能俱述矣。坛外有历代帝王陵庙、先师孔子庙、元圣周公庙、关圣帝君庙、文昌帝君庙。孔庙俗称文庙，关庙俗称武庙。文昌之祀，始于嘉庆六年，以梓潼寇警，祠山显灵迹也。朱珪撰碑记略言:文昌星载《天官书》,所谓斗魁六星,戴匡曰文昌宫是也。帝君周初为张仲,孝友显化,隋、唐为王通,征李商隐、张亚子诗,读孙樵《祭梓潼神君文》,盖可考见云。宋哲宗加封辅元开化文昌司禄帝君。至宗庙则祠列祖,称为太庙。宗室有家庙,民间有宗祠,皆祀其祖先。盖清人入关后,始将天地、社稷、宗庙之祭,分别行之,而宫中仍延建州旧俗,总祠诸神祇于堂子云。

(二) 嘉礼

嘉礼属于君主者,曰朝会、燕飨、册命、经筵诸典;行于庶人者,曰乡饮酒礼,而婚嫁之礼,则上下均同也。朝会有登极仪、授受仪、太后垂帘仪、亲政仪、大朝仪、常朝仪、三大节朝贺仪。登极为即位之典,授受为内禅之典,垂帘为听政之典,亲政为受归之典,大朝、朝贺均为三节庆贺之典。惟常朝仪为君臣治事接见之规,在太祖称汗时即行之。五日一视朝,以勤国政,焚香告天,宣读古来嘉言懿行,及成败兴废所由,训诫臣民,然未尝垂为定制也。太宗称帝后,始定仪注,设大驾卤簿,王以下各官朝服,俟帝出宫,乐作,御殿升座,乐止。赐坐,诸臣各依班次一叩就座。部院官出班奏事毕,驾还宫。顺治九年,给事中魏象枢言:故事有朔望朝,有早朝、晚朝,内朝、外朝,今纵不能如往制,请一月三朝,以副励精图治至意。杨簧亦言:旧例百官每月十一朝,似太繁数,今每日入朝奏事,较十一朝不为少。应定每月初五、十五、二十五日行朝参礼,自是遂定逢五视朝制。寻定见朝、辞朝、谢恩,各官俱常朝日行礼。帝御太和殿,引见毕,赐坐、赐茶,悉准常仪。如是日不御殿,各官行礼午门外,外藩来朝暨贡使亦常朝日行礼,如速返则不拘朝期,即赴午门行礼,外官应速赴任者亦然。又定常期御殿,王公入殿中旁坐如次。康熙八年,定公、侯、伯以下各官为六班,按次列坐,后复改为九班。二十年,置常朝纠仪御史。雍正二年,遣侍卫四人,监察朝班。定视朝日天未明,鸿胪寺官二人引左右翼官入西掖门,整齐班列,行礼如仪。乾隆初,敕大小各官依内廷官例,黎明坐班。光绪九年,更定朝制,凡新除授各官,鸿胪寺列衔名交内阁,届日礼部尚书、鸿胪卿请驾御殿,导各官谢恩行礼,王公、百官侍卤簿后。不御殿文武官则坐班午门外,其时刻春、冬以辰正,夏、秋以卯正。遇雨雪及国忌日则免。坐班日鸿胪官按翼定位,王公集太和门外,东西各二班,百官集午门外,东西各九班,纠仪御史、吏部司员各四人,分列班首末,并西面北上。届时吏、礼司员受职名,纠仪官环班稽察,复位坐有间,以次出。御门听政仪,清初定制,每日听政,必御正门,九卿科道,齐集启奏,率以为常。时刻自康熙时改春、夏辰初,秋、冬辰正。奏事时,令翰林官记注,后亦省。雍正初,始定御门典礼。以乾清门正中设御榻黼扆本案一,黎明部院奏事大臣暨陪奏官属毕集庭内,帝升座,侍卫左右立,记注官升西阶,部院官升东阶,各就列跪。尚书一人奉本匣折旋而进,诣本案前跪陈于案,兴,少退,趋东楹,转入班首跪,口奏某事毕,兴,少退,率属循阶左降。其对太上皇、皇太后、太皇太后朝贺仪,则帝率群臣行三跪九叩礼,帝旋位立,众退复班次,乐止鸣鞭。道光以后,大学士先进皇帝庆贺表文,帝始率群臣诣宫行礼。至大飨仪则有定鼎宴、元日宴、万寿宴、千秋宴、凯旋宴、耕耤宴、外藩宴、大婚宴等,设宝座皇极门正中,帝陛座,赐百官坐,赐茶进酒,俱一跪一叩,宴毕谢恩。有时亦奏技起舞,陈番部百戏。乾隆五十年,仿康熙例设千秋宴,陪臣齿逾六十者,大臣七十以上者,子孙得扶掖。嘉庆初元,再举设宴,与宴者三千五十六人,邀赏者五千人,诚盛典也。余如上尊号徽号仪、册立中宫仪、大婚仪、皇子婚仪、公主下嫁仪,皇帝大婚、公主下嫁,皆非平等之规,上卷已言顺治入关后之礼制矣。公主合卺,额驸及其父母见公主,俱屈膝叩安,有赉赐,必叩首。道光二十一年,始以为非礼所宜,稍更仪注,额驸见公主,植立申敬,公主立答之。舅姑见公主,正立致敬,公主亦如之。如馈物,俱植立,免屈膝,以重伦纪,著为令。以上皆君主特有之仪节,若品官士庶人婚礼,论婚先使媒妁通书,乃诹吉纳采,仪物以官品为降杀,主婚者吉服命子弟为使,从者赍仪物至女氏第,主婚者吉服迎,从者陈仪物于庭,奉书致命,主婚者受书告庙,醴宾,宾退,送之门,使者还复命。是日设宴,具牲酒,公侯以下,数各有差。婚前一日,女氏使人送箕帚往婿家,陈衾帏茵褥器用具。届同婿家预设卺宴,婿吉服俟,备仪从,婿承父命亲迎,以彩舆如女氏第。女氏主婚者告庙辞曰:“某第几女某,将以今日归某氏。”乃笄而命之,还醮女内室,父东母西,女盛服出,北面再拜,侍者斟酒醴,女父训以宜家之道,母施衿结帨,申父命,女识之不唯。婿既至,入门再拜,奠雁出,姆为女加景盖首出,婿揖降,女从姆导升舆,仪卫前导,送者随舆后。婿先还,舆至门,婿导升西阶,入室逾阈媵布婿席东旁,御布妇席西旁,交拜讫,对筵坐。馔入卒食,媵御取盏实酒,分酳婿妇三酌,用卺卒酳,婿出,媵御施衾枕,婿入烛出。是日具宴与纳采同,品官子未任职礼视其父,受职者各从其品。士婚礼视九品官,庶民纳采,首饰数以四为限,舆不饰彩,余与士同。婚三日主人主妇率新妇庙见,无庙见祖祢于寝,如常告仪。雍正初,定制汉人纳采成婚,四品以上,绸缎首饰限八数,食物限十品。五品以下减二。八品以下又减二。军民细绢果盒,亦以四为限。品官婚嫁日用本官执事,灯六,鼓乐十二人,不及品者,灯四,鼓乐八人,禁糜费,凡官民皆不得用财礼云。此《清史稿》所述婚礼定制,依余所见,盖未能通行。民间婚礼,纳采合卺,彩舆亲迎,皆视男女双方之财富而定,富者虽庶人亦可僭越,贫者虽品官亦恒从简。然凤冠霞帔之礼服,五堂八堂之执事,例所不禁。女方陪嫁妆奁,尤争奇斗胜,夸耀邻里;文定仪物,数亦不限四六八数,惟一般人则多守此规耳。合卺礼俗称为拜天地,庙见礼俗称为分大小,而送房闹房之习俗,对新妇颇有恶作剧之嫌,殊非礼制之所宜也。至乡饮酒礼为吾国古制,所以敬老尊贤也。地方官于孟春学宫前宴致仕者为大宾,齿德兼优者为僎宾,介宾,升鼓瑟,歌鹿鸣。自道光后,行之亦仅矣。

(三) 军礼

国之大事,在祀与戎,《周官》制六军,司九伐,权属司马,而大军旅、大田役,其礼则宗伯掌之。是因治兵振旅,茇舍大阅之教,而寓搜苗狝狩之仪,以为杜礿祊烝之祭,如是则讲武为有名,而杀兽为有礼,清亦不悖古谊也。天命三年,太祖谒堂子,书七大恨,告天誓师,是亲征所由始。崇德初元,太宗伐朝鲜,誓天告庙,颁行军律,致祭如初,礼毕启行。康熙三十五年,讨噶尔丹,躬率六师出中道,前三日祭告郊庙,届期帝御征衣佩刀乘骑出宫,内大臣等翊卫,午门鸣钟鼓,军士鸣角螺,祭堂子纛神如仪。驾出都门,王公、百官跽送。六师所过,守土官迎本境,大吏则出境以迎,外藩、王公及所部绅耆跪接悉同。帝三驾北征，启行如初礼。自后无续之者，盖帝之文治武功，为有清一代之杰出者耳。凯旋惟太宗亲征朝鲜班师时行之，王大臣奉贺表，迎至盛京外二十里。回京先谒堂子，后还宫。圣祖征准部还至清河，皇子、王公暨群臣跪迎郊外五里，八旗军校，近畿士民，亦焚香悬彩，扶携俯伏，命前驱勿警跸，环集至数万人，欢声震动。帝谒堂子如仪，命将出征，始太宗崇德初元，躬自临送，祭堂子纛神，如亲征仪，遂至演武场谕诫将士。顺、康时，大将军出征，帝或亲送，御太和门陈百戏作乐，亲赐卮酒蟒带，谢恩出，大学士始以敕印授大将军。雍正定前一日告庙，行日告奉先殿。乾隆定命将仪：一曰授敕印，皇帝临轩颁给；二曰祓社，凡出师前期告奉先殿，礼堂子；三曰祖道，经略启行，皇帝亲饯赐酒，命大臣送郊外，具祖帐及宴仪。守土官相见，经略过境，将军督抚蟒服出郭迎候，文自司道，武自总兵以下跪道左及厅事，经略正坐，督抚侧坐。司道提督以下行庭参礼，启行候送如前仪。但三十四年命傅恒经略云南军务，高宗不升殿，不礼堂子，不祭纛，不亲送，惟内阁学士奉敕印至太和殿，立殿外，经略跪受，置敕印彩亭，前张黄盖，列御仗，从征侍卫前引，余俱后随，至经略第止。敕印陈厅案上，届日肃队行。奏凯班师，太宗时率群臣出城十里迎劳，王、贝勒等依次成列，建纛鸣螺，帝率同拜天，三跪九叩毕，升座，王、贝勒进献捷表，大学士接受，奉御前读讫，跪叩如仪。颁旨行抱见礼，于是王、贝勒进御前一跪三叩，赐坐设宴。顺治、康熙时，帝尝赴南苑芦沟桥迎劳，齐众拜天，以为故事。乾隆时，始定奏凯功成，祭告天地、庙社、陵寝，释奠先师，勒碑太学，命儒臣辑平定方略。经略大将军师旋入城，遣廷臣郊劳，帝临轩，经略率有功诸臣谢恩、缴印敕。郊劳之礼，虽偶一行之，而后不常有矣。受降惟崇德二年，朝鲜请降，筑坛汉江东岸，帝登坛，朝鲜王步行来朝，伏地请罪。帝率同拜天，赐坐位，赐筵宴，还其俘。乾隆十四年议制：凡军前受降，飞章入告，报可，乃大书露布，宣示中外。筑坛大营左，南向，百步外树表建大旗，书奉诏纳降字。经略登坛正坐，降者膝行诣坛下，俯首乞命。经略宣上德意，量加赏赉，营门鼓吹殷然，降者泥首谢，兴退。献俘受俘，清初犹无定制也。雍正二年，讨平青海，俘至京，始定诹吉先献庙社，俘白组系颈，行及太庙街门外，北向立，承祭官朝服至,俘伏,仪同时飨,至社稷坛亦如之。翼日帝御午门楼受俘,王公、百官咸集,帝御龙衮升座,赞进俘,丹陛大乐作,奏庆平章,俘入匍伏,兵部官跪奏所获俘囚,谨献阙下,请旨。制曰:所献俘交刑部。刑部长官跪领旨讫,械系出,大乐作,王公、百官行礼如常仪。若恩赦不诛,则宣旨释缚,俘叩首,将校引出。乾隆中叶,先后六岁,凯歌四奏,时论称极盛云。大阅礼自顺治十三年定三岁一举,著为令。寻幸南苑,命内大臣等擐甲胄阅骑射,并演围猎示群臣。康熙十二年圣祖阅兵南苑,擐甲登晾鹰台,御黄幄,都统等各束部曲,自东结阵驰以西,按翼分植。阅毕,命树侯台上,亲发五矢,皆中的,复骑而射,一发即中,释甲赐宴,乃还。厥后行阅,或芦沟桥,或玉泉山,或多伦诺尔,地无一定,时亦不以三年为限也。清人奋迹东陲,讲武校猎,为其长技,故顺治帝云:“我朝之定天下,皆弓矢之力也。曩者每岁出猎二三次,练习骑射。”康熙以后,始立大狩扈从例,幸古北口外,行围木兰,搜猎始此。木兰在承德府北四百里,属翁牛特,周千三百余里,林木葱郁,水草茂茂,群兽聚以孳畜焉。至是举行秋狝典,间有冬令再出者。三十三年设虎枪营,分隶上三旗,置总统,总领大狩行田,遇有猛兽,列枪以从。并命各省驻防兵岁番猎以为常。乾隆六年,御史丛洞奏请暂停行围。谕曰:“古者搜苗狝狩,因田猎讲武事,皇祖行围,既裨戎伍,复举政纲。至按蒙藩,曲加恩意,尤为怀远宏略。且时方用兵,数有征发,行围偶辍,旋即兴举。况今承平日久,人习晏安,弓马渐不如旧,岂可不加振厉乎?”围场凡六十余所,每岁大狝,或十八九围,或二十围,逾年一易。嘉道以后,英武不逮乃祖,狩猎始有名无实耳。

(四) 宾礼

清初藩服有二类,分隶理藩院与礼部主客司。隶院者,蒙古、喀尔喀、西藏、青海、廓尔喀是也。隶司者,朝鲜、越南、南掌、缅甸、苏禄、暹罗、琉球是也。亲疏略判,于礼同为属也。西洋诸国,始亦属于藩部,逮咸、同以降,欧风亚雨,咄咄逼人,觐聘往来,缔结齐等,无论属国与国,要之来者皆国之宾也。我为主人,凡所以将事皆宾礼也。至王公、百官及士庶人相见礼,则亦属之。藩国通礼,康熙五十九年,定朝觐年例,蒙古二十四部为两班,喀尔喀、札萨克等为四班。雍正九年,帝念四十九旗王公台吉远至勤劳,诏改三班,二岁一朝。咸丰八年,以蒙古汗王等远道输将,谕令停止年班,御前行走者番上如故。其贡献仪文按季各旗遣一人来将事,年时贡马匹羊酒,交理藩院转纳礼部。朝贡赏赉诸典,柔远清吏司掌之。凡诸国以时修贡,遣陪臣来朝,延纳燕赐,典之礼部。将入境,所在长吏,给邮符,遴文武官数人伴送,有司供馆饩,遣兵护之,按涂更代,以达京畿。既至,延入宾馆,以时稽其人众,均其饮食。翼日具表文方物,暨从官各服其服,诣部俟阶下。仪制司官设表案堂中,质明,会同四译馆卿率贡使至,礼部侍郎一人出立案左,仪制司官二人分立左右楹,馆卿先升立左楹西,通事、序班各二人引贡使等升阶跪,正使举表,馆卿祗受,以授侍郎,陈案上。使臣等行三跪九叩礼,兴,退,馆卿率之出。礼部送表内阁,贡物纳所司。如值大朝常朝,序班引贡使等列西班末,听赞行礼如仪。非朝期则礼部先奏,若召见,馆卿预戒习仪,届日帝御殿,礼部尚书引贡使入,通事随行,至丹墀西行礼毕,升自西阶,通事复从之,及殿门外跪。帝慰问,尚书承转,通事转谕,贡使对辞,通事译言,尚书代奏。毕乃退。如示优异,则丹墀行礼毕,即引入殿右门,立右翼大臣末,通事立少后,赐坐、赐茶,均随大臣跪叩饮毕,慰问传答如初。翼日赴午门外谢恩。礼部疏请颁赐国王并燕赉贡使,既得旨所司陈赐物午门道左,馆卿率贡使等东面立,侍郎西面立,有司咸序。贡使诣西墀三跪九叩,主客司官颁赐物授贡使,贡使跪受,赞兴,叩如仪退。贡使将归国,赐宴礼部。所经省会,皆飨之,司道一人主其事,馆饩日给,概从周渥焉。国王来朝者,仅乾隆五十六年安南国王阮光平,定行礼班序,列亲王、郡王间,其陪臣仍附班末。道光间平回部,缅甸国王遣使进金叶表,创举也。故事琉球间岁一贡,至十九年诏改四年为期。国王尚育咨达闽抚吴文镕,谓琉球濒海,地患多风,朝贡以时,风雨和顺,岁则大熟。贡舶出入闽疆,岁颁时宪,获以因时趋事,地不产药,赖舶载回应用,至航海针法,非随时练习不为功,若改四年则恐丰歉不齐,人时莫授,药品既缺,针盘益疏,请复旧制。俱报可,并令陪臣子弟得随贡使入监读书。光绪三十四年廓尔喀入贡,赏正使二品服,副使四品服,亦前此所未有者。凡贡期,朝鲜岁至,琉球间岁一至,安南六岁再至,暹罗三岁,苏禄五岁,南掌十岁,均各一至,余道远贡无常期。外国公使觐见礼,康熙时南怀仁官钦天监,赠工部侍郎,凡内廷召见,并许侍立,不行拜跪礼。雍正间罗马教皇遣使来京,世宗许行西礼,且与握手。乾隆季叶,英使马戛尔尼来聘,与议仪式,彼以觐见英王为言,特旨允用西礼。筵宴日且亲赐卮酒。商约既缔,将命频繁,咸、同间,外国使臣常求入觐,时以礼制乖异,力拒之。同治时,英、法使臣固请再四,我犹绳以华制,莫之应,彼且曰宜亟修好,阻其入觐,是靳以客礼也。十二年,穆宗亲政,泰西使臣环请瞻觐,呈国书,先自言用西礼三鞠躬。总署乃为奏请,明谕允行。光绪十六年,以驻英使臣薛福成之请,遂为定制。二十七年拳乱平,各国挟求更改礼节,经庆亲王奕劻折冲定议,觐见必在乾清宫,设宴帝必躬亲入席。内外王公相见礼,宾及门,属官入告,主人降阶迎,宾从自中门入,宾趋左,主人趋右,行相见礼二跪六叩,即席序立。从官升东阶,行礼亦如之。兴入右门,坐宾后,执事献茶,宾受茶,叩,主人答叩,饮食叙语,毕,从官趋前楹跪叩,兴,趋出,宾离席跪叩,主人答叩,并兴。宾出,主人降阶送,属官送门外。若外藩郡王见,则主人迎送殿外,不降阶,相见宾二跪六叩,主人答半。宾辞退跪叩,主人答跪不叩。外藩贝勒见,主人离坐迎,不出殿,宾北面跪叩,主人立受,即席正坐,宾侍坐。辞退跪叩,主人立受不送。外藩贝子公见,主人皆坐受。外藩亲王见郡王,主人迎送大门内。以下宾王相见,降杀递差,视其爵位而定。同爵者,则外藩下一等,如外藩王贝勒见贝子,宾主一跪一叩坐,此其异者也。京官相见,敌体迎大门内,揖入厅事,皆北面再拜,主人为宾正坐。受茶揖,主人答揖,饮茶叙语毕,告辞相揖,送宾大门外,视宾升舆马乃退。品级低者,二品以下迎仪门内,送大门外,五品以下迎堂阶下,送二门外。属官见其长官,初见公服诣署,升自东阶,具履历陈坐案,依次向坐三揖。长官避席答揖,退。若燕见如五品官见大学士仪,国学生见师仪,初具名柬,公服诣学,自东阶升堂,北面三揖,师立受,侍立左旁,西面受教毕,三揖退。若燕见,通名,俟召乃入,师迎阶上,弟子升,揖师入门,从之,北面再拜,师西面答揖。师命坐,茶至揖,请问揖,辞退北面三揖,师皆答。出送,师前行,弟子后随,及二门外,弟子三揖,俟师入始退。凡京朝官途遇回避,爵秩均等分道行。次让道行,次勒马俟其过,又次下马。外省官相见,位均等者,宾至署,吏入白,启门,自中门入,至外堂檐下,降舆马,主人迎檐前,揖宾入及厅事,各再拜。其正坐,就位,进茶,辞退,如京朝官仪。属官见长官,辕门外降舆马,自左门入,初见具名柬,呈履行。文官司道见督抚,迎堂后屏内,及厅事庭参,则扶免三揖,皆揖,督抚正坐,司道旁坐。命坐揖,茶至揖,均答如仪。辞出三揖,送至屏门外,司道三揖,俟督抚入,复三揖,趋出。督抚次日用名柬答拜。若公事谒见,常服通衔名,三揖,就坐,余同前。府厅参拜,答揖,州县立受,俱不送,不参拜。其余皆仿此。若不相统属者,一以宾主礼行之。士庶相见,宾及门,从者通名,主人出迎大门外,揖入,及门及阶,揖如初,登堂各北面再拜,兴,主宾互正坐,即席,宾东主西,饮茶,语毕,宾退,揖,及阶辞,主人皆答揖,送大门外,揖如初。卑幼见尊长礼,及门通名俟外,尊长召入见,升阶北面再拜,尊长西面答揖,命坐,视尊长坐,次侍坐,茶至揖,语毕禀辞三揖,凡揖皆答,出不送。若尊长来见,卑幼迎送大门外,余如见仪。见父执友与见尊长仪同。受业弟子见师长礼,初见师未出,先入设席正位,俟堂下,师出召见,乃奉贽入,垫贽于席,北面再拜,师立答揖,兴,谨问起居,命坐乃侍坐,有间,起而对,辞出,三揖,不送。常见侍坐,请业则起,请益则起,师有教,立听,命坐,乃坐。师问更对,仍起而对,朝入暮出,均一揖。与同学弟子,以齿序之。以上宾主相见,皆进茶,惟官场中以端茶为送客之表示,此不同于士庶之酬应也。

(五) 凶礼

凶礼即丧礼也,三年之丧,自天子以至庶人,无贵贱一也。惟天子升殿受朝祭祀,及一切典礼,不可以缟素临,故遵古制,以日易月,凡二十七日释服。世宗欲行三年之丧,群臣疏云:从来天子之孝,与士庶不同。《孝经》曰:天子以德教加于百姓,施于四海为孝。《书》称高宗(殷)谅阴(三年),晋杜预谓释服后心丧之文。盖人君主宗庙社稷,祭为吉礼,必除服后举行。若二十七日不除,祀典未免有阙。乾隆时廷臣议上数条:

一、祭祀　按《礼记·王制》丧三年不祭,惟祭天地社稷,越绋行事。注谓不敢以卑废尊。是知三年内本应亲行,明吕坤谓祖宗不轻于父母,奉祭不缓于居丧,何可久废?诚以天亲一理,宗庙之祭,亦当并举。谨议凡遇郊庙社稷奉先殿大祀,皇帝躬诣行礼,或遣官恭代,皆作乐,先期斋戒素服,冠缀缨纬,视祝版,御礼服。朝日夕月飨,帝王先师先农,遣官行礼,咸礼服作乐。届日冠服如斋期,宫内祭神,百日后举行。经筵耕耤,释服后举行。

一、朝会 元旦朝正,万国瞻仰,朝仪最重。谨议二十七日内,元旦朝贺吉服升太和殿,不宣表,不作乐,常朝亦然。

一、听政御门 听政,典制至巨。昔宋仁宗行三年丧,临朝改服。孝宗时,二十七日后,百官请听政,援书被冕服出应门语,固请乃许。稽之史册,自古为然。谨议当事及引见俱在便殿,百日后乃御门。

一、冠服 按谅阴之制,先儒谓古无可考。史载魏孝文帝、唐德宗释服后,仍素服练巾听政。宋仁宗虽用以日易月制,改服临朝,宫中实行三年之丧。盖缟素不可以临朝,前代行三年丧者,亦惟宫中素服而已。谨议百日内服缟素,百日外易素服,诣几筵仍服缟素,御门莅官听政或诣皇太后宫,俱素服,冠缀缨袆。升殿受朝,则易吉服。祭祀及一切典礼俱礼服。二十七日服满,如百日礼,致祭释服。

一、宫中服制 帝后齐体,服制不容有异,二十七日后,后素服,遇典礼,易礼服。诣几筵,仍缟素。妃嫔亦如之。皇子与诸王同。

一、在京王公百官 二十七日除服,遇典礼及朝会坐班吉服,在署治事,入朝奏事,俱素服,冠缀缨纬,诣几筵去冠缨。各署进本章,用朱印(百日内票本用蓝笔,文移蓝印)。

自是三年之丧,清代遵行之,而二十七日释服之制废矣。凡帝崩,王公、百官、公主、福晋、宗女、佐领、侍卫、命妇以上,男摘冠缨截发辫成服,女去妆饰剪发。既大敛,奉梓宫乾清宫,设几筵,列馔二十一,酒尊十一,羊九。朝晡日中三设奠,帝亲诣尚食祭酒,三拜立,举哀。王公、大臣、公主、福晋、县君、宗室、公夫人,诣几筵前,副都统以上序立乾清门外,汉文官赴景运门外，武职赴隆宗门外，咸缟素朝夕哭临，凡三日。至四日王公、百官斋宿，凡二十七日，过此则日哭临一次。军民服除，音乐嫁娶，官停百日，军民一月。禁屠宰四十九日，自大丧日始，寺观各声钟三万杵。越日，颁遗诏天安门，群臣素服三跪九拜，宣毕举哀。礼部誊黄，颁行各省。听选官监生吏典，僧道咸素服赴顺天府署，朝夕哭临三日。诏至各省，长官帅属素服出郊跪迎，入公廨，行礼，听宣举哀，二十七日服除，命妇亦如之。军民男女十三日除。此事余曾亲见之，光绪三十四年，德宗崩，地方官哭临文昌宫，皆翻穿白羊皮袍，帽摘缨，所谓举哀者，仅齐声干号而已。民间仍未尽素服也。梓宫奉安寿皇殿，设启奠仪，帝诣几筵哭，内外传哭，奠酒，率众三拜，举哀焚燎（楮币九万），帝号泣从，群臣依次随行。将至景山，内外集序，俟灵驾至，跪举哀。奉安寿皇殿讫，设几筵，帝三祭酒，每祭一拜，哀恸无已。明日初祭，又明日，行绎祭，周月行月奠。上尊谥庙号，祇告郊庙社稷，帝御太和门，大学士奉册宝，阅讫，一跪三拜，退立东旁。大学士诣案前复三叩，奉册宝列彩亭内，校尉舁行，御仗前导，车驾从。王公、百官先集协和门外，跪迎随行，至寿皇殿檐前，帝入自左门，礼部长官先奉绢册宝陈中案，大学士诣亭前三叩，奉香，册宝陈左案，帝就位，率众三跪九拜，大学士从左案奉册跪进帝，帝献册授右旁大学士，跪受陈中案上。进宝亦如之。乃宣册，宣册官奉绢册宣讫，三叩退。宣宝仪同。帝率众行礼，复诣几筵前，致祭奠帛读文，三献爵如仪，焚绢册宝，礼成。翌日颁诏如制，百日内外集序读文哭奠如初祭，是日题神主，大学士一人进观德殿前止，诣祔奉先殿神主前，三叩，奉主登安舆，帝诣两神主前三叩，先后陈案上，三献九拜，礼成。葬后诹吉升祔。盖两神主，一在奉先殿，一在太庙也。奉移山陵（即殡葬），前三日遣告天地宗社，前一日，设祖奠仪，如启奠。届日，帝诣梓宫奠酒，尽礼尽哀，辅臣率执事官奉梓宫登舆，启行，卤簿前导，册宝后随，帝攀号，俟过，步至东安门外，泣奠，群臣从之，止驾远送。途中宿次，朝夕奠献，守土官素服跪迎，至陵，遣亲王及三品以上官陈祭，辅臣诣梓宫告迁，群臣跪举哀，哭从至地宫，王大臣奉梓宫入，册宝陈左右，掩石门，辅臣率众三奠酒，举哀。卤簿仪仗焚飨殿。清代惟雍正帝曾亲送梓宫至景陵，卜葬翌日，复诣陵奠献，躃踊哀恸。光绪帝之崇陵,颁帑数百万,亲贵主其事,移以营私第,致三年未成。民国后始拨款营葬,工殊简略。其际遇之惨,又不仅生前矣。士庶人丧礼,顺治初定制:士卒用朱棺,椋一层,鞍马一,初祭用引旛,金银楮币各一千,祭筵三,羊一。大祭同,百日期年祭,视初祭半之。一月殡,三月葬,墓祭纸币酒肴有定数。《通礼》士敛衣复禅各一复,衾一袭,常服一称,含用金银屑三。用铭旌。庶人复衾一,含银屑三,立魂帛。士茔地围二十步,封高六尺,墓门不碣,圆首方趺,圹志二,如官仪。柩舆上竹格垂流苏,杠饰红垩,无翣,引布二,功布一,灵车一,明器从俗。庶人茔地九步,封四尺。有志无碣,舆以布衾覆棺,不施帏。盖杠两端饰黑,中饰红垩。雍正初元,定军民故者,前后敛衣五袭,鞍马一,初祭祭筵二,羊一。大祭同,常祭减半。棺罩,生监用青绢,军民春布。十三年诏曰:“朕闻外省百姓,丧葬侈靡,甚至招集亲邻,开筵剧饮,名曰闹丧。且于丧所殡时,杂陈百戏,匪惟背理,抑亦忍情。敕督抚严禁陋习,违者治罪。”又谕:“吉凶异道,不得相干,故娶在三年外,而聘在三年内者,春秋犹以为非。三年之丧,创深痛巨,乃愚民不知礼教,虑服丧后不获嫁娶,遂乘父母疾笃,或殡敛未终,而贸然为之者,朕甚悯焉。自今伊始,齿朝之士,下逮生监,毋违此制。其皂隶编氓,穷而无告,父母卧疾,赖子妇治饔飧者,任其迎娶盥馈,俟疾瘳,或服竟,再成婚礼。古者礼不下庶人,其斯之谓欤?”盖政府所制定之礼仪,以品级为等差,而人民所遵行者,则以贫富为上下。品官敛衣灵柩祭筵楮币封地皆较士庶加隆。公至二品可用石人望柱及虎羊马各二,三品无石人,四品无石羊,五品无石虎,其墓门立碑,公、侯、伯螭首高三尺二寸,碑身高九尺,广三尺六寸,龟趺高三尺八寸。一品螭首,二品麒麟,三品天禄辟邪首,四品至七品员首方趺,首视公侯伯递杀二尺,至尺八寸止,碑身递杀五寸,至五尺五寸止,广递杀二寸,至二尺二寸止,趺递杀二寸,至二尺四寸止。圹志用石二片,一书某官之墓,一书姓名乡里三代生年卒葬月日,及子孙葬地。妇人则随夫与子孙封赠,二石相向,铁束埋墓中。至于疾革书遗言,治棺,讣告,设尸床帷堂,明日小敛,又明日大敛,盖棺,设灵床灵座,陈奠几,丧主及诸子居苫次,族人各服其服,朝夕奠肴馔,午饼饵。诹日发引,前夕祖奠,会葬者毕集,仪从前导,引以丹旐(满)铭旌(汉),至墓所,乃窆祀后土，题主奉安，百日卒哭。次日祔家庙，期年小祥，再期大祥，迁主入庙，祝读告辞，主人俯俯五拜。此品官与士庶皆大致相同者也。惟点主之礼，贫家多乘殡期为之，富家则诹吉另订日期，请科举甲第中人（以官吏为忌），为大宾，陪宾，极为隆重。其仪节至繁，不能详述矣。丧服之制《大清律》列图于卷首，颁行中外，道光增辑《大清通礼》，亦载冠服绖屦，多沿明代旧制。制服五：曰斩衰服，生麻布，麻冠绖菅屦，竹杖（俗名哭丧棒）。妇人麻屦。曰齐衰服，熟麻布麻冠绖草屦，桐杖。曰大功服，粗白布，冠绖如之茧布缘屦。曰小功服，稍细白布，冠屦如前。曰缌麻服，细白布绖带同，素屦无饰。斩衰三年，子妇为父母，嫡孙为祖父母，或高、曾祖父母承重。齐衰期年，为庶母、继父、本生父母、曾祖父母、伯叔父母、祖父母、妻子、亲兄弟及祖为嫡孙、父母为嫡长子等。大功九月，祖为孙，父母为诸子妇，伯叔父母为侄妇，妻为夫之祖父母及伯叔父母者。小功五月，为伯叔祖父母，为同堂伯叔父母，为外祖父母，为母之兄弟姊妹。缌麻三月，祖为众孙妇，祖母为嫡孙众孙妇，高、曾祖父母为曾、玄孙，为乳母，为族曾祖父母，族伯叔父母，为族兄弟。推例甚为繁复，盖犹宗法之遗意耳。

第二十六章　清代后期之经济状况

一百十一　国家之经济(财政)

(一) 咸丰财政之枯竭

清代财政,康熙时所免钱粮先后达一万二千万两有奇,而军务、河工,需用浩繁,乃至四十八年,户部库银尚存五千余万(见吴熊光《伊江笔录》)。乾隆一朝,大兵大役,散财不赀,五十五年以前,又普免天下钱粮多次,而户部尚存银八千万两。盖以承平时代,家给人足,政府之岁入有余,且经雍正时加以整理故也。嘉、道两朝,一耗于教匪夷务,再耗于库案河决,益以秦、豫二年之旱,东南六省之水,鸦片漏卮,回疆糜费,左藏渐绌,库存仅八百余万。及太平军兴,事出非常,屡颁内帑济军需,据户部北档房例外拨用总册,道光三十年至咸丰二年,广西军需银一千一百二十四万七千余两,湖南四百十八万七千两,广东一百九十余万两,湖北防堵银四十五万两,贵州二十万两,江西十万两,南河丰工银四百五十万两,共用银二千二百五十八万两,除拨内帑二百万两外,余在各省各款及捐输银两拨用。至咸丰二年,户部存银乃不过三百万两矣。而各省军事紧迫,奏报缺迟,出入之数,恒无所考。虽借捐输以济急,如科举增广中额,举办日捐、铺捐、团练捐等,然兵饷仍苦不给,哗变时闻。地方所赖以维持者,幸有钱江发明之厘金耳。初试于扬州,踵行于各省,军饷之取资于此者,盖十之八九。因此种新兴之落地税与过卡税,多由督抚派人征收,既非常课,亦不报部,故数目之多寡,难于稽查,约略计之,当不下一二千万。由于各省应解部库之款,每多积欠,道光末,已达一千余万。故咸丰二年大学士裕诚议复户部奏拟变通放项章程，除关系坛庙大典及外藩俸饷、贫民赈恤应仍实发见银外，官员则照俸银折给制钱一串，宝钞一串，兵丁、匠役折给制钱二串，各衙门公费发给银票各半，工程等项，减半发给，运脚采买物料工价米折等项，折给制钱二串或一串五百，均平画一。盖自是度支匮乏，不得不仰给于钞票、大钱、铁钱，走通货膨胀之路，以强人使用，于是商业衰歇，流通阻滞，遂由国家经济而影响于社会经济，计臣持之甚坚，益陷财政于无法收拾之境矣。山东一省积欠地丁银两一百七十余万，河南亦如之，惟山西按年拨解，并无积欠，乃于四年预征地丁银一百七十八万两，该省仅解八十万两，即无款可筹。廷谕着巡抚恒春筹划无论何款，暂行措银四五十万，务于十一月内解京以供支放，其迫急之情形，可以想见。时陕西巡抚王庆云奏设法筹饷各折片，清廷乃谕曰：

> 自军兴以来，各路兵饷浩繁，计已拨解数千万两，见在部库益形支绌，而各省应征地丁漕粮盐关各项，亦多不能征解足额。其被兵省分更属竭蹶不遑，以致东南富庶之区，财源日竭。指拨无从，该抚自必深悉。陕省士风淳朴，节次捐赀报效，具征急公好义之忱，与其捐自中人之家，集腋无多，不如捐自素封之户，指囷较易。王庆云平时办事甚属认真，见在据称：回籍省亲之宗人府府丞梁瀚素协乡评。着该抚即行督率梁瀚会同在籍绅士王笃等体察情形，各于素称饶裕之家，切实劝导，如能自一万捐至数万、十数万者，随时按照银数立即奏请奖励。倘有不愿请奖者，并着王庆云饬令藩司按数给予借贷印票，分年给还，作正开销，仍按照银数多寡，分别建坊给匾，以示优奖。总期凑集成数，无论捐款、借款，先以百万两为准，以后如能源源接济，更为妥善，断不准假手地方官吏，致启抑勒侵吞之弊。如有借端影射及骚扰需索，以多报少各情事，准该绅民等呈告，治以应得之罪。

此于纳捐以外，又加以捐献借捐，犹今日之公债也。成效如何，史无明文，可知预期陕省百万之数，必难达到目的，而王庆云亦不久迁调矣。其时江南大营之月饷五十万、皖南防军饷三十万，皆由浙省供给；湘、鄂供给出境之军,亦不下数十万,皆仰赖厘捐。北方各省,如山东之亩捐,晋、豫、陕、甘之差徭,川、滇夫马局之岁费,多者数百万,少者亦百万,皆临时加派,后议裁减,而见诸章奏者,谓初尚十倍于今,则繁重可知,其影响于人民生计亦至大。盐课因淮盐路阻之故,川盐东行,潞盐南下,以盈抵亏,尚足相剂。惟苗沛霖、李世忠屯兵江淮,捆盐自给,或强收盐税,对鹾政颇多妨害,江南定后,其弊始革。清廷以罗掘俱穷,张皇补苴,颇有议及采矿开垦者,除东北之移植,关系吾国后来之经济较大,当另章叙述外,其余则督导不力,效亦仅矣。

(二) 同治财政之概况

同治初年,以各省预拨京饷每年七百万两,分限解齐,惟山西年清年款,他省多不能依限报解,且有逾限不解者。因防剿吃紧,奏请留支,或改解军营,径行画拨。户部奏请斟酌各省缓急情形,自同治三年共拨银五百万两,五月前解到一半,十二月初全数解清。清廷准如所请,盖较之咸丰年间已减少二百万两,而各省报解之款,仍多延宕,足见各省财政,亦有捉襟见肘之现象也。金陵之克,热河之狩,拨饷二千七百万,湘军四案、五案及剿捻第一案,共用银三千余万;苏沪一案、二案及淮军剿捻两案,共用银一千七百余万,滇省平回各案,亦共用银一千四百六十余万,闽军援浙及台防等案,共银六七百万,合而计之,不下七千万两,部库已无盈余,岂何以济乎?盖海关之税收,年达一千二百万两,常关二百万两,厘金一千五百万两有奇,地丁漕折盐课三千万两,川省按粮之捐输津贴一百八十万,共计六千余万,较之道光末年已多出二千余万两,虽地丁稍绌,而关税大盈也。其岁出新增者,如长江水师、福建船厂、防军协饷、海防建设,以及神机营、税务司,年约七千万两左右,故仍须赖开捐以补救于一时。不足,则借洋款以益之。盖吾国之有外债,滥觞于咸丰季年,以其时上海商埠防务紧急,故就近向外人商借,皆以关税作抵,此殆地方之事耳。同治四年,中央借英商一百四十三万一千六百六十四镑二先令,二十年偿清。六年左宗棠剿捻,向外商借银一百万两,六个月偿清。十三年沈葆桢因台湾事起,借洋款二百万两,十年偿清。光绪二年左宗棠因西征又借银五百万两。至各军协饷之不足额及欠而未发者，尚不下数千万焉。然当时号称中兴，从而点缀升平，以示恤民之政者，厥有数端：一曰停罢烦苛，如三年停止山东之亩捐，江南之粮捐、草捐、花捐等是。二曰核减浮赋，如三年浙江奏减杭、绍、嘉、湖浮收银五十七万两；五年江苏奏减苏、松、常、太浮收米三十七万四千余石，又浮收钱二百七万六千余串。皖、赣及宁属，亦均因之核减，约岁为民省银钱在数百万两以上。三曰改定收数，如从前州县征漕，私改折价，一石折价，有收至二十千文者。至是湖北核定每石不得过六千文，山东奏定每石收六千文。江苏奏定每石年内收四千五百文，年外收五千文。江西则更定每石收钱三千四百二十文。河南每石收银三两，安徽每石收银二两二钱等是也。又以军需报销，自乾隆刊颁则例，准销各款，有条不紊，然蒇事之后，造册请销，一收一支，不能针孔相符，于是部吏得以持其短长，严加驳诘。自帅臣以逮末僚，凡厕身行间，匀摊追赔，无一漏脱。存者及身，死者子孙，久迫追呼，非呈报家产尽绝，由地方官验明加结具文咨部，不能完案。其有前经帅臣奏咨后难结算者，则归用兵省分州县流摊，名为军需挪垫、兵差挪缺等款，亦动经数十年始得归补，而州县不胜其累。是以"部费"一款，每百抽几，以贿书吏，代为报销，略无隐讳。盖自停遣督饷大员后，每遇征伐，帅臣兵饷兼操，内而户部，外而藩司，支数可稽，用数无考，而军中大小将吏，得以多立名目，肆为侵冒，皆恃部费为护符，贪狡成风，以故每次用兵，动辄千数百万，而实用于军事者，殆不及半，其余皆为将吏与部书分肥耳。然绿旗官兵，调发若干，死亡若干，人数尚有可核，而浮冒侵渔，弊已如是。此次平定太平、捻、回，全赖湘军、淮军，乃临时招募之勇，其立营补额，均未奏咨备案，随营员弁，亦不报部存查，为薪为粮，扣旷扣建，纷纭轇轕，无从清厘。各路统兵大臣，肆意专擅，非不知事后报销无凭，核算必成不了之局，亦惟赖别筹部费，以资弥缝而已。当同治二三年时，户部书吏知复城之不远，报销之难缓，约同兵、工两部蠹吏，密遣亲信，分赴被扰各省，潜与该省杂佐中狡黠能为大吏关说者，商议部费，粗有成约，因派清书携册式就地坐办，此辈资斧纸笔，皆先由部书垫给，统归分年准销部费内增扣归款，合计所垫在数万金。户部郎中王文韶创请免册报私议，及江宁捷报至，文韶方授湖北安襄荆郧道,将出都矣。大学士倭仁管户部,密取其议稿参阅酌定,召司员扃门缮折,漏三下办毕,随议政恭亲王诣宫门递折。两宫召问称善,即颁谕曰:

> 户部尚书倭仁奏请将军需报销变通办理一折,据称:军需报销向来必以例为断,然其间制变因时,亦有未能悉遵之处。各省军需,历年已久,承办既非一人,转户动经数省,则例所载征调,但指兵丁,而此次成功,半资勇力。兵与勇本不相同,例与案遂致歧出,在部臣引例核案,往返驳查,不过求其造报如例,而各处书吏借此需索,粮台委员借以招摇,费无所出,则浮销苛敛等弊,由此而起。请将同治三年六月以前未经报销各案,开具简明清单,奏明存案,并请饬禁劝捐归补名目等语。所奏系为因时杜弊起见。军需报销一事,本有例定章程,惟近来用兵十余年,蔓延十余省,报销款目,所在多有,若责令照例办理,不独虚靡帑项,徒为委员、书吏开需索之门,而且支应稍有不符,于例即难核准,不得不着落赔偿。将帅宣力行间,甫邀恩锡,旋迫追呼,甚非国家厚待勋臣之意!着照所请,所有同治三年六月以前各处办理军务未经报销之案,惟将收支款目总数,分年分起,开具简明清单,奏明存案,免其造册报销。此系朝廷破格恩施,各路统兵大臣各省督抚,具有天良,须督饬粮台委员核实开报,不得因有此旨,任意影射浮冒!……自本年七月起,军需有例可循者,当遵例支发,力求撙节。例如不及有应酌量变通者,亦须先行奏咨备案,事竣之日,一体造册报销,不得以此次特恩,妄生希冀!将此通谕中外知之。

吴庆坻《蕉廊脞录》谓:“大赉宏颁,录功宥罪,凡在事之获保身家者,不下数千万人,而州县得免于流摊,部书失望于需索,湛恩汪涉,开国二百二十年所未有也。”书吏闻而大骇,有相向泣者。其后左宗棠用兵西北新疆,即苦于报销。其内调后,有人建议施贿李莲英,遂得免。宗棠一生行事,皆光明磊落,惟此仍不得不随俗。可见倭仁之奏,其保全中兴功臣者盖亦大矣。

（三）光绪初叶之财政

光绪一朝，为清代度支数目递增之关键。初年西陲多故，南服用兵，军需浩繁，艰于筹措，乃有借债之举。其时经常收支，年在八千万两内外，已超越历朝岁出之数。中叶海防孔亟，日本启衅，事前筹战守之费，事后增赔偿之款，岁入不过八千八百余万，而支出已增至一万一百余万。迨其季世，拳匪祸作，赔偿四万万五千万两，旋以筹办新政，需费益巨，就地筹款，借事补苴，收支之数，递加至二万万以上。盖已三五倍于同治以前矣。光绪二年户部奏陈整顿丁漕之收数，撙节防营之开支，稽核盐关厘金之交代，盖以新增各项，日见短绌，而旧有各款，又半属虚悬，故拟浚财源而节浮縻也。然西征之饷项，晋、豫之赈务，均亟待支拨，以便迅赴事机，实已节无可节。五年，户部又奏旧有入款供支应者，实无盈余，而新增之厘金捐输既为各省及西征军所截，海关各税复为洋务及海防所耗，国库之收支，业经悬殊。而王先谦所奏：近年入款共五千七八百万，出款共四千四五百万。（略谓：旧有之款，如地丁、关税、盐款、杂项等共四千万，今只二千七八百万，新增之款，如海关一千二百万，盐税三百万，货厘一千五百万。原支之款，如兵饷、河工、京饷以及各省留支共四千万，今只支二千四五百万，特别之款，如西征、津防两项约一千万，各省防军约一千万。）酌剂之间，尚有盈余，非确论也。六年，以俄据伊犁，几开兵衅，司农上筹饷之端十：一曰严催各省垦荒，二曰捐收两淮盐本，三曰通核常关税，四曰整顿各项厘金，五曰清查州县交代，六曰严核各省奏销，七曰专提减成养廉，八曰催提扣减平余，九曰停止不急工程，十曰核实颜缎两库折价。第二项本年可捐银五六十万两，第七项年可提银六七十万两，第八项年可解银四五十万两，合计不过一百六七十万两，所谓杯水车薪，其余则功效无闻焉。十年，法越事起，计臣又以裕源节流之说进，经营撦柱，时虑匮乏。至其特别之入款盖有四：一曰实官捐例，前于五年停止，旋又于十年续开新例。二曰税捐增收，如关税赋税厘金，因商业在乱后渐趋繁荣，年有所溢，而逃亡渐归，农功复旧，虽视承平时之赋额未见其多，较之荒乱时之减收者，固已增加矣。三曰垦荒设关，如奉、吉两省之开荒设治，《烟台条约》之添设海关。四曰整顿盐务，如四川之改办盐务是。而特别之出款则有六：一曰军饷,征西所费,二年迄四年,清销二千六百万,其后岁需约八百万。法越之役,约共糜款三千万。二曰赈款,如山西、河南、陕西之赈灾,约需三千万。三曰河工,如历次所修各工,用款将近千万。四曰海防,如南、北洋岁需海防经费,约共拨五百万。五曰偿款,如俄归还伊犁,约偿六百余万是。六曰杂款,如赎回松沪铁路,约三十余万,而教案之赔偿,亦复甚多。此皆出入之无定者也。以新增应付特支,不敷仍巨,故借外债为救急之惟一办法,殆前所未有者。按光绪十一年户部所奏,将来偿还新借各款之本息,须三千数百万两,为数并非绝巨,然在当时已诧为罕见,矧此尚有旧借各债尚未计入耶?光绪十年户部奏颁各省汇报出入清册,系以光绪七年为准,八九两年,尚未报齐,依《大清会典》原分门类,常例征收之项目有十:曰地丁,曰杂赋,曰地租,曰粮折,曰漕折,曰漕项,曰耗羡,曰盐课,曰常税,曰生息。新增征收之项目有四:曰厘金,曰洋税,曰新关税,曰按粮津贴。以续完(丁漕各项均有)、捐输、完缴、节扣四项为本年收款,排比核列,以见一年入数。除去蠲缓未完各数,通计实入共收银八千二百三十四万九千一百七十九两余。常例开支之项目十有七:曰各省陵寝供应,曰交进银两,曰祭祀,曰仪宪,曰俸食,曰科场,曰饷乾,曰驿站,曰廪膳,曰赏恤,曰修缮,曰河工,曰采办,曰办漕,曰织造,曰公廉,曰杂支,新增开支之项目有四:曰勇营饷需,曰关局经费,曰洋款还借,曰息款。以补支(补发旧欠)、预支(预行支给)、批解(在京各衙门批解支款)排比核列,以见一年出数。除去欠发未报各数,通计实出共支银七千八百十七万一千四百五十一两余。实存本年入款之余,共银四百一十七万七千七百二十八两。其中尚有实未收银一千二百八十六万二千四百一十六两。但钱粮草款,出入亦为大宗。除收款不符之一万五千七百五十串,实入共一百四十一万八千五百六十一串,实出共八十八万三千二百零七串。实存共五十五万一千一百四串。以洋元计者,实入共三万七千八百八十四元,实存如之,并无支款。粮款各省实收本色粮米共一千一百二十万四千八百四十七石有余,实支本色粮米共四百五万七千六百九十一石有余,各省实存本色粮米共九百七十七万一千六百七十三石(此与上数出入相抵不符,或系合京仓、通仓计之耳)。而钱以吊文计者,草款以斤以束计者,尚未与焉。此项会计清册,因系初次创办,大致尚无遗漏。嗣后各省均应照此册式,按年造送也。

（四）光绪中叶之财政

光绪乙酉,法约告成,兵事告息,财政之局,为之一变。户部议令各省就报部有案之兵勇各饷三千四百万内,每省酌减三十万,以为加练京兵之需。旋又议加海军经费以固海防,合东北三省之练饷及其他各款计之,所支约近千万。然如将关税与洋药(外来之鸦片)税厘之增收,以及节减之勇饷等项相抵,尚无不敷之虞。十三年郑州河决,户部上议款六策:一曰裁撤外省防营长夫,二曰暂停各项军械及船只之购置,三曰变通京兵所领各项米折,四曰酌调附近防军以资工作,五曰捐输盐商之请奖,六曰预缴二十年之商课及汇号捐银,免领部帖。嗣以第二、第四两项窒碍未行,而海军固未尝有新增之舰也。二十年,中日之战,军用繁巨,息借洋款商款。及和议既定,又借外债以赔日本兵费。盖岁出之增于前者,约二千万。二十二年户部续上筹款之策十:一曰核扣养廉,二曰盐斤加价,三曰茶糖加厘,四曰当商输捐,五曰土药行店缴捐,六曰裁减制兵,七曰考核钱粮,八曰整顿厘金,九曰裁减局员薪费,十曰重税烟酒税。二十四年,以续付日本赔款,复抵借外债,为数至巨。其后新政繁兴,需款益多。二十五年,户部又上筹款之策六:一曰盐票盐引捐输,二曰土药加收三成,三曰核减解费汇费,四曰酌增田房契税,五曰烟酒加倍征收,六曰颜料缎匹折价。以上历次筹款之策,外省奉行,颇多变通,故其收效亦不一致。其间财政上之兴革,有关特别收入者凡八项:

一、捐例　如郑州河工及海防捐例,实官概以六成上兑,所收在数千万以上。

二、借款　如二十年息借商款一千余万。次年因赔偿日本兵费,及交还辽东半岛,借俄、法、英、德之款,并其他外债计之,约在三万万以上。

三、税收　如十六年议榷土药(土产之鸦片)税,收入甚旺,旋定加征之制,令在出药就近地,每百斤缴足六十两。又令典当七千数百座岁各纳税五十两,计征银三十余万两。

四、公债 如昭信股票,约一千数百万。

五、扣平 如就旗绿营兵饷一千四五百万内,每两减平六分,年扣银八九十万。及原发库平银之勇饷,改发湘平。

六、平余 如江西令各属每地丁银一两,加解平余银七分,每漕粮一石,加解折价平余银一钱。旋又推及各省,以备偿款之需。

七、提款 如先后奏提关税厘金之中饱,及银币,矿业,招商各局之余利是。

八、筹款 如各省新政所需,率皆就地由盐斤加价,或酌提平余、漕余、陋规,由各项内筹集。

有关特别支出者凡五项:

一、增摊 如各国洋债派之海关者,约有的款一千二百万,而派之各省者,全赖自筹。所谓自筹,大率由减廉、减成、减平、节饷,以及加课、加价、平余、漕余、税余各项内筹集摊出。

二、河工 如河南郑工,以及山东决口各工,约共三千万左右。

三、赈款 如顺、直、奉、苏、皖、江、浙等省,以及山西边外各灾,约共数千万。

四、军务 如中日之役,约费六千万,新增宋庆等军之饷乾,约八百万。

五、赔款 如武穴等教案赔偿,动辄巨万。日本赔款多至二万万以上。

综其出入之大端,以二十五年收支数核之,其入者:若地丁实征二千四百万,耗羡二百五十余万,漕折一百三十余万,漕项一百一十余万,盐课盐厘加价一千三百四十余万,厘金一千六百余万,各项杂款一百余万,关税二千六百六十余万,土药税厘一百八十余万,计共八千八百余万。其出者:若各省留支约九百一十万(内计地丁五百余万,耗羡二百五十余万,杂税一百六十余万,以供俸食、公廉、采办、修缮、驿站、祭祀等之需)。各省绿旗营兵饷约一千三百余万,防练新饷约一千八百余万,海关经费约三百六十余万,内务府经费约一百余万,铁路经费约八十万,甘肃新饷四百八十万,东三省俸饷约一百余万,海军经费约五百余万,出使经费约一百余万,鲁、豫河工费二百二十万,直省永定河工程费三十万。筹还外债约二千三四百万,京饷八百万,边防经费约二百万,筹备饷需约二百万,拨解加放俸饷及旗兵加饷约三百万,共计一万零一百余万。出入相抵,实亏一千三百余万。据《皇朝续文献通考》刘岳云《光绪岁入总表》,附列数年于下:

	十一年	十二年	十三年	十四年	十五年
地丁	二三〇二二六八七	二三二〇九二四四	二三二二八一四〇	二三三八五八八九	二三八二二五〇八
杂赋	一六四四五八一	一五四四四七五	一六〇四七五二	一六四二四〇六	一五四五一一八
租息	七七五四六四	七〇七〇一八	七九五六四五	一〇二四九五八	八五一九四五
粮折	四〇〇六七一六	四三七〇五七六	四一二〇〇五六	四一六五九四八	三九四二四五六
耗羡	二九〇七三二〇	二九七三八二〇	三〇四四〇三四	三〇〇五一四六	二九二〇八〇五
盐课	七三九四二二八	六七三五三一五	六九九七七六〇	七五〇七一二八	七七一六二七二
常税	二四〇九二九三	二六三六二一二	二六五八五二八	二七〇九三七八	二六〇二八六二
合计	四二一六〇二八九两	四二一七六六六〇两	四二四四八九一五两	四三四四〇八五三两	四二四〇一九六六两
厘金	一四二四九九四七	一五六九三三八六	一六七四七二〇一	一五五六四七七八	一四九三〇四六五
洋税	一三五二七五八〇	一四三六六三〇六	一九三一九〇九九	一七七五四二一六	一六七六七二八二

续 表

	十一年	十二年	十三年	十四年	十五年
合计	二七七七七五二七两	三〇〇五九六九二两	三六〇六六三〇〇两	三三三一八九九四两	三一六九七七四七两
节扣	一六九六九六三	一九四二〇五一	一六二九四八三	一六六一五四五	一九八六一五八
续完	三九三七一一一	五三五七三一九	二二三四九三五	四六二二六四二	二六七四六一四
捐缴	一五一四五七一	一七三四〇七七	一八三七七六一	四七四八七八四	二〇〇一四六四
合计	七一四八六四五两	九〇三三四四七两	五七〇二一七九两	二〇三二九七一两	六六六二二三六两
统计	七七〇八六四六一两	八一二六九七九九两	八四二一七三九四两	八七七九二八一八两	八〇七六一九四九两

光绪十六年至二十年,表列统计数字,第一、二类皆无大出入,惟第三类十六年增至一千九十六万,十七年增至一千一百八十三万余,十八年增至八百二十一万余,十九年增至八百二十三万余,二十年增至一千三百九十六万余。故全年收入统计为十六年八千六百八十万余,十七年八千九百六十八万余,十八年八千四百三十六万余,十九年八千三百十一万余,二十年八千一百零三万余。《续通考》谓照海关统计表,年各短收,十一二年少八九十万,十三年少百余万,十四至十九年均少五百余万,二十年少一千一百余万,竟差过半,必有舛误,不甚可凭。如再以上海美领事哲美森所著《光绪中叶度支考》核之,则实征地丁等银,亦稍短缩,且间有零星之款未列入者,故实际上光绪中叶之财政赤字,或尚不及千万也。日人根岸佶所述中国财政,据哲美森之报告,光绪十年至二十年岁出入皆在八九千万两上下。二十年至二十五年,据巴卡之报告,岁出入皆在一万一百余万。《续通考》注谓:复核岁入为一万万〇八百三十二万八千两,则尚有盈余。又谓:当庚子以前,收支已不相偿,岁募公债六七百万,或赖捐款以弥缝。可见户部报告之数字,与外人统计之数字,恒有不符,仅能观其大略而已。

（五）光绪末叶之财政

光绪中叶，屡经兵事，岁出骤增，洎乎庚子，复酿拳匪之祸，赔偿八国军费四万万五千万，额数之巨，为历史以来所未见，第一期付款，由部库提充者共三百余万，派之各省者共一千八百余万，幸能如期无误。以后四十年每岁摊还本息多至三千三百万，少亦一千九百万，掌财政者，困苦可想。于是户部又上筹款之策，其目有八：一曰裁减神虎营、骁骑营、护军营津贴，二曰裁减神机营经费，及步军营练兵等口分，三曰停止官吏及兵丁米折，四曰酌汰沿海、沿江各防费，并勇营、练军、绿营等费，五曰试办房间捐输、按粮捐输，六曰酌提地丁收钱盈余，及剔除中饱，七曰盐斤再加价四文，八曰土药、茶糖、烟酒厘再加三成。原议所述减出增入后可得之款，为数颇巨，惟各处仍有未能照行者。百计罗掘，而财用依然不足。二十九年以练新军复派各省练兵经费，而设大学堂、立巡警部、派专使等经费，又皆摊之各省，盖岁出之加于初年多矣。各省之办新政，大率就地自筹，而巡警、教育两项，用费颇巨，奉天一省警费至三百余万，湖北一省拨提地丁钱价盈余充学费者至六十万，若各省认摊之赔款，四川于按粮津贴捐输之外，又有赔款新捐，苏、闽、浙、豫、陕、新等省，于丁漕例征外，有曰赔款捐者，曰规复钱价者，曰规复差徭者，曰加收耗羡者，名称虽殊，而加取于民者则同，盖至是而加赋之名亦不避矣。练兵经费摊解之始，多提铜元余利，其后以铜元为害，复议停铸，而原指供军费者，改以土药统捐溢收之数以抵补之。英、日、美、葡商约之成，有裁厘加税、统一币制之议，加税之议未就，而设银行及造币厂之谋，相继施行，需费颇巨。综其岁入之增于前者，为粮捐、盐捐、官捐、加厘、加税、杂捐、实业余利。公然设赌，大行彩票（即今奖券），官吏报效，房铺加捐。然以各官署新增之费为数甚多，故仍支过于收也。其介于出入之间者，则为铁路借款，应债本息虽多，而入款亦渐旺。至岁出岁入之数，自光绪十年户部改定各省汇报出入册以后，各省收支数目，虽视前为确，然外销各款，仍未列入，庚子而后，军政两费及赔偿等项其额较诸以前竟增倍蓰，所入亦如之，于是例报之数，遂不足据。三十一年户部又印出入表，视例册为多，仍非实数。迨三十四年简派财政监理官分往各省清理财政，乃有月报、季报、年报之制，外销之款，纵未能

悉列无遗,然经此厘剔,隐匿渐少。兹就册报列表于下:

奉天岁入银	一五八〇万七二七三两	岁出银	一五五八万七八八九两
吉林岁入银	四八五万八七〇二两	岁出银	五三五万五六五七两
黑龙江岁入银	九三万三二五六两	岁出银	二二九万九〇六两
中钱	四八五万五〇四〇串	中钱	二五九万六四九五串
羌钱	一〇万二八〇三元	羌钱	一六三八五元
金沙	三〇六两	银元	五〇〇〇元
直隶岁入银	二一六五万八五九七两	岁出银	二三五七万四一三九两
热河岁入银	八〇万六三八五两	岁出银	八四万一二六四两
江苏宁属岁入银	二五四九万六八九〇两	岁出银	二五七四万五二八二两
江苏苏属岁入银	二〇四〇万三〇二〇两	岁出银	二四八九万余两
江北岁入银库平	一三万二五二五两	岁出银库平	一一万六二四四两
湘平	一五〇万六九八七两	岁出银湘平	一一二万六八一四两
钱	二八万七三九串	钱	二八万三三一一串
安徽岁入银	六〇〇万六七二九两	岁出银	六七四万一七七九两
山东岁入银	一一三一万一六九九两	岁出银	一〇五二万五九二八两
山西岁入银	五八七万一八〇六两	岁出银	六一四万二五二两
河南岁入银	六八八万五一一七两	岁出银	六六〇万〇九四两
陕西岁入银	三九六万三七〇二两	岁出银	四一二万七五六五两
甘肃岁入银	三一二万一七八〇两	岁出银	三二九万五七两
钱	二五一八串七九八文	钱	三九〇〇串五三〇文
新疆岁入银	三一七万二三〇〇两	岁出银	三三四万六五六四两
福建岁入银	六七二万一一〇五两	岁出银	六九四万一一〇七两
浙江岁入银	八一四万八五八一两	岁出银	八四七万三二七两
银元	四六三万三四四四元	银元	四四八万九八四八元

续　表

钱	二四万九一四串	钱	三〇万二七八串
江西岁入银	七五六万九八六三两	岁出银	七八九万五一七七两
湖北岁入银	一六五四万五二〇〇两	岁出银	一八五二万一四〇〇余两
湖南岁入银	六〇二万八二〇〇两	岁出银	六四二万四二〇〇余两
银元	四七六元	银元	一六〇余元
钱	六六万二二〇〇串	钱	五八万二五〇〇余串
四川岁入银	一五三二万六五七两	岁出银	一四九六万四九二六两
广东岁入银	一七二五万九四六三两	岁出银	六五六万八五二六两
洋银	二〇〇一万八〇三七两	洋银	二一〇四万一〇七一两
广西岁入银	四八九万六四三两	岁出银	四九九万二一五七两
云南岁入银	六〇一万一五二〇两	岁出银	六九八万三一六六两
贵州岁入银	一五三万三二七〇两	岁出银	一七九万一〇五六两
共计岁入银	二四一九一万八九八六两	岁出银	二四四九〇万三四四七两
银元	四七三万六七二三元	银元	四五一万一三九三元

以上均据各省电报汇总，其彼此协拨一收一支，款项尚多重复，户部并未剔除详核，故数目不甚正确，但全国收支在二亿以上，视中叶相去已远。如以顺、康之世相较，则为一与八之比，较之道、咸间亦加五倍矣。

（六）宣统年间之预算

光绪末年清理财政，汇查全国确数，并将银钱不一，平色不齐者，亦均折合库平，俾昭划一。统计宣统元年各省岁入除受协不计外，共收银二万六千三百二十一万九千七百两，岁出除协款不计外，共支银二万六千九百八十七万六千四百三十二两。出入相抵，不敷银六百六十五万六千七百三十二两。宣统二年，度支部试办宣统三年各省预算，其岁出入列表如下：

省份	岁入银	岁出银	盈绌数
奉天	一六一八三三一一	一五五二一九二七	六六一三八〇
吉林	九〇〇五六〇〇	八八七二七〇〇	一三二八〇〇
黑龙江	五四〇〇一六九	五五一三四五一	× 一一三二五二
直隶	二五三三五一七〇	二一九七八六八二	三三五六四八八
山东	九七六四〇〇〇	九七五六〇〇〇	八〇〇〇
山西	八一八八五六一	八九三八九四八	× 七五〇三八七
河南	九八九一〇〇〇	九八四〇四〇〇	五〇六〇〇
陕西	四三五三五一一	五五二七三九二	× 一一七三八八一
甘肃	三八〇五九五六	三七一三八五九	九二〇九七
新疆	三五八〇〇二五	三一三〇一五三	四四九八七二
伊犁	九〇四三三五	一〇二三九三六	× 一一九六〇〇
江苏宁属	二五七四一九三七	二五一二一六二六	六二〇三一一
江苏苏属	九八三四七五一	一〇四五七四五三	× 六二二七〇一
江苏江北	一五〇七〇〇〇	一五六五〇〇〇	× 五八〇〇〇
安徽	四九九七八〇〇	六七五三〇〇〇	× 一七五五〇〇〇
江西	七四六三三四〇	八〇三八八一五	× 五七五四七五
浙江	一一七九六七二六	一三三五〇七八八	× 一五五四〇六二
福建	五四一七三九五	六五六五七七五	× 一一四八三八〇
湖北	一三五四五一四七	一四四四六三五九	× 九〇一二一二
湖南	八四八七四三〇	八六七〇六二五	× 一八三一九五
四川	二二九八六六〇〇	二三八一三二〇〇	× 八二六六〇〇
广西	四四七〇〇〇〇	六六三三二〇〇	× 二一六三二〇〇
云南	五五三六七六一	七四六九六一三	× 一九三二九五二
贵州	一八四三八一〇	二七四九五八〇	× 九〇五七七〇
热河	一二四一一三二	一四八五七二五	× 二四四五九三
察哈尔	五六九三七一	六五四九〇七	× 八五五三六

其他归化城、绥远城、库伦、科布多、阿尔泰、西宁、青海皆有预算，数目不多，库伦、阿尔泰十余万，余仅数万而已。总计当在二万二千万以上，此为户部核减之数，原列册报，仍与光绪三十四年不相上下也。至宣统三年试办全国总预算，凡有三数：一为各省汇报之数，二为度支部核减之数，三为资正院修正之数。其经度支部核减者，岁入为二万九千六百九十六万余两，岁出为三万七千六百三十五万余两，入不敷出约八千万两。经资政院修正者，岁入为三万零一百九十一万余两，岁出为二万九千八百四十四万余两，收支相抵，略有赢余。惟汇报之数不尽可凭，复核之数，亦嫌未确，而修正之数但求收支平衡，终非信案也。兹特表列如下：

岁　入　门	度支部预算之数	资政院复核之数
田赋	四八一〇一三四六两	四九六六九八五八两
盐茶课税	四六三一二三五五	四七六二一九二〇
关税	四二一三九二八七	四二一三九二八七
正杂各税	二六一六三八四二	二六一六三八四二
厘捐	四三一八七〇九七	四四一七六五四一
官业收入	四六六〇〇八九九	四七二二八〇三六
捐输各款	五六五二三三三	五六五二三三三
杂收入	三五二四四七五〇	三五六九八四七七
公债	三五六〇〇〇〇	三五六〇〇〇〇
总计	二九六九六二七一九两	三〇一九一〇二九四两
岁　出　部	度支部预算之数	资政院核减之数
外务部所管	三五四四七三二两	三一二七〇一三两
外务部经费	二九二五七三四	二七八三二八七
各省交涉	六一八九九八	三四三七二六
民政部所管	五〇一九六八九两	四三五二〇三八两
步军统领衙门	六五九九四九	三五九九四九
禁烟公所经费	五九一七九	五九一七九
各省民政经费	一六六一七四八	一六六一七四八

续 表

岁 出 部	度支部预算之数	资政院核减之数
典礼经费	七九二一二七	四二四四七六
度支部所管	一一八二四七五四三两	一一一二四九三〇九两
度支部经费	三四九五六三三	三二八〇三五六
税务处 盐务处等经费	八九四二三八	八五〇六二九
各省财政经费	一六四八二二五四	一三五六九二六四
各洋关经费	五七五七四〇〇	五七五七四〇〇
各常关经费	一五〇〇九〇八	一五〇〇九〇八
宗人府 内务府等经费	六一四四八七七	六一四四八七七
军机处经费	一三四八八二六	一一〇四六一三
各省行政经费	一九八二二七三〇	一六三七〇四六〇
资政院经费	七八六六六六	七八六六六六
赔款洋款及各省公债	五六四一三五七六	五六四一三五七六
各省官业支出	五六〇〇四三五	五四七〇五六〇
学部所管	三三七五四八四两	二七四七四七六两
学部经费	一八四六四三七	一七三二六六九
各省教育费	一五二九〇四七	一〇一四八〇七
陆军部所管	一二六八四四三二六两	七七九一五八八五两
陆军部经费	一一〇七二七二	八九〇四三一
军谘处	一一一七六五九	九五〇〇〇〇
禁卫军	二二六六〇六〇	二一六六〇六〇
旗营	八八六三六二九	八七九二六一八
绿营	三八六二二〇二	全裁
防营	一八六二一一四三	九三一〇五七一
绿营防营裁遣费	六五八六三八七	六五八六三八七
武卫左军	一〇〇五九〇五	五〇二九五二
新军	五八七六〇二三五	二八六九二六八〇
筹备军装	四〇〇〇〇〇〇	四〇〇〇〇〇〇

续　表

岁　出　部	度支部预算之数	资政院核减之数
军事教育	五四五六八六四	三二一二〇八六
扩充军事教育	二二一五九〇〇	二二一五九〇〇
制造局所	四七八六八一四	四七八六八一四
扩充兵工厂	四九〇四六〇〇	四九〇四六〇〇
牧厂	七三〇九五四	六五四〇七八
炮台	二五〇七〇八	二五〇七〇八
军塘驿站兵差	二四〇六九九四	全裁
海军部所管	一〇五〇三二〇二两	九九九七九四六两
海军部经费	六一四〇六二一	五六八〇二一二
各省海军水师经费	四三六二五八一	四三一七七三四
法部所管	七七一六〇一五	六六四三八二七两
法部经费	九五四〇八〇	七六四六七三
大理院	一二五五四四	一二五五四四
各省司法费	六六三六三九一	五七五三六一〇
农工商部所管	六五五五二七三	五四五三八三一两
农工商部经费	一一〇一五九〇	八四〇四五八
各省实业费	九三八四一二	五四九一八五
各省工程费	四五一五二七一	四〇六四一八八
邮传部所管	五五一四一九〇六	三七五六九一九六两
邮传部经费	五三八三九五七八	三六九〇七七九四 轮路邮电各经费均在内
各省交通费	一三〇二三二八	六六一四〇二
理藩部所管	一七〇五一〇二	一六八八五五八两
理藩部经费	四〇〇九三六	三八四三九二
西藏	一三〇四一六六	一三〇四一六六
统计	三三八六五二二七二	二六〇七四五〇七九
地方行政经费	三七七〇三三六二	三七七〇三三六二
共计	三七六三五六六三四	二九八四四八四四一

此预算案虽总盈三百四十六万一千八百五十三两,然量为损益,削足适履,在所不免,其说明书亦承认之。譬如土药、洋药、烟膏捐等因禁烟关系,已渐短绌,而驿站裁撤,尚需费用,均未计及也。又各省既多有绌无盈,苟非统一财权,通盘筹划,自难达收支适合之目的。而清末地方之权力甚大,中央无术以控制,故预算案皆未能确守。宣统三年,对于四年之预算案,仍有所编列,并改两为圆,而清社已屋矣。

附 清末外债一览表

外债种类	借债年度	利率	款　项	光绪三十三年以后担负额
怡和借款	光绪十二年	七厘	一一五〇〇〇	四八〇〇〇
汇丰银款	光绪二十年	七厘	一六三五〇〇〇	八一七五〇〇
瑞记金款	光绪二十一年	六厘	一〇〇〇〇〇〇	四六六七〇〇
俄法金款	光绪二十一年	四厘	一二八一九一〇〇	一二四二七四七六
汇丰金款	光绪二十一年	六厘	三〇〇〇〇〇〇	一二〇〇〇〇〇
怡和金款	光绪二十一年	六厘	一〇〇〇〇〇〇	四六六七〇〇
英德金款	光绪二十二年	五厘	一六〇〇〇〇〇〇	一三三四二六二五
续英德金款	光绪二十四年	四厘半	一六〇〇〇〇〇〇	一四五八四〇〇〇
庚子赔款甲	光绪二十七年	四厘	一一二五〇九〇〇	一〇二五七二五四
庚子赔款乙	光绪二十七年	四厘	九〇〇〇〇〇〇	九〇〇〇〇〇〇
庚子赔款丙	光绪二十七年	四厘	二二五〇〇〇〇〇	二二五〇〇〇〇〇
庚子赔款丁	光绪二十七年	四厘	七五〇〇〇〇〇	七五〇〇〇〇〇
庚子赔款戊	光绪二十七年	四厘	一七二五〇〇〇〇	一七二五〇〇〇〇
磅亏金款	光绪三十年	五厘	五〇〇〇〇〇〇	四八三三三三
英法金款			五〇〇〇〇〇〇	五〇〇〇〇〇〇
铁路公债				
关内外铁路	光绪二十四年	五厘	二三〇〇〇〇〇	二〇七〇〇〇〇
东清铁路(俄)	光绪二十四年	六厘	七五〇〇〇〇	七五〇〇〇〇

正太铁路(俄)	光绪二十四年	五厘	一六〇〇〇〇〇	一六〇〇〇〇〇
汴洛铁路(比)	光绪三十年	五厘	一〇〇〇〇〇〇〇	一〇〇〇〇〇〇〇
沪宁铁路(英)	光绪三十年	五厘	二九〇〇〇〇〇	二九〇〇〇〇〇
道清铁路(福公司)	光绪三十年	五厘	七〇〇〇〇〇	七〇〇〇〇〇
奉新铁路(日本)	光绪三十一年	五厘	三二〇〇〇	三二〇〇〇
京汉铁路	光绪二十四年	五厘	四五〇〇〇〇〇	四五〇〇〇〇〇
英法银行(邮传部公债)	光绪三十一年	五厘	五〇〇〇〇〇〇〇	五〇〇〇〇〇〇〇
吉长铁路(日本)	光绪三十三年	五厘	八〇〇〇〇	八〇〇〇〇
广九铁路(英)	光绪三十三年	五厘	一五〇〇〇〇〇	一五〇〇〇〇〇
粤汉铁路	光绪三十三年	五厘	一〇〇〇〇〇〇〇	一〇〇〇〇〇〇〇
沪杭甬铁路(英)	光绪三十三年	五厘	一五〇〇〇〇〇	一五〇〇〇〇〇
九江铁路(英)	光绪三十三年	五厘半	一五〇〇〇〇〇	一五〇〇〇〇〇
津浦铁路	宣统元年	五厘	五〇〇〇〇〇〇〇	五〇〇〇〇〇〇〇
合计外债			一五八四三二〇〇〇	一四四四七五五八八

上表清末外债,已达十四万万五千万之巨,内铁路公债二万万九千余万,甲午、庚子两役赔款,负至十一万万五千余万,可见五分之四皆属兵费。其余中央及地方向外国银行私贷者亦不少,即日本已在二千余万圆,则合诸国约在一万万以上。以致财政为人监督,税收为人把持,入少出多,乃不得不饮鸩止渴。民国以后,更不堪问矣。

一百十二　人口与土地之增加

(一)人口之册报与增减

《清朝续文献通考》云:"治天下至纤至悉,经纬万端,无一不起于户口,是以国初五年编审,无改曩规。后乃以丁赋永免,并编审之名而罢之,虽岁有烟户之册,于十月间与谷数同时汇达。布政使以问之州县,州县以问之二三虎狼吏,聚一室攒造之已耳。岁增损之,造送以例,拜登受藏,又乌从想象其盛乎？中国人口号称四万万，彼族约略计之，以为有此数，吾士大夫亦从而和之，必谓见存之黄老丁中，针孔一一相符，斯之未能尽信也。”其言户口册报，皆州县吏闭门以造者，殆为事实。清代编审之制既废，保甲之法亦有名无实，于是烟户门牌，则以意造之，遂无从周知户口之数。外人所据以估算者，非食盐之耗量，即邮局之略计，固亦不甚可靠也。余于中卷五十一节中，创以户为准之说，大体上仍信官报册籍比较近于真象，兹故仍依册报而记道光以后之户口如下：

道光元年	天下民数，各省通共大小男妇	三五五五四〇二五八名口
道光二十二年		四一三〇二一四五二名口
道光二十四年		四一九四四一三三六名口
		四三二一六四四〇七名口
咸丰元年	除江苏、安徽、湖北、贵州未经册报外	二九三七四〇二八二名口
咸丰七年		二四二三七二一四〇名口
咸丰十年	天下民数	二六〇九二四六七五名口
同治元年	除江苏、安徽、福建、云南、广西、浙江、陕西未经册报外	二五五四一七三二四名口
同治十三年		二七四六三六〇〇〇名口
光绪十一年		三七七六三六〇〇〇名口
光绪二十年		四二一〇〇〇〇〇〇名口
光绪二十八年		四一七七三五二七一名口

光绪三十四年，改巡警部为民政部，调查户口，归其职掌，各省则以巡警道专司其事。明年谕直省造报民数，务须确查实数，以为庶政根本。民政部奏称：伏查三十二年黑龙江、安徽、江苏、福建、甘肃、广西、云南丁册，并三十一年丁册，均未补造。在各督抚明知逾限，例当查参，而积习挽回不易，臣部于接收伊始，筹一切实办法，拟请敕下各督抚责成府、厅、州、县、分乡、分区自行调查丁口确数，统以每年十二月底截算，以清界限。仍限次年十月送部汇奏。制可。宣统元年复颁行填造户口格式，令先查户口数，限明年十月报齐，续查口数，限宣统四年十月报齐。至宣统三年十

月，据京师内外城、顺天府、各直省、各旗营、各蒙旗所报，除新疆、湖北、广东、广西各省，江宁、青州、西安、凉州、伊犁、贵州、西宁各驻防，泰宁镇、热河各蒙旗，川、滇边务均未册报外，凡正户五四六六万八〇〇四户，附户一四五七万八三七〇，共六九二四万六三七四户。凡口数男一三九六六万二四一〇名，女九九九三万二二〇八口，共二三九五九万四六六八名口。平均每户不及四人，若仅以正户计算，则每户将近五人。宋李心传《朝野杂记》云："西汉户口至盛之时，率以十户为四十八口有奇，东汉率以十户为五十二口，唐人率以十户为五十八口。"可见古人亦以户计口，每户平均为四五口有奇，适与清末相符。若在中叶，恐尚不只此，盖当时大家庭制度尚盛，故前卷以平均八口推测之。自五口通商以后，家族制度渐趋破坏，人民转徙谋生，户口分散，每家平均人数，必较中叶为少也。梁任公先生《论中国人口统计》，谓："欧西人称我动曰四百八兆，此道光二十四年料民之数也（四百十九兆四十四万有奇），中国官牍文字，多不足信，虽康熙改革后，视前代征实数倍，犹未敢谓为实录也。顾舍此无他可据。即以此数论之，后经洪、杨之乱，两军死者殆七八百万。合以流窜、疠疫、饥馑所损亡，可除出五千万。以三百六十兆为本位计，道光二十四年迄今，凡六十年，以乾隆十四年至四十八年间之比例，则约四十五年而增一倍，然则光绪十五年时固应有七百二十兆人矣。今日或当在八百兆之间耶？悬此以待后来之调查而已。"梁氏所论，一方面系根据以往统计数字而求得其比率，一方面又根据马尔萨斯《人口论》之几何级数繁殖率，故推测光绪末年人口在八万万左右，此与余前所推测者悉合。即退而言道光二十四年之本位数字不确，而乾隆中叶二万余万之人口，必无大差，因其时户数约四千万，以平均每户五口之最低数核算，亦有二万万。如以五十年增加一倍而言（马尔萨斯谓二十五年辄增一倍），则嘉庆末年即应有四万万矣。我国官方统计，道光十五年始有四万万人。咸、同年间，经太平、捻、回之役，死者约五千万人（外人估计二千万至五千万人），即令两朝经二十余年，人口有损无益，光绪初年亦应有三万五千万人，若谓再经三十年而尚不及四万万，其谁信之？故宣统年间户口之统计，不可云非实录也。

(二) 民政部查报户口清册

宣统三年民政部奏遵章编定户籍法,参考东西各国法规,折衷讨论,厘为八章,计一百八十四条,请饬交宪政编查馆复核,以利进行。大致仍采血脉系而重属人,不专重属地主义。以故华侨之流寓各国者,仍多保我国籍。民政部调查侨居英、日、俄、法、奥、比诸国者,凡五万八千二百七十五人,女约五千余人。而美国及南洋华侨最多处未稽焉。其两次调查人户总数,兹列表如下:

	第一次人户总数	第二次人户总数
京城八旗	一一九二五四户	一一八七八三户
荆州驻防	六一一二	六〇九二
宁夏驻防	六〇九	六〇七
西安驻防	三九〇八	二五二五(附户一三七三)
山海关驻防	一九二四	一九四九
成都驻防	二六四〇(附九二〇)	二五一六(附一三四一)
青州驻防	二三九七	二四〇五
河南驻防	六九七(附九三)	
察哈尔所属	一二八四三〇五五四 (附七二四〇四)	一二九八〇
热河所属	四三〇五五四 (附七二四〇四)各蒙旗	五四九九四(附二七六四)
科布多所属	一四七一四	一七一〇八
京城内外	六八九〇〇 (附六二九四〇)	六八五六一(附七〇〇〇九)
顺天府四厅所属	六六九一八三 (附一三四二〇七)	六〇〇七九七 (附九一八九九)
奉天全省	五六八六〇三 (附二七一九三四)	五四九九一〇 (附二四九九二六)
吉林全省	四六〇一七〇 (附二七六三一〇)	四二二七八一 (附三一六六八〇)
黑龙江全省		一四五九二九 (附九五〇八二)
陕西全省	一二七八九四七 (附二六五四三五)	一三一九二一〇 (附一九五六三九)

续　表

	第一次人户总数	第二次人户总数
云南全省	一四二二九八九 （附二一七九五三）	一三二八二九二 （附二一九七二二）
直隶各府所属	一六三五二〇五 （附二五〇九四九）	三六〇七〇六七 （附五五七一六二）
安徽各府所属	二二一一五六九 （附五七一五八四）	二四八六八九六 （附六五四二八八）
湖南各府所属	一八四二三一五 （附一三八六一五九）	二五七四一二八 （附一七一四〇三六）
河南各府所属	一二四九八〇六 （附二四六七四四）	三九六九三〇八 （附六九二二五八）
新疆各府所属	二二九三八九 （附四二八六八）	三八五八四五 （附六二九三四）
江苏各府首县商埠	三二九八五七 （附一二六一一九）	
福建各府首县商埠	六一二一〇〇 （附一六八四五七）	
浙江各府首县商埠	一七九二八四一 （附九五二八九九）	
山东各府首县商埠	八三九〇二八 （附七〇九二六）	
湖北各府首县商埠	九六三七八〇 （附三二〇六八二）	
广东各府首县商埠	一二三六八二一 （附一三一一〇四）	
广西各府首县	五〇九一八二 （附二九〇四六）	
贵州各府首县	一〇六三七 （附三九一五）	
江宁各属		二八一五九四八 （附三九七五三五）
江苏各属		一六九七四九九 （附四七二六二九）
山东全省		五一四三六九九 （附二三四一七二）
山西全省		一五二〇〇三一 （附四七〇〇〇四）
甘肃全省		七一一〇〇〇 （附一九五六三九）

续 表

	第一次人户总数	第二次人户总数
福建全省		三八五八四五 (附六二九三四)
浙江全省		二五二四六三五 (附一三六三六七六)
江西全省		二三二四六五〇 (附一一一五二二三)
湖北全省		四一八三一七九 (附七四九三五四)
四川五十五属	《备考》言四川总督咨到八十九属户数,《通考》漏列	二三四〇四二九 (附九三七九九二)
广东全省		四三五八四七三 (附六八三三〇七)
广西全省		一〇九七五三九(附七七〇〇五)
贵州全省		一六三四七八二 (附一三六七五一)
内务府三旗		四五七一
京营四郊		五六五三六(附一七六五六)
左翼四处		四八六(附三六八)
右翼五处		五三六(附二四〇)
东陵所属各旗营		二九八一(附一二二五)
西陵所属各旗营		九〇八(附一三八)
马兰镇营		五八六(附三四〇)
泰宁镇各营		二〇〇九(附七六六)
密云驻防		一九三五
江宁驻防		一五二三(附二九三)
绥远城驻防		二七六五
凉州驻防		七九四
伊犁驻防		一三二一四
福州驻防		一七三八(附五四六)
广州驻防		六八八五(附三七五三)

续　表

	第一次人户总数	第二次人户总数
乌里雅苏台所属		一三四四五
塔尔巴哈台所属		三八八七
西宁所属		一二二一(附八一一)
库伦所属		四〇一〇五
川滇边务所属		四六三六二(附二五一二)
共计	正户　一九五二六九七三	四九八五三四二四
	附户　一六〇三一二八	一二五五一五一三
总共	二一一三〇一〇一	六二四〇四九三七

第一次调查之数字,匪特不备,抑且未确,第二次似较完全,但亦有驳回复查者,如直隶、江西、贵州、吉林、黑龙江等省,可见其数目仍尚有遗漏也。以乾隆十八年之三千八百八十四万五千余户比较之,经过一百五十九年,正户仅增加一千一百万户,合附户亦不过增加二千三百万户,不及十分之七。兹再以人口总数列表如下:

	《续皇朝通考》所附调查数	民政部提前查报人口总数	
直　隶	三〇一七二〇九二人	男　一一五三一〇六七 女　九六二四六四七	壮丁　三九四四八六七 学童　一八一一〇六七
北京及顺天府	四〇一四六一九人	男　二四九九一一五 女　二〇〇〇二五八	壮丁　七九六五〇七 学童　三七五五四八
江　苏	二八二三五八六四人		
上　海	五五五〇一〇〇人		
安　徽	一九八三二六六五人		
江　西	二四四六六八〇〇人	男　八〇三三七五二 女　六一四六三九一	商埠男女　二一一二七八 船户男女　八一二五八
浙　江	二二〇四三三〇〇人	男　七〇〇四〇八二 女　五九〇九二三七	壮丁　三〇五七九一二 学童　一〇三〇三三六
福　建	二三一五七七九六人		
奉　天	一二九二四七七九人		

续 表

	《续皇朝通考》 所附调查数	民政部提前查报人口总数	
吉林 黑龙江 共	九二五八六五五人	男　二六八五〇六六 女　二〇九六七〇〇 男　八一〇〇四二 女　六三七四九六	壮丁　八四四二六七 学童　五六七五二一 壮丁　四六八一〇七 学童　一〇四七一六
云　南	九八三五一八〇人		
贵　州	一一二一六四〇〇人	男　四六三六九六五 女　三八六六九九八	壮丁　一九八七八三六 学童　八六二九五一
山　东	二〇八〇三二四五人		
山　西	一一一一四九五一人	男　四五二八四四五 女　三四〇〇七一九	壮丁　一五八七一九一 学童　四九三七〇七
河　南	三〇八三一九〇五人		
湖　北	二七一六七二五四人		
湖　南	二八四四三二七七人		
陕　西	九四六五五五八人		
甘　肃	五九二七九九七人		
新　疆	二五一九〇七九人		
广　东	三三一七八七〇九人	广东驻防 男　二四〇三二 女　二四〇六一	壮丁　九五九五 学童　二八三七
广　西	一二二五八三三九人		
四　川	二五七六三五〇七人	男　七一二一三五九 女　五二九九一七四	壮丁　二五九五四七九 学童　一三三八三三〇
统　计	四〇八一八二〇七一人	民政部公布总数为三万三千余万,邮政局调查为四、三八,四二五,〇〇〇口	

吾国人口,向言四万万者,即由清末统计而约言之也。其实统计数字,虽不甚可靠,然四万万之数,总当有少无多,此可以户数及增殖率比例推求之,固非国人夸耀之词。民国以后,海关、邮局及国际联盟之调查递

增至四万万五千万、四万万七千万，或估计为五亿四千六百万（陈启修先生），乃至六七万万亦殊有可信之价值矣。

（三）土地之增辟

《清实录》每岁之终，均载有男女名口，田地亩数，至光绪朝乃始缺如，其事向掌于户部，盖至是而其职渐替矣。光、宣之间人人言清查户口，乃提前查报户数、人数，各省未报齐，且亦多虚应故事，殊未能尽其确数也。土地之数额，有清一代，未加丈量，仍沿用明代之《鱼鳞册》，有时稍予修正而已。各省所报，均以田赋之预定额为准，而《赋役全书》所载之三等九则，有增至五十余则者，如昆山、元和、长洲、华亭诸县，芜杂难知。且"永不加赋"之祖训，清末亦未能遵守，惟变其名曰捐输耳。如光绪元年十二月四川总督吴棠奏："川省津贴捐输，共银三百零八万一千七百二十一两零，请于来年丙子科加广一次文武中额各十名。"又奏："川省捐输四百五十二万四千六百四十八两零，请以三百八十九万两，加广各厅州县一次文武学额三百八十九名，余六十三万四千六百四十八两，加广丙子科文武乡试中额各二名。"此七百五十余万之捐输即由地丁而来。按该省民田四十六万五千余顷，额征赋银六十五万九千余两，其后火耗每两增一钱五分，即增约十万两，咸丰四年，规定按粮准贴每两加津贴一两，故地丁已成二倍。同治元年又加按粮捐输，地丁为一百八十余万两，光绪间又增新加捐输，合计为三百五十余万两，已约达原额之五倍余矣。而光绪二十九年之户部报告各省之预定额及实征额如下：

省名	预定额	实征额
奉天	三七二九〇两	三六九六〇两
直隶	二六九六二七二	二二五九五七四
山东	三九一八三五四	三七一二〇六〇
河南	三五九五四七九	三四〇一一五二
山西	三三八七一四四	三〇五三五七五
陕西	一八四五一九七	一七九二九六五

续 表

省　名	预　定　额	实　征　额
甘　肃	三二六五四七	二四〇七五八
安　徽	一七四一二四八	一二七一九七三
江　苏	二五七〇四〇〇	二〇〇一九九八
江　西	一九四九七五五	一九四九四七八
福　建	一三八一一〇九	一一八五六五八
湖　北	一二六九〇八三	一〇二四一一九
湖　南	一二六七五五九	一二〇三一七八
广　东	一五四四一七九	一二五二八五五
广　西	四七四八〇四	四二五七一七
四　川	七六九二三七	七六九二〇一
云　南	三二三七〇四	二五八七四二
贵　州	一四七二九〇	一一八五二九
吉　林	九〇一一二	九〇一一二
热　河	三八三三五	三八三三五
合　计	三一七四五九四三	二八〇八六七七一

观上表可知四川仍按原定额加耗羡而得之数字,距实征之数目,相去甚远,一省如此,各省殆无不如此。故宣统二年试办各省预算,安徽之田赋占三百三十四万有奇,而额定乃仅一百七十四万,仅二分之一耳。故度支部预算田赋岁入为四千八百十余万,资政院复核为四千九百六十余万,仍属不符也。光绪二十年以前,上海英领事馆之调查报告,平均每岁田赋预定额为三千零七十六万二千余两,实征二千五百八万八千两,非确论矣。奉天田赋最少,仅三万七千余两,而宣统元年之预算,岁入总额为二千四十四万一千六百余两,宣统二年之预算,为一千六百十八万三千余两,以正杂各税捐为大宗,田赋仅占六百分之一,或五百分之一。顾实际上奉天在清末增加之民田最多,已超过直、鲁二省之总和,征之下表,即可知之。

户部则例各省田额表

奉　天	一八七七五三八顷	直　隶	六八八四一一顷
山　东	九八四七二八顷	山　西	五三二八五四顷
河　南	七一八二〇八顷	江　苏	六四七五四七顷
安　徽	三四〇七八六顷	江　西	四六二一八七顷
福　建	一二八六二六顷	浙　江	四六四一二〇顷
湖　北	五九四四三九顷	湖　南	三一三〇四二顷
陕　西	二五八四〇二顷	甘　肃	二三五三六六顷
四　川	四六三八一九顷	广　东	三四三九〇三顷
广　西	八九六〇一顷	云　南	九三一七七顷
贵　州	二六八五四顷	吉　林	一四三九五顷
合　计	九一九五〇四八顷	《大清会典》光绪十一年为九百万余顷，吴贯因《田赋私议》谓光绪九百十八万一千三十八顷	

以上二十省之田额，除奉天外，均与《政典类纂》所载同治《户部则例》同。而奉天由十一万五千余顷，骤增至一百八十七万余顷，可见东北之垦殖，其效果已极显著。吉、黑两省，犹未计及也。此事关系吾国之经济与民生极大，当另章详述之。盖直、鲁两省，地狭人稠，清末逐渐迁徙，遂收移民实边之效，使曩之禁区开发为富源，如新疆能踵而行之，中国抑何至患贫乎？王树枏《新疆土壤表序》略称："论新疆大势，天山以北，地气寒冽，宜于牧；天山以南，地气暑湿，宜于耕。然观全疆土宜，皆殖五谷、黍稷、稻粱、麦菽、胡麻之属，长穗硕实，满车满篝。而大薮具区，丰草弥望无际，南北郡邑所在皆是。盖全疆之地，皆宜耕牧，而牧之利，尤大且厚。若夫莎车、英吉沙尔、叶城、皮山、和阗、洛浦之蚕桑，吐鲁番之麻、棉、葡萄，哈密之瓜，焉耆、库车之梨、杏，叶城之石榴，绥来、宁远之苹婆，类皆驰名西域，中外商贾，贩易丝绵、毛革者，迹属于道。询土著之佳植，物产之巨宗，而盐泽之利，家给人足，不假财力，生之有道，为之得法，庶富之效，可驯致也。曾子曰：有人此有土，有土此有财，有财此有用。今考世界地理诸书，新疆面积四百四十九万一千一百方里，以五百四十亩为一方里计

之,见垦之田,仅一千七百七十五分之一耳。其地不在于无土,实在于无人,无人则虽有土与无土等耳。财出于土,而土出其人,新疆地广民稀,劳来生聚,实边之策,盖莫有先于此者。”以此推之,新疆见垦之田,仅一万三千六百六十余顷,如能全部开垦,其富力犹过于东北矣。因上表未列新疆一省,特附述之,以见吾国资源之厚,尚有待于开发也。

一百十三　实业与国际贸易

(一) 农业

《周礼·太宰》以九职任万民,农生九谷,百工饬庀八材,商贾阜通货贿,体国经野,规模宏远。汉季王符云:“富民者,以农桑为本,游业为末;百工者,以致用为本,巧饰为末;商贾者以通货为本,鬻奇为末。”又曰:“大人不华,君子务实。”故清末皆称农工商为实业,光绪二十四年,设农工商局;二十九年,设商部;三十二年,更名农工商部。上谕言:“通商惠工,务材训农,古之善政,方今力图富强,振兴农政,奖励工艺,以农为体,以工商为用。”又言:“万宝之源,皆出于地,地利日辟,则物产日阜,即商务亦可扩充,是训农又为通商惠工之本。中国向本重农,惟无专董其事者,非力为劝导,不足以鼓舞振作。着于京师设立农工商总局。”此在世界大通后不得不然者,盖仍以农为本而工商为辅也。吾国农民,占人口之百分七十以上,仰事俯蓄,皆赖于耕作力田。农产物自以米麦棉豆茶丝为大宗。兹将其产量分著于后:

一、米　米为吾国主要食物,尤以淮河以南为然。美国农务局之报告谓米之生产国,即为米之消费国,而消费最大者,莫过于中国。事实盖如此也。英人之《中华词书》估计我国产米为三千七百五十万吨。据日本人之调查,长江流域七省之产量如下:

浙江	二五九五一五〇〇石	江苏	二〇五九六三七五石
安徽	三三六六四五〇〇石	江西	三七四四四八三六石
湖北	三一二八六二五〇石	湖南	四四二二三九四六石

四　川　三三三五一六六二石

合　计　二二六五一九〇六九石

再加以他省之产额，当在三万万石以上，居世界之第一位。然我国北京经济讨论处，于江苏等七省之米量，亦有调查，其所得之数如下：

省别	面积(亩)	产量(石)
江苏	二九二四〇〇〇〇	五九七六〇〇〇〇
浙江	二二八九二〇〇〇	一六六〇〇〇〇〇
安徽	二二四四三〇〇〇	四六四八〇〇〇〇
江西	一三一九二〇〇〇	三九九四〇〇〇〇
湖北	二二八五八〇〇〇	三九八四〇〇〇〇
湖南	二六三五七〇〇〇	四七八六〇〇〇〇
四川	四一八八五〇〇〇	二七六九〇〇〇〇
合计	一七八八六七〇〇〇	二七八一七〇〇〇〇

上列七省，占全国产量三分之二，故我国米之总产量约在四万万石以上。

二、麦　小麦为面粉之原料，吾国农产品中，米麦为最，小麦出产，无地无之。而尤以北方直、鲁、豫、晋及东三省为最多，产地之范围，且较谷米为广。每年产额总量，以无确实统计，无从测算。有估计为二万七千万石者，又有测定为二千六百万吨者（合四万余万石）。盖麦面之在北方，为主要食物，人口增多，种植面积，逐年推广。考农商统计所载，民初小麦作物面积为二千七百二三十万亩，递增至七万七千七百十九万六千余亩（有报告者为五万九千三百二十三万四千余亩，无报告之湘、川、粤、桂、云、贵等省，据以前数目为一万八千三百九十六万二千余亩）。收获量初为二万六千五百八十五万二千余石，后为五万八千三百三十五万九千余石（有报告者为三万八千六百四十余万石，缺报告而根据以前数目者为一万九千六百八十九万余石）。

三、棉　棉花为纺织业之原料，占世界农产品之重要位置，吾国种棉,历史最早。明初曾有种植木棉之令,清时逐年增加。同治三年,以美国棉价高涨,吾国棉产大增,输往欧洲者,有三十九万担。其后李鸿章、张之洞等,先后设立机器织布局,种棉由此亦鼓励不少。棉花产量之富,已居世界第三位(美国年产一千四百万包,印度年产四百万包,中国年产二百万包),虽品质较美棉为差,然逐渐提倡改良。光绪二十四年,张之洞在湖北,移植美棉,如宣统二年,农工商部奏定奖励棉业章程十四条,美棉之产量亦日增矣。据华商纱厂联合会调查吾国之棉田面积如下:

江　苏	八一六四七五八亩	湖　北	五八四八一〇〇
陕　西	一六四二二八八	安　徽	一一五一四一六
山　东	三六七七二七七	直　隶	三六三〇六五四
河　南	二六九三〇九八	山　西	八七五九二一
江　西	六八九五七八	浙　江	一一八一〇〇〇
合　计	二千九百五十五万四千零九十亩		

再加以他省,当不下三千一百万亩,年产最多为一千九百余万担,平均为七百九十九万三千担,约合二百万包(每包四担)。而日本人所调查者,则为七百七十八万八千担,亦约略近之。棉田以江苏、直隶、湖北为最多,山东、河南、陕西居次,浙江、安徽、江西、山西等又次之。

四、豆 吾国为世界产大豆最多之国,全世界之产品,百分之七十来自中国,而以东三省为中心。全国之豆产品,几百分之六十五来自东三省。光绪十六年始有少数运往日本,三十四年,日人试以大豆运往英伦,大受欢迎。是年出口值一百十八万镑。自是逐年增加,清末输出之大豆、豆饼、豆油三项,年达二千七百万担之多,值海关银七千三百万两。兹将其产量表列如下:

省　别	面　积(亩)	收获量(担)	每亩产量
京　兆	九一三四二一	二六五八九五	〇.四〇〇
直　隶	三七二五四三〇	一七七八一一五	〇.四七七
奉　天	一〇四八八五〇七	六五二五一四四	〇.六二〇
吉　林	一〇一〇二二七三	四七一〇〇四九	〇.四六六

黑龙江	七七四〇一三二	二七九一〇〇四	〇.三六六
山　东	一七七五〇六四二	一六四四三〇五九	〇.八七〇
河　南	六四五三一六四	三八七一八九八	〇.六〇〇
山　西	九六八一八一	三七三二五二	〇.三八五
江　苏	六五五三一二三	四一七七九三七	〇.六三一
安　徽	二三〇五七六五	一八四四六〇八	〇.八〇〇
江　西	四九一六〇六	一〇一九一七四	二.〇七三
福　建	六〇九二九六	七七五五二二	一.二七三
浙　江	八八六三二三	五三一七三三	〇.六〇〇
湖　北	一七五七二七一	一六一六六八九	〇.九二〇
湖　南	七二四〇六四	一四一三八九六	一.九五二
陕　西	四一六一五四	一八一〇二六	〇.四三五
甘　肃	四八八九六〇	二〇七八三六	〇.四二九
新　疆	一二七五六	一〇六三〇	〇.八三三
四　川	三三四七八二	二三四三四七	〇.七〇〇
广　东	二九二〇四三	七七六八一七	二.六五九
广　西	一八四七二七	二三二二六〇	一.二四六
云　南	二八三九三〇	三八一六八三	一.三四〇
贵　州	三〇〇〇〇	一八〇〇	〇.六〇〇
热　河	二六五四二五	一一〇九三五	〇.四一二
察哈尔	一三一九三四	二〇〇九八	〇.一五〇
总　计	七三九〇九九一〇	五〇二九五四〇七	平均〇.八四九

据此表大豆之产量，以山东为最，然出口不多。大豆之出口，向以牛庄最多，则皆东三省产品也。民国以后，产额及输出均约增加三倍，此即东北移民之效果，亦吾国经济史上一大特色矣。

五、茶　吾国向以产茶著名，道、咸以前输出品以茶、丝为大宗。后英人于印度、锡兰种茶，荷兰人亦于爪哇种茶，工作利用机械，我国茶叶遂不能在世界市场中保持固有之地位。但华茶之品质，至今仍为世人所艳称。其产量在《皇朝续文献通考》所列者，湖南、湖北、江西、安徽、江苏、浙江、福建、广东、广西、云南、贵州、四川十二省,植茶面积五百三十五万余亩,产茶五百五十一万九千余担,恐不甚确,因四川种植之面积,有三十二万七千余亩,而产茶仅二千九百九十六担,显然有误也。英人调查我国茶园面积为三百万亩,年产六万万磅,合四百五十万担。此仅足敷国人之消费耳。台湾每人平均年费茶一斤半,英人谓我每人年费茶五磅(合一千六百万担),姑以每人一斤计,则年耗四万三千万斤,亦四百三十万担矣。再加输出之一百五十万担,则年产五百八十万担,此数目当有少无多。一般估计,约在七八百万担以上。

六、丝 蚕桑之利,发轫最早,锦江家曲植而户缫盆,可以想见盛况也。近代产丝之地,以江、浙为饶,甲乎全国。年产虽无确算,以浙江一省计之,中岁亦有六十万担。多至八九十万担。江苏产茧二三十万担,四川六七十万担,广东七八十万担。湖北十万担,而山东与东三省之野蚕丝尚不计焉。吴兴县所属之辑里,其丝经尤驰名欧美,自道光五年输往外洋,岁销五六万包。其余茧丝出口者,年约二十万担。清末提倡蚕丝,广设学校,产额虽增,而外销转减。以光绪五年至十五年间为例,全球产丝年约五千六七百万磅,输美者达十分之九,而辑里中下等丝仅输出五千余包。广东桑田约一百四十六万五千七百亩,每年约采三千五百五十七万一千余担,可得丝九千九百六十担,每担约值粤银一千九百五十元,运广州售与丝庄,约值七八千万元。成熟年共六造丝厂,全省缫丝所一百六十有七。销国内曰土丝,销海外曰洋丝。外销纽约最巨,伦敦、印度次之,法、日又次之,余则菲律宾、意大利、西班牙。向来美市华丝占十之五,日丝占十之三,意丝占十之二。自日本改良缫法,美渐重日而轻粤。菲律宾丝业之权,素操华商,每年输入值菲币七八十万元。后为日本竞争,权亦渐移。宣统元年以来,生丝输出,日本已超过我国。我国输出生丝价值一万万两,而日本则三万五千万两。惟绸缎与茧绸则罕能相比,我每年输出约值二千万两,日本虽有八千万,但多为人造丝混成,非真蚕丝也。法国丝厂,购回粤丝,制成又销华。民国以后,输出仅三万九千八百九十四担，值关银二千二百六十四万二千五百两，粤商忧之，始设改良丝业研究所。盖日本人每买粤丝运回再缫后销美，辄利市三倍也。自光绪十三年发明植物纤维造丝之法，而人造丝愈出愈精，其价廉而光绚，骎骎乎驾蚕丝而上之，丝业之衰，亦势所必然耳。

其余农产品蔗糖，年产量据一般估计，总在一千万担以上。自经太平天国乱后，四川、广东、广西、福建、江西等省之糖业，衰落不振。益以甲午一役，台湾割让日本，失一重要产地，全国产量减少甚多，每年仅四五百万担，而洋糖输入者三四百万担，遂从输出国变为输入国矣。蔗糖产区，以四川为大宗，约三百万担，广东七十五万担，江西二十万担，广西二十万担，福建十五万担，其他云南、安徽、浙江等省各十万担。光绪三十二年总督赵尔巽始在东北试种菾菜，年收七十五万担，为北方糖业之先河。总之，中国虽为一农业国，但以水利不修，技术守旧，人口增加甚速，食众生寡，米麦产量，尚不足供国人消费，自光绪中叶以后，外国米麦之输入，年有增加。民初已有二百七十余万石，民国十五年，食粮进口价值乃至一万四千一百九十余万两，若合棉麻、木材、烟叶等计之，竟达三万三千余万两，是真出人意表矣。

（二）工业

古者重农、轻商、贱工，各种工艺，皆恃手制，虽有同业同行工会之组织，而真能称为工业者甚鲜。西洋工业革命以后，机械洋货大量涌入中国，使中国不得不急起直追，农工商局之设，即有广兴机器为制造货物权舆之谕也。其刺激国人最早、最巨者，首为西人之船坚炮利，故曾国藩设军械所于安庆，李鸿章设西洋炮局于苏州、上海，于是同治四年江南制造局遂以成立，始有军用工业。次年，左宗棠设福建造船厂，始有轮船工业。同治九年，李鸿章就崇厚原设之天津机器制造局扩充整顿，始有机器工业。光绪三年，鸿章设开平矿务局，始有采矿工业。四年，左宗棠设甘肃织呢总局，始有毛织工业。十三年，鸿章又开办黑龙江漠河金矿，十六年，张之洞创设大冶铁厂与汉阳兵工厂，始有冶金工业。是年，鸿章设上海织布局。十九年,张之洞设湖北织布、纺纱等局,旋又于江南通州奏派修撰张謇设厂招股,始有纺织工业。二十年,湖北设聚昌、盛昌火柴公司,上海已有荧昌公司及纶章造纸厂,始有化学工业。而唐山水泥公司为开平矿务局所办,始有水泥工业。二十六年南通大兴面粉厂成立,始有面粉工业。三十年张謇在徐州、宿迁设耀徐公司,制造玻璃,始有玻璃工业。德人论中国工艺谓:"中日两国所用之纺纱机,不下二百万锭,初兴之势,如此其盛。试思中华之大,人民之众,若能各事殷勤,弃旧从新,进境正未可量,纺纱机其已然者也。又因银贱金贵,西工更难与东工争胜,不独今日为然,将来亦无不然。何也? 机器之用彼已植其基矣。"光绪二十一年中国棉花出口,一万二千磅,进口之纱线则为一万四千磅。每三十磅之棉花纺为纱线,可获利一两,则是年损失约四百余万两。加以棉织物之输入,在光绪二年,值一千七百三十七万余两,十六年即增至二千五百七十一万余两,国人以利权外溢,漏卮甚巨,是年李鸿章始设机器织布局,筹备三年,不戒于火,全部被毁,盛宣怀乃募集商股,改名为华盛纱厂。此为吾国纺织业之权舆,惟因经营不善,迭次改组,曰又新,曰集成,曰三新,皆此厂也。光绪二十一年,两江总督张之洞以《马关条约》许日人在内地设工厂,乃谋自设织布、织绸等厂,于江南、北苏州、通州各一,苏任陆润庠,通任张謇。次年,謇与督臣刘坤一议兴通州大生纱厂,以南洋纺织局存沪之纱机作价五十万两作为官股,与盛宣怀合领分设通、沪两厂,盛任沪,张任通,通获二万三百余锭,经始于二十三年,次年春季落成,开机轧花。十二月全机开齐,出纱既佳,行销亦旺,中外争购,谓比苏、沪厂纱为优。而陆、盛所领公款官机,始终搁置。光绪三十年,张謇乃复招商股三十三万增厂以容沪机,是为大生第二厂。共计前后官股五十六万两,商股六十三万两,以后资本总额增至二百五十万。謇之成为实业界巨子,盖自此始。上海纱厂除三新纺织有限公司外,尚有半官半商之恒丰纺织新局,系由纺织新局改组而成,光绪三十三年由湖南聂氏经理。其后荣宗敬经营申新纺织公司,工场增至五所,资本额在一千万元以上,有机器二十余万锭,故荣氏于民国后有棉纱大王之称。自光绪十九年至二十五年,合上海、武昌、无锡、宁波、杭州、苏州、南通华洋各厂计之,为厂十五,为锭五十六万五千，颇极一时之盛（英商之老公茂、怡和，德商之瑞记，美商之鸿源，日商之日华、大纯、三泰、嘉和等厂）。然仍不足供国人衣料之需，故外纱及洋布仍有大宗输入也。兰州织呢总局，为左宗棠督甘时创办，拨款二十万两，购德国机器，并聘外国技师，光绪五年开工。及左他调，遂遭停顿。十一年，改为洋炮局，三十二年，复为织呢局。屡开屡闭，民国后由商租改组为甘肃织呢股份有限公司。光绪三十二年，上海商人设日晖织呢厂，资金二十六万两，宣统二年停闭。民国后以债权关系，收归国有，招商租办，即上海中国毛织厂也。三十三年，北京清河设溥益呢革公司，后以赔累不支停工。民国后改为陆军织呢厂，规模宏大，设备完全，为国内毛织厂之冠。沈阳有满蒙织呢厂，武昌有湖北毡呢厂，以前者之规模为大。与毛织业相类而介于新旧工业之间者，则为地毯工业。织造在北方通行，自东三省至新疆、西藏皆有之。惟北京之地毯于光绪二十六年末始输出海外。二十九年美国在圣路易开万国博览会，陈列中国地毯，观客集赏，中国之地毯，遂与土耳其、波斯、印度并称矣。火柴工业以汉口之聚昌、盛昌二厂为最早，上海之荧昌公司次之。以前国内所用者，均由外洋输入，故名洋火（旧日取火，概用火石）。清季各处设立之火柴厂，约达十三家，日人经营者尤多。然仍不敷应用，每年由日本输入者恒值数百万两。钢铁工业为各种工业之基础，与一国工业之盛衰，关系极为密切，吾国素以藏铁丰富闻于世，然而钢铁事业，始终无相当之发展。光绪十六年，张之洞调督两湖，即以在粤定购英国之化铁炉两座置于龟山，为汉阳铁厂之始，开办后款项困难，由盛宣怀接办，于二十二年开炼。宣怀以光绪二年所购之大冶、狮子山、得大湾等铁山奉献，以供汉阳铁厂之用。矿山于十七年开采，光绪二十三年，又采定萍乡煤矿，合于化铁，于二十四年购办机器，大举采煤。前后九年，煤铁始得联贯，而汉、冶、萍事业，于是始奠其基。二十九年，宣怀向日本兴业银行借日金三百万元，扩充大冶铁矿，每年以日本所购铁砂之价，偿还本息，砂价每吨三元，十年内不得改价。三十四年，改组为汉冶萍煤铁有限公司，招足银二千万元，股中盛氏所自有者，十之三四。其余大半归其故旧僚属所有，故盛氏有左右公司之力。民国二年盛借扩充为辞，又借日金一千五百万元，允于四十年内供给日本八百万吨生铁，及一千五百万吨铁砂,生铁每吨日金二十六元,铁砂每吨三元,数量既大,价值又贱,公司债务,有增无减。欧战期中,公司售与日本生铁三十万吨,以合同关系,每吨价仅六十日元,合华银三十元,而市价则高至二百五十元,公司损失数千万元。合铁砂计之,约一万一千五百五十万元。因此遂一蹶而不可复振矣。民国十一年至十五年,汉、冶、萍铁矿厂皆停工,日债仍未偿清焉。

(三) 矿业

清初鉴于明代竞言矿利,中使四出,暴敛病民,于是听民采取,输税于官,皆有常率。若有碍禁山、风水、民田、庐墓,及聚众扰民,或岁歉谷踊,辄用封禁。道光初年,惟云南之南安、石羊、临安、个旧银厂,岁课银五万八千两,其余金矿岁至数十两,银矿岁至数千两而止。又旋开旋停,兴废不常,赋入亦鲜。铜、铅利关鼓铸,开采者多邀允准,间有蠲除税课者。云、贵、两湖、两粤、四川、陕西、江西、直隶报开铜铅矿,以百数十计,而云南铜矿尤甲各行省。自康熙官给工本,岁出铜八九十万,不数年且二三百万,供本路鼓铸及运湖广、江西。乾隆初岁发铜本银百万两,四五年间,岁出六七百万或八九百万,最多乃至一千二三百万,户、工两部及各省鼓铸悉取给焉。大厂矿丁六七万,次亦万余,近则土民,远及黔、粤,仰食矿利者,奔走相属。正厂峒老砂竭,辄开子厂,以补其额,故滇省铜政,累叶程功,非他项矿产可比。道光二十四年诏各督抚于所属境内,确切查勘,广为晓谕,酌量开采,朝廷不为遥制,一时矿禁大弛。咸丰二年,以宽筹军饷,招商开采热河、新疆及各省金银诸矿。三年,诏曰:“开采矿产,以天地自然之利,还之天地,较之一切权宜弊政,无伤体制,有裨民生。当此军饷浩繁左藏支绌,各督抚务当权衡缓急,于矿苗丰旺之区,奏明试办。”时军兴饷乏,开采者仅新疆、蒙古、直隶等处之金、银、铜、锡矿数处而已。同治七年,吉林请开煤矿,以伏莽未靖,格部议不果行。十三年,以滇矿经兵燹久废,谕饬开办。是年海防议起,直督李鸿章、船政大臣沈葆桢请开采煤铁,以济军需。命于直隶磁川、福建台湾试办。光绪八年左宗棠亦言筹办防务,制造船炮及机器轮船所需煤铁为大宗,请开办江苏利国驿煤铁。

嗣以修筑铁路煤铁益为当务之急。于是煤矿则直隶之开平、唐山、内丘、临城、宣化、曲阳、张家口、宛平县，热河之承德，奉天之海龙、锦州、本溪、辽阳，江西之萍乡、永新，山东之峄县，安徽之贵池、广德、繁昌、东流、泾县，湖北之荆门，河南之禹州，山西之平定、凤台，浙江之桐庐、余杭，江苏之上元、句容，湖南之湘乡、祁阳，广西之富川、贺县、奉议、恩阳、南宁，陕西之白水、澄城、同官、宜君、邠州、陇州、淳化；铁矿则直隶之迁安、滦州，湖北之大冶，广西之永宁，江西之永新，云南之广南、开化，贵州之青溪，皆先后开采。而秦、晋商民零星开采，尤难悉数。二十二年诏各省开办金银矿厂。初仅直隶窑沟银矿，甘肃西宁、甘凉及黑龙江漠河、观音山、奇乾河各金矿，至是金、银、铜、锡、铅、锑、石油、硫磺，雄黄等矿，亦接踵而起。或官办，或商办，或官商合办，或用土法，或用西法，纷繁不能悉记，惟开平、萍乡之煤，大冶之铁，规模宏远。次则平江之金，益阳之锑，常宁之铅，犹为民利。漠河之金矿，所产虽富，岁解部银仅二十万两。滇铜岁运京不过百余万，各省鼓铸，犹以重值购洋铜。铁产为汉阳厂炼钢造轨，略供轮路之需。粤、桂、晋出铁虽饶，以提炼不精，国内制造，仍多购自英国。二十四年诏设矿务铁路总局于京师，以王文韶、张荫桓主之，奏定章程，准华商办矿，假贷洋款，及华洋合股设立公司。自是江西萍乡煤矿则借德款，湖北大冶铁矿则借日本款，浙江宝昌公司则借意款，直隶临城煤矿则借比款。当其议定合同，于抵押息金外，辄须延聘矿师，甚者涉及用人管理。至直隶井陉、安徽宣城煤矿；山西盂平、泽潞、平阳，四川江北煤铁矿；新疆塔城，直隶霍家地、厂子沟金矿；广西上思，贵州正安铅矿；福建邵武、建宁、汀州，直隶八道河，奉天尾明山及吉林新旧矿，均华洋合办，一经订约，时生轇轕，若福公司之于晋矿，其尤甚者也。二十四年河南豫丰公司，以其专办怀庆左右、黄河以北各矿之权，山西商务局以其专办盂平、泽潞、平阳煤铁各矿之权，同时让与办理。以一福公司垄断两省矿务，更议修铁道自晋及汴，因矿及路，利权损失极大，争持三年，始允合办。汴既侵攘华官主权，晋复干涉人民开采，全晋绅民坚持废约迟之又久，始以银二百七十余万两赎回。他如陕西延长，四川富顺、巴万石油矿，湖南常宁、龙王山，湖北兴国、龙角山矿，均因商民私相授受，酿成交涉。自议订胶济、东清路约,沿路十三里内,华人无开矿权,而开平煤矿、漠河金矿,复因内乱为外人所侵占,重要矿区,几尽为外人把持矣。自光绪初年,李鸿章集官商之力,经营二十年,开平煤矿,效力大著。二十六年拳匪乱时,税务司德璀琳因督办张翼委其保护,与矿师胡华私立卖约,而张翼亦即签字移交,转以加招洋股、中外合办奏闻。由是而唐山、西山、半壁店、马家沟、无水庄、赵各庄、林西各矿,秦皇岛口岸地亩附属之,承平、建平、永平金银矿,悉操于英公司。严诏责令收回,赴英控诉,卒未就绪。三十四年,筹办滦州煤矿,英公司阻挠之,乃创为营业联合之法,合设开滦总局。漠河金矿,同治二年为鄂伦春人发见后,华、俄人猬集私掘者万余人。光绪十五年,李鸿章合官商股本,发起漠河采金公司。庚子为俄人所攘。三十二年,始以俄币万二千卢布收回。光绪二十八年皖抚聂缉槼许英人承办皖南矿产,嗣以专办铜陵之铜官山订约,定期百年,占地三十八万四千亩,皖中绅民,合力争之,始以银四十万两赎回。法人弥乐石亦于是年以勘办全滇矿务,请于滇督及外务部,皆拒之。仍获澂江、临安、开化、云南、楚雄、元江、永北等府、厅、州、县矿权以去。继是英商立乐德援例索七府矿权,坚拒未允。一时举国上下,咸以保全矿产为言,于是四川设保富公司,福建设商政局,山西设保晋公司,安徽设矿务总局,类能集合殷富,鸠资开办。湘、鄂则于所属矿地,勘明圈购,以杜私售。光绪三十一年商部奏设各省矿政调查局,以勘明全国矿产,严禁私卖为先务。又令张之洞拟定矿务章程,尤注重中国主权、人民生计、地方治理。吾国煤储量,据同治九年德人利希陀芬调查,山西一省为一万八千九百亿吨,可供世界二千年之用。其实仅七千余亿吨,全国亦不过一万一千亿吨。清末国人经营之资本金五千万元,外人之资本亦如之。生产力仅一千五百余万吨耳。

(四) 陶瓷业

我国陶器,发明甚早,而瓷之名称,则始于汉代。以今日出土之唐俑证之,知陶瓷业已近成功阶段,至宋而大盛。定、汝、官、哥、均窑之品,名垂千古。明人继之,宣德、成化之作,尤为特出。清代则古朴浑雅,不如前人,然精巧华丽,美妙绝伦,康、乾所制,更有出类拔萃之概。此为中国特有之重要工业,世界各国皆叹为弗如,西人以瓷器作中国之代表,十八世纪以来,始仿造之,而终未有逮也。窑业分布甚广,江西、江苏、广东、福建、直隶、山东、河南、山西、湖南、浙江、安徽、陕西、甘肃、四川、奉天、吉林各省无不有之,而以江西、江苏、广东、福建为最重要,所谓"饶窑"、"宜兴窑"、"广窑"、"建窑"是也。其中尤以景德镇为中心。兹先分述各窑之概况如下:

一、饶窑　指饶州府浮梁县景德镇所制之瓷。镇在县西南二十里,据昌江南岸,附近产陶土,自陈以来,即以佳瓷称。至宋景德间始置镇,即以年号名之。全镇长约十余里,广约三四里,沿昌江上下游附近数里,陶瓷之破片、碎屑,积如邱阜。全镇居民约三十万,其营业可分为掘土行、白土行、匣钵行、黏灰行、坊窑户(即设窑烧制陶瓷者,有瓷窑、柴窑、草窑等之别)、彩户(即施彩者,又称彩画或红户)、看色业(俗称看色先生,即窑户所聘之鉴定人)、瓷行、瓷器店等。产以碗皿为多,花瓶、帽筒、屏风、文具,及仿古礼器尊、罍、觚、瓶,甚至神像玩具等无不有之。陶土之最佳者,质坚断口似燧石,边缘透明,条痕呈淡绿色,与玉石相似。次者成绿色,细粒,断口不平。最次则为白色,软质。兹将产地性质及耐热度数表列之。

地名	距景德镇	原料性质	耐热度数摄氏
祁门	百五十里	色白或微带褐色含白云母片软性颇强	一四一七度
三宝蓬	二十余里	性软色褐黑含黑云母甚多间含白云母黏性极小	一四一〇度
星子	四百余里	性硬色淡黄或赤褐含白云母黏性弱有吸水性	一七九〇度
明沙	九十余里	性燥色淡黄黏性甚弱有吸水性	一七一〇度
贵溪	三百四十余里	性软硬得中色淡褐	一四七〇度
银坑坞	二十余里	性硬色淡黄黏性最弱	一四五〇度
余干	二百八十里	性硬色淡褐黏性强	一五〇〇度
寿溪坞	六十里	色淡褐黏性极小	一五七〇度
南河	二十余里	色淡褐黏性弱	一四三〇度
东乡	邻接	性硬色纯白	一四一〇度

景德镇之大窑百余座(《皇朝续文献通考》谓凡三百余窑,每窑价值,非万金不能组织,规模宏大,可见一斑),全年生火者约三十余座,余惟夏季生火,薪炭取给于余干、南康、东流、建德等县,近者二三十里,远者三四百里。资本额及产值均在六百万元以上。其输出多由瓷行掌之,总数五十家,销路以湖、广为最多,年约二百万元。其次为关东、天津等地,年约百万元。再次为上海及宁波,年约四五十万元。其本省各地销路,年约六七十万元。入四川及浙江者,年约六七十万元。销国外者,以美为最多,英、德、日次之,年约三百万元。

二、宜兴窑 窑厂在宜兴县治之东南蜀山及鼎山二地,蜀山以制造茶具为主,鼎山以制造盆缸为主,原料来自附近之铜官山等处。有红泥、紫泥、嫩泥、夹泥、天青泥、豆沙泥等,红泥最可贵,紫泥采取殆尽。陶器产出,每年约值百万元。因配合高雅,绘画擅长,销路甚广,自南洋群岛以至日本皆有产品输出。

三、广窑 昔称阳江制品,后全省所产,均以此称。南海县佛山镇附近之石湾,有窑八十座,为全省最盛之区。原料白泥,初为本地产,后改用东莞、花县产,质地较优。每年运往香港者,为数不少。

四、建窑 本指建阳县所产之瓷,后以德化县瓷业发达,遂目德化瓷为建窑,而建阳反无闻焉。德化产瓷区域,有后井、黄洞、南岭及其他十余窑场,尤以后井出产为最盛,全境瓷窑多至五六十,几可与景德镇同称。产品类为白色素地,所制佛像、花瓶等均至精纯。其品质或言在景德镇以上,光泽尤与他省出品异趣。

五、其他重要之窑 磁州窑为直隶广平府磁州所产,在五代时名磁州,则瓷业之起源甚古矣。城西之彭城镇有碗窑二百余座、缸窑三十余座,燃料多用煤屑,年产约值银四十万元。碗类为大宗,制品虽粗,销路甚广,北部各省皆用之。博山窑为山东博山县所产。在昔山东窑地甚多,惟博山东南境黑山周围四五十里产优良之长石颇富。有大窑五六十,小窑千余,所产精粗俱有。禹窑在河南禹州,该县产长石颇富,制品多仿古式,有大件花瓶、坛鼎等,燃用煤屑。定窑,指山西平定之窑,山西地质,石炭分布最广,陶土层亦多。土法炼铁所用之土罐,均系随地取材,随用随制,每年所用,约数万吨。瓷之制造以平定一县为最重要。此外浙江龙泉县在宋时有章生兄弟者,以善制瓷称,制品曰龙泉窑,兄所制者曰哥窑,弟所制者曰弟窑。均颜色淡青,釉彩多碎纹形,形状古雅。故龙泉窑亦颇著名也。

清代瓷器制品,以康、雍、乾三朝为最佳,顺治十七年虽恢复御窑,而成品不多。今可考者惟雍和宫之香炉而已。康熙以后,始派内务府官臧应选驻厂督造,精心擘画,工良器美,吴麐绘山水,颇似王石谷、吴墨耕,如有神助。两江总督郎廷佐督制瓷器,模仿成、宣,釉水颜色棕眼(纹)款字,均极酷肖,世称"郎窑"。雍、乾时,年希尧、唐英、刘伴阮先后为督理官,工益举而制日精,又模仿西洋画法,岁例贡御者,有五十七种。颜色有三十种之多,如霁红、矾红、珊瑚、桃花、粉青、葱青、豆青、天青、鹦哥、羊肝、猪肝、茄瓜、葡萄、鹅黄、蜡黄、鳝皮、蛇皮绿、金酱、老僧衣、海鼠、鳖裙、古铜、乌金、虎皮、铁棕、鼻烟、茶花、月白、甜白、胭脂水等。嘉庆时之万花瓷品,道光时之人物故事,均别开生面。经太平之乱,破坏无余。同治时李鸿章出银十三万两,始修复景德镇之御窑。光绪时代,瓷业复兴。许之衡《说瓷》云:"近日仿康熙青花之品,亦有极精者,其蓝色,竟能仿得七八,至一观其画,乃流入吴友为、杨伯润之派,不问而知为光绪器矣。若仿乾隆人物,颇突过道光,盖与乾隆,已具体而微,其所差者,乃在几希耳。"时有程雪字笠门者,极善画山水花鸟,呼为一等画工。光绪二十八年,江西巡抚柯逢时奏设江西瓷业公司,于景德镇瓷业之盛衰,叙述颇详,其言曰:

景德镇制造瓷器,已历数朝,曩年售价,约值五百万金,近乃愈趋愈下,岁不及半。论者以为制法不精,税厘太重之故。臣初亦信以为然,自来豫章,悉心考察,乃知此项制作,实胜列邦。其选料也,则合数处之土以成坯,故其质坚固而其声清越;其上釉也,则取各省之物而配合,故其色光泽而其彩鲜明。又复讲求火候,考验天时,备极精微,遂成绝艺。其创始者,实深通化学之理,至今分门授受,各不相师,非若他技之浅而易明也。始于朝鲜学制,渐达于东西各洋,视为瑰宝,经营仿造,乃克有成,较之华瓷,终有未逮。往者该镇工匠,曾赴东瀛见其诣力未深,爽然若失。外洋各国,亦自以为弗如也。至于征榷,则税重而厘轻,江西瓷厘,不及原价十分之一,而洋关纳税,则权其轻重,别其精粗,辨其花色,几逾十倍,故商人办运,皆取道内地,绕越海关,独与他货异辙。然中国之销数日绌,而外洋之浸灌日多,揆厥所由,实缘窑厂资本未充,不能与之相竞。盖该镇自军兴以后,元气未复,又一熸于火,再沧于水,资产久已荡然,勉力支持,益多苟简。运商复从而盘剥,时当其厄,则倍息亦所甘心,于是年复一年,利日以微,货日以窳。其行销内地者,即通都大邑亦少精良之品。迄无人维持而补救之,遂一蹶而不可复振。然而工匠之精能者,其实未尝乏也。往者臣见肆中陈设珍玩,于尊、罍、鼎、彝之属,及宋、元旧制,皆有仿作,佳者几可乱真。因购洋式大小盘匜,令人照样制成,实无稍逊,而坚韧或且过之。惜窑户恐不易售,不肯舍旧谋新。上年乃招集绅商,议创公司,久之亦无应者。良由此事固无人知,即知者亦不能悉,遂不免望而却步。经臣周谘博访,查有湖北候补道孙廷林器识闳通,办事精审,自其先世皆承办御窑厂事务,工匠商贾,信服尤深。当即电调来江,与之考究一切,悉能洞中核要,确有心得。即经委办瓷器公司,筹拨十万两以为之创,余由该道自行集股,据称已得五万金,于三月间在该镇建设窑厂,专造洋式瓷器,必精必良,约计秋间即可出货。臣查外人游历江西,于该镇无不迂道往观,多购粗瓷,归贻亲友,偶得佳制,珍为秘玩。日本且岁购白坯回国,加以绘饰,转运西洋。盖西洋富人所用器物,以手制者为良,非以机器所制为珍重也。……该镇聚工匠数十万人,性精犷悍,或致别滋事端,隐忧尤大。今既设立公司,精求新制,以后当可大开风气,广浚利源。与其振兴他项工艺,收效难期,不若充其固有者而扩之为事半功倍也。

光绪三十三年,两江总督端方奏改江西瓷业公司为商办。景德镇之官窑亦归并该公司经营,资本银四十万元。质品式样均属可观。宣统二年总理康特璋并设中国陶业学校,有本科、艺徒二班。是年,黎勉亭用钢钻及钻石,于已烧之瓷片上,刻画人之形状,颇能真肖。当局虽尽力提倡改良,而所制瓷器因成本较高,销售甚少,不能与新兴之外瓷相敌,民国以后,年产亦逐渐减少矣。

(五) 商业与国际贸易

织绣文不如依市门,汉代已有此说,盖懋迁有无,将本图利,虽历跋涉之劳,究胜胼胝之苦。所谓利市三倍,或亦不乏,但能如陶朱公之治产居积,遂以致富者,盖亦仅矣。国内商业,惟盐商最大,以其为日用必需品,故获利极丰,而豪奢素著。道光以前,惟广东之行商,足与颉颃;海通以后,惟洋商之买办,席丰履厚,殆犹过之;然皆中间人而非真正之商人也。一般商人,多半据一廛为氓,博蝇头之利,或贩运以时,获居奇之财。如外国之资本家大公司组织,清代尚属寥寥。即有合伙生易,亦不过三五人集资经营,立一合同,其式如下:

> 尝闻《大学》十章,理财为要;《洪范》五福,致富为先。于是知生意之道,由来久矣。昔贤肇引其前辙,今人即步其后尘,故管、鲍、陈、雷,皆思慕焉。盖重其合德同心也。兹于某年月日,某名下入本银若干两,开设某某生意,共作银股十份。某某垫股若干,由公同议定章程。开市之后,各守成规,勿得自恃聪明。谚云:有志竟成,务求协力同心;积土成山,聚水成河。故初开生意,未至账期,不准长支,不准预支。未知分金几何,东伙亦不宜开支,乃是固本之道。然足食必先足兵,家给而后人足,是伙友一节,生意中有所不免,要非约支不可。俟账期结彩之后,所得余利,按股均分,除去约支,各有余存,即东加股本,伙加身本,按成计算,是本固枝自荣也。本号伙友,须要循规蹈矩,倘有不遵定规者,即照年底账清出,决无异言。诸事上下,各敬尔身,总归划一,是谓合德同心也。欲后有据,立万年账为凭。

至光绪二十九年,公布商法,始有合资、合资有限、股份、股份有限四种公司之组织。合资为二人以上,股份为七人以上,发起出资,以共营业。如上海之商务印书馆,有工场七所:上海五所,北京一所,香港一所,即为股份有限公司之最大者。近代化之商业组织,清末始发轫耳。国际贸易在鸦片战争以前者,出口茶丝为大宗,进口棉布为大宗,茶占百分之七十,丝占百分之十。每年约值二千万余元。及鸦片输入大增,战争遂起。白门议约,主权渐失,国际贸易,顿改旧观。废止公行制度,协定海关税则,扩充通商口岸,经济侵略,变本加厉,中国受制外人,而自由贸易之利益,惟洋商享之。内河航行权,沿海贸易权,逐渐被夺,条约束缚,门户开放,至清末商埠达九十余处,无远弗届,工商业皆萎顿不能振兴。于是社会经济遂一落千丈矣。政府之财源枯竭,洋人犹敲骨吸髓,国计民生,奄奄待毙。非革命无以救国,辛亥起义,因告成功。兹先将同治三年以后之海关统计册,表列于下:

中历	西历	输入总额	输出总额	贸易总额	出超或入超	
同治三年	一八六四	五一二九三五七八规元	五四〇〇六五〇九规元	一〇五三〇〇〇八七	出超	二七一二九三一规元
四年	一八六五	五五七一五四五八两	五四一〇三二七四两	一〇九八一八七三二两	入超	一六一二一八四两
五年	一八六六	六七一七四四八一	五〇五九六二二三	一一七七七〇七〇四	入超	一六五七八二五八
六年	一八六七	六二四五九二二六	五二一五八三〇〇	一一四六一七五二六	入超	一〇三〇〇九二六
七年	一八六八	六三二八一八〇四	六一八二六二七五	一二五一〇八〇七九	入超	一四五五五二九
八年	一八六九	六七一〇八五三三	六〇一三九二三七	一二七二四七七七〇	入超	六九六九二九六
九年	一八七〇	六三六九三二六八	五五二九四八六六	一一八九八八一三四	入超	八三九八四〇二
十年	一八七一	七〇一〇三〇七七	六六八五三一六一	一三六九五六二三八	入超	三二四九九一六
十一年	一八七二	六七三一七〇四九	七五二八八一二五	一四二六〇五一七四	出超	七九七一〇七六

续　表

中历	西历	输入总额	输出总额	贸易总额	出超或入超	
十二年	一八七三	六六六三七二〇九	六九四五一二七七	一三六〇八八四八六	出超	二八一四〇六八
十三年	一八七四	六四三六〇八六四	六六七一二八六八	一三一〇七三七三二	出超	二五五二〇〇四
光绪元年	一八七五	六七八〇三二四七	六八九一二九二九	一三六七一六一七六	出超	一一〇九六八二
二年	一八七六	七〇二六九五七四	八〇八五〇五一二	一五一一二〇〇八六	出超	一〇五八〇九三八
三年	一八七七	七三三二三三八九六	六七四四五〇二二	一四〇六七八九一八	入超	五七八八八七四
四年	一八七八	七〇八〇四〇二七	六七一七二一七九	一三〇九七六二〇六	入超	三六三一八四八
五年	一八七九	八二二二七四二四	七二二八一二六二	一五四五〇八六八六	入超	九九四六一六二
六年	一八八〇	七九二九三四五二	七七八八三五八七	一五七一七七〇三九	入超	一四〇九八六五
七年	一八八一	九一九一〇八七七	七一四五二九七四	一六三三六三八五一	入超	二〇四五七九〇三
八年	一八八二	七七七一五二二八	六七三三六八四六	一四五〇五二〇七四	入超	一〇三七八三八二
九年	一八八三	七三五六七七〇二	七〇一九七六九三	一四三七六五三九五	入超	三三七〇〇〇九
十年	一八八四	七二七六〇七五八	六七一四七六八〇	一三九九〇八四三八	入超	五六一三〇七八
十一年	一八八五	八八二〇〇〇一八	六五〇〇五七一一	一五三二〇五七二九	入超	二三一九四三〇七
十二年	一八八六	八七四七九三二三	七七二〇六五六八	一六四六八五八九一	入超	一〇二七二七五五
十三年	一八八七	一〇二二六三六六九	八五八六〇二〇八	一八八一二三八七七	入超	一六四〇三四六一
十四年	一八八八	一二四七八二八九三	九二四〇一〇六七	二一七一八三九六〇	入超	三二三八一八二六

续 表

中历	西历	输入总额	输出总额	贸易总额	出超或入超	
十五年	一八八九	一一〇八八四三五五	九六九四七八三二	二〇七八三二一八七	入超	一三九三六五二三
十六年	一八九〇	一二七〇九三四八一	八七一四四四八〇	二一四二三七九六一	入超	三九九四九〇〇一
十七年	一八九一	一三四〇〇三八六三	一〇〇九四七八四九	二三四九五一七一二	入超	三三〇五六〇一四
十八年	一八九二	一三五一〇一一九八	一〇二五八三五二五	二三七六八四七二三	入超	三二五一七六七三
十九年	一八九三	一五一三六二八一九	一一六六二三三一一	二六七九九五一三〇	入超	三四七三〇五〇八
二十年	一八九四	一六二一〇二九一一	一二八一〇四五二二	二九〇二〇七四三三	入超	三三九九八三八九
廿一年	一八九五	一七一六九六七一五	一四三二九三二一一	三一四九八九九二六	入超	二八四〇二五〇四
廿二年	一八九六	二〇二五八九九九四	一三一〇八一四二一	三三三六七一四一五	入超	七一五〇八五七三
廿三年	一八九七	二〇二八二八六二五	一六三五〇一三五八	三六六三二九九八三	入超	三九三二七二六七
廿四年	一八九八	二〇九五七九三三四	一五九〇三七一四九	三六八六一六四八三	入超	五〇五四二一八五
廿五年	一八九九	二六四七四八四五六	一九五七八四八三二	四六〇五三三二八八	入超	六八九六三六二四
廿六年	一九〇〇	二一一〇七〇四二二	一五八九九六七五二	三七〇〇六七一七四	入超	五二〇七三六七〇
廿七年	一九〇一	二六八三〇二九一八	一六九六五六七五七	四三七九五九六七五	入超	九八六四六一六一
廿八年	一九〇二	三一五三六二九〇五	二一四一八一五八四	五二九五四五四八九	入超	一〇一一八二三二一
廿九年	一九〇三	三二六七三九一三三	二一四三五二四六七	五四一〇九一六〇〇	入超	一一二三八六六六六

续　表

中历	西历	输入总额	输出总额	贸易总额	出超或入超	
三十年	一九〇四	三四四〇六〇六〇八	二三九四八六六八三	五八三五四七二九一	入超	一〇四五七三九二五
卅一年	一九〇五	四四七一〇〇〇八二	二二七八八八一九七	六七四九八八九八八	入超	二一九二一二五九四
卅二年	一九〇六	四一〇二七〇〇八二	二三六四五六七三九	六四六七二六八二一	入超	一七三八一三三四三
卅三年	一九〇七	四一六四〇一三六九	二六四三八〇六九七	六八〇七八二〇六六	入超	一五二〇二〇六七二
卅四年	一九〇八	三九四五〇五四七八	二七六六六〇四〇三	六七一一六五八八一	入超	一一七八四五〇七五
宣统元年	一九〇九	四一八一五八〇六七	三三八九九二六一四	七五七一五〇八八一	入超	七九一六五二五三
二年	一九一〇	四六二九六四八九四	三八〇八三三三二八	八四三七九八二二二	入超	八二一三一五六六
三年	一九一一	四七一五〇三九四三	三七七三三八一六六	八四八八四二一〇九	入超	九四一六五七七七

综上以观，贸易额逐年增加，入口数自同治三年之五千万，至宣统三年之四亿七千一百五十万，为期四十八年，增至四万万二千余万两，约九倍半。光绪十三年以后始超出一亿，二十二年以后始超出二亿，二十八年以后始超出三亿，三十一年以后始超出四亿。相隔三十三年、九年、六年、三年，至民国二年即超出五亿矣。出口数由五千余万至三亿七千余万，增至三亿二千余万，约六倍半。光绪十七年始超出一亿，二十二年超出二亿，二十八年始超出二亿，宣统元年始超出三亿，相隔二十八年、五年、六年、九年。此可见入口之激增较速，而出口之增加稍缓。但数目字之增

加,未必即为国际贸易之进步,其原因有二:一曰物价之高涨。如入口货之鸦片,光绪十六年每箱三百七十八两,至十九年四百九十八两,二十二年六百三十七两,二十七年七百两,二十九年七百九十二两,不过十五年,即增加一倍有余。木棉由八钱增至一两八钱四,铁条由一两九钱二,增至三两六钱,火柴由一钱七分五增至二钱四分,石油由一钱四分,增至二钱五分,针由一钱一分四,增至二钱一分九。出口货之豆饼,每担由八钱增至一两五钱九(仅庚子一年至二两二钱),花生油由四两八钱增至八两,生丝由二两八钱增至五两七钱,麦藁一担由二十二两三钱增至四十二两。除少数涨落甚少外,大部分皆于十五年间涨价约一倍。故贸易额之增加,未必即为货物之增加也。二曰金银比价之变迁。金贵银贱,为近世普遍之现象,吾国素以用银为主,而各国用金,以是国际贸易以银折金,银贵则有利,银贱则有损,进出口之货价,以银计增加,以金计未必增加。如光绪十七年至十九年,三年中入口货价,值银已增一千万两,值金则反减少四百万镑。十七年至三十四年,值银增七千八百万两,值金仍少三百万镑。出口货亦然。如鸦片值银三百七十八两,合英金九十一镑零八先令,及涨至七百九十二两,合英金九十二镑余,未甚增也。其余货物,以银折金,无不下落,金银比价,几有二倍之差。十六世纪以前,中国与西洋大略相同,金价当银之十一倍。十七世纪则西洋十二倍我为十四倍,十八世纪为十三倍与十五倍,十九世纪为十六倍。至光绪十二年(一八八六)后,突增至二十七八倍,光绪二十年至三十二倍,二十三年至三十六七倍,二十八年至四十一倍。金价腾贵,固可以刺激输出,有利商人,然促使一般物价之上涨,人民之生活不免蒙其害矣。吾国每年之入超,既如是其巨,资金外流,坐吃山空,将何以维持之乎?幸而海外华侨,在各国有五百万人以上,胼手胝足,每年汇回祖国者,当不下五千万两(光绪三十年税务司摩司曾估计为七千三百万两)。以南洋、美国为最多。各国在华之传教士,及使领馆等所费亦不下数千万两,自光绪十九年以来,银之输入,为一千万两,次年即加至二千六百三十余万两,二十一年,加至三千万两。此后每年皆在一千万至一千五百万之间,故资金尚不虞匮乏耳。

一百十四　货币与银行

（一）货币

清代货币，至为复杂，且无一定标准，前卷已略述之。就大体而言，则政府之出纳以银，而民间之通行用钱，故可谓为银本位时代。钱法自嘉庆以后渐坏，私铸与夷钱并行，即官局铸造者，其分量亦减轻，如乾隆时每百文重十二两一钱九分，嘉庆时重十两七钱三分，道光时十两八钱，咸丰时九两，光绪初为九两八钱，后且为六两八钱，皆铜六铅四。因此银与钱之比率，逐渐增加，由每两千文至二千余文。说者皆以银之输出多，因少而贵，其实由于钱之滥铸，在本身上即贬值也。咸丰二年，银亏钱匮，军需浩繁，筹国计者率以行官票请。次年，命户部集议，惠亲王等请饬制造钱钞与银票相辅并行。票钞制以皮纸，额题户部官票，中标平足色银若干两。钞额题大清宝钞，中标准足制钱若干文。大钱当千至当十凡五等，重至二两递减至四钱四分。当千当五百净铜铸造，色紫；当百当五十当十，铜铅配铸，色黄。百以上文曰"咸丰元宝"，以下曰"重宝"。四年以乏铜兼铸当五铁钱及制钱，已而更铸铅制钱。阻挠罪以违制，伪造钞票斩监候，私铸加严。各省延不奉行，先从直隶、山东实行，官吏折勒骫法，商民交易不平。一切用项亦按成搭放，皆称不便，民情疑阻。得钞积为无用，持向官号兑钱，渐至七折，直益低落，减发亦穷应付，钞遂不能行矣。大钱当千当五百以折当过重，最先废，当百当五十继废，铁钱以私票梗之而亦废。乃专行当十钱，盗铸丛起，死罪日报而不为止。局钱亦渐恶，杂私铸中不复辨，商人因之折减挑剔，任意低昂，商贩患得大钱，皆裹足。三成搭收，徒张文告，屡禁罔效，法币而挠法者多，固未有济也。当十钱行独久，然一钱当制钱二，出国门即不通行。咸丰之季，铜苦乏，申禁铜收铜令。同治初，铸钱所资，惟商铜废铜，当十钱减从三钱二分。光绪九年复减为二钱六分。二十四年，命直省铸八分钱，而京师以制钱少行当十钱如故。三十二年铸铜币当十钱，民不乐用。于是创铸银铜圆，设置银行，思划一币制，与东西各国相抗衡。初洋商麇集粤东，西班牙、英吉利银钱大输入，林则徐谋自铸谋抵制,部议驳而未行。嗣是墨西哥、日本以其国币相灌输,鹰洋尤通行各地。光绪十四年张之洞督粤,始用机器如式试铸,李鸿章踵成之,文曰:“光绪元宝。”库平七钱二分,广东省并铸三钱六分(五角),一钱四分四厘(二角),七分二厘(一角),三分六厘(五分)小银圆。中国自行银钱自此始。湖北、江西、直隶、浙江、安徽、奉天、吉林以次开铸。寻以湖北、江西所铸最称便用,许以应解京饷拨充铸本。直省未开铸者,饬从附铸。七省所铸,规模成色苦参差,不利通行,会造币总厂成,拟撤其三,而留江南、直隶、广东为分厂。初铸准重墨圆,议者颇非之,之洞始于湖北试行一两银币。户部亦以中国立算,夙准两钱分厘,因定主币为库平一两而以五钱一钱小银币暨铜圆制钱辅助之,令总分厂如式造行。铜元铸始闽、广,江苏继之,时京局停铸,命各运数十万入京,由户部发行,沿江沿海省份,并饬筹款附铸。直省陆续开铸,造币总厂反后成。总厂拟铸之币凡三品:曰金,曰银,曰铜。最先铸铜币,自当制钱二十降至当二,自重四钱降而四分。凡四种,文视直省大同小异,直省曰“光绪元宝”。总厂初同,嗣定曰“大清铜币”,皆识某所造,幕皆龙纹,紫铜铸。直省间亦用黄铜。凡私造铜币,伪造纸币,罪视制钱加等。初铸铜元为补制钱之不足,旋艳其余利,新政饷需,皆取给焉。竞铸争售,乃至不能敷铸本。两江总督周馥首疏其弊,户部为立法限制之。旋以开铸者多至十七省,省至二三局,恐终难言画一,乃令山东归并直隶,湖北归并湖南,江西、安徽归并江宁,浙江归并福建,广西归并广东,合奉天、河南、四川、云贵为九厂,由部派员会办。遣大臣周历察核。顾铜元以积贱当十钱仅能及半数,民私局私颇丛奸弊。应准银者铜元折合类致亏损,物价翔贵,民生日益凋敝。省与省复相轧至不相流通。山东巡抚袁树勋继陈十害,时总厂初铸铜币,常留宝泉铸六分制钱,广东请改铸一文钱由总厂颁式通行。三十四年命各铜元厂加铸一文新钱,如铜圆式,盖存一文旧制,借为铜圆补救也。时以银价低落,吾国国际贸易上,无形中损失甚大,且感银价不定之苦,朝野均知币制之不可不急求改革,外国商约,亦多要求载入。赫德著《中国银币确定金价论》,以为中国既无大量生金以为本位货币,不如使中国之银与金定一比价,以免交易上银价变动之危险。此种办法,即所谓金汇兑本位制。美国币制专家精琦氏来中国调查研究,极力主张采用金汇兑本位。划一银币,以代表金单位,与外国大银行定一契约,遇中外贸易一切支付款项,由彼应付随用随借。此办法颇佳,惜吾国王大臣多昧于学理,持议反对,如张之洞奏驳虚定金本位,即以司泉官用洋员之故也。计元计两之说,主两者十一省,主圆者仅八省,度支部前亦颁布用两,遂定一两为主币。但成色分量之间,须审慎筹之。宣统二年,仍前定名曰"圆",银币一圆为主币,五角、二角五、一角三种,镍币五分一种,铜币二分、一分五厘、一厘四种为辅币。银币重七钱二分,余递降。并撤直省银铜造币厂,而留汉口、广东、成都、云南四厂。前所铸大小银元,暂照市价行使,将来由总厂银行收换改铸。三品之制,御史王鹏运、通政司参议杨宜治尝建议积金仿铸,户部疏请纳官者皆准金。驻美使臣汪大燮极言用金之利,驻德使臣孙宝琦则请对内用银,对外必预计用金。度支部拟定虚定金本位(即金汇兑本位)之办法,交廷臣会议。议论纷纷,毫无效果。后由政务处、资政院奏定银本位,上谕谓:实行金本位则巨本难筹,若定虚金本位,则危险可虑。自先将银币整齐划一,可望无弊,于是金汇兑本位之拟议遂暂搁置矣。宣统三年因与美、英、德、法订币制实业借款,附约规定聘外人为币制顾问。四国推荷兰人卫士林,卫氏因著《中国币制改革刍议》一书,主张用金汇兑本位与银本位并行。民初言币制者,多赞成之。惟至民国三年国务院币制会议,订定国币条例,始确立银本位制,废两改元,惟未能统一奉行,尚有用银两及铜钱者耳。

(二)银行

吾国向无所谓银行,仅有钱庄、银号。经营汇兑及存放业务,有时亦发一种不定额之银票,类似支票性质,故亦名票号。操其业者,大率为山西人。有祁(县)、太(谷)、平(平遥)三帮。始于嘉庆年间平遥人雷履泰所经营之天津日昇昌颜料铺,同县人毛凤翙设蔚泰厚布庄继之,均营汇兑业务,获利甚厚。晋人群起仿效,专营票号者达三十余家,分号遍全国。其资金不过十余万,而存款或多至数百万,政府饷需,亦尝赖以挹注。但据张一麐笔记,晋人相传李自成聚敛北京富豪存银辇载西逃,尽遗弃山西,故晋人多财善贾。而银号之设,创于顾炎武及傅山。盖顾、傅皆义不事满之学者,尤以亭林往来塞上,默察形势险要,从事反清复明运动,到处屯田生产,以为革命准备。拟借银号散布各省,隐作通信、储饷机关者也。顾、傅卒后,山西票庄遍国中,各大城市无不有其分支,操全国金融之机纽。晋人敦朴,性近犹太(西人信耶教,恶贷款博利,惟犹太人不信教,得握银行之柄),操奇计赢,法至精密。故信用卓著,发展甚溥。凡旅行购货,不能腰缠千金,辄存银庄号,取一银票,以便携带。其后浙江绍兴、宁波人仿行之,上海钱庄,在光绪初有一百零五家。内园钱业总公所历史且垂二百年。光绪八年,因金嘉记钱号、丝栈倒闭,钱庄被累者达半数。光绪廿三年,协和庄以营贴票相率倾覆,钱庄遂一蹶不振矣。公家解款,则派专人护送。凡大批资金筹运者,往往委诸镖行。镖行以擅长武艺之镖客、镖头为押运,御绿林强梁拦劫。清初之飞镖黄三泰(三泰后任天津镇总兵,在《施公案》、《彭公案》中与其子天霸均富传奇性)及清末之大刀王五,皆镖头中之佼佼人物。自海道大通,外人于津沪各商埠遍设银行,以吸吾民脂髓,乃稍稍觉悟。于是大理寺少卿盛宣怀奏设中国通商银行于上海。(光绪二十二年)议者以东西各国皆有国家银行,为国内外金融总枢。光绪三十年财政处奏拟由户部试办银行,以部专其名,纠合官商资本四百万两,发行纸币,官款公债皆主之。寻为发行纸币,并开纸厂、印刷厂。至光绪三十四年,户部既改为度支部,以户部银行即中央银行之性质,更其名曰大清银行。设正副监督各一,造币总厂亦属之,并附设储蓄银行。扩充资本六百万两,合成一千万两。官股于年底缴齐,商股至宣统二年缴齐,以是有新股、旧股之分。各省分行,亦先后设立。营业初时甚佳,新旧股之红利,超过股息(据正监督张允言呈称:自光绪三十三年正月至年底,各行官商股银二百万,除股息外,所得余利九十一万一千四百余两。京、津、沪、汉、济、张、奉七行,净余红利五十七万三千六百余两),股票市场价格,亦增至一倍以上。惟因贪得利息,以为年终分得红利之需,专事放款,遂致弊窦丛生,呆账极多,表面虽佳,而内容空虚矣。民国初元,财政部筹设中国银行,代理国库(民国十七年,国民政府始另组中央银行,规定中国银行为国际汇兑银行)。已非大清银行之旧矣。此为国家银行成立之始。地方银行起于咸丰二年户部在京城设立之官银钱号,由库发给成本银两,招商经营。至光绪末年,直、奉、吉、黑、鲁、豫、晋、苏、赣、闽、浙、鄂、湘、秦、陇、川、粤、桂、热河等处先后设立官银钱局,或为兑换铜元之机关,或为发行钞票之枢纽。虽无省银行之规定,而每省各设一局,分掌一省之金融事务,及发行本省之银钱钞票,实际上已不啻省银行制度矣。至宣统二三年,直隶、四川、浙江三省,举办银行,有参照新章而设者,亦有就官银钱局改设者,于是省银行之名始立。余省仍称官银钱局,民国后始渐改为银行耳。自户部银行条例颁布以后,光绪三十三年邮传部奏设交通银行(先是商部筹设商业模范银行,户部以办法不合,未准),以便利交通,振兴轮、路、邮、电四政为宗旨,资本银五百万两,官股四成,商股六成。开办以后,天津、上海等处,先后设立分行。民国初元,政府以中国银行尚未筹备就绪,以金库事务委托交通银行任之,由是中、交两行,相提并称,隐然有国家银行之资格,为吾国特种银行之一。国民政府特许为发展实业之银行,与中国银行均经理一部分之国库。除此外尚有北京之信成银行(光绪三十二年),上海成立之浙江兴业银行(光绪三十三年)、四明银行(光绪三十四年)。至外商银行,最占势力者,有十二家,其名称要点如下:

一、麦加利银行　英商,于一八五三年得英皇特许设总行于伦敦。后四年即咸丰七年,设分行于上海。继而香港、广东、天津、北京等处。资本金二百万镑,为在华设立之银行最早者。

二、有利银行　英商,于一八五九年创设于伦敦,继设分行于上海、香港,资本金一百五十万镑。

三、汇丰银行　英商,原名香港上海银行,于一八八一年由怡和等洋行招募华商在香港开办者。后华商股份多让予洋商。总行设香港,在华分行有厦门、广州、烟台、福州、哈尔滨、汉口、北平、上海、天津等处,资本金五千万元。此行成立较晚,然在我国营业势力颇大,发行钞票甚多。

四、横滨正金银行　日商,创立于一八八〇年,总行设横滨,在华分行有上海、青岛、济南、汉口、北京、天津、牛庄、奉天、长春、哈尔滨等处。资本金一亿日元。自日俄战后,该行赖本国政治之作用,势力日见扩张。在东三省所发金票为数颇巨。东北之金融,几为该行所垄断。

五、台湾银行 日商,创立于一八九九年,总行在台北,分行设于上海、九江、汉口、福州、厦门、汕头、广州等处。资本金六千万日元,系殖业性质。

六、朝鲜银行 日商,创立于一九〇九年,总行设朝鲜京城。东北之奉天、辽阳、营口、铁岭、开原、四平街、郑家屯、长春、吉林、安东、龙井村、哈尔滨、齐齐哈尔、满洲里、上海、天津、青岛,均有分行。资本金四千万日元。

七、三井银行 日商,创于一八九三年,与三井洋行为联号,总行设日本东京,我国仅上海有其分行焉。资本金一亿日元。

八、三菱银行 日商,创立于一八九五年,总行设东京,分行亦仅上海一处,资本金五千万日元。

九、花旗银行 美商,创设于一九〇一年,总行在纽约,分行在华者,有上海、北京、天津、青岛、汉口、哈尔滨、香港、广州、奉天等处。资本金为美金八百五十万元。

十、东方汇理银行 法商,创立于一八七五年,总行设巴黎,分行在我国者,计有六处:广东、上海、汉口、天津、北京、蒙自。股本法币四千八百万法郎。

十一、荷兰银行 荷兰贸易协会所创办,于一八二四年设总行于荷京亚姆斯多顿,分行在华者,只上海一处,资本金有七千万福禄令,与华侨接触最深。

十二、华比银行 比商,一九〇二年开始营业,总行设于北京,在华设上海、天津、北京分行三处。资本金五千万法郎。对华专在铁路经营,中国借款筑路,均系该行办理。

他如大通银行(美)、安达银行(荷)、华义银行,亦均占重要地位,而华俄银行,名曰两国合办,实即俄人侵略中国之一工具也。外商银行在华特有之势力,即存储我国之关税收入及盐税收入,皆以借款抵押之故,民国以后,关余、盐余之获得,政府不得不俯首低辞,仰外商之鼻息,而英公使朱尔典乃有太上皇之外号。又外商银行均能在华发行钞票,此亦财政上之一怪现象矣。

一百十五 人民之生计

(一) 田地与人口之比率

赫德所著《清国地租税法改革意见书》谓假定每方哩之地有田五百亩,清国土地纵横各四千里,其面积合计为一千六百万方哩,应有田八十万万亩。纵令有山林水地之分,不能一律计算,即以半数计之,亦当得四十万万亩。此与清初计臣之算国计者相合,前卷已言之矣。日本同文会会员根岸佶谓为向壁虚造。而吴贯因《田赋私议》云:

> 赫德依面积计算非同架空之理想,由历史沿革观之,亦信而有征。西汉盛时,全国垦田为八百二十七万五百三十六顷,隋大业五千五百八十五万四千四十顷。唐天宝一千四百三十万三千八百六十二顷,宋开宝末二百九十五万三千三百二十顷,至元丰增至四百六十一万六千五百五十六顷,元至元一千九百八十三万顷,明洪武八百五十万七千六百二十三顷,崇祯中七百八十三万七千五百顷,清顺治初五百四十九万三千三百七十顷,乾隆间七百四十一万四千九十五顷,嘉庆七百九十一万五千二百五十一顷,道光七百四十二万顷,光绪九百十八万一千三十八顷。以上最多者为隋,次则唐、元,次汉、明及清,而最少者宋。谓领土有广狭耶?则元、清广过于隋,何皆不及?明不狭于隋,乃不及隋六分之一。谓户口有多少,田因之耶?则隋大业户仅八百余万,唐天宝有户九百余万,数实过隋,何以田不及三分之一?元盛时,户千余万,远在隋上,乃亦不及一半。且隋盛时人口四千六百一万九千九百五十六,今之人口约有四万万,数增十倍,而田竟不

及五分之一。谓世有治乱耶?则唐自高祖至天宝,宋自太祖至元丰,休养时期,远过隋代,承平既久,田野日辟,而唐宋视隋成反比例,抑又何耶?窃以中国面积之大,人口之众,无论何朝,苟非大乱,皆在五千万顷以上,不独隋然,而隋独见其多,以所清查者其数略近于实也。《治平会计录》宋之田数,计赋税以知顷亩,而赋租所不加者,十居其七。率计之,无虑三千余万顷。又《宋史·食货志》言荒田多,京、襄、唐、邓尤甚,至治平、熙宁间,相继开垦,百亩之内起税止四亩,欲报至二十亩,则竞言民苦赋重,遂不增。以是观之,田之无税者不止十之七也。此不独宋为然,各朝皆然,特宋之漏税较多耳。

吴氏赞成赫德之说,并以历史事实为证。惟隋田五千万顷之记载恐不甚可靠,但明代已有八百万顷,而清中叶以前反不及,足见漏税之说为可信,以赋计田,恒苦不实,即令数非十分之七,姑以十之五计之,则清末亦应有田一千八百万顷矣。《皇朝续文献通考》云:

各省遍设农会,首应调查农田确数,耕种实况,以次进行开垦改良等事。中国田数,《户部则例》载十八省共七万三千七百五十一万二千九百三十八亩(即七百三十五万余顷),比例为总面积百分之十三。时阅百年,未足为准。即照各国耕地之比例,亦不尽可恃。就大体言中国耕地之百分率,纵不能如比利时之大,亦应与德、丹相伯仲,即下等意大利、西班牙,至少当在百分之三十至四十之间。据日本井村童雄氏之说,见在二十二行省既垦田有十五亿亩(即一千五百万顷),可耕未垦地八亿亩。查乙卯(民国四年)部编统计表,各省荒地共三万八千二百四十八万余亩(三百八十二万顷),究能扩充至何程度,虽难臆断,至少必有三分之一可增也。至年产稻、麦若干,亦无确算,据美国农务局报告,中国产米约三亿石,小麦约二亿石,但农民守旧,未用科学方法,倘渐开通,必然增进。就日本明治初未经积极改良时代,每亩增收米五斗五升。我国东南各省稻田,姑以《户部则例》所记江苏、安徽、江西、福建、浙江、湖北、湖南九省共田三万七千五百八十五万一千八百四十二亩(三百七十五万顷余)为标准,假定半数为稻田,亩增五斗五升,可加一万万石以上。自供有余,尚可输外。再就小麦言,举江苏与丹麦较,丹一英亩产十八石,苏省同一面积约产六石,抵丹三分之一。然则果能改良生产,固大可增也。

垦田之数就以上数说估计之,当在一千五百万顷以上,绝非夸语,实际上或在二千万顷左右也。以人口四万万计之,每人仅得五亩(全汉昇《清雍正年间的米价》云:“每人平均的耕地面积,在雍正年间,约为二十六七亩,到了乾隆三十一年,便只有三.五六亩了。”此系就公布之垦地面积,实际当不止此),亩产一石,年得五石。一人食用,大约为三四石,尚可略有富余,以作他种消耗,仅免冻馁。然半数之田,不种米麦,改种杂物,故民间能食米麦者,似尚不及半数。且逐渐仰赖外粮接济矣。

(二) 人民生计与物价

清初物价甚贱,康、雍年间,大约米一石值银一两,银七八百至千文,则每斤不过十文,麦贱二成。乾隆以后因人口增加而渐增,故至光绪二十三年,米价每斤二十五文,已增三倍。二十六年,值庚子之乱,增至三十八文,不啻五倍矣。(全汉昇《清中叶以前江浙米价的变动趋势》一文,谓顺治初年米价贵至每石二两以外,因流寇蜂起、物资缺乏的缘故。和平秩序逐渐恢复,米价不断下落,康熙中叶,石米不过六钱左右。自此因人口之增加,与海禁既开,白银大量进口,形成十八世纪之中国物价革命,米价开始上涨,康、雍之间已约提高一倍。每石九钱至一两一二钱。乾隆末叶,增至二两,年余,又提高一倍。所引钱泳《履园丛话》云:“自此(乾隆五十年)以后,不论荒熟总在二十七八至三十四五文之间,为常价矣。”是乾隆之末,米价每石已近三两。洪亮吉《卷施阁文甲集·生计篇》云:“五十年以前,米之以升计者钱不过六七……今则不然,钱又须三四十文矣。”可见米之常价,乾嘉间已升至四五倍矣。但光绪间米价反不过二三十文者,则以钱又由贱而反贵故耳。)冯桂芬《用钱不废银议》曰:

今天下非小弱也,开垦之地日益广,山泽之利日益出,布帛菽粟,凡民生日用之需,有加而无减也。生齿虽曰日繁,然而二三十年来水旱兵革岁不绝闻,伤人无算,恐户口之籍,未必较乾嘉盛时遂相悬绝也。是天地之所出,自足给生人之食用,而患贫之势,日甚一日者何也?曰银少也。银何以少?曰偷漏出洋也。或谓银贵不尽由于出洋,援明季国初以为证。不知彼时府第有私积,富室有厚储,故银骤贵。厥后窖藏尽出,加以矿苗大旺,又自贵而之贱。今有是事乎?或谓由钱多所致。不知钱未尝多也。京师岁除,间因钱铺闭歇稍多,藏票者争取兑钱,钱即涌贵,是钱不多之证。京师尚尔,外省可知矣。上海通市以来,夷船每日收元宝四五百,为银二万余,每年漏银七八百万两,距今十年,遂为常额。四口递减,合计不下二三千万两,设欲禁遏,瑕衅立开。中国之银递消递减,已去者不复来,未去者势将去。凡物多则贱,少则贵,理也。忆二年前每两易制钱一千一二百文,本年以前易制钱一千五六百文,今易制钱几及二千文。若不早为之计,将来日增月盛,二千以外,翘足可待。国家岁入统地丁盐课关税,不下三四千万两,无非取之于民间。夫民间之所出,粟米而已,而国家之所取者乃在至少至贵之银,置其所有,征其所无,粟逾益贱银逾益贵。始以粟易钱,则粟贱而钱贵,向之每石入三千文者,今入一千数百文,是十折而为五六。继以钱易银,则钱贱而银贵,向之每两出一千余文者,今出二千文,是又十折而为五六,以银准粟,昔之一两今之三两也。则是民之出银也,常以三两而供一两之用,而国家之入银也,直以一两而竭吾民三两之力,如是而民安得不贫?民既日贫,赋益难征,逋欠则年多一年,亏短则任多一任,应修之水利不修,因之宣蓄无资,农田易成旱潦,转以蠲捐帑金。应设之巡缉不设,因之养痈贻患,穿窬变为跳梁,转以征调糜军饷。凡地方应办之事,大都以工用支绌,概缓筹议,卒之事后补救,需费更多。歧中有歧,弊益滋弊,如是而国家安得不贫?

冯氏论民贫国贫,由于银之输出,以少而贵。人民以粟易钱,以钱易银,损失殆十之七。民贫而国亦贫,理属自然。惟彼不知银贵钱贱之故,并非纯由于银之输出,银之输出固多,输入亦不少,据估计,一七〇〇年至一八三〇年(康熙三十九至道光十年),仅广州一口输入白银四万万元。故全汉昇谓美洲白银输入,影响中国之物价革命。惟外人恒取中国之银,铸为银圆,再输入中国,以转手取利。外国用金本位制,金贵银贱,使物价高涨,纯系币制不同之问题,而非物价真涨,故人民之所得,仍不免谷贱伤农,谷贵伤工之轨辙。盖金价涨约三倍,工价涨仅一倍余(以钱计者,道光每日八十四文,光绪间一百五十文至二百余文),而米价则涨至四五倍,盐价且八倍(原为每斤五文,光绪中叶增至四五十文)。此民间感觉生活压迫之原因一也。又以洋货大量输入之故,生活程度普遍提高,消费渐增,而人民平均之所得,仍不过五石米之价值,即年约二十两左右,易钱为四十串,每月三串,每日百文耳。从前农民之副业甚多,可以抵补食物外之消耗,如衣着、家屋、酬应等事。后则养蚕、织布,渐为外货所夺,男耕女织之业,去其少半,以粟易布,颇觉不支,此民间感受生活压迫之原因二也。因此少数农民,转移都市,以劳力换取生活费,新兴之工商业,吸收颇多之劳工。劳工所获之报酬,南北泥水工每日为四、五角,木工天津为三角五至四角,上海为四角至五角五,船工上海为六角至八角五,天津为五角五至六角,炼瓦工四角五至五角五,修路工上海五六角,天津四五角,铁工上海六角至八角五,天津四角至七角,铜工五六角,染工四五角,土工三角左右,纺织男工二角五,女工二角二。此就南北二大商埠而言,零工计日者如是,如作月工,则每月仅七八元而已。普通工人,大工一日二百四十文,小工一百八十文。挑水、舂米、脚夫、搬运、马夫、车夫等平均计之,一日可得三角半。其余各种工匠,每日仅得三角。徒弟学艺四年,方能出师。在工场者,亦可转作职工,受赁银每月十元至十二元。各地工价全不相同,大略言之,其所获较农人稍优,每日以三角计,易钱可得三四百文,一人所费,最多不过百文,有少至二十余文者,故尚可养父母妻子也。光绪十八年以后,钱价渐贵,银一两值钱一千四百文,至光绪二十四年,仅值钱一千一百七十文。银元由一千零五十文,递减至九百文左右。其时面粉每袋由三千四百零八文,增至四千六百二十文。米一石由三千五百三十八文,增至四千七百十四文。论钱则所涨不及三分之一,论银则涨约一倍。此在劳工方面以钱计值者,无形中可获得微益也。林则徐云:“人生日用饮食所需,若以食贫之人,当中熟之岁,大约每人有银四五分即可过一日,若一日有银一钱,则诸凡宽裕矣。”道光时如此,光绪时所差亦几希,每日有银一钱,即有钱百余文,可过一日。倘人人皆能工作,生活决不至成问题。惟一人之所获,恒须供家庭数人之用,故除富商巨贾显宦土豪而外,劳力者无论农工,皆有俯养增重之忧矣。而最苦者仍为佃农。章谦在《备荒通论》中述佃农之生活:“耕田二十亩,以中年约之,亩得米二石,还田主租息一石,所存仅二十石。一亩之田,罱斛有费,播种有费,雇募有费,祈赛有费,牛力有费,约而计之,率需钱千。当其春耕急需之时,米价必贵,折中计之,每石贵一千有余,势不得不贷之有力之家,而富人好利,挟其至急之情,以邀其加四加五之息,以八阅月计之,率以二石偿一石,所存之二十石,在秋时必贱,富人乘贱而索之,其得以暖不号寒,丰不啼饥,而可以卒岁者,十室之中,无二三焉。”乐岁不免饥寒,凶岁转填沟壑,故农民之生活,尚不如工人也。(乾嘉时洪亮吉言:“终岁勤勤,毕生皇皇,而自好者居然有沟壑之忧,不肖者遂至生攘夺之患。”汪辉祖言:“食用百物,俱比往岁更昂,余少闻故老所言中人之家,有田百亩,便可度日。近年租入较绌,十余口之户,支给不易,况不能百亩者乎?”)然吾国人口,百分之七十为农人,其患贫宜矣。

(三)买办商人与官僚

中国社会原以士大夫阶级为基础,自五口通商以后,工商业渐形发达,士大夫之势力,已趋没落。清末新军建立,武力可以支配政治,于是兜鍪之士,亦非从前目不识丁之纠纠者可比,其势必取士大夫而代之。各大商埠之洋行林立,雇用华籍之中间人,代作买卖,而买办(Comprador)阶级兴焉。此三种新兴之势力,尤以买办挟外人之势,操经济之柄,其生活最为阔绰。据《中国经济全书》所述,汇丰、道胜、正金、德华、麦加利、法兰西、中国通商诸银行之买办,月薪皆在百两上下。然所取于买卖主之佣金,每年恒有数万元之收入。其用于交际者,约六千元,妻妾者约二千元,子媳者约八九千元,母孙者约五百元,车马夫五人,约五百八十元,女仆五人约三百六十元,男仆五人约四百二十元,伙食二千元,捐款七百元,送礼一千元,公所及杂用四百元。每年开支约二万五千元,而收入倍之,如汇丰、怡和及美丰公司等之买办是已。次等买办每年收入万元,而支出约七千元,即自用二千四百元,妻妾子女等一千四百元,账房一百元,马车夫一百五十元,洋车夫九十六元,厨子跟班一百九十元,房租五百七十元,伙食七百二十元,送礼中国人四百五十元,外国人二百元,公所费五十元,捐款一百或二百元,其他杂费五百元。上海为全国经济中心,人物辐辏,美女如云,白马银鞍,肩摩毂击,洋行买办生活豪奢,食前方丈,富拟王侯,即官僚视之亦有逊色。中国官吏,本为读书人之一种职业,所谓学而优则仕者也。清末捐纳例兴,卖官鬻爵,凡有钱者皆可捐贡监杂佐,实官至道员,虚衔至监司。道、咸以后尤甚,仕途庞杂,以官为业,操奇计赢,吏治可知。《官场现形记》及《二十年目睹之怪现状》所述,殆皆实录。官吏中以经管财货者,如河员、盐官等奢靡最甚,人所习知。南河总督岁修经费四五百万,用于河工者不过十之二三,其余皆纳贿、应酬、馈赠、朋分。一席之宴恒历数日。彘脔、鹅掌、驼峰、猴脑之制,所费不赀。两淮盐政衙门,由盐商每日供应一百二十两,而盐商竞尚奢侈,无论婚丧、嫁娶、酬酢、馈贻之事,或宫室、饮食、服饰、舆马之费,动辄数十万金。凡捐班出身者,初因其非正途,恒受人歧视,于是讲排场,顾体面,官僚政客之形成,大概皆由此而来。其勒索于民者,苞苴不计,杂项陋规即有可观。漕折可以多收一倍,粮赋可以提取五分,肥缺年获巨万,瘠缺亦当数千。官久自富,早成谚语。其所附庸之人,据康熙四十一年刘子章《请裁简外官家口疏》云:“臣见外放官员,除携妻子兄弟而外,其奴婢有多至数百人甚至千余人者,其赴任、离任则有车马盘缠之费,在任则有衣食豢养之费,而本官已不胜其苦。当其入境、出境,驿递则有人夫迎送之苦,州县则有中伙供应之苦,在任则行户有官价、市买之苦,小民有柴炭、力役之苦,而地方更不胜其累。即本官莅任之初,亦常思清廉自矢,仰报国恩,而居之数月,千百名口,嗷嗷待哺,不得已取之所属以供之,一次滑手,渐至再三,久之则率以为常而不顾。而素无操守者,更不知巧取何如?于是地方之民大困矣!……伏乞严加裁节，制为定数：凡官员家口除妻子兄弟外，其奴婢则督抚止带五十人，藩臬四十人，道府三十人，州县十五人。”清代官吏之薪俸至薄，一品一百八十两，至五品递减二十五两，为八十两。六品六十两，七品四十五两，八品四十两，九品只三十三两。京官银一两搭禄米五斗。乾隆二年以后，加倍给与恩俸。以七品之知县论，每年九十两之俸银，衙内之刑名、钱谷、书记、挂号、征比诸幕友，每人送束脩数百两至一二千两，加以家口、仆役，非万金莫办。雍正整饬吏治，以火耗归公，加给养廉，总督多至一二万两，知县亦在二千两上下，然各官仍不足用，巧取勒索，视为当然。君主枉积无上之威权，而人民却逢遍地之虎狼（王命岳《惩贪议》中具此意），政治以贪污为常经，官逼民反之事，时有所闻。其故皆由俸给之薄，无以赡其家也。而一人得官，乡里称庆，所有亲朋之游手寄食者，皆争往随从之，数十名口之眷属，嗷嗷待哺，欲维持最低限度之生活，亦舍贪无术矣。据日本人调查，二三流之官僚，其豢养数十人，每年收入为二万二千九百三十元，支出为一万四千四百十元。年可储存八千五百元。为宦十年，即可积金八万五千元。故俗语云：“三年清知府，十万雪花银。”知府如此，督抚司道可知，廉吏如此，贪吏更可知也。林则徐卒后，遗产仅万金，世以其为大吏数十年，殊不愧“青天”之名。而其子在京坐馆者，月费八十两，家书称其拮据。足见京官之生活，迥不如外官。盖六部以户司财政，最称富有，奏销有“部费”，书吏、库丁皆可舞弊偷盗，而河工、军需、营缮、赈恤诸事，则“讲分头”（回扣之意）。题官、议叙、调缺、办理刑名，则有“打点”、“照应”、“招呼”、“斡旋”诸名目，皆可得贿。故吏、兵、刑、工四部，亦有其生财之道。惟礼部最穷，其余翰詹、御史，文墨建言之官，储才养望之地，只有收门生之“贽敬”，赖学差之“棚规”，以及同年、同乡作外官之“冰炭敬”与“别敬”耳。居屋湫隘，敝衣无车，借债度日，指差赊欠，其苦况可知。然京官偶获派往外省查案，则盘费供应、公帮、规礼，照例致送，而受贿尚在外焉。每得一差，可致万金，即可度其一生矣。总之，官吏之生活，虽不及买办，而优于农工多矣。商人之在上海者，可分三等：头等资金一万元者：每月开支，房租六间六十元，经理五十元，副理四十元，司账四十元，副司账二十八至三十四元，副手各十六元，跑外四人正三十六副三十元,学徒一元至四元,司栈四元。伙食米四石五斗,二十二元五角,副食费六十元,柴火十五元,杂用五十元,捐十元,利息一百元,共为六百八十七元五角,一年计为八千二百五十元。二等,资金五千元者:每月开支,房租四间四十元,执事四十元,司账三十四元,副司账二十八元,助手十八元,跑外二十八及二十四元,学徒一二元,司栈四元。伙食米三石十五元,副食费四十元,柴火十元,杂用三十元,捐六元,利息五十元,共为三百七十二元,一年计为四千四百七十六元。三等,资本二千元者:合计月支一百四十九元,一年共计一千七百八十八元。其年终红利,每岁不等,大约皆可超出开支之数,故商人之生活,又优于工人远矣。

(四) 士人生活与官兵薪饷

介乎农、工及官、商之间者,为读书人及士兵。读书即为作官,苟时乖运蹇,累试不中,则宦途不得迈进,终古泥蟠,寒酸实甚,故称“寒士”。因其无论为乡绅,为幕宾,为书吏,为塾师,皆无一定之收入,故生活不免困苦。吴鼐诗云:“说起穷来真是穷,一年糊口仗生童。”郑燮诗云:“教书原来是下流,傍人门户过春秋。半饥半饱清闲客,无枷无锁自在囚。”是以教书先生常为社会取笑之资料。即或青云得第,出焉学官,则“百无一事可言教,十有九分不像官”(傅芝堂自嘲联语)。社会上均称为“豆腐官”,盖谓其只能吃豆腐耳。《金壶戏墨》云:“广文为外省清高之职,近则老病偃蹇,颓然自放者居之,英年志士,不屑为也。然而贫贱逼人,科名误我,鸡肋虽无味,得不俯首甘之乎? 宜乎食肉者之不以正眼视也。”惟服官虽好,为士则贫,力田至苦,而一般训子者,仍以读书耕凿相勉。曾国藩之父麟书晚年书一联悬之厅事,曰:“有诗书,有田园,家风半读半耕,但以箕裘承祖泽;无官守,无言责,时事不闻不问,只将艰巨付儿曹!”国藩治家,标其祖德,以“书、疏、鱼、猪、早、扫、考、宝”八字为训。《庸闲斋笔记》云:“明王洪洲参政圻家训曰:‘子孙才分有限,无如之何,然不可不使读书,贫则训蒙以给衣食,但书种不绝可矣。若能布衣草履,足迹不至城市,大是佳事。关中村落,有郑魏公庄,诸孙皆为农,题诗曰:儿童不识字,耕稼魏公庄。夫仕宦岂能常哉？不仕则农事可安也。不可以迫于衣食，为市井衙门之事！'先大夫尝言：历数州县同官之子孙，能卓然自立，功名逾前人者，百中仅一二人；能循谨自守，不坠家声者，十中仅一二人；岂州县官之子孙，皆生而不肖哉？饮食衣服货财，先有以汩其志气，即不骄淫纵欲，此身已养成无用之身，一旦失势归田，无一技之能，无一事可做，坐致贫困，一也。况居衙署之中，有淫朋以诱之，有狡仆以媚之，圈套万端，不中不止，自非有定识定力者，鲜不为所惑，二也。而为州县之父兄，方且营心于刑名钱谷事上接下之道，无暇约束子弟，子弟即不肖，亦无人肯声言于父兄之前，故有身虽在宦途，而家计已败坏不可收拾者，历举数人数事，为之太息痛恨而已。"此可代表中国一般人之传统思想，盖以好花易谢，富贵不常，为子弟计，仍以耕读为根本。所谓"君子忧道不忧贫"。安贫乐道之精神，斯为我国教育之特色，故春联有"东鲁雅言，诗书知礼；西京名训，孝弟力田"之语。《梅溪丛话》云："富贵如花，不朝夕而便谢；贫贱如草，历冬夏而常青。好花如富贵，只可看三日；富贵如好花，亦不过三十年。"如清末之胡光墉、盛宣怀皆以豪富雄一时，而扬州盐商张、黄、程、包诸氏，莫不斗靡争研，挥金如土，不数年皆敝坏不可为矣。西洋人之经济思想，在奖励欲望；中国人之经济思想，在知足守分；一为积极，一为消极，其结果西洋之物质发达，而中国之科学落后，但安贫乐道之教育，代以功利主义而后，是否即能达富强康乐之目的，固仍属疑问也。俗语云："万般皆下品，惟有读书高。"又云："书中自有黄金屋，书中自有颜如玉。"其对士子之奖掖虽如此，而士子之清高贫困，社会上已习见而熟知之矣。道光时，沈垚《与张渊甫书》云："垚居都下六年，求一不爱财之人而未之遇。"风俗日坏，盖有由来，皆生计压迫之故耳。士、农、工、商斯为四民，乃吾国数千年以来之职业分类，自清季编练新军，而行伍之官兵，始与士、农、工、商齐称焉。清初全国兵额，不过八十万人，薪饷至薄，每月一二两，殊不足以自赡。自湘军兴，而勇之待遇，普通规定为四两二钱，数十年迄无变动。光绪三十年陆军部奏定之陆军饷章如下：

官　弁	员　数	薪　水	公　费	共　银
总统官	一	六〇〇两	一〇〇〇两	一六〇〇两
统制官	二	四〇〇	六〇〇	二〇〇〇
统领官	四	二五〇	二五〇	二〇〇〇
统带官	一二	二〇〇	二〇〇	四八〇〇
炮队协领官	一	二五〇		二五〇
工程队参领官	一	二〇〇		二〇〇
教练士官	一二	一〇〇		一二〇〇
步工辎管带官	二八	一〇〇	一四〇	六七二〇
马队管带官	六	一〇〇	八〇	一〇八〇
炮队管带官	六	一〇〇	一六〇	一五六〇
督队官	四〇	五〇		二〇〇〇
步工辎队官	一一二	五〇	一〇	六七二〇
马队队官	二四	五〇	八	一三九二
炮队队官	一八	五〇	一四	一一五二
乐队队官	二	五〇		一〇〇
总参谋官	一	二五〇		二五〇
正参谋官	二	二〇〇		四〇〇
一等参谋官	二	一五〇		三〇〇
二等参谋官	四	一〇〇		四〇〇
三等参谋官	二	五〇		一〇〇
护军官	一	一二〇		一二〇
中军官	二	一〇〇		二〇〇
参军官	四	八〇		三二〇
执事官	一九	五〇		九五〇
稽查官	一	五〇		五〇
各局总办官	三	一六〇	八〇	七二〇
总执法官(军需军械军医同)	一	一六〇		一六〇
正执法官(军需军械军医同)	二	一〇〇		二〇〇
总马医官	一	一二〇		一二〇

续 表

官　弁	员　数	薪　水	公　费	共　银
正马医官(副四人薪减半)	三	八〇		二四〇
副军需官(军械军医同)	一二	六〇		七二〇
掌旗官	一〇	三〇		三〇〇
司号官	二	二四		四八
制造官(司粮司饷查械同)	四	五〇		二〇〇
司库官	三	四〇		一二〇
司药官	二	三〇		六〇
书记官一等	一〇	六〇		六〇〇
二等	三二	四〇		一二八〇
三等	四	三〇		一二〇
排长	四四〇	二五		一一〇〇〇
司务长	一三六	二〇		二七二〇
军需长	四〇	三〇		一二〇〇
军械长	六	三〇		一八〇
军医长	四二	四〇		一六八〇
马医长	一四	三〇		四二〇
查马长	一六	三〇		四八〇
司号长	一六	一六		二五六
书记长	五九	二四		一四一六
医生	四四	二四		一〇五六
马医生	八	二〇		一六〇
司事生	一九	一六		三〇四
司书生	三二〇	一二		三八四〇
合计一五九五员名				薪六八二四四两
弁目	一二	一〇.五两		二二〇.五
正目	一二六六	五.一		六四五六.六
副目	一二六六	四.八		六〇七六.八
护目	七一	六		四二六

续表

官　弁	员　数	薪　水	公　费	共　银
号目	四〇	六		二四〇
医兵目	四	一二		四八
匠目	四二	九		三七八
守库兵目	二	四.五		九
马夫目	五八	四.五		二六一
马弁	一三四	八.四		一一二五.六
正兵	五〇六四	四.五		二二七八八
副兵	一〇一二八	四.二		四二五三七.六
备补兵	一二六六	三.三		四一七七.八
护兵	九六六	四.五		四三四七
号兵	三〇八	四.五		一三八六
医兵	一九四	四.二		八一四.八
乐兵一等	四	一〇.五		四二
二等	一二	八.四		一〇〇.八
三等	二四	六		一四四
学习乐兵	四八	四.五		二一六
守库兵	一八	三.九		七〇.二
驾车兵	一五二	四.五		六八四
管驮兵	三六	四.五		一六二

枪匠一二〇,炮匠一八,铁匠三四,每人六两六钱。木匠三四,皮匠一三八,每人四两五钱,修械匠一八,每人六两六钱,伙夫一四四〇,马夫五七〇,喂养夫一八八,每人三两三钱。合计二三七六〇名,饷一〇二三三五.一两。骡马四千四百六十九匹,每匹干银四两八钱,掌铁缰绳银二钱四分,共银二万二千五百二十三两七钱六分。炮一百零八尊,每尊费银五两,共银五百四十两。以上全军共需银十九万三千六百四十二两八钱六分。总统项下各员,平时不设,除去薪饷五千一百五十三两五钱二分外,实支银十八万八千四百八十九两三钱四分。

因此可知士兵待遇,四两二,四两五,四两八,至正目五两一,每日合一钱四五六七分,适与工人之所得相等,每月合六七元。至驿站夫役,每名日给二三分以至七八分,每月不过二三两,与绿营士兵相等。其时包饭二荤二素者,每月三元。但苦力、工人、士兵,未有包饭者,生活极简单,食用亦至啬,每月所费,不过一二元耳。普通教书士人年获束脩二三十金,似尚不如。故投笔从戎者甚多。至警察与学校之小学教员,则每月可获八元至一二十元,中学教员可获三五十元,又较优矣。

第二十七章　东北之移民与垦殖

一百十六　满洲之封禁与开放

（一）满洲封禁之意义

我国之土地，面积至广，幅员固不仅四千方里，可耕之地，亦不止四千万顷，若能尽量开垦，兴修水利，以养四万万人口，决不至有食粮不敷之忧。顾自清末以来，米麦之输入，日渐增加，茶、丝之外销，逐步减少，资金外流，民生坐困，倘非东北开发，大豆出口，每年有近一万万两之汇入，则经济早陷山穷水尽之境。故此事关系吾民之生活者至巨，不可不详述也。东北原为清朝发祥之地，黑水白山视同禁区。仅迁客流人，充军前往者，或发与披甲人为奴，代旗丁任耕作而已。其数亦至有限，纳赎邀恩，即可放还。吴兆骞、陈梦雷皆其例也。以故东北之开发，尚有待于晚叶之放垦与移民耳。清初东北封禁，其区域大约有三种：一曰采参之山场，二曰捕珠之河流，三曰围场及牧群；此三者皆因特殊天产物之关系，政府划定禁约处所，不许人民闯入，设卡稽查，勒有定章，采捕之务，围牧之厂，各设专员管理之。如打牲乌拉之总管，典牧之总管牧长，围场之协领是也，而总其成于将军。凡禁约之处，四围皆设封堆，立哨道，以时遣官巡查，禁止民人越界。《黑龙江通志·经政志·垦务沿革》（卷八）云：

呼兰城东北一带山河，出产参、珠，是以封禁为采参捕珠之地，岁遣官兵巡查，以防奸民侵盗。自呼兰城东七十里之绰罗河口起，向北至弩敏河口，立四封堆，酌设哨道，以分内外。哨道以内为封禁官荒，不准开垦,哨道以外,为公中间荒,向准旗丁耕种,而禁民户入界私垦。

又《吉林志·食货志》(卷三十一下)云:

道光二年奉上谕……伯都讷围场现在封禁,设立封堆四百一十个,委无民人在内私行开垦之处,着富俊随时查察,严禁私垦,无得日久疏懈,致滋流弊。……寻富俊奏言:臣查伯都讷围场设立封堆,严禁私垦,并咨伯都讷副都统责成旗民地方官不时严查,按季结报查核。……臣初设双城堡,原系由拉林管辖间荒内拨出地界,南北七十余里,东西一百三十余里,四围设立大封堆,以别拉林、双城堡两协领分管界址。嗣因分设左右二屯,又将中屯与左右二屯分界,各设立小封堆,以别双城堡、三屯佐领分管界址。其小封堆以外,大封堆以内间荒,仍留作本地官兵及京旗官兵随缺地亩之用,此项地亩,随缺交代。若兵丁老病事故退革,便无容身糊口之处,续开北面间荒,东西展长一百二十七里,西南展开宽五里,挖立大封堆一百二十七个,以备退革兵丁恒产之用,此双城堡封堆之形势也。其小封堆以内,皆系旗丁之产,未便人民杂处,早经逐出屯田外。而大封堆以内,先系拉林管界,其嘉庆十五年奏准入丁陈民,未便全行驱逐,随于所居周围挖界,止许垦界内数晌,以养身家,不准越占官荒。

就上两文,可见采参捕珠之山河,围牧之场所,皆有封堆为界址。封堆以内,谓之官荒,不准开垦,以外谓之间荒,则准许旗人之屯田。于是间荒中又有大小封堆,以限制民人之携眷垦殖者,是因禁采捕而连及屯垦矣。

黑龙江禁约之区,以呼兰城迤北之蒙古尔山(《会典》称蒙古鲁山,在巴彦县东阿力罕段),及布雅密河绰罗河一带,即前引《通志》,所谓官荒者也。乾隆元年于呼兰绰罗口、布尔噶赖峪、白杨树、努敏河口等四处设立台卡,禁私盗,实则山既无参(乾隆五十四年试采一次,稍见参苗,不堪入贡,久经停采),水亦无珠(嘉庆二十二年试采一次,亦停捕,未得珠),

膏腴之壤,利于屯垦,后日开禁,此其权舆也。自余禁处,未见明文,仅雍正间议定墨尔根绥楞额山、喀木尼哈达二处,及黑龙江城讷谟尔河地方各设台卡官而已。吉林则因长白山为发祥之地,产参最富,禁地独多。其见于官牍者:

> 一、乌苏里　二、绥芬　三、宁古塔　四、玛彦窝哩别派　五、绥哈河　六、伊拉莫河　七、额尔敏　八、哈尔敏　九、二道江(即额和讷音)　十、吉林　十一、伯都讷　十二、乌拉　十三、拉林　十四、罗拉呆玛延　十五、达巴汗　十六、英额岭　十七、额赫诸殷　十八、萨音诺殷(以上见《会典事例》卷二百三十二户部参务山场所引谕旨中有参山禁山之地)

《东三省纪略》(卷六)云:

> 清初起于鄂多哩城(今敦化县),图们江左岸,皆为发祥重地,入关以后,遂加封禁,列为禁山围场。……封禁采捕之河流山场,曰布尔哈通河、曰海兰河、曰噶哈哩河,以上为捕采河。见《八旗通志》。曰瑚珠山,曰阿布达哩(今之珲春东沟),曰乌尔珲山(即今之黑顶子),曰呼兰山(即今之火龙沟,在珲春东南),曰呼兰河,以上为采捕(山)河,见《珲春册报》。

观上则知吉林全境之山河,几无不在参珠围禁中,是以关卡之设,随处皆有。《大清会典事例》(卷二百三十二)户部参务关记巡防云:

> 乾隆二十年,议准吉林、宁古塔、伯都讷、拉林等处,于紧要隘口,安设卡伦。刨参之年,出派官兵,早为起程,彻底搜查,果无偷避出山过冬人犯,行令俟本年放票收参,事竣后报部。

又据所载谕旨设立之卡伦,表之如下:

吉林属

镇北堡(大路后移二道河地方) 额赫木(城东参山) 登滩辉发(城东南沿松花江岸附近参山) 平顶山 白石 立发 苏尔济 觉哈 舒尔哈(六处皆附近参山) 呼兰河(直通出参之大安华山、小安华山、大发山等处,在努敏口、呼兰河之东南) 布勒札木

打牲乌拉属

四道梁子 喀隆里 那木唐阿 长岭子(四处皆附近参山)

宁古塔属

冲德林(城西) 乌赫林 伊车(皆在城东呼尔哈河下游通三姓路) 玛尔胡里 萨齐 库穆楞(三处皆南通珲春大路) 霍真松萨噶拉库(皆在城西南阿布毕尔腾地方) 上西 聂赫(皆城东通产参乌苏里山路) 白河 呼什喀尔 倭嫩 倭楞 噶斯哈花兰 鄂勒浑 噶尔翰多 雍武 呼兰古 塔克 通吉(十处皆附近参山) 额赫木(宁古塔、吉林间之驿站,设二卡伦)

伯都讷属

乌阿里嫩江(城西北厄克沁舒鲁齐多欢斯保地方) 当吉(城东北产参之乌苏里绥芬山通松阿哩江路南岸地方) 鄂齐尔渡口(城东北) 八间房(城东北) 富勒坚雅克萨(城东南) 宁山岭(城东南)

三姓属

乌斯浑河(通宁古塔之路)　玛颜(松阿里江上游)　翁萨口　斐遥屯河　佛勒和　乌珠遇兰　法勒图浑河渡口　图雅齐　音达木溪　音达木崖(皆乌苏里、绥芬等山相通要路)　锡芬河　郭布齐　喜吉兰(北路通罗米尔玛楚山)　团河口(松阿哩河下游北岸通蒙古)

阿勒楚喀属

锡北河口(通阿勒楚喀路之松阿哩河上游北岸)　多欢　墨兰(城西南吉林当冲)　斐克图(城东北三姓当冲)　斐克图口　佛多和海沟　鄂勒浑　阿勒楚　库鞥　额木山(皆附近参山)

卡伦之密如此。虽原设于参山隘口,河道渡口,以稽查出入刨夫所领官发之腰牌印票(按原定八旗分山采参,彼此不得越境。康熙间分山之例暂停,照盐引给与参引。雍正初谕采参虽经严禁,盗挖究不能除,与其肆令盗挖,莫如定制收课。因议定自备资斧采参者,无论旗民,每票一张,交银四两。负载徒行之人,征银、参各二两。八年奏准招商刨采,每票一张,收参十六两,十两交官,六两给商作本,余参留给领票之人。乾隆间,定盛京每票一人一驮,准带爨炊人四名,交参五钱。吉林一票四人,炊爨人至多不过五六名,交官参二两,余夫每名交参五钱。参票盛京以千七百五十二张为额,吉林以四百六十五张为额,宁古塔以一百九十六张为额),然自吉林、英额岭小山西南与盛京接壤,东北与罗拉米玛延小山与三姓所属乌苏里大山接壤,凡吉林、宁古塔、三姓等处大小山口,及百里附近要处地方,皆为堵闭,而乌拉伯都讷又有禁河,有围场,实无异于全省之封锁。若奉天则因东北环绕长白山之关系,设有边墙,划为禁山。《东华录》嘉庆十五年谕云:

盛京、吉林、宁古塔一带,环绕长白山,为本朝发祥之地,产毓人参,实为瑞草。二百年来附近山场,刨采日多,必须远历深山,方能采获佳品。……

又《大清会典事例》（卷二百三十二）参务禁令云：

康熙二十一年议定：凤凰城至山海关，开原边至萨林窝哩，沿边设有柳条边墙，不得私入禁山。

清以柳条边外为禁山之区，复严毁坏边栅私自出入之罪，而边门乃为关隘，置兵尉以守之。《盛京典制备考》（卷七）云：

将军兼管东六边：

五部侍郎内派一员为管边大臣。

威远堡　英额　汪清（按《会典》作旺清，或即兴京边门）　城厂（按《盛京通志》即加木禅门，“城”亦作“碱”）　瑷阳　凤凰（以上六边门，俱拴桩挖濠）每边门文职一员，由五部员外郎主事赞礼郎内签掣奏派，管理二年更换。武职章京五员，由驻防防御骁骑校内圈派，三年更换。惟凤凰边门无武职。

将军统辖西十边门，每边门设防御一员：

开原属：法库门。

广宁属：彰武台边。

义州属：白土厂　清河　九关台。

锦州属：松岭子　白石嘴　新台　梨树沟　明水塘。

吉林亦有边门，据《盛京通志·职官志》（卷十九）云：

布儿德库苏把儿汉门（即半拉山门，按《吉林通志》作布尔图库）黑儿苏边门　统门（按《吉林通志》作伊通）　发忒哈门（按《吉林通志》作巴彦鄂佛,《八旗通志》作巴阳俄佛洛)各置防御笔帖式各一员,俱统于宁古塔将军。

边门之禁,凡出入非有公文者不得放行,即行路亦须有票照。《大清会典·盛京兵部》(卷五十二)云:

凡公事之由边门者,皆给以单,守边官稽其出入,以具报。

又设卡派兵巡边,严查偷采私挖之人。《大清会典事例》(卷七百二十二)关门禁防云:

东六边门以外,安设卡伦二十一处,边内安设卡伦三处,凡二十四卡伦。每年四月初一日,出派官兵前往坐放,一年更换。每年四季由内外城城守尉、防守尉、协领内按季各派一员,带领官兵统巡边之内外卡伦境界,查拏偷砍木植,私挖人参,偷打鹿茸贼犯。

按盛京原设卡伦甚多,雍正间冗卡悉裁,所余二十四处,同、光间又裁去二十二,仅留中江、帽尔山二卡。定制:采参人行走之门,为兴京、英额、夹木产(亦作嘉产,边门即城厂)、叆阳四边,是奉天只有边外为禁约之区,而边内则不禁。边内有禁者,仅大凌河牧厂、养息牧河厂,及陈苏鲁克、新苏鲁克牧群,及一百零五个围场而已(围场亦有在吉林者)。《盛京典制备考》(卷五)云:"围场卡伦十二处:南六台,系西半拉河督查,共四十四围;北六台,系赫尔苏督查,共四十四围。南台为奉天属境,北台系吉林属境,牧围之处,皆有卡伦,非官役兵丁,不得私入围场。"此与禁采参捕珠为一例(捕珠区皆河流,与参山相近,官役珠轩头目等,由乌拉总管管辖以外,尚有采蜜诸役,可参看《会典事例》内务府采捕例,以与垦殖无大关系,故不细述)。以上皆三省封禁之地区也。若不明乎此,则封禁意义之谓何,与以后开禁之事实,皆不免暗昒,而移垦之真象,亦将难明,故不惮详述之如此。

封禁之意义,既如前述,若官府禁止流民入境,而以根本龙兴之地,及满洲风俗为言者,则仅见于乾隆四十一年之谕旨。《吉林通志·圣训志》(卷一)云:

丙申十二月丁巳上谕军机大臣等:盛京为本朝龙兴之地,若听流民杂处,于满洲风俗攸关,但承平日久,盛京地方与山东、直隶接壤,流民渐集,若一旦驱逐,必致各失生计,是以设立州县管理。至吉林原不与汉地相连,不便令民居住,今闻流寓渐多,着传谕傅森查明办理,并令永行禁止流民,勿许入境。

据此可知盛京本非禁地,吉林虽禁,其效亦鲜。因采捕有严罚(按,私采人参之禁,为首者处死刑,为从者枷杖,物畜入官),而垦殖仅驱逐,及流民渐集,势难尽遣,又恐别生枝节,不得不设法安插之。东三省之移民,及州县之增设,以至于放荒开禁诸问题,其根原皆在此。《大清会典事例》(卷二百三十三)乾隆二十四年奏准:三姓接连新设各台站,驱逐流民,不准栖止,并于宁古塔、三姓、珲春设立界址,不准盖房垦地,至各途无票行走者,严行禁止。其种地、贸易、佣工人等,由该佐领具保注册,随文稽查。又《黑龙江通志》引旧档及《呼兰府志》云:

初旗丁自垦,转租于民,或招民户开垦,私收地价,并按年按晌收取租粮三二斗等,谓之小租。及后民户私垦,认旗户为东,亦按年交纳小租,或钱或粮不等,均书立永不增租夺佃契约。旗户自耕之地,转租与民,或自垦自种者,谓之"老圈地"。旗招民垦者,谓之"牛力地"。咸丰季年,查出旗丁自垦租给民户之地,四千五百余晌,旗营屯站界内历年旗招民垦地八千余晌,民户一千五百余名,大荒沟等处私垦地一万五千余晌,民户四千一百余名,先拟将旗户私招佃民驱逐,嗣以人户众多,恐别生枝节。奏准就地安插,当年升科。

是则台站禁地,不准流民栖止者,而旗丁招佃,贸易佣工则不禁。且私垦既多,驱逐何易?此亦名禁而实不禁耳。总之,满洲之封禁,为局部的与相对的,其对于民垦事业,则有禁等于无禁。及时势变迁,移民日众,向之所谓禁地者,亦逐渐被侵占而开放矣。

〔附言〕　按封禁地方一事,不仅东三省有之,《户部则例》云:(一)浙江沿海新长沙涂,孤悬海外者封禁,附近内地者为丈勘。(二)察哈尔游牧厂地,禁止民人开垦,每年地方会同旗员亲身严查驱逐,年终取具并无私垦印结。(三)浙江象山县之大小南田岙屿鹁鸪头、大佛头、大月屿、箬鱼山等处荒地,永远封禁。(按,南田例禁,系明洪武间事,因防海故也。吕璜有《南田弛禁议》,见《吕月沧集》;朱桂桢有《论南田山开垦状》,见《皇朝经世文编》。道光二年,谕南田自前明封禁,至于四百余年,无业游民,借捕为名,潜往私垦,愈垦愈多,若概行驱逐,必虞失所,恐致别滋事端,着即相机筹办,务出万全等语。)(四)江西广信府属铜塘山中零星地亩,永行封禁。(五)台湾奸民私贌熟番埔地者,依盗耕本律问拟,于生番界内私垦者,依越渡关塞律问拟,田仍归番。(六)《东华续录》云:道光六年申禁云南流民租种苗田。此类事甚多,大约皆为保护番夷生业及海疆守险之故,与满洲封禁之性质不同。而禁律之严则过之,然犹有私垦者,则东省可知矣。

(二) 官庄与旗地

清朝八旗以兵政寓民,于京城内外,按旗分给房屋,于近京五百里内圈给地亩,衣租食税(以上孙鼎臣《苍筤文集》中语,姚文燮《无异堂集》有《圈占记》一篇,记圈地事甚详,可参考)。盛京及各省驻防旗兵亦然,量给圈地多寡不等。又划定旗界,不许民人垦殖,其隶于户部及内务府者,曰官庄。《盛京通志·田赋志序》(卷二十四)云:

国朝肇基以来,内府官庄,仅备粮刍之供,八旗军屯,并无粟米之征。凡所以优恤辽海者,皆给复丰沛意也。洎邑镇日增,开垦浸广,旗田计日(按即晌意),薄征草豆,民亩分科,兼纳银粮,官庄定等,永塞兼并。合而计之,较《禹贡》青、冀之赋为尤薄焉。

盛京官庄有三种:一曰粮庄,二曰棉花庄,三曰盐庄。共百二十六所,皆给以官牛,纳米于仓。《大清会典事例·盛京户部》(卷二百八十九)云:

(雍正)八年定盛京户部官庄百二十六所,从前均系按丁征粮,但粮米出地亩,嗣后将官庄编定等次,停其按丁征收,内棉庄五所,盐庄三所,并无别项差使,均作一等粮庄。其(粮庄)一百十八所,分一等十二所,每庄岁征米三百八十二仓石;二等二十所,每庄岁征米一百五十二仓石;三等三十七所,每庄岁征米三百七仓石;四等四十九所,每庄岁征米一百九十二仓石;共征米二万三千三百九十一仓石。除折粮存留供应之三陵及各祭祀苏麦、米豆、高酒,并匠役、牧厂人口粮,过往差役、饲马人丁口粮、马豆,又需用鸡、鹅、鸭、蛋、草菻、麻线、羊草、青草、油柴、炭席、瓢刷、箕帚、木掀等项外,余悉交内仓收存。

按《盛京通志·旗田志》据前志所载庄名地埋凡一百二十七处,共田四万六千零三十六晌五亩六分。户部册及《会典》止一百二十六处,《盛京典制备考》额设庄头亦同,惟谓报粮者一百十七名,棉花庄五名,盐庄三名,是粮庄又减其一矣。所有庄头共领地二十八万九千余亩,除水冲沙压不堪耕种外,实额二十六万五千一百余亩,此户部所属官庄也。若内务府所属官庄头六十八名,共领官地五十一万零九百九十八亩,各名原领官地二三万亩,至四五千亩不等,竟有地多粮少、地少粮多者,则兼并之状可见已。

其分给驻防官兵庄田,或旗丁开垦荒地,曰"旗地"。康熙十九年,往丈奉天地,东自抚顺,西至宁远,南自盖平,北至开原,划定旗界内地四百六十万余晌,余为民界内地。《大清会典事例·盛京户部·旗地》(卷二百八十九)云:

康熙十九年定:奉天东自抚顺起,西至宁远州老君屯止,南自盖平县阑石起,北至开原县止,共丈出荒地三十四万八千八十五公顷二十六亩。除烧砖及打草甸、马厂甸、羊草甸共地一万九千三十五顷九十六亩,实丈出三十二万九千四十九顷三十亩,分定旗界内地二十七万六千三百二十二顷八十亩,余系民界内地。

旗民地界虽分,而杂处年久,交连耕种者甚多,以致纠葛争告不已,清廷谕令定界分居,议卒难行。因制定旗丁不准在民界内垦种,及旗界房屋不准卖给民人之例。《大清会典事例》(卷目同上)云:

康熙二十八年谕:奉天等处地方旗民杂处,地亩陇界交连耕种者甚多,旗地界内居民有力耕种者,许其耕种,照例征收钱粮。若旗丁有力开垦,亦听垦种,不许互相拦阻。又谕:奉天等处旗地、民地所立界限不明,着将各部贤能司官,具题差往,会同盛京侍郎、府尹将旗地、民地并牧厂逐一确查,各立界限,详议具奏。钦此。遵旨议定旗民互相垦种,以致争告不已,嗣后旗丁不许在民界内垦种。又定盛京所属如有多余荒地,旗丁情愿耕种者,务将地名亩数,呈明盛京户部在各界内听部丈给……

又云:

五十四年谕:奉天地方旗民杂处,生事之人及盗贼命案较前甚多,必照旗兵驻防省分、旗民分居之例方可无事,亦与地方有益。九卿议奏,钦此。遵旨议定:旗民杂处年久,暂停其搬移,嗣后有卖房者,在旗界内之民房,令其卖与旗下,若不照此遵行,仍越界居住,照侵夺例治罪。五十五年定除现在旗民有情愿互相调换房屋者,即令搬移居住外,嗣后所勘旗界内房屋,不准卖给民人,卖买者各呈报该管官,违者治罪。

此可见严旗界勿许潜越,本不易行,旗界内民房只准卖与旗丁,旗房不准卖与民人,亦欲由渐而分,然成效殊鲜,其故则旗地、民地,官档划有定名,而民人佃种旗地庄园,原为法所不禁(《户部则例》有民人佃种旗地,地虽易主,佃户仍旧,地主不得无故夺佃增租之例。乾隆五十六年始停。嘉庆五年又复不许夺佃增租。《会典事例》五十七年议准民人租种庄头地亩,只准按年交租)。是旗人虽有地主之权,颇少垦殖之力,即生事日繁,民业渐广,典卖隐托,官所难禁。以后禁地之开,鸿沟之泯,皆以是为基因也。

旗地大约有两种:一曰官兵随缺地,为旗人之公产,随缺转移,每官兵应得地数,将军四十六晌,副都统三十一晌(地十七晌二亩,园地十三晌四亩,按将军副都统皆有随缺住房,故地数较少),城守尉及协领五十晌,防守尉及佐领四十晌,防御四十晌,骁骑校三十晌,主事六十晌,笔帖式三十晌,前锋领催兵丁各十晌,以后内外城兵丁马厂开地,作为伍田,亦属此类。《东三省政略》附有奉天八旗官兵随缺地亩表,因数目字太大,似有未确,据《盛京典制备考》载伍田共三十四万六千八百余亩,则官兵随缺地亩,必倍蓰于此矣。二曰红册地,皆系各旗人开垦,而报效国家者,为旧日旗人之私业。定例旗丁开垦地亩,令该管官出具保结,呈报盛京户部,将垦过数目,于年终汇报户部,因时派官勘丈,造册具题查核。《东三省政略》附有《奉天旗地表》,兹录如下:

驻防米地		草豆地	升科地	余租地	其余各地	总　计
奉天	三千六百三十七晌	二十七万三千二百晌	七千三百二十六晌	五千一百三十晌		三十八万九千二百九十三晌
辽阳	九万五千二十晌		六万四百二十余亩	七万八千八百六十亩		九万五千二十晌、十六万九千二百八十余亩
岫岩	六万二千八百晌		二万七千二百晌	七万三百五十亩		六万二千八百晌、九万七千五百五十亩
广宁	十五万余晌		八万六千三百亩	二十五万四百十亩		十五万余晌、三十三万六千七百十亩
牛庄	十万八百八十晌又九万四千九百三十晌		六万四千六百四十亩	十五万三千四百亩		十九万五千八百十晌、二十一万八千五十亩

续 表

驻防米地	草豆地	升科地	余租地	其余各地	总　计
铁岭 开原 九万三千三百晌		十二万九千四百五十亩	十一万五百二十余亩	征银地二千四百六十余亩	九万三千三百晌、二十三万九千九百七十余亩、征银地二千四百六十余亩
兴京 九千五百四十晌	六千四百七十余晌	二万三千九百三十亩	六千四百七十余亩		一万五千九百十余晌、三万四百余亩
凤凰 四万五千五百六十晌		七万四千六百二十亩	八万五千一百十亩		四万五千五百六十晌、十五万九千七百二十亩
金州 七万九百二十晌		五千二百四十亩	七万三千五百亩		七万九百二十晌、七万八千七百四十亩
复州 三万五千六百七十亩		五千九百十亩	五万二千八百亩		九万四千三百八十亩
盖州 七万四千九百晌		九千八百四十亩	二万八千七百五十亩		七万四千九百晌、三万八千五百九十亩
熊岳 五万七千三百二十亩		一千四百亩	五万二千六百九十亩		十一万一千四百十亩
锦州 十六万六千一百晌		一万四千二百四十亩	九万二千八百五十亩	试垦地十三万九千四百四十亩	十六万六千一百晌、十万七千九十亩、试垦地十三万九千四百四十亩
宁远 七万九千三百晌					七万九千三百晌
义州 十一万二千七十晌					十一万二千七十晌、十三万五千二百六十亩
总计 一百十七万八千九百五十七晌、九万三千九百九十亩	三十七万九千七十余晌	五万七千三百二十六晌、五十万七千五百六十余亩	五千三百三十晌、一百二十万六千六百十余亩	十四万一千九百余亩	一百五十七万九百八十晌、一百九十五万九千六十余亩

按旗地初无赋税,《大清会典事例》云:康熙三十二年始定每地六亩(晌),岁征豆一升,草一束。雍正后,盖平、牛庄、熊岳、金州、复州等沿海旗地,改征米。《盛京典制备考》谓官兵随缺地各纳仓粮与红册地粮数同,兵丁随缺地例无仓粮,每晌草一束,豆一升二合七勺,或米二升六合五勺七抄。至乾隆三十一年,丈出旗民余地一百八十七万四千四百余亩有奇,一并入官输租,定为三等九则:上等每亩租银八分、七分、六分,中等每亩租银七分、六分、五分,下等每亩租银六分、五分、四分。嘉庆四年谕:"奉天旗民私垦余地,隐占日久,自应清查办理,以杜争端。着赏限二年,令各业户将浮多地亩,自行首报。向来纳租余地,每亩交银六分,今加恩减半,每亩酌中纳租三分,若有隐匿不首者,准令地邻人等首报,丈出余地,即拨给首告之人耕种纳租。"是租银虽轻减,仍较原额地为重(按,乾隆间豆一石折银二钱,米一石折银四钱,草一束折银三厘),政府之不能放任余地私垦,中叶后已可概见矣。惟隐匿不报者,恐仍未能免,《盛京典制备考》载盛京内仓额征红册草豆地三十七万八千余晌,征米地六十八万一千三百余晌,升科地一万余亩,租地三万零三百余亩,统计不过一百二十五万九千三百余晌四万零三百余亩,较前引《政略》所举随缺及旗地两表,总数相差尚远(官兵随缺地共九九八八四三亩,旗地一五七〇九八〇晌一九五九〇六〇余亩,共计约二百零六万余晌)《政略》时代较《备考》约晚三十年(《备考》光绪七年修,《政略》宣统二年修),其增比律已超过十分之六七,若在乾隆以前,其旷辟或不成问题,中叶以后,奉天旗人有逃往吉林垦种者,则遗利之少可知。除开放牧厂屯田以外,边内及东边一带,几全为汉人所占种,旗田何能增加如此之多?若就雍正以前之数目观之,则似可比较而得其故矣。兹录《盛京通志》所载旗地亩数表之如下:

	顺治间原数	康熙三十二年丈量数	雍正五年丈量数
兴　京	二四四一晌	六二七八四.一晌亩	一一六二四〇
奉　天	二五八九三七	二一七四四八.四	三六二七一五
开　原	一一六六七	八〇四一八	二〇七六三八.四

续　表

	顺治间原数	康熙三十二年丈量数	雍正五年丈量数
凤　凰	七五九〇	一八二八五	三五六八八.一
盖　平	一六二七四	二八六六七	七四五一八
金　州	五一五〇	一六二〇二.三	五五一六四.二
牛　庄	二八一一四	五八八〇四.二	一四〇八九七.五
广　宁	二二〇七八	一六三五六七.一	三七六〇六四
义　州	三三〇五二	八六七四〇.一	一四六七三九.五
锦　州	二九九三八	一一三一五四.三	一八三三三二.五
山海关	二六八五六		
辽　阳		一四六八〇一	三五三二二八
熊　岳		二一九七一.三	五六七二一
复　州		一四〇二六.三	二七九八六
岫　岩		一二二二三	三五七七四.三
宁　远		一二六四五一.一	一九五〇九八.二
共　计	四四二〇九七	一一六七五四四.五	一三六七八〇四.四

据上表可知旗地逐渐开垦,康熙间较清初增多二倍有半,雍正间又增多二十万晌,何以自乾隆至光绪初凡一百三十余年间,反减少数万晌(雍正五年为一百三十六万七千余晌,光绪初为一百二十五万九千余晌,又曰四万余亩,相差殆十万晌),是则余地私垦既有相当之限制,且仍不免有匿报者矣。

吉林官庄凡九十处,每处壮丁十名,每壮丁地十二晌,各交仓粮三十石,八旗地共三十六万五千余晌,无赋额,兹据《吉林外纪》表之如下:

(一) 官庄

吉林	五十处	壮丁五百名	共地六千晌	交粮一万五千石
宁古塔	十三处	壮丁一百三十名	共地一千五百六十晌	交粮三千九百石
伯都讷	六处	壮丁六十名	共地七百二十晌	交粮一千八百石

三姓	十五处	壮丁一百五十名	共地一千八百晌	交粮四千五百石
阿勒楚喀	六处	壮丁六十名	共地七百二十晌	交粮一千八百石

以上共原额地一万零二百晌共征仓豆二万五千五百石。

(二) 旗地

吉林八旗及蒙古乌枪营旗地共九万五千一百三十四晌

水手营地共二千二百六十晌

各驿站地共四万九千九百九十七晌

四边门地共二万六千六百五十二晌

宁古塔旗地共六万五千二百九十晌

伯都讷旗地共六万九千零十一晌

三姓旗地共八千一百十六晌

阿勒楚喀拉林旗地共三万六千二百七十八晌

珲春旗地共一万二千零五十晌

乌拉旗地共四万零三百三十八晌

以上旗地共三十六万五千零九十二晌无赋额

据嘉庆间将军赛冲阿奏准:吉林因连年被灾,收成歉薄,应征丁粮以一万零六百八十石作为正额,富俊又奏壮丁逃故一百五十四名,现有三百四十六名,共计官地及旗民私开毗连之地一万五千二百四十八晌三十亩,按三等征收共得粮一万一千一百九十七石四斗五升。较前定额实多粮五百一十七石余。此外依《通志》所载册报乌拉有官庄五处,庄头五名,壮丁一百四十名,熟地共二千一百七十五晌,每丁种地十五晌,凉水泉官庄地一万四千晌。又三道卡萨哩官庄地二千八百八十二晌三亩,则闲荒招佃开垦,升科起租以补缺额者也。

吉林官兵之有随缺地,始于道光年间,将军富俊、倭什讷等先后奏准于双城堡、伯都讷先行拨给。光绪间复经将军铭安、长顺等先后奏请于三姓及吉林等处亦一律拨给。双城堡原有总管一员,地一百六十晌,光绪八年铭安奏裁总管改设协领,地八十晌,佐领五十晌,防御四十晌,骁骑校三十晌,左右司开缺翻译、笔帖式五十晌,笔帖式、领催、甲兵各二十晌。伯都讷协领地四十晌,佐领三十晌,防御、骁骑校二十五晌,云骑尉、恩骑尉二十晌,笔帖式、领催、前锋、披甲兵役各十六晌,三姓副都统地一百八十晌,衙署公用地二千晌,协领以下同。双城堡,惟每兵十六晌,吉林、乌拉、伊通、额穆赫索罗、宁古塔、珲春、阿勒楚、喀拉林、五常等处协领地六十晌(参领同),佐领四十晌(四品官及主事同),防助教、笔帖式、骁骑校各三十晌(五六品官及总站官均同),领催、前锋各二十晌,兵十六晌。兹据《吉林通志》官兵随缺地约二十万三千余晌,旗田约一百零一万余晌,两共一百二十一万余晌,较前举《外纪》之数(三十六万五千余晌),增加三倍有余,《外纪》撰于道光初(吉林堂主事萨英额吉夫所撰),《通志》作于光绪中叶以后,相距约七十年间,开发之率如此,岂果旗丁之力哉?实则汉人移殖日众,多由代佃承种之功也。

黑龙江省之设旗屯,始于康熙二十三年,诏令出征罗刹官兵,同汉军披甲在瑷珲永戍,筑城屯田。二十四年,特遣部院大臣督领盛京官兵至黑龙江分给牛种,垦地九十顷有奇。墨尔根令索伦达呼尔官兵耕种,垦地二千余晌。二十九年,官兵移住墨尔根,即以此项成熟之田分给耕种。乾隆二年续移奉天开户旗丁于呼兰设屯,黑龙江等处亦依次添设。十年,郎中富明安条奏兵丁生齿日繁,请照旧例再加推广,四城之设旗屯,大率皆乾隆中叶以前。其屯地初以黑龙江为腴,后以呼兰为腴,墨尔根、齐齐哈尔则皆次焉。若垦况地数,《黑龙江通志》均无可考,其散见于档案及其他诸书者,呼兰初设官庄四十所,令盛京将军于八旗户内选能种地壮丁四百名,携带家口前往开垦,每壮丁一名拨给地六十亩,盖给草房二间,每十壮丁合编一班,每十庄设领催一名,口粮、籽种、牛磨均官给。每丁所授之地,岁纳耕细粮三十石,第一年免输,第二年交半,第三年全纳(见《通志》引北京档案乾隆二年户部议复原折)。旋两次续增庄官十所(见《通志》引六年、七年户部议复增设官庄折)。黑龙江初设屯庄三十,墨尔根十,齐齐哈尔二十,每屯屯丁十名,每岁并交租细粮三十仓石(见《通志》引乾隆十年大学士议复巡察黑龙江郎中富明安条奏)。齐齐哈尔至后有壮丁三百名,设官庄三十,墨尔根壮丁一百五十名,设官庄十五,黑龙江壮丁四百名,设官庄四十,呼兰壮丁五百十名,设官庄五十(见《黑龙江外纪》卷三)。嘉庆九年将军观朗请改屯田马甲一名为养育兵二名,并墨尔根、黑龙江屯田者亦归划一,号曰“公田”,每年每丁交粮二十二石(见同上)。道光五年,增设官庄,谓之“新官屯”(见《黑龙江通志》引旧档),屯丁除呼兰以先岁交二十五石外,后皆改与养育兵同。据《黑龙江述略》谓官庄共百六十六所,系合新旧屯而言之,八旗养育公田不在内。若合养育兵及壮丁统计,共二千五百零五名。每丁以六十亩计,仅十五万零三百亩。较之奉、吉则瞠乎其后矣。故黑龙江一切岁需银两,皆仰给于盛京也。

〔附记〕　按《黑龙江外纪》(卷四)云:“关外田土以晌计,一晌六亩余,黑龙江亦然,广狭长短,大抵约略其数,非如关内以弓步丈之准。”《吉林通志》(卷三十一下)引伯麟奏云:“查奉天一带谓一日可犁之地,为一晌,计地六亩,吉林每晌约有十亩,谓之大晌。”《黑龙江通志·经政志·垦务》所载毛荒及垦熟地,晌下有零九亩,零八亩,零七亩者,似亦以十亩为一晌。余询之黑龙江人云:黑省十亩为一晌。则《外纪》之言或误。

(三)京旗之移屯东北

自清室入主,旗人在社会上占特殊之地位,政府圈给房地,授以口粮,其恩至渥。顾旗人不事生产,服力田亩者至少,又不知节俭,妄事奢靡,及生齿日繁,渐至穷困,雍正五年谕管理旗务王大臣曰:

近来满洲等不善谋生,惟恃钱粮度日,不知节俭,妄事奢靡。朕曾降旨,谆谆训谕,但兵丁等相染成风,仍未改其靡费之习。……从前皇考轸念兵丁效力行间,致有负债,曾发帑金五百四十一万五千余两,一家获赏,俱至数百,一二年间,荡然无余。后又发帑金六百五十五万四千余两赏赐兵丁人等,亦如从前,立时费尽。朕自即位以来,除特行赏赐外,赏给兵丁钱粮者数次,每次所赏,需银三十五六万两,此银一及兵丁之手,亦不过用于饮食,不及十日,化为乌有,亦何裨益?

乾隆元年又谕云:

八旗为国家根本,从前敦崇俭朴,俗最近古,迨承平日久,渐即侈靡。且生齿日繁,不务本计,但知坐耗财米,罔知节俭,如服官外省,奉差收税,即不守本分,恣意花消,亏竭国帑。及至干犯法纪,身罹罪戾,又复贻累亲戚,波及朋侪,牵连困顿。而兵丁闲散人等惟知鲜衣美食,荡费赀财,相习成风,全不知悔,旗人贫乏,率由于此。……在己不知节省,但冀朝廷格外赏赉,以供其挥霍,济其穷困,有是理乎?嗣后务期恪遵典制,谨身节用,勿事浮华,勿耽游惰,交相戒勉,惟俭惟勤,庶几人人得所,永远充裕,可免窘乏之虞!

观上两谕,可知八旗贫穷之原因,实由于奢靡不节。康熙间二次恩赏至于千余万之多,雍正间优恤亦过百万,而八旗之贫乏如故。又旗人不习耕作,典卖田地与民,政府为保护旗产,动帑赎回者,为数甚巨。后复有私卖者,皆入官。然乾隆初年二次赎回旗地又二万余顷,是虽欲禁而不能矣。且康、雍、乾以来百余年间,旗丁增加几及七倍,而孳生无已,奢靡如故,旗人益困。于是筹八旗生计者,均以移屯实边为言。乾隆二年御史舒赫德首疏论之云:

我朝定鼎之初,八旗生计,颇称丰厚者,人口无多,房地充足之故也。今百年以来,甚觉穷迫者,房地减于从前,人口加于什佰,兼以俗尚奢侈,不崇节俭,所由生计日消,习尚日下,而无所底止也。夫旗人所赖以为生者,惟有房地,若房地不充,虽百计以养之,究不过目前之计。……惟是京师房屋,尚可通融,而地亩则昔时所谓近京五百里者,已半属于民人。兹经臣工条奏,动帑收赎,奉旨徐徐办理,尚未举行。臣愚以为即便举行,而八旗之人口太多,亦未必尽能有济。故臣熟思长计,势不得不变通布置,惟使不聚于一方,庶可并得其利益,苟能收效于后日,何必畏难于目前?伏思盛京、黑龙江、宁古塔三处,为我朝兴隆之地,土脉沃美,地气肥厚,闻其间旷处甚多,概可开垦,虽八旗满洲不可散在他方,而于此根本之地,似不妨迁移居住。且八旗之额兵,将及十万,复有成丁闲散数万,老稚者不在内,若令分居三处,不惟京城劲旅,原无单弱之虞,而根本重地,更添强壮之卒,事属两便。

至乾隆五年御史范咸复上沿边屯田疏云:

目前所尤宜急筹者,莫若满洲八旗之恒产。盖生民有四,各执厥业,士、农、工、商,皆得以自食其力。而旗所借以生计者,上之则服官,下之则披甲,二者皆取给于大官之钱粮。夫国家之经费有定,户口之滋息无涯,于此而欲博施济众,虽尧、舜犹有所不能也。……臣夙夜思维,以今日欲为满洲八旗立恒产,惟有沿边屯田一法。……辽东边外,原为我国家发祥之地,兴京一处,似宜建为都会,择可垦种之地,派旗人前往驻牧。其余如永吉州、宁古塔、黑龙江幅员不下四五千里,其间地亩,或仅设为牧厂,或且废为闲田,亦甚可惜。……

而御史柴朝生一疏,尤为切直,其言曰:

今满洲、蒙古、汉军各有八旗,其丁口之蕃昌,视顺治之时,盖一衍为十,而生计之艰难,视康熙之时,已十不及五,而且仰给于官而不已。局于五百里之内而不使出,则将来上之弊必如北宋之养兵,下之弊亦必如有明之宗室。此不可不熟筹通变者也。臣窃以满洲闲散,及汉军八旗,皆宜设法安顿。查沿边一带,至奉天等处多水泉肥美之地,近日廷臣如顾琮等,俱曾请开垦。请遣有干略之大臣前往,分道经理,果有可屯之处,特发帑金,为之建堡墩,起屋庐,置耕牛农具,令各旗满洲除正身披甲在京当差外，其家之次丁、余丁力能耕种者前往居住，其所耕之田，即付为永业，分年扣完工本。此外更不升科，惟令其农隙操演，则数年之后，皆成劲卒，复可资满洲之生计。

时旗人久长辇下，一旦迁移，心感不便，而大臣因事体重大不敢轻言，故扞格而不能行。翌年户部侍郎梁诗正复上疏论之，清廷可其奏，派大学士查朗阿查勘三省可种之地。经议政王大臣议以拉林、阿勒楚喀距船厂甚近，请先于该处移驻满洲一千名屯垦，俟有成效，由近而远，渐次举行，移驻者每户给地三顷，外有间荒，听其招佃开垦，官给车马牛种，约百余金。自乾隆九年筹办起，至十九、二十五等年，始移驻就绪，并专设拉林副都统以稽察之。然往者无意屯种，仍习故态，始而招佃取租，后渐典卖与汉民，其效殊鲜。《吉林通志·食货志》(卷三十一下)富俊奏云：

臣检查旧卷，移驻京旗苏拉盖房垦地，均借吉林各城兵力赶办，其地但垦而不种，虽酌留数人教耕，一年裁汰，新移京旗苏拉，往往不能耕作，始而雇觅流民，代为力田，久之多为民有，殊失我皇上爱育旗人之至意。

顾为八旗筹生计者，舍此法亦别无良图，于是嘉庆间一再行之。《吉林外纪》(卷十)嘉庆十七年上谕云：

八旗生齿日繁，京城各佐领下户口日增，生计拮据，虽经添设养育兵额，而养赡仍未能周普，朕宵旰筹思，无时或释。……国家经费有常，旧设甲额，现已无可复增，各旗闲散人等，为额所限，不获挑食名粮，其中年轻可造之才，或闲居坐废，甚或血气方刚，游荡滋事，尤为可惜。因思东三省原系国家根本之地，而吉林土膏沃衍，地广人稀，闻近来柳条边外采参山场，日渐移远，其间空旷之地，不下千有余里，均属膏腴之壤，内地流民，并有私侵耕种者。从前乾隆年间，我皇考轸念八旗人众，分拨拉林地方，给与田亩，俾资垦种，迄今该旗人等,甚享其利。今若率循成宪,斟酌办理,将在京闲散人陆续资送前往吉林,以间旷地亩,拨给管业,或自行耕种,或招佃取租,均足以资养赡。将来地利日兴,家计自裕,旗人等在彼,尽可练习骑射,其材艺优娴者,仍可备挑京中差使,于教养之道,实为两得。

观上文所言,采参山场,日渐移远,其间空旷不下一千余里,已有民人私垦者,封禁之渐破,可推而知矣。寻将军赛冲阿奏称:"派员先往吉林、宁古塔距城附近地方查勘,缘生齿日繁,近地十里内外,早经该处旗人零星开垦,亦无成片之区,是以检查旧卷,只有拉林东北间荒一处,自鞍子山至桶子沟约可垦五千余晌,拉林东南夹信子沟一处,约可垦二万余晌,惟近来各处收成不丰,应请缓办。"清廷以既有旷土可垦,应即筹划章程,使旗人前往耕种,俾收地利,不必推诿时日。会赛冲阿调任成都,未及举办。十九年,将军富俊莅任后,因奏言:

此时预筹试垦,莫若先期屯田,通盘合算,应请先于吉林所属无业闲散旗人内,令各旗共拣丁一千名,出结保送,作为屯丁。每丁由备用项下,给银二十五两,官为置买牛具,自行搭盖窝棚。由阿勒楚喀公仓内,赏给籽种谷二石,每年给倒毙牛价银一千三百三十六两,于前勘定拉林东南夹信沟地方,每名拨给荒地三十晌,垦种二十晌,留荒十晌,试种三年后,每晌交谷粮一石。计自第四年起,交粮贮仓。十余年后,移驻京旗苏拉时,将熟地分给京旗人十五晌,荒五晌,所余熟地五晌,荒五晌,即给原种之屯丁,作为恒产。免其交粮,亦不补给倒毙牛价。如此因利而利,并不多糜国帑,吉林穷苦旗丁,获沐殊恩,即将来京旗苏拉移驻到吉,得种熟地,与本处旗屯众丁,犬牙相错,易于学耕伙种,殊于移驻有益,不致雇觅流民代耕,启田为民占之弊。

疏入,得旨准行。富俊旋带同委员前往详查原勘夹信沟之荒地,虽属沃衍,大势洼下,询悉前勘时,秋深草茂,未能辨别。随复往拉林西北八十里之双城子一带,东西约有一百三十余里,南北有七十余里,地土平坦,洵属沃衍,可备移驻京城闲散旗人二三千户之用。因奏准:每旗设立五屯,共屯丁一千名,一切农具耕牛分别采买备齐,于二十一年春一律开垦,即以双城子名为双城堡,设委协领一员,总司其事。后屯丁有脱逃者,询悉因系念妻子之故,遂每丁盖给窝棚一间(原议四丁一间),令接取家口,无妻眷者,雇工帮垦,亦有栖所。嘉庆二十二年富俊调任盛京将军,复奏言:

> 八旗数十万众,聚积京师,不农不贾,皆束手待养于官,势所不能,再四筹维,惟有移驻屯田,因天地自然之利,使自耕种为养,方资久远之计。因查双城堡尚有荒地二分未垦,拟于盛京、吉林八旗无论满、蒙、汉各项旗人内,挑丁二十名,置买牛条器具,刨挖井眼,搭盖窝棚,于二十五年春正月前往垦耕,名为双城堡左屯右屯,将前屯处所名为中屯。

富俊旋又回任吉林将军,二十四年奏准议行。于是双城堡设立三屯,共为百二十屯,屯丁三千名(中屯每旗五屯,共四十屯,左右二屯亦同),"比屋环居,安土乐业,合具者多系一旗,同屯者半属姻亲,犬牙错壤,麟次分疆,颇有井田遗风"(富俊奏中语)。富俊履亩查勘,男耕妇馌,俱极勤劳,皆酌加奖犒,因奏闻。仁宗朱批云:"满洲故里,佃田宅宅。洵善事也。钦此。"吉林之设屯,原为京旗人不谙耕作,常雇民代垦,或私行租佃,久之悉为流民占据。故特选旗丁为之垦成熟地,俾移驻时可以自耕。富俊原议于二十八年起,每年移驻京旗二百户为一起,每户用盖房银一百二十两,置买牛粮器具银五十两,治装盘费银共六千两。每起共用银四万两,计十五年,即能陆续移驻三千户,惟据道光元年上谕,及富俊奏,又酌议自道光二年为始。至移驻户数若干,《皇朝政典类纂》(卷十三)引孙鼎臣《苍筤文集》语云:

> 每屯屯丁三十户,京旗三十户,中左右三大屯,议移驻京旗三千户,每岁移驻二百户,愿移之户,十月报部,次年正月起程,每户户部给治装银三十两,本旗津贴银十五两,车马皆官给。到屯后户给屋四

间,皆官建。自道光二年始移驻二十八户,三年移驻三十一户,四年移驻五十三户,五年移驻七十七户,时垦熟之地已三万三千一百余晌。

按道光六年户部复议,愿往移驻京旗共一百八十九户,与孙氏所举数目同。又据《吉林外纪》六年移驻四十二户,七年移驻八十五户,又据《吉林通志》光绪三年将军铭安奏:先后移拨到堡六百九十八户,未到者三百零二户。人情之不踊跃可知。道光二年大学士曹振镛等会议伯都讷屯田一折,有云:"开垦屯田,专为移驻京旗闲散而设,上年富俊奏定双城堡章程,经各都统晓谕八旗,迄今已逾一年,愿移者仅二十八户。恐十五年内移驻三千户,必有展限之事。"故九年即将移驻京旗三千户,改为移驻一千户,所余二千户地亩四万晌添给京旗,每户十五晌,旗丁每户八晌三亩三分,每户京旗合原拨可得地三十五晌(原拨熟地十五晌,荒地五晌,共二十晌),旗丁可得地十八晌三亩三分余(原留荒熟地各五晌,共十晌)。通堡地亩九万晌,均予拨竣。惟屯丁一户垦地三十晌,交出移驻地二十晌,与京旗一户,今京旗减为一千户,而屯丁三千未减。其余二千丁应交之地,作何处置?官牍未有明文。《苍篁文集》附注,有道光三年松筠奏改两户屯丁拨给一户京旗二十晌,各屯丁每户留二十晌作为恒产之语。大致京旗迁移,或不足额,垦地均为屯丁占有,其势使然也。

黑龙江于乾隆年间查郎阿查勘时,曾定齐齐哈尔东南六百余里呼兰地方,有地径五百余里,列为上等。呼兰之东佛忒喜苏苏地方径二百余里,列为次等。乾隆十年郎中福明安奏各城壮丁闲散五千余名,应早谋生计。因拨佛忒喜苏苏地方设立官庄,留呼兰上等地为京旗移垦之用。及双城堡移驻之后,虽愿往者日渐增多,而终未能悉符原额。黑龙江亦迄未举行。至光绪二年将军丰绅等始议以濛河以北呼兰河以南拨京旗散丁,编十屯,复扩充至二十营屯,每屯十五户。嗣拨发京旗十户到屯,后均相率逃去,仅余三户,尚哀求放还。《黑龙江通志·经政志·垦务》(卷六)云:

每户先拨地，以三十五晌限七年垦齐，交京旗拨丁管业，以三十五晌归代垦户管业，限五年后升科，每晌先交官租六百六十文，其余十五晌，即作为该代垦户己产，并不助给牛具，亦不交纳押租。嗣发京旗十户二十八人到屯，在京起身时，由户部给治装银三十两……每丁日给米宿费银二钱……到屯由官预做庐舍井灶并牛具籽粮。及后相率去，仅余三户，亦屡求将军咨回，部议未准。

清廷之为京旗谋生计者，可谓无微不至。移驻吉、黑，每户所费官帑不下二百金，荒地先交丁民代垦成熟，念其未习耕作，又准契买奴仆，或雇觅长工助其力穑，惟不准私行典卖耳(见道光九年上谕)。而旗人狃于奢靡为官之习，不事生产，惮于移徙，终裹足不前。《吉林通志·食货志》(卷二十九)将军铭安奏云：

国家体恤旗人生计，按户授田，给资治具，几于纤悉无遗。而八旗人等犹复惮于移徙者，诚以吉林天寒地僻，物产不丰，京旗之人，素又未习耕作，胼手胝足，是所难堪。在京旗人，尤以报效当差为务，近值文教昌明，更以读书应试为荣。驱功名仕宦之人，强之使耕作，又奚怪其裹足不前也？

观此则知京旗不愿迁移之原因，宁受苦于京隅，不移耕于荒迈，安坐而食，已成惯性，后之陷于绝境，皆其自取之咎也。

东省闲散余丁试垦之时，以壤地相近之故，尚易招集。故双城堡三屯前后拨移吉林奉天无业旗丁三千户，男妇大小万余人，复兴伯都讷屯田，致旗人无可拨者，故不得不招民代垦。然以后数十年，京旗并无一户移来，光绪初即由佃民承领，当于后节述之。至宣统二年奉天旗务处以长白设府，议招旗丁百户，试垦于安图县，而报名者乃至五千户之多。金梁《试办迁旗实边报告》(初编)纪略云：

旗务处尝建迁旗实边之议，以事体重大，非可轻举，迄未实行。

上年奉督宪锡饬先试办于长白之安图县,于是酌筹经费,妥拟办法,分期筹备,奏准试行。初议迁旗百户,旋以该县交通险阻,不便迁移,改迁五十户,饬先划段建屋,分起招迁。不意示谕方张,而先后报名内外城至五千余户之多,急行截止,来者仍踊跃不绝,风气渐开,八旗人士,皆知俸饷不足恃,别谋恒业,固属可嘉,而生事艰难,衣食不给,迫而迁地谋生,其情况亦良可悲矣。……遂改章不加限制,惟以田屋能容为度。……计共迁男妇大小五百四十余口,约需经费三万金,分而计之,每口不过费五十余金而已。

由道光初至宣统初,不过九十年,旗人生计,已有江河日下之势,东省且然,京旗更可知矣。至东北之不能长保封禁,围荒牧厂,早已不成问题,长白山、布尔瑚里一带,本系产参之区,禁荒要地,人迹罕到,今亦听旗民垦荒采捕,尚何有禁地可言?所谓保护灵区者,不过为安插旗丁之口实而已。兹将当时招集旗丁告示,简录如下:

长白山是我朝发祥的地方,新近设治,长白、安图、抚松一府两县,单说安图一县,地势极佳,水土肥美,物产兴盛,旷地很多,任人领种,不用交价,荒田易垦,不使粪料,收获极好。什么森林啊,矿产啊,人参、鹿茸、貂皮、灰鼠,譬如满地黄金,只要有人去取,真是奉省难得的地方!现在本省旗人生计日艰,困苦日极,亟应各自设法,难得遇着大帅仁明,招徕旗户,迁往安图,一来为八旗筹生计,一来为长白固根本,尔等不要错过机会啊!

据此可见禁地所谓特产之物,既不能长保封禁,且以为开放招徕之具矣。惟旗丁屯田,迁旗实边,旗人自耕者殊少。大约皆招工雇佃,而汉人随之,因东省之初禁,除流民私垦之地外,以后开拓官荒间荒,皆以政府优待旗丁之故,为之破除。是以移驻京旗屯丁,实即汉民移垦之先导也。

一百十七　三省之垦务与移民

(一) 奉天之垦务与移民

清初当丧乱之后,各省旷土甚多,政府为奖励生产之故,定劳徕安集之策,凡州、县、卫、所荒芜无主者,分给流民及官兵屯种,有主者无力垦殖,官给牛具籽种,州、县以劝垦之多寡为优劣,道、府以督催勤惰为殿最。奉天虽龙兴故都,亦汉人拓殖之地,除禁山围牧而外,旗民错居,交连耕种。顺治八年,以山海关外荒地特多,令民愿出关垦地者,山海关道造册报部,分地居住。十年,更定招民授官之例,《盛京通志·户口志》(卷二十三)云:

> 顺治十年定例辽东招民开垦至百名者,文授知县,武授守备,六十名以上,文授州同、州判,武授千总。五十名以上,文授县丞、主簿,武授百总。招民较多者,每百名加一级。所招民每名给月粮一斗,每地一晌,给种六升,每百名给牛二十只。

盖明末汉民逃徙者众,及州、县新设,户无旧籍,丁鲜原额,不得不招民起科(奉天府属每丁征银一钱五分,锦州府属每丁征银二钱)。康熙七年,招民授官之例始停止。五十一年,诏人丁以五十年编审为定额,以后滋生户口,永不加赋,自是丁粮渐合(雍正六年,户部复准奉天府所属入籍民人增除不定,仍照旧例,丁地分征,不摊入地亩),而田畴益辟。人口田亩,时有增加,雍正以前,其数目可稽者,依《通志》表之如下:

奉天府属:顺治十八年,人丁三九五二名,田土五五五三顷三三亩一分二厘				
	康熙廿年人丁	康熙廿二年地亩	雍正十二年人丁	雍正十二年地亩
承德	二九四三	三四一五六亩五分	三四六九	一五二五〇四亩五分四厘
辽阳	三三九三	二九九三五.九八八三三	四五三九	二八〇〇八五.五

续 表

海城	二五五八	三〇八八一.三四三	三七五七	一三五二八六.三八
盖平	一〇一三	一六三六四.二九	一三五二	一二五〇九三.二七
开原	二一六二	三三四〇七.五	二四三九	九六一七〇
铁岭	二一二二	三八二〇九.八	二四七七	八九二四四.四
复州			二〇七四	二一九〇一六.七二
宁远			一三〇二	七七一〇一.七
锦州府属:顺治十八年,人丁一六〇五名,合奉天共五五五七名。田土五六顷,合奉天共六〇九顷三三亩一分二厘				
锦县	六八〇一	六〇六一九.一	一二二三九	三二四五七五.一
宁远	五二七一	四八五八六.二	七五四九	二一七七一六.一
广宁	二四五六	二〇六九八.五	八三九二	一〇六二五三.五
			外边圈地	七五五七八.二
义州	从宁、广二县拨入,因未割治,《通志》未开载			
共计 二八七二四		三一二九一五.二六三三	四五〇五九	一八九六二五.四一

据上表自顺治末至康熙中,凡二十年间,人丁增加五倍有奇,而田亩亦增加约五倍。自康熙至雍正末,凡五十余年间,人口增加约十分之六五,而田亩则增加六倍。人丁数目,因征赋之关系,当不确实,然彼时旗兵不及二万人,汉人实在行差者,已四万五千余,此外流寓之民,佣佃之夫,无籍可稽者,更不知有若干倍,是清初汉民之势力已浸加乎满族人之上矣。

乾隆以来,旷地渐少,开荒之例停止,而旗民私开者,仍时有所闻。三十年丈量奉天旗民余地,已四十余万晌,因撤出拨为公田。《皇朝政典类纂》(卷十三)乾隆三十年盛京刑部侍郎朝铨奏云:

奉天各项旗人原红册地,共二百二十五万七千四百晌有奇,现今丈出自首余地三十三万六千一百晌有奇,民人红册地四十六万零二百晌有奇,丈出并自首余地七万四千七百晌有奇。二共余地四十一万零八百晌有奇。民人余地在停止开荒以后,违例私开者,全行撤出。在定例以前,或依傍畦垄者,照旗人例酌量地数分拨,其官员兵丁应得随缺地亩,并各城学田水手公产,及旗民水冲沙压不足红册地亩,但请即于丈出余地内拨补。

次年因户部侍郎英廉言,遂谕除拨官员随缺地外,余地一并入官,即令原种之旗民,照数纳租承种,以裨生计,此盖夺其所有权,而不夺其承佃权。然就此可知者,民地共五十三万余晌,较之雍正末年之一百八十余万亩,仅增多一百三十余万亩,三十年间未及一倍,其故何哉?盖因余地无多,当时盛京旗人有逃往吉林种地者。且从前奖励开荒,人民自垦自报,十年起科。乾隆定报垦之律,须先请布政使司照,否则以私垦治罪,但私垦者决不因是而减少,山东、直隶之流民,群以关外为乐园,佣工代垦,成伙寓居,势且偷种。官府无法阻止,不得不定入官纳租之例。《皇朝政典类纂》(卷十三)引《通考》云:

乾隆四十年户部议岫岩城五块石各兵丁、牧马官厂内,有山东流来民人,偷垦地亩,私造房间,不必拆毁,令其入官,仍着伊等居住耕种纳租,并令交纳地亩租银米石,若有不愿耕种者,即行另召耕种。

山东流民私垦牧马官厂,则奉天旷地已少,渐侵及于禁荒可知矣。当乾隆中叶后,各省及口外及东北牧马厂,皆因荒废为流寓小民所垦,有渐成村落者,五块石之官厂即其一例已。清廷知闲地势难禁其私垦,与其定有严禁之名,而无其实,不若准其耕种,作为有收之土,于是牧厂之禁始渐开,而大凌河与养息二牧厂之放荒为尤著。初康熙二年,令锦州大凌河牧厂划定界址(东至右屯卫,西至鸭子厂,南至海,北至黄山堡),留为牧马地,不许民间开垦。乾隆十三年,始议准于马厂西界,横截十里,给与官兵就近耕种。又恐其私行侵占,因特筑封堆以界之,《大清会典事例》(卷一百六十一)云:

> 大凌河马厂东西长九十里,南北长十八里至六十里不等,折算约二百九十余里,计地一万七千九百余顷。此内应自西界横截十里,有不足者,依照地势裁减,计地已有九百三十八顷有奇,随分定界址;东至杏山北濠沟,西至鸭子厂,南至七里河,北至金厂堡,将截裁之处,建筑封堆,以杜将来私垦。

此为牧厂缩禁之始。五十六年,又奏准大凌河东西牧厂荒地三十一万八百余亩,分别肥瘠,设置庄头,令各开垦。嘉庆五年又奏准盛京各城旗可垦马厂地三十八万九千八百七十四亩,听各城旗开垦。是时大凌河及各处马厂已垦者达七十余万亩,较初放之地,盖八倍矣。同时彰武台边门外之养息、牧河牧厂查出蒙古人垦地二万四千四十六晌,除有碍游牧地九千四百四十六晌,全行平毁外,其余一万四千六百晌,按户口三千五百三十名,每名给地四晌。牧长、牧丁四十员名,每员名再给地十晌,永远定额,不许多垦。然牧丁私招民人开垦,借收租息者,其势固不能免。嘉庆十七年将军松筠因会勘养息牧厂闲地,可移驻旗人,并筹办大凌河西厂,先行试垦。清廷以经费不敷,未能办理。而松筠雇工翻犁,大凌河领佃旗人雇工一千六七百人,于原垦试垦及浮多地至十一万五千八百余亩。养息牧厂旷地开垦成熟一百六十八顷,清廷虽以未经奏明为松筠咎,但牧厂之终必开禁,亦承认之。嘉庆朝《圣训》十九年谕云:

> 养息牧厂开荒地亩,松筠等于奉旨停止勘办之后,复行试垦,并未详悉奏明,乃伊等之咎。至此项地亩原在三营牧厂之外,其陈新苏鲁克黑牛群,原定牧厂界址,各宽二十余里,至八十里,长四里至一百数十里不等,本属宽余,近年又拨给养赡地一百万四千六百晌,于生计更为充足。此项旷荒马厂,与牛羊厂毫无干涉,该牧丁等前此借以牧放私有牲畜,并私自开垦地亩,驾词诬控,兹审明分别治罪。若仍听该地丁等占据牧放,刁风断不可长。即如军机大臣所议令该将军每年派员巡察,严禁私垦私放,但地既开旷,又与三营厂界相连,恐稽查难周,仍复多滋讼端……养息牧旷地现已开垦成熟一百六十八顷,

五年加垦,可得熟地八千四百顷,曾经降旨,以此事办理一年,已有成效,着循照办理。本年该处秋收丰稔,旗佃均沾利益,此时若尽行裁撤,平毁沟濠,拆逐窝铺,转多纷扰,此事既不糜国家经费,每年竟增收租谷,竟以仍行开垦为是。

据《户部则例》所载养息、牧河厂试垦地亩,准雇用民人开垦,或租与民人耕种,及与民人伙种分粮,均听其便。俟开垦成熟,照奉天伍田升科之例,每亩征银四分。兹将各属领荒数目约举如下:

养息牧河厂地亩
锦州属领荒 三三〇〇〇〇亩
义州属领荒 六〇〇〇〇亩
广宁属领荒 三三〇〇〇〇亩
苏鲁克(三营牧丁领荒) 一二〇〇〇〇亩

大凌河牧厂虽经松筠招丁试垦,共开地十二万三千八百余亩(见《皇朝奏议》书元疏),后因风淘沙压,不堪耕种,报部消除额租,仅余三万余亩。松筠又先后奏请牧厂荒地全数开放,马匹分拨三省兵丁拴养,奉旨饬驳,严行封禁。然道光间旗丁达凌阿、德寿等呈请大坨子开荒八千亩,咸丰间锦县民人穆亭扬等径赴户部请垦古龙弯等处荒地八千亩,皆在禁荒及毗连之处,而民人任意偷垦,牧丁私收租课,实属有名无实。于是六年盛京户部侍郎书元奏云:

查奉天锦州府所属之大、小凌河东西两岸地面辽阔,四方绵亘,不下数十百里,内有额设官马厂一处,向来不准垦种。……惟此项荒地,甚属旷阔,虽名为马厂,而牧马不到之处尚多。案查嘉庆十七年奏准官马厂以凌河为界,河西仍作牧厂,河东荒厂,东至老壕,西至大凌河,南至海,北至九花山,招令旗佃,择其高阜者,认领试垦升科,其间所遗水洼碱片夹荒数处,当即抛弃。续于嘉庆二十年间,准令旗人阿克达春等在试垦以东认领荒塘一处。此外夹荒水洼,于道光七年因大凌河水涨发,淤积平坦,堪以耕种,数十年来,虽属久经封禁,而奸民任意偷垦,兵丁、牧丁私收租课,为之包庇隐匿种种弊端,难保其必无。是徒有封禁之虚文,而以牧厂千百顷之荒山,留作兵役营私奸民渔利之薮,殊为可惜。……道光二十八年,奏查已开未开荒熟各地二十四万余亩,咨报起科,历年以来,详加查核,仅止十八万余亩,按照原奏之数,亏短五万余亩。查奉天通省空闲费荒地亩,未有如大凌河马厂之多者。其所短之数,未必不在此中牵混……从前各案,辄以封禁为辞,未尝皆实,与其任由私开,致启弊窦,何若奏请垦种,按亩升科,有裨帑项。

奉旨以该处水草畅茂,若渐准开垦,势必侵占牧厂,于马政大有妨碍,着不准行,并将私垦地亩平毁。惟大凌河以东之地,则于次年升科矣。嘉庆朝《圣训》七年谕云:

大凌河东岸原准试垦,既据该将军等查明实系牧马不到之区,有界壕为限,旧制昭然,两无妨碍,与其久旷地利,徒使奸民偷种,致启争斗之端,不如概行入官,一律升科。……西岸马厂正身,仍不准开垦,以示限制。

同治二年御史吴台寿以奉省闲旷之地,未垦实多,锦州、广宁、义州一带官荒马厂,尽可设法变通,以开利源。清廷饬副都统恩合查复,恩合奏开闾阳驿、小黑山等界之东厂,招佃认租,并以东边地方十有余里,良田数百万亩,流民聚众私垦,已有建庙、演戏、立会、团练、通传、转牌等事,应派大吏筹办,《东华续录》同治二年谕云:

恩合奏称:锦州牧马之区,名为西厂,水草丰茂,足敷牧放。此外如广宁所属之闾阳驿、小黑山等界,名为东厂,地势平坦,内有洼陷,于放牧不甚相宜。若将东厂裁撤一律开垦,可得田一百万亩,惟东边一带,近有流民在彼私垦,聚集日众,查办甚难。请派封疆大吏,详酌筹办等语。闾阳驿、小黑山等界旧设牧厂,既据恩合奏称地势低湿,于田政不甚相宜,而大凌河西岸地势宽广,即官马多至一万余匹,亦足敷用。即着照恩合所拟,令盛京六十六佐领下甲兵按名分领,招佃取租,除交升科租银外,余资津贴当差。……至盛京东边一带,间旷山场,林木稠密,奸民流民,聚众私垦,历年既久,人数过多,经理稍失其宜,则恐激成事端,利未兴而害立见,于根本重地,殊有关系。着玉明会同恩合将东边自叆阳边门以北,何处必应照常戍守?何处可以展垦地亩?流民之屯垦者何以化梗为良?隐患之未形者何以潜移默化?严密防查,妥议具奏。

自此大凌河以东牧厂均放垦,而西牧厂仍封禁如故,并改挖壕沟,重整封堆,以旧河底为限。至光绪中叶以后,始全行开禁云,惟时东边禁地,防检难周,人民私垦已久,渐成村落。朝廷不能不注意及之,因叠派大臣查办,同治六年民人何名庆等呈请升科,将军派员履勘,丈出熟地一百八十万余亩,遂筹设东边道以资治理。《盛京典制备考》(卷七)东边外开垦升科设官事宜云:

省东凤凰、叆阳、堿厂、旺清四边门外东北千有余里,闲荒之地游民开垦多年,渐成村落,人民繁庶,良莠不齐,道光间即有展边之议。同治六年,民人何名庆等呈请升科。盛京户部侍郎额勒和布等据以入告。经王大臣会议,与其守例而谕禁两穷,何如就势而抚绥较便。钦派侍郎延煦等出边查勘,复经钦派通晓堪舆礼部主事张元益,恭抵永陵,由启运山上溯龙脉老岗,西至金厂岭,东至邯郓城之高岭,约长一百数十里,南北宽约二三十里至十余里不等,俱系有关风水之处,设立封堆九处,永远查禁。旋由原任将军都兴阿派员履勘边外各地亩,于近边一带,准升科熟地五十余万亩。迤南之东沟各处,旧有匪徒盘踞,私立镢钱锄税各名目,任意苛征,且负嵎抗拒,内地马贼,视为逋逃薮。光绪元年,钦差原署将军尚书崇(实)调集天津及古北口马步队,会同本省捷胜营练兵合力兜剿,将积年巨憝宋三好等匪歼除净尽,并平定迤北之庙儿沟、通沟各股匪,边外一律肃清,流民均经向化,奏请边地普律升科。钦奉谕旨:但凡认地耕种者,无论旗民,一体编入户口册籍等因钦此。钦遵。遴派道员陈本植、知府恒泰、记名提督左宝贵等率领各委员逐地行绳,除上则之地,按亩升科外,其余中则以两亩为一亩,下则以三亩为一亩,通共折算,并将军都(兴阿)所办升科五十余万亩之地,统计熟地一百八十万三千余亩有奇,每亩征正课耗羡银三分,所有朝鲜贡道两旁,留宽十丈,以便往来,并筹办木税、苇租、山货、烧焗、斗租各项杂税,以为增设官兵之费。旋于三年奏准设立道标靖边营马队二百名,步队五百名,并添设东边道以下等官。

边门以外本为封山禁地,流民透越私垦,渐成村聚。官吏固无可如何,所谓谕禁两穷者也。同治十一年,都兴阿奏称:“边外河岸山厂,关系捕鱼采蜜地方,游民耕种多年,未便封禁。”又称:“地质宽广,游民强悍,一时碍难查办。”此指浑江迤东一带而言,然山厂之不能封禁,又可概见。其初奏云安东县系在凤凰边门外东沟一带,升科地已五十三万余地,是为南路。崇厚之筹办东边事宜,勘丈叆阳、堿厂、旺清三门外,并凤凰城沿边以及通沟一带两次升科地亩约一百三十万余亩,是为北路。又设东边道以总辖之,而边荒之禁始全开。当时边外民多于旗者奚止十倍?即牧厂放荒,招旗领佃,而种植者亦多系民户,则知当时流民之出关者,其势已不可复遏矣。

咸、同之时,太平天国与捻乱并起,内地不能安居,山东、直隶一带之人民,流出关外者亦多。奉天封禁之区,既逐渐开垦,牧地放荒,边荒升科,其势亦不得不然。若尚保存旧制,严行封禁者,仅一小部之围场而已。《大清会典事例·户部·田赋开垦二》(卷一百六十七)云:

光绪十年谕:围场重地,关系重要,岂容率请开垦?着该将军等即将奉天大围场地亩,永远严行封禁,嗣后如有希图渔利,赴部具呈,捏词请领者,即着该部解交奉天讯明治罪,以肃禁令。

光绪中叶以后，世变日亟，内地之民，有相率东徙者，生聚既繁，私占私垦，所在多有。守土者势不能不创议辟荒，为固圉实边之计。其初办试垦续垦及开放东边凤岫、通怀各属山荒已略述如前，海龙围场之开禁，大约在光绪初年及二十二年，将军依克唐阿奏准开放西流水围荒及养息牧厂，以侍郎良弼、溥颋分勘之。而东流水先亦开放，皆曩年所放海龙围场余剩各围地，本封禁者也。自是牧厂围场，已全部开放，而奉天无例禁之闲荒矣。惟中经庚子之乱，迭遭兵燹，案卷荡然无存，其办法缘起，业已无从稽考。兹仅依《东三省政略·垦务篇》综其放竣之荒如下：

名　称	丈放年份	报竣年份	放地总数
东流水围荒	光绪二十七年	三十一年	荒地一一六七二七〇亩 城镇基地二四六〇.九亩
西流水围荒	光绪二十九年	三十一年	荒地三〇二二〇三〇亩 城镇基地九七五八.八三九六亩
大凌河牧厂	光绪二十七年	二十八年	各项牧地五〇九四九〇.六七六七亩
盘蛇驿垦务	光绪二十九年	三十三年	各等地五七四二一〇.三六八亩
锦属归公地	光绪三十一年	三十三年	各等地二一三七七〇.九二亩
锦州官庄	光绪三十一年		各等地一〇四一五六〇.〇七七亩
彰武清丈	光绪三十二年		各等地二六三七四九九.一七七亩
牛庄苇塘	光绪三十二年	三十四年	各等地三八五五二二.五三亩
凤岫山荒	光绪三十三年		各等地一二三二七五〇.九亩
凤岫苇塘	光绪三十三年		
东流复丈	光绪三十三年		

据上表总计，放荒地数为一千一百四十九万余亩，较之乾隆三十年民地总数共三百十八万余亩，过之已三倍有半，而海龙围场尚不在内。凤岫苇塘，东流复丈亦无确数。今再就《政略》表全省旗民各项田亩之总数，则可以比例而得其增加之率。

旗　地	经征数目	民　　地	经　征　数　目
余租地	一三三一三九九亩	红册地 全征银两地	一六七六六七二亩三五五 八五九五一. 九四六亩
升科地	五九九九九八亩	退圈米豆地 民人余地	六四五七九八. 二三亩 四八五四一五. 三四七一七五亩
伍田	三五五六五二亩	加赋余地 首报私开地	一五二二四. 八一五亩 一四五六〇八. 六〇五亩
红册地	一四三〇九八四七亩	续增首报地 民典旗人余地	五六七九四. 九九亩 二四九七一二. 四五七六亩
随缺地	一六八九五九亩	永远征租地 暂行征租地	一七六三〇. 二四亩 二四八六二. 六四亩
银米兼征地	二六五三二亩	寡独养赡地 东边升科地	三七五. 九亩 二〇七七二〇六. 一二九九亩
民人加赋地	五一八六七亩	东边苇塘地 东流围荒地	五六五八六. 七九亩 一一六七二七〇亩
试垦地	七七二一三四亩	西流围荒地 锦属二十二处为公地	二九八五七〇〇亩 二八二三三一. 一亩
三陵官庄	二七四九二三亩	科尔沁镇地国公旗荒地	二四一四五八晌七亩
		扎萨克图王旗旗地	六二五〇〇五晌
		续放扎萨克王荒余荒地	一二七二三三晌五亩二分
内务府官庄	七三五二七亩	彰武升科地	二三二七七八晌五亩
大凌河牧厂	五〇九四九〇亩	盘蛇驿牧厂升科地	五四四六九三晌二八八亩
总数	一八四七四三二八亩	总数	二〇六八七五八四晌九五七六七五亩

观上表则知民地二千零六十八万余亩,较之乾隆时代,已增加六倍有余,然与旗地相比,则过之约二百万亩,仅多十分之一。而民人户口,较旗人几十倍,旗丁少而地多,民人多而地少,清之厚待旧侣,可以想见。故禁地开放,皆尽旗户招佃,以所有权归之旗,惟旗人怠于耕作,将地亩租给民人,坐获租息,久之生计渐窘,地皆典卖。嘉庆朝《圣训》八年谕军机大臣云:

> 本日大理寺卿窝星额由盛京差竣来京,召见时,据奏:伊于关外路上,见出关民人均赴该处种地为生。该处旗人,近因贫民出口种地者多,究于生计不能充裕等语。看来关外民人聚积日多,物价较前昂贵,即所产米石有余,食之者众,其价亦必致增加,于旗人生计,未免有碍。总由旗人怠于耕作,将地亩租给民人,坐获租息,该民人即借此牟利。着普昌劝谕旗人,或将现有地亩,自行耕种,或将未种荒地,以次开垦,俾各自食其力,渐增饶裕,断不可图得一时租息,将自有地亩,尽租佃民人,转致生计缺乏。至民人等出关后,定例不准私垦旗人地亩,并当出示查禁,勿得阳奉阴违,视为具文。

此谕之不能生效,无待说明,即可推知。非官府视定例为具文,阳奉阴违,实大势所趋,虽欲禁而不能。其原皆由于旗人不耐耕作,招民佣佃,民人积劳所获,渐得典卖。虽向来旗民交产,例禁綦严,无如日久弊生,或指地借钱,或支使长租,显避交易之名,阴行典卖之实,又招朋引亲,来者络绎,遂不免于私垦。私垦既久,驱逐不易,惟有升科而已。此亦东省移民之由来也。

田畴增辟之率,既如上述,而民户移来之数目,其进率如何,尤应详列,以为比较,则东省移民之状况,斯可大明。惟自康熙五十年征粮丁册,定为常额,以后滋生人口,永不加赋,守土者未识政体,初虑赋随丁加,于造报丁口,大半不实,续以丁不关赋,而稽核民数,遂同具文。虽有保甲之制,亦只奉行故事而已。奉省居户,本皆旗丁,自顺治十年辟郡县,招耕佃,乃有民籍。而土旷人稀,生计凋敝,士农工商,皆不如内地之发达。故雍正以前,实报行差人丁,仅四万五千余,嘉庆以后,名为封禁,而内地流佣,垦田砍木采金之冒禁者,惩之虽严,迄不能绝。咸丰间,中原多故,奉禁隐弛,东沟、通沟诸处私垦之豪,视为己地,敛财编户,自成风气。光绪初元,靖盗辑民,析置郡邑,东直流民,咸以客籍而为主户,生殖渐繁,其确数亦靡得而详焉。至中叶以后,叠遭兵燹,介于两强,锋镝戍马,备极流离,民户萧条,较有逊色,建省以后,稍加培养,清查户口,其数始著。兹据《东三省政略》光绪三十三年,四十八州、厅、县所报之户数为一百三十六万五千二百六十八,男女共八百七十六万九千七百四十四名口。但据《政略·户籍纪》男女大小九百二十七万二十九名口,相差约五十万。未悉何故?《清史稿·地理志》宣统三年编户一百六十六万五百七十三,口一千六十九万六千零四。凡四年间,即增加一百余万。末叶增加之速率如此。较之清初,直当百倍,比之旗人,盖十倍之(八旗户口官兵男女总数九十六万三千一百十六名口)。若再就民田数目相除,则平均每人仅得地二三亩(民田二千零六十八万余亩),抑何足以资生?而旗地略等民田(凡一千八百四十七万余亩),平均每人可得二十亩,居什一之丁,而占十倍之田,岂非不平之现象耶?然实际上旗人生计日窘,而民户日丰。则旗地皆民佃,而耕作有勤懒之故矣!此清廷之所以为旗民廑虑者,虽无微而不至,则终不能制民人之不流出关外也。

(二)吉林之垦务与移民

吉林本满洲故里,蒙古、汉军错屯而居,皆有“佛”、“伊彻”之分。“佛”,清语旧之谓;“伊彻”,新之谓也,一作“依扯”,或曰“义气”(见《宁古塔纪略》),转而为“伊齐”、“一气”(见《黑龙江外纪》)。胥由归附编旗之先后而别焉。兹据《吉林外纪》(卷三)为简表以明之:

吉林户籍

- 佛满洲　定鼎以前编入旗籍
  - 贝国恩　京旗协佐子孙遗居立户于此
  - 布特哈　旧在白山一带渔猎为生者
- 伊彻满洲定鼎后入旗者
  - (居三姓乌苏里东西)……
  - 库雅喀满洲(居宁古塔以东)
- 陈蒙古　天聪九年以前编入旗者
  - 锡伯、瓜勒察、科尔沁　天命四年征定编为蒙古旗
  - 喀尔喀　天命七年、八年及天聪三年率属来归者
  - 察哈尔　天聪九年举国内附俱编入旗
- 新蒙古
  - 喀尔喀　阿玉喜之裔也
  - 巴尔虎　阿玉喜之属下人也
  - 锡伯、瓜勒察　清初归附之遗族分属蒙古各王公旗下后投入旗者也
- 陈汉军　编入满洲镶黄、正白两旗者
- 新汉军　其后安置者

满、蒙、汉军虽有新旧，本皆旗丁，官给地以养之，而荒寒落寞，土旷人稀，民户极少。其初至者，非迁客，即墨隶，所谓流人是已。然吉林沃壤开发，实以此流人为先导。《宁古塔纪略》云：

> 凡各村庄满洲居者多，汉人居者少……宁古塔山川土地，俱极肥饶，故物产之美，鲜食之外，虽山蔬野蔌，无不佳者。皆无所属，任人自取。……凡流人至者，或生理耕种，各就本人所长。

《东三省政略·黑龙江垦务篇》(卷七)云：

> 患招户之维艰，收效之难速也，则酌复遣犯旧例，编入农籍，拨地责垦以为之倡。

边事有警,习战船之水手,积粮草之壮丁,常令流人当役,虽绅袍亦不免,不足则徙各省流人以充之。《宁古塔纪略》云:

> 逻车国人(又名老羌即罗刹,俄罗斯人也)造反,……将军上疏求救,即奉部檄,流人除旗下及年逾六旬者,一概当役。选二百名服水性为水军,习水战。又立三十二官庄,屯积粮草,令一到,将军即遣人请绅袍到署,面谕云:"养汝辈几年,念汝辈俱有前程,差徭不以相累,今边警出意外,上命急公,现有水营、庄头、壮丁三件事,随汝意自任一件,三日后具复,是即我法中之情。"时闻令诸公,皆相向流涕,将军亦为凄然。将军又云:"惟认工可代。"于是各认工。……二三年后,予家无认工,逻车国亦讲和,复得部文,俱以绅袍例优免,往乌喇戍,亦得回宁古(按此指充当水手者而言)惟官庄之苦,至今仍旧。每一庄共十人,一人为庄头,九人为壮丁,非种田,即随打围烧炭,每人名下责粮十二石,草三百束,猪肉一百斤,炭一百斤,石灰三百斤,芦一百束,凡家中所有,悉为官物,衙门有公费,皆取办官庄。

又《扈从东征日录》云:

> 康熙十五年,徙直隶各省流人数千户居此,修造战船四十余艘,双帆楼橹,与京口战船相似。又有江船数十,亦具帆樯,日习水战,以备老羌。水手罢役,旗人出档,及官庄年满,皆除入民籍。且流民至者渐多,有情愿入籍者,亦准其入籍。

《大清会典事例》(卷一百三十四)云:

> 雍正四年复准:吉林等处有直省百姓情愿入籍者,准其入籍,但不得容匿逃入重犯,改换姓名,潜居其地。必行询各原籍,咨复到日,于户口册内照奉天所属民人每名征丁一钱五分。

据《盛京通志》雍正五年设永吉州，至九年，编审续投人丁一千四百七十丁，十年至十一年，续投五百七十二丁，十二年新增一百四十四丁，共计实在行差人丁二千一百八十六丁。长宁县原额并新增实在行差人丁共二百零一丁。凡民人报垦熟地，三年起科，荒地十年起科，自州、县建设以后，所报垦之数目，永吉州共垦地四九五九三亩，惟《志》载雍正十二年原额，并新增共地二七二一三亩，系就五、七、九三年熟地合算已经起科之数，当时民人与垦地之数目，或尚不止此。《大清会典》载康熙五十年吉林民丁三万三千二十五，而雍正间实在行差者尚不及什之一，则隐匿可知矣。斯时民人所垦殖者，似皆为负郭之田，吉林禁地独多，流寓私垦，屡申禁令。《吉林通志》（卷二十八）引《会典事例》云：

> 乾隆二十七年复准：宁古塔交纳地丁钱粮之开档家奴，及官庄年满，除入民籍人等，俱系世守居住，置立产业，不能迁移，伊等地亩，概行查出，即令纳粮。至宁古塔界内地方褊小，外来流民，不便准其入籍，应将流民驱回，如有愿于吉林伯都讷地方入籍者，即将该处丈出余地，分给伊等交纳地粮。伊等在宁古塔所垦之地，交宁古塔纳粮民人纳粮。其吉林伯都讷地方垦地流民，如有愿纳粮者，将伊等地亩花名入册，交纳钱粮，愿回籍者，将地亩交与现纳粮民人，并附近民人纳粮，仍令嗣后严禁私垦。并令边门官员，实力查逐，倘复有流民潜入境地者，严参议处。

又《大清会典·户部·户籍》（卷十一）注云：

> 吉林伯都讷地方除新集流民，业已开垦地亩安分守业者，准其纳丁入册，不准再有流民踵至私垦。阿勒楚喀、拉林二处种地闲散满洲，不准私招民人代种。

阅上两文，可知吉林伯都讷一带，已有流民私垦地亩，清廷不得已，准其入籍纳粮。惟宁古塔仍驱遣，使并归伯都讷，以后且禁潜入边门。阿勒楚喀、拉林地方,据将军傅良奏:查出流民三百四十二户,一年间尽行驱逐。民人不准代耕旗地,而旗人抑未必能自耕,稍遇灾祲,则抛荒者比比。《大清会典事例·户部·开垦二》(卷一百六十七)云:

嘉庆五年复准:从前宁古塔地十二佐领及驿站官庄地二万七千四百八十六亩五分,年年应征银九百余两,年来生齿日繁,又值连年霜雹,旗人无力耕种之地甚多,内未经抛荒地八千二百九十二亩五分,仍留该兵为业,已抛荒地一万九千一百九十四亩,给民耕种,俾课项有着,旗人不致受无地之累。

旗人抛荒,清廷为租赋起见,不得不招民承种。然既垦二万余亩之旗地,已经抛荒者乃至十分之七。其典卖与民者,更可想而知。据嘉庆二十三年富俊奏,核议吉林站丁地亩章程一折,谓站丁私将地亩典卖与民,查出一万三千五百六十三晌五亩,各驿站地总数不过四五万晌,是有三分之一出典与民人耕种。而政府犹严禁私相典卖,及越界私垦,其势抑曷能免?于是旗民交产,皆避典卖之名,而私垦则有加征之律。《皇朝通考·田赋考》(卷五)云:

乾隆四十六年谕:流民私垦地亩,于该处满洲生计,大有妨碍,是以照内地赋则酌增,以杜流民占种之弊。且撤出地亩,并可令满洲耕稼,不特于旗人生计有益,兼可习种地之劳,不忘旧俗,原非为加赋起见。至若吉林与奉天接壤,地粮自应划一。……寻户部议准:四十二年以前,陈民耕种地亩,照奉天陈民例,分为上、中、下三等,银米各半征收,以后续行查出私开地亩,亦照奉天查出流民地亩,加增粮额之例,银米并征。

按惩匿报之令,吉林民人私垦续增查出者,每亩岁征银八分,仍在旗仓纳米二升六合五勺五抄,较之常额,约加一倍,此一寓禁于征之意,但愈禁而来者愈多。兹先列乾、嘉间吉林一府实在行差人丁表如下,即可知其大概。

乾隆十六年:编审原额新增实在行差人丁;四千三百二十七。(《盛京通志》卷三十五)

乾隆二十六年:六千零二十七。(同上)

乾隆三十六年:一万三千三百零二。(同上)

乾隆四十六年:二万七千四百四十。(同上)

嘉庆十七年:三万七千七百八十一万。(《会典》十一)

乾隆间编审实在行差人丁,较雍正末已增十六倍有余,而民户尚不止此也。因差徭之关系,隐匿者必多,故编审之数,不能作为民丁全额。兹再录吉林民户人口之数如下:

康熙五十年:吉林民丁三二〇二五。(《会典》卷十一)

乾隆三十六年:新编民户八八五六,丁口四四六五六。(《盛京通志》三十六)伯都讷厅。民户三四一六,丁口一〇二四八。(同上)

乾隆四十一年:人丁七四六三一。(《皇朝文献通考》卷十九)

乾隆四十五年:民户二二五一三,丁口一一四四二九。(《盛京通志》三十六)伯都讷厅。民户四〇〇六,丁口一九一五〇。(同上)

人丁一三五八二七。(《皇朝文献通考》卷十九)

乾隆四十八年:人丁一四二二二〇。(同上)

中国编审户口向不确实,东省亦难逃例外,故此表可信与否,殊难断定。然就此可推知者,乾隆末叶,已较康熙时加增四五倍,若田地数目之赋额,及他处人丁之概况,则《吉林外纪》所载如下:

	陈民地	续增"陈流民"垦地	行差人丁
吉林	七一〇二四一亩	三三五八九八亩	二五一七〇
宁古塔	五三七三八	一三二一	一三五〇
伯都讷	一〇〇〇四九.八五	二四五六八三	一四三七五
三姓	一二〇	六六	四一一

按道光初富俊复陈伯都讷屯田折,谓吉林现有民丁二万九千二百九十八户,伯都讷现有一万四千四百二十八户,阿勒楚喀纳丁民三千零七十三丁。《外纪》成于道光四年,所载行差人丁较之乾、嘉其数反少,此必有误,但《通志》谓历年既久,别无可证,故附录之。至陈民流民原额及增垦之地,共一百四十三万七千一百十六亩余(据道光元年,伯麟等奏云:吉林伯都讷一带本有民地一百四十三万八千二百余亩,其数相仿),较之雍正末增加乃至三十倍,殊可惊也。惟当时除少数移驻京旗之屯田,及蒙旗之地,改建郡县者外,大都仍在封禁中。《东华续录》道光二十七年谕云:

> 吉林一带地方,为根本重地,官荒地亩,不准开垦,例禁綦严。所有珠尔山间荒地五万六千余晌,除现在报垦地二千六百二十六晌,既经查明各佃花费工本,姑准垦种交租外,实剩间荒地五万二千三百七十四晌,自应查照凉水泉地亩封禁原案,画一办理。……各于扼要处所,赶立封堆,永远禁止。

又三十年谕云:

> 户部奏:吉林所辖伯都讷等处官荒地亩,申禁私垦等语,双城堡、珠尔山、凉水泉、夹信沟四处间荒地亩,前于道光二十七年该部奏请封禁,奉旨:责成该将军、副都统及各协镇等认真查禁,并于年终查明有无私垦奏报一次,乃自奏定章程以后,惟二十八年曾经奏报,二十九年并未具奏,足见奉行不力,视为具文,着吉林将军固庆等钦遵前奉谕旨,实力查察。……毋令流民阑入私行开垦,再滋流弊。

道光年间仍严禁流民阑入,及私行开垦如此,但私垦之不能终禁,地方官盖早知之,特以清廷重龙兴根本,及山场围地,故有此防渐之策。然京旗屯田,与蒙边放垦,实为汉民移吉之惟一先导。初富俊奏请双城堡屯田,代垦之户三千,皆旗丁。及道光元年,又奏请于伯都讷开屯田,以备移驻京旗苏拉,其原奏略云:

> 伏查伯都讷空闲围场，既无林木，又无牲畜，实可垦地二十余万晌，挖记封堆。……请俟双城堡屯田征租后，再行开垦。初办屯田……奏明不准民人代种，恐其设法租佃，据为己有。……嗣因旗丁一人竭力耕耘，一年只能种地十晌，不能不雇觅帮丁助耕，现在办有成规，均各安业。计双城堡三屯前后拨移吉林、奉天无业旗丁三千户，男妇大小已万余人开外，率皆有地可耕，及家有当差食饷之人，生计既裕，谁肯轻去其乡？此项屯田，若仍令旗人开垦，恐各处勉强拨派，多致潜逃，转于旗务屯田无益，莫若招民开垦，成功较易。若虑民人典买旗产，亦在申明例禁，办理得宜，拟请查照双城堡章程，应募民丁，每人给领地三十大晌。……第六年起租，每晌纳租制钱三百文，小租三十文。……积租渐多，即可备移驻京旗之用，京旗苏拉到日，交出熟地二十大晌。

又复奏云：

> 吉林省属界暨伯都讷、阿勒楚喀等处多系旗民同屯共处，盛京通省皆然。即近京旗人下屯种地亦系与民人错处，从无不便之处。且京旗闲散，多不习耕，惟民人同屯共处，初到正可与原种地之民人，请求耕种，伙种分粮，久之耳濡目染，习惯自然，必皆务农立业。该民人于撤地后，若有余地，即可与旗人佣工，实旗民两有裨益。

富俊奏请以民人代垦屯田，谓旗人已少，且不习耕种，原系当时实情。惟清廷为东省重发祥，为旗人保生计，不惜反复辨难。且曾谕："吉林乃我朝发祥根本之地，一旦招集无数民人，不知其意何居？且聚之易而散之难，其理易见，即如所言随时移驻京旗闲散，裕如也，但此项民人，日久安居，又将何以措置？"富俊复奏谓：系由现有纳丁纳粮民人认垦，并非招集流民。清廷令缓办。至道光四年始招垦。派员丈地分屯，名其地为新城屯，每屯各设三十户，以治本于农，务滋稼穑，八个字为号，名为号荒。每一字各编为二十五号，共计二百屯，旋经委员勘丈间荒，仅敷一百二十屯，至道光七年即招足,其认佃之户屯:道光五年,一一二七户,四三屯;六年,九一七户,三一屯;七年,一五五六户,四六屯。此项移垦民户共三千六百,人丁当在一万以上,虽为移驻京旗而设,然至光绪初五十余年,京旗无一户移来。将军铭安据绅民之请,始奏将垦地减收荒价,拨给佃民,永为恒产。此吉林招民垦荒之滥觞,实由京旗屯田之借口为惠也(道光二十四年将军经额布又奏:北路驿站私垦八里荒地亩,及珠尔山、枢梨场、凉水泉皆先后归局收租,亦备京旗之用,是荒地之渐开,皆借京旗生计为口实矣)。咸丰以来,内地丁发、捻之乱,流民轶出关外者益多,奉天、东蒙一带之禁荒既开,势必延及吉、黑,咸丰十年吉林将军景淳(次年改名景纶)奏请开荒济用,因将土门子、省西围场蜚克图站双城堡剩存圈荒等一律招垦。《大清会典事例·户部·开垦》(卷一百六十七)云:

> 咸丰十年谕:景淳、瑞麟奏请开荒济用一折,据称:查得吉林地方凉水泉南界,舒兰迤北土门子一带禁荒,约可垦地十万晌,省西围场边,约可垦地八万余晌,阿勒楚喀迤东蜚克图站约可垦荒地八万余晌,双城堡剩存圈荒,及恒产夹界边荒可垦地四万余晌,均经委员履勘,地属平坦,别无违碍,现有佃民王永祥等认领,先交押租银共二十余万吊,于将来查办边界,一切船粮车驮经费可资备办,请将前项各荒,一律招垦。……俟领粮五年后,再将升科钱文,接济京饷等语。吉林荒地,既可援案招垦,别无违碍,于经费不无裨益,着即按照所请办理。

此为开禁放荒之始。同治三年又开放伊巴丹等五处废围(东由伊勒们河起西至伊通河止),可垦地二万八千六百六十五晌。孤拉库等二处废围(东自庙岭起至一座毛地方,复由该处南面折至迤西之钓鱼台止,西以伊勒们河为界,北以旧城卡堆为界),可垦地八千二百三晌五亩。九年又续开围荒地二万晌。吉林围场之逐渐开禁,已可概见。铭安奏吉林地方辽阔,管辖难周,各处隙地,均经流民私垦,因请普行查丈升科。据《经世文续编》铭安原奏略云:

> 查阿勒楚喀所属马延川地方，两面大山，横宽数十里，自北面山口，直达南山，亘长二三百里，其中土地沃饶，开垦几遍，从前以险峻难通，在官兵役，从未查禁驱逐。至民人愈聚愈多，近年公举头目名宋士信，议立条款，众民受其约束，均以垦地捕牲为业。……又阿克敦城一带亦有私垦地亩，前经派员履查，据该旗民各户呈垦领业升科，并愿补交荒价等情，现在贼氛渐息，亦应将私垦地亩查丈升科，妥筹善后事宜。

同时阿属围场正身，亦久被民人侵占，地方官以驱逐甚难，遂呈请升科。《吉林通志·食货志》（卷二十九）云：

> 光绪六年将军铭安奏言："大青背山系阿属围场正身，其山东北至甬子沟河南，西南至香炉研子，延一百余里，即属围场边界，层峦峻岭，人迹仅通。其中石洞河、夹板川等处，每遇平川数里，俱有居民，一二十户三四十户不等。遍行周历，共查出碍围佃民九百十余户，垦熟地亩一万余晌，现仅存大青背山附近斜长四五十里宽十数里之地，未经侵碍。伏查阿属围场，系讲武捕鲜之所，例应封禁，乃因早年原放荒地，委员经理不善，均被揽头欺蒙，以致多所侵占。近年围猎久停，官吏耳目不及，故民愈聚而愈众，地愈垦而愈多。现查明居民不下千家，垦地且逾万晌，围场界址，侵占无余，若概予驱逐，各佃民凿井相安，转使流离失所。况人烟稠密，禽兽早无处潜踪，事隔多年，势难规复。再四思维，与其重迁安土，益少害多，何如就地养民，增租裕课。合无仰垦天恩，准将柳树河、甬子沟佃民开垦碍围之地，一律清丈，给照升科，另择宽大山场，以备围猎之处，出自圣主逾格仁慈。"奉旨报可。

据此不仅见围场开放之原因，而人民侵占私垦之状况，亦可以知之。"人迹仅通，耳目不及，民愈聚而愈众，地愈垦而愈多。"盖亦势所必至者矣。

咸、同以后，边禁日弛，图们江北岸亦渐有流民越垦，生聚日众。光绪七年清廷设边务督办，专办边防事宜，将军铭安复有奏请开放吉林南荒之举。乃于南冈、珲春、东五道沟(即珲春东沟)、黑顶子等处分设垦局。二十年又设抚垦局以管理韩民。《东三省纪略·边寨纪略中》(页二百四十二)云:

图们江左沿岸一带,及海兰河、布尔哈通河诸流域间,皆属平原沃壤,为吉南最佳之殖民地。自前清光绪七年废禁山围场之制,始于各处设局招垦。计是时南冈垦局奏报垦成熟地一万八千九百三十九晌九亩三分,设立志仁、尚义、崇礼、知勇、守信、明新六社。珲春垦局奏报垦成熟地五千六百二十晌零一亩六分,设立春和、春荣、春华、春明、春融、春阳六社。五道沟垦局奏报垦成熟地三千零七十三晌九亩六分,设立春仁、春义、春礼、春智、春信五社。自光绪初年图们江北渐有韩民越界,冒禁私垦,其始在茂山对岸,渐蔓延于江右沿岸一带。二十年吉林将军奏将越垦韩民立社编甲,照则升科,列为编氓,设抚垦局以统之。凡越垦之地,统建四大堡,堡各立社。……收抚垦民四千三百零八户,男女丁口二万零八百九十九人,统编一百二十四甲,校定四百十五牌,丈报熟地一万五千四百余晌,岁征大租银二千七百七十九两有奇。自是以后,韩民越垦范围渐蔓延于延、珲全境,至光绪末年,遂酿成中日一大交涉,间岛问题,且为世界所注目焉。

自是禁山围场之制度全废,吉林且以放荒清赋为第一要义。言筹饷实边者,动曰放荒招垦,其情形已与道、咸以前大异,而郡县之增设,即可以代表垦务与移民之状况。《东三省政略·吉林垦务篇》(卷七)云:

吉林膏腴沃壤,为东三省冠,惟地处极边,幅员辽阔,榛芜未辟,遗利尚多,从前旗民地亩,原系自占,名之曰占户。旗地向不升科,民地分上、中、下、新四则,又按亩升科,银米并征。迨咸、同以后,迄于光绪初年,续放各处荒地,则又按晌征纳大小租赋,银钱两收,赋制混淆,无从究诘。嗣值庚子乱后,帑项奇绌,于此而欲疏浚财源,自当以清赋放荒为第一要义,但使野无旷土,户无隐田,则经赋自足。光绪二十八年春前将军奏请清赋升科,放荒招垦,盖欲兴地利,储饷源,并以廓清全省赋制,法至善也。惟先在省城设立清赋荒务总局,以为提纲挈领之枢纽,次及伯都讷、五常、宾州、双城、延吉、伊通、敦化、阿勒楚喀、退搏、拉法、两站、拉林等处各设分局一所,分司其事以专责成。他如蜂蜜山招垦局、蒙江垦务局亦陆续筹办,其三姓垦务即归副都统衙门兼理。第清赋升科,放荒招垦,头绪本极纷繁,开办未久,适值日俄构兵,盗贼四起,战线以内,及客军征进经过地方,民皆迁避一空,流离失所。……历任将军往返奏咨,道途梗阻,岁月迁延,故未能速竟全功,光绪三十二年改设行省,锐意实边,随将荒务总局,并归新设劝业道衙门管辖,以劝督开垦为宗旨。……惟沿边一带垦务,尚须通盘筹划,如临江、大通、密山、蒙江等处,既先后设有府、州、县各缺,应即改归地方衙门兼办。

据上文自光绪二十八年全省设有荒务总局,及各分局专事招垦放荒,虽因日俄之战中遭厄阻,而建省以后,视为要图,生聚日繁,利源日辟,观下两表,可以见之矣。《东三省政略》附吉林各属民地清赋分年奏报原浮地数表:

地名	年次	原地	浮多
吉林府属	光绪三十二年	九二〇四五晌七三八	二一〇四四晌三二三
	光绪三十三年	七三八四四晌三六五	一五八一三晌三六四
宾州厅属	光绪三十四年	一七六五五四晌九三〇	五九九八三晌二九〇
长寿县属	光绪三十四年	三四一四八晌二三〇	一七〇二五晌三九〇
五常厅属	光绪三十四年	一三二四一七晌三〇九	二五一八二晌九二六
双城厅属	光绪三十四年	七六四六四晌一〇四	八二二一晌四八八
双城堡属	光绪三十四年	五九九四三晌〇八六九	二〇〇七九晌七三三一
延吉厅属	宣统元年	七七四四五晌三七〇	三六四一〇晌九六九
伊通州属	宣统元年	二〇六二一晌四四〇	三三七四晌二二〇
盘石县属	宣统元年	七六七六二晌一四〇	二五五〇九晌七二〇
敦化县属	宣统元年	四〇三四九晌二九五	一二一〇六晌〇八五
绥芬厅属	宣统元年	一二六二五晌四八〇	六一七九晌〇五〇
统计		八七三二二一晌四七七九	二五〇九二〇晌五四〇一

又全省民籍户口略表(据光绪二十三年各属册报):

地名	户数	丁口数
吉林府	八三九一七户	五六七五六九丁口
伊通州	二五五〇四户	一九六八六〇丁口
盘石县	二九九七五户	二三九八〇〇丁口
敦化县	一四一七六户	八二四五八丁口
长寿府	三五五三七户	二八七七〇八丁口
新城府	三〇五四六户	二四六九五九丁口
榆树县	六七四四七户	四九四〇四七丁口
依兰府	六四七三户	三八六八九丁口
临江州	八一七户	六五三一丁口
方正县	五八七〇户	四〇一〇〇丁口
宾州直隶厅	六三三四三户	四五三九八七丁口
长寿县	一二五四〇户	七八四一九丁口
五常厅	二二七一一户	一六二九八七丁口
延吉厅	七八二一户	四五五五九丁口
绥芬厅	一三二七二户	六二八五九丁口
双城厅	三八五六二户	三四一七二四丁口
滨江厅	二三三三户	一一七八〇丁口
统计	五一五一七八户	三八二七八六二丁口

就上两表,可知有清末叶,人口较之乾隆间增加几二十倍,而垦地增加,较之道光初年不及八倍。若与旗丁相较,当时旗籍户口五万一千七百七十八户,男女大小共四十一万一百零一丁口,约及民户十分之一。而旗地所报共七六六五〇二晌六亩四分,约合民地十分之七五。

此与奉天旗人少而地多，盖属同一情形，则旗地之招民佃种，其势亦必不能免矣。

（三）黑龙江之垦务与移民

黑龙江僻居北鄙，地广而腴，自西徂东，数千里处处与俄境接壤，而荒芜弥望、榛莱未辟者，则以根本及参貂禁地，封闭綦严，且人力不足故也。《黑龙江外纪》（卷四）云：

> 黑龙江地利有余，人力不足，非尽惰农也，为兵者一身应役，势难及于耕耘，而闲处者又多无力购牛犁，以开荒于数十百里之外，故齐齐哈尔等城，不过负郭百里内有田土者世守其业。余皆樵牧自给，或佣于流人贾客，以图温饱。而膏腴万顷，荒而不治，曾无过而问之者，盖亦势使之然也。

应役之旗丁，虽给地以养之，而其力不逮于耕耘，则移民辟殖之业，自仍以流人为先导。《东三省政略·黑龙江垦务篇》（卷七）云："患招户之维艰，收效之难速也，则酌复遣犯旧例，编入农籍，拨地责垦，以为之倡。"流人发遣，中叶以前常数千人，亦有辟圃种菜，采木捕鱼者，数世而后，生齿日繁。《黑龙江外纪》（卷六）云：

> 黑龙江极边苦寒之地，自设将军镇守，凡旗民杂犯重罪，载在刑律者，或以免死，或以加等，发遣兹土，分管束、安插、当差、为奴诸条，各有等差，惟官吏奉谪，远夷徙置，不在常例，其杂犯每岁踵接而至，无虞数百人，向皆分递诸城，惟呼兰、珲春、吉林、呼伦贝尔界俄罗斯，多不遣。尔来为奴者，齐齐哈尔留大半，外城不过十之二。……约计齐齐哈尔今有三千余名，余城亦千名以外，盖久未停遣，东来者日众，游手聚居，是在拨遣钤束之有法耳。……黔奴诸城皆有，齐齐哈尔最众，大半闽、粤、楚产，懦者服役主家，黠者赎身自便，网鱼采木耳，趁觅衣食，稍有立业，至娶妇生子称小康者。……流人辟圃种菜……人

家隙地种烟草,达呼尔则一岁之生计也。

索伦达呼尔本不谙农事,自康熙间遣员课耕,渐知树艺。惟俄伦春仍重鲜食,呼伦贝尔亦畜牧为生,若达呼尔之产烟,则例外矣。《盛京通志》云:“索伦达呼尔不谙农事,康熙间特遣部院课其耕种,尝以郎中博奇课耕有法,禾稼大收,奉旨褒美。”又《黑龙江外纪》(卷六)云:“俄伦春俗重鲜食,射生为业,然得一兽,即还家,使妇取之,不贪多,亦不以负戴自苦。索伦达呼尔旧亦然,近日渐知树艺,辟地日多,呼伦贝尔依然畜牧为生,富在羊马,力田者寥寥也。”雍、乾以后,始于黑龙江、呼兰、墨尔根、齐齐哈尔等处设立官庄屯田,实为边境兴屯之嚆矢。其余仍封禁如故也。

咸丰四年、七年,曾两议招民开垦,因恐俄人潜越,事遂中止。《黑龙江通志·垦务》(卷八)云:“咸丰四年将军奕山议办招垦,派员查勘,出示招佃,嗣因俄船下驶,事遂中止。”又云:“咸丰七年,御史吴焯以呼兰城迤北蒙古尔山(山在巴彦县东阿力罕段)有余地方百余万晌,并非参貂禁地,亦与夷船经由之路无涉,奏请弛禁开荒,所得钱粮,以充俸饷。嗣据黑龙江将军奕山等复:蒙古尔山一带地方,自绰罗河起至通肯河止,除林木、沟河外,其可开垦毛荒共一百二十万三千一百六十余晌。蒙古尔山乾隆五十四年试采一次,稍见参苗,不堪入贡,久经停采。布雅密绰罗等河,嘉庆二十二年试采一次,亦停捕,未得珠。奏入,使奕山会同吉林将军景淳查勘妥议具奏。乃旋以恐夷人慕膻潜越,不能预操把握为词,事遂中止。”然邻省居民闻风趋至,旗丁遂将哨道内外,并城之远近公中间荒,争先圈占,收取私租,数年间,聚积日众,已不免偷垦伙种之弊。咸丰十一年,将军特普钦乃奏仿吉林夹信沟章程,于呼兰所属出放民荒,其原奏略云:

查该处地面,因与官屯毗连,当未经设垦以前,已不免偷种之弊,自议垦以后,居民闻风而至,尤不免与官屯有影射伙种之地,年复一年,积聚日众。臣等于上年冬间,访闻其弊,严饬呼兰城守尉并该管界官确查详报,嗣于官屯附近查出私垦地八千余晌,农民二千五百余名,时至严冬,若概行驱逐,势必至于流离,且无所安置,亦难立时究办。第既经清查,曷敢更为容隐?再该处东南数百里,与三姓接壤,松花江一水可通,上年六月间,曾有俄夷乘船至呼兰界之吞河地方窥探,经前任将军奕山在该处添设卡伦,派兵防守。惟地方辽阔,稽查难周,且向无居民,易起觊觎,尤宜预为之计。是前因招垦恐与防务有碍,今因防务转不能不亟筹招垦者也。臣等反复熟商,通盘筹计,地方既属拮据,私垦之民,一时又难驱逐,与其拘泥照前封禁,致有用之地抛弃如遗,而仍不免于偷种,莫若据实陈明招民试种,得一分租赋,即是可裕一分度支,且旷地既有居民,预防俄夷窥伺,并可借资抵御,亦免临时周章。

此为弛禁放荒之始。从前因防务而禁止招垦,今则因防务而亟筹招垦。即所谓移民实边之议也。当时承领民人杨继明、刘兆麟等交押预保,共放出毛荒二十余万晌。同治七年,将军德英以新荒续放,未甚踊跃,奏请暂行停止。自后屡放屡停,旋弛旋禁,迨光绪二十一年,特简大臣延茂来江创办屯垦,其禁令遂从此弛矣。但宗旨所在,第为安插旗屯起见,而旗丁不谙耕作,招民代垦,纠葛遂多。据光绪二十二年延茂奏放通肯、克音、汤旺河、观音山四处荒厂,通肯、克音两处共有毛荒一百十一万九千余晌,册报领荒之户,共五千二百六十七名,续领之旗户,尚未造齐,亦复不少。皆划设旗屯,自开放之日起,予限一年,如限满无人认领,再行招放民户,以示轸念旗丁之至意。遂设立通肯招垦局,兹据《黑龙江通志》引《程将军奏稿》历年出放荒数,光绪廿四年,二二四〇〇〇晌,七成折实,一五六八〇〇晌。廿五年,二三一五八四.八二一五,折实一六二一〇九.三七五〇五。廿八年,三八二五二.五八(上通肯段)、五七四八一(克音树段)、三三七一.五一五(柞树冈段)。廿九年,一二七五〇.二六(通肯段)、八九五三.五四(克音树段)。卅年,二〇八一六六.五四八(通肯段)、一七五六三.〇三(克音段)、三五一(巴拜段)统计七五〇三九晌三亩八分四厘五毫。旗丁领地自垦,人力或有未逮,令招民代垦,东佃两不相认,亦有包揽大段,转卖于民者,地亩纠葛不清。光绪三十年将军达桂等奏请变通章程,令垦户代交押租,作为己产。其有东户相认确无异议者,仍准听其自便。是旗领民佃之制,渐已破除,而汉人之招徕,乃益多矣。

黑龙江之全部开放,当自光绪三十年始。时署副都统程德全奉命办理荒务,乃会同将军达桂陈请变章,力主旗民兼放之策,设立垦务总局,于是荒务乃勃然兴起,不数年而成效大著。惟各户领地以后,率以开荒费巨,仍付榛芜。三十年,改设行省,东三省总督徐世昌与署江抚程德全以为非大兴屯垦,不足以固边围而戢戎心,乃招民垦荒,增设郡县。三十四年,拟增改江省道府厅州县办法(见《大清新法令·外官制》四十一页)云:

> 咸丰以后,呼兰等处屡议开荒,内地侨民负耒而至,加以外屯密布,邻柝相闻,时势变迁,断难墨守。于是相继设官……以为绥边抚民之计。……黑龙江沿岸数千里,皆与俄邻,彼则屯守相望,我则草莱未辟,以无官故无民,无民则形势隔绝,土地荒芜。……非增设民官,不足以言拓殖。

兹据《黑龙江通志》及《东三省政略》表列江省历年所放荒地数目如下:

地　名	放荒之年	报竣之年	荒　熟　地　数
通肯克音柞树冈(三段)	光绪卅年	光绪卅二年	一八二三九八晌九六八
通肯段零荒	光绪卅年	光绪卅三年	一二五二四晌三五
巴拜段毛荒	光绪卅年	光绪卅二年	八一二九〇〇晌五九二五
巴拜柞树冈(二段)零荒	光绪卅年	光绪卅三年	一六〇四五晌二八九一
汤旺河一带荒地	光绪卅一年	光绪卅三年	六三九八〇三晌九
又出放熟地	光绪卅一年	光绪卅三年	七〇四晌九二
甘井子荒地	光绪卅一年	光绪卅二年	三一三七三六晌五
又出放毛荒	光绪卅三年	光绪卅四年	一七七八五晌

续　表

地　名	放荒之年	报竣之年	荒　熟　地　数
又查出熟地	光绪卅三年	光绪卅四年	一四一九六晌
呼兰屯丁自种地	光绪卅一年	光绪卅三年	五二七一五晌三二
又呼兰台丁地	光绪卅一年	光绪卅三年	六九四〇晌一七
又屯丁出　卖与民地	光绪卅一年	光绪卅三年	四二〇七九晌五八
又站丁出　卖与民地	光绪卅一年	光绪卅三年	一八三七晌二四
讷谟尔河南段荒地	光绪卅一年	光绪卅二年	五三五九一八晌七三二
又南段夹荒	光绪卅一年	光绪卅三年	六八九三〇晌七
又北段荒地	光绪卅一年	光绪卅三年	六一九三一晌〇五
省城附郭荒地站台毛荒	光绪卅二年	宣统二年	一一二二七四晌一八八二
白杨木河段荒地	光绪卅二年	光绪卅四年	九五一三二晌一五
大折子山段荒地	光绪卅二年	光绪卅四年	六四〇一二晌五
依克明安公段(即通肯明两尔河旷地)	光绪卅二年	光绪卅四年	四五六七五四晌八八
墨尔根荒地	光绪卅二年	宣统二年	七六二二五晌〇六三
又查出熟地	光绪卅二年	宣统二年	一七九一〇晌六四
绰勒河淘尔一带	光绪卅一年	光绪卅三年	四三〇〇〇
呼伦贝尔沿铁路一带	光绪卅四年	出放无多并未呈报	
岭东岭荒地	光绪卅四年	同年	二〇三〇三
瑷珲荒地	光绪卅四年	民国六年	四七六四一晌九二三
海伦地亩毛荒	宣统元年	宣统三年	七四九七二三晌八七五
又浮多熟地	宣统元年	宣统三年	一八七二一晌六
又浮多荒地	宣统元年	宣统三年	一二四三二〇晌四五五
又闲荒官地及不可垦地	宣统元年	宣统三年	一八三八九〇晌七一一
萝北附近及鲁梧等字毛荒	宣统二年	民国三年	二八三五〇晌八七九
兼放渴原鹤汤梧等筹字毛荒	宣统二年	民国三年	四四五二八晌五五
恒升堡毛荒	光绪卅二年	宣统元年	六〇九五六晌八七
又六屯熟地	光绪卅二年	宣统元年	九一九六晌六四
讷谟尔河欠价荒地			
南段撤佃毛荒	宣统元年	民国元年	二〇五八〇晌九三二
北段撤佃毛荒	宣统元年	民国元年	一〇五〇二晌五

以上出放毛荒及清丈查出熟地共五百十四万九千五百六十晌六亩余,而实际垦殖者,未必有如此之多。总之,咸丰以前完全为屯垦时代,仅官庄屯田而已。咸丰十一年以后,为部分开放时代,所放荒地仅七十五万五千余晌。光绪三十年以后,为全部开放时代,所放已五百余万余晌。是以此期中为独盛矣。

黑龙江向为八旗驻防之所,满、蒙、汉军而外,尚有伦索达呼尔、也尔虎、鄂伦春诸种族,内地人民居此者益寡。自后开放东荒,燕、赵、齐、鲁之民,负耒而至,各省商贾,亦辐辏来集,于是地日辟而民日众,繁庶之象,渐异曩时。兹据《通志》所载户籍表之如后,则可以比较而得移民迁来之概况。

乾隆三十六年	二〇五〇八户	三五二八四名口
嘉庆十三年	二六二一七户	一三六二二八名口
光绪十三年	约五〇〇〇〇户	约二五〇〇〇〇名口
光绪二十三年	一八三五一〇户	一二七三三九一名口
宣统三年	二六九四二三户	一八五八七九二名口

按《东三省政略·黑龙江省民政记》户籍光绪三十二年为户二一三〇九〇,口一四五五六七〇。《清史稿·地理志》宣统三年,编户二四一〇一一,口一四五三三八二。比上表则前者较溢,而后者较缩,此可见《通志》调查之确实。惟光绪末年增加之率,比之初叶,约有五倍。宣统三年间,又加二分之一。是则黑龙江之逐渐开发,完全为晚清庚子以后之事矣。

一百十八 东内蒙之垦务与东北移民

(一) 原属东内蒙古之垦务与移民

东三省之垦务与移民,既如上述,此外尚有东内蒙古之哲里木盟十旗,实为东北移民事业之先驱,其后即分隶于三省者。若奉天之昌图、洮南二府，吉林之长春府，黑龙江之肇州、大赉、安达诸直隶厅皆是也。《东三省纪略》（卷二）云：

> 奉天之北，吉林之西北，黑龙江之南，有广大之平原，介居其间，即内蒙古哲里木盟是也。凡分四部十旗：曰科尔沁左右翼六旗，曰郭尔罗斯前后二旗，曰杜尔伯特旗，曰扎赉特旗。清初以来，汉民移垦日众，稍稍借其地设理民官，后乃分隶三省，隶于奉天者，为科尔沁左右翼六旗，隶于吉林者，为郭尔罗斯前旗，隶于黑龙江者，为郭尔罗斯后旗，杜尔伯特旗、扎赉特旗。

哲里木盟四部之起源，皆元太祖弟哈布图、哈萨尔之裔，姓博尔济吉特氏，其十四世孙奎蒙克塔斯哈喇，始居嫩江，自号嫩科尔沁。四传及奥巴，于天命年间，率先附金（清）列封为内扎萨克之首。扎赉特、杜尔伯特、郭尔罗斯皆附焉。是部以内属之始，列椒房之亲，效力戎行，勋望最隆，若前之满珠习礼，后之僧格林沁，皆其著者。故大赉之膺，特异于诸部。《蒙古游牧记》（卷一）云：

> 内蒙古哲里木盟游牧所在，科尔沁，东至扎赉特界，西至鞣鲁特界，南至盛京边墙界，北至索伦界。秦、汉辽东郡北境，后汉为扶余、鲜卑地，南北朝、隋、唐为契丹、鞣鞨地，辽为上京东境，及东京北境。金分属上京、北京及咸平路，元为开原路北境，明初置福余外卫，以元后兀良哈为都指挥，掌卫事。洪熙间蒙古臣阿鲁台为瓦剌所破，其酋奎蒙克塔斯哈剌姓博尔济吉特，元太祖弟哈布图哈萨尔十四世孙也。依兀良哈，因同族有阿噜科尔沁，故号嫩科尔沁以自别。……扎赉特东至杜尔伯特界，西及南至郭尔罗斯界，北至索伦界，本契丹地，辽长春州，金秦州北境，元为辽王分地，明入科尔沁。哈布图哈萨尔十五传至博地达喇，有子九，其季曰阿敏，与兄齐齐克纳穆赛等邻牧，号所部曰扎赉特。天命九年，阿敏子蒙衮随科尔沁来降……杜尔伯特部东至黑龙江界，西至扎赉特界，南至郭尔罗

斯界,北至索伦界,本契丹地,辽长春州、金秦州北境,元为辽王分地,明入科尔沁。哈布图哈萨尔十六传至爱纳噶,号所部曰杜尔伯特。爱纳噶子阿都齐号达尔汉诺颜,天命九年偕科尔沁来降。……郭尔罗斯东至永吉州界,南至盛京边墙,西及北皆至科尔沁界。本契丹地,辽置泰州昌德军属上京,金大定间废。承安二年,移州于长春县,以故地为金安县隶之。元为辽王分地,明入科尔沁,元太祖遣弟哈布图哈萨尔征郭尔罗斯部,擒其酋纳琳于克里业库卜克尔,哈布图哈萨尔十六传至乌巴什,遂以为所部号。乌巴什子莽果,莽果子布木巴,天命九年来降。

又《东三省政略·蒙务篇》云:

内蒙古二十四部科尔沁率先归附,列封为内扎萨克首。统盟于哲里木盟地,在内兴安岭南麓,霍勒河上源之哲里木河。科尔沁本部分两翼六旗,而扎赉特、杜尔伯特二旗,郭尔罗斯前后二旗附焉。其先同出一源,皆元太祖弟哈布图哈萨尔之裔,姓博尔济吉特氏,奎蒙克塔斯哈喇其十四世孙也。始徙居嫩江,自号嫩科尔沁,四传及奥巴,于天命十一年率族众来归,封土谢图汗,从龙佐命,勋望最隆,实为内属之始。巴达礼袭父爵,去汗号,改封和硕亲王,领“右翼中旗”。奥巴弟布达齐封扎萨克图多罗郡王,领“右翼前旗”。奥巴从弟喇嘛什布封辅国公,领“右翼后旗”。六传至敏珠尔多尔济始晋镇国公。奥巴叔父莽古斯以椒房之亲,与子宰桑俱封亲王,是为达尔汉和硕额驸满珠习礼之祖。当时父子兄弟,皆列爵土,然莫不效力戎行,懋著劳勋,大赉之膺,善人是富,非特崇隆贵戚也。自满珠习礼达尔汉亲王,领“左翼中旗”。满珠习礼之从祖洪果尔封宾图郡王领“右翼前旗”,洪果尔从子栋果尔初封镇国公,后追叙前功,晋其子彰吉伦多罗郡王,领“右翼后旗”。迄咸、同间僧格林沁以讨发逆功,始晋封博多勒噶台亲王,仍世袭右翼后旗扎萨克。其随奥巴来归之扎赉特部蒙衮,追封固山贝子。其曾孙特古斯以功晋封多罗贝勒。杜尔伯特部阿都齐子巴稜初封辅国公,晋封固山贝子。郭尔罗斯部布木巴封镇国公,领"前旗"。固穆封辅国公,领"后旗"。则又锡类推恩,怀柔附率,使之奔走效命,分隶于科尔沁左右翼者也。旧制以土谢图亲王掌右翼五旗,达尔汉亲王掌左翼五旗,而两旗之迭充正副盟长,莅坛坫而执牛耳者,盖隐示若辈子孙无忘奥巴之余烈,以堕其前功。此固国家崇报之隆,然策励之方,亦于是乎在矣。

蒙古编旗之制,每旗置扎萨克一人,协助台吉二人或四人,管旗章京下至骁骑校,略如驻防八旗。蒙民年十八岁为壮丁,人人有服兵之义务,平时仍游牧之业以资生。故对于土地所有之观念极薄,莽莽沃野,仅为射猎之场而已。后以内地人民麇集近边,开垦日众,蒙人乃习见垦殖之利,始招汉民为佣,任劳力,供租佃。名曰"榜青"。《东三省政略·蒙旗篇》(卷二)云:

蒙民年十八为壮丁,人人有服兵之义务,平时仍游牧之业以资生。计三年比丁,辨其卒伍,并入尺籍,年及六十者退伍,废疾者除名,各旗以册申报盟长,盟长汇报藩院,每满若干丁,则增编一佐领,当蒙古强盛,漠南漠北,引弓领羽之伦,边疆有警,控马即行。……国家不费一钱,而安然无北顾之虑,诚不啻资游牧为奇兵,列穹庐为坚壁也。……蒙民本无租赋之责任,然当兵则无粮,服役则无饩。……当边禁初弛,内地游民,麇集近边,开垦日众,蒙人生活于牧畜之中,乃习见垦殖之利,始招汉民为佣,任劳力,供租佃,名为榜青,汉民勤苦耕作,彼既高坐而致富饶,为之经营者,渐思出其智计,以反客为主。

然亦有随格格下嫁之壮丁,于清初栖止于秀水河边,垦种祭田,渐成村落者。如康平县知县涂量涛讯断宾图王旗七大屯控案禀有云:

其开垦七屯地亩来历，据称向闻历祖传言：顺治年间伊祖上(指蒙员高永龄)暨董、杨、周、梁、刘五姓，随和硕格格下嫁札萨克图郡王，行至边内，闻北边地气甚寒，中途畏避，流寓于秀水等处。嗣见近边门外荒地饶沃，因而出边垦种。其时蒙藩十旗，不分畛域，虽逐渐开垦，亦无人过问，日久子孙繁衍，辟地日广，竟成村落。

是蒙疆之开垦，实以随差壮丁之流寓为向导。及后直隶、山东人出关就食，流寓旗境，渐事垦种，蒙民亦习知耕植之利，始招佃榜青。北部流民出边典种者乃日益繁夥。于是清廷编保甲以稽察善良，定印票以限制阑入，日久玩忽，渐成具文。《皇朝政典类纂》(卷三十六)云：

乾隆十三年议准，蒙古地方民人寄居者，日益繁多，贤愚难辨，应责成该处驻札司员，及同知通判，各将所属民人，逐一稽考数目，择其善良者立为乡长、总甲、牌头，专司稽查。……又蒙古民人借耕种为由，互相容留，恐滋事端。……又喀喇沁三旗自康熙年间，呈请内地民人前往种地，每年由户部给与印票八百张，逐年换给，现今民人前往者众，此项印票，竟成具文，应行停止，嗣后责令司员暨同知、通判等查明种地民人，确实姓名，及种地若干。……

乾隆以来，印票久废，民人前往开垦者益多。清廷为保护蒙古生计，初制禁止典卖之律，继定驱逐垦民之例。《皇朝政典类纂》(卷十四)引事例云：

乾隆十四年复准喀喇沁、土默特等旗，除现存民人外，嗣后毋许再容留民人，增垦地亩，及将地亩典与民人。……三十七年定口内居住旗民人等，不准出边，在蒙古地方开垦地亩，违者照例治罪。

又《大清会典事例》(卷一百六十一)云：

乾隆四十一年议准:民人持贱价典出蒙古地亩……俟限满时退出,均匀分给蒙古贫苦人等。……嗣后将典卖地亩之处,永行禁止,如有私行典卖者,将卖户买户均从重治罪。

又(卷一百六十七)云:

嘉庆十五年谕蒙古地方辽阔,以骑射游牧为本务,向例不准口内居住旗民,在蒙古地方开垦,其种地贸易民人,前经各该旗呈报驱逐,历经办理有案。此项地亩,若仍令招民垦种,行之日久,难保不多开私垦,有碍游牧,致妨蒙古生计。转非核实体恤之意,所请照旧垦复之处,着不准行。

当时虽禁例綦严,罪罚有差,而蒙古招民垦种,汉人逾界前往者,实繁有徒,法令等于具文。及乾隆五十六年,蒙公恭格拉布坦奏明开放荒地,招内地民人垦种,是为蒙疆移民之始。嘉庆以后,禁约渐弛,清廷特设官以经理之。《东三省政略》纪郭尔罗斯前旗债务及开放余荒始末云:

东三省所辖哲里木盟属于吉林省者,惟前郭尔罗斯一旗,本辽黄龙府金济州明兀良哈部旧地。太宗崇德间始为前郭尔罗斯分壤。其地当松花江、伊通河流域,地势平坦,弥望膏腴。乾隆中直隶、山东人出关就食,流寓旗境,渐事垦种。五十六年,蒙公恭格拉布坦奏明开放荒地,嘉庆四年,吉林将军秀林奏准借地安民,嗣后设民官,置长春厅。

又《大清会典事例·户部·开垦二》(卷一百六十七)云:

嘉庆五年谕:郭尔罗斯蒙古游牧处所,不准内地人民逾界前往开垦,惟因蒙古等不安游牧,招民垦种,事关多年,相安已久,且蒙古得收租银,于生计亦有裨益,是以仍令其照旧耕种纳租。此系朕体恤蒙古起见,方今中外一家,普天莫非王土,但蒙古向来游牧之地,既许内地人民垦种,若复官为征收,竟似利其租入,岂朕养蒙古之意?今军机大臣等议令设官弹压,不令经征,并不准照吉林地丁收租,所议甚是。仍令查勘酌定租数,俾蒙古民人两有裨益,以副朕一视同仁之至意。

郭尔罗斯前旗牧地之置长春厅设理事通判,实为蒙境设官及官府承认蒙人招垦之始。光绪以后,遂升为府。《东三省政略》卷二《蒙务篇》云:

长春府郭尔罗斯前旗牧地,乾隆年间镇国公恭格拉布坦私招内地民人张立绪等垦地。嘉庆四年,派将军秀林会同盟长拉旺前往查办,五年秀林等以事关多年,已垦地二十六万五千六百四十八亩,居民三千三百三十户,未便驱逐,奏请置长春厅,治设理事通判、巡检各一员于宽城子。十七年,以开垦地亩,流民增至七千余口,所垦之地横二百三十里,纵百八十里,拟定界限,设立封堆。……光绪十四年,将军希元以长春为吉、奉孔道,省城西北门户,奏请升厅为府。……领农安、长岭二县。

继郭尔罗斯而开禁设官者,则为科尔沁右旗后旗昌图额尔克地方,即后之奉天、昌图府也。《东三省政略》卷二《蒙务下》云:

昌图府科尔沁左翼后旗牧地。嘉庆七年,奏准开垦。汉民之垦地者,稍稍来集。十一年设理事通判……同知二年,改为同知,光绪三年为府。

又《皇朝政典类纂》(卷三十)引事例云:

嘉庆十一年议定：昌图额尔克地方东至吉林边栅，西至辽河一百余里，南至威远堡边界，北至白塔水河二三十里四五十里不等，设理事通判一员，办理农民一切事件。该处地租，听该王贝勒等遣人自行收取。如佃户拖欠，揽头抗租不交者，交通判严行究办。现在农民三千九百余户，每年孳生民数，只准本户续报注册，不得仍听流民借户增添，其原议里数内未开之荒地，准其开垦。

自此清廷虽以蒙民相安，停其驱逐，以免流民之流离失所，然划定界址，设立封堆，亦仅承认原移之民，及所开之地而已。此外并不准增居一户，多垦一亩，《大清会典事例》（卷一百六十七）云：

嘉庆五年议定……以后不准多开一亩之地，添住一户之民，如有私招民人偷开地亩者，从重治罪。

又嘉庆朝《圣训》云：

五年谕内阁……此项蒙古地亩，招民垦种之初，均出有押租钱文，并非凭空占种，嗣后民人挟资携眷，陆续聚居，数十年来，生齿日繁，人烟稠密，蒙古民人，本属相安无事，迨垦种日多，有碍蒙古牧厂，因而呈请驱逐。第此等民人，本系无业，出口种地，以资糊口，一旦驱逐，未免流离失所。……我朝中外一家，无论蒙古民人，皆系臣仆赤子，所有此项地亩，除现在垦种者，仍听该处民人各安本业，照旧交纳租息，无庸驱逐。惟蒙古人等以牧养牲畜为业，若听民人耕占牧厂，则日种日多，伊于胡底？于蒙古生计，殊有关系。着……就现在居民所种地亩，定界立碑，清查户口，此外不准再行开垦一陇，亦不要添居一人。俾蒙古民人，永远相安，两有裨益。

蒙疆招垦禁令綦严，而旋弛旋禁，迄难折衷。嘉庆五年初查郭尔罗斯长春堡地方民人二千三百三十户，十一年流民增至七千余名口。十三年续经查出三千一十户。乃迭有增加,清廷虽不准流民入境,责成各边门守卡官弁,严行查禁,而其效亦可睹矣。光绪以后,边禁大弛,蒙疆招垦,官局丈放,遂使榛莽之区,一变而为陇畔佳壤。《东三省政略·筹蒙篇》纪开放荒地云:

> 往者边禁綦严,凡口内居民人等,有出边在蒙古地方开垦地亩者,照私开牧场例治罪,其王公台吉等私行招聚民开垦地亩者,分别已未得受押荒银钱,罚俸革职有差,所以重游牧也。自边禁渐弛,郭尔罗斯前旗首先招垦,科尔沁左翼诸旗继之。嗣后北部诸蒙,或因近接铁路,预防侵占,或因公私债项挹注偿还,先后由三省将军遣员丈放。遂使榛莽之区,一变而为陇畔。各旗办法,互有异同,综其大纲,厥分二种:一曰蒙旗招垦,一曰官局丈放,蒙旗招垦者,科尔沁左翼三旗,郭尔罗斯前旗是也。嘉庆五年,理藩院奏准:郭尔罗斯长春堡地方人民开垦地亩,官设通判以理民事,其收取租息,令蒙古自行收取,无庸官为经理。十七年又定科尔沁左翼后旗昌图额尔地方,准其招民开垦,每年征收租息,赏给该郡王一半,余照郭尔罗斯种地之例,合计该旗台吉官员、兵丁户口数目,均匀赏给,事载理藩院则例。其官局丈放者,则始于扎赉特旗,踵而行之者,科尔沁右翼三旗及杜尔伯特后郭尔罗斯诸旗是也。奏定收入押租银两国家与蒙旗各分其半,将来垦熟升科,每晌例纳岁租中钱六百六十文,以二百四十文归国家,四百二十文归蒙旗,并于荒段适中之地,酌留镇基,以为聚集人民设立市镇之备。

观上文可知蒙疆垦务有二种:一曰蒙旗招垦,二曰官局丈放,前者盖蒙古王公之所为,自行取租,而后者则地方官为之经理也。兹据《东三省政略》先为简表以明之:

(一) 哲里木盟蒙旗招垦荒地一览表

旗　名	区　域	招垦时期	垦辟晌数
科尔沁左翼中旗	怀德县　奉化县	道光元年	六五一四〇六晌
科尔沁左翼中旗	辽源州	咸丰初年	未详
科尔沁左翼前旗	法库厅　康平县	嘉庆年间	约七七〇〇〇晌
科尔沁左翼后旗	昌图府	嘉庆十七年	二七一二一二晌
科尔沁左翼后旗	辽源州	未详	未详
郭尔罗斯前旗	长春府	嘉庆初年	约四〇〇〇〇〇晌
郭尔罗斯前旗	农安县	道光八年	二四一一六二晌
郭尔罗斯前旗	伏农泉	光绪十六年	一六八八六〇晌
郭尔罗斯前旗	斯安岭	光绪十九年	五〇三五〇晌

（二）哲里木盟蒙旗官局丈放荒地一览表

旗　名	区　域	丈放时期	放地数目
科尔沁右翼中旗	东南境	光绪三十三年	生地八一五五八晌一三四
科尔沁右翼前旗	洮尔河两岸	光绪二十九年	熟地四二八九九晌九九六六 生地三九四六〇四晌一七一六
科尔沁右翼前旗	就河北展放	光绪三十二年	生地八九〇六三晌四六四
科尔沁右翼前旗	爱其挠	光绪三十四年	
科尔沁右翼前旗	北山	光绪三十四年	
科尔沁右翼后旗	洮尔河南	光绪三十年	生地二二二九九一晌二 熟地一八四六七晌五
科尔沁右翼后旗	洮尔河北	光绪三十四年	
科尔沁左翼中旗	就洮尔河北展放	宣统元年	
科尔沁左翼中旗	采哈新甸	宣统元年	
扎赉特旗		光绪二十八年	熟地二九六九六晌六六 生地四七〇二五二晌二六六

续 表

旗 名	区 域	丈放时期	放地数目
杜尔伯特旗	沿江段	光绪三十三年	熟地一一三晌九二 生地四四〇一三晌六
	铁路迤西	光绪三十一年	熟地一〇九〇晌八 生地二〇八四一七晌九
郭尔罗斯前旗	长岭子	光绪三十一年	荒地二一〇二〇〇晌六二
郭尔罗斯后旗	铁路迤西	光绪三十一年	生地二二三五六晌二
	铁路两旁	光绪三十三年	生地二九〇〇〇五晌七二八八五
	沿江	光绪三十三年	生地一三〇一七九晌〇一〇八
依克明安公		光绪三十二年	生地二四九一五三晌四五九

综前两表,蒙旗招垦之地,所可知者计一百八十五万九千九百九十晌,尚有辽源所垦之地未详。官局丈放之地,合计二百六十九万五千零九十四晌六亩余,其中垦熟者,仅九万二千二百六十八晌八亩余,不过三十分之一。是官局仅顾勘丈收价,争攘蒙民之尺寸肥瘠,增益边隅之少数费用,领户之能垦与否,绝非所知,而领地者亦但求所有权之获得,亦不计能恳与否也。因此富商巨户,垄断把持,包领转卖,甚或组织公司,意为上下,借获厚利。东三省初垦荒时其弊害皆似此,不独哲里木盟为然也。故所放荒地,虽不下十万方里。而草莱遍地,盗贼资之,《东三省政略·筹蒙篇》纪开放荒地云:

通计蒙境已放之地,不下十万方里,近边一带暨沿铁道嫩江两旁大半垦辟,其余各地,多属荒芜,虽因土质不齐,交通梗塞,亦以历年放荒办理未善之故。盖放荒计划端在借地养民,凡以为安插流氓之善政而已。嗣后宗旨愈歧,视为利路,荒务收款,列入岁计,各处荒局遂但顾收价之责成,丈放之迅速,于拓植事业,毫不关怀,放毕撤局,领户之能垦与否,均非所知,由是百弊丛生。奸商承揽垄断,把持包领,转相售卖,意为上下,获利之厚,动余倍蓰。所余硗瘠,则弃之而不顾,国家无督垦之官,严为监察,草莱遍地,盗贼资之,地既有主,或且辗转易人，益无以善其后，此则估计之疏，积习相沿者也。蒙民愚惰，勤作无恒，饱暖之余，倦于再垦，故亦有一户所领，垦熟不及二三，已垦复荒，甘自弃地，而沙漠之地，天时地利，均有所限，间遇雨旸不时，一岁欠收，则逾年播种之资，且有难给。是以负耜而来者，往往辍耕而去。前者覆辙，后者益裹足不前。荒务因无起色，实边之策，事与愿违。

又《黑龙江通志·经政志·垦务》（卷八）记黑龙江巡抚周树模奏称：

江省频年招民垦荒，迤东如绥化、呼兰、海伦、巴彦、余庆一带，洊臻繁庶，然统计全省面积，开放之荒尚不及十分之二，放而已垦者，亦不过十分之三，其富商巨户，揽荒渔利，久已习为固然，荒一入手，高价居奇，零星小户无力分领，积年累月，终成芜旷，大段不能转售，因而拖欠官款，以故放荒速而收价迟，领地多而开地少。

观此则知蒙疆招垦，乃为内地人口过剩，流民出关谋生自然发展之趋势。及官为经理，不顾实边之策，而维以筹款为务，则土地一变为资本家之投机营利物，拓植之意义全失。故自清中叶以后，直鲁流民之迁往东三省者，不下数百万口，土地之丈放承领者，不下数千万晌，而仍不免于土旷人稀也。洎乎晚清，世变日亟，我国国势衰弱，边陲空虚，不能自守。俄人乃弃其经营巴尔干之功，侈志东侵，窥伺满、蒙。日本维新以后，夷我藩篱，进图南满，与俄角逐争胜，遂成均势之局。日据要港，俄酣上游，两国铁道横贯其间，要皆以哲里木盟为咽喉，各出其智技以相搏，或则示惠蒙民，或则阴嗾携贰，操术不同，觊觎则一。《东三省政略·蒙务述要》（卷二）云：

自俄人侈志东侵，以西北利亚铁道纵横大陆，破我国防，外蒙诸部，渐次离析，今东清一线，由博罗托罗海入境，周哲里木盟而贯三省咽喉项背，扼而拊之，非独三省与内蒙之忧也。但轮轨所经，侵越愈亟,蒙人习锢蔽之俗,居贫弱之势,外渐方迫,眯目震耳。初则慑其气焰,继乃贪其钩饵,举族趋向,为之一变。日俄构衅,假途蒙地,以间道而出奇兵,偏师对垒,据其要塞,敌骑出入,若履户庭,牛马糗粮,取诸外府。战事终局,蒙人之趋向又一变。事变相乘,痛下泉中谷之仳离,而未能自拔,即我官吏士绅,尚不免委蛇求容,何独执苛论以绳愚朴之蒙人哉?夫蒙人以游牧为生,逐居水草,迁徙无常,崇信喇嘛,绝弃家室,以故游懒成性,种族式微,而牧畜一端,亦不知讲求孳生蕃息之道,凋残衰敝,至于今日,生计之微,惄焉可忧。而犹懵懵然不知不识,自封故步,我地方官有所施设,又昧于治标治本之策,或存畸轻畸重之心,虽不难甚之使行,尼之使守,而积威所恣,因以市恩,即有所摧残而不恤,无怪乎猜忌之交乘,而畛域之难化也。彼强邻之耽耽于我蒙古者,遂思有以利用之,俄人乃遣其布里雅克之蒙族,挟同教之观念以重利啖库伦喇嘛,遍布流言,神其煽惑之术,复连骑结驷,游于诸扎萨克,货财军械,资其馈遗,曲意交欢,曾无顾惜。意在牢笼其君长,以驱策其臣民。日人知其然也,乃别出他途以相试,广布地学会徒党,测绘要塞,诡言异服,匿处蒙屯,以医药小惠,酒食酬答,纳交其妇孺。又附会野史之传闻,造为不经之故实,将使蒙昧愚民,日濡染于民权新说,渐萌其暌离之志,以隐抉我藩维。窥二国之居心,操术虽有不同,要皆觊觎我之领土,各出全力以相搏。而我之哲里木盟东南接辽海,西北连大漠,固宜农宜商宜战之地也。用兵殖民,在所必争。今东清、南满铁道,自宽城子划然而分,若长春,若昌图,若铁岭,若法库,若新民,若哈尔滨,若齐齐哈尔之昂昂溪,若呼伦贝尔之满洲里,凡开为通商口岸者,处处皆蒙疆门户。彼耳目之所注,心力之所营,其利害关系于我者为何如?今者变相角之旨,为均势之谋,又隐然守洮儿河为鸿沟,视洮南府为制胜之地,则哲里木全盟移于他人潜力之范围,其视我为抵抗之计划者,又何如?蒙人沁沁伣伣,若贰若疑,以切肤之忧,作充耳之状,因已弃封守而生戎心,数典章而忘祖武矣。而我则长荒大漠,毫无设备,弧矢弃而不用,会盟久已不修,甚至请袭之典,激为仇杀,年贡之期,资其需索,理藩失职,弊乃愈滋,为渊驱鱼，已非一日。而犹欲拘牵于羁縻勿绝之说，以安常而省费，是诚不审边情，不知变剧者矣。

东蒙形势与日、俄窥伺之术，观上文可以了然矣。清廷既鉴于藩部之秘情，懔领土之阽危，乃改建行省，以徐世昌总制三边，经纬治化，监理财权。凡所以绾内政而杜外交者，重在严主臣之防，去秦、越之私，俾治法治权，一如十八行省，此又非独哲里木一盟为当然也。自是筹边者，亦知放荒层弊，外患日滋，从前但图收价之非计，而竞讲移民实边之策。光绪三十三年锡光《奏请拣大员专办内蒙垦务折》云：

今之言筹边者，每曰非练兵不足以弥兵，非备战不足以止战；非盛设海军，不足以安内地；非建修铁路，不足以伸运用。然战舰、铁路倘能兴举，诚伟大之事功，而不假外债，终非我力之所能及，且练莫大之军，敌莫强之国，欲收振衰起弱之功，又非叠债累息者所能猝办。奴才以为于今日而欲保奉天三省，当极力经营内、外蒙古荒地，诚以俄人野心异志，睥睨四邻，宿以殖民侵略为惯技，况火车往返，垂涎其地者久矣。倘以殖民通商蹈以前之覆辙，则先我着鞭，其患有不堪设想者。诚宜及时采东西殖民之策，用晁错实边之谋，简派大臣，编成段落，招民垦种。即以其所得之荒价，大兴矿务，广设学校，开通商埠，办理交涉，仿德意志男子皆兵之制。……此左文右武思患预防之善政也。

又徐世昌《复奏三省内蒙垦务情形折》云：

查东三省垦务，历任将军，次第开辟，垂四十年，而较其面积，尚不及十分之四。初只内地之官庄苇塘山荒等处，继乃推及于蒙旗。如奉天所属科尔沁六旗，则扎萨克图旗、镇国公旗，近来达尔汉图、什业图两旗，亦先后奏请开放，尚未竣事。吉林则有郭尔罗斯前旗，黑龙江则有郭尔罗斯后旗、杜尔伯特旗、扎赉特旗，凡历年所开，或已及全旗,或量为设治,但经理者第以筹款为主义,故一经清丈放价,便无余事。甚或欺虐蒙民,侵吞款项,绳丈则多寡不均,放荒则肥硗任意,缠讼互控,轇轕纷纭,莫可究诘,而于垦荒之兴衰,蒙情之向背,地势之险夷,从未考究。诚如原奏所谓"筹备荒之策,茫乎无闻也"。今欲经营蒙地,使之成部落,谋生聚,为三省之声援,必以殖民为入手,而殖民尤以垦荒为始基。

而黑龙江巡抚周树模试办扎赉特屯垦一疏亦云:

窃维实边之方,必以辟地聚民为先务,自来策边事者,或主徙民,或主屯兵,顾徙民则患其费多,屯兵则患其食少,求其兵农合一,防守兼资,舍屯垦无他道矣。

又试办呼伦贝尔边垦疏(二疏皆见《黑龙江通志》)云:

窃维黑龙江省毗连俄境,边线延长三四千里,若非讲求拓殖,慎固封守,行主权利权,皆将隐被侵夺,驯至无可挽回。臣等往复筹维,以为辟地首在聚民,边防必先置戍。

综上所陈,可知移民实边,开垦兴屯,已为清末疆吏挽救东三省之惟一主张。清廷因于光绪三十四年,特设东三省蒙务局,任朱启钤为蒙务督办以专理之。而其效果如何,土地虽未尽辟,人口增殖已达三千万,哲里木盟之鸿沟,满、蒙、汉人之畛域,均已荡泯无存。俄于北满,且以革命而放弃其利权焉,又孰知岛夷傀儡老羌,相继以攘夺之乎?吾述先民之绩,殊不免废书而三叹焉!

(二)东北移民与直、鲁人

东三省之人口,据宣统三年统计为一千五百八十七万八千五百五十三口(系《清史稿·地理志》三省人口之总和),而土著之旗人尚不及十分之一。(《东三省政略·旗务篇》奉省各属驻防八旗户口表,统计九十六万三千一百十六名口。吉林外城户口表,统计三十一万八千四百十五名口,吉林省城及珲春户口尚未查明。黑龙江无旗户表,据《黑龙江通志·经政志·户籍》〔卷十二〕载光绪十三年编审旗户:齐齐哈尔一五四四九,墨尔根九三九四,黑龙江二九〇二九,呼伦贝尔三一三八五,呼兰二八二五〇,呼兰厅六四二五,布特哈二四四八八,绥化厅三七九三,兴安岭四五四〇,统计二十五万二千七百七十六名口。《满洲通志》则谓:黑龙江土著住民一八八七年即同治十三年,为四十万八千人。至一八九五年即光绪二十一年为六十万人,数未必确。无论如何三省旗人不能过二百万,而其中尚有一半之汉、蒙人。若就纯满人论,则实甚寥寥也。)其余什九皆由外省徙来,顾此种移民,究竟来自何处,亦殊有注意之价值,若就地理上之关系言之,直隶(今河北省)接境满、蒙,应占优先之势,山东登莱,与奉天辽东,隔海相望,亦一苇可通,故初期当以直鲁人为最多。而晋人因懋迁之故,且毗连察、绥,亦易流入。据日本人所编之《满洲通志》(第六章页一六五—一六六)云:

> 满洲之支那住民,率自支那北部山东、直隶、山西三省移来。该地方不但与满洲有密接之关系,其人口比较他省亦最多。
>
> 满洲者,自人种之方面论之,炽旺之汉族,携固有之文化而来,以压倒此地方。而满洲之南部,及中部之一部分,文化程度,与支那本土,相距不远。将来其余地方,亦必由汉族之膨胀,化荒野而为美丽之庭园,渐达于旺盛之域。
>
> 曩遭生存场中之淘汰,弃故乡而来满洲之支那人,当时虽蒙许多之困难,不得不出蛮力以格斗。及经岁月,则彼等以勤勉不拔之精神,吸集资财于一身,依其资财微小之村落,亦设立学校,自精神上同化满洲人,大而言语宗教,小而寻常动作之末节,顺其自然,而彼等已尽入于同化之域。
>
> 现时全满洲人之大小商业,无一不归于汉族掌握中,工业亦然。农业殆皆成于汉族之手,客店及建设等,亦惟汉族能操之。

就上文可见北部三省之人民,因生计维艰之故,不得不弃其故乡,以谋生于关外,久之则满洲各种事业,几无一不为此辈移民所操持,而人口亦滋盛。于是化异族为同德,变旷野为乐园。所谓满洲人者,已渐成历史上之一名词,无异于入关旧侣之被同化于汉人也。又在此三省移民中,其移植率最盛,同化力最大者,厥为山东人。日本人所著之《满洲地志》中有《满、蒙、西北利亚与山东人》一文曰:

山东沐孔子之遗泽,受管仲之教化,朴讷宽文,重乡土,视迁徙出境者,不啻投入蛮夷,谓之违反人道。而父母在时,若出游四方,则以为悖于孝道,为道德所不许。至清康熙年间,复禁止山东人入北满洲,载诸国法,垂为训典。然山东地本硗确,益以生齿日繁,故虽有禁令,仍不免侵入于满洲之沃野者,乃生活上自然之趋势也。其始入满洲者,不过采取人参及行商而已,积久遂有拓地耕种者,采金伐木者,举满洲之利,已足以欣动贫瘠之山东人。加之清朝国法,有名无实,虽有禁令,可以视若弁髦,故移住满洲者,遂澎湃如潮,一发而不能遏矣。

近年来俄国在东部西北利亚之经营,有待于此等山东苦力者殊多。故山东人趋之如蚁附膻,当时俄国有囊括满洲之志,欲占领辽东半岛。故先经营东清铁路,赫赫之业,将告成功。而东部西北利亚之经济的势力,仍未少展,实权仍握于山东人之手。如筑炮台,采铁伐木之利,通航转运之业,莫不操于山东人之手。旅人之初经是地者,不啻有误入山东之感。盖山东人之社会团结力最强,守秩序,重条理,无或紊乱,尤工于实业之技能,生存竞争,适者生存,彼俄人者,乌足以制胜哉?

山东人励精克己,勤俭耐劳,富于团结力,劳动者互相扶助,商人互通缓急,恰如一大公司。其各商店则是支店,互相补给商品,以资流通。而金钱上尤能融通自在,故虽有起而与之争者,奈山东人制胜之机关备具,终不足以制之也。满洲人及俄国商人固无论矣,即德国人精于商者,亦退避三舍,不能与山东人抗衡。是以山东人在满洲、西北利亚一带经济上之势力,足以凌驾一切,握商业上之霸权。又能应该地之需要,供给劳动,故势力日亦张大。最宜注意者,彼等皆富于独立生活之力,能胜强剧之商业竞争。曾有俄人某见中国人侵入西北利亚荒原者日众,乃著论警告其国人。又昔年中俄缔结密约时,李文忠曾语人云:"他日西北利亚成中国人之殖民地时,则俄国必追悔今日占领满洲之失计。"亦可以想见山东人之势力矣。(以上三段皆自《清朝全史》译本引录)

观上文所引述,则知东三省移民与山东人实有密切之关系,稻叶君山谓"数十年间满洲之沃壤,殆全入于山东人之掌握"(见《清朝全史》第六十八章),殆非虚语。盖山东人具有勤劳耐苦之精神,受经济之压迫,远避异乡,团结经营,不遗余力,其足迹所届,浸及北荒。故能凌驾晋、直之民,成此伟业。今试就三省住民一考询其原籍,似有十分之八九为山东,间有十分之一二为河北等处,独以开发未久,谱牒希征,且鲁人不忘故土,乘暇往返,常避占籍,故未能为精确之统计与比较耳。东北三省之垦地,清末统计,已在一万万亩以上,加之东蒙,又一二千万亩,而隐匿未报者,更不知若干亩。其所产之大豆,输出国外,每年已逾一万万余两,民国以后,递年增高,不仅直鲁人满之患,借此以为尾闾,而实边设防,势力远达北荒,其调剂资金之赢绌,维持生活之现状,系乎人民经济者,不綦大哉!日、俄二国,觊觎角逐,国际问题,因之而生,西人恒称之为东方巴尔干,皆以此莽莽数千里之沃壤也。

第二十八章　经济建设之新事业

一百十九　近代化之水上交通

(一) 新旧式之交通工具

一国经济事业之发达,全赖各地资源之开发,而生产品之运销分配,以及设备人员之往来接触,凡此皆视交通技术之迟顿敏捷以为断。吾国交通事业,数千年来,殊少改进。郑和下西洋,乘大舶六十二,长四十四丈,广十八丈,共载士卒二万七千八百人。自后东南常备倭,故海舟之制特详。《明史·兵志》云:"舟之制,江海各异。太祖于新江口,设船四百,永乐初,命福建都司造海船百三十七。又命江、楚、两浙及镇江诸府卫造海风船。成化初济川卫杨渠献桨舟图,皆江舟也。海舟以舟山之乌槽为首。福船耐风涛,且御火。浙之十装、标号、软风、苍山,亦利追逐。广东船铁栗木为之,视福船尤巨而坚,其利用者二,可发佛郎机,可掷火毬。大福船亦然,能容百人。底尖上阔,首昂尾高,舵楼三重,帆桅二,傍护以板,上设木女墙及炮床,中为四层,最下实土石,次寝息所,次左右六门,中置水柜,扬帆炊爨皆在是。最上如露台,穴梯而登,傍设翼板,可凭以战,矢石火器皆俯发,可顺风行。海苍视福船稍小,开浪船能容三五十人,头锐,四桨一橹,其行如飞,不拘风潮顺逆。艟桥船视海苍又小。苍山船首尾皆阔,帆橹并用,橹设船傍,近后,每傍五枝,每枝五跳,跳二人,以板闸跳上,露首于外。其制上下三层,下实土石,上为战场,中寝处,其张帆下碇,皆在上层。……渔船最小,每舟三人,一执布帆,一执桨,一执鸟嘴铳,随波上下,可掩贼不备。梭船,定海、临海、象山俱有之,形如梭,竹桅布帆,仅容二三人,遇风涛辄舁入山麓,可哨探。蜈蚣船,象形也,能驾佛郎机铳,底尖,面阔,两旁楫数十,行如飞。两头船,旋转在舵,因风四驰,诸船无逾其速。"是虽为海上之战舰,而亦为水路之交通工具,清代所制,亦不外乎此。但自鸦片战争以后,外国轮船以铁甲机器,其坚利胜旧制远甚,于是模仿外人长技之自强运动,遂开吾国新交通事业之先河焉。新事业与旧交通之不同点有二:一曰交通工具之科学化,以机械力量,逐渐代替以前之人力、畜力、水力和风力。二曰交通组织之商业化,凡各种新交通工具之利用,均可以交易方式行之,无阶级之限制,与从前驿站之统于官方者迥异也。此种本质之改变,对经济生活之影响甚大,当先就轮船述之,以次及于铁道电信。中国海上有轮船,以道光十五年英国之渣甸号为始。中国内河有轮船,以咸丰八年所租之美轮土只坡可敷为始。自是外国轮船畅行长江,同治元年,美国那绥公司设立旗昌洋行。四年,英人设立省港澳轮船公司。六年英国太古洋行又设立中国航业公司。外国轮船之势力,予中国旧式帆船以极大压迫。咸丰间长江一带有河船三千余艘,同治间仅存四百艘。可见依赖风帆舵桨之旧交通工具,已自视其无能而渐被淘汰矣。同治元年,中国商人吴南昌等有购轮船四艘以运漕米之议。同治七年,江苏道员许道身及同知容闳又建议制造轮船分运漕米,兼揽客货。直至十一年,李鸿章始设轮船招商局。众情惶惑,谓夺河船生计。鸿章谓:"欧洲诸国闯入中国边界腹地,无不款关而求互市。海外之险,有兵船巡防,而我与彼可共分之。长江及海口之利,有轮船转运,而我与彼亦共分之,或不至让洋人独擅其利与险,而浸至反客为主也。"鸿章为国体商情财源兵势,拓展机局,爰破群议力行之。同年招商局之福星轮,往来上海、烟台、天津、牛庄;永清轮往来上海、香港、汕头、广州;利运轮往来上海、厦门、汕头及天津、烟台等处,是为中国轮船航行海上之始。次年洞庭轮、永宁轮往来长江,驳转川、汉、津、粤各货,是为中国轮船航行内河之始。招商局由鸿章创办,即归北洋大臣派员在沪管理。惜创办时股本未充,未足与洋商争衡。同治十二年,全局改组归由商办。而局员浮滥,深沾官场习气。门前冠盖如市,有股分之商人,亦望之而逡巡焉。以致大好营业,不获称雄海上。光绪十一年,盛宣怀奉命整理,复改为官督商办。

该局迭遇艰危,卒能撑拄,洵非易易也。盖皆由于官帑之借贷,与官物之运输,赖此扶助,局基始定。宣统元年,又命招商局改隶于邮传部。邮传部成立于光绪三十二年,管理轮船铁道电邮四政。中有船政司,是为中央设立专管水上交通机关之始。举凡内港外海各江航业,所有测量沙线,推广埠头,建设公司,营辟船坞,以及审议、运货、保险、检查灯台浮标各事,凡有关船政者胥掌焉。惟此时总税务司兼理进出口之航务,海关均附设有船政司,其实权操之外人,邮传部船政司徒拥虚名而已。至航业之各种法令,同治间公布者,仅《华商购造船只章程》,光、宣间公布者,仅《华洋轮船驶赴中国内港章程》、《大小轮船公司注册给照章程》,固无有系统之航律也。

(二) 招商局之经营状况

吾国江海行轮,自招商局始。初领闽厂轮船八号,添招股分,向英国续购两号,分往南北洋各海岸及日本、小吕宋、新加坡等处贸易,稍张声势。光绪二年,江督沈葆桢奏拨浙江等省官款,买并旗昌公司,增大小轮船十八号,而英船尽力排挤。李鸿章奏明沿江、沿海各省,遇有海运官物,统归该局经理。盖客货为洋商竞争,动辄赔累,非多运漕粮,以补不足,万难持久,并请苏、浙漕米须四五成拨局承运,以固商本。十年中法事起,海疆不靖,华轮行驶,虑遘危险,沪商鉴于普法之战,两国商船转售他国之例,密邀素雇之英律师担文筹议。适美国旗昌行主愿将局产照原值价银五百二十五万两统归该行认售,事定收回。经道员马建忠与担文及旗昌行订立合同,将船栈暂交代理,换悬美旗。十一年收回自办。由道员盛宣怀督饬经理,得复旧观。二十八年北洋大臣袁世凯奏以庚子之变,商情摇撼,股票跌落,派道员沈能虎赴沪会同局员妥筹维持。该局资本虽系商股,实赖官帑之倡率。先后拨用直隶、江苏、江西、湖北、东海关等处官款计一百九十万八千两。自光绪六年分期缴还,宣统元年已还清。只存商股四百万。当创办时轮船仅有三艘,逐年增益,三十年,乃有二十八艘,三十一年,添造江新、新昌。三十二年,添新康,三十三年添新铭,而海琛于三十年在福宁洋触礁沉没。协和于三十一年在黑水洋被水雷炸沉,海定机坏,三十三年改作镇江趸船,实存轮船二十九艘(以重量计,三万五千九百八十六吨,以体积计,六万二千二百吨)。至局栈数目,总局在上海,立南栈、北栈、东栈、中栈、华栈五处,以外天津、汉口、广州、福州诸大埠,共分局十有七所。长江上、下游南、北洋口岸,机声旗影,相续不绝。惟自海禁大开,争相喧夺,抵制綦难。三十三年与太古、怡和两公司议订合同二十二条,以期均享利益,互守范围,不致大受亏损。该局缘直督创成,官督商办,议定每年按商股余利提二成为报效海防之用。三十四年,尚隶北洋大臣管辖,惟该局完全属商业性质。既立邮传部,综持全国航政,稽察保护,责有攸归,遇事故由部咨北洋照转,声气隔阂,文报稽迟,诸形不便。爰札该局将历年案卷见行条规,以及出入款目,员役姓名,一律呈报,而该局迄未详陈。会是年部有收赎电报之举,诸商董捕风捉影,滋生异词。坐办钟文耀等电称:收赎电报,影响商业。即经部饬谓:欧洲各邦,电报皆为国有,本部熟权利害,不得不设法收回。至完全商业,如招商局、铁矿厂之类,皆非官办,绝不至影响及此。自此宣示,众方释然。至营业情形,据三十四年报告,水脚银二百六十五万五千余两,较上届增十七万七千两有奇,而余利反减。宣统元年,招商局归邮传部管辖,咨北洋移交。复称:庚子乱前各卷,大都遗失,将二十七年以后案牍册籍等件送部。嗣粤、港、澳各股商联名公电,请援商办铁路公司董事会之例,在沪设董事会,以符商法。经部批准,投票公选董事九人,查账员二人,公议商办隶部章程,经部审酌增改,饬令遵行。大旨谓该局完全商股应遵部辖之义,并援北洋成案,所有用人办事,由部监督,派员办理。仍设董事会,以助官力所不及,其他细则悉依商法。本年水脚共收银二百六十三万八千七百余两,比上届多一闰月,尚减一万六千余两。收支相抵,仅得四万八千余两之船利。加入三公司公摊进款,又栈房产业等利共六十六万五百余两,除运漕结亏捐租修理及各项缴费外,计毛利三十二万五千八百余两,只合八厘股息。董事会议,以一分官利行之有年,未便遽改,因在保险项下补凑,仍按一分发给。其时市面萧条,加以外轮竞争,航业疲滞,内容逐渐腐败,以致亏空累累。民国以后,已有不可终日之势,且有拍卖局产之说。自国民政府奠都南京,清查招商局,改为官办,规模始渐改观。迄今远洋航业,仍以此局为首屈一指焉。

(三) 华洋商办之轮船公司

招商局成立后,其组织及经营状况,前于维新事业中已述之。继此而官办商办之轮船公司,有南通之大达内河轮船公司,光绪二十九年创办。烟台之政记公司,光绪三十一年创办。哈尔滨之吉林官轮局,光绪三十三年创办。松、黑两江邮船局,光绪三十四年创办。同年上海创办宁绍商轮公司。宣统二年,营口创办肇兴轮船公司,次年创办广信公司。民国以后,始有上海之三北轮船公司、鸿安商轮公司,哈尔滨之戊通航业公司(陈陶怡因俄商恐被没收,纷纷卖船,始集资二百万元购定船只二十九艘,航行黑龙江、松花江。民十以后,俄势又盛,炮击轮船,封闭伯力分公司,并阻我船出松花江,以致营业不振,亏累倒闭)。航业组织,已不下数十家,或则规模过小,仍不能与外人所经营者争衡一时。外人在中国所办之航业,有下列各家:

一、中国航业公司(China Navigation Co.)英人经营,总公司设于伦敦,同治六年成立。本公司专从事于东洋各港及中国内河航业,其在中国之一切业务,均委托太古洋行(Butterfield and Swire)经理,计有轮船八十五艘,总数十六万八千五百吨,航路遍中国,营业能力极为广大。

二、印度中国航业公司(Indo China Steam Navigation Co.)亦英国人经营,总公司于光绪元年创设于伦敦,除以印度为其营业中心外,并经营远东各港及中国内河之航业。其船舶在中国近海航路者约六万吨,在长江航路者约一万五六千吨。民国八年本公司与美满轮船公司合资经营,由怡和洋行(Jardine Mathson and Co.)经理其在中国之一切业务。

三、大英轮船公司(Peninsular and Oriental Navigation Co.)亦英国人经营,于道光十七年即经成立。道光二十四年,已开驶中英航路,为欧、亚间航业之最早者。本公司组织极大,共有船舶五十余艘,总数达五十余万吨。往来中国、伦敦间之船只达十八九艘,总公司在伦敦,上海隆茂洋行代理其在华之各种业务。

四、日本邮船会社,日本人经营,创立于同治十三年,与中国招商局之成立,相距不远。此为日本最大之轮船公司,所有船舶达百余艘,船之大者达二万余吨。其所经营之欧、美航线,多从上海、香港等处经过,而其所经营之神户—上海线,及横滨—上海线,则为中国、日本间之专设航线。

五、大阪商船会社,亦日本人经营,在同治年间成立。光绪二十四年始来中国,开始长江航路。其后于光绪三十二年将长江航路放弃,改为中国沿海之航行。船只约七八艘。

六、日清汽船会社,亦日本人经营,系由日本邮船会社、大阪商船会社,与湖南汽船会社、大东汽船会社合并组织。专航行于中国南海及长江沿岸各地者,计有船二十余艘。

此外尚有俄国人经营之黑龙江商船公司,美国人经营之大来洋行(Robert Dollar Co.)、中国邮船公司,德国人经营之亨宝公司(Humburg American Line)、北德意志公司(Noral Deutcher Lbogd),法国人经营之法国邮船公司(Cie de Messgeries Massgeries Marilimes),意大利人经营之意国邮船公司,或专航中国沿海各岸,或兼驶及中国内河各地,在中国水道交通上,皆占相当势力。而英、日、美之势力更大,日本之势力发展最速。吾国人所经营之航业,尚不及英人客籍船只三分之一,亦不及日、美客船之和甚远。今将民国元年往来中国境内之船只,作一吨数之比较,即可见宾主倒错情形之一斑。

英船吨数	三八一〇六七三二吨
日船吨数	一九九一三三八五吨
美船吨数	七一五〇〇一吨
华船吨数	一二八八五五九九吨

中国水上交通,除内河通行帆船之航路约二万四千公里外,可通轮船之航路,约一万五千余公里。而海岸线东北起鸭绿江口,西南至广东之北仑河口,曲折绵延皆可通航。而以上海为枢纽,上海之北为北洋航路,上海之南为南洋航路。至国外航路,则全操外人之手。吾国之造船厂,除江南制造局及福州船政局由曾国藩、左宗棠创办外,李鸿章在直隶,复创办大沽船坞,后改大沽造船所。江南制造局清末所造兵船商轮达一百三十余艘,福州、大沽均稍逊也。

一百二十 近代化之陆上交通

(一) 铁道之萌芽时期

中国之陆路交通,向以车马为主要之交通工具,以驿站为最方便之组织,秦、汉以来,相沿未改。清代掌邮驿者,为工部车驾司,驿或称站、称塘、称台、称所、称铺。塘又有军塘、营塘。因地点之冲要偏僻而设置有繁简,俱备有夫役、马驴、车船以供差遣与传报。京师设有皇华驿,直隶有站一百八十五,额设夫役一万四百七十名,骡马七千三百余匹,甘肃有驿、站、塘、所三百三十一,夫役四千二百七十二名,骡马牛七千五十匹,为内地行省中设驿最多者,广东仅十驿,夫役九百二十名,为行省中设驿最少者。余省由二十余至一百三四十,多少不等。蒙古由喜峰口入,有站十六;由古北口入,有站十;由独石口入,有站六;由杀虎口入,有站十一。库伦所属,军台二十五,科多布二十一。阿尔泰军台属都统者四十四,属定边左副将军者三十九。新疆伊犁军台十二,塔尔巴哈台十,乌鲁木齐二十七,巴里坤八,吐鲁番二十七,喀喇沙尔八,库车十,乌什三,阿克苏十八,叶尔羌十五,和阗七,喀什噶尔六。东三省盛京有驿二十九,吉林有站三十八,黑龙江有站三十六。内地所设之铺,纵横密布,不胜枚举。凡差给役者,皆验以邮符,曰"勘合"(官驰驿用),曰"火牌"(兵役用)。凡给驿,皆以其等,颁其禁令。各考其所达之程,而计以时日。普通以日行二百四十里为度,但遇紧急文书,须日行四百里、五百里、六百里者,皆由发书官司签明。铺递亦如之。清末以邮政兴办,始逐渐裁撤。自英法联军以后,中国受西洋文明之激荡,旧日之交通方式,有逐渐改变本质之趋向,而火车铁路,即代之而兴焉。同治二年,上海之英、美商人二十七家,联合向苏抚李鸿章请愿,拟修筑苏沪铁路。鸿章以此为中国利权,不应假手外人,拒之。次年英人司梯文生(Sir M. Stevenson)由印度来华,又倡此说,谓可与伦敦西北铁道媲美。并向清廷建议六大干线:一、由汉口起点者,沿江东下至上海为一大干线,沿江上溯至四川、云南与印度铁道相接为一大干线。自汉口直达广东为一大干线。二、自上海起点者,经杭州、宁波直达福州为一大干线,出镇江渡江北上,经山东、天津至北京为一大干线。三、自广东起点者,向西直达云南,为一大干线。时清廷不知铁道之利益,亦予拒绝。四年七月,英商杜兰德在北京宣武门外造小铁道,试行小火车,此为铁道火车输入中国之始。因群情骇怪,由步军统领饬令撤毁。同治五年,英商又请筑上海、吴淞间之铁道,组织吴淞道路公司,开始计划进行,以资金缺乏,遂归停顿。至光绪元年,英商怡和洋行始修筑淞沪铁路,十一月十六日全部完成。次年,开始行车,机关车名“先锋号”(Pioneer),每日往来六次。估计每周一里可获二十七镑之纯益。利益甚厚,引起各国资本家对华铁道投资之热心。及压毙士兵一名,上海官厅遂勒令停止,并照原价以二十八万五千两收买,将其拆毁。机车投之江中,以后刘铭传在台湾造铁路,请将铁轨车辆运台,竟沉于打狗港中。光绪四年,英国摩勒恼斯公司(Basneet & F. W. Moleenorth)开唐山煤矿,以运煤为辞,请修唐山、北塘间之铁路。至光绪六年方准修筑,仅修至胥各庄约七里,只准用驴马拖载,谓之马车铁道。此铁道两轨之距离为英尺四尺八寸,以后即为中国铁道之标准。光绪八年,工程师金达(C. W. Kinder)利用开矿机器之旧炉锅,改造小机车,谓之“中国之狼烟”(Rocket of China),是为中国铁道行驶机车之始。光绪十一年,李鸿章请展筑唐胥路,组织开平铁道公司,派伍廷芳为总理,唐廷枢为经理。除将唐胥路收买外,并拟将路线延长。光绪十二年,胥各庄至芦台间之铁道完成。十三年,改组为中国铁道公司,增加资本百万两,向汇丰银行借款。是为吾国铁路借款之嚆矢。十四年,天津、塘沽线筑成,二十一年,复延长至昌黎县,距山海关不过三十九里。中国之有正式铁路,当以此为始,即后日贯通关内外之京奉铁路初基也。

(二) 修路风气之渐开

同光之间,铁路之便利虽为一般人所知,而顽固守旧者目为奇技淫巧,有损中国之风化,均持反对态度。光绪六年,刘铭传方引疾家居,以伊犁交涉急,召至京筹备边,铭传疏陈军事曰:

自古敌国外患未有如今日之多且强也,一国有事,各国环窥。而俄地横亘东西,与我壤界交错,尤为腹心之忧。俄自欧洲起造铁路,渐近浩罕。又将由海参威开路,以达珲春。此时之持满不发者,以铁路未成故也。不出十年,祸且不测。日本,一弹丸国耳,师西人之长技,恃有铁路,亦遇事与我为难。臣每私忧窃叹,以为失今不图自强,后虽欲图,恐无及矣。自强之道,练兵造器,固宜次第举行,然其机括,则在于急造铁路。铁路之利于漕务、赈务、商务、矿务、厘捐、行旅者,不可殚述,而于用兵一道,尤为急不可缓。中国幅员辽阔,北边绵亘万里,毗连俄界,通商各海口,又与各国共之。画疆而守,则防不胜防;驰逐往来,则鞭长莫及。惟铁路一开,则东西南北,吸吸相通,视敌所趋,相机策应,虽万里之遥,数日可至;百万之众,一呼而集。且兵合则强,分则弱,以中国十八省计之,兵非不多,饷非不足,然此疆彼界,各具一心,遇有兵端,自顾不暇,征饷调兵,无力承应。若铁路告成,则声势联络,血脉贯通。裁兵节饷,并成劲旅;防边防海,转运枪炮,朝发夕至。驻防之兵,即可为游击之旅,十八省合为一气,一兵可抵十数兵之用。将来兵权、饷权俱在朝廷,内重外轻,不为疆臣所牵制矣。方今国计绌于边防,民生困于厘卡,各国通商,争权夺利,财赋日竭,后患方殷;如有铁路,收费足以养兵,则厘卡可以酌裁,并无洋票通行之病。裕国便民,无逾于此。……查中国要道,南路宜开二条,一条由清江浦经山东,一条由汉口经河南,俱达京师。北路宜由京师东通盛京,西通甘肃,惟工费浩繁,急切未能并举,拟请先修清江至京一路。事关军国安危大计,如蒙俞允,请旨饬速议覆。若辗转迁延,视为缓图,则永无自强之日矣。

疏上，虽格未行，中国铁路之兴，实自铭传发之。时张家骧奏称开造铁路，约有三弊，未可轻意施行。清廷着李鸿章悉心妥筹。鸿章奏述铁路原委谓："今日各国皆有铁路之时，而中国独无，譬犹居中古以后，屏弃舟车，其行动辄后于人也必矣。铁路之兴，大利约有九端：便于国计者利一，便于军政者利二，便于京师者利三，便于民生者利四，便于转运者利五，便于邮政者利六，便于矿务者利七，便于招商轮船者利八，便于行旅者利九。铭传拟先造清江至京一路，与臣本年拟设之电线相辅并行，庶看守易而递信弥捷，洵两得之道。……刘铭传年力尚强，英气迈往，若授以督办铁路公司之任，以原议之人，始终经理，即待其效于十年之后，尤属责无旁贷。"又奏驳张家骧三弊谓："若虑远人之觊觎，而先遏斯民繁富之机，无论远人未必就范，即使竟绝觊觎，揆之古人庇民之道，古今无此办法也。如有田庐坟墓，当不惜重价以偿，不愿迁售者，自无难设法绕避。若商货日多，水陆转运，可收相济之益。张家骧所陈三弊，不甚确凿。大抵近来交涉各务，实系中国创见之端，欲图自强，必先理财，而议者辄指为言利，斥为喜事，稍涉洋务，则更有鄙夷不屑之见横亘胸中。不知外患如此其多，时艰如此其棘，断非空谈所能有济。我朝处数千年未有之奇局，自应建数千年未有之奇业，若事事必拘守成法，恐日即于危弱，而终无以自强。语曰：'非常之原，黎民惧焉。及臻厥成，天下晏如也。'臣于铁路一事，深知其利国利民，可大可久。假令决计创办，天下之人见闻习熟，自不至更有疑虑。"鸿章虽力赞铭传之议，而物议沸腾，人心惶惑。七年，通政司参议刘锡鸿陈铁路利于西洋，不利于中国，有八不可行、八无利、九有害之疏。而钟天纬痛驳之，见《经世文续编》。锡鸿曾出使英、德，其言尤易动听，郭嵩焘在英，即为此人所排抵，迟中国铁路风气二十年，锡鸿固应负责也。以后薛福成有《创开中国铁路议》，朱一新有《新疆造铁路利病问答》，马建忠有《铁道论》，皆积极提倡，尤以曾纪泽出使八年，亲见各国轮车铁路于调兵运饷，利便商民，为益甚多。而于边疆之防务，小民之生计，实无危险窒碍之处，曾向醇亲王数数言之。李慈铭《荀学斋日记》光绪十三年丁亥四月记云："近日有议开铁路，先由天津造至开平，徐致祥太常两疏争之，皆留中。然徐君此举，不啻朝阳鸣凤矣。近有御史陈琇莹请于今后乡会试第三场,专考算学洋务,谓合诏各部院保奏游历外洋人员,而应者寥寥,自以士大夫平日不肯讲求之故。故宜亟重洋学,以变风俗。而曾纪泽侍郎著《中国初醒论》,谓孔门教典,冥冥如在梦中,呜呼!彼何人哉?”此可见当时人之态度矣。十四年,津沽铁路告成,自天津至唐山计程二百六十里,只走一个半时辰,快利为轮船所不及,以一机车拖带笨重货车三四十辆,往来便捷,运掉轻灵。各商禀请接造通州铁路,御史余联沅奏阻之,而总署、海署与军机处予以辨驳,剖析无遗,盖至是而王大臣已认铁路洵为当时自强之急务,所谓天下大势之所趋,虽圣人莫之能遏矣。

(三)京汉铁路之修筑

中法战役之后,因事实之教训,主张修建铁路者逐渐加多,风水庐墓之说,已无人再提,而唐津铁路之成功,又与当局以莫大之鼓励。光绪十五年,遂谕令沿江沿海各督抚各抒所见,以备采择。两广总督张之洞覆奏略称:

> 今日铁路之用,以开通土货为急。进口外货岁逾出口土货二千万两,若听其耗露,以后万不可支。惟有设法多出土货、多销土货以济之。中国物产之盛,甲于五洲,然腹地奥区,工艰运贵,其生不蕃,其流不广。且土货率皆质粗价廉,非用机器、化学不能变粗贱为精良,化无用为有用。苟有铁路,则机器可入,笨货可出,本轻费省,土货旺销,则可大减出口税厘以鼓舞之。于是山乡边郡之产,悉可致诸江岸海壖,而流行于九州四瀛之外矣。销路畅则利商,制造繁则利工,山泽之所植,牧竖女红之所成,皆可行远,得价则利农。内开未尽之地宝,外收已亏之利权,是铁路之利,首在利民,民之利既见,而国之利因之。利国之大端,则征兵转饷是矣。方今强邻环伺,外患方殷,内而沿海沿江,外而辽东三省,秦、陇沿边,回环何止万里?防不胜防,费不胜费。若无轮车铁路应援赴敌,以静待动,安所得无数良将精兵利炮巨饷而守之?夫守国即所以卫民,似宜先择四达之衢,首建干路,以为经营全局之计,以立循序渐进之基。……臣愚以为宜自

京城外之芦沟桥起,经行河南,达于湖北之汉口镇,此则干路之枢纽,枝路之始基,而中国大利之所萃也。盖豫、鄂居天下之腹,中原绾毂,胥出其涂。铁路取道,宜自保定、正定、磁州历彰、卫、怀等府,北岸在清化镇以南,南岸在荥阳口以上,择黄河上游滩窄岸坚径流不改之处,作桥以渡河,则三晋之辙,下于井陉;关、陇之骖,交于洛口;西北声息,刻期可通。自河以南则郑、许、信阳驿路以抵汉口,东引淮、吴,南通湖、蜀,万里奔凑,如川赴壑。语其利便,约有数事:内处腹地,不近海口,无引敌之虑,利一。南北二千余里,原野广漠,编户散处,不如近郊之稠密,一屋一坟,易于勘避,利二。干路袤远,厂盛站多,经路生理既繁,枝路枝流必旺。执鞭之徒,列肆之贾,生计甚宽,舍旧谋新,决无失所,利三。以一路控八九省之冲,人货幅辏,贸易必旺,将来汴洛、荆襄、济东、淮泗经纬纵横,各省旁通,四达不悖。岂惟充养路之资费,实可裕无穷之饷源,利四。近畿有事,三楚旧部,两淮精兵,电檄一传,不崇朝而云集都下;或内地偶有土寇窃发,发兵征讨,旬日立可荡平。征兵之道,莫此为便,利五。中国矿利,惟煤铁最有把握,太行以北煤铁最旺而最精,然质甚重,路最难。既有铁路,则辇机器以开采,用西法以煎镕,矿产日多,大开三晋之利源,永塞中华之漏卮,利六。海上用兵,首虑梗漕,东南糟米百余万石,由镇江轮船溯江而上,三日而抵汉口,又二日而达京城。由芦沟桥运赴京仓,道里与通县相等,足以备河海之不虞,辟飞挽之坦道。而又省挑河剥运之浮靡,较之东道王家营一路,碍于黄河下流者,办理最有把握,利七。此路既成,但有利便,并无纷扰,民受其益,人习其事,商睹其利,将来集资推广,续造不至为难,关东、陇右以次推行。二十年以后,中国武备屹然改观矣。如巨费难成,拟分自京至正定为首段,次至黄河北岸,又次至信阳州,为二三段,次至汉口为末段。中原地势平衍,工力可省,大约每里不过五六千金,一段不过四百万内外。合计四段之工,须八年造成,则款亦八年分筹。中国之大,每年筹二百万之款,似尚不至无策。其筹款之法,除由铁路公司照常招股外,应酌择各省口岸较盛,盐课较旺之地,分别由藩、运两司关道转发印票股单,设法劝集。至购买铁料,取之山西,置炉炼冶,以供取用。庶几施工有序,而藏富在民。

张氏于铁路之利益,及经由路线、施工次第和筹款办法,议论至为详尽。廷谕此事为自强要策,必应通筹天下全局,开拓风气,次第推行,但冀有益于国,无损于民,定一至当不易之策,即可毅然兴办,勿庸筑室道谋。着总理海军衙门详细复议请旨。海署寻奏津通铁路缓办,先办汉口、芦沟两头并举,四达不悖,简派重臣,招集公司,妥为经画,芦沟距正定六百里,汉口距信阳州六百八十里,无论或借或拨,应先集款一千万两,俾令勘路定料,庶免停工待款。旋奏准由户部每年筹拨银二百万两,不借洋债。十七年,又以关东铁路视芦汉为尤急,命缓办芦汉,以已定工款移关东。二十一年,广西按察使胡燏棻奏:中国铁路之议,屡举屡废,自经此次军事,利钝之故,照然共见,应请援照张之洞原议,自汉口至京开办铁路。燏棻嗣被命筹办津芦铁路,据工程司金达估计,共需银二百四十余万两。先由北洋大臣筹措一百万两,又借汇丰、德华两洋行英金四十万镑。二十二年王文韶、张之洞请设铁路公司,并保盛宣怀为督办。宣怀至京,向总理衙门呈递说帖,拟招股四千万两,先借用部款一千万两,由南、北洋拨官款三百万两,招商股七百万两,借洋债二千万两。二十三年,两段分头开工,二十四年,先成芦保一段。二十六年,八国联军入京,将芦沟桥铁路展至北京正阳门。同年秋冬保定以南各段,亦相继完成。三十一年十月,黄河铁桥成,全线直达通车,芦汉改名京汉。共长一千二百十三公里。初借比利时款一万一千二百五十万佛郎,后又借一千二百五十万佛郎。光绪三十四年十二月,借款完全偿清,京汉铁路遂为纯粹之国有铁路。惟所谓比款者,系由比国财团之中国铁道研究会出名,英人谓资金由华俄道胜银行供给,实为俄、法两国傀儡,因向中国抗议,并要求广九(广州至九龙)、浦信(浦口至信阳)、苏杭甬(苏州至宁波)、津镇(天津至镇江)、山西、河南等铁路之建设权。清廷不得已,许前三线由英投资建设,自是各国托息壤之名,行商於之诈,争以巨款借我,且惟恐我之不借,大概皆指铁路产业为抵押,而实行暂代管理也。

(四) 清末建筑之铁路

自铁路总公司设立,盛宣怀为督办铁路大臣,铁道之建设,号称极盛时期。盖不仅芦汉铁路开始兴修,即正太、沪宁、汴洛、粤汉、津浦、道清各路之借款合同,以及苏杭甬、浦信、广九等路之草约,均由盛氏订立。借外债以谋筑路,利权之丧失,不可胜计。如回扣有至九折者,即借款百万,而实付九十万也。筑路器材均须向借款国家购买,并付以百分之五佣金。总工程师及会计,系由联合借款之银公司推荐,一切由此二人主持决定,中国所派之督办,画诺受成而已。行车管理之权,亦由借款银公司代办,收入余利,提百分之二十为酬劳费。于是引起一般人之反感,朝野上下,均以挽回利权、收归自办为言,一时风起云涌,靡漫全国。清廷迫于舆论之激昂,曾令以后筑路不再借外款,或附搭外股,甚至不得再由外人包工。因之各省官绅自办铁路纷然并起。由官办者有京张、张绥等路,由商办者,有川汉、湘赣、闽浙、苏皖、西潼、新宁(新会至斗山)、豫桂、腾越、同蒲(大同至蒲州)等路之组织。所有废约赎路之运动,其首获成功者,即光绪三十二年收回粤汉铁路之建设权。此路原由美国合兴公司(American China Development)承办,因该公司将大部分底股售与比国,遂交涉赎回,改为三省自营。其后又有苏杭甬及京汉铁路之赎回。惟绅商倡议自办之路,除粤汉外成效甚少,且渐生流弊。光绪末年,已有提倡铁路国有之议。宣统元年订立汉粤川四国(英、美、法、德)银行团借款合同,将此路改由国家负责兴筑。宣统三年,盛宣怀入阁为邮传部大臣,谋借巨款筑路,清廷宣布铁路干线国有政策,至如何收回办法,着邮传部悉心筹划,如有故意扰乱煽惑抵抗,即照违制论罪。因此引起四川之民众请愿风潮,遂为武昌起义之导火线,而清廷以覆。然清末官办之铁路,不下十余条,兹分述如下:

一、京奉铁路　最初修成者,即唐胥铁路,光绪十一年,唐胥路展修至芦台,又称唐芦铁路。十四年展修至天津,改称唐津铁路。十五年,更东展至古冶,十八年东展至滦州,建十七孔铁桥。二十年更东展至山海关,是为关内铁路。嗣后更向关外展修,迭经困难停顿,于二十九年展修至新民屯。三十年,日俄战起,日本由新民至奉天,筑有轻便铁道。三十三年由中国备价收回,并以日本所修之路轨过狭,改为宽轨。而天津以西之津芦铁路则于光绪二十一年冬建修至丰台(原议至芦沟桥,接京汉铁路,兹改由丰台,直达北京),复展至马家堡。二十三年七月,更展修至北京永定门。二十六年,拳乱时,英国军队将北京车站展至正阳门。并筑支线由东便门至通州。及新奉路收回,于是北京至奉天间,可以直达通车,全路改称京奉铁路。全线长八四九.三九公里。光绪二十四年,因修筑关外铁路,曾借英金二百三十万镑(约合一千六百万两)。借款以四十五年为期,自第六年起,分年摊还。故清亡时,京奉路负债仍多也。惟此路由关内外铁路督办大臣胡燏棻经理,不由铁路总公司负责。

二、津浦铁路 刘铭传建议修清江浦至北京之铁路,光绪十二年曾纪泽回国,亦请速修北京至镇江铁路,此为津浦路之先声。十年之后,始有津镇铁路之议,拟借比款,如京汉例。德国谓此路与胶济铁路有关,出而抗阻。光绪二十四年,清廷派许景澄为津镇铁路督办大臣,与德华银行、汇丰银行订约借款七百四十万镑。分南北两段,由德、英分任建筑。但迄未兴工,而景澄于拳乱中殉难。嗣苏鲁直绅商请筹款自办,因有草约,难以议废。乃由外务部梁敦彦与德华银行及英国华中铁路公司代表商改条约,借款五百万镑,不以本路作抵,不与以行车管理权,较原约颇多改善,故此后借款筑路,均以是约为标准。光绪三十四年六月北段开工,同年十二月南段亦开工,南北两段,以韩庄为界,吕海寰任督办,宣统三年完成。惟以黄河铁桥尚未完工,至民国元年始全线通车。南段路线改由徐州、蚌埠、滁州以达浦口,故称津浦铁路。宣统元年因路款不敷,由督办徐世昌再向英、德续借四百八十万镑,以铁路沿线之厘税为抵押。全线长一〇一三公里(《中国铁路志》谓北段六二六公里,南段三八三公里,共一〇〇九公里)。先后又筑五支线,如兖州至济宁、临城至枣庄、柳泉至贾汪等是也。

三、京张铁路 此为中国自备工款自筑铁路之始,实应特别标出者,即总工程师詹天佑是也。因南口至康庄一段,路线盘山上升,坡度陡峻,绕越困难。詹氏独出心裁,由八达岭凿隧道,取道青龙桥之东沟,用三十升一之高坡及之字形路线,方将此段难工克服。后用牵引机车,设保险岔道,以策安全。凡此皆外国工程师所不能办者,故后人在青龙桥建立詹氏铜像,以纪念其功绩。路款由京奉路之余利拨充,自光绪三十一年开工,至宣统元年完竣。督办为陈昭常。全线自丰台经北京、昌平、居庸关抵张家口。又展修张绥铁路,宣统三年,方筑至阳高,而革命事起,工事暂停。民国元年,始继续开工,三年车通大同,四年通丰镇。又停工四年余,十年始接至绥远,改称京绥铁路。十一年展至包头,全程八百十三公里。

四、京沪铁路　光绪二十二年,南洋大臣请修吴淞至江宁铁路,以工款过巨,决先筑淞沪,后筑沪宁。二十三年开工,翌年十月完成,是为淞沪铁路。光绪二十九年盛宣怀始与英国银公司订沪宁铁路合约,借款三百二十五万镑。以淞沪为支线,条件至为苛刻。英工程师兼任全路总管,华总办备位而已。光绪三十一年上海、苏州间通车,盛宣怀罢,唐绍仪继任总办,续借六十五万镑。光绪三十四年全路工竣通车。邮传部修改办事章程,改称沪宁路局,派钟文耀为总办。此路由上海经苏州、无锡、常州、丹阳,地势平衍,丹阳以西,地势稍高,至镇江工程平顺,达南京下关,共三百十公里。惟路政大权,尽落外人手中,民国以后,始收归国有耳。

五、沪杭甬铁路　初名苏杭甬铁路,光绪二十四年,清廷迫于英人要求,由盛宣怀与怡和洋行订一草约,仿沪宁路办法,惟迄未履行。自川路请准商办后,浙人亦倡议自办,要求废止草约。光绪三十一年,设立浙江全省铁路公司,推汤寿潜为总理。于翌年九月兴工。江苏亦组织苏路公司,推王清穆、张謇为总协理,翌年三月兴工。三十四年,由上海通车至枫泾,浙路于宣统元年由杭州通车至枫泾,与苏路相接。苏、浙两公司均由邮传部向英商借款一百五十万镑,转借与苏路一百二十万两,浙路六十万两。宣统末年,盛宣怀倡铁路国有之议,两路股东均赞成,民国以后接收合并为沪杭甬铁路。惟杭州至曹娥江一段,尚未兴工。曹娥至宁波虽已铺轨,尚未通车。自上海至杭州闸口,共长一八六.一五公里。沪宁铁路总办兼任沪杭甬事,故设立两路管理局。

六、粤汉铁路 粤汉路初拟由三省官绅筹办,后以集款困难,又不欲英、法、比之势力伸张,乃向美国接洽投资。光绪三十一年,路权赎回后,张之洞主张官办。旋由湘、粤绅商请求分办,议定各筹各款,各修各路,同时从本省修起。粤商认股毫银四千万元,成立广东粤汉铁路有限公司。先筑干路由广州至坪石,再筑至湖南郴州之永兴。广东境内一段,约长三百二十八公里,于光绪三十三年,通车至江村,仅二十公里。自后进展延缓,于民国二年始通至英德(一百四十一公里),民国四年通至韶州。湘、鄂一段,原定官督商办,由张之洞兼任督办粤汉铁路大臣,初与英、德、法、美四国银团商借六百万镑。未几张氏逝世,邮传部尚书盛宣怀宣布铁路国有政策,将以前商办之川、汉、鄂、湘路旧案取消,仍向四国银行团接洽借款,曾遭湘、鄂绅民反对,又以川、汉应付操切,激起风潮,而清廷遂亡。民国成立以后,政府仍执行铁路国有政策,由四国借款将湘路长沙至株洲一段五十公里收回。鄂境并未兴工。民国元年八月,谭人凤为督办,詹天佑为会办,始由武昌首站开工。民国三年,詹天佑任督办,至六年二月,武昌至蒲圻一百三十二公里工竣通车。八月路轨接至长沙,惟中间尚有桥工未完,至七年九月,武长全段始通车。翌年,詹氏逝世,自后以工款不继,停顿未前者凡十五年。

七、正太铁路 自清政府议定修筑芦汉铁路时,山西巡抚胡聘之请准开办太原至正定铁路由山西商务局与华俄道胜银行商借法金二千五百万佛郎。旋以拳乱停止。其后清廷命改归铁路总公司,由盛宣怀与华俄银行改订合同,借法金四千万佛郎。光绪三十年华俄正式让与巴黎银公司,债权遂归于法。四月开工,三十三年八月完成,十月通车。全线自石家庄至太原,用窄轨(一公尺轨距)修筑,与中国其他铁道不同。共长二四三公里。此路借款不敷应用,政府拨官款六百三十余万元作为长期资金。十年后借款本息还清,路政完全归我国管理。

八、汴洛铁路　芦汉开工后，铁路总公司即奏请接造开封至洛阳一段为培养线。光绪二十九年，盛宣怀在上海与比国铁路合股公司代表商订合同，借款二千五百万佛郎，即英金一百万镑。光绪三十三年，又续借一千六百万佛郎。自光绪三十年开始建筑，宣统元年全段竣工通车。民国元年，陇海铁路借款成立，此路即划入陇海干线范围内。

九、道清铁路　英商福公司于清末获得在山西南部之开矿权，拟先修道口至清化镇之铁路，以便开发焦作煤矿，名为道清铁路。第二步再由清化接至泽州（晋城）。光绪二十八年着手建筑，三十年底，由道口修至柏山村，一百四十五公里。福公司因晋南未出煤，遂于光绪三十一年将铁路让于铁道总公司，作价七十万镑（实用六十一万四千六百镑）。又续借十万镑，续修柏山村至清化一段。三十二年，全线通车，共一百六十三公里。

十、广九铁路　光绪二十四年，英国要索五路之修筑，其一即广九也。当时曾由盛宣怀与英商怡和洋行订立草约，大致仿沪宁。光绪三十一年，我因收赎粤汉路，曾向香港政府借款，英使即趁此催订广九正约。三十三年乃由外务部与中英公司订立广九铁路合同，借英金一百五十万镑。派魏瀚为总办，由广州经石龙、深圳至九龙，共长一百八十二公里，全路于宣统三年工竣通车。深圳河以南为九龙租借地，由深圳至尖沙咀一段，约三十六公里，由香港政府修筑。两国有接轨营业合同，一切设备为我四英一之比例。而摊分运价，则英段百分之三十五，我方百分之六十五。直至抗战胜利后，始改为我四英一耳。

十一、株萍铁路　此路由湖南株洲至江西萍乡，兴办甚早。因汉阳铁厂为芦汉、粤汉各路制造钢轨，需用焦煤，决定开发萍乡煤矿，由盛宣怀奏准建筑，初称萍醴铁路。光绪二十五年，薛鸿年任总办，詹天佑任工程师。光绪二十九年萍醴段告成。三十一年展筑至株洲，接湘江水运，遂为株萍铁路，共长九十六公里（《铁路志》云九十一公里)。由芦保、淞沪余款先后拨用,合计库平银二百九十三万二千余两。以后并入浙赣铁路。

十二、吉长铁路 光绪二十二年,李鸿章与俄订立中俄密约,许以东清铁路之建筑权,路线经由长春。光绪二十八年吉林将军长顺,以东清路已成,请修由吉林至长春铁路,以接东清干线。清廷准拨银八十万两,余由吉林自行筹集。俄国以此线与东清有碍,要求归东清办理,未许。三十一年,吉林将军复请办理,由度支部拨银八十万两为开办费。三十四年,铁路总局局长梁士诒与日本订立合约,向南满铁路会社借款日金二百十五万元,宣统元年开工,民国元年全路通车。共长一百二十七公里。

以上官办之铁路,加京汉共十三线。其商办者,尚有光绪三十二年修筑之新宁铁路,共长二二一华里,南浔铁路光绪三十四年兴工,宣统三年完成九江至德安一段,而工务停顿,仅成五十余公里。因借日商上海大成会社银一百万两,由日人承办。民国元年,改为公商合办,定名为南浔铁路公司,向日本东亚兴业会社借款日币五百万元,始再复工。三年,续借二百五十万元,至民国四年始由九江通车至南昌对江之牛行,全程一百二十八公里余。漳厦铁路光绪三十三年兴工,至宣统二年十二月,仅完成嵩屿至江东桥间路线二十八公里。潮汕铁路,光绪三十年兴工,三十二年工竣,共长二十八公里。除官商办之铁路外,尚有外人所办之铁路,最著者为俄人经营之东清铁路,日人经营之南满铁路,德人经营之胶济铁路,以及法人经营之滇越铁路。帝国主义者借此侵略我国,尤以东三省之两路,形成日俄对立斗争之局,因而递演为举世注目之国际问题焉。

一百二十一 近代化之邮电事业

(一) 海关试办邮政时期

自十八世纪中叶以来,西洋各国均遍设邮局,光绪十九年,加入万国邮政联约者六十余国。我国仅有驿站,旧隶兵部,盖为军政而设,日久沿袭,遂成交通行政之基础。数千年来,未尝变通而推广之(周代即有官邮号步传、马传之法,汉时置驿以通邮。唐凡三十里一驿,有水驿、陆驿,故起源甚古)。又只限寄递公文,民间往来信件,则惟信局是赖。信局于清时极发达,各大城市均有之,大小数百家,初由宁波人在上海创设,逐渐推广,为寄递信物最可靠之机关,包裹银款遗失,照价赔偿。天津信局在直隶省内有分号五十家,省外有分号一百家,是为规模较大者。营口之满洲信局、烟台之芝罘信局、奉天之义合信局,每日收发信件约四百通,通常每信取邮资八十文,稍远者则取二三百文。如代送千两票据,取费二千文,皆视路程之远近而异。上海为信局总汇,已登录者,四十六家,未登录者二十四家,共七十家。苏州有信局三四十家,镇江十八家,南京十七家,芜湖十七家,九江十九家,汉口二十七家,沙市八家,重庆十六家,杭州二十余家。其取费皆北方较廉,大约每信由十二文至二百文。票据每千两取一千文。邮资由交信者付给,收信者有时亦略付酒资。邮件皆由信局雇用专人送往,故路程偏僻而远者,邮资可增至四五千文。其信件种类,有普通信、火烧信(快信)、羽毛信(加急信)、么帮信(专差致送)、挂号信等。当轮船铁路未兴之时,地理辽远,交通不便,此种营业,盖较之雁字、鸽书,似已稍胜一筹,顾仍难与外国之邮局组织严密者比也。自外国习于交通便利之人,侨居吾土,既未能求官设之驿站,又不欲委民间之信局,于是各设机关,自为交通之计。故通商而后,各国皆有所设邮局。据《清史稿·交通志》所记,外国邮局设于中国者,英国有上海、天津、汉口、烟台、福州、厦门、广州、汕头、宁波九处;德国有上海、北京、天津、汉口、烟台、福州、厦门、广州、汕头、南京、济南、青岛、宜昌、镇江十四处;法国有上海、北京、天津、汉口、烟台、福州、厦门、广州、宁波、重庆、琼州、北海、龙州、蒙自十四处;日本有上海、北京、天津、汉口、烟台、福州、厦门、广州、汕头、重庆、南京、牛庄、塘沽、沙市、苏州、杭州十六处;俄国有上海、北京、天津、汉口、烟台五处;惟美国则仅上海一处。侵我主权,莫之能阻。方该局之初设也,窒碍甚多,不能悉如其意,屡经更迭,而税务司管理送信之事,于是乎起。考其大略,以咸丰十年各国派使驻京,条约所载,沿海无论何处,使臣皆可送文,专差与驿站差使一律相待。嗣因办理不便,改由总理衙门饬驿代寄,随文递送,无定期也。税务司进京办公,与各口税司往来文件,亦由总署代寄。同治五年始订有由总税务司处汇集各驻京使臣文件,按期转交总署代寄之章。但该章惟限天津封河后照行。至开河即将各信由总税务司自行饬差递津,转为寄沪。外人驻京者,以信件不能自行由驿往来,遂于光绪五年除京、津送信之常差外,另设封河后由津至牛庄、烟台、镇江三路之寄信专差。光绪十一年,天津封河后,驻京使臣并无从京发寄之信,只有从镇江由驿递京之信。其驻京官民所发之信,俱由所设之三路官差分寄,所得力资,足偿专差之费,且有余焉。其时往来之信日增,是以总税务司并津、镇、上海各税务司特派帮办人员,管理送信之事,其余通商口岸,由该口税司择人兼办。此同治五年以后总税务司所办寄递外国文件之情形也。总税务司兼办邮递,虽属外国文件,然已为我国邮政之始基。光绪二年,赫德始建议创办邮政,设送信官局。中国邮政,于是发端。光绪四年于北京、天津、烟台、牛庄、上海,及九江、镇江先后设送信官局,略仿泰西邮政,交赫德管理,开始发行邮票。总署因各国纷在上海设立邮局,虑占国民生计。九年,值德使巴兰德来请派员赴会,十一年据南洋大臣曾国荃咨称:州同李圭条陈邮政利害,并宁海关税司葛显礼称香港英督愿将上海英邮局改归华关自办。爰饬江海关道总税务司筹议。十六年,札行赫德以所拟办法既于民局无损,即就通商各口推广办理,俟有规模,再行请旨。于是推广邮政部于各海关,每一海关区域,作一邮政区域,每海关税务司即兼充邮务司。其后关于邮政之管理,专派一邮务长充任,而仍驻于总税务司公署,归总税务司节制。此各海关试办邮政之权舆也。盖前此海关虽兼管邮递,只限于外国文件,自送信官局之设,而海关邮政始兼营一般业务耳。

(二) 大清邮政局之设立

光绪十八年,赫德以数年来创办艰难,若再不奏请设立官邮政局,恐将另生枝节。盖以是年上海工部局书信馆有拟加入万国邮盟之谣传也。十九年五月,李鸿章、刘坤一奏江海关道聂缉椝禀称:上海英、美工部局现议增设各口信局,异日中国再议推广,必更艰难。请速筹善策。爰饬赫德详加讨论,赫德拟定章程四十四款。并称:须有奏准饬办之明文,使各国皆知,系中国国家所设,即可商令各国将在中国所设之邮局撤回,并可商入万国邮政公会之举。时因中日风云日紧,暂行延搁。赫德致书友人,谓迁延数年,令人气破肚皮,颇咎翁同龢、李鸿藻二人不肯负责。二十一年,广西按察使胡燏棻奏称:

> 中国各省皆设驿站铺递,每年支销钱粮计三百余万金,其实各省之奏牍公文,所递有限,而仕宦往来之所扰滋多。至督抚则更有提塘折差,每一折差抵京,费以百十两计。民间所开信馆,索费既巨,又多遗失,此公私两困也。查泰西各国,莫不由国家设立邮政局,往来函牍,公私一体,权其分量之轻重,定给递费之多寡,由邮部刊刻信票印花出售,凡寄信者预先购买,用时取黏信角投入信箱,有人按时收取。此法不但省驿站之费,而且岁获盈余,为泰西各国进项之一大宗,亟应仿照办理。其第一办法则先招商局为发轫之始。……其第二办法,则借电报局为推广之路。……其第三办法则俟火车畅行,再借铁路公司为往来之总汇。凡干路支路火车停卸之处,各派一人在局专司其事。至将来欲遍行内地,各镇、各埠尽可广设分局,派人经理。如此则若网在纲,无远弗届。见在地球各国,其邮政章程,通为一例,到处流行,公私递费,并无多寡之殊,即日本亦在其例。就英国而论,每年邮部除用费外,计赢英金一百数十万镑。独吾中华未尝仿行,急宜参考西制,从速举办,庶每岁可省驿站三百万之耗费,而收邮部数百万之盈余。

是年,署南洋大臣张之洞亦疏称:“泰西各国视邮政重同铁路,特设大臣综理,取资甚微,获利甚巨。且权操于上,有所统一,利商利民,而即以利国。近来英、法、美、德、日本先后在上海设立彼国邮局,其余各口岸亦于领事署内兼设邮局,侵我大权,攘我大利,实背万国通例。查各关试办邮递有年,未能推行及远;外国所设信局,并未裁撤,良由税关所办邮递,与国家所设,体制不同,故推广每多窒碍。请饬赫德妥议章程开办,即推行沿江沿海各省兼及内地水陆各路,务令各国将所设信局全撤,并与各国联会,彼此传递文函,互相联络,此各国通行之办法,有利无弊,诚理财之大端,便民之要政也。”总理衙门因就赫德所拟章程,奏请开办,并转饬总税务司赫德专司其事。光绪二十二年二月七日,上谕创办国政邮政,于是大清邮政局遂于五月二十日正式成立。惟一切管理进行,仍由总税务司兼办。赫德因遴派税务司帛黎为总办。二十三年御史徐道焜奏:各海关附设邮局,须防流弊,一带信之罚太严,一寄报之费太重。两广总督谭钟麟亦奏:邮政局琐碎烦苛,众怨沸腾,无裨饷需,徒伤政体,请一体裁撤。盖民间信局之势力甚大,邮局颇施压力,令其接收信件,须向邮局挂号代寄,否则轮船不与运送。违者每件罚银五十两,船为代运者,每次罚银五百两。故谭言众怨沸腾也。总署饬令赫德妥议办法,旋据覆称:罚款一节,乃专防商民船只私带邮政局应寄信件,实无搜查旅客之事,如有便带书信,或专人递信,尽可随意。寄费一节,俟行一年后,应减应加,自可酌改。总署以事当创办,不厌详求,制贵因时,宜期尽善。令酌定简明办法,刊刻报单张贴各口岸设局处所,务期家喻户晓,人人咸知利便。是时邮政既办,各国屡次延我加入万国邮政公会。二十二年,由驻英公使照会瑞士政府,准备加入。二十三年开会于华盛顿,我驻使伍廷芳赴会演说,略称:“我国见在通商各口,开设邮局共三十三所,虽属创办,然北京、天津等处,设有邮递处所,极便利者已阅二十年。此次扩充,特派总税务司赫德为督办,另设帮办,专管邮政。此外各局事务,咸归各税务司管理。惟中国邮局,除海关外,尚有三种:各国在中国设立之局一也;工部书信局(光绪二年另设文报局,专司寄往及接送出使外国钦差之文报,由京传至上海,交外轮带往。其后东北亦设文报局,以代驿传)二也;华商信局三也。设立邮局,则别种信局,不得不设法安置,以防日后枝节。其与官局无碍而可酌用者,政府仍照旧用,盖必审度预筹,固非一蹴所能竟。且地方情形不同,民间之利益,舆情之意旨,无处不须斟酌,免滋流弊。至万国邮政,自当留心考察公约及详细章程,自可取作导师。苟有碍外国邮政者,亦必知照中国,已派员讲求试办,以期速效,稍有端倪,便当入会。”旋由各国议定,许我随时加入。三十二年,开会于罗马,二次派员莅会,以邮政尚待扩充，声明下期加入。是时总分局有四百三十余处，支局一千一百九十处，内地未设邮局之处，则以马、步等差运送。邮件七千六百万件，较之二十三年已增加五倍矣。我国虽未加入国际邮会，但二十六年与法国签邮政协约，二十九年与日本签订协约，三十年与印度及香港签订协约，在协约中承认凡按邮会资例纳费之邮件，中国与各该国均须收寄，并代为运带投送，而其转运费之结算，均根据按年编造之统计而定，一如邮会中两国邮政间之办法办理。由于此类协约之签订，中国遂得经由法、英、日三国为媒介，而与邮会各国发生关系，获得通行邮会各国权利，俨然与加入邮会无异。以前华侨之家书，常有十年不达者，至此已成陈迹矣。宣统三年，全国邮局及代办处，共六千二百零一所（据邮传部接管邮政以归统一折，各邮政有六百余局，又代办四千二百余处。此据《中国交通史》）。邮件通常特种（快信挂号）总计三万六千二百二十一万六千二百三十九件，包裹总计三百零二万二千八百七十二件，重一千余万启罗。通汇邮局七百五十八，汇兑总数七百九十二万零二百两。邮票初用纹银一分三分及五分三种，光绪二十六年，改以银圆计算，有一分、二分、四分等多种。明信片则仅有值银一分一种。光绪三十二年九月八日，邮传部成立，张百熙为尚书，唐绍仪、胡燏棻为左右侍郎，极力整顿，邮政与海关本应划分，但因新建局所，及养极长之旱班邮路，并增加华员薪水，发给巡察川费，每年由关税特拨三十余万两。至宣统元年，实垫银一百七十八万两。邮票收入一百八十五万一千五百两，开支二百十二万六千六百余两。故迟至宣统三年始由部接管，设邮政总局，派左侍郎李经方兼署局长（原兼铁路总局），仍以税务司帛黎为总办，将税务司原缺开除。至是海关与邮政始完全划分。民间信局，于光绪三十二年曾同盟罢工，以示抵抗，结果失败。至是邮传部更订新章，凡属民局总包往来通商口岸者，均纳全费，于是民局势力除邮政不通之僻处外，已一落千丈矣。官设驿站于民元归并邮局。民国三年，万国邮会因欧战延期，我国已正式加入。民国九年，始首次派代表参加西班牙京城之大会，要求撤销客邮。至十一年底，各国在华所设之邮局，一律撤销，吾国收回邮权，事业乃蒸蒸日上矣。

(三) 电报之开创

中国电信之开创,始于大北(丹麦)、大东(英国)两公司海底电线之架设,然尚为国际性质。同治八年,英使阿礼国欲由陆路修电线,总署严词峻拒。次年,英使威妥玛请修海底电线,由香港循广州,达天津,线端在船内安放,不牵引上岸。许之。是为中国境内有一完全电报线路之始。陆线方面,则丹麦商人开始架设淞沪线,英国亦于同治九年架陆线达九龙。光绪五年,李鸿章于大沽北塘海口炮台,设电线达天津,始为中国自设陆线之始。次年,鸿章奏言:

> 用兵之道,必以神速为贵。是以泰西各国于讲求枪炮之外,水路有快轮船,陆路有火轮车,以此用兵,飞行绝迹。而数万里海洋欲通军信,又有电报之法,于是和则以玉帛相亲,战则以兵戎相见,海国如户庭焉。近来俄罗斯、日本国均效而行之,故由各国以至上海,莫不设立电报,瞬息之间,可以互相问答。独中国文书尚恃驿递,虽日行六百里加紧,亦已迟速悬殊。查俄国海线可达上海,旱线可达恰克图,其消息灵捷极矣。即如曾纪泽由俄国电报到上海,只须一日,而由上海至京城,见系轮船附寄,尚须六七日,如遇海道不通,由驿必以十日为期,是上海至京,仅二千数百里,较俄国至上海数万里,消息反迟十倍。倘遇用兵之际,彼等外国军信,速于中国,利害已判若径庭。且其铁甲等项兵船在海洋日行千里,势必声东击西,莫可测度,全赖军报神速,相机调援,是电报实为防务必需之物。同治十三年,日本窥犯台湾,沈葆桢等屡言其利,奉旨饬办,而因循迄无成就。上年臣曾于大沽、北塘海口炮台,试设电报以达天津,号令各营,顷刻响应。从前传递电信,犹用洋字,必待翻译而知,今已改用华文,较前更便。如传秘密要事,另立暗号,即经理电线者亦不能知,断无漏泄之虑。见自北洋以至南洋,调兵馈饷,在在俱关紧要,亟宜设立电报,以通气脉。如安置海线,经费过多,且易蚀坏,如由天津陆路循运河以至江北,越长江由镇江达上海,安置旱线,即与外国通中国之电线相接,需费不过十数万两,一半年可以告成。约计正线支线横亘须有三千余

里,沿海分设局栈,常年用费颇繁。拟由臣先于军饷内酌筹垫办,俟办成后,仿照轮船招商章程,择公正商董,招股集资,俾令分年缴还本银,嗣后即由官督商办,听其自取信资,以充经费。并由臣设电报学堂雇用洋人教习中国学生,自行经理,庶几权自我操,持久不弊。

奉谕:"见在筹办海防,南、北洋必须消息灵通,以期无误事机。该大臣请于陆路安置电线,系因时制宜,着即妥速筹办!"鸿章即饬前津海关道郑藻如、候补道盛宣怀、刘含芳等与丹麦大北公司商立合同,代为购料查勘设线,自七年五月兴工,十月工竣。共用湘平银十七万八千七百两。八年三月改归官督商办。由商按期缴还官本。又接展至京,并劝华商郑官应、经元善、谢家福、王荣和等自苏州、浙江、福建以达广东,与两广总督曾国荃饬粤商兴造之陆线相接,计程六千里,工本约需银四十余万两。九年又收买大北所设之淞沪线。十年,左宗棠、张树声亦请展办长江至汉口、广州、龙州电线。鸿章又饬周馥、盛宣怀架设由津经山海关、营口直达旅顺之电线。十一年,吴大澂筹办朝鲜善后事宜,由奉省筹设自旅顺至朝鲜国都电线。法国亦设广西云南至越南电线。光绪十八年,鸿章奏准与俄接线定约,盖吉、黑两省亦设电线矣。光绪二十八年,袁世凯任北洋大臣,以盛宣怀主电政,股亦独多,乃议收归官办,攘夺利权,名公而实私也。而宣怀管邮部,又收铁路为国有,于是大波轩起矣。电线官办以后,商股不愿退者,一仍旧贯,惟初以袁世凯为督办大臣,继而改归邮传部管辖。光绪三十三年,全国电线,计飞线(架空线)、水线(光绪十年设广东徐关及琼州海口间线路,是为中国自置水线之始)、地线三种,共达七万六千九十八里半。而陆线即达三万九千五百二十里。尤以北京至恰克图一线,工程浩大,盖清末电线之设,几乎无往不达矣。无线电始于宣统元年宝山县狮子林电台。此为陆地电台。至于船上装置之无线电机,则民国元年始次第由德律风根公司装设于海军兵舰。电话于光绪七年英人在上海装设,丹麦人在天津、北京创设。中国自营之电话,为庚子前所成立之天津官电局。庚子之乱,此局被毁。庚子以后,丹商濮尔生在天津设立电话,光绪三十一年经袁世凯备价收回。盛宣怀于光绪二十九年纳日本吉田正秀之议,于广东、北京、天津先后筹设电话,三十二年,亦备银五万收回。其后太原、开封各处增设电话,均属官办。至商办电话,则以汉口为最早。名曰武汉夏德律风公司。厦门次之,名曰官商合办公司。福州电话,光绪三十二年由洋务局财政局提倡,商股占三分之二。由是日增月盛,民国后且有长途及军用电话矣。电车、电灯则始于光绪三十年,比商世昌洋行海礼等在天津创办电车电灯公司。次年袁世凯创无线电报学堂,聘意大利海军少佐葛拉司等为教习,军舰行营,设机通报,颇著成绩。光绪三十四年,吴淞至崇明之海底电线毁,苏省乃以官款组织淞崇无线电局,是为我国无线电报供商用之始。时上海汇中旅馆,英人私设无线电台,舆论沸腾,谓侵主权,遂由邮传部抗议,由政府收买。宣统元年,德国西门子公司德律风式电机始入中国,而外人在华所设之无线电台,尚有二十二处云。

第五篇　今文学运动与东西文化之输入

第二十九章　今文学运动之先驱

一百二十二　今文学运动概论

（一）今古文之争与清学分裂之原因

西汉所立十四博士皆今文，及末叶古文出，经师多不信，惟刘歆屡求以立学官，不得，则移书让太常博士，谓其“专己守残，党同妒真”。王莽篡汉，歆挟莽力立之，至光武复废。东京初叶，信者殊稀。汉末大师服虔、马融、郑玄皆尊习古文，古文学遂大昌。而其时争论焦点，则在《春秋公羊传》，今文大家何休作《左氏膏肓》、《穀梁废疾》、《公羊墨守》，古文大家郑玄则著《箴膏肓》、《起废疾》、《发墨守》以驳之。玄既淹博，遍注群经，其后杜预、王肃皆衍其绪，今文学遂衰。南北朝以降，说经学派只争郑、王，今古文之争遂熄。唐人所传《十三经注疏》，皆汲晚汉古文家之说，西汉之今文学若存若亡，仅余《公羊传》之何休注而已。自宋以后，程、朱等亦遍注诸经，而汉、唐注疏均废。盖今文家之所讲者在微言大义，古文家之所求者在名物训诂，而道学家之所重者则心性、理气也。入清代又节节复古，顾炎武、惠士奇辈专提倡注疏，则复于六朝、唐，阎若璩攻古文《尚书》，以为王肃作伪，于是绌王申郑，而复于东汉。乾、嘉以降，家家许、郑，人人贾、马，东汉学烂然如日中天矣。悬崖转石，非达于地不止，其势必由东汉以至西汉，甚至于周、秦诸子，如梁任公先生所谓倒卷而缫演之，故常州之今文学派，乃乘时而起焉。因此清代之经学，复分裂而为二，其原因有发于考证学之本身者，有由于环境之变化所促成者，兹分述如下。

一、考据学之缺点 惠、戴末流,英华既竭,枝叶是穷,义鲜宗极,语乏归宿,诚如焦循所讥为"拾骨学"、"本子学"者(理堂《家训》,以摭拾之学为拾骨学,以校勘之学为本子学,排斥甚力)。盖考据之学,于训诂虽多所发明,而名物之言古制,聚讼终末由决。夫清学所以夺明学之席代之而兴者,毋亦曰彼空而我实也,今纷纭于不可究诘之名物制度,则其为空也,与言心言性者相去几何?甚至言《易》者摈"河图洛书",而代以"卦气爻辰",其矫诬正相类。诸如此者尚多,殊不足以服人。且正统派诸学者,对于史学家如章学诚、理学家如方东树等之批评,未能虚怀接纳,反躬自省,其驺卒之依附风光者,又盛气以临之,于是思想界成一"汉学专制"之局。学派自身,既有缺点,则凝滞不复进,而异军突起,反以之为革命对象矣。又以汉学家教人尊古善疑,既尊古矣,则有更古者焉,既善疑矣,则曷不可疑其所信,而别求新义乎?此固事所必至理有固然者也。

二、环境之所促成 清初学者因身受亡国之痛,多怀经世致用之思想,如顾亭林所谓:"感四国之多虞,耻经生之寡术。"因以明道救世为学。黄梨洲《明夷待访录》之作,颜习斋"四存"、"三物"之论,皆可为代表人物。但此种思想,至雍、乾而中绝,固由于学风正趋向归纳研究法,抑亦因避触时忌,不撄文网,聊以自藏而已。嘉、道以还,积威日弛,人心已渐获解放,而当文恬武嬉之既极,稍有识者,咸知大乱之将至。追寻根源,归咎于学非所用,则最尊严之学阀,自不得不首当其冲。以故咸、同发、捻之变,有以汉学为厉之阶者,殊非无因矣。加以鸦片之战以后,帝国主义者凶焰方张,志士扼腕切齿,引为奇耻大辱,思所以自湔拔,于是经世致用之思想复活,《皇朝经世文编》一书,即应时而出者也。清学之根据地,本在江、浙,咸、同之乱,江、浙受祸最烈,文献荡然,后起者转徙流离,更无余裕以自振其业,而一时英拔之士,奋志事功,不复以学问为重,时非承平,百凡衰落,固其宜已。又以海禁既开,西学逐渐输入,凡工艺制造之足以震撼吾人者,乃以海客谭瀛之态度以穴壁窥此新知,欲求如清初所谓经世之学者，更视支离破碎之汉学若土苴矣。故一代学术风气之造成，殆无不由环境之变化有以促之，清初之经世学，中叶之考据学，晚清之今文学，实皆不外此原则耳。

（二）今文学家之特点

今文学之中心在《公羊传》，而公羊家言，则真所谓："其中多非常异义可怪之论。"（何休《公羊传注自序》）自魏晋以降，莫敢道焉。《十三经注疏》《公羊传》虽用何注，而唐徐彦为之疏，于何义一无发明，公羊之成为绝学，垂二千年矣。清儒既遍治经，戴震弟子孔广森始著《公羊通义》，然不明家法，治今文学者不宗之。今文学启蒙大师，则武进庄存与也。存与博通六艺，而善于别择，诸经皆有撰述，尤喜公羊家言，为《春秋正辞》，刊落训诂、名物之末，专求所谓"微言大义"者，与戴、段一派所取途径，全然不同。其从子述祖亦遍治群经，撰《夏小正经传考释》、《古文甲乙篇》，发明夏时"归藏"之义，谓《说文》始一终亥，即古之《归藏》，为六书条例所由出。复引古籀遗文，分别部居，以瑰玮蔓衍炫俗，故常州学者说经必宗西汉，解字必宗籀书，自庄氏始。述祖之甥有武进刘逢禄、长州宋翔凤，皆传其学，逢禄作《公羊何氏释例》，凡何氏所谓非常异义可怪之论，如"张三世"、"通三统"、"绌周王鲁"、"受命改制"诸义，次第发明，其书亦用科学归纳法，有条贯，有断制，在清人著述中，实为有价值之创作。又推原穀梁氏、左氏之得失，为《申何难郑》，作《论语述何》、《夏时经传笺》、《中庸崇理论》等皆比傅《公羊》之义。又谓虞《易》精象变而罕大义，毛《诗》详故训而略微言，马、郑注书颇多讹谬，《左氏》别行，不传《春秋》。论者谓其由董生《春秋》以窥六艺家法，别作《纬略》，则稍邻恢诡。翔凤之学略次于刘，而饰说过之，作《拟汉博士答刘歆书》。又作《汉学今文古文考》，以《公羊》义说群经，以古籀文证群籍，以为微言之存，非一事可该，大义所著，非一端足竟，会通众家，自辟蹊径，而精力所贯，尤在《论语》。撰《论语说义》、《论语发微》，至是今文之学遂以大明。今文学运动之初期，专言《公羊》而已，未及他经，然因此知汉代经师家法，今古两派，截然不同。知贾、马、许、郑，殊不足以尽汉学。于是研究今文遗说者渐多,如冯登府之《三家诗异文疏证》,陈寿祺之《三家诗遗说考》,陈乔枞之《今文尚书经说考》、《尚书欧阳夏侯遗说考》、《三家诗遗说考》、《齐诗翼氏学疏证》,迮鹤寿之《齐诗翼氏学》,皆所以辨《公羊》家法之同异者也。同时阳湖恽敬(字子居,生乾隆二十二年,卒嘉庆二十二年,年六十一)著《三代因革论》以批评经师之说云:

> 汉兴百余年之后,始讲求先王之遗意,盖不见前古之盛,六百余年矣。朝野上下,大纲细目,久已无存,遗老故旧,亦无有能传道者。诸儒博士于焚弃残剥之余,搜拾灶觚蠹简,推原故事,其得之也艰,故其信之也笃。书之言止于一隅,必推之千百隅而以为皆然;书之言止一端,必推之千百端而以为不可不然。呜呼!何其愚也?
>
> 彼诸儒博士者,过于尊圣贤,而疏于察凡庶;敢于从古昔,而怯于赴时势;笃于信专门,而薄于考通方;岂足以知圣人哉?是故其为说也,推之一家而通,推之众家而必不通;推之一经而通,推之众经而必不通,且以一家一经亦有不必通者,至不必通而附会穿凿以求其通,则天下之乱言也已。

恽氏所论汉博士之蔽,正见公羊家拾遗补缀之功,所视为专门绝业者,未必能当二千年后经世之大任耳。但自龚自珍出,作《五经大义始终论》,咸通以三世之义。其文辞俶诡连犿,好为要眇之思,往往引《公羊》义讥切时政,诋排专制,益以佛学名理,詄宕奇突,不惟援之以经世,且于晚清思想之开拓,实大有力焉。邵阳魏源素善自珍,作《两汉经师今古文家法考》谓西汉之学胜于东汉,东汉之学兴,而西汉博士之家法亡。又著《董子春秋发微》、《诗古微》、《书古微》,说《诗》斥《毛传》,说《书》斥马、郑,尊《史记》、《汉书》所载欧阳、夏侯、刘向等遗说,因有王闿运之各经笺注。龚、魏当道光中叶,国势式微,忧危虑深,皆注意边事、时政,尤以默深受贺长龄、林则徐之影响,独自标树,开自强运动之先声。斯二人者,实为今文学运动之中坚人物也。至王闿运之弟子廖平作《今古学考》,谨守今文家法,颇闳大不经,而南海康有为乃窃其绪作《新学伪经考》,于是将两汉今古文之全案,重提复勘,集今文学之大成。陈千秋、梁启超、夏曾佑等亦皆此运动中之健者,惟所成就,不限于今文学而已。故综论此期之学术思想,庄氏为开山祖,刘、宋为大小二宗,故述祖有"刘申受可以为师,宋于庭可以为友"之语。然今文学运动之中心,则在龚、魏,上承庄、刘,下启廖、康,立今文之藩篱,倡经世之旧说。康、梁虽属后劲,不过假以作猛烈之宣传,其目的乃在变法改制,而不全在《公羊》家言,正统派讥之为野狐禅,良有以也。至梁氏之所成就,文史学方面,皆超过经学,对现代学术之影响綦大,以不慊于其师之说,故三十以后,已绝口不谈伪经矣。是以二庄与刘、宋,龚、魏与廖、康实可称此三期运动中之主体耳。

(三) 文理学家之蜕变

今文学运动虽为乾、嘉以后学术上之特色,然其声势,固夐不若考据学之能风靡一世也。当龚、魏继起之时,今文学壁垒一新,宜乎可以左右坛坫矣,其实不然。自珍佚傥,不检细行,豪迈嗜奇,动触时忌;默深"性尤高傲,独自标树,论古今成败,国家利病,学术本末,反复辩论不少衰"(《清史列传》语)。二人皆兀岸自喜,未足以化流俗,在当时之影响殊不大。其后所谓新学家者,人人皆经过一崇拜龚氏之时期,甚至称为"龚学"。亦人人皆曾读过魏氏之《海国图志》,称之为新学派之导师。但其思想见解,均未能深入显出,尤以定庵为瑰丽之辞所遮,意义不豁达,仅引其绪以开风气,稍进即转觉浅薄,且二人之地位不高,故无风行草掩之功。但在另一方面,则理学家、文学家之异军突起,宗风大振,事业彪柄,由桐城派之古文,修理学家之功力,精进求益,推极孔孟,于是《中庸》、《大学》之义斯明,而明道救世之学乃著。以承道统,不特通汉、宋二家之结,而息渐顿诸说之争,且又超乎理学、文学上矣。曾国藩为其代表,标之曰"礼学",盖即古人之所谓"大儒",(辛稼轩诗云:"大儒学礼小儒诗。"又云:"诗礼相传大小儒。")近人之所谓"通方"(通才)也。若犹守高邮王氏之矩矱,渐进而提倡诸子之学者,有孙诒让、俞樾,及樾弟子章炳麟,皆卓然有所成就。诒让晚颇淫于金文龟甲,著《契文举例》,开考古学之风。又治《周官》甚精,似未可以汉学家限之。樾为国藩门人,“拼命著书”,所作《群经平议》,虽时以臆见改本经,或失之凿,其善者固不可易也。炳麟与刘师培并称正统派之殿军,其治小学,以音韵为骨干,谓文字先有声然后有形,字之创造及其孳乳,皆以音衍。所著《文始》及《国故论衡》论文字音韵诸篇,其精义多乾嘉诸老所未发明,应用考据学之研究法,而廓大其内容,延辟其新径,自言:“平生学术始则转俗成真,终乃回真向俗……秦、汉以来,依违于彼是之间,局促于一曲之内,盖未尝睹也。”自负如此,殊非溢美。民国以后,凡以国学见称者,皆章氏之及门余绪耳。当今文方张之际,不特理学、文学及考据学均能自固其壁垒,未为新奇之怪论所湮没,且有以调剂汉宋,不欲以一端自局者,如山阳丁宴,于《诗》、《礼》皆宗郑注,于《易》则述程传,尝言:“汉儒正其诂,诂正而义以显;宋儒析其理,理明而诂以精:二者不可偏废。”番禺陈澧则谓:“汉儒言义理无异于宋儒,宋儒轻蔑汉儒者非也,近儒尊汉儒而不讲义理亦非也。”著《汉儒通义》及《读书记》,多采郑玄、朱熹遗说。定海黄式三说经亦不拘汉宋,择是而从。其子以周,综治三《礼》,更谓三代以下经学,郑君、朱子为最,而汉学家破碎大道,宋学家弃经臆说,不合郑、朱,何论孔、孟?因守顾亭林经学即理学之训,以追讨孔门之博文约礼。兹数人者,虽不得为派,观其势之所趋,殆将欲复于清初诸故老之所为。语曰“九变复贯”,岂是之谓乎?梁任公先生云:“总而言之,最近三十年思想界之变迁,虽波澜一日比一日壮阔,内容一日比一日复杂,而最初的原动力,我敢用一句话来包举他,是残明遗献思想之复活。”盖今文学家既以“经世致用”为标帜,以迎合时代,而理学家、文学家亦复张经世之礼学,曾国藩固无论已,即朱次琦兴教岭南,亦有经世一科。而汉学家复惧学者误以小学即经学,溺于其中而不知返,罢老尽气,终身托命,惹人訾謷,亦蕲至于通经蓄德之大道,皆有脱离汉宋以追本溯源,返于孔孟之义。益以西学输入,思想遽变,民族意识之觉醒,救国运动之高张,辗转推荡,靡有纪极。晚清之学术,实已超出二千年之故辙,所谓经学理学范围之外,更非古文今文所能局限之者矣。

一百二十三　今文学之开山——常州庄氏

（一）庄存与传

庄存与，字方耕，江苏武进人。康熙五十八年生，乾隆十年一甲二名进士，授编修。十三年散馆考列二等，谕曰："历科殿试一甲第一名即授为修撰，二名三名即授为编修，至散馆时并无所更易。伊等恃已授职，遂自甘怠忽，学业转荒，即如今年散馆修撰钱维城，考列清书三等，编修庄存与考列汉书二等之末，其不留心学问，已可概见。但钱维城系派习清书，或尚非其所素习，着再试以汉书，候朕阅定。庄存与不准授为编修，俟引见时，朕酌量其人才，或以部属或以知县，或归班选用，则此后一甲之人，皆有所警惕而专心学问矣。若有仍考列三等者，其例视此。"十六年五月引见，仍授编修，充湖北恩科乡试副考官。十七年大考二等升侍讲，寻入直南书房。十八年擢侍读学士，充湖北乡试正考官。九月，提督湖南学政。二十年迁少詹事。六月擢内阁学士，兼礼部侍郎。二十一年充浙江乡试正考官，九月提督直隶学政。二十二年奏直隶冒籍生员自首改正，每学多至五六十名，少者十五六名，尚有未经查出者，恐此后有将本身入学姓名令兄弟子侄顶替，甚或卖与各省童生顶名呈首，或本人自首于北，而他人顶替于南，若但据自首改回，弊恐不少。请将冒籍各省，暂停南北岁科两试，定限一年，着落本身自首，即据所首姓名三代籍贯，一面咨礼部存案，一面行文该省取具父师亲族邻里切实甘结，地方官加具甘结，方准咨回该省学政入册。如查有假冒顶替，照例办理。下部议行。二十三年二月，存与考试满、蒙童生，因关防严密，传递者不得逞，各童生拥挤闹堂。经御史汤世昌奏参，命革存与职。寻谕曰："各童生喧闹，究因该学政办理尚属严密，不能传递之故，今既审明情节，而该学政竟因此罢职，殊非惩创恶习之意。庄存与着即革职，仍留内阁学士之任。"旋经亲临复试，将包揽传递之童生海成正法，附和闹场之罗保、和安等发往拉林种地。其余四十人永远不准考试。二十四年丁父忧。二十七年服阕，补内阁学士。三十三年命在上书房行走。三十六年充会试副考官，及浙江乡试正考官。

三十七年命教习庶吉士。三十八年仍补礼部右侍郎。三十九年提督山东学政,寻调河南学政。四十一年丁母忧。四十三年服阕。四十四年署礼部左侍郎。十月补礼部右侍郎。四十九年转礼部左侍郎。五十年命偕尚书德保重辑《律吕正义》。五十一年以存与年力就衰,予原品休致。五十三年卒,年七十。存与典试浙江,浙抚馈金,不受;遗以二品冠,受之。及途,从者以告曰:冠顶真珊瑚,值千金。存与驰使千余里而反之。为讲官时,帝御文华殿进讲礼毕,上起,存与忽奏:"讲章有舛误,臣意不谓尔也。"因奉书进,复琅琅尽其旨。同官皆大惊,帝意为少留,颔之。其方正耿介如此。

(二)存与之学术

存与为学,贯通六经,悉有撰述。说《易》以孟氏六日七分为经,以马、班《天官》、《地理》、《律历》各书志为纬。其为文,辨而精,醇而肆,旨远而义近,举大而不遗小,能言诸儒所不能言。计为《彖传论》一卷、《象传论》一卷、《系辞传论》一卷,附《序卦传论》、《八卦观象解》二卷,《卦气解》一卷。于书不分今古文文字同异,而剖析经义,深得孔子序书、孟子论世之意。为《尚书既见》二卷、《书说》一卷。于《诗》详于变雅,发挥大义,凡毛、郑异说者,多是毛而非郑。为《毛诗说》二卷,补一卷,附一卷,则专释"楚茨"一章,申《传笺》以难《集传》焉。于《礼》,独重《周官》,原本经籍,博采传记诸子,为《周官记》五卷,《冢宰记》有《官属表》,《司徒记》有《载师任地谱》,《司马记》则补其缺文。无宗伯司寇记,而别采掇《尚书》、《国语》等周、秦古书,作《司空记》一篇。复采经中大典,如郊庙族属之类,原本郑氏,又遍览古人所论列者,件系而折衷之,为《周官说》五卷。于《春秋》专主公羊、董子,虽略采左、穀及宋、元诸说,而无何劭公所讥"倍经任意反传违戾"诸弊。本赵氏仿《春秋属辞》例,檃括其条,正列其义,以成一家之言,为《春秋正辞》十二卷。至举例一卷,要旨一卷,尤足阐明家法,示治《公羊春秋》者以涂径。于《四书》不崇虚语,而归本于六经,盖深得汉人遗意。虽多非考亭,要可处乎诤友之列,为《四书说》一卷。厥后从子述祖、外甥刘逢禄等畅发其《春秋》遗绪,遂衍常州派今文学之风焉。阮元《庄方耕宗伯经说序》云:“其于六经,皆能阐抉奥旨,不专专为汉、宋笺注之学,而独得先圣微言大义于语言文字之外。”又谓:“所学与当时讲论或枘凿不相入,故秘不示人。通其学者,门人邵学士晋涵、孔检讨广森及子孙数人而已。”董士锡《庄氏易说序》云:“方乾隆时,学者莫不由《说文》、《尔雅》而入,醰深于汉经师之言,而无溷以游杂。其门人为之,莫不以门户自守,深疾宋以后之空言。固其艺精,抑示术峻,而又乌知固有不为空言而实学恣肆如是者哉!”又谓:“不知者以为乾隆间经学之别流,而知者以为乾隆间经学之正汇也。”魏源《武进庄少宗伯遗书序》云:“《韩诗外传》之言曰:‘儒者需也,千举万变,其道不穷,《六经》是也。无类之言,不形之行,不赘之辞,君子慎之。若夫君臣之义,父子之亲,夫妇之别,朋友之序,则日切磋而不舍也。’《春秋繁露》之言曰:‘能说鸟兽之类者,非圣人所说也。圣人所欲说,在于说仁义而理之。不然,传于众辞,观于众物,说不急之言而以惑后进者,君子之所甚恶也。’韩傅董生处西汉之初而其言若是。《汉书·艺文志》曰:‘古之学者耕且养,三年而通一经,存其大体,玩经文而已,是故用日少而蓄德多,三十而《五经》立也。后世经传既乖离,博学者又不思多闻阙疑之义,而务碎义难逃,便词巧说,破坏形体,说《尧典》三字之文至二三万言,后进弥以驰逐,故幼童守一艺,白首而后能言。安其所习,毁所不见,终以自蔽,此学者大患也。’徐干《中论》曰:‘凡学者大义为先,物名为后,大义举而物名从之。鄙儒之博学也,务于物名,详于器械,考于诂训,摘其章句,而不能通其大义所极,故使学者劳思虑而不知道,费日月而无成功。’夫班、徐二子,生东汉之世,而其言又若是。清之有天下,百余年间,以经学名家者数十辈,独先生未尝支离钣析,如韩董班徐四子所讥,是以世之为汉学者罕称道之。乌虖!公所为真汉学者庶其在是!”三家之序,愈后者推之愈崇,辨之愈畅。然阮氏刻《皇清经解》,仅收其《春秋正辞》,其意犹取乎其专家,非取乎其大义也。故言秘不示人。而邵晋涵、孔广森虽通其学,亦仅以经史称,传其微言大义者,仍为庄氏子孙耳。至龚自珍作庄氏《神道碑铭》,乃举存与之不辨《尚书》今古文真伪者,亦以其能兼综而婉称之,谓学足以开天下,自韬污受不学之名,为有所权缓亟轻重,以求其实之阴济于天下。其泽将不惟十世,以学术自任开天下知古今之故,百年一人而已矣。定庵以稽古之业,不如济世,轩轾之间,断然舍此而就彼,称存与自晦其学,欲以借援古今之事势,则知学无论今古,但求有济而已。此今文学家之基本态度也。至于魏氏之论,乃更入室操戈,即以汉儒之说驳汉学,若惟庄氏为得学术之正统,此皆风气既变,人心既易,则出主入奴之见自异焉。钱穆谓:"庄氏为学,既不屑屑于考据,故不能如乾嘉之笃实,又不能效宋、明先儒寻求义理于语言文字之表,而徒牵缀古经籍以为说,又往往比附以汉儒之迂怪,故其学乃有苏州惠氏好诞之风而益肆。其实则清代汉学考据之旁衍歧趋,不足为达道。而考据既陷绝境,一时无大智承其弊而导之变,傍徨回惑之际,乃溱而偶泊焉。其始则为《公羊》,又转而为今文,而常州之学,乃足以掩胁晚清百年来之风气而震荡摇撼之,卒之学术治道,同趋澌灭。无救厄运,则由乎其先之非有深心巨眼宏旨大端以导夫先路,而特任其自为波激风靡以极乎其所至故也。"盖钱氏以理学之立场,特标胡瑗(安定)教人明夫圣人体用以为政教之本,故不以汉学家之态度为然,无论今古文,皆视若五十步与百步耳。龚定庵云:"但开风气不为师。"此今文学家自道之语,庄氏当乾隆汉学正盛之时,独能求微言大义于语言文字以外,诚属难能可贵。如以无救厄运,同趋澌灭责之,未免过矣。

(三) 庄述祖及有可等

庄述祖,字葆琛,学者称珍艺先生,侍讲学士培因子也。生有至性,父殁,甫十岁,居丧如成人。少长受经术于伯父存与。而学文则取法舅氏彭尺木。乾隆四十二年乡试中式,四十五年成进士。归班诠选,乞假回籍,奉母以居。从事小学,治许氏书以先求识字,谓:"六书之义,转注谐声最繁而无定说。"用《尔雅》之例,编《说文转注》;用《广韵》例,又博考三代、秦、汉有韵之文,编《说文谐声》。《说文》之学,由是遂明,而周、秦之书无不可读者。乃更校《逸周书》,解《夏小正》,诗书次第皆有撰述。会部檄至,谒选得甘肃,援亲老例改山东。初任昌业,逾年调潍县,在潍五年整饬吏治,培奖士林,尝以经义断事(尝勘碱地,众以为斥卤也,述祖指路旁草问何名？曰马帚。述祖笑曰："此于经石芾夏正芾秀记时，凡沙土草芾者宜禾，何谓硋？众皆服），耆宿倾服。乾隆五十九年，大计卓异，引见，交军机记名。忤和珅，抑不得进。珅败，有知其事者，始补入，则已乞终养矣。家居足迹不至州府，亦不以书简通当路，不与乡人酒食之会，然遇后生以学问就正，即诱诲无所隐。侍母至孝，怡怡色养，未尝一日离左右，凡十六年。比母丧，已六十有二，哀毁柴瘠，见者嗟叹。又五岁，亦病死，时嘉庆二十一年六月也，年六十七（生乾隆十五年十二月）。述祖传存与之学，研求精密，于世儒所忽不经意者，覃思独辟，洞见本末。所著曰《珍艺宧丛书》，计《尚书今古文考证》七卷，《周颂口义》三卷，《毛诗考证》四卷，《夏小正经传考释》十卷，《五经小学述》二卷，《历代载籍足征录》二卷，《弟子职集解》一卷，《汉铙歌句解》一卷，《石鼓然疑》一卷，《珍艺宧文钞》七卷，《诗钞》二卷，李兆洛序之，极推其博而能敏。其余《书序说义考注》二卷，校《尚书大传》三卷，校《逸周书》十卷，《毛诗授读》三十卷，《诗纪长编》一卷，《乐记广义》一卷，《左传补注》一卷，《穀梁考异》二卷，辑郑氏《箴膏肓起废疾发墨守》一卷，《五经疑义》一卷，《特牲馈食礼节记》一卷，《论语集解别记》若干卷，《明堂阴阳记长编》十卷，《古文甲乙篇》四卷，《甲乙篇偏傍条例》二十五卷，《说文古籀疏证》二十五卷，《说文谐声》一卷，《说文转注》二十卷，《钟鼎彝器释文》一卷，《声字类苑》一卷，校正《列女传》凡首一卷，《史记决疑》五卷，《天官书补考》一卷，校定《孔子世家》一卷，《白虎通义考》一卷，目录一卷。尤以《古文甲乙篇》发明书契通乎《归藏》（黄帝易）之义为最精。凡许书所存及见于金石文字者，分别部居，以三十二类为正名百物之本。惜稿多未刊，存佚不可知矣。庄有可字大久，或字岱久，郡庠生，沉粹内朗，喜读书，无歧好。迨长，淡于名利，不以世故撄心，惟抱遗经，寝食与共。当其凝心冥求，耳目俱废，块然不复知有形骸，数十年如一日。两游京华，为当道所知，延校中秘，考核翔审，见者服其精博，自以为学问中粗迹也。平居取诸经传研穷义理，参考礼制，句栉字比，求其异同损益之故，使如轨辙之合，浩然无滞于心，然后合诸儒之书正其是非而自为之说。首撰《周官指掌》，族祖存与大加叹赏。群经多有纂述，独于《春秋》功力为最挚。凡成《春秋注解》十六卷，

《春秋字数义》一百四卷,《春秋天道义》九十四卷,《春秋人伦义》五十六卷,《春秋地理义》十六卷,《春秋物类义》六卷,《春秋字义本》四卷,《春秋小学》七卷,《春秋异文小学》一卷,《春秋地名考》二卷,《春秋人名考》二卷。其说谓:"孔子作《春秋》,属之以词,系之以事,其迹也,非义也。若其义,则以字准数,以数集字,经之以天,纬之以地,而人物之伦类亦无不寓于其中。是故删书百篇,所以观政也;赞易十翼,所以穷理也;皆数也,皆与春秋相发挥而旁通者也。"又谓:"《春秋》一字有一字之义,一句有一句之义,以至一时一年有一时一年之义;一公与数公分之合之,又莫不各有其义。浸及属辞比事,参伍错综,假借断章,千变万化,其义无穷,岂易以端倪测哉?然蔽以一言,则穷理尽性,达诸天道无不备矣。"阳湖左仲辅称以为:"论甚奇,惜未能深究其说。"述祖对之,颇有微辞。盖义由独创,与专尚考证,笃守家法者不同,宜乎难得解人也。此外于《易》:有《周易集说》七卷,《易义条析》一卷,《卦序别臆》一卷,《周易原本订正》一卷,删辑《周易玩辞》二卷。于《书》:有《尚书经文集注》六卷,《尚书序说》二卷。于《诗》:有《毛诗说》五卷,《毛诗述蕴》四卷,《毛诗序说》一卷,《毛诗字义》五卷,《毛诗异闻》二卷。于《礼》:有《周官集说》十二卷,《考工记集说》一卷,《仪礼丧服经传分释图表》二卷,《礼记集说》四十九卷。于小学:有《各经传记小学》十卷,《传记不载说文余字》三卷。亦颇采宋、元人说,不限家法也。有可为人,气穆以愉,不立崖岸,见客喜坦率,不作寒暄语。惟雅淡贵游,授读京师十年,刺不入公卿之门。季子诜男成进士,官庶常,每报至,夷然若忘。或议其矫,殊未知曾不缘此为轻重。以功力猛进,故中年精气衰耗,心灼灼如焚,恒嚼黄连咽之。及子贵,迎养于署,犹晨夕手一编弗释。道光二年卒,年七十九。庄绶甲,字卿珊,存与孙也。少受业于从叔述祖,日从讲论,尽通方耕《公羊春秋》、《毛诗》、《周官》之学,而于《尚书》尤精。以为读书必先审文字,乃可进求义理,乃为《尚书考异》,舟车所至,随时纂撰。于清儒纯疵互见者博稽慎取,一用己意剖析其是非,使归于一定,无滋学者之惑。惜遗稿脱佚,仅存十四篇,其子润编成三卷。于《周官》有《周官礼郑氏注笺》,传本复勘。于小学得之述祖者最深,虽只成《释书名》一卷,首论河图洛书八卦为造字之始,次及六书八体及魏、晋以来字书,末详简策之属,自为注,详其出处。亦赅博古雅,初学必读之书也。既负敏达之资,每期兼综素业,通汇条流,又承师论交,博访孤诣,与同郡张皋文、丁若士、刘申受等朝夕研咏,上下其议论,盖庶几好学不倦,笃行不困者焉。于经义有所得辄札记之,往往具精诣。存与所著书多未刊布,乃研精校寻,于未刻者次第付梓,已刻者补续未备,每一书竟,而探求旨趣,附记简末,条理秩然可观。惜乎仅竟三书,遽属疾不起。述祖之殁也,《古文甲乙篇》尚未脱稿,绶甲方思理其绘绪,就所思条其大端,使来者可继。此志亦竟未遂,卒年五十五(生乾隆三十九年,卒道光八年)。

一百二十四　刘逢禄与宋翔凤(附凌曙、方申)

(一) 刘逢禄

刘逢禄,字申受,江苏武进人,乾隆四十一年九月十二日生,大学士纶之孙也。外王父庄存与、舅庄述祖并以经术名世,逢禄尽传其学。嘉庆五年,举拔贡生,赴都,不事干请,唯就张惠言问虞氏《易》(著有《易虞氏五述》、《虞氏易言补》)、郑氏三礼,竟因此被黜。十一年中式顺天乡试,座主孔昭虔故世传《公羊春秋》,得其卷大惊,以国士遇之。十九年成进士,授庶吉士。散馆,改礼部主事。道光四年,补仪制司主事。嘉庆帝崩,居署治大丧档案,自始事以迄奉安山陵,典章俱备。其后承修官书,遂全用其稿。余如安徽某州民两娶,不得援慈母如母例;驳通礼馆改适孙祖在为祖母服期为服斩;议武进张氏女为姑驱杀,应论抵,皆卓卓表见,所谓通经而能致用者也。通政司参议卢浙请以尚书汤斌从祀文庙,议者以斌康熙中在上书房获谴,乾隆中尝奉驳难之。逢禄揽笔书曰:“后夔典乐,犹有朱均;吕望陈书,难匡管蔡。”尚书汪廷珍善而用之,遂奉谕旨。越南国王为其母乞人参,得旨赏给,而谕中有外夷贡道之语。其贡使欲请改为外藩,部中以诏书难更易。逢禄草牒复之曰:“《周官·职方》王畿之外分九服,夷服去王国七千里,藩服九千里,是藩远而夷近。《说文》羌狄蛮貊字皆从物旁,惟夷从大从弓,考东方大人之国夷俗仁,仁者寿,有东方不死之国,故孔子欲居之。且乾隆间奉上谕,申饬四库馆不得改书籍中夷字作彝,舜东夷之人,文王西夷之人,我朝六合一家,尽去汉、唐以来拘忌嫌疑之陋,使者无得以此为疑。”越南使者遂无辞而退。在部十二年,恒以经义决疑事,为众所钦服类如此。其为学务明大义,不专章句,由董生《春秋》,窥六艺家法,本六艺求观圣之志。尝谓:“经之可以条例以求者,惟《礼丧服》及《春秋》而已。经之有师传者,惟《礼丧服》有子夏氏,《春秋》有公羊氏而已。汉人治经,首辨家法,然《易》施、孟、梁邱,《书》欧阳、大小夏侯,《诗》齐、鲁、韩,师说今皆散佚,十无二三。世之言经者,于先汉则古《诗》毛氏,于后汉则今《易》虞氏,文词稍为完具。然毛公详故训而略微言,虞君(翻)精象变而罕大义。求其知类通达,显微阐幽,则《公羊传》在先汉有董仲舒氏,后汉有何劭公氏,子夏《丧服传》有郑康成氏而已。先汉之学,务乎大体,故董生所传,非章句训诂之学也。后汉条理精密,要以何劭公、郑康成二氏为宗。丧服之于五礼,特其一端而已。《春秋》始元终麟,文成数万,其旨数千,天道浃,人事备,以之网罗众经,若数一二辨白黑也。以之断史,可以决天下之疑;以之持身治世,则先王之道可复也”(《公羊春秋何氏解诂笺叙》)。于是寻其余贯,正其统纪,为《公羊春秋何氏释例》三十篇,又析其疑滞,强其守卫为《解诂笺》一卷、《答难》二卷,以微言大义刺讥褒讳挹损之,文辞洞然,推极属辞比事之道。又推原左氏、穀梁之得失,为《申何难郑》四卷。又博征诸史刑礼之不中者,为《议礼决狱》四卷。又以劭公《论语注》久佚,抉取《解诂》、《繁露》之说,存其大凡,为《论语述何》二卷。又推其意为《夏时经传笺》、《中庸崇礼论》、《汉纪述例》各一卷。其杂涉蔓衍者,别有《纬略》二卷,《春秋赏罚格》一卷。《议礼决狱》未编定,总十一书,“自汉以来,未尝有也”(李兆洛语)。逢禄愍时学者说《春秋》皆袭宋儒,直书其事,不烦褒贬之说,独孔广森为《公羊通义》能抉其蔽,然不能信三科九旨为微言大义所在,乃著《春秋论》上下篇以张圣权。论《春秋左氏传》据太史公书本名《左氏春秋》,若《晏子春秋》、《吕氏春秋》。比自王莽时,国师刘歆增设条例,推演事迹,强以为传《春秋》,冀夺《公羊》博士师法所书。以《春秋》归之《春秋》,《左氏》归之《左氏》,而删其书法凡例,及论断之谬。于大义孤章断句之依附经文者，庶以存《左氏》之本真，俾攻左者不得为口实，更成《左氏春秋》二卷，知者谓与阎、惠之辩古文尚书等。其余著述尚多，另见学者著述表，不具录。逢禄貌不逾中人，而美如冠玉，容止温肃，吐属谦谨。其于学，务深造自得，尝读《汉书·董仲舒传》慕之，乃求得《春秋繁露》，知为七十子相传大义，遂发愤研《公羊何氏解故》，不数月，尽通其义例。自其少时，初见庄存与，叩以所业，应对如响，即叹曰："此外孙必能传吾学。"适从舅述祖解官归，与语群经家法，大称善。时述祖本有意治《公羊》，为辍业。逢禄《公羊何氏释例叙》云：

> 清之有天下百年，开献书之路，招文学之士，以表章《六经》为首，于是人耻向壁虚造，竞守汉师家法。若元和惠栋氏之于《易》，歙金榜氏之于《礼》，其善学者也。禄……尝以为学者莫不求知圣人，圣人之道备乎五经，而《春秋》者，五经之管钥也。先汉师儒略皆亡阙，惟《诗》毛氏、《礼》郑氏、《易》虞氏有义例可说。而拨乱反正，莫近《春秋》，董、何之言，受命如响。然则求圣人之志，七十子之所传，舍是奚适焉？

逢禄论学主家法，此苏州惠氏之风；主条例，则徽州戴氏之说。吴、皖两派之长，兼而有之，乃举何氏三科九旨为圣人微言大义所在，折而萃于《春秋》，又折而趋于《公羊》，实承其外家之传绪焉。李兆洛论之曰："君孜孜从事公羊家言，予浅陋，极知其学之正而不能从问业，又时以不经语相难，君俯仰唯诺，未尝折之，亦未尝以语于人，予甚愧焉。比从宦，日疏阔，见其成者，《公羊释例》、《虞氏易表》数通而已。余所成者多在服官后十数年间，想亦默不自得，而以深思博综销其岁月耶？宜其年寿之不永也！君勤于取资，当世有名人莫不降心下问，后辈一业之善，即引与朝夕，又宜其所成之过人也！《汉·儒林传》称董仲舒通五经，善持论，能文辞。又云仲舒弟子遂者惟东平嬴公守学不失师法。君虽未肯抗行仲舒，以视嬴公，固有余矣。"逢禄刻苦自励，孜孜公羊家言，李氏以阳湖派文学家而为之评，尚能道其实际也。逢禄道光九年八月十六日卒于京，年五十六。

弟子潘准、庄缤树、赵振祈皆从学《公羊》及《礼》有名。

(二) 宋翔凤

宋翔凤,字虞廷,一字于庭,江苏长洲人。少跳荡不乐举子业,嗜读古书,不得,则窃衣物以易,祖父夏楚之,不能禁也。母阳湖庄氏,为述祖妹,尝随母归宁,因留常州,从舅父受业,遂得闻庄氏今文学之家法绪论。比长更游段玉裁门,兼治东汉许、郑之学。嘉庆五年举于乡,大挑授泰州学正,丁艰服阕,改安徽旌德县训导。保知县,试吏湖南,因材干见知大府,历任剧邑,以州牧致仕。咸丰九年,重宴鹿鸣,加知府衔。十年卒,年八十二(生乾隆四十四年)。翔凤淹贯群籍,尤长治经,通训诂名物,志在西汉家法,微言大义,得庄氏之真传。著《论语说义》十卷,序曰:

> 《论语》说曰子夏六十四人共撰仲尼微言,以当素王。微言者,性与天道之言也。此二十篇寻其条理,求其旨趣,而太平之治,素王之业备焉。自汉以来,诸家之说,时合时离,不能画一。尝综核古今,有《纂言》之作,其文繁多,因别录私说,题为《说义》。

今《续皇清经解》有《论语说义》十卷。钱穆谓为《论语发微》之前稿,支伟成谓《论语纂言》文繁未就,先别成《说义》十卷。盖以《论语》微言通于《春秋》也。康成《论语》注虽久佚,而散见他书尚存梗概,因辑《论语郑注》十卷。以少习《孟子》,得转附朝儛之训,见许珍艺,至京师,王念孙闻其解"西丧地于秦七百里",亦以为然,簿书余暇,遂取邠卿旧注补所不逮。成《孟子赵注补正》六卷。又以刘熙之学出于郑氏,如南河牛山诸注,考其地形,并胜于赵,辑《孟子刘注》一卷。谓《大学》为《礼记》四十九篇之一,首尾完具,脉络贯通,无经传之可分,无缺亡之可补,成《大学古义说》二卷。谓小学义在通博,故《方言》、《释名》等鲜获所宗,独《小雅》依循古文,罕见凌杂,成《小尔雅训纂》六卷。述祖尝谓:"刘甥可师,宋甥可友。"其发明《归藏》之说,世多不能晓。翔凤则谓:"《归藏》首坤,坤辟亥壬申之所藏也。则六壬六甲之占皆本于《归藏》,惜仅存于术家耳。”故著《卦气解》一卷、《尚书略说》一卷，悉本师说也。复取《周易》经文文字异同之见于《说文》及群籍者，一一疏通而证明之，成《周易考异》一卷。条举今文二十八篇与伪书序百篇目，暨马、郑本比较其有无，加论列于后，成《尚书谱》一卷。其余尚有《四书释地辨证》二卷、《尔雅释服》一卷，辑《五经要义》一卷、《五经通义》一卷。考证经史札记总裒为《过庭录》十六卷，乃晚年之作。其中道学条深推两宋道学，以程、朱与董仲舒并尊，几泯汉、宋之界焉。乾嘉学者严辨汉宋，道咸以下辨今古文，而宋学转非所斥，盖风气为一变矣。乾嘉研习讨论，多在三礼、小学，《易》与《春秋》鲜所尽心。《易》自惠氏开其端，武进张惠言继之，《春秋公羊》自庄存与、孔广森及于刘逢禄，宋氏则欲以《公羊》、《易》理说《论语》，自训诂考据转而治《易》、《春秋》，而风气又一变矣。此后康有为亦极推《易》、《春秋》，遂以《礼运》说《春秋》。宋儒谓《易》、《礼》皆战国晚世杂采老庄、邹衍所成，岂孔门大义所在哉？殊不知孔子大同小康与三世之义相通，所谓集大成者，即兼有道家法家之长也。何得以《论语》无为之说，而委之道家乎？钱穆谓：“常州公羊学与苏州惠氏学，实以家法之观念，一脉相承，则彰然可见。”盖今古皆重家法，尤以惠氏凡汉皆好之流弊甚大，如王念孙《拜经日记序》云：“世之言汉学者，但见其异于今者则宝贵之，而于古人之传授，文字之变迁，多不暇致辨，或以细故忽之。”王引之亦云：“惠定宇先生考古虽勤，而识不高，心不细，见异于今者则从之，大都不论是非。”（《与焦理堂书》）故汪中《与毕沅书》，自谓为考古之学，实事求是，不尚墨守。实可以代表皖派学者之作风。今文学家虽亦重师承，但未如惠派之甚也，实不应以家法责之。其蔽乃在非常异义可怪之论太多，愈趋而愈不知返耳。

（三）凌曙与方申

刘、宋同时有凌曙者，字晓楼，江苏江都人。较逢禄小一岁，而卒同年。国子监生。少甚贫，十岁甫就塾，读四子书，年余未毕，即去乡杂作佣保。然根性好学，得间辄默诵所已读书，若不通解，邻人有富家为子弟延师者，乃乘夜隐轩外听讲论，数月，师始觉而斥之。愤甚，于市求已句点之旧籍,读之达旦,日中仍佣作如故。年二十,集童子为塾师,制举文虽无尺度,而童子尝从之游,则书必熟,字必正楷,以故信从渐众,脩脯入稍多,益市书。初识包世臣问所当治业,语以“治经必守家法,专治一家以立其基,即诸家可渐通”。乃示以武进张惠言所辑四子书汉说数十事,及世臣与李兆洛等增缀未就之稿用为治经式,感勉孟晋,岁余,稽典礼、考故训,补其不备,为《四书典故核》六卷,见知于梅花山长洪梧。既治郑氏得要领,嗣闻刘逢禄论何氏《春秋》而好之。及入都,主阮元所,得尽睹魏、晋来诸家《春秋》说。深念《春秋》之义存于《公羊》,而《公羊》之学传自董子。董子《春秋繁露》一书,识礼义之宗,达经权之用,行仁为本,正名为先,测阴阳五行之变,明制礼作乐之原,体大思精,推见至隐,可谓发微言大义者。然旨奥辞赜,未易得其会通,浅尝之夫,横生訾议,经心圣符,不绝如线。乃博稽旁讨,承意仪志,梳其章,栉其句,为注十七卷。又病宋、元以来学者空言无补,惟实事求是,庶几近之。而事之切实,无过于礼。著《公羊礼疏》十一卷、《公羊礼说》一卷、《公羊问答》二卷。阮元督粤延课其子,时方家居读礼,以丧服为人伦大经,后儒舛议是非颇谬,作《礼论》百篇引申郑义。逮至粤,与阮元商榷删合为三十九篇为一卷。凡所著书三十八卷,五十余万言,率有显证,远雷同附会之陋。道光九年卒,年五十五。曙有甥刘文淇,贫而颖悟,爱而课之,遂知名,其学实自曙出。仪征刘氏,四世治经,另详后章。同时仪征人方申,字端斋,本姓申,舅氏方取以为子,故姓从舅氏,而以申为名。少孤家贫佣书于外,以所得钱奉母甘旨,备尽色养。母没,不离苫次者弥月。既葬,遇时节忌日,奉祀恒如生时,久益弗衰。顾少虽废业,而素通文义,人有以稿本属者,或涂乙难识,悉能辨之,且为之校正误字。凌曙重其为人,延于家课其子镛。年逾四十,甫应童子试,屡见黜,而学愈进。道光十八年,始以经解见知督学祁公,补县学生员。二十年,赴秋试归,以劳疾卒,年五十四。尝自悔晚学,故肆力颇勤。其最精者在《周易》,朝夕钻研,未或释手。遍阅诸家书有涉及易象者咸择录之,成《诸家易象别录》一卷。而易家之言象者,以虞氏为最密,复详核虞注所引逸象缕析条分,成《虞氏易象汇编》一卷。又以后儒解《易》罕引《说卦传》,乃博考古注,参阅诸纬书与《春秋》内外传注之援据说卦者,批比其次第,成《周易卦象集证》一卷。又以《春秋》卜筮必据互卦以与正卦相参,因寻绎汉儒之所言,反复求其条理,而知互卦之法,成《周易互卦详述》一卷。又以卦变之说,言人人殊,无所统贯,则参互考订深求其义例之所在,成《周易卦变举要》一卷,是为《易学五书》。怀庆知府江都汪喜孙谓其行谊不愧古人,既表其墓曰孝子,并为梓其遗书云。

第三十章　今文学运动之中坚

一百二十五　龚自珍

（一）龚自珍传略

龚自珍，字瑟人，一作率人。号定庵，更名巩祚，故《清史稿》即以此名其传。初名自暹（见纪昀撰其祖敬身《墓志》）。段玉裁字之曰爱吾（见《经韵楼集·外孙龚自珍字说》），后又欲更名易简（见《破戒草·投牒更名易简诗》），实皆未常用，仅“自珍”、“定庵”为一般人所习知耳。浙江仁和人，乾隆五十七年生。父丽正，字闇斋，嘉庆元年进士，授礼部主事，升郎中，入直枢垣，为军机章京。十七年简放徽州知府。二十年，擢苏松太兵备道。道光七年引疾归，主讲杭州紫阳书院。丽正为段玉裁婿，能传其学。著《国语韦昭注疏》。自珍天才早秀，好读吴梅村诗、方百川遗文、宋左彝《学古集》，后赋《三别好诗》。八岁得旧登科录读之，是为搜辑二百年科名掌故之始。十一岁从宋璠（鲁珍）学。十二岁外王父段玉裁授以许氏《说文》部目，是为以经说字，以字说经之始。自珍才气横越，举动不依恒格，时近俶诡，而说经必原本字训，由始教也。嘉庆十五年，由监生应顺天乡试中式副榜。翌二年，始由贡生考充武英殿校录，遂为校雠掌故之学。未几，闇斋知徽州府，自珍侍行，从母归宁吴中。初玉裁以女孙许字，至是遂就婚焉。时年二十一。初刻《怀仁馆词》，玉裁序之曰：

仁和龚自珍者，余女之子也。嘉庆壬申，其父由京师出守新安，自珍见余吴中，年才弱冠，余索观所业，诗文甚夥。间有治经史之作，风发云逝,有不可一世之概。尤喜为长短句,其曰《怀人馆词》者三卷,其曰《红禅词》者又二卷,造意设言,几如韩、李之于文章,银碗盛雪,明月藏鹭,中有异境,此事东涂西抹者多,到此者少也。自珍以弱冠能之,则其才之绝异,与性情之沉逸,居可知矣。余少时慕为词,词不逮自珍之工,先君子诲之曰:"是有害于治经史之性情,为之愈工,去道且愈远。"予谨受教,辍勿为。一行作吏,俄引疾归,遂锐意于经史之学,此事谢勿谈者五十年。今见自珍词,乃见猎心喜焉。昔程伊川于晏叔原"梦踏杨花"之句,徘徊赏之,矧余远不逮伊川者,为所动宜矣。虽然余之爱自珍之词也,不如其爱自珍也;余之爱自珍也,不如其自爱也。李伯时之画马,黄鲁直之为"空中语"规之者,皆以为有损于性情,况其入之愈幽,而出之愈工者耶?余髦矣,重援昔所闻于趋庭者,以相赠也。

茂堂老人序 时年七十有八

次年,自珍携眷在徽州府署,玉裁复寄书勉学,谓:"徽州有可师之程易田先生(想是程瑶田易畴之误。翌年卒,年八十余),可友者不知凡几也。如此好师友、好资质而不锐意读书,岂有待耶?负此时光,秃翁如我者,日读尚有济耶?万季野之戒方灵皋曰:'勿读无益之书,勿作无用之文'。呜呼尽之矣。博闻强记,多识蓄德,努力为名儒,为名臣,勿愿为名士。何谓有益之书?经史是也。"玉裁勉其外孙孙婿者如此,知朴学耆宿亦不以无益之书、无用之文为然矣。嘉庆十八年自珍入都应试未售,而段夫人卒。十九年归其柩于杭州。二十年,又继娶何夫人吉云,安庆知府裕均之从女孙也。二十一年,侍父上海,一时高才硕彦,多集其门,由是益肆意著述,贯串百家,究心经世之务。钮树玉诗谓:"浙西挺奇人,独立绝俯仰。万卷罗心胸,下笔空依仗。余生实鄙陋,每获亲俶傥。遍览所抒写,如君竟无两。君今方盛年,负志多慨慷。大器须晚成,良田足培养。"其期许之厚,可知自珍已头角峥峥矣。嘉庆二十三年中浙江乡试举人,座主高邮王引之也。房考评其文曰:"规锲六籍,笼罩百家,入之寂而出之沸,科举文有此,海内睹祥麟威凤矣。"又评其诗曰:"瑰玮冠场。"二十四年入京应恩科会试,不售。始从刘逢禄受《公羊春秋》。二十五年会试仍下第,筮仕得内阁中书。而狂名满天下,自珍既闻常州庄氏说,则转好今文之学。上书论西北边防,欲由通经而致用也。道光二年,恩科会试未第。三年丁母忧,奔丧回杭,著《五经大义终始论》及《答问》九篇,《壬癸之际胎观》九篇,自编甲戌以还文章为《文集》三卷、《余集》三卷,又刊定《无著词》(初名《红禅词》)、《怀人馆词》、《影事词》、《小奢摩词》四种。四年学佛于江沅(铁君),与钱林(东父)、慈风和尚,皆奉彻悟禅师之书,竺信赞叹。又编识满、蒙、回、藏、西洋文字,校定全《藏》。五年,得汉赵飞燕凤纽白玉印一枚,文曰:"婕好妾娋。"游昆山,买徐侍郎秉义故宅,后来卜居,榜曰:"羽琌山馆。"六年会试不第。刘逢禄与分校,有浙江、湖南二卷,经策奥博,曰:"此必仁和龚自珍、邵阳魏源也。"亟劝力荐,不售,于是有《伤浙江湖南二遗卷诗》。自珍初与桐乡程春庐大理齐名,治西北舆地,及是学者复称龚、魏云。八年,撰《尚书序大义》、《太誓答问》、《尚书马氏家法》各一卷。道光九年,会试始中式,殿试三甲进士。以楷法不中程,不得入翰林,奉旨以知县用,呈请仍归中书原班。十五年,擢宗人府主事。十七年改礼部主事,补主客司主事,仍兼祠祭司。自珍究心大乘,纂述甚富,杂文存目五十余篇,夜不寐,闻茶沸声,披衣起,菊影在扉,忽证《法华》三昧,自是益臻悟境矣。十八年成《春秋决事比》六卷,申刘逢禄之谊,距逢禄之卒十年矣。林则徐奉命驰往广东,查办鸦片事件,自珍献三种决定义,三种旁义,三种答难义,一种归墟义(见《送钦差大臣侯官林公序》),有相从南游之意。则徐答书谓:"责难陈义之高,非谋识宏远者不能言,非关注深切者不肯言。非敢阻止旌旆之南,而事势有难言者。"定庵诗云:"故人横海拜将军,侧立南天未蒇勋。我有阴符三百字,蜡丸难寄惜雄文!"即咏此事也。十九年,因官京师冷署闲曹,俸入本薄,性既豪迈,嗜奇好客,境遂大困。又才高动触时忌,至是以闇斋年逾七旬,从父守正适任礼部堂上官,例当引避,乃乞养归。四月出都,不携眷属傔从,以一车自载、一车载文集百卷以行,夷然傲然,不以贫自累也。是秋北上迎眷,止于固安,岁暮安顿眷属于羽琌山馆,自是恒往来吴、越间。途中杂记行程兼述旧事,得绝句三百十五首,题曰《己亥杂诗》,平生出处著述交游借以考见。道光二十一年春,就丹阳云阳书院讲席。三月,父闇斋卒(年七十五)。七月至丹阳,馆于县署,八月十二日暴疾捐馆,年才五十。有二子,曰橙,曰陶。橙字昌匏,更名公襄,字孝珙。陶后更名宝琦,字念匏。

(二) 丁香花疑案

定庵既以暴疾卒,说者谓为仇家毒之,因有所谓"丁香花公案"。《孽海花》叙洪钧等在上海书寓,遇孝珙遗妾褚爱林,言及定庵往事,与明善侧福晋太清之艳遇,因事泄仓皇出都。在丹阳遇一宗人府同事,致被鸩死。孝珙为父复仇,故借为英领事威妥玛记室,于英法联军入京时,欲推翻满清,不得,遂导之焚圆明园以泄愤。或言系扬州妓小云鸩之。某与友人书谓定庵辩若悬河,可抵之隙甚多,新倦仕宦,牢落归,不为花月冶游,即访僧耳。定庵书其后云:"网罗文献吾倦矣,选色谭空结习存。"是纳小云为归里以后事,小云何故鸩之耶?《己亥杂诗》有三首诵小云者,已明白言之矣。冒鹤亭《太清遗事诗》云:"太平湖畔太平街,南谷春深葬夜来。人是倾城姓倾国,丁香花发一低徊。"是诗首句言太清生时之邸,即太平街太平湖间之醇贤亲王府也。第二句言死后之葬地,有南谷别墅在焉。第三句上半言其貌,下半取再顾倾人国之意,关合其姓。四句乃指一时流传之丁香花公案。孟森《心史丛刊》有《丁香花》一篇,言为昔人白其含射,以留名士美人之真相,云:"太平湖醇王府,俗称七爷府,醇邸行七,故曰七爷。此宅之有名于世,不在为醇邸时,而在未为醇邸以前。当宣宗时,为绘贝勒所居。贝勒名奕绘,与醇邸为兄弟行,而为高宗之曾孙,高宗第五子荣纯亲王之孙也。贝勒笃好风雅,著有《明善堂集》,自号太素道人,又号幻园居士。生于嘉庆四年,二十年,袭父荣恪郡王爵,为贝勒,时年十七。道光五年,授散秩大臣。明年管理宗学。十年管理御书处及武英殿修书处。是年冬授正白旗汉军都统,时年三十二。至十五年罢官,专意享闲散之福。道光十八年卒,年四十。贝勒生长富贵,酷嗜吟咏,有侧室曰顾太清,名春,字子春。号曰太清,亦称西林春。盖与太素为偶,世常称之曰太清春。太清工词翰,篇什为世所宝,世之爱重太清,什佰于太素也。昔王幼遐侍御论词,常曰:'满洲词人,男有成容若,女有太清春而已。'其姓顾,乃见之恽珠所选《国朝闺秀正始集》,有《顾子春小传》。太清不但丰于才,貌尤极美。尝游西山,马上弹铁琵琶,手白如玉,琵琶黑如墨,见者谓是一幅王嫱出塞图也,风致可想。丁香花公案者,龚定庵道光己亥出都,有《己亥杂诗》三百十五首,中一首云:'空山徙倚倦游身,梦见城西阆苑春。一骑传笺朱邸晚,临风递与缟素人。'自注:忆宣武门内太平湖之丁香花一首。世传定庵出都,以与太清有瓜李之嫌,为贝勒所仇,将不利焉,狼狈南下。又据是年杂诗至冬再北上迎眷,乃不敢入国门。一诗云:'任邱马首有筝琶,偶落吟鞭便驻车。北望觚棱南望雁,七行狂草达京华。'自注:遣一仆入都迎眷属,自驻任邱县待之。又一诗云:'房山一角露峻嶒,十二连桥夜有冰。渐近城南天尺五,回灯不敢梦觚稜。'自注:儿子书来,乞稍稍北,乃进次于雄县。又请,乃又进,次于固安县。据此则次且其行,若有甚不愿过阙下者,说者益附会其词,谓有仇家足惮。至道光二十一年定庵掌教丹阳,以暴疾卒,或者谓即仇家毒之。所谓丁香花公案始末如此。《定庵集》最隐约不可明者,为《无著词》一卷,又有《游仙》十五首等诗,说者以其为绮语,皆疑及太平湖。《无著词》选于壬午,刻于癸未,则作词必在壬午以前,《游仙》之作在辛巳,自注为考军机不得而作,当可信。要之作此者在道光初元,至十九年己亥出都,安有此等魔障亘二十年不败,而至己亥则一朝翻覆者?定公集所有绮语,除踪迹本不在都门者不计,《无著词》、《游仙诗》按其年月,皆不当与太平湖有关。惟丁香花一诗非惟明指太平湖,且明指为朱邸,自是贝勒府之花。其曰缟素人者,《诗》:'缟衣綦巾,聊乐我员。'谓贫家之妇,与朱邸之嫔,相对照而言。盖必太清曾以此花折赠定庵之妇,花为异种,故忆之也。太清与当时朝士眷属多有往还,于杭州人尤密。尝为许滇生尚书母夫人之义女。定公亦杭人,内眷往来,事无足怪,一骑传笺,公然投赠,无可嫌疑。贝勒卒于戊戌七夕,时太清已四十岁。盖与太素齐年,当三十二岁时,太素正室妙华夫人先逝。冒鹤亭诗所谓'九年占尽专房宠,四十文君傥白头'者也。己亥为戊戌之明年,贝勒已殁,何谓为寻仇?太清亦已老而寡,定公年四十八,俱非清狂荡检之时,循其岁月求之,真相如此。"又云:"定公风雅好事,太清词翰遍传诸公间,诗词酬答,事所容有。太素逝后,长子载钧袭固山贝子，与太清极不相能，则造作蜚语，以诬太清，当是载钧辈所为。太清于戊戌七夕遭太素之变，旋于是年十月二十八日以姑命移居邸外，卖金凤钗购宅西城养马营。诗有‘亡肉含冤谁代雪’之句，用《汉书·蒯通传》里妇夜亡肉，姑以为盗怒而逐之事，具见家难之作，太素存日之情好，一变为家庭相怨之媒。当时想有以太清文采跌宕，与内言不出之旨相违，因有流言涉及定公辈者，故士大夫口耳相传，至今以为谈柄。然定公己亥出都杂诗所忆，尚在太平湖之丁香花，其时太清实已移居，诗自忆花，乃与其人无预，可以推见。……太清负盛名，定庵才调尤为世人宗仰，得纽为一谈，自足风靡一世。……冒氏自称得闻太清遗事于周先生（其外祖周星诒季况），当时自有一多口之由来，未可知也。”孟文作后，冒氏终信其旧闻为不误，而罗瘿公（惇曧）等又争言其确，实则孟氏所辨，皆不能谓无以难之也。盖所称载钧辈造蜚语以诬太清，是此事诚有之矣。谓太素、太清伉俪情笃，即不当于四十新寡，与其平素诗词酬答之友人为荡检之行，未免武断。定庵固一俶傥不羁之人，狂名满天下，宁能与一风致才华之中年嫠妇，不作“巫峰挟雨原非梦，洛浦临波太近狂”（太清诗句）之事乎？所谓贝勒寻仇，或即载钧辈。即太清之亲生子，恐亦有不利于定庵之意，故定庵之仓皇出都，与迎眷而趑趄不前，皆非无因。江标题定庵诗集云：“清才深恐天涯少，艳福从来未必奇。若得河东君尚在，定教手写定公诗。”集上眉批云：“定公出都或谓别有不可言者，观其渐近都门，而惮于前进，人言殆非尽诬欤？”定庵《己亥杂诗》有一首云：“浩荡离愁白日斜，吟鞭东指即天涯。落红不是无情物，化作春泥更护花！”此较之李义山“春蚕到死丝方尽，蜡炬成灰泪始干”之句，尤为痛切。而《籞词》二十七首，与《题壁奉寄》五首，不啻夫子自道。且直言：“牡丹绝色三春暖，岂是梅花处士妻？”“勉求玉体长生诀，报与金闺国士知。”又云：“臣朔家原有细君，司香燕姞略知文。无须诇我山中事，可肯花间领右军？”又云：“绾就同心坚俟汝，羽琌山下是西陵。”又云：“难凭肉眼测天人，恐是优昙示现身。故遣相逢当五浊，不然谁信上仙沦。”又云：“云英化水光景新，略似骖鸾缥纱身。一队画师齐敛手，只容心里贮秾春。”此皆有美呼之欲出者，岂小云辈所能当之哉？钱穆《中国近三百年学术史》谓：“张孟劬告余:‘定庵出都,因得罪穆彰阿,外传顾太清事非实也。’张家与龚世姻故知之。又曰:‘定庵为雅片案主战,故为穆彰阿所恶。’余谓定庵若为顾太清出都,其诗中不应反复自道,若惟恐后人之不知,则传说自未可信。惟王国维《人间词话》有云:‘读《会真记》者,恶张生之薄幸而恕其奸非;读《水浒传》者,恕宋江之横暴而责其深险,此人之所同也。故艳词可作,唯万不可作儇薄语。定庵诗云:“偶赋凌云偶倦飞,偶然间慕遂初衣。偶逢锦瑟佳人问,便说寻春为汝归。”其人之凉薄无行,跃然纸墨间,又何必考厥平生而后知其邪僻哉。’则其论至深酷,又为更进一层之责备,定庵亦无以自解也。大抵定庵性格,热中傲物,偏宕奇诞,又兼之以轻狂。定庵谓:‘起而视其世,乱亦竟不远。’定庵殆亦此时期一象征人物乎?”按,孟劬即张尔田,其与钱氏皆有为定庵解脱之意,而王国维则不免深文周纳。王寿南《龚自珍先生年谱》,亦据刘大白所得《红禅室词》自序某王孙事,谓视先生一不知名恋史则可,视之太平湖艳事则不可。大意均据孟森说。其实文人之制行可议者,不仅今文学家如王闿运、廖平、康有为等,即正统派之王鸣盛、汪中、刘师培,抑何尝不然?太清既非正室,以清代之风气论,直可视为红粉知己,风流佳话,不能以礼教绳之,亦未可以奸非论罪,故定庵反复道之而不自讳,正可见其坦率为人耳。《己亥杂诗》等于定庵之自传,情文俱茂,焉能作无病呻吟语哉?(定庵好读梅村诗,梅村有“博得美人心肯死,项王此处是英雄”之句,想定庵已心领而神会矣。)

(三) 定庵之学术(上)

梁任公先生谓今文学之健者,必推龚、魏。而支伟成《清代朴学大师列传》则不列龚、魏于《常州派今文学家列传》,而列之于《作史学家列传》,此盖本于章炳麟之意见,章氏论订书云:

> 今文之学,不专在常州。其庄、刘、宋、戴(宋之弟子)诸家,执守今文,深闭固拒,而附会之词亦众,则常州之家法也。若凌曙之说《公羊》,陈立之疏《白虎》,陈乔枞之辑三家《诗》、三家《尚书》,只以古书难理,为之征明,本非立一宗旨者,其学亦不出自常州。此种与

吴派专主汉学者当为一类,而不当与常州派并存也。当汉学初兴时,尚无古今文之分别,惠氏于《易》,兼明荀、虞,荀则古文,虞则今文也。及张惠言之申虞氏,亦今文也。其他如孙之《尚书》、江之《礼书》,或采《大传》,或说《戴记》,皆今古文不分者。故不得以偶说今文经传,遂以常州家法概之。《春秋》三传,《榖梁》最微,桐乡之锺,丹徒之柳,番禺之侯(尚有江都梅蕴生,其书未见),皆具抉微补绝之心,而非牢守一家以概六艺者,与常州家法绝殊。要之,皆吴派之变迁而已。龚自珍不可纯称今文,以其附经于史,与章学诚相类。亦由其外祖段氏"二十一经"之说,尊史为经,相与推移也(段氏《经韵楼集》有《十经斋记》,欲于《十三经》外,加入《大戴记》、《国语》、《史记》、《汉书》、《资治通鉴》、《说文解字》、《周髀算经》、《九章算术》为二十一经)。魏源不得附常州学派,如说《诗》多出三家之外,说《书》不能守欧阳、夏侯,杂糅瞀乱,直是不古不今、非汉非宋之学也。王闿运亦非常州学派,其说经虽简,而亦兼采古今。且笺《周官》(庄氏亦讲《周官》,刘氏兼说《书序》,是知当时只攻《左氏》,犹未尽攻古文也。逮邵懿辰始书攻古文耳。王氏生于邵后,独兼古今,且笺《周官》,则亦不得云常州也),此但于惠、戴二派外独树一帜,而亦不肯服从常州也(王少年尝至广州,为陈澧所诃,不肯服惠、戴;又与邵懿辰意见不合,故不肯步常州后尘)。

又于《常州派今文学家列传》目录眉端书曰:

龚自珍为段氏外甥,其说"六经皆史",亦与今文不同。

故支氏谓:"至龚、魏故文士,说经非其所长,姑置弗录。"然钱穆《中国近三百年学术史》则谓:"常州之学,起于庄氏,立于刘、宋,而变于龚、魏,然言夫常州学之精神,则必以龚氏为眉目焉。何者?常州言学,既主微言大义,而通于天道人事,则其归必趋而论政,否则,何治乎《春秋》?何贵乎《公羊》?(左氏主事,《公羊》主义,义贵褒贬进退,西汉《公羊》家皆以经术通政事也。)亦何异于章句训诂之考索?故以言夫常州学之精神,其极必趋于轻古经而重时政,则定庵其眉目也。"此言甚允,盖今文学家虽言经学,而其精神与正统派之为经学而治经学者有异。故不得以说经之例而以偏概全。龚氏之论学,虽自幼得其外王父段氏之诱导,若终不欲拘拘治小学,自有不甘同于乾嘉正统派之辙迹。其不乐经生之媚古,不徒见之于《乙亥之际之著议》,及其中乡试再进京师,犹时时言之。如《陈硕甫所著书序》云:

孔子曰:"吾道一以贯之。"故《记》曰:"黄帝正名百物,以明民共财。"子由曰:"有始有卒者,岂惟圣人乎?"古者八岁入小学,教之数与方名,与其洒扫进退之节。保氏掌国子之教,六书九数,皆谓之小学。由是十五入大学,乃与之言正心诚意以推极于家国天下。壮而为卿、大夫、公侯,天下国家名实本末皆治。……后世小学废,专有大学,童子入塾所受,即治天下之道。不则穷理尽性幽远之言,六书九数,白首未之闻。其言曰:学者当务精者巨者,凡小学家言不足治,治之为细儒。于是君子有忧之,忧上达之无本,忧逃其难者之非正。不由其始者终不得究物之命,于是黜空谈之聪明,守钝朴之迂回,物物而名名,不使有遁。其所陈说艰难。……有高语大言者,则拱手避谢,极言非所当。……愚瘁之士寻之有门径,绎之有端绪,盖整齐而比之之力,至劳苦矣。陈硕甫(奂)曰:"是苦且劳者有所甚企待于后,后孰当之?则乃所称闻性道与治天下者也。乃言曰:使黄帝正名而不以致上世之理,孔子之正名而终不能以兴礼而齐刑,则六艺为无用,而古之儒之见诟,与诟古之儒者齐类。彼陟颠而弃本,此循本而忘颠,庸愈乎?且吾不能生整齐之之后,既省吾力而重负企待者,于是始以六书九数之术及条礼家曲节碎文如干事推之,欲遂以通于治天下。"兵部主事姚先生(学爽镜塘)曰:"今天下得十数陈硕甫,分置各行省,授行省学弟子,天下得百十巨弟子分教小弟子,国家进士必于是乎取,则至教不躐等,且性与天道之要,或基之闻矣。"中书胡先生(承珙墨庄)曰:"使硕甫自信所推毕无阂,请从姚先生之言;所推犹有阂，则姑舍是言，整齐益整齐，企待益企待，总之必不为虚待，无歧谬。”是二言者，龚自珍皆闻之，因最录指意皆识之。

定庵此文，作于嘉庆二十三年初到京师时，魏源评之曰：“空谈性理，非学也。乃朴学之士，矫空疏之弊太过，又谓学尽于是，是古有六书九数而无天人性命也，此云天人性命之学从小学入手。小学者，实兼《礼经》十七篇《曲礼》、《内则》、《少仪》、《弟子职》、与六书九数而言，此儒者家法，本末体用备具，千古可息争端矣。此文恐是古今一关键。”盖当时议论，不仅不以六书九数尽学问，并不敢以六书九数尽小学矣。硕甫（奂）为段玉裁大弟子，已不欲以小学自限，乃蕲通于治天下，已有本末兼赅之言，定庵为之疏解曰：“凡小学家不足治，治之为细儒，学者当务精者巨者，以达孔子一贯之道而已。”其同情硕甫之意，甚为显然，惟以姚、胡之说最录之，尚徘徊无所一是也。而魏源则直揭儒者家法，为本末体用备具，谓此文恐是古今一关键，已逴有所见而知风气之将变矣。定庵既来京师之翌年，遂从刘逢禄习《公羊春秋》，《己卯杂诗》云：“昨日相逢刘礼部，高言大句快无加。从君烧尽虫鱼学，甘作东京卖饼家。”注就刘申受问《公羊》家言。又深爱宋翔凤，《投宋于庭诗》云：“游山五岳东道主，拥书百城南面王。万人丛中一握手，使我衣袖三年香。”又谓：“玉立长身宋广文，长洲重到忽思君。遥怜屈贾英灵地，朴学奇材张一军。”盖常州之学，固已与乾嘉朴学不同，已自朴而转于奇，定庵谓朴学而必奇材者，常州公羊之学有之。定庵亦以奇自负，既不满于其外王父所治小学之循谨，而欲高谈性天治道，则闻刘、宋之说而喜之，乃必然事耳。道光二年定庵为《武进庄公神道碑铭》，极推所著《尚书既见》，其言曰：

辨古籍真伪，为术浅且近者也。且天下学僮尽明之矣，魁硕当弗复言。古籍坠湮十之八，颇藉伪书存者十之二。帝胄天孙，不能旁览杂氏，惟赖幼习五经之简，长以通于治天下。昔者《大禹谟》废，人心道心之旨，杀不辜宁失不经之诫亡矣；《太甲》废，俭德永图之训坠矣；《仲虺之诰》废，谓人莫己若之诫亡矣；《说命》废，股肱良臣启沃之谊丧矣;《旅獒》废,不宝异物贱用物之诫亡矣;《冏命》废,左右前后皆正人之美失矣。今数言幸而存,皆圣人之真言,言尤疴痒关后世,宜贬须臾之道,以授肄业者。思自晦其学,欲以借援古今之事势,退直上书房,日著书,曰《尚书既见》如干卷。

定庵谓存与以儒臣遭世极盛,文名满天下,终不能有所补益时务,以负休隆之期,述其自语如上。又谓是书颇为承学者诟病,而古文竟获仍学官不废。可见今文学派鄙薄考据学,甚至言伪书亦可存圣人真言十之二,凡阎若璩、惠定宇毕生精力辨《尚书》古文之真伪者,皆曰浅近不足道,魁硕之士弗为也。惟幼习五经之简,长以通于治天下,此正常州学派与乾嘉朴学之异趣者耳。定庵治经,既务求其通治道,乃曰琐以耗奇,不如躬行以耗奇之约(铭座诗)。盖以考据之饾饤琐碎,徒足以丧奇材锢聪明,故不乐“借琐耗奇”也。其赋《常州高材篇送丁若士(履恒)》之辞曰:

丁君行矣龚子忽有感,听我掷笔歌常州。天下名士有部落,东南无与常匹俦。我生乾隆五十七,晚矣不及瞻前修。外公门下宾客盛(谓金坛段先生),始见臧(庸在东)顾(□□子述)来裒裒。奇才我识恽伯子(敬子居),绝学我识孙季述(星衍)。最后乃识掌故赵(怀玉味辛),三君折节遇我厚。我益喜逐常人游。乾嘉辈行能悉数,数其派别征其尤。《易》家人人本虞氏,毖纬户户知何休。声音文字各窔奥,大抵钟鼎工冥搜。学徒不屑谭贾孔,文体不甚宗韩欧。人人妙擅小乐府,尔雅哀怨声能遒。近今算学乃大盛,泰西客到攻如雠。常人倘欲问常故,异时就我来谘诹。勿数耇耋数平辈,蔓及洪(饴孙孟慈)管(绳莱李逸)庄(绶申卿山)张(琦翰风)周(仪暐伯恬)。其余鼎鼎八九子,奇人一董(祐诚方立)先即邱。所恨不识李夫子(兆洛申耆),南望夜夜穿双眸。曾因陆子(继辂祁生)屡通讯,神交何异双绸缪。识丁君乃二十载,下上角逐忘春秋。丁君行矣龚子忽有感,一官投老谁能留?珠联璧合有时有,一散人海如凫鸥。噫!才人学人一散人海如凫鸥,明日独访城中刘。(原注:申受丈逢禄也。)

历举阳湖派之文学家与礼学考据合一炉而治之，一归于今文学家之刘逢禄，其以常州派师承传绪之意，显然可见。盖自珍以明道救世之旨说经，未肯以今古文为限，但以虞氏《易》、何氏《公羊》为家喻户晓之业，不屑谭贾、孔、韩、欧耳。

（四）定庵之学术（下）

定庵自述治学之态度曰：

> 经有家法夙所重，诗无达诂独不用。我心即是四始心，泬寥再发姬公梦。（为诗非序非毛非郑各一卷。予说诗以涵泳经文为主，于古文毛今文三家无所尊，无所废。）
>
> 端门受命有云礽，一脉微言我敬承。宿草敢祧刘礼部，东南绝学在毗陵。（年二十有八，始从武进刘申受受《公羊春秋》，近岁成《春秋决事比》六卷，刘先生卒十年矣。）
>
> 姬周史统太销沉，况复炎刘古学瘖。崛起有人扶《左氏》，千秋功罪总刘歆。（癸巳岁成《左氏春秋服杜补义》一卷，其刘歆窜益《左氏》，显然有迹者，为《左氏决疣》一卷。）
>
> 张杜西京说外家，斯文吾述段金沙。导河积石归东海，一字源流奠万哗。（年十有二，外王父金坛段先生授以许氏部目，是平生以经说字、以字说经之始。）
>
> 孔壁微芒坠绪穷，笙歌锋帐启宗风。至今守定东京本，两庑如何阙马融？（戊子岁成《尚书序大义》一卷，《太誓答问》一卷，《尚书马氏家法》一卷。）

又同年生胡户部（培翚）集同人祀汉郑司农于寓斋，礼既成，绘为卷子。同人为歌诗，龚自珍作《祀议》一篇，质户部。户部屡隐括其指，为韵语以谐之：

> 我稽十三经，名目始南宋。异哉北海君，先期适兼综。《诗》笺

附庸毛，《易》爻辰无用。《尚书》有今文，只义馈贫送。四辨馈《尧典》，三江馈《禹贡》。《鲁论》与《孝经》，逸简不可讽。《尔雅》剩一麟，引家亦摭弄。排何《发墨守》，此狱不可讼。吾亦姑置之，说长恐惊众。惟有《孟》七篇，千秋等尘封。我疑《经籍志》，著录半虚哄。义与莽歆违，下笔费弥缝。何况东汉年，此书未珍重。余生恶《周礼》，《考工》特喜诵。封建驳子舆，心肝为隐痛。五帝而六天，诞妄谶所中。同时有四君，伟识引余共。堂堂十七篇，姬公发孔梦。经文纯金玉，注义峙麟凤。吾曹持议平，功罪勿枉纵。郑功此第一，千秋合崇奉。

其注谓郑兼治《十三经》，人间完本有《诗》、《三礼》辑录本。有《箴膏肓》、《起废疾》、《发墨守》、《易》、《书》、《鲁论》、《孝经》、《尔雅注》也。《孟子》注见隋《经籍志》，《隋志》殆未可信。庄君绶甲、宋君翔凤、刘君逢禄、张君瓒昭（字洵甫，湖南平江人，著有《天文分野说》）言封建皆信《孟子》，疑《周礼》海内四人而已，张说尤悲切也。定庵称许郑康成，以郑兼治《十三经》，虽攻何氏，而仍存《仪礼》十七篇之今文经，即高堂生所传也，故作持平之论，郑功以此为第一。此可见定庵治学，不论今文古文，但求有益于治道，能通于大义者均采之，亦犹庄存与不辨《尚书》真伪之意耳。故恶《周礼》之伪撰，而特喜《考工记》，其不专治一经，墨守家法之意，固极显豁。盖定庵亦欲遍治群经，以通其义，因作《五经大义终始论》以明之，其言曰：

昔者仲尼有言："吾道一以贯之。"又曰："文不在兹乎?"文学言游之徒，其语门人曰："有始有卒者，其惟圣人乎?"诚知圣人之文，贵乎知始与卒之间也。圣人之道，本天人之际，胪幽明之序，始于饮食，中乎制作，终乎闻性于天道。民事终，天事始，鬼神假，禔应，圣迹备。若庖牺、尧、舜、禹、稷、契、皋陶、公刘、箕子、文王、周公是也。谨求之书曰："天聪明自我民聪明。"言民之耳目本乎天也。民之耳目不能皆肖天，肖者聪明之大者也，帝者之始也。聪明孰为大？能始饮食民者也。其在《序卦》之文曰:“物稚不可不养也。”屯蒙而受以需,饮食之道也。其在《雅诗》,歌神灵之德,曰:“民之质矣,日用饮食。”是故饮食继天地。又求诸《礼》曰:“夫礼之初,始诸饮食。”礼者,祭礼也。民饮食,则生其情矣,情则生其文矣。情始积,隆隆然,始盈也,莫莫然,求之空虚,望望然,始相与谋曰:使我有饮食者,父欤母欤!父母非能生之也,殆其天欤?乃率其丑,取其仂,以报以天,盖仰而欲天之降之也。再相与谋曰:父与母与,曷为不与我共饮食与,则弗之见矣,乃号其丑,取其仂,以报于渊泉,盖俛而欲父母之假之也。三相与谋曰:非天也,非父母也,孰使我以能饮食与?则弗之见矣,于是号其丑,取其仂,以报圣之人,盖每食四望而欲其降之也。若其教之降首屈股上下手,与其上下手之数以差,由中古作,故曰观百礼之聚,观人情之始也。故祭继饮食。夫礼据乱而作,故有据乱之祭,有治升平之祭,有太平之祭。圣人曰:我主天,而众之祭始息。圣人曰:我不敢僭天,而众之祭不敢先一人。圣人自为谋曰:孰使予大川盈,大陆平,大物腊成,而小物毛炰,于是乎食人鬼之始播种以配上天,食人鬼之始平道涂以配下地,食人鬼之聪明仁圣者于宫,后王曰社稷瞽宗,以恩父为祢矣。故恩及王父,王父以上统曰祖,其所居曰庙。其在礼曰:“祝以孝告,嘏以慈告。”此礼之大成也。……度名山川,升崇冈,察百泉,度明以为向,度幽以为蔽,抟土以为陶,凿山而为礦,以立城郭仓禀宫室,高者名曰堂,下者名曰室,以卫鬼神,屏男女。伐山之木以为之群材,其百器以寓句股,以求九数。其在于《诗》:“既景乃冈。”以测知北极之高下;又曰:“夹其皇涧,溯其过涧。”以顺水性,则司空之始也。此其与百姓虑安者也。若其与百姓虑不安者,所以安安也。曰饮食之多寡,祭之数,少不后长,支不后宗,筋力者暴羸,于是乎折萑折木而挞之,则司寇之始也。而声问乎东西,而声问乎北南,饮食之多寡,祭之数,少后长欤?支后宗欤?筋力者毋暴羸欤?皆必赴司寇而理焉。理之而无不威,故曰鞭蛮夷,挞六合也。谨求之《书》,皋陶为士,其职也,后王谓之兵,兵也者,刑之细也,士也者理也,有虞氏之兵也。圣者曰:吾视听天地,过高山大川朝天下之众,察其耳目心思辨佞之雄长,而户征其辞,使我不得独为神圣,必自此语言始矣。爰是命士也,命师也,命儒也,圣者至高严,曷为习揖让之容,虚宾师之馆,北面清酒,推天之福禄与偕,使吾世世雄子孙,必变化恭敬温文,以大宠之。岂惧其武勇之足以敓吾祭哉?诚欲以一天下之语言也。儒者出而语民曰:非恃珪璧也,其积者斋栗也,而人莫不欢心以助吾祭矣。不然,边鄙之祭,夫岂无私玉。儒者又出而语民曰:非恃干戈也,其积者和也。而人莫不出私力以扞其圉,不然,南亩之勇夫,夫岂无私兵。……其在《记》曰:"土敝则草木不长,水烦则鱼鳖不大。"良士,国之金玉异物也,草木厌之,而况金玉乎?鱼鳖稿之,而况蛟龙乎?诚苦之也。名士之有文章,望国气者见其烂然而光于天。求之《雅诗》曰:"倬彼云汉,为章于天。"周王寿考,遐不作人,其推天人之际曰:"相彼鸟矣,犹求友声。矧伊人矣,不求友生,神之听之,终且和平。"是野有相慕悦之朋友,而可荐于神明也。其衰也,贤人散于外,而公侯贵人之家犹争宾客于酒食,豪杰出,阴聘天下之名士,而王运去矣。……其在《记》曰:"君子曰德,德成而教尊,教尊而官正,官正而国治矣。"其在《诗》曰:"有冯有翼,有孝有德。"夫食货具则有冯矣;官师备则有翼矣;祭祀受福则有孝矣;宾师亲则有德矣;诚约彝伦之极,完神人之庆也。圣者曰:吾非多制以好劳也,多文以为辩也,无政之谓阙,政不中之谓不叙,阙且不叙,中国必有不安者矣。求之《春秋》,则是存三统,内夷狄,三统已存,四夷已进,大瑞将致,和乐可兴,而太平之祭作也。……谨求之《易》曰:"圣人以此洗心退藏于密,吉凶与民同患,神以知来,知以藏往。"其孰能与于此哉?古之聪明睿知,神武而不杀者夫!极之矣!极之矣!

总而言之,定庵以五经解治道,不毕生呫哔于经之文字,亦犹文学家之因文见道,理学家之有体有用,惟易一名辞曰终始曰本末耳。盖世运之转戾,至是已达贞下起元之时,特以其雄辞伟论,纵横驰骤,出入于九经七纬,诸子百家,故能翘然独秀,抗先哲而冠群贤耳。

（五）定庵之治学合一论

清儒自有明遗老外，即鲜谈政治，盖朝廷以雷霆万钧之力，严压横摧于上，一人犯顺，株连九族，只字不敬，殃及枯骨，积威所慑，无敢复谈，亦不容思想，于是聪明才智之士，恒舍史而谈经，初非得已，久亦习焉忘之。承学之士，莫不是古非今，以应用之学术文字，为市井浅俗之所为，通人不屑道之矣。此乾、嘉经学所由一趋于考证训诂，而溺于其中不知返也。嘉、道以还，国势日益陵替，内构民变之祸，外受列强之侵，坚冰乍解，根孽重萌，士大夫乃稍稍发舒为政论焉。定庵实为开风气之一人。定庵虽自幼濡染于朴学，而外祖段玉裁教以勿读无益之书，勿作无用之文，勉之为儒臣，为名臣。故早年持论，即已着眼于世风时政，有经世之想。嘉庆十九年，年二十三，著为《明良论》四篇，大意谓：

> 三代以上，大臣百有司无求富之事，无耻言富之事。贫贱天所以限农亩小人，富贵者天所以待王公大人君子，王公大人之富也，未尝温饱之私感恩于人主。人主以大臣不富为可嘉可法之事，尤晚季然也。臣之于君也，急公爱上，出自天性，不忍论报施，人主之遇其臣也，厚以礼，绳以道，亦岂以区区之禄为报？王者为天下国家崇气象养体统，道则然也。……得财则勤于服役，失则怫然愠，此诚厮仆之所为，不可以概我士大夫，然而卒无以大异乎此者，殆势然也。士大夫岂尽不古若哉？廉耻岂中绝于士大夫之心哉？……廪告无粟，厩告无刍，索屋租者且至相逐，家人嗷嗷然谇，当此时犹如贾谊言国忘家公忘私者，则非特立独行以忠诚之士不能，能以概责之六曹三院百有司否也？内外大小之臣，具思全躯保室家，不复有所作为，以负圣天子之知遇，抑岂无心？或者贫累之也。……今久资尚书侍郎，或无千金之产，则下可知也。诚使内外大小之臣，皆不必自顾其身与家，则虽有庸下小人，当饱食之暇，亦必以其余智筹及国之法度，民之疾苦，泰然而无忧，则心必不能以无所寄，亦势然也。
>
> 士皆知有耻，则国家永无耻矣。士不知耻，为国之大耻。历览近代之士，自其敷奏之日，始进之年，而耻已存者寡矣。官益久则气愈

媮,望愈崇则谄愈固,地益近则媚亦益之。……臣节之盛扫地尽矣,非由他,由于无以作朝廷之气故也。何以作之气,以教之耻为先。……今政要之官,知车马服饰言词捷给而已,清暇之官,知作书法赓诗而已,堂陛之官探喜怒以为之节,蒙色笑获燕间之赏,则扬扬然以喜,出夸其门生妻子,小不霁,则头抢地而出,别求夫可以受眷之法,彼其心岂真敬畏哉? ……以为苟安其位一日则一日荣,疾病归田里,又以科名长其子孙,志愿毕矣,以退缩为老成,国事我家何知焉?如是封疆万一有缓急,则纷纷鸠燕逝而已,伏栋下求俱压焉者鲜矣。

其外祖评此文曰:“四论皆古方也,而中今病,岂必别制一新方哉?耄矣,犹见才而死,吾不恨矣。”可见段氏虽朴学大师,而教其外孙,并非以文字、训诂为限,老成典型,深具苦心。自珍得此鼓励,又侍父居京师十年,熟习朝士大夫风气,少年英才,固已得其涯略矣。次年玉裁谢世,定庵又作《乙丙之际著议》十余篇,其第六曰:

自周而上,一代之治,即一代之学也。一代之学,皆一代王者开之也。有天下,更正朔,与天下相见,谓之王。佐王者谓之宰。天下不可以口耳喻也,载之文字谓之法,即谓之书,谓之礼,其事谓之史。职以其法载之文字而宣之士民者,谓之太史,谓之卿大夫。天下听从其言语,称为本朝,奉租税焉者谓之民。民之识立法之意者谓之士,士能推阐本朝之法意以相诫语者谓之师儒。王之子孙大宗继为王者谓之后王。后王之世之听言语奉租税者谓之后王之民,王若宰若大夫若民相与有以成者谓之治,谓之道。若士若师儒法则先王先冢宰之书以相讲究者谓之学。师儒所谓学有载之文者亦谓之书。是道也,学也,治也,则一而已矣。乃若师儒有能兼通前代之法意,亦相诫语焉,则兼综之能也,博闻之资也,上不必陈于其王,中不必采于其冢宰其太史大夫,下不必信于其民。陈于王采于宰信于民,则必以诵本朝之法,读本朝之书为率。师儒之替也,源一而流百焉,其书又百其流焉,其言又百其书焉,各守所闻,各欲措之当世之君民,则政教之未失也。虽然亦皆于其本朝之先王，是故司徒之官之后为儒，史官之后为道家老子氏，清庙之官之后为墨翟氏，行人之官之后为纵横鬼谷子氏，礼官之后为名家邓析子氏、公孙龙氏，理官之后为法家申氏韩氏。世之盛也，登于其朝而习其揖让，闻其钟鼓，行于其野，经于其庠序，而肄其豆笾，契其文字，处则为占毕弦诵，而出则为条教号令。在野则熟其祖宗之遗事，在朝则效忠于其子孙。夫是以齐民不敢与师儒齿，而国家甚赖有士。及其衰也，在朝者自昧其祖宗之遗法，而在庠序者犹得据所肄习以为言，抱残守阙，纂一家之言，犹足以保一邦，善一国。……后世之为师儒不然，重于其君，君所以使民者则不知也；重于其民，民所以事君者则不知也。生不荷耰锄，长不习吏事，故书雅记，十窥三四，昭代功德，瞠目未睹，上不与君处，下不与民处，由是士则别有士之渊薮者，儒则别有儒之林囿者，昧王霸之殊统，文质之异向。其惑也，则且援古以刺今，嚣然有声气矣。是故道德不一，风教不同，王治不下究，民隐不上达，国有养士之赀，士无报国之日，殆夫殆夫！终必有受其患者，而非士之谓夫！

此陈义至新颖，而实承章实斋“六经皆史”之说，所谓经世之义，即“内圣外王，修己治人”之学也。实斋谓：“学术当以经世，勿趋风气追时向。”其与常州庄氏所谓“寻先圣微言大义于语言文字之外”者，同为一时之孤径。方其生，声名落漠，而终不能抑塞其后世之大行。定庵之批评当时经学，谓是有文无质也，圣人之道有制度名物以为之表，有穷理尽性以为之里，有训诂实事以为之迹，有知来藏往以为之神。谓学尽于是，是圣人有博无约，有文章无性与天道也（见《江子屏所著书叙》）。其意与实斋《文史通义》之说绝相类。又附笺论江藩《汉学师承记》之书名不安曰：

大著曰《国朝汉学师承记》，名目有十不安焉。……夫读书者实事求是，千古同之。此虽汉人语，非汉人所能专。本朝自有学，非汉学。有汉人稍开门径而近加邃密者，有汉人未开之门径，谓之汉学，不甚甘心。琐碎饾饤，不可谓非学，不得谓汉学。汉人与汉人不同，

> 家各一经,经各一师,孰为汉学乎?若以汉与宋为对峙,尤非大方之言,汉人何尝不谈性道,宋人何尝不谈名物训诂?不足概服宋儒之心!近有一类人,以名物、训诂为尽圣人之道,经师收之,人师摈之,不忍深论,以诬汉人,汉人不受。本朝别有绝特之士,涵泳白文,创获于经,非汉非宋,亦惟其是而已矣。国初之学,与乾隆初年以来之学不同,国初人即不专立汉学门户,大旨欠区别。改为国朝经学师承记,则浑浑圜无一切语弊矣。

凡定庵之所批评汉学者,不仅名词之未安,且亦意义之欠妥,如《与人笺》云:"既习考订,亦兼文词,又岂愿通人受此名哉?古人于一物一名之中,能言其大本大源,而究其终极。综百氏之所谭,而知其义例,编入其门径,我从而管钥之,百物为我隶用。苟树一义,若浑浑圜矣,则文儒之总也。"其不以琐碎饾饤之经师为然,称汉学即以诬汉人,殊与清初诸儒有间。定庵所标者乃非汉非宋,实事求是之人师而已。此皆乾嘉经学之反响,同时之文理学家如洪亮吉、管同、包慎言以及曾国藩等,皆有相同之见解,史学家更无论矣。

(六)定庵之论政

定庵之学业意趣,既一反当时经学家媚古之习,而留情于当代之治教,于是盱衡世局,首倡变法之论。其言曰:

> 夏之既夷,豫假夫商所以兴,夏不假六百年矣乎?商之既夷,豫假夫周所以兴,商不假八百年矣乎?无八百年不夷之天下。天下有万亿年不夷之道,然而十年而夷,五十年而夷,则以拘一祖之法,惮千夫之议,听其自陊,以俟踵兴者之改图尔!一祖之法无不敝,千夫之议无不靡,与其赠来者以劲改革,孰若自改革?抑思我祖所以兴,岂非革前代之敝耶?前代所以兴,又非革前代之敝耶?何丼然其不一姓也?天何必不乐一姓邪?鬼何必不享一姓邪?奋之奋之,将败则豫师来姓,又将败则豫师来姓。《易》曰:"穷则变,变则通,通则久。"

非为黄帝以来六七姓括言之也，为一姓劝豫也。(《乙丙之际箸议第七劝豫》)

此种变法改革论，管同之《永命篇》、包世臣之《说储》已言之，且为清廷拟新制矣，越后则有康有为之戊戌维新。然当嘉、道之际，去雍、乾盛世未远，一世方酣嬉醉饱，孰有将败之远见？定庵汲汲为一姓劝豫，豫师来姓，人谁肯信？抑且目为狂。于是又愤而著《乙丙之际塾议第九》曰：

吾闻深于《春秋》者，其论史也，曰书契以降，世有三等，三等之世，皆观其才。才之差，治世为一等，乱世为一等，衰世别为一等。衰世者，文类治世，名类治世，声音笑貌类治世，黑白杂而五色可废也。似治世之太素，宫羽淆而五声可铄也。似治世之希声，道路荒而畔岸隳也。似治世之荡荡便便，人心混混而无口过也。似治世之不议，左无才相，右无才史，阃无才将，庠序无才士，陇无才民，廛无才工，衢无才商，抑巷无才偷，市无才驵，薮泽无才盗，则非但鲜君子也，抑小人甚鲜。当彼其世也，而才士与才民出，则百不才督之缚之，以至于僇之，僇之非刀非锯非水火，文以僇之，名亦谬之，声音笑貌亦僇之。僇之权不告于君，不告于大夫，不宣于司市，君大夫亦不任受，其法亦不及要领，徒僇其心，僇其能忧心，能愤心，能思虑心，能作为心，能有廉耻心，能无渣滓心。又非一日而僇之，乃以渐，或三岁僇之，十年而僇之，百年而僇之。才者自度将见僇，则蚤夜号以求治，求治而不得，悖悍者则蚤夜号以求乱。夫悖且悍，且睊然眮然以思世之一便已，才不可问矣，向之伦聒有辞矣。然而起视其世，乱亦竟不远矣。是故智者受三千年史氏之书，则能以良史之忧忧天下，忧不才而庸，如其忧才而悖；忧不才而众怜，如其忧才而众畏。履霜之屩，寒于坚冰；未雨之鸟，戚于漂摇；痹痨之疾，殆于痈疽；将萎之华，惨于槁木。三代之圣，不忍薄谲士勇夫，而厚豢驽羸，探世变也，圣之至也。

定庵抱掩世之才，具先睹之识，危言高论，不足以破一世之诡诡，不久而鸦片战败,洪、杨难作,捻、回继起,清卒以衰,乃不幸而言中,亦可谓之知几矣。夫徒法不能以自行,而变法则尤有待于一世之人才,人才又有待于百年之培养,世之衰征于无才,无才则原于无培养。定庵《江南生橐笔集叙》谓集中言本朝纠虔士大夫甚密,纠民甚疏,视前代矫枉而过正。杭世骏、洪亮吉生乾、嘉盛时,为当代学者,均以直言获罪,朝廷之待士大夫也如此,奈何言气节廉耻与培养人才乎?于是定庵又慨乎言之曰:

霸天下之孙,中叶之王,其力弱其志文,其聪明下,其财少,未尝不周求礼义廉耻之士,厚其貌,妪其言,则或求之而应,则或求之而不应,则必视祖之号令以差。昔者霸天下之民,称祖之庙,其力强,其志武,其聪明上,其财多,未尝不仇天下之士,去人之廉,以快号令,去人之耻,以崇高其身,一人为刚,万夫为柔,以大便其有力强武。……气者耻之外也,耻者气之内也……大都积百年之力,以震荡摧锄天下之廉耻,既殄既狝既夷,顾乃席虎视之余荫,一旦责有气于臣,不亦莫乎?(《古史钩沉论一觇耻》)

又与人笺云:

缚草为形,实之腐肉,教之拜起,以充满于朝市。风且起,一旦荒忽飞扬,化而为泥沙。君子化猿化鹤,小人化虫化沙,等化乎?然而猿鹤似贤矣。噫嚱!

何其言之沉痛而深刻耶!以若是之朝廷,若是之人才,又何以言变法?然定庵自负其才气,敢为出位之言,初上《东南罢番舶议》及《西域置行省议》,《己亥杂诗》云:

文章合有老波澜,莫作鄱阳浃漈看。五十年中言定验,苍茫六合此微官。

自注云:"庚辰岁为《西域置行省议》、《东南罢番舶议》两篇,有谋合刊之者。"李鸿章后为《黑龙江述略序》言:"古今雄伟非常之端,往往创于书生忧患之所得。龚氏自珍议西域置行省于道光朝(实创于嘉庆末年),而卒大设施于今日。"新疆建省于光绪十年,距龚氏倡议时六十余年,其言验矣。道光九年,定庵《上大学士书》云:

> 自古及今,法无不改,势无不积,事例无不变迁,风气无不移易,所恃者人才必不绝于世而已。夫有人必有匈肝,有匈肝则必有耳目,有耳目则必有上下百年之见闻,有见闻则必有考订同异之事,有考订同异之事,则或匈以为是,匈以为非。有是非则必感慨激奋,感慨激奋而居上位,有其力,则所是者依,所非者去。感慨激愤而居下位,无其力,则探吾之是非,而昌昌大言之。如此,法改胡所弊?势积胡所重?风气移易胡所惩?事例变迁胡所惧?中书仕内阁,糜七品之俸,于今五年,所见所闻,匈弗谓是,同列八九十辈安之;梦觉独居,神明湛然,如衔鱼乙以为茹,如藉猬栗以为坐,兹条上六事,愿中堂淬厉聪明,焕发神采,赐毕观览!一、中堂宜到阁看本也。……如不看本,宜急奏明改定《会典》,不得相忘,此当世第一要事。一、军机处为内阁之分支,内阁非军机处之附庸也。军机为谕之政府,内阁为旨之政府,军机为奏之政府,内阁为题之政府,似乎轻重攸分。然寰中上谕,有不曰内阁承发奉行者乎?寰中奏牍,有不曰内阁抄出者乎?六科领事,赴军机处乎?赴内阁乎?昔雍正朝以军务宜密,故用专折奏,后非军事亦折奏,后常事亦折奏,后细事亦折奏,今日奏多于题,谕多于旨,绝非雍正朝故事。故事何足拘泥?但天下事有牵一发而全身为之动者,不得不引申触类及之也。……大学士既不直日,又不到阁看本,终岁不召见,又不趋公,与冗食需次小臣何以异?天下后世姗笑,何以御之哉?故曰必也正名,名之不正,牵一发而全身为之动者此也。……依中书愚见,姑且依雍正中故事,六部专办六部之事,内阁办丝纶出内之事,停止六部送军机处,如此庶变而不离其宗,渐复本源,渐符名实。一、侍读之权,不宜太重也。……一、汉侍读宜增设

一员,使在典簿厅掌印也。……一、馆差宜复旧也。……一、体制宜画一也。……此宜奏定章程……斟酌卑亢之间,纂成一书,以便循守。愿文物斐然,以章百司领袖之盛。

定庵诗云:“万事源头必正名,非同综核汉公卿。时流不沮狂生议,侧立东华伫佩声。”又以在国史馆上书总裁,论西北塞外部落源流、山川形势、《一统志》之疏。诗云:“东华飞辩少年时,伐鼓撞镛海内知。牍尾但书臣向校,头衔不称纲其词。”又在礼部上堂官论四司政体,宜沿宜革者,诗云:“千言只作卑之论,敢以虚坏测上公?若问汉朝诸配享,少年乞祔叔孙通!”其兀傲自喜,不欲中绳墨如此。乃又不胜愤懑,激而为吊诡,自以楷法不中程,殿上三试不入翰林,考军机处不入直,考差未尝乘轺车,乃托言为《干禄新书》,用以嘲世。尝五谒大学士富俊,陈当世急务八条。俊读至“汰冗滥”一条,动色以为难行,余颇欣赏。而定庵终自无奈其为一微官何!殿试对策,祖王荆公《上仁宗皇帝书》,《杂诗》云:“霜豪掷罢倚天寒,任作淋漓淡墨看。何敢自矜医国手?药方只贩古时丹!”盖其一切建议,皆援古以证今,仍本《春秋》经世(《荀子》:“《春秋》经世,先王之志。”)之意也。绩溪程秉钊以定庵由东京之训诂,以求西汉之微言,所诣既超,故为文亦不落寻常蹊径,称为乾、嘉以来一人而已。榜所居曰“龚学斋”。并谓:“近数十年,士大夫诵史鉴考掌故,慷慨论天下事,其风气实定公开之。张南山谓定公得志恐为王荆公,岂非以其议论兴革,而逆亿其将来者哉?然其唯唯诺诺,奉行故事,小廉曲谨,以与功名始终,其真韩魏公、富郑公之流矣。”定庵得志便为王荆公,其诗词均可征之,惟谓其小廉曲谨,以与功名始终,则非定庵志也。定庵虽唱《尊命》论,谓:“若飞若蛰,闷闷默默,应其不可测;如鱼泳于川,惟大气之所盘旋,如木之听荣于四时,蠢蠢傀傀,安其不可知。”且亦有《抱小尊隐》之篇,但皆为困郁闲曹,不得一伸其志之愤激语,如谓:

终贾华年气不平,官书许读兴纵横。荷衣便识东华路,至竟虫鱼了一生。(《己亥杂诗》)

甚至谓：

> 网罗文献吾倦矣，选色谭空结习存。江淮狂生知我者，绿笺百字铭其言。（同上）

盖定庵以五经求通于治道，而为天子朝廷者弗受，则其道终绌。以其聪明才气，无所用于经世，乃不得已而发为《宾宾》（《古史钩沉论四》）之说，以冀史献遗民于易世太平，岂“仆妾色以求容，俳优狗马行以求禄”者哉？故曰：“徒乐厕于仆妾俳优狗马之伦，孤根之君子，必无取焉。”其晚年之逃于禅，遁于色，只缘：“绝业名山幸早成，更何方法遣今生？从兹礼佛烧香罢，整顿全神注定卿。”“少年揽辔澄清意，倦矣应怜缩手时，今日不挥闲涕泪，渡江只怨别蛾眉。”盖以“风云材略已消尽，甘隶妆台伺眼波”，“别有狂言谢时望，东山妓即是苍生”。咏叹淫逸，情不自禁，其志愤其意亦可哀矣。又云：“六义亲闻鲤对时，及身删定答亲慈。”“仕幸不成书幸成，乃敢斋袚告孔子。”孔子周游未遇，始删诗书定礼乐，定庵虽仍以经生终，而“同、光风向所趋，尊为龚学，掇其单句片词，即登高第，家弦户诵，遍于江、浙”（王文濡语）。其影响不綦大乎？今读其遗著，亦颇有“不是逢人苦誉君，亦狂亦侠亦温文”之感焉。

一百二十六　魏　源

（一）魏源传略

魏源，字默深，湖南邵阳人。乾隆五十九年生。七八岁时，即常夜一编咿唔达旦。十五岁时补诸生，始究心阳明之学。好读书，家贫无书，假之义塾（其父魏邦鲁，在江苏任巡检，道光十年始为宝山主簿。源随其父，在江苏时多，《朴学大师列传》谓假族塾书，恐非是）。嘉庆十八年举拔贡，翌年入都，遂留从胡墨庄（承珙）问汉儒家法。侍郎周系英见其著作，力为扬揄，数月，名满京师。是时复问宋儒之学于姚镜塘，学《公羊》于刘逢禄，古文辞则与董桂敷、龚自珍诸人相切磋。道光二年，中顺天乡试,试卷进呈,宣宗手批嘉赏。苏藩贺长龄延辑《皇朝经世文编》,乃更留心经世之学。巡抚陶澍亦加礼焉。凡海运、水利诸大政,咸与咨访。道光六年会试落第,房考刘逢禄赋《两生行》惜之,两生者,谓魏源及龚自珍,皆负才自喜,名亦相埒。其诗曰:

更有无双国士长沙子,孕育汉魏真经神。尤精选理跞鲍谢,暗中剑气腾龙鳞。侍御披沙豁双眼,手持示我咨嗟频(湖南玖肆,五策冠场,文更高妙,予决其为魏君源)。翩然双凤冥空碧,会见应运翔丹宸。萍踪絮影亦偶尔,且看明日走马填城闉!

九年,自珍中式,而源仍不售,援例以内阁中书候补,益熟于一代掌故沿革。比陶澍督两江,用源议,改淮北试行票盐,引销课裕,每年额溢数十万。鸦片之战,英人犯海疆,江、浙震动,佐钦差裕谦幕,数月辞归,然因此得交林则徐(源与裕、林相识,似在贺长龄幕时),以所译西洋地志(《四洲志》)授之。《南京条约》成,有感而著《圣武记》十四卷,内《道光洋艘征抚记》即鸦片战争史也。道光二十五年成进士,以知州用,分发江苏。权知东台县事。礼耆贤,惩奸猾,士民悦服。未几丁母艰去,读礼之暇,念曩岁夷祸,缘当事者为其窎远,不谙底蕴所致,因搜揽历代史志及明以来岛志并近译外洋诸纪述,辑《海国图志》六十卷。继又得德人玛吉士所著书。补辑四十卷,合前书共一百卷。其结论谓:

然则执此书即可驭外夷乎?曰唯唯否否。此兵机也,非兵本也,有形之兵也,非无形之兵也。明臣有言:“欲平海上之倭患,先平人心之积患。”人心之积患如之何?非水非火非刀非金,非沿海之奸民,非吸烟贩烟之莠民……愤与忧,天道所以倾否而之泰也,人心所以违寐而之觉也,人才所以革虚而之实也。……天时人事,倚伏相乘,何患攘剔之无期?何患奋武之无会?凡有血气者所宜愤悱,凡有耳目心知者所宜讲画也。去伪去饰,去畏难,去营窟,则人心之寐患去其一,以实事程实功,以实功程实事,艾三年而蓄之,网临渊而结之，毋凭河，毋画饼，则人材之虚患去其二。寐患去而天日昌，虚患去而风雷行。传曰："孰荒于门？孰治于田？四海既均，越裳是臣。"

魏源与则徐在浙江相处数月，其《海国图志》之资料及意见，皆则徐所授也。主张以夷制夷，且以夷器制夷，遂开维新之先声。日本人得此书，促成明治之维新，而咸、同以来之自强运动，但取魏氏以夷制夷之策，于"去积患，程实功"之心理建设，固未之能行也。中国自强之业，将近百年而无所成就者，皆由于当时置龚、魏之大声疾呼而不悟耳。服阕，署兴化知县。二十九年大水，河督将启闸，源力争不能得，则躬赴制府击鼓。总督陆建瀛闻报，立往勘，始得免启，定收获后启坝，且筑西堤以捍秋汛。民感其德，议集资建生祠，坚阻乃止。会淮南亦改鹾政，而盐缺产课不足，檄权海州分司运判。咸丰元年，补高邮州，太平军入南京，首倡团练，亲督巡防，人心始定。乃为忌者以迟误驿报劾罢。寻以缉获枭匪功，袁甲三奏复其官。而源避兵侨居兴化，仅一佐周天爵治军皖北，惟手订平生著述，不与人事。咸丰六年卒，年六十三。

（二）默深之学术

默深读书精博，经术湛深，与定庵皆继刘、宋而言今文者。于《书》则专申《史记》伏生大传及《汉书》所载欧阳、夏侯、刘向遗说，以难马、郑，撰《书古微》十二卷。于《诗》则谓《毛诗》晚出，顾炎武、阎若璩、胡渭、戴震皆致疑于毛学，而尚知据三家（齐、鲁、韩）古义以证其源，因表章鲁、韩坠绪，以匡传笺，撰《诗古微》二十二卷。前此研究今文遗说者，如冯登府有《三家诗异文疏证》，陈寿祺有《三家诗遗说考》，陈乔枞有《今文尚书经说考》、《尚书欧阳夏侯遗说考》、《三家诗遗说考》、《齐诗翼氏学疏证》，迮鹤寿有《齐诗翼氏学》，然皆不过言家法同异而已，未及真伪问题。自源著《诗古微》，始大攻《毛传》及《大小序》谓为晚出伪作。其言辩博，比于阎氏之书疏证，且亦时有新理解。其论诗不为美刺而作，如云："美刺固毛诗一家之例……作诗者自道其情，情达而止。……岂有欢愉哀乐专为无病代呻者耶？"（《诗古微 · 齐鲁韩毛异同论中》）此深合"为文艺而作文艺”之旨,直破二千年来文家之束缚。又论诗乐合一,谓:“古者乐以诗为体,孔子正乐即正诗。”(《诗古微·夫子正乐论上》)皆能自创新见,使古书顿带活气。又《书古微》谓:“不惟东晋晚出之《古文尚书》(即阎氏所考者)为伪也,东汉马、郑之古文说,亦非孔安国之旧。”于《春秋》则谓《汉书·儒林传》言董生与胡毋生同业治《春秋》,而何休注但依胡毋生条例,于董生无一言。及近日曲阜孔广森、武进刘逢禄皆《公羊》专家,亦止为何氏拾遗补缺,而董生之书未之详焉。若谓董生疏通大义,不列经文,不足颉颃何氏,则其书三科九旨(谓三段中寓有九意,指《春秋》之书法而言。何休作文谥例曰:“三科九旨者,新周故宋,以《春秋》当新王,此一科三旨也。又云:所见异辞,所闻异辞,所传闻又异辞,此二科六旨也。又内其国而外诸夏,内诸夏而外夷狄,此三科九旨也。”一说以“张三世”、“存三统”、“异内外”为三科。一曰时,二曰月,三曰日,四曰王,五曰天王,六曰天子,七曰讥,八曰贬,九曰绝,谓之九旨,并见《公羊传疏》)灿然大备,且宏通精淼,内圣而外王,蟠天际地,远在胡毋生、何休章句之上。撰《董子春秋发微》七卷。尝谓:

> 今日复古之要,由训诂、声韵以进于东京之典章制度,此齐一变至鲁也;由典章制度以进于西汉微言大义,贯经术政事文章于一,此鲁一变至道也。(《古微堂外集》卷一《两汉经师今古文家法考叙》)

《孽海花》述曾之撰(君表假名,曹以表公坊,江苏常熟人,乙亥举人,刑部郎中)之言曰:

> 定庵这个人很有关于本朝学术统系的变迁。我常道本朝的学问,实超过唐、宋、元、明,只为能把大家的思想,渐渐引到独立的正轨上去。若细讲起来,该把这二百多年来分做三个时期:第一个是开创时期,就是顾、阎、惠、戴诸大儒,能提出实证的方法来读书,不论一名一物,都要有切实证据,才许你下论断,不能望文生义。就是圣经贤传,非经过他们自己的一番考验,不肯瞎崇拜。第二是整理

时期，就是乾、嘉时毕、阮、孙、洪、钱、王、段、桂诸家，把经史诸子，校正辑补，向来不可解的古籍，都变了文从字顺。第三才是研究时期，把古人已整理的书籍，进了一层，研求到意义上去，所以出了魏默深、龚定庵一班人，发生独立的思想，成了这种惊人的议论。依我看来，这还不过是思想的萌芽哩。再过几年只怕稷下、骊山争议之风，复见今日。本朝学问的统系，可以直接周、秦，两汉且不如，何论魏、晋以下！

吴大澂（字窸斋，江苏吴县人，戊辰翰林，后官湖南巡抚。化名何太真珏斋）道："就论金石，现在的考证方法，也注意到古代的社会风俗上，不专论名物字画了。"大澂为金石学家，其与曾氏之言，可代表当时学术界之观点。魏氏谓由训诂进于制度，由制度进于大义，合经术、政事、文章而一之，以至于道。正与龚定庵通经致用文儒之总也，意见相同，故谓魏、龚能发独立之思想，作惊人之议论，引入学术之正轨，攸关统系之变迁，殊为笃论，而默深固早见及之矣。惟默深求微言大义并不根据传注，谓："经有奥义，有大义，研奥义者必以传注分究而始精，玩大义者只以经文汇观而自足。"（《外集》卷一《论语孟子类编序》）又曰：

自明以来学者争朱、陆，自本朝以来，学者争汉、宋。今不令学朱、学陆，而但令学孔、孟焉，夫何诤？然近日治汉学者，专务记丑，屏斥躬行，即论洙、泗渊源，亦止云定、哀间儒者之学如是，在子思、孟子以前，其意欲托尊《论语》以排思、孟，甚至训一贯为壹行，以诂经为生安之学，而以践履为困勉之学。

是默深之说经，本主摆脱传注直求经文，与定庵"本朝别有绝特之士，涵泳白文，创获于经"之主张绝相类。又主以躬行履践求经文，故曰："明之季梁溪、蕺山以躬行返天下虚习，敦于实际，体明用光，厥施未昌，而国初诸子裂之。守朱者曰户庭之儒，考经者曰途辙之儒，皆将以挢虚就实，而听其自得则瞠然，以所见诸用则瞠然。"（《古微堂外集》卷四《张铁甫墓志铭》)其涵融汉、宋,拟叩洙、泗渊源者,盖今文学家以见道自命,乃势有必至,理有固然耳。

(三) 默深之治学态度

默深初崇尚宋儒理学,后发明西汉人之谊,既斥《毛诗》,又尊董于何,主微言大义,重经术政事,直欲泯汉、宋之界,由思、孟而达于孔子一贯之道。曾国藩所谓"通汉、宋二家之结,而息渐、顿诸说之争"者,盖近似之。其所撰《庸易通义》、《论语孟子类编》、《孟子小记》、《小学古经》、《大学古本》、《孝经集传》、《曾子章句》、《公羊古微》、《春秋繁露注》、《曾子子思子章句》等,虽多未成,而志趣可见。其于乾、嘉学风颇表不满,尤以当时四库馆臣之好讥弹宋儒致深慨焉。如《书〈宋名臣言行录〉后》云:

> 乾隆中修《四库全书》,纪文达公以侍读学士总纂。文达故不喜宋儒,其总目多所发挥,然未有如《宋名臣言行录》之甚者也。曰兹录于安石、惠卿皆节取,而刘安世气节凛然,徒以尝劾程子,遂不登一字。以私灭公,是用愤懑。……至《书目》于庆元党禁,谓南宋亡于诸儒,不得委之侂胄,谓东林起于杨时,遂至再屋明社,则固无讥焉。

乾、嘉学者所以诋宋儒,亦犹咸、同以后之诋乾、嘉,谓洪、杨之乱,由于汉学耳(见孙鼎臣《畚塘刍论》及左宗棠《吾学录序》)。世风骤变,是非无定,何从而折衷之?然默深性兀傲,高自标树,惟论古今成败,国家利病,学术本末,反复辩论不少衰,四座皆屈。盖以经世为实学,不仅襄辑《经世文编》、编纂《圣武记》,以显清朝疆舆之越乎九州,凡龙沙雁海之国,万僮亿毳之民,奔走万里,率土一家,且扩及世界,而有《海国图志》之作,番禺陈澧尝叹以为奇书。又谓其调客兵不如练土兵,及"裁兵并粮"、"水师将弁用舵工炮手出身"诸条为最善。后源至粤,闻其说大悦,因订交焉。澧尝批评定庵之《五经大义终始论》云:"孔子至圣,但为《易传》,七十子以下至汉之大儒所著者,《礼记》、《春秋传》、《书大传》、《诗传》、

《外传》,从无极五经之义以著论者。但观此题,即知其人之无学问,直狂妄而已。"其轻龚而扬魏也如此,岂非以默深之实学有以折服其心者哉?而默深于明代有《食兵二政录》,于边疆有《元史新编》,论河务则谓宜改复北行故道。咸丰五年铜瓦厢之决,河复北流,由大清河入海,适与所论相合。又作《筹鹾篇》,上总督陶澍,谓鹾政之要,不出化私为官,而缉私不与焉。自古有缉场私之法,无缉邻私之法,邻私惟有减价敌之而已。非减价何以敌私?非轻本曷以减价?非裁费曷以轻本?非变法曷以裁费?后澍整顿淮盐,陆建瀛力主所行者,皆其策也。可见魏氏治学,在乎经世有用之书,考据非其所擅,而理解特新,为一开拓思想独立风气之人,后之论者,以空疏诋之(见《朴学大师列传》)。或谓晚清今文一派,大抵菲薄考据,而仍以考据成业,然心已粗,气已浮,犹不如一心尊尚考据者所得犹较踏实。其先特为考据之反动,其终汇于考据之颓流,魏、龚皆其著例也(见《中国近三百年学术史》)。实则龚、魏之说经抱小,乃以时风世业之难回,欲与汉学家争一日之短长,而达其微言大义之目的,经生实非所愿,绝不能以考据学之成就论龚、魏,必当以树经世之旗,开风气之先,推尊其思想独立之门径,以继往开来,论其功固不可没也。定庵答其子之诗云:"俭腹高谭我用忧,肯肩朴学胜封侯。五经烂熟家常饭,莫似而翁歠九流!"又云:"图籍移从肺腑家,而翁学本段金沙。丹黄字字皆珍重,为裹青毡载一车。"盖揽辔澄清之志,终以微官消磨殆尽,"此是借琐耗奇法,奇则耗矣琐未休。"其卑睨千秋,不拘一格之气概,龚、魏固相同耳。梁任公先生以史学名世,尤为通儒,而亦于新文化运动后推崇考据,余尝以实斋勿趋风气追时尚之说劝之,先生叹曰:"君言良是,唯予不能为。"盖恐不治考据,贻人以空疏之讥,此与龚、魏之心情正同,其事殊可哀矣。观默深之力诋戴东原,谓其平日谈心性,诋程、朱,无非一念争名所炽,其学术、心术,均与毛奇龄相符。又历指其著书之不德(谓赵一清《水经注》而东原窃之。张穆、杨守敬、王国维、孟森皆有此说),对此一代大师且如此,遑言虫鱼襞补之业乎?"少年哀艳杂雄奇,暮气颓唐不自知","一事平生无齮龁,但开风气不为师",此定庵诗,亦可为默深咏也。

一百二十七 龚、魏同时之今文学者

(一) 闽县陈氏父子——寿祺与乔枞

陈寿祺,字恭甫,福建闽县人。少能文,沉博绝丽,称为才子。然寿祺自咎,不能高行邃学,不可告人,乃从同县孟超然游,为宋儒之学,懔然以古君子自期。嘉庆四年成进士,改翰林院庶吉士,散馆授编修,寻告归。性至孝,不忍言仕,家贫无食,父命之入都。九年充广东乡试副考官,十二年充河南乡试副考官。十四年,充会试同考官,旋记名御史。寿祺以不得迎养,常愀然不乐。将告归,俄闻父忧,恸几绝,奔归。除服,乞养母,母殁,终丧,年五十三,有密疏荐于朝者,卒不出。寿祺会试出朱珪、阮元门,乃专为汉儒之学。与同年张惠言、王引之齐名。及见钱大昕、段玉裁、王念孙、程瑶田诸人,故学益精博。解经得两汉大义,每举一义,辄有折衷。两汉经师,莫先于伏生,莫备于许氏、郑氏,寿祺阐明遗书,著《尚书大传笺》三卷、《序录》一卷、《订误》一卷。附《汉书·五行志》,缀以他书,所引刘氏《五行传论》三卷,序曰:

> 伏生《大传》条撰大义,因经属恉,其文辞尔雅深厚,最近大小《戴记》七十子之徒所说,非汉诸儒传训之所能及也。康成百世儒宗,独注大传,其释《三礼》,每援引之。及注古文《尚书·洪范》五事,《康诰》孟侯文王伐崇,戎耆之岁,周公克殷践奄之年,咸据《大传》以明事,岂非闳识博通信旧闻者哉?且夫伏生之学,尤善于《礼》,其言巡狩、朝觐、郊尸、迎日、庙祭、族燕、闾塾、学校、养老、择射、贡士、考绩、郊遂、采地房堂、路寝之制,后夫人入御,太子迎问。诸侯之法,三正之统,五服之色,七始之素,八伯之乐,皆唐、虞、三代遗文,往往六经所不备,诸子百家所不详,今其书散逸,十无四五,尤可宝重。宋朱子与勉斋黄氏,纂《仪礼经传通解》,攈摭《大传》独详,盖有裨礼学不虚也。《五行传》者,自夏侯始昌,至刘氏父子传之,皆善推祸福,著天人之应。汉儒治经,莫不明象数阴阳,以穷极性命,故

《易》有孟京卦气之候,《诗》有翼奉五际之要,《春秋》有公羊灾异之条,《书》有夏侯、刘氏、许商、李寻《洪范》之论,班固本《大传》,揽仲舒,别向、歆,以传《春秋》,告往知来,王事之表,不可废也。是以录《汉书·五行志》附于后,以备一家之学云。

又著《五经异义疏证》三卷,序曰:

石渠议奏之体,先胪众说,次定一尊,览者得以考证家法。刘更生采之为《五经通义》,惜皆散亡。《白虎通义》亦多阙佚,且经班固删集,深没众家姓名,殊为疏失。不如异义所援古今百家,皆举五经先师遗说,其体仿石渠论,而详赡过之。许君又著《说文解字》,综贯万原,当世未见遵用,独郑君注《仪礼·既夕记》、《小戴礼·杂记》、《周礼·考工记》尝三称之,所以推重之者至矣。顾于异议为之驳者,祭酒受业贾侍中,敦崇古学故多从古文家说。司农囊括网罗,意在宏通,故兼从今文家说,此其判也。案张怀瓘《书断》叔重安帝末年卒,郑君《别传》康成永建二年生,郑氏于许为后进,而绳纠是非,为汝南之诤友。夫向、歆父子,犹有《左》、《穀》之违,何、郑同室,奚伤箴肓之作?圣道至大,百世莫殚,仁者见仁,智者见智,蕲于事得其实,道得其真而已。今许、郑之学流布天下,此编虽略,然典礼之闳达,名物之章明,学者循是而讨论焉,其于昔人所讥,国家将立,辟雍巡守之仪,幽冥而莫知其原者,庶乎可免也。

寿祺为考据家,而非今文学者,但其称许郑玄兼从今文,为汝南诤友,又以"事得其实,道得其真"为说,亦不迷信许、郑也。故主讲杭州诂经精舍、泉州清源书院、福州鳌峰书院凡二十余年,与诸生言修身励学,规约整肃。家居与诸当事书,于桑梓利弊,蒿目痗心,虽触忌讳无所隐。黄道周孤忠绝学,为之刊辑遗文,乞疏请从祀孔庙。病革时,谓其子乔枞曰:"吾平生疲于文字之役,以郑注《礼记》多改读,尝钩考齐、鲁、韩三家诗佚文佚义,与毛氏异同者,辑而未就。尔好汉学,治经知师法,他日能成吾志,九原无憾矣。”其晚年之意趣如此。又著《左海经辨》二卷、《左海文集》十卷、《左海骈体文》二卷、《绛趺堂诗集》六卷、《东越儒林文苑后传》二卷、《东观存稿》一卷。道光十四年卒,年六十四。乔枞,字朴园,一字树滋,寿祺长子。年十七举于乡,七上春官不第,以大挑分发江西,历官分宜、弋阳、德化、南城知县,署袁州、临江、抚州知府,所至以经术饬吏治。尝忆左海先生遗训,乃力自奋勉,每簿书之暇,紬绎旧闻,次第勒为定本。谓凡古文《易》、《诗》、《书》、《礼》、《论语》、《孝经》所以传,悉由今文为之先驱,今文所无辄废。向微伏生,则万古长夜矣。如《书》有欧阳、大小夏侯,《诗》有齐、鲁、韩,各守师法,苟能得其单辞片义以寻千百年不传之绪,则今文之维持圣经于不坠者,岂浅鲜哉!撰《今文尚书经说考》三十四卷、《欧阳夏侯遗说考》一卷、《鲁诗遗说考》六卷、《齐诗遗说考》四卷、《韩诗遗说考》五卷、《鲁齐毛韩四家诗异文考》五卷。又著《齐诗翼氏学疏证》二卷、《诗纬集证》四卷。谓《齐诗》之学,宗旨有三:曰四始,曰五际,曰六情,皆以明阴阳终始之理,考人事盛衰得失之原。顾先亡,最为寡证,独翼奉传其百一,且其说多出《诗纬》,察躔象,推历数,征休咎,盖《齐诗》所本也。《诗纬》亡,则《齐诗》遂为绝学矣。又以《礼记》四十九篇本出孔壁,及河间献王所得,皆古文。其后礼家传授变为今文,师承各出,传写日繁,郑所改读,略有四例,而一孔之士,乃以为郑好改字,非也。撰《礼记郑读考》六卷。复推其义撰《毛诗郑笺改字说》一卷。别撰《礼堂说经》二卷,则杂说群经者也。凡所论列,一时名公硕彦莫不钦服,惟《尚书说》最后成,其时宿学渐芜,微言衰落,考据家为世訾謷,独曾国藩见之,以为可传。同治八年卒于抚州官舍,年六十一。章炳麟谓:今文派中如陈乔枞、陈立,但有疏证,并非极端主张,与刘、宋不同。故《朴学大师列传》不列入常州派今文经学家。《清史稿》谓自元和惠氏、高邮王氏外,惟乔枞能修世业,张大其家法。而寿祺之言曰:

昔者孔子恶乡愿,孟子辟杨、墨,韩子辟佛,程、张、朱子辟禅学,然杨、墨以下,其人率严取与,谨出处,与陋儒薄夫相去千里。……今则皆无患此,举世攘攘熙熙,为利往来,耽耽毖毖,而无所止,尚何暇

伪忠信，貌廉洁，标为我、兼爱，与讲明心见性之学哉？今世之药石，在乎明义利之辨而已。（《左海文集》卷三《义利辨》）

又曰：

> 今日士行之媮，尚可言哉！自其束发知书，父兄师长，汲汲然日督以科举之业，其子弟俯首听命，亦皇皇以一矜一第之得丧为荣辱，幸而弋取之，一旦莅官临政，内竞职司之凉热，外揣土地之肥瘠，凡其途升沉得失，日往来胸中至熟，礼义廉节之大防，荡然颓溃而莫知所守，立人济物之要道，概乎未之有闻也。故其人率集诟亡耻，媕婀苟安。（卷七《书雷翠庭先生闻见偶录傅鹏起事后》）

又曰：

> 仪征阮夫子、金坛段若膺寓书来，亦兢兢患风俗之弊。段君曰："今日大病，在弃洛、闽、关中之学谓之庸腐，而立身苟简，气节败，政事芜，专言汉学，不治宋学，乃真人心世道之忧。"仪征曰："近之言汉学者，知宋人虚妄之病，而于圣贤修身立行大节，略而不谈，乃害于其心其事。"二公皆当世通儒，上绍许、郑，而其言若是。（卷七《孟子八录跋》）

寿祺答段玉裁书言："近日学者，文藻日兴而经术日浅，才华益茂而气节益衰，此人心世道之忧也。"可见寿祺治学之精神，亦多不满汉学，其注重立人济物之道，特标礼义廉耻之防，实可与龚、魏之学相阐证。故陈氏父子之接近今文家，当无问题矣。

（二）柳兴恩与陈立

柳兴恩，字宾叔，原名兴宗，江苏丹徒人。乾隆五十八年生，道光十二年举人。受业于仪征阮元，初治《毛诗》，著《毛诗注疏纠补》三十卷。嗣以毛公师荀卿、荀卿师穀梁,《穀梁春秋》,千古绝学,唐以后无治之者。阮元刻《皇清经解》,公羊、左氏俱有专家,而《穀梁》缺焉。乃发愤沉思,成《穀梁春秋大义述》三十卷,其书凡例谓:

> 圣经既以《春秋》定名,而无事犹必举四时之首月,后儒谓日月非经之大例,未为通论。《穀梁》日月之例,泥则难通,比则易见,与其议传而转谓经误,不若信经而并存传说,述《日月例》第一。《春秋》治乱于已然,礼乃防乱于未然。穀梁亲受子夏,其中典礼犹与《论语》夏时周冕相表里,述《礼例》第二。《穀梁》之经与《左氏》、《公羊》异者以百数,《汉书·儒林传》云:"穀梁鲁学。"《公羊》乃齐学也,事当由齐、鲁异读音转而字亦分,述《异文》第三。穀梁亲受子夏,故传中用孔子、孟子说,其他暗合者更多,述《古训》第四。自汉以来,穀梁师授,鲜有专家,要不得摈诸师说之外,述《师说》第五。汉儒师说之可见者,惟尹更始、刘向二家,然搜获寥寥,其说已亡,而名仅存者。自汉以后,并治三传者亦收录焉,述《经师》第六。《穀梁》久属孤经,兹于所见载籍之涉《穀梁》者,循次摘录,附以论断,并著本经废兴源流,述《长编》第七。

番禺陈澧尝为《穀梁笺》及《条例》未成,后见兴恩书,叹其精博,遂出其说备采,不复作。阮元见之,许以为扶翼孤经,并为之序。他著有《周易卦气补》四卷,《虞氏易象考》二卷,《尚书篇目考》二卷,《续王氏诗地理考》二卷,《群经异义》四卷,《仪礼释官考辨》二卷,《刘向年谱》二卷。《史记汉书南齐书校勘记》、《说文解字校勘记》、《宿壹斋诗文集》若干卷。为人敦朴纯谨,劬学至老不衰。光绪六年卒,年八十六。弟荣宗,字翼南,著有《说文引经考异》十六卷。同时为《穀梁》之学者,有南海侯康、海州许桂林、嘉善钟文烝、江都梅毓。康著有《春秋古经说穀梁疏证》,于诸经皆有发明,尤笃信《穀梁》之学。著《春秋穀梁传时日月书法释例》四卷,其书有引《公羊》而互证者,有驳《公羊》而专主者,孙星衍尝以条理精密论辨明允许之。文烝于学无所不通,而其全力尤在《春秋》,因沉潜反复三十余年，成《穀梁经传补注》二十四卷，其书网罗诸家，折衷一是，其未经人道者，自比于梅鷟之辨伪书，陈第之谈古韵，略引其绪，以待后贤。毓著有《穀梁正义长编》一卷。四人事迹后章另述。陈立字卓人，又字默斋，江苏句容人。道光二十一年进士，二十四年补应殿试，选翰林院庶吉士，散馆改刑部主事，升郎中。累官云南曲靖府知府，会道梗不克之任，流转东归，所至宾礼。先后受事，皆刑名至重，悉处以详慎，而于丧服变除，宗法淆异，尤多能折衷使协律。少客扬州，师江都梅植之，受诗古文辞；师江都凌曙、仪征刘文淇，受《公羊春秋》、《许氏说文》、郑氏《礼》，而于《公羊》致力尤深。文淇尝谓："汉儒之学，经唐人作疏，其义益晦。徐彦之疏《公羊》，空言无当。近人如曲阜孔氏、武进刘氏，谨守何氏之说，详义例而略典礼。"立乃博稽载籍，凡唐以前《公羊》古义及清儒之说《公羊》者，左右采获，择精语详，草创三十年，长编甫具。南归后乃整齐排比，融会贯通，成《公羊义疏》七十六卷。又《公羊》一书多言礼制，而礼制之中，有周礼、有殷礼，以孔子有舍文从质之说，故言礼多舍周而用殷。殷周典制既迥然不同，故欲治《公羊》必先治《三礼》。而《白虎通德论》实能集礼制之大成。且书中所列，大抵皆《公羊》家言，而汉代今文、古文之流别亦见于此书，诚可谓通全经之滥觞。乃条举旧闻，畅隐抉微为主，而不事辩驳，成《白虎通疏证》十二卷。取古代典章制度一一疏通证明。幼受《尔雅》因取唐人《五经正义》中所引键为、舍人、樊光、刘歆、孙炎五家悉甄录之，谓郭注中精言妙谛，大率胎此。附以郭音义及顾、沈、施、谢诸家切释，成《尔雅旧注》二卷。又以古韵之学，敝蚀已久，而声音之原，起于文字，《说文》谐声，即韵母也。因推广归安姚氏说文声系之例，刺取许书中谐声之文，部分而缀叙之，以象形、指事、会意为母，以谐声为子，其子之所谐，又即各缀于子下。其分部则兼取顾、江、戴、孔、王、段、刘、许诸家精研而审核之，订为二十部，成《说文谐声孳生述》三卷。其文渊雅典硕，大抵考订服制典礼及声音训诂为多，裒为《句读杂著》六卷，同治八年卒，年六十一。

（三）迮鹤寿与邵懿辰

迮鹤寿，字青崖，号兰宫，江苏长洲人，道光六年丙戌进士，改池州府学教授。行履惇笃,尝斥私产以赡其族人,卒祀乡贤。自少博览群籍,特长考据,嗜经学,兼明天算。尝谓:“汉翼少君习《齐诗》,每假天象变异以警惕人主,无愧通儒,而班孟坚目为方士之流,未免太过。惟《齐诗》亡逸最早,故四始五际诗篇之部分,值岁之多寡,后世罕有言者,独赖《诗纬》尚存其梗概,徒改戊际为辰际,致令反失本旨。”乃著《齐诗翼氏学》四卷,发挥西汉今文家微言大义,并纠正《诗纬》之误于后。又撰《帝王世纪地名衍》推测三代土田户口之数,至三万言。嗣更考订夏、商、周九州经界,开方计里,使封建井田之制,皆可推算而得。成《孟子班爵禄正经界两章考疏证》,凡百二十卷,以畅其说,惜不传。又有《蛾术编》、《注韵字》、《急就篇》等,惟《齐诗翼氏学》收诸王氏《续经解》中。邵懿辰,字位西,浙江仁和人,性峭直,能文章,以名节自厉。于近儒尤慕方苞、李光地之学。为文务先义理,不事缛色繁声旁征博引,以追时好。道光十一年乡试中式,授内阁中书。擢刑部员外郎,入直军机处。所从游如曾国藩、梅曾亮、朱琦等多知名士,乃博涉群籍,熟闻典故朝章,其文益奥美盘折,复兼通汉儒经义以自广。闻有高才宿学,辄折节造请,交誉互证,穷日夕无厌倦。然性故戆直,往往面折人过,终用此取戾于世。大学士琦善在狱,尝发十九事难之。赛尚阿视师广西,手书“七不可”争之。时承平久,京朝官率雍容养望,懿辰独无媕阿之习,一切持古义相绳责。诸公贵人咸侧目,每思中伤。咸丰四年,卒坐防河无效罣吏议。既罢归,则大覃思经籍,著《尚书通义》、《孝经通义》、《礼经通论》,颇采汉学考据家言,而要以大义为归。咸丰十年,太平军入杭州,以奉母先去获免(《朴学大师列传》谓饥饿围城之中,犹草《礼经通论》,诵声铿然彻于巷外。贼退挈家东徙绍兴,非事实)。母卒既葬,返杭州,太平军再至,则麾妻子出,独留与巡抚王有龄登陴固守。十一年,城破死之,年五十一。时国藩督师江南,闻而叹曰:“嗟乎!贤者之处患难,亲在则出避,亲殁则死之,义之至衷者也。”乃迎致其妻子安庆。先是懿辰以协防杭州复原官,死事闻,赠道衔,祀本省昭忠祠。所著书遭乱大半散佚,仅存《礼经通论》一卷。始辨《仪礼》十七篇为足本,所谓《古文逸礼》三十九篇者,出刘歆伪造。盖昌明西汉之学,较阎百诗辨伪古文《尚书》识力尤巨。长孙章辑录遗作为《半岩庐遗集》二卷，遗文刊入潘氏《滂熹斋丛书》中。传抄《所见书目》二十卷，则就《四库简明目录》一一考其版刻源流，标于书眉，独山莫友芝即据此编《知见传本书目》云。

（四）戴望

为常州公羊学后劲者，尚有戴望，字子高，浙江德清人，道光十七年生。周中孚甥，周为诂经精舍名宿，望之学亦渊源于此。少倜傥有大志，补诸生，一赴秋试，遂弃举业，好读先秦古书。年十四，偶读家藏颜习斋书，大好之。既求得颜、李二人传状，始惊叹以为颜、李之学，周公、孔子之学也，当旧学久湮，奋然欲追复三代教学成法，比于亲见圣人，何多让焉（见《颜氏学记序》）。惜其湮没不彰，则条次言行及师承，作《颜氏学记》十卷（《中国近三百年学术史》谓成书在同治八年六月）。继从陈奂、宋翔凤游，通知西汉经师家法，性倨傲，门户之见持之甚力。论学有不合，必反复辨难然后已。尝本刘逢禄《述何》、翔凤《发微》说，以《公羊》义释《论语》，谓：

> 郑康成、何劭公皆注《论语》，而康成遗说，今犹存佚相半。劭公为《公羊》大师，其本当依齐《论》，必多七十子相传大义。而孤文碎句，百不遗一，良可痛也。魏时，郑仲、何晏、包咸、王肃诸家作解，至梁皇侃附以江熙等说，为之义疏，虽旧说略具，而诸家之说因此亡佚矣。遂使圣绪就湮，经义晦塞。乃博稽诸家，深善刘礼部《述何》及宋先生《发微》，以为欲求素王之业，太平之治，非宣究其说不可。顾其书皆约举，大都不列章句，辄复因其义据，推广未备，依篇立注为二十卷，皆檃栝《春秋》及《五经》义例，庶几先汉齐学所遗，劭公所传。（《论语注序》）

是书凡三易稿始成，子高之意，仍欲遵西汉博士章句家法，而特墨守齐学一途。此其牵强附会，未能尽当于《论语》原旨，可不烦举证而知也。惟子高既好颜、李，又治《公羊》，以求微言大义为帜志，而又拘拘于汉儒

之章句家法,则面貌虽殊,精神犹昔,终不脱汉学之牢笼矣。子高尝与友人论学,云:

> 世事纷纭,师资道丧,原伯鲁之徒,咸思袭迹程、朱以自文其陋。一二大僚倡之于前,无知之人和之于后,势不至流入西人天主教不止。所冀吾党振而兴之,征诸古训,求之微言,贯经术、政事、文章于一,则救世敝而维圣教,在是矣。(见张星鉴《戴子高传》)

其主张贯经术、政事、文章于一,与龚、魏之思想正同,惟既知汉学考据之病,而又恐不治考据则逃于空疏不学,故乃回翔于汉儒章句家法之下,特藉《春秋》、《论语》以接径于政事,不悟训诂、考据可言家法,政事、义理不可言家法,政事、义理贵能通今而实践,何能拘守家法?若政事、义理而尊家法,则其极必近于宗教,西汉纬说以孔子为素王,一切皆以王者拟之,直视孔子为教主矣。子高所叹"势不至流入西人天主教不止"者,实不啻今文学家之自供,故以后康有为倡以孔教为国教之说,此与通经致用之政事何涉乎?子高好颜、李,由激于时病;而治《公羊》,则逐于时趋。二者本有相通之道,倘能摆脱汉、宋窠臼,以求周、孔之真,则颜、李之躬行实践,未尝不可与《公羊》大义合拍也。乃归宿于西汉之章句家法,以坐困于传统,是子高亦为一不脱时代束缚之学人耳。俞樾序《管子校正》谓:"子高,陈硕甫高足,实事求是,深恶空腹高心之学。"可见子高仍守乾、嘉汉学传统,但以今文代古文,前之龚、魏,后之康、梁,皆不能免也。子高以宋翔凤治《管子》,后成《管子校正》二十四卷,精博过洪颐煊。是时,湘军克金陵,公卿慕儒术者,多托宋学以投时向,博声誉,望游江南,其所讲肄多与世违,辄落落寡合,竟以此弗克伸其志,常绘梦隐图见意。顾留心兵、农、礼、乐诸务,晓然于民生利病所在,慨民柄之不申,嫉国政之失平,每谓:"舜、禹有天下,咸与天下共之,未尝以己意与其间。"更谓:"毁生于造恶,誉生于造好,惟验以民言,斯好恶出于公。"其精理粹言,迨一于《论语注》发其微焉。喜讲亭林、习斋遗书,以表潜阐幽为己任,于明儒书刊禁目者,只字残篇,珍若珙璧。尤留心明末记载,拟辑《续明史》一书未就，同治十二年卒，年三十七。生平不作徒隶书，点画悉本小篆，见者目为江艮庭复生。并精校勘，于诗工五言，所著尚有《谪麐堂集》。李慈铭《越缦堂日记》云："戴望子高，湖州附学生，游匄江湖，夤缘入曾湘乡偏裨之幕，尝冒军功，诡称为增广生，改其故名，求改训导。又窃军符，径下湖州学官，为其出弟子籍，学官以无其人申报。湘乡大怒，将穷治之，叩头哀乞乃免。"（同治十一年五月十六日）或谓子高制行多可议，实则炁伯居京师久，远道传闻，未必尽确。既冒军功，又何须出籍耶？附生、增生，其差几何？偏裨之幕，所指何人？且湘乡已卒于是年二月，若因此大怒，尤非国藩对儒生之态度。《清史稿》谓慈铭口多雌黄，服其学者好之，憎其口者恶之，知日课所记，未必衷于事实也。若曰文人无行，此盖晚清学者通病，不能纯以责之今文学者矣。

第三十一章　今文学运动之后劲

一百二十八　湖南二学者

（一）王闿运

乾嘉朴学极盛之时，学者以吴、皖为多，而三湘九泽间寂焉无闻。自魏默深以今文有名于时，而何绍基、汤鹏、曾国藩、郭嵩焘继起，但其所成就均不在经术。邹汉勋虽以经术著，尝一访默深于高邮，互出所著相参订，然旋从江忠源死难庐州，年才四十九，其学未成。晚清湖南学者，除何、汤之文学，曾、郭之礼学外，要以王闿运、皮锡瑞、王先谦三人为最著，而王、皮皆笃信《公羊》改制之说，受默深之影响者也。尤其闿运开蜀学，辗转以逮康有为，又纵横于京朝封疆之间，慷慨咏史，事多足述，《清代朴学大师列传》特辟一派，曰古今文兼采经学家，盖得之矣。《清史稿·儒林传》云："王闿运，字壬秋，湘潭人。咸丰三年举人，幼好学，质鲁，日诵不能及百言（又不能尽解，同塾者皆嗤之。师曰："学而嗤于人，是可羞也，嗤于人而不愤奋，无宁已。"闿运闻而泣，由是益刻励）。发愤自责，勉强而行之，昕所习者不成诵不食，夕所诵者不得解不寝。于是年十有五明训诂，二十而通章句，二十四而言礼，考三代之制度，详品物之所用。二十八而达《春秋》微言，张《公羊》，申何学，遂通诸经，潜心著述，尤肆力于文。溯庄、列，探贾、董，其骈俪则揖颜、庾，诗歌则抗阮、左。记事之体，一取裁于龙门。闿运刻苦励学，寒暑无间，经史百家，靡不诵习，笺注抄校，日有定课，遇有心得，随笔记述。阐明奥义中多前贤未发之覆。尝曰：'治经于《易》，必先知易字有数义，不当虚衍卦名；于《书》必先断句读；于

《诗》必先知男女赠答之辞，不足以颁学官，传后世。一洗三陋，乃可言《礼》，《礼》明然后治《春秋》。’又曰：‘说经以识字为贵，而非识《说文解字》之字为贵。’又曰：‘文不取裁于古，则亡法；文而毕摹乎古，则亡意。’又尝慨然自叹曰：‘我非文人，乃学人也。’学成出游，初馆山东巡抚崇恩，入都就尚书肃顺聘。肃顺奉之若师保，军事多谘而后行。左宗棠之狱，闿运实解之。已而参曾国藩幕。胡林翼、彭玉麟皆加敬礼。闿运自负奇才，所如多不合，乃退息无复用世之志，惟出所学以教后进。四川总督丁宝桢聘主尊经书院，待以宾师之礼，成材甚众。归为长沙思贤讲舍、衡州船山书院山长。江西巡抚夏时延为高等学堂总教。光绪三十四年，湖南巡抚岑春煊上其学行，特授检讨。乡试重逢，加侍读。闿运晚睹世变，与人无忤，以惟理自容。入民国尝一领史馆，遂归。丙辰年（民国五年）卒，年八十有五。”而《朴学大师列传》则云：“闿运一字壬父，幼颖慧，三岁识字，十九补诸生，有文名，与李篁仙等结‘兰林词社’，号‘湘五子’（按《清代七百名人传》云：“与武冈邓辅纶、邓绎等结兰陵祠社，号湘中五子。”）治经通训故章句，二十余即有志著述，作《仪礼演》十三篇。咸丰丁巳，举本省乡试，以贫就食四方，尝主山东巡抚崇恩所。己未（咸丰九年）礼闱报罢，大学士肃顺素钦其才，延馆于家，奉之若师保，机要尝与咨访，左文襄之狱，因以得解。值天下方乱，将帅多开幕府招致才俊，曾文正尤称好士，肃顺既败，乃走依文正祁门军。时幕下布衣或起家为藩臬，裸身来归资巨万，先生独以客自居，不受事。说公屏仪节，虚怀延纳，重法以绳吏胥，严刑以殛奸宄，多见采用。迨公益贵，宾僚率著籍称弟子（国藩卒，有以“文中子之门多将相”为挽者，国荃特作谑语曰：“先兄之门，相将虽多，而弟子只有一个。”盖即指彭玉麟也），先生仍为客，往来军中，每旬月数日即归。会走谒文正于金陵节署，公未报，但遣使召饮。先生笑曰：‘相国以我为餔餟来乎？’径携装乘小舟去，追谢弗及。盖文正丧归再出，遽变节为巽顺，虽复功成，勋业冠代，而先生笑其避事，文正且不自信也。又尝说胡文忠公据湘、鄂独立，徐平发、捻，逐清建夏，文忠谢不敏。复说文正曰：‘南洋诸埠，土皆我辟，而英、荷占之，且假道窥我，今士犹知兵，敌方初强，曷略南洋以蔽闽、粤。’文正亦谢不敏。至是知事成之由命，毁誉之无真,乃退息无复用世之志,惟出所学以牖后进。”其所述闿运说胡林翼事,实即说国藩也,前于国藩事迹中,已详述之。国藩谓其荒谬,故闿运对曾氏多怨望之辞,至民国后,因见国藩有“依天照海花无数,流水高山心自知”一联,始谓知国藩不尽,而深自愧悔。闿运自以纵横霸才,欲为非常之业,其所如多不合,盖以此耳。其挽曾文正联云:“平生以霍子孟、张叔大自期,异地不同功,戡定仅传方面略;经术在纪河间、阮仪征之上,致身何太早,龙蛇遗恨礼堂书。”又送郭筠仙、嵩焘赴粤抚任诗序,序中亦借“运会有嬗递,大器有移转”为言,其“彼可取代”之意,犹表露于字里行间,故挽词仍恨文正不能如霍光之废立也。恭王尝慕其名,造问政,闿运曰:“国之治也,有人存焉;今少荃之洋务,佩蘅之政事,人才可睹矣。何治之足图哉?”少荃者,直隶总督李鸿章;佩蘅者,大学士宝鋆,一世所推伟人长德也,而闿运讥之。奕䜣曰:“是处士之徒为大言者!”闿运亦奇士矣。

(二) 湘绮之学术

闿运于学,初由《礼》始,考三代之制度,详品物之所用,然后达《春秋》微言,张《公羊》,申何学。见夫乾嘉学者习注疏文章,皆法郑、孔,有解释,无纪述,重考证,略论辨,读者竟十行辄隐几卧,慨然曰:

> 文者圣之所托,礼之所寄,史赖之以信后世,人赖之以为语言。词不修则意不达,意不笔则艺文废,俗且反乎混沌。况乎孳乳所积,皆仰观俯察之所得,字曰文,言其若在天之星象,在地鸟兽蹄迹之迹,必其灿然者也。今若此,文之道几乎息矣。

故其为文悉本《诗》、《礼》、《春秋》,而通乎庄生之旨,汪洋纵肆,曲直而达于理,使闻者有所解悟,发其蒙而悦其心。末世争利,则言利害人心,其祸有甚于杀,群言淆乱,则推拨乱之道,其要必本诸修身。括中外之学说,探赜索隐,举折衷于圣人。昧者不察,或以为滑稽玩世,或以为高远不中世情,莫知微妙玄通,薪传之所自来,徒赏其文辞,目为文士,而通经致用,悲天悯人之衷,自弱冠以至旄期无一日而或息者,虽及门问学之士朝夕相处，或莫之能喻也。所著《周易说》十一卷，《尚书义》三十卷，《尚书大传补注》七卷，《诗经补笺》二十卷，《礼经笺》十七卷，《周官笺》六卷，《礼记笺》四十六卷，《春秋公羊传笺》十一卷，《穀梁传笺》十卷，《论语注》二卷，《尔雅集解》十九卷（一作十六卷），又《庄子注》二卷，《墨子注》七卷，《鹖冠子注》一卷，《楚词释》十一卷，《文集》八卷，《诗集》十四卷。又谓："文章之道，词不追古，则意必循今，率意以言，违经益远，是以文饰者胥尚虚浮，驰骋者奋其私智，故知文随德异，宁独政与声通？欲验流风，尤资总集。但萧楼略选，仅存梗概；梅纪旁搜，未区门目。自余捋摭，莫识津涯，蔽所稀闻，咻于众楚。因辑《八代文粹》，广甄往籍，类分仍夫萧《选》，正副略仿李《钞》，要以截断众流，归之淳雅，并为述其本由，使必应于经义。"可知闿运治学，不仅兼综群经，亦欲融会文史，其致用之精神，特别显著。初为肃顺草封事上之，得文宗叹赏。文宗崩后，闿运上言曾国藩，宜自请入觐，申明祖制，内外相维，则朝委裘而天下治矣。惟国藩恐蹈权臣干政之嫌，得书未报。而闿运方得肃顺书将入都，闻肃顺诛，临河而止。故其诗有"不能召亲贤，自刎据天图"（《独行谣》）之句，言肃之败因不能与恭亲王奕䜣合作，特著《祺祥故事》以张之。每为人说肃顺事，泪涔涔下，曰："人诋逆臣，我自府主。"杨云史《呈王湘绮诗序》云："幼读湘绮书，尝恨先生不为将相，若致身同、光，功业当傲曾、李，使中兴名臣至今存一二，则天下事必不至此！壮年自许霸才，良有以也。"（《江山万里楼诗钞》卷六）可见闿运惟在学以济世，既不见用，始托文史以纾其意。所撰《湘军志》十六卷，文辞高健，世推唐后良史第一，湘军惮其笔伐，购毁其板。并另由王安定撰《湘军记》，事虽较实，而有褒无贬，故人犹喜诵湘绮书焉。其诸经笺注，皆兼采今古，不以《公羊》家法为限，而实即庄、刘、龚、魏之遗风也。世皆称其文溯庄、列，探贾、董，浮枝既削，古艳自生，萧散似魏、晋间人。诗尤卓荦一世，各体皆高绝，七言雅健雄深，颇似大樽。顾集中所存，无七言近体，盖晚年手订全稿时删去者。五言古宗尚庾、鲍，上窥建安，华藻丽辞，词气苍劲，自诧不作唐以后诗，其沉酣于汉、魏、六朝者至深，然皆非闿运意也。其教蜀士，首言治经要道，谓："欲取裁于古，当先渐渍乎古，先作论事理短篇，务使成章，取古文成作，处处临摹,如仿书然,一字一句,必求其似。如此者家信账记,皆可摹古,然后稍记事,先取今事与古事类者,比而作之;再取今事与古事远者比而附之;终取今事为古所无者改而文之,如是者非十余年不成也。人病欲速,乃教诸生读《十三经注疏》、《二十四史》,及《文选》之法,诸生日有记,月有课,暇则暇礼,若乡饮投壶之类,三年皆彬彬进乎礼乐矣。"当清季蜀学晦塞,久鲜通儒,闻闿运说,始知研诵经史,而士风丕变。其后廖平、戴光、胡从简、刘子雄、岳森等蔚为经师,能不为阮氏《经解》所囿,号曰"蜀学"。较之诂经、学海所造就者,殆有过之无不及焉。继主长沙、衡阳书院及江西高等学堂,弟子数千人,而所得士少逊于蜀矣。盖自今文学家以《公羊》演经世之义,而考据学有芜鄙琐碎之讥;又以新学方兴,"吾国浅躁之士,方且借新学之名,以便其不学之实。拙僿者视书之存亡,淡如漠如,无与于己;其猖狂恣肆者,直欲投书一炬而后快"(董康《跋皕宋楼藏书考》)。故经学已不振,闿运虽不欲为文人而不可得也。群弟子称为湘绮先生,复述绪论仿《郑志》作《王志》二卷,合刊为《湘绮楼全书》,余稿尚多未受梓。湘绮者,闿运自署所居之楼也,初实未有楼。后于长沙定王故台之旁,得三楹而居,楼甚广,开窗即见湘水接天,山峦起伏,苍波无际,悠然景物,悉纳户牖,于是大乐欣得其所也,曰:"此真湘绮矣。"妻(蔡菽生)子女皆能通经传其家学,次子代丰早世,著有《公羊例表》。

(三) 皮锡瑞(附王先谦)

锡瑞,字麓云,号鹿门,湖南善化人。光绪八年举人。工诗及骈文。治经出入于今古文之间,颇与闿运相类,而笃信公羊改制之说。又笺《王制》,翼张鲁学,实开近代蜀派之先声。亦颇考郡国利病,有经世之志。光绪季年,陈宝箴抚湘,江标、徐仁铸先后督学,设时务学堂,俾学者究心当世之务,锡瑞赞助甚力。而叶德辉诋为悖正教,附异端;乃为文自明所学,其言友道尤深痛,殆亦绝交论已。历主桂阳龙潭、南昌经训两书院,尝一任京师大学堂经学教习,归而著书以老。所撰百余卷,计数十万言。初治《尚书》,有《今文尚书考证》三十卷,《尚书大传疏证》一卷,《古文尚书冤词平议》二卷,《尚书古文疏证辨证》一卷,《尚书中候疏证》一卷,《史记尚书考》一卷。中攻郑学，有《郑志疏证》若干卷，《三疾疏证》一卷，《圣论补评》二卷，《鲁礼禘祫义疏证》一卷，《六艺论疏证》一卷，《孝经郑注疏》二卷，《驳五经异义疏证》一卷。晚贯群经，创通大义，有《五经通论》五卷，《春秋讲义》二卷，《王制笺》一卷。而《五经通论》胪陈其所心得，示学人以涂术。其说《易》也，论《卦辞》文王作，《爻辞》周公作，皆无明据，当为孔子所作。论汉初说《易》，皆主义理，切人事，不言阴阳术数，而阴阳灾变为《易》之别传。其说《书》也，论伏生所传今文不伪，治《尚书》者不可背伏生《大传》最初之义。论伏传之后，以《史记》为最早，其引《书》多同今文，不当据为古文。论《禹贡》山川，当据经文及汉人古义解之，不得从后起之说。其说《诗》也，论《诗》比他经尤难明者有八，论毛义不及三家，略举典礼数端可证。其说三《礼》也，论三《礼》之分，自郑君始。论三《礼》皆周时之礼，不必聚讼，当观其通。论《周官》当从何休之说，出于六国时，论《王制》为今文大宗，即《春秋》素王之制。其说《春秋》也，论大义在诛讨乱贼，微言在改立法制。孟子之言，与公羊合，朱注深得孟子之旨。其余有《汉碑引经考》一卷，《笔记》一卷，《自课文》三卷，《骈文》四卷，《诗草》六卷，《咏史》一卷，合刊为《师伏堂遗书》，其孙名振重校梓行。盖鹿门之《经学通论》以《易》、《礼》皆孔子作，其笺《王制》，亦素王所定，通于《春秋》，纯今文学也。同时长沙王先谦，锡瑞《经学通论》中极力推许之，虽经学书未见，所长在《荀子集解》，亦清末湖南著名学者。先谦，字益吾，初学古文词，师曾国藩。既益泛滥群籍，颇识制度名物。同治四年成进士，散馆授编修，历官国子监祭酒。督江苏学政，踵阮元后，辑刊《续皇朝经解》，凡二百十种，一千四百三十卷，所收虽不如元之精萃，而有清一代汉学家经说每赖以传，所遗者寡矣。又仿姚姬传编《续古文辞类纂》六十八卷，亦严谨有义法。王湘绮尝曰："《经解》纵未能抗行芸台，《类纂》差足以比肩惜抱。"闻之辄大乐。在苏数年，多延通儒主南菁书院，造士甚众。自苏学还朝，即谢病归，为城南书院院长，撰述愈富。治经循乾嘉遗轨，趋重考证，而小学弗深，且释名物不克贯通三代礼制，以此视阮文达终有上下床之别。惟《尚书孔传参正》辨析详确，较他书为醇。复用考据以校雠诸史地志，成《汉书补注》一百卷，《水经注合笺》四十卷,亦多荟集群言,自为发明者少。独《荀子集解》二十卷,用高邮王氏《读书杂志》例,取诸家校本,参稽、考订、补正杨注凡数百事,可谓兰陵功臣。岑春煊抚湘,上所著书,得旨嘉奖,晋内阁学士。陈宝箴、徐仁铸初建湘学,先谦与议不合,屡书让之。宣统元年,乞粜变起,两湖总督瑞澂疑其所主,奏劾免职。卒民国七年,年七十六。别有《天命以来十朝东华录》,及《虚受堂诗文集》。章炳麟云:"湖南经学,唯有单立湘派而已。考其始,如邹叔绩辈,不过粗闻经义。王(闿运)从词章入经学,一意笃古,古文体规摹毛、郑,发明虽少,无仲舒、翼奉妖妄之见。皮氏(锡瑞)先亦从吴、皖二派入手,久之以翁、潘当道,非言今文,则谋生将绌,故以此投时好,然亦不尽采今文也。王益吾说经之书甚少,《荀子集解》优于《汉书补注》,又尝校注《水经》,亦不能列入诸子学家。若别入显贵提倡传中,兼附著述,似为得之。大抵湘中经学亦颇杂沓,然有一事则为诸家同病,盖于江、戴、段、孔古音之学实未得其分毫也。偶一举及,其疵病立见矣。"章氏长于古音,对段、王、俞、孙皆有微讽,更何论王、皮诸氏乎?

一百二十九　蜀学之兴起

(一) 廖平

廖平,字季平,四川井研人。生咸丰二年,卒民国二十一年,年八十一。家贫,父尝为人牧牛佣力,稍能自给,乃设磨坊于盐井湾,督诸子助之。平独嗜学不受命,寄居僧舍。自称:"幼笃好宋五子书、八家文,丙子(光绪二年,时年二十五)从事训诂、文字之学,博览考据诸书。庚辰(光绪六年)以后,厌弃破碎,专求大义。"盖始治《春秋》,已受今文学家影响矣。其批评汉学曰:

> 江、段、王、朱诸家,以声音、训诂、校勘提倡天下,经传遂遭蹂躏,不读本经,专据书钞,艺文隐僻诸书,刊写误文,据为古本,改易经字,白首盘旋,不出寻丈。诸家勘校,可谓古书忠臣,但毕生勤劳,实未一饱藜藿。……如段氏《说文》,王氏《经传释词》、《经义述闻》,即使

全通其说,不过资谈柄,绣鞶帨,语之政事、经济,仍属茫昧。国家承平,借为文饰休明之具,与吟风弄月之诗赋,事同一律,未为不可。若欲由此致用,则炊沙作饭,势所不行。

张之洞督川学,选入尊经书院。及光绪四年十一月,王闿运任书院讲席,平师事之,称高第弟子,则专以分析今古为说。谓:"国朝经学,顾、阎杂事汉、宋,惠、戴专申训诂,二陈(左海、卓人)渐及今古。"其尊今古也,又自称有五变:光绪九年以前言今古,十四年则尊今抑古,二十四年以后因康有为变法失败而得罪,又改称小大(以《大戴》、《管子》之故,而断为孔子小统与大统之异)。二十八年以后则为天人矣。此所谓经学四变也(见《四益馆经学四变记序目》)。及民国七年,改去今古名目,归之小大,专就《六经》分天人大小,则谓经学之五变。其书最先成者,曰《今古学考》(光绪十二年),自谓不过初变、二变萌蘖之生耳。据《五经异义》所立今古二百余条,专裁礼制,不载文字,定为今学主《王制》孔子,古学主《周礼》周公。然不久即变其说,谓六艺皆新经,非旧史,以尊经者作《知圣篇》,辟古者作《辟刘篇》,则所谓尊今抑古之候也。又后有《古学考》,谓:谨守汉法,中分二派,八年以来,历经通人指摘,不能自坚前说,谨次所闻,录为此册。以古学为目者,既明古学之伪,则今学大同,无待详说。此季平治经学初主今古中分,既则尊今抑古之大略也。夏敬观《廖平传》云:"平治经凡六变,初师闿运为公羊家言,然犹袭用东汉法,以《王制》、《周礼》同治中国,分周、孔异同,著《古今学考》。继而以《王制》、《周礼》不两立,归狱歆、莽,著《辟刘编》、《知圣论》,则笃守今文家法矣。南海康有为初见其书,寄书驳难,平答以兹事要当面晓,不与深辨。及康氏著《新学伪经考》、《孔子改制考》即就平说引申之。盖治经者自常州学派发明西汉今文家言,实为革命先导,之洞尤不喜之。戊戌以后,平学又一变,而言大同,乃订《周礼》为皇帝书,与《王制》大小不同,一内一外,两得其所,著《地球新义》、《王制集说》、《皇帝疆域图》,是说出,海内哗然,驰书相戒,甚或诋为离经叛道。即之洞见其书,亦责以去道愈远。平又谓《左》、《公》、《穀》皆子夏所传,由是世或疑其复取《周礼》、《左传》,不啻著书自驳,为徇之洞。壬寅后,因梵宗有感悟,其说又一变,著《孔经哲学发微》,以《尚书》为人学,《诗》、《易》则遨游六合以外,专就天人之说演进。后又再变其说,融大小于天人之内,以六经皆孔子作,各有领域,《礼》、《春秋》、《尚书》为人学三经,《王制》、《周礼》为之传;《诗》、《易》、《乐》为天学三经,《灵枢》、《素问》、《山经》、《列》、《庄》、《楚辞》为之传,各有皇、帝、王、伯之四等。平自叙谓:学经六变,各有年所,废寝忘食,动以数年,豁然理解,若有神谋天诱,千溪有壑,得所归宿,昔之腐朽,皆为神奇。然世之知者,皆逮其一、二变而止,三变以后,语日益诡,理益日玄,虽其及门,莫能赞一辞焉。殆亦犹扬雄之文,观之者难知,学之者难成欤?”蒙文通为平弟子,所著《经学抉原》,极推廖氏平分今古,比之亭林于古音,阎氏于古文《尚书》,为三大发明。又谓廖氏之说礼,诚魏、晋以来未之有也。至其考论《春秋》,则秦、汉而下,无其偶矣。是廖氏据礼数以判今古学之异同,为其一生学说之最大成就,其后三变,梁任公谓平受之洞贿逼,而平自谓:“志欲图存,别构营垒,太岁再周,学途四变。由西汉以进先秦,更由先秦以追邹、鲁,言新则无字不新,言旧则无义非旧。”盖亦迫于时势之遁辞耳。长汀江瀚(字叔海,光绪癸卯,与经济特科,官开归陈许道,旋主川东书院。有《诗经四家异文考补》一卷,《论孟卮言》一卷,《孔学发微》三卷,《石翁山房札记》九卷,《中州从政录》一卷,《吴门消夏记》三卷,《慎所立斋文集》四卷,《诗集》十卷)曾为书规之曰:

周道既衰,孔子以诗书六艺设教,受业之徒,各以性之所近,转相流衍,其于夫子之道,固已不能无稍歧互,如《檀弓》所记曾子、子游之事是也。二子者,皆门人高弟,尚犹相戾,况后之不及圣人之门而徒守遗经者,其亦安能尽合哉?夫五岳分形,并极于高;四渎殊源,成就于深;三代异制,共臻于盛。故君子之为学也,惟求其是。譬之货殖,或以盐,或以铁冶,或以畜牧,或以丹穴,其操术有不齐,致富则一也。彼夫老、墨名法诸子杂家,言之踳驳者多矣,而通方之士,犹有取焉。奈何皆为诵法洙泗,乃妄分畛域,横相訾謷,非庄生所谓大惑不解者欤!今足下为《古今学考》,有孔子晚年论定之说,嘻!其异矣!

今文家于西汉皆列学官，然大小夏侯同受《尚书》，胜既非建，章句小儒，破碎大道；建亦非胜，为学疏略，难以应敌。严彭祖与莽、歆伪书，瀚亦未敢附和。《史记》述十二诸侯事，多本《左传》……《年表序》中明分《左氏春秋》、《国语》为二，安得谓《左氏春秋》即《国语》耶？……《周礼》一书，从来疑信参半，然必曰莽、歆所为，终无定谳。莽引《尚书》、《春秋》为居摄即真之据，诵六艺以文奸言，莫此为甚，岂特缘饰《周礼》乎？是书虽晚出，其制度典章，非尽无考见。……学者离主经久，遗文放失，茫昧难征，与其过废，毋宁过存，故虽东晋古文《尚书》伪迹昭彰，或者犹不欲黜，盖其慎也。若夫尚论而心知其意，是在信古阙疑之君子矣。至于力攻郑君，论亦非是。康成之学，博大精深，为两汉冠。……近世尊奉高密，每义有未衷，不惜援引附会，屈经以从其说，殆有如王邵所讥"宁道周、孔误，讳言郑、服非"者，是诚过矣。苟必刻意矫之，若姚际恒、魏源之大言非毁，岂庸有当乎？况混合今古，固未足为病。……善夫陈左海曰："守一先生之言而不敢杂，此经生之分也；总群师之言，稽合同异而不偏废，此通儒之识也。"焉可诟厉之哉？且夫六经之书，并包三才，大小毕具，仁者见仁，智者见智，贵能致其用也，何必尽同？不蕲为此而务胜人，龂龂焉以张微志，争门户，于圣人垂世立教之意，不已偭乎远哉？至抉别群经，悉还其旧，诚一大快事。虽然，吾生也晚，冥冥二千余载，以迄于兹，何所承受取信？……足下崇今摈古，果将何以适从哉？且其所谓家法者，即当时之功令焉耳，彼欲邀求博士，自不能不笃守师说，诚利禄之路然也。是以马融指博士为俗儒，何休亦诋古文为俗学，是犹世之工辞章者与夫科举之士更相笑耳。方今功令，《十三经注疏》与宋、元四经注并重，足下欲远遵西汉功令，胡不遵本朝功令乎？此其舛矣！抑瀚所最不解者，足下谓《王制》为今学之祖，西汉经师均不识此。夫表章《王制》，乃足下独创之见，前人何由知之？瀚窃疑《王制》……非仁人言，矧曰孔子法乎？

季平答以书云：

> 忆昔治《三传》时,专信《王制》,攻《左氏》者十年,攻《周礼》者且二十余年,抵隙蹈瑕,真属冰解。后来改《左传》归今学,引《周礼》为《书》传,今古学说,变为小大。化朽腐为神奇,凡昔年之所指摘,皆变为精金美玉,于二经皆先攻之不遗余力,而后起而振救之。伍氏曰:“我能覆楚。”申氏曰:“我能兴楚。”合覆兴于一身,以成此数千年未有之奇作,说详《二变》、《三变》,无暇缕述。……足下谓吾崇今摈古,以《周礼》、《左传》为俗学云云,案《学考》平分今古,并无此说,此乃二变,康长素所发明者,非原书所有。旧说已改,见于《四变记》中。……为学须善变,十年一大变,三年一小变。(见《四益馆杂著·答江叔海论今古学考书》)

是则积二十余年之攻驳,而一旦尽变其故说,此固三百年来考证诸家所未有。季平不自惭恧,转以为伍胥能覆,申胥能兴,合覆兴之能事萃于一身,自诧为数千年未有之奇,何其与乾、嘉以来所谓实事求是之精神相异耶?不幸而季平享高寿,说乃屡变无已,既为《五变记》,又复有六变(先号四益,后改五译,继称六译),及其死,而生平所持学说,亦如秋风候鸟,时过则已。使读其书者,回皇炫惑,迁转流变,不得其真是之所在,盖学人之以戏论自炫为实见,未有如季平之尤者也。

(二) 廖、康之交涉

季平治学,虽不足法,然其说固大有影响于康有为,使康成今文学运动之中心人物者也。梁任公先生云:

> 有为早年酷好《周礼》,尝贯穴之著《政学通议》。后见廖平所著书,乃尽弃其旧说。平,闿运弟子……平受其学,著《四益馆经学丛书》十数种,知守今文家法。……有为之思想,受其影响,不可诬也。……有为弟子有陈千秋、梁启超者,并夙治考证学,陈尤精洽。闻有为说,则尽弃其学而学焉。《伪经考》之作,二人者多所参与,亦时时病其师之武断,然卒莫能夺也。(见《清代学术概论》)

有为窃廖说以撰《新学伪经考》，其弟子不为师讳，而有为则绝口不谭。季平于《经语甲编》中则屡揭之，如云：

广州康长素，奇才博识，精力绝人，平生专以制度说经。戊巳间，从沈君子丰处得《学考》，谬引为知己。及还羊城，同黄公度过广雅书局相访，余以《知圣篇》示之。驰书相戒，近万余言，斥为好名骛外，轻变前说，急当焚毁。当时答以面谈再决。后访之城南安徽会馆，两心相协，谈论移晷。明年，闻江叔海与俞荫老书，而《新学伪经考》成矣。甲午，晤龙济斋大令，闻《孔子会典》已将成。……然则《王制义证》可以不作矣。生公说法，求之顽石；得此大国，益信不孤。长素刊《长兴学记》，大有行教泰西之意。……长素或亦儒门之达摩，受命阐教者乎？……己丑在苏，晤俞荫甫先生，极蒙奖掖，谓《学考》为不刊之书。语以已经改易……先生不以为然。……乃《辟刘》之议，康长素逾年成书数册。……外间所祖述之《改制考》，即祖述《知圣篇》，《伪经考》即祖述《辟刘篇》，而多失其宗旨。

又云：

丁亥，作《今古学考》，戊子分为二篇，述今学为《知圣篇》，古学为《辟刘篇》。庚寅，晤康长素于广州，议论相克。逾年《伪经考》出，倚马成书，真绝伦也。

季平不但尽道其原委，又亲致书有为争之曰：

龙济之大令来蜀，奉读大著《伪经考》、《长兴学记》，并云《孔子会典》已将成书，弹指之间，遂成数万宝塔，何其盛哉！……后之人不治经则已，治经则无论从违，《伪经考》不能不一问途，与鄙人《今古学考》永为治经之门径，欣忭何极！惟庚寅羊城安徽会馆之会，鄙人《左传》经说虽未成书，然大端已定，足下以《左》学列入新莽，则殊与鄙意相左。……今观《伪经考》外面虽极炳琅……而内无底蕴,不出史学、目录二派之窠臼,尚未足以洽鄙怀也。当时以为速于成书,未能深考。……乃俟之五六年仍持故说,殊乖雅望。昔年在广雅,足下投书相戒,谓《今古学考》为至善,以攻新莽为好名……今足下大名……百倍鄙人,以子之矛,攻子之盾,久宜收敛。……又吾两人交涉之事,天下所共闻知,余不愿贪天功以为己功,足下之学自有之可也。然足下深自讳避,使人有向秀(应作郭象)之谤。每大庭广众中一闻鄙名,足下进退未能自安,浅见者又或以作俑驰书归咎,鄙人难于酬答,是吾两人皆失也。天下之为是说,惟我二人声气相求,不宜隔绝,以招谗间。其中位置,一听尊命,谓昔年之会,如邵、程也可,如朱、陆也可,如白虎、石渠亦可。称引必及,使命必道,得失相闻,患难与共。且吾之学详于内,吾子之学详于外,彼此一时未能相兼,则通力合作,秦、越一家,乃今日之急务,不可不深思而熟计之也。(《四益馆文集·致某人书》)

康有为《新学伪经考》初出时,海内风行,上海及各省翻印五版,徐仁铸督学湖南,以之试士,而攻之者亦群起,朝野哗然。故季平谓今足下大名,震动天下,百倍鄙人也。是年(光绪二十年)有为又入京陈变法议,六月归粤。七月,为御史余晋珊、安维峻参劾,清廷即下谕毁禁其书,季平与有为书当在其时,故有“久宜收敛,患难与共”之语。而犹未知粤督谕令焚毁,故书中亦未及,仅言归咎其作俑耳。其曰称引必及,盖名士相标榜之故智,《伪经考》既享大名,季平欲借其称引以显,方期相为桴鼓,故书辞亦逊。而有为则深讳不愿自白,则季平故于《古学考》先引有为《伪经考》以巽之,我以此施,亦期彼以此报也。乃有为藏喙若噤,始终不一及。至民国六年为《伪经考后序》,始云:

吾向亦受古文经说,然自刘申受、魏默深、龚定庵以来,疑攻刘歆之作伪多矣,吾畜疑于心久矣。……于是以《史记》为主,遍考《汉书》而辨之,以今文为主,遍考古文而辨之……先撰《伪经考》,粗发其大端。……今世亦有好学深思之士，谈今古之辨，或暗有相合，惜其一面尊今文而攻古文，一面尊信伪《周官》以为皇帝王霸之运，矛盾自限，界畛自乱。其他所在多有，脉络不清，条理不晰，其为半明半昧之识，与前儒杂糅今古者无异，何以明真教而导后士？或者不察，听其所言，则观其尊伪《周礼》一事，而知其道不相谋，翩其反而也。

理屈者不得尽其辞，有为谓自刘、魏、龚以来疑攻刘歆者多矣，是诚今文学运动之源渊所在，特谓季平之辨，或暗有相合，而其道不相谋，且翩其反而，以见其与季平无干。岂亦知与《伪经考》初成书时之言前后自相矛盾乎？有为先谓："始作伪乱圣制者自刘歆，布行伪经篡孔统者成于郑玄，阅二千年咸奉伪经为圣法，亦无一人焉敢违者，亦无一人焉敢疑者。窃怪二千年来通人大儒，肩背相望，而咸为瞀惑，无一人焉发奸露覆，雪先圣之沉冤，出诸儒于云雾，岂圣制赫暗，有所待耶？……孤鸣而匹易之，吾亦知其难，然提圣法于既坠，明六经于暗曶，吾虽孤鸣，乌可以已。"是有为自夸为二千年以来之孤鸣，固不知有庄、刘、龚、魏也，更何论于偏隅无闻之廖平？然欲盖弥彰，无怪季平之喋喋不休，似有宿憾焉。

（三）岳森与胡从简

尊经弟子除廖平外，尚有岳森，字林宗，四川南江人。拔贡生，考取景山官学教习，未及叙官而殁。与德阳举人刘子雄（孟雄）均湘绮及门，汲古考文，足继师说。虽深造弗逮廖平，而通博过之。著《考工记考证》、《说文举例》，并刊行。孟雄仅存《群经宫室考补》，余若《古文尚书考》、《礼经表》、《穀梁凡例》，遗稿未得。胡从简，字敬亭，四川新津人，亦湘绮弟子，少贫困，编屦得钱为活。年十九始读书，刻苦自励，三十为邑庠生，肄业锦江书院，遍读群书，遂通经训。张之洞督学蜀中，试《周礼社制考》，拔第一，选为尊经书院上舍生。其为学，融贯礼经。《周礼》、大小《戴记》并注疏皆成诵。湘绮初至，试玄端冠端所用，群士多杂阮氏《经解》，独从简取证经记，曲折旁通，拔为斋长。后成进士，用知县，乞病归。家居治学，竟不复出。所著有《礼经考》、《礼经释例》、《周礼句读》、《大戴礼记笺》、《读礼管窥》,累六百余万言,蔚若继曲台之后。恒以夜分就灯下纂录,五十而瞽,从子念祖传其学。盖湘学既衍于蜀,此僻远之地,始渐进而绍费氏父子(经虞及密)之遗徽矣。

一百三十 康有为

(一) 康有为传略

康有为,字广厦,号更生,一号长素,谓长于素王也。原名祖诒,广东南海人。生咸丰八年,卒民国十六年,年七十。祖赞修,为连州教谕,治程、朱学,有为亲受教,过目不忘。成童便有志于圣贤之学,里党戏号之曰:"圣人为。"盖以其开口辄曰"圣人、圣人"也。年十八,始游朱九江先生之门,受学焉。自谓:"未冠,以回、参之列,辟咡受学(康父达初早卒,伯叔皆九江弟子),则先生年垂七十矣。才质无似,粗闻大道之传,决以圣人为可学,而尽弃俗学,自此始也。"(有为从学朱九江,据梁任公《南海康先生传》为十八岁,应为光绪元年。)九江者,名次琦,字子襄,号稚圭,亦南海人,道光二十七年进士。令山西襄城百九十日,出则徒步,入则齑盐,朝饔夕飧,皆三十钱。政化大行,以巡抚某为亲王嬖人,拂衣归。讲学于其九江乡礼山草堂,垂三十年。终身布袍,朴学高行,以经世致用为主,学者宗之。九江授徒以四行五学,四行:一曰敦行孝弟,二曰崇尚名节,三曰变化气质,四曰检摄威仪。五学:一曰经,二曰史,三曰掌故,四曰义理,五曰词章。日一登堂讲学,诸生敬侍,威仪肃穆。九江博闻强记,不挟一卷,而征引群书,贯穿风诵,不遗只字,学者录之,即可成书一卷,今所传《礼山讲义》是也。博极群书,金石书画,罔不穷究,厉节行于后汉,探谊理于宋人;既则舍康成,释紫阳,一一以孔子为归。其学行盖近似顾亭林。所著有《国朝学案》、《国朝名臣言行录》凡百卷,《蒙古记》、《晋乘》各数十卷,诗文集数十卷。晚岁皆自焚之。殆疾世之哗嚣,多以文学炫宠,而以身为法也。卒于光绪七年冬(《朴学大师列传》言八年春),年七十五。遗著仅存《是女师斋诗集》、《大雅堂诗集》,乃其门人所辑录者也。有为生平言学必推九江,《长兴学记》所倡导者,大体均与礼山吻合,故《学记》

首即云："鄙人常侍九江之末席，闻大贤之余论，谨诵所闻，为二三子言之。"然有为敢为大言，尝谓昌黎道术浅薄，九江责为猖狂，同学亦暗讥之。有为即欲束装归，明年（光绪七年）遂别礼山草堂。盖有为之学，实与朱门未深契，而在礼山六年，不待九江卒后即脱离矣。有为既别礼山，乃屏居独学于南海之西樵山（《伪经考后序》云"吾居西樵山之北，银塘之乡，读书澹如之楼。卧七桧之下，碧阴茂对，藤床偃息，藏书连屋"者是已），四年间尽读中国之书，又潜心佛典，深有所悟。于是浩然出出世而入入世，纵横四顾，有澄清天下之志。既出西樵，乃游京师，道香港、上海，见西人殖民之完整，属地如此，本国之更进可知。因思所以致此者，必有道德、学问以为之本源，乃悉购江南制造局及西教会所译出各书尽读之。彼时所译者皆初级普通学，及工艺、兵事之书，否则耶稣经典论疏耳，于政治、哲学毫无所及。而有为以天禀、学识，别有会悟，举一反三，因小知大，自是于其学力中别开一境界。旅行五六年，浪迹燕、齐、楚、吴、荆、襄之间，察其风土人物，交其士大夫，至京上书翁同龢，极陈时局艰危，请变法图自强，乞代奏。同龢曰"无裨时局，徒长乱耳"，格不达。独曾纪泽韪之，又倡辟朝鲜为万国公地（近似永久中立国），纪泽尤叹赏，然卒无术以进。有为既无所发舒，乃游心于艺事。于广肆间，得汉、魏、六朝、唐、宋碑版数百本，从容玩索，学为书。其执笔本得法于九江，主虚拳实指，手腕竖锋；其用墨浸淫于南北朝，而知气韵胎格，乃广泾县包世臣所著《艺舟双楫》，论篆隶变化之由，派别分合之故，世代迁流之异焉。有为以为欲任天下之事，开中国之新世界，莫亟于教育，乃归粤设馆于长兴里，颜曰万木草堂。时光绪十七年也。先是新会梁启超、南海陈千秋以有为布衣上书，举国目为狂，相与谒之，一见大服，遂执业为弟子，共请康开馆讲学。有为著《长兴学记》为规范，其言曰：

> 顾亭林鉴晚明讲学之弊，乃曰："今日只当著书，不当讲学。"……后进沿流，以讲学为大戒。江藩谓刘台拱言义理而不讲学，所以可取，其悖谬如此。近世著书猎奇炫博，于人心世道，绝无所关。戴震死时，乃曰："至此平日所读之书，皆不能记，方知义理之学可以养

心。”段玉裁曰:“今日气节坏,政事芜,皆由不讲学之过。”此与王衍之悔清谈无异。故国朝读书之博,风俗之坏,亭林为功之首,亦罪之魁也。今与二三子剪除荆棘,变易陋习,昌言追孔子讲学之旧。……天下道术至众,以孔子为折衷。孔子言论至多,以《论语》为可尊。《论语》之义理至广,以“志于道,据于德,依于仁,游于艺”四言为至该。……学与时异,周人有六艺之学,为公学;有专官之学,为私学:皆经世之学也。汉人皆经学,六朝、隋、唐人多词学,宋、明人多义理学,国朝人多考据学,要不出此四者。……孔子之学有义理,有经世,宋学本于《论语》,而《小戴》之《大学》、《中庸》及《孟子》佐之,朱子为之嫡嗣。凡宋、明以来之学,皆其所统,宋、元、明及国朝《学案》,其众子孙也,多于义理者也。汉学则本于《春秋》之《公羊》、《穀梁》,而《小戴》之《王制》及《荀子》辅之,而以董仲舒为《公羊》嫡嗣,刘向为《穀梁》嫡嗣,凡汉学皆其所统,《史记》两汉君臣政议,其支派也。近于经世者也。……夫义理即德行也;经世即政事也。庄生曰:“《春秋》经世,先王之志。”故孔子经世之学,在于《春秋》。……凡两汉四百年政事学术皆法焉。非如近世言经学者,仅为士人口耳简毕之用,朝廷之施行,概乎不相闻也。今与二三子通汉、宋之故,而一归于孔子,譬犹导水自江河,则南北条皆可正。

此长兴讲学之纲领也。至其教人读书则曰:

本原既举,则历朝经世之学,自《廿四史》外,《通鉴》著治乱之统,《通考》详沿革之故,及夫国朝掌故,外夷政俗,皆宜考焉。宋、明义理之学,自朱子书外,陆、王心学为别派,四朝《学案》为荟萃。至于诸子学术,异教学派,亦当审焉。博稽而通其变,务致之用,以求仁为归。

梁任公为造一学表如下:

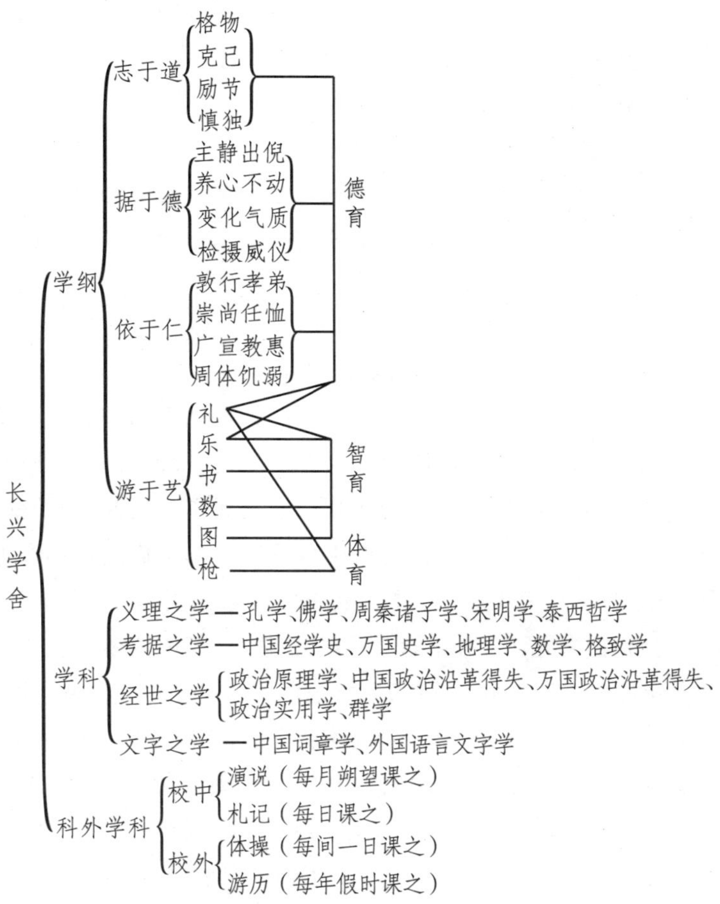

学舍之组织，有为自任总监督、总教授，而立学生中三人或六人为学长，分助各科，犹助教也。图书、仪器亦委学生司之。曰博文科学长，主分校功课；曰约礼科学长，主劝勉品行，纠检威仪；曰干城科学长，主督率体操；曰书器库监督，主管理图书仪器。凡学生人置一札记簿，每日各自记其养心、修身、接人、执事、读书、时务，每朔则呈缴之，有为为之批评焉。任公自记其初见有为之情景曰：

余以少年科第（任公以光绪十五年中乡试第八名举人，年十七),且于时流所推重之训诂、词章学颇有所知,辄沾沾自喜。先生乃以大海潮音,作狮子吼,取其所挟持数百年无用旧学,更端驳诘,悉举而摧陷廓清之,自辰入见,及戌始退,冷水浇背,当头一棒,一旦尽失其故垒,惘惘然不知所从事,且惊,且喜,且怨,且艾,且疑,且惧,竟夕不能寐。明日再谒,请为学方针,先生乃教以陆王心学,而并及史学、西学之梗概,自是决然舍去旧学,自退出学海堂,而间日请业于南海之门。(梁启超《三十自述》)

按有为归粤为光绪十五年冬季,时已于沈子丰处得廖平之《今古学考》,廖适在粤,遂同黄公度往访之。十六年春,廖访有为于安徽会馆,两心相协,谈论移晷。故有为于陈千秋十六年三月初次来谒时,“乃告之以孔子改制之意,仁道合群之原,破弃考据旧学之无用。礼吉(陈千秋又名通甫)恍然悟,首来受学”(见《南海先生自编年谱》)。启超初谒有为,系由千秋介往,为十六年八月。十七年初康即循陈、梁之请开万木草堂,而《长兴学记》仍循朱九江之礼山草堂遗规,在任公《新中国未来记》小说中云:“他父亲琼山先生单给一部《长兴学记》,说道:‘这是我老友南海康君发挥先师(指九江)的微言大义,来训练后学的,你就拿去当作将来立身治事的模范罢。’”《学记》以经世之学为中心,而兼综义理、词章、考据,与曾国藩之说完全相同。盖经世学自道、咸以来,不仅今文学家、理学家提倡之,即考据学家亦多以是为归矣。有为知此不能作新奇之号召,故不数月而《新学伪经考》成,于是以“非常异义可怪之论”,自肩今文学运动之大纛,因而卷天动地之飓风起焉。

(二) 有为之著述(上)

有为最初所著书,曰《新学伪经考》。伪经者,谓《周礼》、《逸礼》、《左传》及《诗》之《毛传》,凡西汉末刘歆所力争立博士者。新学者谓新莽之学。时清儒诵法许、郑者,自号曰汉学,有为以为此新代之学,非汉代之学,故更其名焉。《新学伪经考》之要点:一、西汉经学并无所谓古文者,凡古文皆刘歆伪作;二、秦焚书并未厄及六经,汉十四博士所传,皆孔门足本，并无残缺；三、孔子时所用字，即秦、汉间之篆书，即以文论，亦绝无今古之目；四、刘歆欲弥缝其作伪之迹，故校中秘书时，于一切古书多所羼乱；五、刘歆所以作伪经之故，因欲佐莽篡汉，先谋湮乱孔子之微言大义。总之，此说一出，而所生之影响有二：第一，清学正统派之立脚点根本动摇；第二，一切古书，皆须重新检查估价。盖自刘逢禄谓《左氏春秋》之解经者，皆刘歆所窜入，而《左传》真伪成问题；自魏源大攻《毛传》及《大小序》而《毛诗》真伪成问题；自邵懿辰之《礼经通论》出，而《逸礼》真伪成问题；若《周礼》真伪，自宋以来成问题久矣。初时诸家不过各取一书为局部的研究而已。既而寻其系统，则此诸书者，同为西汉末出现，其传授端绪，俱不可深考；同为刘歆所主持争立。质言之，则所谓古文诸经传者，皆有连带关系，真则俱真，伪则俱伪，于是将两汉今古文之全案，重提复勘，则廖平发其端，而有为继其成，此实思想界之一大飓风也。有为自言其疑古文经，由于读《史记·河间献王传》、《鲁共王传》，既而取《汉书》对读之，则《汉书》详言古文事，与《史记》大反，乃益大惊大疑。于是以《史记》为主，遍考《汉书》而辨之；以今文为主，遍考古文而辨之；而《新学伪经考》以成。而廖季平则言："忆昔广雅过从，谈言微中，把臂入林，弹指之顷，七级宝塔法相庄严，得未曾有，巍为大国，逼压弹丸。鄙人悉欲图存，别构营垒。太岁再周，学途四变。"盖有为既剽窃廖氏之说，又不愿人之议己，乃故以廖氏所信之《周礼》、《左氏传》并列为新学，以示"道不相谋，翩其反而"。而季平亦以为康之盛名所压，别构营垒。致两方面不能通力合作，学术成就，虽"外貌极炳烺，而内无底蕴。"穿凿张皇，颛己自是，此今文学家之通病，亦以廖、康二人而达于极端，宜乎均不能见信于其弟子也。四译宬《经学穿凿记》侄师政跋云：

> 海内读四译书者，每苦不得门径。盖自义理、考据专行已久，学者先入为主，于四译新解，辄多扞格。故初学尚易领悟……从事汉、宋工深者，转多迷惘。

梁任公《清代学术概论》亦云：

> 有为弟子有陈千秋、梁启超者,并夙治考证学,陈尤精洽,闻有为说,则尽弃其学而学焉。《伪经考》之著,二人者多所参与,亦时时病其师之武断,然卒莫能夺也。实则此书大体皆精当,其可议处乃在小节目,乃至谓《史记》、《楚辞》经刘歆羼入数十条;出土之钟鼎彝器皆刘歆私铸埋藏以欺后世,此实为事理之万不可通者,而有为必力持之。实则其主张之要点,并不必借重于此等枝词强辩而始成立,而有为以好博、好异之故,往往不惜抹杀证据,或曲解证据,以犯科学家之大忌。此其所短也。

两方弟子之所言如此,是特以己意进退诸经,以赴我之所欲,如全谢山所讥毛西河著书伪造证据者。钱穆谓:"康、廖治经,皆先立一见,然后搅扰群书以就我,不啻六经皆我注脚矣,此可谓之考证学中之陆、王,而考证遂陷绝境,不得不坠地而尽矣。"其实岂但今文学家如此,即考证学家亦然。如章炳麟谓:"世多以段、王、俞、孙为经儒,卒最精者乃在小学。王氏《述闻》一编,诚多精诣,然其改易旧说亦有可已而不已者,其《经传释词》明三古辞气,骤聆其说,虽宿儒无以自解。而卤莽灭裂处亦多。肆意造词,视为习惯。且有旧解非误,而以强词夺之者,亦有本非臆造,而不能援古训比声音以自证者。……信如戴氏所举诵《尧典》之说,是古人三年通一经,今必十年然后通《尧典》,以是教人,则是以有厓之生随无厓之知也。"可见考证学家无论今文古文,皆同犯"肆意造词"之毛病,其势必"杂引流衍而不得所归,张己伐物,专抵古人之隙"(曾国藩语)。此朱九江所以临死焚书,而《孟子》有"尽信书不如无书"之叹也。奈之何后人反以"新汉学"、"新理学"为倡乎?此非庄生所谓大惑不解者欤!

(三)有为之著述(下)

有为虽标榜九江经世之学而撰《长兴学记》,但于九江之精神全未体会;虽言通汉、宋之故,一归于孔子,而未能如曾国藩之单刀直入。故其于《中庸》之道,时中之义,乃至《大学》治平之理,扞格不通。在《学记》中已露辟刘之意,其言曰:

> 刘歆挟校书之权，伪撰古文，杂乱诸经。……郑康成兼糅今古，尽乱家法，深入歆室。……国朝经学最盛，顾、阎、惠、戴、段、王，盛言汉学，天下风靡，然日盘旋许、郑肘下而不自知。于是二千年皆为歆学。……诸儒用力虽勤，入蔀愈深，悖圣愈甚。……可谓之新学，不可谓之汉学，况足与论夫子之学哉？既无学识，思以求胜，则大其言曰：欲知圣人之道，在通圣人之经，欲通圣人之经，在识诸经之字。于是古音、古义之学，争出竞奏。以此求道，何异磨砖作镜，蒸沙成饭？西汉之学，以《禹贡》行河，以《三百五篇》谏，以《洪范》说灾异，皆实可施行。自歆始尚训诂，以变异博士之学，段、王辈扇之，乃标树汉学，耸动后生，沉溺天下，相率于无用。可为太息！

其意不过谓乾、嘉以下段、王所治之古音、古义之学，悉无当于治道、世事耳。倘能发挥龚、魏之说："工骚墨之士，以农桑为俗务，而不知俗学之病人，更甚于俗吏；托玄虚之理，以政事为粗材，而不知腐儒之无用，亦同于异端。"（见魏源《古微堂内集》卷三）而不钻入今古学牛角尖，则所谓微言大义者，亦不过经世致用而已，与清初诸儒顾、黄、王、颜之所提倡，乃至礼山草堂之遗规，以及曾国藩之礼学，均可汇为一流矣，岂不能使中西文化之接触，早得观摩之助乎？顾有为不此之务，乃暗袭廖平之"辟刘"，以从事于破坏；又必踵事廖氏之"知圣"，以从事于建设，于是继《伪经考》而有《孔子改制考》之作。廖平之言曰：

> 以经为古史，则刍狗陈迹，不足自存。故必以孔子为空言待后（《四益馆丛编·尊孔篇》）。凡属史事成迹，刍狗糟粕，庄列攻之，不遗余力，孔经新非旧，经非史（《杂著·旧说以经为史之弊》）。海外法政学说昌明，因时立法，三王且不同礼，五帝且不袭乐，果系古史，刍狗糟粕，今日已万不能见之实行，更何能推之万世以后？此必须改为至圣立言，师表万世，决非已往陈迹，而后经乃可以自立（《在北京世界哲理进化退化演说辞》）。

此说已显背龚定庵所承袭章学诚、段玉裁“六经皆史”之说,而欲“改为至圣立言”,以牵合《公羊》之微言大义,势必至于何休所谓“非常异义可怪之论”无疑矣。故康氏定《春秋》为孔子改制创作之书。谓文字不过其符号,如电报之密码,如乐谱之音符,非口授不能明。又不惟《春秋》而已,凡六经皆孔子所作,昔人言孔子删述者误也。孔子盖自立一宗旨,而凭之以进退古人,去取古籍,孔子改制,恒托于古。尧、舜者,孔子所托也,其人有无不可知,即有亦至寻常,经典中尧、舜之盛德大业,皆孔子理想上所构成也。又不惟孔子而已,周、秦诸子,罔不改制,罔不托古,老子之托黄帝,墨子之托大禹,许行之托神农,是也。近人祖述何休以治《公羊》者,若刘逢禄、龚自珍、陈立辈,皆言改制,而有为之说实与彼异,有为所谓改制者,则一种政治革命、社会改造的意味也,故喜言“通三统”。“三统”者,谓夏、商、周三代不同,当随时因革也。喜言“张三世”。“三世”者,谓据乱世、升平世、太平世,愈改而愈进也。有为政治上变法维新之主张,实本于此。有为谓孔子之改制,上掩百世,下掩百世,故尊之为教主,误认欧洲之尊景教为治强之本,故恒欲侪孔子于基督,乃杂引谶纬之言以实之。于是有为心目中之孔子,又带有神秘性矣。有为惩于国势之衰,外侮浸寻,而欲变法图强斯可矣,何须为至圣立言以托古改制?既曰托古改制矣,又何必罪莽、歆以变乱博士之学?莽、歆缘饰经术,施之政事,正是《禹贡》行河、《洪范》说灾异之类。《周官》亦托古改制之书也,何为攻之?一篇《学记》,代表有为之全部学术思想,其中即有两种说法。如曰:孔子言论至多,以《论语》为可尊。又曰:《论语》为后世语录之类,不尽可据。既述九江之余论,以融汉归宋;又窃廖平之大言,以蔑宋伸汉:破绽百出,支离殊甚。无怪翁同龢始信而终疑,谓为说经家一野狐也。变法之维新无成,复辟之守旧堪嗤,自号为圣,人目为怪。皆缘于其思想之自相矛盾耳。任公述《孔子改制考》对思想界之影响有四:一、教人读古书不当求诸章句、训诂、名物制度之末,乃在古人创制立法之意,汉、宋皆所吐弃,为学界别辟一新天地。二、语孔子之所以为大,在于建设新学派(创教),鼓舞人之创造精神。三、《伪经考》既以诸经大部分为刘歆所伪托,《改制考》复以真经为孔子托古改制之作;数千年共认为不可侵犯之经典,根本发生疑问,引起学者怀疑、批评之态度。四、虽极力推挹孔子,然既谓孔子之创学派与诸子之创学派,同一动机,同一目的,同一手段,则已夷孔子于诸子之列。所谓“别黑白定一尊”之观念全然解放,导人以比较的研究。实则此四点皆为梁氏之推论,而非当时之事实。清末学术界受任公思想之影响,远过于有为,其《伪经考》、《改制考》读之者鲜矣。康氏之影响,不在学术而在政治,宪政运动确受康、梁思想之影响,革命运动亦受梁氏思想之影响。其受有为影响者,仅崔适《史记探原》、《春秋复始》二书,引申有为之说而已。任公亦谓其传习颇稀,自三十以后(光绪三十年),已绝口不谈伪经,亦不甚谈改制也。

(四) 有为之《大同书》

有为整理旧学之作,为《伪经考》、《改制考》二书,其成就固极有限,而第三部自创之《大同书》,梁任公喻为大喷火、大地震者,内容思想又何如?梁氏谓其独居西樵,好为深沉之思,穷极天人之故,欲自创一学派,而归于经世有用。乃以《春秋》三世之义说《礼运》,谓升平世为小康、太平世为大同。《大同》篇有民治主义、国际主义、共产主义、劳工神圣主义、儿童公育主义、老病保险主义,遂衍其条理为书,略如下:

一、无国家,全世界置一总政府,分若干区域。

二、总政府及区政府皆由民选。

三、无家庭,男女同栖不得逾一年。届期须易人。

四、妇女有身者入胎教院,儿童出胎者入育婴院。

五、儿童按年入蒙养院及各级学校。

六、成年后由政府指派分任农工等生产事业。

七、病则入养病院,老则入养老院。

八、胎教、育婴、蒙养、养病、养老诸院,为各区最高之设备,入者得最高之享乐。

九、成年男女,例须以若干年服役于此诸院,若今世之兵役然。

十、设公共宿舍、公共食堂,有等差,各以其劳作所入,自由享用。

十一、警惰为最严之刑罚。

十二、学术上有新发明者,及在胎教等五院有特别劳绩者,得殊奖。

十三、死则火葬,火葬场比邻为肥料工厂。

《大同书》之条理略如是,全书数十万言,于人生苦乐之根原、善恶之标准,言之极详辩,然后说明其立法之理由。其最要关键,在毁灭家族。有为谓佛法出家,求脱苦也,不如使其无家可出。谓私有财产为争乱之源,无家族则谁复乐有私产?若夫国家则又随家族而消灭者也。有为悬此鹄为人类造化之极轨。至其何道乃能致此,则未尝言。其第一眼目所谓男女同栖当立限者,是否适合人性,亦未甚能自完其说。虽然,有为著此书时,固一无依傍,一无剿袭,在三十年前,而其理想与今世所谓社会主义、世界主义者多合符契,而陈义之高且过之。呜呼!真可谓豪杰之士已!有为虽著此书,然密秘不以示人,亦从不以此义教学者,谓今方为据乱之世,只能言小康,不能言大同,言则陷天下于洪水猛兽。其弟子最初得读此书者,惟陈千秋、梁启超,读则大乐,锐意欲宣传其一部分,有为弗善也,而亦不能禁其所为。后此万木草堂学徒多言大同矣。而有为始终以小康义救今世,对于政治问题、社会道德问题,皆以维持旧状为职志,自发明一种新理想,自认为至善至美,然不愿其实现,且竭全力以抗之、遏之,人类秉性之奇诡,度无以过是者。启超屡请印布其《大同书》,久不许。卒乃印诸《不忍杂志》中,仅三之一。杂志停版,竟不继印。此任公所言《大同书》之内容也,赞之曰豪杰,评之曰奇诡。而有为之言曰:

一览生哀,总诸苦之根源,皆因九界。九界者何?一曰国界,分疆土、部落也。二曰级界,分贵贱、清浊也。三曰种界,分黄、白、棕、黑也。四曰形界,分男女也。五曰家界,私父子、夫妇、兄弟之亲也。六曰业界,私农、工、商之产也。七曰乱界,有不平、不通、不同、不公之法也。八曰类界,有人与鸟兽虫鱼之别也。九曰苦界,以苦生苦,传种无穷无尽,不可思议。

于是订《大同书》为十部:

> 甲、入世界,观众苦。乙、去国界,合大地。丙、去级界,平民族。丁、去种界,同人类。戊、去形界,保独立。己、去家界,为天民。庚、去产界,公生产。辛、去乱界,治太平。壬、去类界,爱众生。癸、去苦界,至极乐。

此种思想,完全由佛教而来,众生平等,同登极乐,类于《庄子》之寓言、柏拉图之《乌托邦》,殆以空想为游戏,尚不如梁任公《新中国未来记》之小说、谭嗣同之《仁学》,具有价值。其侈张不实,固勿庸加以批判,著笔虽早,而成书甚迟(光绪二十七八年),发表则在民国以后,当时各种西洋学说,大部已输入,视此殆如陈羹土饭矣。钱氏《中国近三百年学术史》费数万言以辟之,以证有为之矛盾作伪,极为精审,但似无必要。张伯桢《南海康先生传》云:"先师年二十七,以法越之役,粤城戒严,还西樵,居一楼,名曰澹如。涉猎西书,并研究佛典,上自婆罗门,旁通四教,万缘澄绝,所悟益深。因显微镜而悟大小齐同之理,因电机光线而悟久速齐同之理,既知无去来,则专以现在为总持,既知无无,则专以生有为存存,既知气神精无生死,则专以示现为解脱,既知无精粗、无净秽,则专以觉悟为受用,既以畔援歆羡皆尽绝,则专以仁慈为施用。其道以元为体,以阴阳为用,以勇、礼、义、智、仁五运论世宙,以三统论诸圣,以世推将来,而务以仁为主。故奉天合地,以合国、合种、合教,一统地球。又推一统之后,人类语言、文字、饮食、衣服、宫室之变,男女平等之制,人民同公之理,务致诸生于极乐。抉经子之奥言,超儒佛之微旨,融中西之新理,穷天人之赜变。"又云:"先师年二十八,从事算学,以几何著《人类公理》,并手定大同之制。"此可见有为《大同书》思想之来历,初名《人类公理》,杂糅儒、释、道及西洋之说,其自诩为人类公理者,实尚未能如曾国藩所解释之《易》理,"一生二,二生三,三则复归于一"之明澈,极高明而道中庸,故其悟境合乎现实;而康氏终不了解《易经》辩证之原理,特就其浮浅者,扬高凿深,故弄虚玄,惝恍迷离,徒使人莫名其妙,所谓见道不真者,故不能如黑格尔之发生极大作用也。至牵合《礼运》大同之义,则洪秀全早已言之矣,何有于创获而一无依傍?一无剿袭?中山先生之三民主义、革命方略,是真能"融中西之新理,穷天人之赜变"者,亦以大同为归。抉《大学》八目之奥,谓为西洋所未有;又以革命三期代三世,以符"历史之遗留与人类之进化"。中国文化道统之传,应在孙而不在康。惜世人仅以革命之功德称之,而漠视其学术之性质。因此民国以后之新思潮,乃益混杂而不可究诘矣。

一百三十一　谭嗣同

(一) 谭嗣同传略

谭嗣同,字复生,又号壮飞。湖南浏阳人,同治五年生。少好任侠,倜傥有大志,淹通群籍,能文章。父继洵,湖北巡抚,幼丧母,为父妾所虐,备极孽苦,故其操心危,虑患深,而德慧术智,日增长焉。弱冠从军新疆,游巡抚刘锦棠幕,刘奇其才,将荐于朝,会去官不果。自是十年,来往直隶、新疆、甘、陕、河南、两湖、江南、浙江、台湾间,所至察其风土,物色豪杰,然终以继洵拘谨约束,未能尽其志。甲午中日战起,益发愤,首在浏阳设学会,集同志讲求磨砺,实为湖南讲新学之始。时康有为方倡强学会,天下志士,走集应和。嗣同自湖南溯江下上海,游京师,将以谒有为。有为适归广东不获见,梁启超方任强学会书记,语以有为讲学之宗旨,经世之条理,嗣同大感动喜跃。自称私淑弟子,自是学识更日益进。时和议初定,人怀国耻,士气稍稍振起。嗣同尤激昂慷慨,大声疾呼,海内有志之士,睹其丰采,闻其言论,知其为非常人矣。既而以父命就官为候补知府,需次金陵者一年。日惟闭户读书,冥索孔、佛之精奥,会通群哲之心法,演绎南海之宗旨,成《仁学》一书。又时时至上海,与同志商量学术,讨论天下事,未尝与俗吏一相接。常自谓作吏一年,无异入山。时陈宝箴为湖南巡抚,其子三立辅之,慨然以开通民智为己任。光绪二十三年六月,黄遵宪有湖南按察使之命。八月，徐仁铸又来督湘学，与地方二三绅士，蹈厉奋发，提倡新学。志士亦渐集于湘、楚。宝箴父子及前任学政江标（字建霞，号萱圃，浙江仁和人），并力经营，为诸省倡。聘梁启超等为时务学堂教习。嗣同亦弃官归，与办新政。于时湖南创办之事，若内河小轮船、商办矿务、湘粤铁路、时务学堂、武备学堂、保卫局、南学会，皆其所倡导擘画者。而以南学会最为盛业。设会之意，将合南部诸生志士联为一气，相与讲爱国之理，求救亡之法，而先从湖南一省办起。盖实兼学会与地方议会之规模焉。地方有事公议而行，议会之意也。每七日大集众而讲学，演说万国大势，及政学原理，学会之意也。嗣同实为学长，任演说之事。每会集者千数百人，慷慨论天下事，闻者无不感动。湖南风气大开，嗣同之功居多。光绪二十四年，定国是之诏既下，以学士徐致靖荐被征。至七月，乃扶病入觐，奏对称旨，超擢四品卿衔军机章京，与杨锐、林旭、刘光第同参与新政，时号为军机四卿。八月初六日，政变作，嗣同竟日不出门以待捕者。初十日遂被逮，在狱意气自若，终日绕行室中，拾取地上炭屑，就粉墙作书。狱卒问何为笑？曰作诗耳。然其诗传出者仅一首，云：

望门投止思张俭，忍死须臾待杜根。我自横刀向天笑，去留肝胆两昆仑。（梁任公《戊戌政变记》作“投宿”恐误，按《后汉书·党锢传》张俭为“八及”之首，与李、杜齐名。及被锢，亡命困迫遁走，望门投止，莫不重其名行，破家相容。此谭所望于有为也。又《杜根传》：永初元年，为郎中，时和熹邓后临朝，权在外戚，根以安帝年长，宜亲政事，上书直谏。太后大怒，收执根等，令盛以缣囊，于殿上扑杀之。执法者以根知名，私语行法者，使不加力，而载诸城外。根得苏，诈死三日，目中生蛆，因得逃窜，为宜城山中酒家保。及邓氏诛，征诣公车，拜侍御史。谭以自喻，其隶事精切如此，良不可及。“两昆仑”盖指大刀王五及通臂猿胡七〔名致廷〕也。说见陶菊隐《新语林》，任公曰盖念南海也，恐非是。王五为京师大侠，以护送安维峻遣戍，尤为人所乐道。五故与嗣同善，胡、王二人力劝之出奔，愿以身护之行，谭不可，乃已。谭既死，五潜结壮士数百人欲有所建立，所志未遂，而拳乱作,遂罹其祸。谭在狱,作诗念之,以二人均属昆仑派故云。)

嗣同以十三日斩于市,年三十三。嗣同资性绝特,于学无所不窥,而以“日新”为宗旨,故无所沾滞。善能舍己从人,故其学日进。每十日不相见,则议论、学识必有增长。少年曾为考据笺注、金石刻镂、诗古文之学,亦好谈中国古兵法。其诗有“汪(中)魏(源)龚(自珍)王(闿运)始是才”之语,可见其向往所自,盖以今文学经世为归也。自交梁启超后悉弃去,究心泰西天算、格致、政治、历史之学,皆有心得。又究心宗教,其初极推崇耶氏兼爱之教,而不知有佛,不知有孔子。既闻有为所发明《易》、《春秋》之义,穷大同太平之条理,体乾元统天之精意,则大服。又闻华严性海之说,而悟世界无量,现身无量,无人无我,无去无往,无垢无净,舍救人外更无他事之理。闻柏宗识浪之说,而悟众生根器无量,故说法无量,种种差别,与圆性无碍之理,则益大服。自是豁然贯通,能汇万法为一,能衍一法为万,无所挂碍,而任事之勇猛亦益加。作官金陵之一年,日夜冥搜孔、佛之书,金陵有居士杨文会者,博览教乘,熟于佛故,以流通经典为己任。嗣同时时与之游,因得遍窥三藏,所得日益精深。所著书《仁学》之外,尚有《寥天一阁文》二卷,《莽苍苍斋诗》二卷,《远遗堂集外文》一卷,《札记》一卷,《兴算学议》一卷,已刻。《思纬吉凶台短书》一卷,《壮飞楼治事》十卷,《秋雨年华馆丛脞》四卷,《剑经衍葛》一卷,《印录》一卷。其余政论数十篇,论学书数十篇,启超共编为《谭浏阳遗集》。

(二)嗣同之仁学

嗣同之学术宗旨,大端见于《仁学》一书,《自叙》谓:“吾将哀号流涕,强聒不舍,以速其冲决网罗。初当冲决利禄之网罗,次冲决俗学,若考据、若词章之网罗,次冲决全球群学之网罗,次冲决君主之网罗,次冲决伦常之网罗,次冲决天之网罗,次冲决全球群教之网罗,终将冲决佛法之网罗。……然既可冲决,自无网罗,真无网罗,乃可言冲决。”其冲决网罗之意见,首即进攻名教,谓:“仁之乱也,则于其名。名忽彼忽此,视权势之所积;名时重时轻,视习俗之所尚。俗学陋行,动言名教。以名为教,则其教已为实之宾而决非宾也,又况名者,由人创造,上以制其下,而下不能不奉之,则数千年来三纲五伦之惨祸酷毒由此矣。君以名桎臣,官以名轭民,父以名压子,夫以名困妻,兄弟朋友,各挟一名以相抗拒,而仁尚有少存焉者乎?如曰仁,则共名也,君父以责臣子,臣子亦可反之君父,于钳制之术不便。故不能不有忠孝廉洁一切分别等差之名。忠孝既为臣子之专名,终不能以此反之,虽或他有所据,意欲诘诉,而终不敌忠孝之名为名教之所尚,反更益其罪曰怨望、曰觖望、曰怏怏、曰腹诽、曰讪谤、曰亡等、曰大逆不道。以为当放逐,放逐之;当诛戮,诛戮之;曾不若孤豚之被扎缚屠杀,犹奋荡呼号以声其痛楚,而人不之责也。"盖以纲常名教为偶像而欲打破之,乃先论君臣曰:

> 二千年来,君臣一伦,尤为黑暗否塞,无复人理,沿及今兹,方愈剧。……天下为君主囊橐中之私产,不始今日。……然而有知辽、金、元之罪浮于前此之君主者乎?其土秽壤也,其人膻种也,其心禽心也,其俗毳俗也。一旦逞其凶残淫杀之威,以攫取中原之子女玉帛,砺猰貐之巨齿,效盗跖之肝人,马足蹴中原,中原墟矣,锋刃拟华人,华人靡矣。乃犹以为未餍,峻死灰复燃之防,为盗憎主人之计,锢其耳目,桎其手足,压其心思,挫其气节,绝其利源,窘其生计,塞蔽其智术。方命曰:此食毛践土之分然也。夫果谁食谁之毛?谁践谁之土?……王道圣教典章文物之亡也,此而已矣。与彼愈切近者,受祸亦愈烈。故夫江淮大河以北,古所称天府膏腴,衣冠文物之薮泽,诗书藻翰之津途也,而今北五省何如哉?古之暴君,以天下为己私产止矣,彼起于游牧,直以中国为其牧场耳。……虽然成吉思汗之乱,西国犹能言之;忽必烈之虐,郑所南《心史》纪之,有茹痛数百年,不敢言不敢纪者,不愈益悲乎?《明季稗史》中之《扬州十日记》、《嘉定屠城纪略》,不过略举一二事,当时既纵焚掠之军,又严薙发之令,所至屠杀虏掠,莫不如是。……亦有号为令主者焉,及观《南巡录》所载淫掠无赖,与隋炀、明武不少异,不徒鸟兽行者之显著《大义觉迷录》也。……君主之祸,无可复加,非生人所能忍受。……国与教与种将

偕亡矣,惟变法可以救之,而卒坚持不变。岂不以……方将私其智富强生于一己,而以愚贫弱死归诸民,变法则与己争智争富争强争生,故坚持不变也。究之智富强生,决非独夫所任为,则又以华人比牧场之水草,宁与之同为畜粉而贻其利于人,终不令我所咀嚼者还抗乎我。此非深刻之言也,试征之百年之行事,及近今之政治及外交,其迹较然不可以淹。东事亟时,且曰宁为怀、愍、徽、钦,决不令汉人得志。固明宣之语言,华人宁不闻而知之耶?乃犹道路以目,相顾而莫敢先发……故华人慎无言华盛顿、拿破仑矣,志士仁人,求为陈涉、杨玄感以供圣人之驱除,死无憾焉。若其机无可乘,则莫若为任侠(暗杀),亦足以伸民气,倡勇敢之风,是亦拨乱之具也。儒者轻诋游侠,比之匪人,乌知困于君权之世,非此益无以自振拔,民乃益愚弱而窳败,言治者不可不察也。

此由君臣而及于夷夏,由变法而及于排满,由革命而及于暗杀,见之甚透,谕之甚切。使当时嗣同不遇康、梁而遇中山,则此奇特之才,或不致牺牲于刽子手中,而其成就当更大也。次论父子、夫妇、兄弟、朋友曰:

君臣之祸亟,与父子夫妇之伦,遂各以名势相制为当然。此皆三纲之名之为害也。名之所在,不惟关其口使不敢昌言,乃并锢其心使不敢涉想。……君臣之名,或尚以人合破之,至于父子,则真以为天之所命,卷舌而不敢议。不知天命者,泥于体魄之言也,不见灵魂也。子为天之子,父亦为天之子,父非人所得而袭取也。……庄曰相忘为上,孝为次焉,相忘则平等矣。……虽然,又非谓相忘者遂有不孝也……孝且不可,何况不孝哉?……自秦垂暴法,于会稽刻石,宋儒炀之,妄为饿死事小,失节事大之瞽说,直于室家施申、韩,闺闼为岸狱,是何不幸而为妇人,乃为人申、韩之!岸狱之!……五伦中于人生最无弊而有益,无纤毫之苦,有淡水之乐,其惟朋友乎?……所以者何?一曰平等,二曰自由,三曰节宣惟意。总括其义曰不失自主之权而已。兄弟于朋友之道差近……余皆为三纲所蒙蔽,如地狱矣。

是嗣同所反对者，为三纲，而非五常，其意以仁为相互的道德，而三纲乃片面的道德。以自由平等作出发点，混言三纲五常者，乃从俗之说耳，于朋友兄弟之道，固亦称其有益无弊矣。于是进而言礼言仁，其言曰：

> 今中外皆侈谈变法，而五伦不变，则举凡至理要道，悉无从起点，又况于三纲乎？……儒之末流，亦专主体魄为教，其言……彼墨子之兼爱，乱亲疏之言也。墨子何尝乱亲疏哉？亲疏者，体魄乃有之，若夫通天地、万物、人我为一身，复何亲疏之有？……不能超体魄而生亲疏，亲疏生分别，分别亲疏，则有礼之名，自礼名亲疏，而亲疏于是乎大乱，心所不乐而强之，身所不便而缚之，则升降拜跪之文繁，至诚恻怛之意汩，亲者反缘此而疏，疏者亦可冒此而亲，日糜有用之精力，有限之光阴，以从事无谓之虚礼。……故曰：礼者忠信之薄而乱之首也。夫礼依仁而著，仁则自然有礼，不待别为标识而刻绳之，亦犹伦常亲疏亦自然而有，不必严立等威而苛持之也。礼与伦常皆原于仁，而其究可以至于大不仁，则泥于体魄之为害大矣哉！

此与太史公论六家要旨之言有相似处，又近于道家自然之说，其所欲变者，非伦常之礼，乃不自然之繁文缛节，欲一归于彼此之仁，是即冲决网罗，节宣惟意之义耳。《仁学》之要旨，不外乎去束缚，返自由，平等无碍，亲爱精诚而已。故任公所作《谭嗣同传论》，论其所学，专发挥佛法大乘及孔子达德之言也。

（三）嗣同对孔教之批评

嗣同虽深病礼与纲常名教，而不以此为孔学病。所倡《仁学》即归趋于世界大同主义，谓《春秋》大一统之义，天地间不当有国也。不惟发愿救本国，并彼极盛之西国与夫含生之类，一切皆度之。不可自言为某国人，当平视万国，皆其国，皆其民。因而论孔教之微言大义，为荀学所卖，其言曰：

以《公羊传》三世之说衡之,孔最为不幸。孔之时,君主之法度,既已甚密而孔繁,所谓伦常礼义一切束缚钳制之名,既已浸渍于人心而猝不可与革;既已为据乱之世,孔无如之何也。其微言大义,仅得托诸隐晦之辞,而宛曲虚渺以著其旨。其见于雅言,仍不能不牵率于君主之旧制,亦止拨乱之世之法而已。……后之学者,不善求其指归,则辨上下,陈高卑,懔天泽,定名位,只见其为独夫民贼之资矣。……孔子虽当据乱之世,而黜古学,改今制,托词寄义于升平、太平,未尝不三致意焉。……孔学衍为两大支:一为曾子传子思而至孟子,孟故畅宣民主之理以竟孔之意;一由子夏传田子方而至庄子,庄故痛诋君主,自尧舜以上莫或免焉。不幸此两支皆绝不传,荀乃乘间冒孔之名败孔之道。喜言礼乐政刑之属,惟恐钳制束缚之具之不繁也。一传而为李斯,其为祸亦暴著于世矣。……故尝以为二千年来之政,秦政也,皆大盗也;二千年来之学,荀学也,皆乡愿也。惟大盗利用乡愿,惟乡愿工媚大盗,二者相交相资,而罔不托之于孔。执托者之大盗乡愿,而责所托之孔,又乌能知孔哉?……方孔之初立教也,黜古学,改今制,废君统,唱民主,变不平等为平等,亦汲汲然勤矣。岂谓为荀学者,乃尽忘其精义而泥其粗迹,反授君主以至无限之权,使得挟持一孔教以制天下。彼荀学者必以伦常二字诬为孔教之精诣,不悟其为据乱世之法也。……彼为荀学而授君主以权,愚黔首以死,虽被万戮,岂能赎其卖孔之罪哉?故曰:孔教之亡,君主及言君统之伪学亡之也。复之者尚无其人,吾甚祝孔教之有路德。……君统盛而唐、虞复无可观之政,孔教亡而三代下无读之书,乃若区玉检于陈编,拾大齐于瓦砾,以冀万一有当于孔教者,则黄梨洲《明夷待访录》其庶几乎?其次为王船山之遗书,皆于君民之际有隐恫焉。黄出于陆、王,陆、王将缵庄之仿佛,王出于周、张,周、张亦缀孟之坠遗,辄有一二闻于孔之徒,非偶然也。若夫与黄、王齐称而名实相反,得失背驰者,则为顾炎武。顾出于程、朱,则荀学之云礽也,君统而已,岂足道哉?

其所谓孔教之亡，亡于言君统之伪学，尤以李斯相秦，曲学阿世，虽有黄犬东门之哭，莫赎愚民据乱之罪，推尊梨洲之《原君》，阐述船山之攘夷。大旨与梁启超、夏曾佑同，因三人同游京师，比邻而居，衡宇相望尺咫，无日不见，见面即谈学问，绌荀申孟，又好《墨子》也。惟言《春秋》三世之义而诋顾亭林为荀学之云礽，是不知亭林祖述《春秋》经世之义，与梁稍有不同耳。然其望孔教之有路德，则又明指康有为矣。有为之思想，前后自相矛盾，如前主维新，后主守旧；前主速变，后主勿变；前采西法，后保国粹；前主共和，后言君主；前倡大同，后恋种姓。惟有一事始终不变者曰尊孔。方其讲学长兴，固以光昌孔道自任矣，及创为《不忍杂志》（民国二年），大率为顽固之论，仍以尊孔为帜志，谓：孔教即国魂也。自人伦、物理、国政、天道，本末精粗，无一而不举。中国之人心、风俗、礼义、法度，皆以孔教为本。若孔教可弃，则一切文明随之而尽，即一切种族随之而灭也。孔子去今三千年，其学何在？曰在六经。故凡为孔子之学者，皆当学经学也。若尊孔而不读经，则虽欲尊之而无从。又谓：孔子受命改制，实为创作新王教主。此正如廖季平所谓“学经四变，书著百种，而尊孔宗旨，前后如一”者耳。而嗣同既推崇耶教，遂以孔为教主，比有为为路德焉。且既尊孔矣，则又必排老，因在中国虽佛老均为儒者所斥，然而谭也、康也、梁也皆于佛法有心得，以其非我所固有而宽之。对老子之柔静无为，黜奢崇俭，认为阻碍文明进步之大原，故曰：

> 李耳之术之乱中国也，柔静其易知矣。若夫力足以杀尽地球含生之类，胥天地鬼神之沦陷于不仁，而卒无一人能少知其非者，则曰俭。……俭之与奢，吾不知果何所据而得其比较，差其等第以定厥名。……本无所谓奢俭，而妄生分别以为之名，曰黜奢崇俭……推此则朧离朱之目，攦工倕之指，犹患不给。凡开物成务，利用前民，励材奖能，通商惠工，一切制度文物经营巨划皆当废绝。……而奸猾桀黠之资，凭借高位……阴行豪强兼并之术，以之欺世盗名焉。此乡愿之所以贼德，而允为佥人之尤矣！故曰：言静者，惰归之暮气，鬼道也；言俭者，龌龊之昏心，禽道也。

此种思想,大约系由严复所译之亚丹斯密《原富》而来,以西洋经济之发达,由于奖励欲望故,而老子则主张寡欲知足。殊不知老子之寡欲,非无欲也;知足,非无为也,欲求心物发展之平衡,深恐物质发展之太速,如今日以人为机器,而将人性埋没耳。当时之维新家,皆震惊于西洋之文明,而故以西俗解孔道。如康有为之《论语注》"礼与其奢也宁俭"云:

> 文明既进,则乱世之奢,文明以为极俭。世愈文明,则尚奢愈甚。孔子为文明进化之王,非尚质退化者也。宋儒不通此义,令人道退化。今中国之文明不进,大损所关,岂细故哉?

又注"奢则不孙俭则固"云:

> 孔子尚文,非尚俭也,后儒误以孔子恶奢为恶文,中国文物,遂等野蛮,则误解经义之故也。

其以奢为文明,为西化,而以俭为野蛮,为退化,遂颠倒《论语》之文为"与其俭也宁奢"。盖与嗣同之意见略同,惟一则归罪于道家,一则归罪于宋儒,均谓陷中国于龌龊野蛮也。钱穆云:"近人所以盛推戴东原,以东原高提人欲,人欲与奢侈相通,亦谓由此可以企及西洋之文明也。其见解仍沿长素而来,所唱非忠孝、非节义诸端,即谭氏《仁学》冲决网罗之教,所主全盘西化,则尚不过到达长素《大同书》境界应有之一级,而尚不足以企及《大同书》之最高层。则长素仍可安踞最近思想界之巅峰也。"又谓:"近人所主打倒孔家店者,与长素之尊孔,实同一见解,无大异也。"(见《中国近三百年学术史》)此说极为透彻,盖尊之者以孔子之大义在西洋,而不在中国,而打之者,以孔子为中国人而非西洋人耳。实皆诸夏不如夷狄(康改《论语》"夷狄有君不如诸夏之亡"为"诸夏有君不如夷狄之亡")之意也。语重心长,可以发人深省矣。然谭氏早死,不及见虽奢而文明仍未跟进;康则变其主张为多行欧美一新法,则增中国一大害;欧美虽有美,不宜于中国,勿妄法也,而后庶乎其有救也。是近人之袭长素者,谓其为“康党”,必不能令其心服,若谓袭东原考据之方法,而达《孟子字义疏证》之目的,或无辞已。

(四) 仁学对思想之贡献

《仁学》之思想,亦杂糅儒、佛、耶而成,故其大旨多与康氏之《大同书》合。但当时康氏尚未成书,嗣同仅得就任公而闻其绪论,实不谋而合者,其书尤锋利激越。“梁启超在日本印布之”,较《大同书》一部分发表于《不忍杂志》,盖早十余年。清末学者只知有《仁学》而不知有《大同书》也,是以谭氏思想之影响,比康氏为大。尤以君民之见,满、汉种族之见,与民治主义,对其时留学生之向往革命者,当有不少之鼓励作用。任公先生云:“《仁学》下篇多政治谈,其篇首论国家起原及民治主义,实当时谭、梁一派之根本信条,以殉教的精神力图传播者也。由今观之,其论亦至平庸,至疏阔,然彼辈当时,并卢骚《民约论》之名亦未梦见,而理想多与暗合,盖非思想解放之效不及此。其鼓吹排满革命也,词锋锐不可当。……题曰‘台湾人所著书’,盖中多讥切清廷,假台人抒愤也。……此等言论,著诸竹帛,距后此‘同盟会’、‘光复会’等之起,盖十五六年矣。……仅留此区区一卷,吐万丈光芒,一瞥而逝,而扫荡廓清之力,莫与京焉,吾故比诸彗星。”即此可知戊戌政变以后,谭虽死,而梁启超已与康有为分道扬镳,自成一派,故曰谭、梁而不及康。其所力图传播者,即排满革命,故言殉教的精神,盖置生死于度外矣。中山先生之兴中会已成立数年,光复会亦将成立,惟同盟会尚在五年后,任公与中山以宗旨相同故,且面议合作。《仁学》之作,虽不早于中山先生倡言革命,而实早于革命党人之宣传排满(章炳麟等在东京举行中夏亡国二百四十二年纪念会,为光绪二十八年,《仁学》已出版矣),其足以影响当时之思想界者,固显而易见也。《仁学》之贡献,不仅言排满革命,尤在以心力挽劫运,其言曰:

> 吾观中国,知大劫行至矣,不然,何人心之多机械也?西人以在外之机械制造货物,中国以在内之机械制造劫运。今之人莫不尚机心,其根皆由于疑忌。乍见一人,其目灼灼然,其口缄默,其舌矫矫欲

> 鼓,其体能卑屈,而其股将欲翱翔而攫搏,伺人之瑕隙而蹈焉。吁,可畏也!谈人之恶则大乐,闻人之善则厌而怒,以谩骂为高节,为奇士,其始渐失其好恶,终则胥天下而无是非。……党之中又有党,党之中又自相攻,一人而前后歧出,一时而毁誉矛盾;如釜中之虾蟹,嚣然以哄,火益烈,水益热,而哄益甚,故知大劫不远矣。且观中国人之体貌,亦有劫象焉,试以拟诸西人,则见其委靡、猥鄙、粗俗、野悍,或瘠而黄,或肥而弛,或萎而伛偻,其光明秀伟有威仪者,千万不得一二。或曰:中国人愁困劳顿,喧隘不洁,易生暗疾,固也;然使既以遭遇攻其外,不更以疑忌巧诈自蠹其中;彼外来之祸患,犹可祛也,岂非机心之益其疾耶?无术以救之,亦惟以心解之,缘劫运由心造,自可以心解。

嗣同所谓以心力解劫运者,仁即心力也。心力之表现曰通,其所以害夫通者则曰礼,曰名,盖通必基于平等,而礼与名皆所以害其平等之物也。礼与名之尤大者,则曰三纲五常,曰君臣、父子、夫妇,而君臣一纲,尤握其机枢。心力之不得其通而失于长养遂达,则变而为柔静俭,郁而为机心,积而为病体,久而成劫运,其祸皆起于不仁。求反于仁而强其心力,其首务在冲决网罗,而君统之伪学尤所先。且不幸为之君者,犹非吾中国之人,徒以淫杀惨夺而得为之,斯所以变法必待乎革命,必俟乎君统破而后伪学衰,伪学衰而后纲常之教不立,纲常之教不立,而后人得平等以自竭其心力而复乎仁,然后乃可以争存于天下,而挽夫劫运。此嗣同仁学之要旨也。嗟呼!卓矣!虽语有过激,而忧深思远,上媲黄梨洲之《明夷待访录》,无愧色矣。不幸而嗣同不能自抱其孤怀,遂附康氏变法改制之说,献其身于向者彼所谓斯人受祸最烈之君,卒不浃月而丧其元焉。此与冲决网罗之思想,岂不大相径庭耶?然嗣同固侠士,横刀笑天,慷慨赴死,犹足征中国舍生取义之精神。其以心力解劫运之说,与魏默深之论人心寐患虚患,孙中山之言革命必先革心,何相符若是!又不幸而排满革命虽告厥成,然大劫终不能解,去嗣同之世,已六十余年矣,可慨也夫!

一百三十二　梁启超

（一）梁启超传略

梁启超，字卓如，一字任公（《二十世纪太平洋歌》：“亚洲大陆有一士，自名任公其姓梁。尽瘁国事不得志，断发胡服走扶桑。”）同治十二年正月二十六日，生于广东新会县之茶坑村。祖父延后（一名维清，字镜泉）捐作贡生，例选教谕不就。筑书斋以训子孙，任公四五岁就读《四子书》、《诗经》，随之寝处。父宝瑛（字莲涧）传家学独劭，教授于乡，任公昆弟学业根底，立身藩篱，咸禀父祖之诲也。母赵氏，温良慈爱，惟恶说谎，督责甚严。茶坑接近厓门，镜泉时为子孙说南宋故事，于陈独麓“海水有门分上下，关山无界限华夷”句，恒悲壮诵之。任公八岁学为文，九岁能缀千言，十二岁补附学生员（秀才），学政叶大焯历举古神童以勉之。十三岁始治段、王训诂之学，大好之。十五岁，肄业学海堂，始弃帖括之学，专治经学。光绪十五年，年十七，中恩科乡试，主考内阁学士李端棻爱其才，以妹许字焉。次年入京会试，始见《瀛寰志略》及江南制造局所译书，下第南归。八月，因陈千秋往谒康有为，一见大服，遂执业为弟子，共请开馆讲学，则所谓万木草堂是也。任公于《南海康先生七十寿言》中，记述在万木草堂之情形曰：

> 吾侪初侍先生于长兴也，徒侣不满二十人，齿率在十五六乃至十八九之间，其弱冠以上者，裁二三人耳。皆天真烂漫，而志气踸踔向上，相爱若昆弟，而先生视之犹子。堂中有书藏，先生自出其累代藏书置焉；有乐器库，先生督制琴竽干戚之属略备。先生每逾午，则升坐讲古今学术源流，每讲辄历二三小时，讲者忘倦，听者亦忘倦。每听一度，则各各欢喜踊跃，自以为有创获，退省则醰醰然有味，阅久而弥永也。向晦则燕见，率三四人入室旅谒，亦时有独造者。先生始则答问，继则广谭，因甲起乙，往往遂及道术至广大至精微处。吾侪始学，不能质疑，献难者至鲜；其有之，则先生大乐，谈益纵，而所以诲之

> 者益丰。每月夜吾侪则从游焉,粤秀山之麓,吾侪舞雩也,与先生相期焉,或不相期,然而春秋佳日,三五之夕,学海堂、菊坡精舍、红棉草堂、镇海楼一带,其无万木草堂师生踪迹者盖寡。每游率以论文始,既乃杂遝泛滥于宇宙万有,芒乎沕乎不知所终极。先生在则拱默以听,不在,主客论难锋起,声往往振林木,或联臂高歌,惊树上栖鸦拍拍起,噫嘻!学于万木盖无日不乐,而此乐最殊矣。……抑先生虽以乐学教吾侪,然每语及国事杌陧,民生憔悴,外侮凭陵,辄慷慨欷歔,或至流涕,吾侪受其教,则振荡怵惕,懔然于匹夫之责,而不敢自放弃、自暇逸。每出则举所闻以语亲戚朋旧,强聒而不舍,流俗骇怪,指目之谥曰“康党”。吾侪亦居之不疑也。

光绪十七年冬入京结婚。十八年春会试未第,偕夫人南归,乡居一年有奇,知天下事之无可为,欲著书以告来者。是年有为中举,迁讲堂于邝氏祠,十九年又迁于府学宫仰高祠,从游者岁增,任公与陈礼吉充学长。光绪二十年,如京师,惋愤时局,时有所吐露,人微言轻,莫之闻也。十月归粤,以广联人才、开倡风气为第一义。二十一年,入京会试,副考官李文田误以其卷为有为作,故抑而不录,批曰:“还君明珠双泪垂,惜哉!惜哉!”盖有为已露锋芒,为众人所不喜也,而有为竟获中三甲,遂授职工部主事,不得翰林,有为大恨,竟削门生之籍。自是公车上书,而康、梁之名满天下。遂立强学会于京师,不三月为言官所劾,会封闭。有为立强学会于上海,亦废。黄遵宪议开一报馆,招任公主笔政,汪穰卿任经理。二十二年三月赴沪,与当时所谓洋务诸名公相往来。如马良相伯及其弟建忠眉叔、徐仲虎建宾、盛宣怀杏荪、严复又陵、陈季同、容闳纯甫、章炳麟太炎等。自著《变法通议》,批评秕政,而救弊之法,归于废科举兴学校,亦时发民权论,但微引其绪,未敢昌言。《西学书目表后序》即有中学为本、西学为用之说。谭嗣同宦隐金陵,间月至上海相过从,连与接席,相与治佛学,所以砥砺之者良厚(时嗣同年三十一,任公年二十四)。湖广总督张之洞,屡邀入幕,伍廷芳使美,亦邀为参赞,均固辞。《时务报》为旬刊杂志,数月销行至万二千份,为中国有报以来所未有,举国趋之如饮狂泉。

又倡设大同译书局、不缠足会及女学堂。时日本横滨华侨创办中西学校，陈少白介绍任公为校长，有为不欲其远离，荐徐勤为代，易名大同学校。光绪二十三年，始就湖南聘，主时务学堂讲席，唐才常等助教。李炳寰、林圭、蔡锷称高材生。嗣同、才常设南学会、《湘报》、《湘学报》，阴相策应，盛倡革命。时德索胶州，任公恐将成瓜分之势，说湘抚自保自立，以开风气为一切根本。光绪二十四年，因病回沪，二月入京，以俄索旅、大，偕各省公车，上书都察院乞力拒之。三月，偕有为发起保国会，民智未开，或哂多事。天津《国闻报》论云："自割台之后，吾已不国，近者割胶州、旅顺、大连湾、金州、威海、广州湾，山东则铁路不得开，聂士成之练兵归俄教习，长江归英，福建归日本，定两广、云南为英、法所争，不必有非常之变，率有教案，国可立亡，鱼烂瓦解，有若旦夕。强盗入室，大火烧门，有壮者荷戈持锣，大声疾呼，而同室之人，不恶盗贼，不救大火，而反仇是荷戈持锣之人，骂之詈之，攻之讦之，缚之扶之，组织而锻炼之，甚且诬以为荷戈欲窃、持锣放火也。……呜呼！若是者不知与大清何仇何怨，而必助敌以自攻乎？"四月，任公联公车百余人，为请废八股运动。时有为已七上书言变法，协办大学士翁同龢，帝师也，为言于德宗，德宗屡索所著书，诵之感愤，以二十四日下诏改革旧制，所谓定国事之诏也，诏草出同龢手。二十七日，慈禧逼革同龢职。二十八日，召见有为，擢军机四章京参预新政事宜，遂成百日维新之局。京师大学堂之设，由刑部侍郎李端棻疏请，章程皆任公代草。五月十五日，蒙召见，即奉上谕，命以六品衔办理译书局事务。有为欲改《时务报》为官报，使任公督其事，而汪康年谓报为己办，不肯交。管理学务大臣孙家鼐请以有为督办官报，康年据呈辩，改名《昌言报》。任公述《时务报》创办原委，登诸天津《国闻报》。七月，湖南举人曾廉上书请杀康、梁，摘《时务报》论说及时务学堂讲义，指为大逆不道。帝命谭嗣同按条驳斥。八月初，政变作，任公避居日本使馆，乘大岛舰东渡，进步党赁屋招待。任公《去国行》云："呜呼！济艰乏才兮，儒冠容容，佞头不斩兮，侠剑无功。君恩友仇两未报，死于贼手毋乃非英雄！割慈忍泪出国门，掉头不顾吾其东。"有为于政变前由光绪帝催促赴沪以避祸，由英舰救护，亦赴日。时中山先生以同属逋客，特亲往慰问，并商以后合作问题。康得清帝之眷顾,以帝师自命,视革命党为叛徒,匿不见。日人宫崎、平山、犬养毅尽力调停,终无结果。徐勤据大同学校,成为保皇党一机关,革命党又别设华侨学校,两党从此交恶。任公创办《清议报》于横滨,《戊戌政变记》即继续刊载。光绪二十五年,有为赴加拿大,又至新加坡,任公与中山往还日密,渐赞成革命,其同学韩文举、欧榘甲等主张尤激烈,于是有孙、康两党合并之计划,推中山为会长,而梁副之。梁诘中山曰:"如此则将置康先生于何地?"中山曰:"弟子为会长,为之师者其地位岂不更尊。"任公悦服。其时,时务学堂解散,唐才常与学生李炳寰、林圭、蔡锷十一人往日本从任公,共图革命。而徐勤、麦孟华阴致书有为,谓:"卓如渐入中山圈套,非速设法解救不可。"康怒,遣人赴日,勒令任公赴檀香山开保皇会,不许稽延。任公至檀,所交皆中兴会员,中山所介绍也,故移书中山,言:"我辈既已订交,他日共图天下事,必无分歧之理,弟日夜无不焦虑此事,但假以时日,必有调处之善法也。"因加入三合会,被推为香主。唐才常于拳匪乱时起义汉口,皆任公暗中策划。二十六年七月回沪,而事已败。遂往南洋见康有为,游印度、澳洲。二十七年四月,复至日本,十一月,《清议报》至一百号停刊。二十八年正月,改办《新民丛报》,又出《新小说报》,此二报影响力甚大,任公之学术思想,皆可征之,其见解与有为渐分歧矣。光绪二十九年,游历美洲,十月复返日。以"苏报案"章炳麟入狱,感新党棼乱,言论大变;从前所深信之破坏主义与革命排满主张,完全放弃,欲以讲学为救国不二法门。盖至是始舍政治而致力史学,《中国通史》之编著,即其计划之一焉。然自后四年间,与革命党之《民报》作政论之争,革命党成立中国同盟会,维新(保皇)党亦成立政闻社,从事宪政运动,清廷之设立资政院、谘议局及预备立宪,皆任公策划促成之者也。光绪三十三年《新民丛报》停刊而《政论》继之。三十四年,清廷查禁政闻社,社员分散各省,参加资政院、谘议局者甚多,又发起速开国会请愿运动。任公始专心从事著述工作,欲以国法、生计二学为巢穴,著财政学一书,可得百万言。又因各省谘议局议员影像欠佳,知人心风俗,一落千丈,如此半桶水之立宪党,将来忧患曷其有极,遂不免于悲观。但以徐佛苏为请愿运动之中坚人物,仍勉励赞助之。宣统二年办《国风报》于上海，且为徐氏所主持之《国民公报》撰文，佛苏与孙洪伊、雷奋等组成宪友会于北京，各省谘议局议长皆为分会长。请愿即开国会之目的未达，而各省代表公决密谋革命，辛亥武昌起义后，各省迅即响应独立者，即由于此。宪友会之党纲，即任公所定。宣统三年，任公游台，欲考察日人治绩，以为内地借鉴，满载感慨而还。武昌起义后，任公归国至大连、奉天欲说吴禄贞、张绍曾、蓝天蔚等以为"和袁慰亭逼满服汉"之计，成立虚君共和政制。因吴被刺而返，清廷发表为法律副大臣，袁世凯迭促之，皆谢绝。建议召开国民会议，以解决国体。其时有为亦在日，因存清之主张，为舆论所不容，任公请其宣布退休。自是康、梁始分道扬镳。然而民国之成立，凡立宪派所以赞助共和者，皆任公领导之力也（见徐佛苏《记梁任公先生逸事》）。民国元年，各党派皆欢迎任公回国，黎元洪并有"梁启超系有用人才，弃之可惜"之电。十月二十日抵北京，共和党、民主党、统一党、国民党皆开会欢迎。旋返津办《庸言报》，一万份顷刻销罄。民国二年共和、民主、统一三党合并为进步党，以黎元洪为理事长，任公及张謇、伍廷芳、孙武、汤化龙等九人为理事，其实隐以梁为党魁也。进步党熊希龄组织"人才内阁"，任公为司法总长。民国三年，熊阁改组辞职，袁世凯任为币制局总裁，又任为参政院参政，同门皆劝其从速自拔。任公以整顿币制无望，坚请撤局。是冬假馆清华园，著《欧洲战役史论》，诗有："如何归乎来？两载投牢策。愧俸每颡泚，畏讥动魂慑。冗材惮享牺，遐想醒梦蝶。推理悟今吾，乘愿理素业。"盖已有从政之悔矣。民国四年为《大中华杂志》主编，以袁氏帝制议起，著《异哉所谓国体问题者》一文以攻之。即怂蔡锷回滇组织护国军，进行讨袁事。次年，岑春煊两广都司令部成立，以任公为都参谋，军务院成立，唐继尧、岑春煊为正副抚军长，任公为抚军兼政务委员。帝制取消，袁世凯死，军务院撤销，恢复民元约法及旧国会，任公斡旋之力居多。民国六年，张勋复辟事起，任公入段祺瑞军中，誓师讨之。事定，冯国璋代行总统职权，段祺瑞组阁，任公为财政总长。不数月，即因南北分裂，军费加大，财政无法整理，坚决辞职。在津专力于通史之作。民国七年底，偕蒋方震百里、刘崇杰子楷、丁文江在君、张嘉森君劢、徐新六振飞、杨维新鼎甫等游欧，对政治活动决然舍弃，此后即致力于教育事业。民国九年三月回国,承办中国公学,组织共学社,整顿《改造杂志》,以“培养新人才,宣传新文化,开拓新政治”为公共祈向。著《清代学术概论》及《墨经校释》二书,又欲撰《中国佛教史》,发表论文十二篇。民国十年,应南开大学聘主讲“中国文化史”,著《墨子学案》、《中国历史研究法》。民国十一年讲学清华学校及南京东南大学,是年平、津、沪、宁各地讲演不下二十余次,皆有讲稿发表。民国十二年回津休憩,养病谢客。九月起在清华学校讲学,著《朱舜水年谱》、《陶渊明年谱》。创设松坡图书馆。十三年又讲学南开,李夫人卒,夏曾佑穗卿亦卒,任公嗒然气尽,几不知人间何世。十四年,中山先生病逝北京,任公曾往视疾,二人执手,泫然泪下,盖以合作之计划未成,国事败坏至此,均有无限痛苦也。是秋清华大学开办研究院,任公任讲座,所造就之国学人才甚夥,《中国文化史》第一编即成于斯时。十五年仍在清华任教,并兼京师图书馆司法储才馆馆长。因便血病在协和医院误割一肾,身体始大衰。然任公自以得天独厚,复元甚快,工作未稍息,其病亦时愈时发。十六年有为逝世,任公仍欲完成《中国通史》之作,决摆脱各事,从事休养。因王国维投湖自杀,颇受刺激,旧病复发。十七年春再入协和检查身体,情形良好。六月,始摆脱清华研究院事。九月撰《辛稼轩年谱》,二十四日痔疾发,入协和割治,服泻药二星期之久,胃口弄倒。稍见轻,即回津,精神萎顿,衰弱日甚。十一月廿七日其弟启勋(仲策)视疾,复偕至平协和诊治。医生化验肺有末乃厉菌(Monelli)而未知治法,民国十八年一月,病势转恶,寒热交作,十九日遂逝世,年五十七。国民政府统一后,因党派不同,常遭曲解。抗战时期,中央始予明令褒扬。

(二)任公之政论

徐佛苏论:“梁先生生平以著作报国,实有四十年之历史,可分四期:一为维新变法之时期,二为立宪革命并进之时期,三为恢复共和之时期,四为讲学育才之时期。著述约在一千四百万字内外,为世界第一之博学家。”此四时期中,第一二期之政论,专以宣传为业,为《时务报》、《清议报》、《新民丛报》、《新小说》等诸杂志,畅其旨义,国人竞喜读之。清廷虽严禁,不能遏,每一册出,内地翻刻本辄十数,二十年来学子之思想,均蒙其影响。夙不喜桐城派古文,幼年为文,学晚汉、魏晋,颇尚矜练,至是自解放,务为平易畅达,时杂以俚语、韵语及外国语法,纵笔所至不检束,学者竞效之,号新文体,此盖新文学运动之先声已。其文条理明晰,笔锋常带情感,对于读者,别有一种魔力焉。古今人著述之多,范围之广,影响力之大,盖无有过于任公者。光绪二十二年,首著《变法通议》,其言曰:

> 法何以必变?凡在天地之间者,莫不变。昼夜变而成日,寒暑变而成岁,大地肇起,流质炎炎,热镕冰迁,累变而成地球。海草螺蛤,大木大鸟,飞鱼飞鼍,袋兽脊兽,彼生此灭,更代迭变,而成世界。紫血红血,流注体内,呼碳吸氧,刻刻相续,一日千变,而成生人。藉曰不变,则天地人类并时而息矣。故夫变者,古今之公理也。贡助之法,变为租庸调,租庸调变为两税,两税变为一条鞭。井乘之法,变为府兵,府兵变为彍骑,彍骑变为禁军。学校升造之法,变为荐辟,荐辟变为九品中正,九品中正变为科目,上下千岁,无时不变,无事不变,公理有固然,非夫人之力也。为不变之说者动曰守古、守古,庸讵知自太古、上古、中古、近古以至今日,固已不知万百千变,今日所目为古法而守之者,其于古人之意,相去岂可以道里计哉?今夫自然之变,天之道也,或变则善,或变则敝,有人道焉,则智之所审也。语曰:学者上达,不学下达,惟治亦然,委心任运,听其流变,则日趋于敝;振刷整顿,斟酌变通,则日趋于善。吾揆之于古,一姓受命,创法立制,数叶以后,其子孙之所奉行,必有以异于其祖父矣,而彼君臣上下,犹僩焉以为吾今日之法吾祖,前者以之治天下而治,薾然守之,因循不察,渐移渐变,百事废弛,卒至疲敝,不可收拾。代兴者审其敝而变之,则为新王矣。苟其子孙达于此义,自审其敝而自变之,斯号中兴矣。汉、唐中兴,斯固然矣。《诗》曰:"周虽旧邦,其命维新。"言治旧国必用新法也。其事甚顺,其义至明,有可为之机,有可取之法,有不得不行之势,有不容少缓之故。为不变之说者,犹曰守古、守古,坐视其因循废弛,而漠然无所动于中。呜呼!可不谓大惑不解者乎?

《易》曰:“穷则变,变则通,通则久。”伊尹曰:“用其新,去其陈,病乃不存。”夜不炳烛则昧,冬不御裘则寒,渡河而乘陆车者危,易症而尝旧方者死。今专标斯义,大声疾呼,上循士训诵训之遗,下依蒙讽瞽谏之义,言之无罪,闻者足兴,为六十篇,分类十二。知我罪我,其无辞焉。

以上为《变法通议》之自序,下分“论不变法之害”,“变法不知本原之害”,“学校总论”,“论科举”,“论学会”,“论师范”,“论女学”,“论幼学”,“学校余论”,“论译书”,“论变法必自平满汉之界始”。其论不变法之害曰:

中国立国之古等印度,土地之沃迈突厥,而因沿积弊,不能振变,亦伯仲于二国之间。以故地利不辟,人满为患,河北诸省,岁虽中收,犹道殣相望,京师一冬,死者千计,一有水旱,道路不通,运赈无术,任其填委,十室九空。滨海小民,无所得食,逃至南洋、美洲诸地,鬻食为奴,犹被驱迫,丧斧以归。驯者转于沟壑,黠者流为盗贼,教匪会匪,蔓延九州,伺隙而动。工艺不兴,商务不讲,土货日见减色,而他人投我所好,制造百物,畅销内地,漏卮日甚,脂膏将枯。学校不立,学子于帖括外,一物不知,其上者考据词章,破碎相尚,语以瀛海,瞠目不信。又得官甚难,治生无术,习于无耻,瞢不知怪。兵学不讲,绿营防勇,老弱癖烟,凶悍骚扰,无所可用,一旦军兴,临事募集,半属流丐,器械窳苦,饷糈微薄,偏裨以上,流品猥杂,一字不识,无论读图,营例不谙,无论兵法,以此与他人学问之将,纪律之师相遇,百战百败,无待交绥。官制不善,习非所用,用非所习,委权胥吏,百弊猬起。一官数人,一人数官,牵制推诿,一事不举,保奖朦混,鬻爵充塞,朝为市侩,夕登显秩。宦途壅滞,候补窘悴,非钻营奔竞,不能疗饥,俸廉微薄,供亿繁浩,非贪污恶鄙,无以自给。限年绳格,虽有奇才,不能特达,必俟其筋力既衰,暮气将深,始任以事,故肉食盈廷,而乏才为患。法弊如此,虽敌国外患,晏然无闻,君子犹或忧之,况于一羊处群虎之间,抱火厝之积薪之下,而寝其上者乎?孟子曰:“国必自伐,然后人伐之。”又曰:“未闻以千里畏人者也。”又曰:“能治其国家,谁敢侮之?”中国户口之众,冠于大地,幅员式廓,亦俄、英之亚也。矿产充溢,积数千年未经开采,土地沃衍,百植并宜。国处温带,其民材智,君权统一,欲有兴作,不患阻挠,此皆欧洲各国之所无也。夫以旧法之不可恃也如彼,新政之易为功也又如此,何舍何从,不待智者可以决矣。

又论变法不知本原之害,一言以蔽之曰:变法之本,在育人才,人才之兴,在开学校,学校之立,在变科举,而一切要其大成在变官制。此文所论积弊发生之现象,为民生憔悴,经济枯竭,而变法之重心,则在兴学育才。其以后在日本倾力研究财政生计学,自谓:“若见施行,可以起宗邦于久衰,拯民生于涂炭。”(见《财政原论·例言》)即可知任公救国救民之愿,始终以教育经济为方针,此种思想殆倾其一生而未变者也。所变者乃在政体之主张,任教时务学堂时,以彻底改革洞开民智,以种族革命为本位(见狄葆贤《任公先生事略》)。王先谦、叶德辉等《翼教丛编》所以攻击之者,亦以其倡平等民权耳。戊戌政变后,任公于《新民丛报》著《释革》以申之曰:

革也者,天演界中不可逃避之公例也。……蛰处于一小天地之中,不与大局相关系,时势既奔轶绝尘,而我犹瞠乎其后。于此而甘自澌灭,则亦已耳,若不甘者,则诚不可不急起直追,务使一化今日之地位,而求可以与他人之适于天演者并立。夫我既受数千年之积痼,一切事物,无大无小无上无下,而无不与时势相反,于此而欲易其不适者以底于适,非从根柢处掀而翻之,廓清而辞辟之,乌乎可哉!乌乎可哉!此所以革命为今日救中国独一无二之法门,不由此道而欲以图存,欲以图强,是磨砖作镜炊沙为饭之类也。

又于致康有为书中,言排满革命之意义曰:

今日民族主义最发达之时代,非有此精神,决不能立国。弟子誓焦舌秃笔以倡之,决不能弃去者也。而所以唤起民族精神者,势不得不攻满洲。日本以讨幕为最适宜之主义,中国以讨满为最适宜之主义,弟子所见,谓无以易此矣。满廷之无望也久矣,今日望归政,望复辟,夫何可得?即得矣,满朝皆仇敌,百事腐败已久,虽召吾党归用之,而亦决不能行其志也。先生惧破坏,弟子亦未始不惧,然以为破坏终不可得免,愈迟则愈惨,毋宁早耳。且我不言,他人亦言之,岂能禁乎?不惟他人而已,同门中人猖狂言此有过弟子十倍者,先生特未见《文兴报》耳。徐、欧所发之论,所记之事,虽弟子视之犹为耷栗。……满贼清贼之言,盈篇溢纸,檀香山《新中国报》亦然。《新民报》之含蓄亦甚矣。树园吾党中最长者也,然其恶满之心更热,《新民报》中扪虱谈虎一门,及《人肉楼》等篇,树园笔也,同门之人,皆趋于此。夫树园、君勉岂背师之人哉?然皆若此,实则受先生救国救民之教,浸之已久,而迫于今日时势,实不得不然也。

其所撰《新中国未来记》,理想国号曰大中华民主国,预计十年后大业始就。一千九百六十二年祝开国五十年纪念。第一任总统罗在田,第二任总统黄克强。罗在田隐清德宗名,言其逊位也。黄克强谓黄帝子孙能自强之意。初不料民国之成立,与清帝之退位,事皆相符,而黄克强且真为开国元勋焉。但因言革命,触有为之盛怒,履书责之,并以大病危在旦夕相恫。任公复言痛改,实未弃其主义也。光绪廿九年致徐勉书云:"今每见新闻,辄勃勃欲动,弟深信中国之万不能不革命,今怀此志,转益深也。"可见《新民丛报》对于革命之宣传,不遗余力,其影响诚如黄公度所云:"《清议报》胜《时务报》远矣,今之《新民丛报》又胜《清议报》百倍矣。惊心动魄,一字千金,人人笔下所无,却为人人意中所有,虽铁石人亦应感动,从古至今文字之力之大,无过于此者矣。"《新民丛报》与《民报》之笔战,乃在种族革命与政治革命之分。任公自称:"启超既日倡革命排满共和之论,而其师康有为深不谓然,屡责备之,继以婉劝,两年间函札数万言,启超亦不慊于当时革命家之所为,惩羹而吹齑,持论稍稍变矣。然其保守性与进取性常交战于胸中，随感情而发，所执往往前后相矛盾，尝自言曰：'不惜以今日之我，难昔日之我。'世多以此为诟病，而其言论之效力，亦往往相消。盖生性之弱点然矣。"（见《清代学术概论》）此世人之所以责任公，与任公之所以自责者即在前后思想之矛盾，其实革命与共和之思想任公未尝变，特不言种族与排满耳。其有助于革命之成功，效力固丝毫未减，内地之宣传，人心之趋向，大半皆任公之力。当余总角受书时，即曾读其家喻户晓之《中国魂》，而固不知有《民报》与《革命军》也。以后再造共和，扑灭复辟，其遗徽更不可磨灭矣。

（三）任公之学术（上）

《清代学术概论》云："对于今文学派为猛烈的宣传运动者，则新会梁启超也。启超年十五，与其友陈千秋同学于学海堂，治戴、段、王之学，千秋所以辅益之者良厚。而康有为以布衣上书被放归，举国目为怪，千秋、启超好奇，相将谒之，一见大服，遂执业为弟子，共请开馆讲学，则所谓万木草堂是也。二人学数月，则以其所闻昌言于学海堂，大诋诃旧学，与长老侪辈辩诘无虚日，有为不轻以所学授人，草堂常课，除《公羊传》外，则点读《资治通鉴》、《宋元学案》、《朱子语类》等，又时时习古礼。千秋、启超弗嗜也，则相与治周、秦诸子及佛典，亦涉猎清儒经济书及译本西书，皆就有为决疑滞。居一年，乃闻所谓'大同义'者，喜欲狂，锐意谋宣传，有为谓非其时，然不能禁也。又二年而千秋卒（年二十二），启超益独力自任。启超治《伪经考》，时复不慊于其师之武断，后遂置不复道。其师好引纬书，以神秘性说孔子，启超亦不谓然。启超谓孔门之学，后衍为孟子、荀卿两派，荀传小康，孟传大同，汉代经师，不问为今文家、古文家皆出荀卿（汪中说）。二千年间，宗派屡变，壹皆盘旋荀学下，孟子绝而孔学亦衰。于是专以绌荀申孟为标帜。引孟子诛责'独夫'、'民贼'、'善战服上刑'、'授田制产'诸义，谓为大同精意所寄，日倡道之。又好《墨子》，诵说其'兼爱'、'非攻'诸论，启超屡游京师，渐交当世士大夫，而其讲学最契之友，曰夏曾佑、谭嗣同。曾佑方治龚、刘今文学，每发一义，辄相视莫逆。"其后启超亡命日本，曾佑赠以诗，中有句曰："……冥冥兰陵门（荀），万鬼头如蚁。质多(魔鬼)举只手,阳乌为之死。袒裼往暴之,一击类执豕。酣酣掷杯起,跌宕笑相视。颇谓宙合间,只此足欢喜……”此可知当时彼辈排荀运动,实有一种元气淋漓景象。嗣同方治王夫之之学,喜谈名理,谈经济。及交启超,亦盛言大同,运动尤烈,而启超之学,受夏、谭影响亦至巨。其后启超等之运动,益带政治的色彩。启超创一旬刊杂志于上海,曰《时务报》,自著《变法通议》,批评秕政,而救敝之法,归于废科举、兴学校,亦时时发“民权论”,但微引其绪,未敢昌言。已而嗣同与黄遵宪、熊希龄等设时务学堂于长沙,聘启超主讲席,唐才常等为助教。启超至,以《公羊》、《孟子》教,课以札记,学生仅四十人,而李炳寰、林圭、蔡锷称高材生焉。启超每日在讲堂四小时,夜则批答诸生札记,每条或至千言,往往彻夜不寐,所言皆当时一派之民权论。又多言清代故实,胪举失政,盛倡革命。其论学术,自荀卿以下汉、唐、宋、明、清学者,掊击无完肤。时学生皆住舍,不与外通,堂内空气日日激变,外间莫或知之。及年假,诸生归省,出札记示亲友,全湘大哗。先是嗣同、才常等设南学会,又设《湘报》、《湘学报》,所言虽不如学堂中激烈,实阴相策应。又窃印《明夷待访录》、《扬州十日记》等书,加以案语,秘密分布,传播革命思想,信奉者日众。于是湖南新旧派大哄。叶德辉著《翼教丛编》数十万言,将康有为所著书、启超所批学生札记,及《时务报》、《湘报》、《湘学报》诸论文,逐条痛斥。而张之洞亦著《劝学篇》,旨趣略同。戊戌政变前,某御史胪举札记批语数十条指斥清室鼓吹民权者,具折揭参,卒兴大狱,嗣同死焉。启超亡命,才常等被逐,学堂解散,盖学术之争,延为政争矣。又云:“启超自三十以后,已绝口不谈‘伪经’,亦不甚谈‘改制’,而其师康有为大倡设孔教会、定国教、祀天、配孔诸议。”国中附和不乏人,启超不谓然,屡起而驳之,其言曰:

> 我国学界之光明,人物之伟大,莫过于战国。盖思想自由之明效也。及秦始皇焚百家之语,而思想一窒。汉武帝表章六艺,罢黜百家,而思想又一窒。自汉以来,号称行孔教二千年于兹矣,而皆持所谓表章某某、罢黜某某者为一贯之精神,故正学、异端有争,今学、古

学有争,言考据则争师法,言性理则争道统,各自以为孔教,而排斥他人以为非孔教……寖假而孔子变为董江都、何劭公矣;寖假而孔子变为马季长、郑康成矣;寖假而孔子变为韩退之、欧阳永叔矣;寖假而孔子变为程伊川、朱晦庵矣,寖假而孔子变为陆象山、王阳明矣;寖假而孔子变为顾亭林、戴东原矣。皆由思想束缚于一点,不能自开生面,如群猿得一果,跳掷以相攫;如群妪得一钱,诟詈以相夺,情状抑何可怜!……此二千年来保教党所生之结果也(壬寅年《新民丛报》)。今之言保教者,取近世新学新理而缘附之,曰某某孔子所已知也;某某孔子所曾言也。……然则非以此新学新理厘然有当于吾心而从之也,不过以其暗合于我孔子而从之耳。是所爱者仍在孔子,非在真理也。万一遍索诸四书、六经而终无所比附者,则将明知为真理而亦不敢从矣。万一吾所比附者有人剔之曰:孔子不如是,斯亦不敢不弃之矣。若是乎真理之终不能饷遗我国民也。故吾所恶乎舞文贱儒,动以西学缘附中学者,以其名为开新,实则保守,煽思想界之奴性而益滋之也。(同上)

又曰:

撷古书片词单语以傅会今义,最易发生两种流弊:一、倘所印证之义,其表里适相吻合,善已;若稍有牵合附会,则最易导国民以不正确之观念,而缘郢书燕说以滋弊。例如畴昔谈立宪、谈共和者,偶见经典中某字某句与"立宪"、"共和"等字略相近,辄撷拾以沾沾自喜,谓此制为我所固有,其实今世共和立宪制度之为物,即泰西亦不过起于近百年,求诸彼古代之希腊、罗马且不可得,遑论我国?而比附之言,传播既广,则能使多数人之眼光、之思想,见局见缚于所比附之文句,以为所谓立宪、共和者不过如是,而不复追求其真义之所存。……此等结习,最易为国民研究实学之魔障。二、劝人行此制,告之曰:吾先哲所尝行也;劝人治此学,告之曰:吾先哲所尝治也。其势较易入,固也,然频以此相诏,则人于先哲未尝行之制,辄疑其不可行,于先哲未尝治之学,辄疑其不当治,无形之中,恒足以增其故见自满之习,而障其择善服从之明。……吾雅不愿采撷隔墙桃李之繁葩,缀结于吾家杉松之老干,而沾沾自鸣得意。吾诚爱桃李也,惟当思所以移植之,而何必使与杉松淆其名实者?(乙卯年《国风报》)

此诸论者,虽专为一问题而发,然启超对于我国旧思想之总批判,及其所认为今后新思想发展应遵之途径,皆略见焉。中国思想之痼疾,确在"好依傍"与"名实混淆",若援佛入儒也,若好造伪书也,皆原本于此等精神。以清儒论,颜元几于墨矣,而必自谓孔子;戴震全属西洋思想,而必自谓出孔子;康有为之大同,空前创获,而必自谓出孔子。及至孔子之改制,何为必托古?诸子何为皆托古?则亦依傍混淆也已。此病根不拔,则思想终无独立自由之望。启超盖于此三致意焉,然持论既屡与其师不合,康、梁学派遂分。启超之在思想界,其破坏力确不小,而建设则未有闻。晚清思想界之粗率浅薄,启超与有罪焉。启超常称说谓:"未能自度而先度人,是为菩萨发心。"故其生平著作极多,皆随有所见,随即发表。彼尝言:"我读到'性本善',则教人以'人之初'而已。殊不思'性相近'以下尚未读通,恐并'人之初'一句亦不能解,以此教人,安见其不为误人?"启超平素主张,谓须将世界学说为无限制的尽量输入,斯固然矣,然必所输入者确为该思想之本来面目,又必具其条理本末,始能供国人切实研究之资,此其事非多数人专门分担不能。启超务广而荒,每一学稍涉其樊,便加论列,故其所述者,多模糊影响笼统之谈。甚者纯然错误,及其自发现而自谋矫正,则已前后矛盾矣。平心论之,以二十年前思想界之闭塞萎靡,非用此种卤莽疏阔手段,不能烈山泽以辟新局,就此点论,梁启超可谓思想界之陈涉。虽然,国人所责望于启超者不止此,以其人本身之魄力及其三十年历史上所积之资格,实应为我思想界力图缔造一开国规模。若长此以自终,则在中国文化史上,不能不谓为一大损失也。启超与康有为最相反之一点,有为太有成见,启超太无成见,其应事也有然,其治学也亦有然。有为常言:"吾学三十岁已成,此后不复有进,亦不必求进。"启超不然,常自觉其学未成,且忧其不成,数十年日在彷徨求索中,故有为之学,在今日可以论定;启超之学,则未能论定。然启超以太无成见之故,往往循物而夺其所守,其创造力不逮有为,殆可断言矣。启超学问欲极炽,其所嗜之种类亦繁杂,每治一业,则沉溺焉,集中精力,尽抛其他。历若干时日,移于他业,则又抛其前所治者。以集中精力之故,故常有所得;以移时而抛故,故入焉而不深。彼尝有诗题其女令娴《艺蘅馆日记》云:"吾学病爱博,是用浅且芜。尤病在无恒,有获旋失诸。百凡可效我,此二无我如。"可谓有自知之明。启超既自知其短,而改之不勇,中间又屡为无聊的政治活动所牵率,耗其精而荒其业。识者谓启超若能永远绝意政治,且裁敛其学问欲,专精于一二点,则于将来之思想界当更有所贡献,否则亦适成为清代思想界之结束人物而已。以上皆任公先生自述其治学经过,盖初治今文学,而笃信大同之说;继则不谈改制,不谈伪经,尤反对以孔教而定一尊;最后则欲对于一学为彻底的忠实研究,力洗晚清笼统肤浅凌乱之病。其成就大体在史学,史学之本质即为通博。蔡孑民先生曰:"夏曾佑学识通博,过于章炳麟,炳麟学人,学人难,通人更难,学人守先待后,通人则开风气者。"曾佑与任公皆以《公羊》学派入手,而绌荀申孟,曾佑之著述甚少,仅《中国历史教科书》一书尚未完成,但即此一书,已足见其今文学家之信守甚笃。惟不似有为之拘泥武断耳,故蔡先生以通人称之。若以开风气论,则曾佑不逮任公远甚。陆费逵谓:"我国中上流人稍有常识,固先生之功居多,而青年学子作应用文字,其得力于先生者尤众。"林宰平谓:"于新故蜕变之交,文字思想之解放,无一不开其先路,视同时任何人其力量殆皆过之。"殊非虚誉。倘以孑民先生语移于任公,则可谓确当不易矣。

(四) 任公之学术(下)

任公之思想主张虽常有变更,然大体上有一不变之原则在,即"《春秋》经世"是也。在时务学堂之《学约》十条:一曰立志,二曰养心,三曰治身,四曰读书,五曰穷理,六曰学文,七曰乐群,八曰摄生,九曰经世,十曰传教。其释"经世"曰:

> 庄生曰:“《春秋》经世,先王之志。”凡学焉而不足为经世之用者,皆谓之俗学可也。居今日而言经世,与唐、宋以来之言经世者又稍异。必深通六经制作之精意,证以周、秦诸子及西人公理、公法之书以为之经,以求治天下之理;必博观历朝掌故、沿革得失,证以泰西希腊、罗马诸古史以为之纬,以求古人治天下之法;必细察今日天下郡国利病,知其积弱之由,及其可以图强之道,证以西国近史宪法章程之书,及各国报章以为之用,以求治今日之天下所当有事,夫然后可以言经世。而游历、讲论二者,又其管钥也。今中国所患者,无政才也。记曰:“授之以政,不达,虽多亦奚以为?”今中学以经义、掌故为主,西学以宪法、官制为归。远法安定经义、治事之规,近采西人政治学院之义,与二三子共勉之。

又于《读春秋界说》中言:“《春秋》本以义为主,然必托事以言义,则其义愈切著。”《读孟子界说》中言:“盖凡言经世者,未有不学《春秋》者也。”又《复刘古愚山长书》云:“千年教宗,运丁绝续,左衽交迫,沦胥靡日。必使薄海内外,知孔子为制法之圣,信六经为经世之书,信受通习,庶几有救。”所论《春秋》经世之义,仍本今文家说,此点至二十三年后仍不变,如《清代学术概论》云:

> 清初之儒,皆讲致用,所谓“经世之务”是也。宗羲以史学为根柢,故言之尤辩。其最有影响于近代思想者,则《明夷待访录》也。……故顾炎武见之而叹,谓三代之治可复。而后此梁启超、谭嗣同辈倡民权共和之说,则将其书节钞,印数万本,秘密散布,于晚清思想之骤变,极有力焉。……吾尝言当时经世学派之昌,由于诸大师之志存匡复。诸大师始终不为清廷所用,固已大受猜忌,其后文字狱频兴,学者渐渐惴惴不自保,凡学术之触时讳者,不敢相讲习,然英拔之士,其聪明才力,终不能无所用也,诠释故训,究索名物,真所谓于世无患,与人无争,学者可以自藏焉。……嘉、道以还……经世致用观念之复活,炎炎不可抑……于是对外求索之欲日炽,对内厌弃之情日

烈……以其极幼稚之西学智识，与清初启蒙期所谓经世之学相结合，别树一派，向于正统派公然举叛旗矣。

所谓经世致用之一学派，其根本观念，传自孔、孟，历代多倡道之，而清代之启蒙派晚出派，益扩张其范围，此派所揭橥之旗帜，谓学问有当讲求者，在改良社会增其幸福，其通行语所谓国计民生者是也。故其论点，不期而趋集于生计问题。而我国对于生计问题之见地，自先秦诸大哲，其理想皆近于今世所谓社会主义。二千年来生计社会之组织，亦蒙此种理想之赐，颇称均平健实。今此问题为全世界人类之公共问题，各国学者之头脑，皆为所恼。吾敢言我国之生计社会，实为将来新学说最好之试验场，而我国学者对于此问题，实有最大之发言权，且尤当自觉悟其对此问题应负最大之任务。

任公论清学虽以考据学为正统，而对于经世学之源流，则推本孔、孟，下及今文学派，谓为理想近于今世之社会主义，其依归固极显然可见也。特以康有为大同之说，比拟三世，谓小康为升平，大同为太平是已，然此乃孔子祖述尧、舜之意，以三代为小康耳。而有为不察，以秦以前为“据乱”，秦后迄今为“升平”，自此以往将为“太平世”矣。故任公《新学伪经考序》亦以是为言，而谓西人之立宪、共和为“洋溢中国，施及蛮貊”，则未免穿凿。故于避日读西书后已发现之，乃致书有为曰：“近日西人言国家主义者，未有不借大同为衬笔、撇笔，盖欲主张其本论，使之圆到，不能不论及此也。大同之说，在中国固由先生精思独辟，而在泰西，实已久为陈言。希腊之柏拉图，英国之德麻摩里（十五世纪人，著一小说，极瑰伟，弟子译其名曰《华严界》），法国之仙世门、喀谟德，所言其宗旨条理，皆极精尽，极详密，而驳之者亦不下数十家。近人著书几无不引之，无不驳之，弟子言此，亦袭前人说耳。”任公所最膺服康氏者，不在伪经、改制，而在大同、小康，今既知大同乃西洋陈说，几何其不与康氏之思想相左乎？康氏以尊孔为保教，而定思想于一尊，此非时代之所能许也；又欲以保皇为改制，而维满洲之帝统，此更非中国人所愿接受也。任公反对，固其宜耳。然任公不谈大一统之政教，而终未弃其《春秋》经世之说，故欲草一《中国通史》,以助爱国思想之发达。谓:“空言喋礫,无补时艰,平旦自思,只有惭悚!”此后所以报国民之恩者,殆欲如孔子之不如见诸行事之深切著明,因其行事而加吾王心焉,其辞则齐桓、晋文,其义则素王笔也。此亦警时忧世之苦心,吾谓任公,盖亦如是而已。故后此之作,强半为史,如《中国史叙论》、《中国积弱溯源论》、《国家思想变迁异同论》、《尧舜为中国中央君权滥觞考》、《过渡时代论》、《论中国学术思想变迁之大势》、《新史学》、《中国专制政治进化史论》、《中国史上人口之统计》、《格致学沿革考略》、《生计学说沿革小史》、《中国历史上革命之研究》、《中国法理学发达史论》、《论中国成文法编制之沿革得失》、《世界史上广东之位置》、《中国古代币材考》、《说国风》、《研究文化史的几个重要问题》、《近代学风之地理的分布》、《明清之交中国思想界及其代表人物》、《印度与中国文化之亲属的关系》,而传记学案及单行之《戊戌政变记》、《清代学术概论》、《中国历史研究法》、《中国近三百年学术史》。又拟著之《中国文化史》、《中国佛教史》等,虽心目中之《中国通史》未完成,然大端已立。其言曰:“呜呼!史界革命不起,则吾国遂不可救,悠悠万事,惟此为大,新史学之著,吾岂好异哉?吾不得已也。”又曰:“凡著书贵宗旨,作史者将为若干之陈死人作纪念碑耶?为若干之过去事作歌舞剧耶?殆非也。将使今世之人鉴之、裁之,以为经世之用也。”(见《新史学》)夏曾佑穗卿、韩文举树园(一号孔厂,又称扪虱谈虎客)均任公挚友,学术思想极相近,而一著《中国历史》,一著《中国近世秘史》。是皆可征任公一生治学之精诣所在,《春秋》经世四字,可以尽之矣。惟于新文化运动则推波而助之,于新汉学之兴,则依违于其间,喜谈龚、魏,亦蹈定庵、默深之覆辙,故不能如曾涤生、蔡孑民、孙中山三氏,取裁乎通博,而别择其专深,道不同不相为谋,各行其是可耳,何必使学术界仍回支离破碎之途?此虽非贤者之过,然以三十年间领导学术之人物,而不克救之、正之,仍不免贻人以误解之口实,殊可惜也。

第三十二章　今文学运动时之考据派

一百三十三　皖派经学家

(一) 焦、汪后人与刘氏父子——汪喜孙、焦廷琥、刘宝楠、恭冕(附钟文蒸)

吴派经学家自汪中而后，其子喜孙(字孟慈，后更名喜荀)继之，力除门户之见，以通经致用为归，已与独抱遗经、硁硁自守者异矣。所著有《国朝名臣言行录》、《从政录》、《尚友记》、《且住庵诗文稿》等，其余则无闻焉。而皖派学者仍辈出，然风气亦稍稍变矣。焦循之子廷琥，字虎玉，善承家学，以里堂既著《群经宫室考》，因别撰《冕服考》四卷辅翼之，其辨析精核，殊不下于乃父，亦较宋氏《释服》为完备。合而观之，于礼经制度，可概睹其大凡矣。孙星衍不信地圆，以西人误会《大戴礼记》"四角不揜"一语，始创为是说。廷琥读其书，则谓："《大戴》有曾子之言，《内经》有歧伯之言，末后有邵子、程子之言，其说非西人所自创。"于是博搜古籍，合诸家而胪列之，成《地圆说》二卷。又于算学亦颇深造，有《益古演》、《段开方补》，详画其式，里堂极称之。《读书小记》足与钟裦(字保其，一字蔵厓，甘泉人)《考古录》骖蕲，收入徐氏《邧斋丛书》。《密梅花馆诗文录》则缀刊《雕菰楼集》后。刘台拱以后，其从侄刘宝楠，字楚桢，号念楼，父履恂，著《秋槎杂记》，收入阮氏《经解》。道光二十年进士，与仪征刘文淇齐名，人称"扬州二刘"。历任直隶文安、宝坻、固安、元氏、三河知县，在官十六年，内行严整，衣履素朴如诸生，勤于听讼，远近歙然，循良称最。为学不坚持门户，初治毛氏《诗》、郑氏《礼》，后与刘文淇、泾县包世臣、丹徒柳兴恩、句容陈立约各治一经,宝楠发策得《论语》。尝病皇、邢疏芜陋,搜采汉儒旧说,益以宋人及近世诸家说,仿焦循《孟子正义》例,先为长编,次乃荟萃而折衷之,著《论语正义》二十四卷,因官事繁未卒业,命子恭冕续成之。咸丰五年卒,年六十五,自撰墓志,私谥曰"孝献先生"。他著有《释谷》四卷,《汉石例》六卷,《愈愚录》六卷,《韫山楼诗文集》若干卷,《宝应图经》六卷,《文征》百余卷,《清芬集》十卷,《胜朝殉扬录》三卷。恭冕,字叔俛,光绪五年举人。尝举段玉裁以史为经之说,推其意而论之,谓当有二十一经,盖于十三经外,加《大戴礼记》、《荀子》、《史记》、《汉书》、《通鉴》、《楚辞》、《说文解字》、《九章算术》也。即以"广经"名其室。同治中,偕刘毓崧父子、甘泉梅延祖诸人,应曾国藩聘,校书江南官书局。初治《毛诗》,未就,厘订其父《论语正义》手稿付梓。又见《汉书》言何休注训《论语》,而平叔《集解》采各家独不及休,因读《公羊注》引《论语》文甚夥,乃知何氏深嗜此书,或意欲作注而未成耳。遂搜辑《公羊注》并《膏肓》、《废疾》所引《论语》诸文,皆次录之,成《何休注论语述》一卷。又治《公羊》发明新周之义,盖父子均接近今文学家矣。尝主讲湖北经心书院,崇尚朴学。晚年在吴中,后思撰《古文通假释》,凡经传、《史》、《汉》、诸子、钟鼎、碑文、诗、唐宋人音义,说经家有通用、假借者,咸为甄录,依今韵编次,先列本字本义,其六朝人妄造俗字,则摈弗录,惜甫草创而卒,年六十。钟文烝,字展才,又字朝美,号子勤,浙江嘉善人。少通小学,年十二应邑试,冠其曹。道光二十六年,举乡试,再上春官,以县令注选归,绝意仕进,日事著述。同治初,应江苏忠义局聘,与陈奂、顾广誉同任编纂,时出所学相质证。主讲敬学书院者十二年,治经宗尚汉儒,尤究心《春秋》。谓:"穀梁子独得麟经遗意,汉世三传并行,自江左中兴,妄称其肤浅不足立学,相沿至唐初,遂目为小书。使无范宁、徐邈、杨士勋辈,则几何不与《逸经》十六篇,齐、鲁、韩三家《诗》同归湮没!惟范注既略而舛,杨疏复庞而杂,近代虽经学大盛,亦未闻有专门巨编发前人所未发者。"于是繁称广引,发凡起例,敷畅简言,宣扬幽理,条贯前后,罗陈异同,若禘祫、祖祢、谥法诸大端,更莫不实事求是,务使典礼有征,训诂从朔,历时二十余年,撰成《穀梁补注》二十四卷。脱稿后,复增易千数百条,始勘定付刊。其谨慎不苟如此。又据《经典释文》及汉石经残碑,博考之两汉之书,与夫唐以前旧说,写定《论语》二十篇。少作《论语序说详正》、《乡党集说备考》、《河图洛书说》各一卷,则祖述婺源江氏甲子后读书所得,随笔札记,为《乙闰录》四卷,亦多有精义焉。

(二)湖州嘉兴之学者——凌堃、严可均、姚文田、冯登府、李超孙、富孙、遇孙、沈涛、徐养原

凌堃,字仲讷,浙江乌程人,兵部郎中鸣喈子,世居县之晟舍,幼有异质。十岁随父居京师,兄弟三人并失后母欢,伯以杖死,乃痛哭殡宫前,绝粒七昼夜,惧终及,数觅死,弗殊,有怜之者曰:"盍行乎?"于是憬然觉,走之晋,道乞食,遇相者奇之,授以术。隐姓名自号铁箫子,为人揲蓍相宅多奇验。临汾张先生素善《易筋经》神功,年号百岁,色如婴儿,而力能曳牛。复从之学,尽其技。尝值盗数十辈行劫于野,驰马挥鞭纵击之,卒禽渠魁。自是恒、朔、忻、代间莫不啧啧传铁箫子者。无何鸣喈故人官于晋,迹得之,劝为制举业。道光二十一年应顺天乡试中式,始谒鸣喈请罪,遂为父子如初。阮元,鸣喈座主也,爰就问业,阮命治经。遂辨别礼、宫室、服食、制度,撰《尚书述》、《周易翼学》、《春秋理辩》数十万言。于《书》不废梅赜古文;于《易》兼综孟、京、虞、郑诸家;于《春秋》条贯左氏;该以《周礼》,深愆向壁虚造之言,而尤恶新说。然好经世之略,著《德舆子》,论时政甚具。当客代,用钱百千,得不耕之地数顷,画沟洫,引虖沱委折溉之,成甽田亩稻十五六斛,分十之二岁作疏防,又分其六七以利佃,径畛缘之,葵韭瓜蔬,渠澄之久,鱼鳖殖焉。叹曰:"推是以富天下,管仲不足为矣!"晚选授金坛教谕,咸丰十年,弃官归。明年太平军至乌程,遂遇害,年六十七。乌程学者,其先有严可均,字景文,号铁樵,嘉庆五年举人。道光二年选授建德教谕。性好游,足迹半天下。博闻强识,精考据之学,与姚文田同治《说文》,为《说文长编》,稿藏遵义郑氏,未梓行。仅《说文声类》二卷,《说文翼》十五卷,《唐石经校文》十卷,《金石题跋》四卷,《后稿》八卷行世。最著名者为所辑《四录堂类稿》千二百余卷,《全上古三代秦汉三国六朝文》七百四十六卷,与敕修《全唐文》相接,多至三千余家,皆一己

写定,不假众手。文田,字秋农,嘉庆四年状元,累官至礼部尚书,卒年七十。虽以小学著名,然尝谓:“士或泥于古而戾于今,是迂儒之为也。”其建议均为《经世文编》所采入。又曰:“三代以上,其道皆本尧、舜,得孔、孟氏而明,三代以下,其道皆本孔、孟,得宋诸儒而传。五代以后人道不至凌夷者,宋诸儒之力。至其所著之书,岂得无一误,惟文字小差,汉、唐先儒亦多有之,未足以为诟病。”文田持己端方,虽本宋儒,而博览群书,精于考核,则一取汉儒为法。实为汉、宋兼采之经学家树其先声。乌程、归安皆湖州附郭县也。嘉兴冯登府,字柳东,嘉庆二十五年进士,选庶吉士,改官江西将乐知县。不两月,以亲病解绶去,服阕教授宁波,遂不复仕。中年治经,深得汉儒家法,兼通金石文字,所著有《石经补考》十二卷,《三家诗异文疏证》六卷,《补遗》三卷,《论语异文疏证》十卷,《金屑录》四卷,《石余录》四卷,《金石综例》四卷,《浙江砖录》四卷,《酌史岩摭谭》十卷,《玉台书史补》六卷,《梵雅》一卷,《福建盐法志》三十卷,《闽中金石志》十四卷,《石经阁文集》八卷,《拜竹龛诗存》十卷,《续集》二卷,《种芸仙馆词》四卷,《钓船笛谱》一卷。同县有“后三李”者,即超孙、富孙、遇孙也。超孙字奉墀,乾隆六十年举人为会稽教谕,仿雷翠庭《学规》广之为七十余条,以课诸生,后告归,主修郡志,著有《毛诗氏族考》。富孙字既力,号芗沚,嘉庆六年拔贡,湛深经术,尤好读《易》。服膺汉儒之学,著《李氏易解剩义》三卷,《校异》二卷。他有《七经异文释》五十卷,《说文辨字正俗》八卷,《汉魏六朝墓志纂例》四卷,《鹤征前后录》二十卷,《曝书亭词注》七卷,《梅里志》十六卷,《校经庼文稿》十八卷,合刊为《校经庼全书》。弟遇孙,字金澜,工诗古文辞,为时所推,尤明金石之学,阮元视学浙江,以诸生受知特深。比抚浙,遂招致诂经精舍肄业,所著《金石学录》成,复为序而行世。嘉庆六年拔贡,官处州训导,撰《括苍金石志》十二卷,较阮元《全浙金石志》用力同而难易倍蓰焉。又有沈涛,原名尔歧,字西雍,号匏庐,未冠举嘉庆十五年乡试,选授如皋知县,擢守燕北各郡,卓著政声。顾躯干小,坐是久不调。援例署江西盐法粮储道,咸丰中随巡抚张芾婴城守四十九日,解围后,授福建兴泉永道,改调江苏病卒。生平专尚考订,《论语》孔注之伪,自段玉裁发之,陈鳣昌言之,至涛乃设五证,抉摘尽致,作《论语孔注辨伪》二卷。又作《说文古本考》十四卷,《常山贞石志》二十四卷,《铜熨斗斋随笔》八卷,《瑟榭丛谈》二卷,《交翠轩笔记》四卷。其余尚有《柴辟亭诗集》四卷,《十经斋文集》四卷,《匏庐诗话》三卷。遇孙同学曰徐养原,字新田,又字饴庵,德清人。夙承家学,读书有深识,嘉庆六年副贡生,往往以说经娱亲。平居尝曰:"古之儒者,必修六艺,邮之书数,居之礼乐,皆以养性也。"于是条通经传,著其大者为《明堂说》、《禘郊辨》、《井田议》、《饮食考》、《周官五礼表》、《五官表》、《考工杂记》,其说虽泰半墨守郑氏,又直诤其失。为《尚书考》,列汉、魏旧说,举近日诸家所未及举。为《黑水考》、《渤海考》不附和胡渭说,皆实事求是。兼通声律、六书、古音,旁逮历算、舆地、氏族之学,辨析于会意、指事、形声四者,有《六书故》、《纠檀园字说》、《僮龠》、《急救篇考异》。于古音增定段氏十七部为十九,有《说文声类》、《毛诗类韵》、《周易楚辞经传诸子音证》、《古音备征记》。因而《仪礼》之今古文,《周官》之故书,《春秋》三家《论语》鲁读咸能列其异同,以为之考焉。以母夫人善琴,秉承慈训,有《律吕臆说》、《琴学原始》、《乐曲考》、《管色考》、《荀勖笛律图说注》。于历算,欲中西之法各明其直,无相杂糅,有《周髀解》、《九章重差补图》、《刘徽割圆图》、《长广方说》、《带纵诸乘方记》、《乘方补记》、《三角割圆》、《对数比例》、《对数新论》。于舆地、氏族,有《朝鲜疆域考》、《氏族谱》等书,凡数十万言。为人舍书籍外无嗜好,非疾病丧纪不辍业,诵读孜孜考论矻矻,迄老弗衰,卒年六十八。

(三) 临海洪氏兄弟——颐煊、震煊(附宋世荦、金鹗)

洪颐煊,字旌贤,号筠轩,晚号倦舫老人。苦志力学,与兄坤煊、弟震煊读书僧寮,夜坐借佛灯团坐谈经不辍。学使阮元招之,偕震煊就学省垣书院,时有"二洪"之称。颐煊尤精研经训,贯串子史,并熟习历算之学。举嘉庆六年拔贡生,馆孙星衍所,为撰《孙祠内外书目》七卷,《平津读碑记》十二卷,考据明审。于唐代地理殊多心得。纳资为州判,署广东新兴知县,适阮元督粤,知其优于文学而短于吏才也,招入幕,诹经咨史以为常。惟好聚书,数以重资购置,藏善本三百余种,碑板二千余通,钟鼎彝器皆撰有目,多世罕见者。所著有《礼经宫室答问》二卷,上卷纪宗庙之制,附图三;下卷纪路寝、明堂、太学之制,附图四。钩稽深奥,条理视李室之以下诸家为密。《孔子三朝记》八卷,以阮元谓:"孔门遗训《论语》外兹为极重。"因作是注,体例一遵《曾子注释》,颇称精核。《管子义证》八卷,亦足补王念孙《读书杂志》所不及。《汉志水道疏证》四卷,取班氏所纪可名者三百六十一,无名者一百三十一,随其所入,条分缕系,而复错举古书,考证异同。又仿钱氏《廿二史考异》、《十驾斋养新录》,撰《诸史考异》十八卷,《读书丛录》二十四卷。考本郡掌故,成《台州札记》十二卷;辑古佚书,成《经典集林》三十二卷。他所著《倦舫书目》十卷,《碑目》七卷,《筠轩诗文钞》十二卷。尚有《洪范五行纪论》五卷,《古文叙录》三卷,《孝经郑注补证》一卷。后卒于家。震煊字百里,少有隽名,昆弟居诂经精舍,与臧镛、丁杰晨夕辩难,臧每叹曰:"大洪渊博,小洪精锐,两君卓识,吾所不及。"阮元称之曰:"齐侍郎后,不图复见洪生也。"阮修《十三经注疏校勘记》,为任《小戴礼记》,修《经籍纂诂》为任《方言》。他所刊书,并恒佐校雠之役。尝以太史公书以"鲁定公十二年冬孔子去鲁适卫"为误,定为十三年春,就引《史记》证之。又读《夏小正》"鞠则见知",鞠星即虚星。《尔雅·释诂》:"鞠,盈也。"盈与虚相反,鞠之为盈,犹治之为乱,甘之为苦。且用更正日躔以求昏日,绝无差忒,因著为说。又辨《禹贡》"降水"非"绛水",郑康成以淇为降,亦古文家旧说。浙江即岷江,非渐江。取《汉书·地理志》、郭璞《山海经注》用证郦道元之误。尤精选学,在闽中时,适重构三百有三十亭成,集宾客酌酒赋诗,操手立就,举座为之搁笔。勤学读书至夜分辄引椎自刺,达旦无寐。设遇构思,研求忘食,不得解不止。所著有《夏小正疏义》五卷,《石鼓文考异》一卷,《樾堂诗钞》一卷,及《曾氏一贯论》、《颜子复礼论》、《性情说》等篇,均用汉学以难宋儒。虽不无偏颇,要多创解,嘉庆十八年拔贡,入京廷试,以贫不能归。入直隶督学幕,微疾卒于深州,年四十。同郡宋世荦,字卣勋,年十五,拔弟子员,有神童之目。乾隆五十三年举人,考取咸安宫教习,在京文名籍甚。馆朱珪第,门下瑰玮之士,咸与往来论交。七应礼部试不售,教习期满,以知县用。南归,闭门授徒,考订经史,搜集桑邦文献,意洒如也。嘉庆十九年选扶风，以积劳去官。著有《仪礼古今文疏证》二卷，《周礼故书疏证》六卷，《确山骈体文》四卷，《红杏轩诗钞》十六卷，续一卷。后校定《台州丛书》六种。又著《古经文字古义通释》，王伯申谓："求古义以释古经，触类引申，四通六辟，非熟于谐声假借之例不能。"惜与《台郡识小录》、《十六铜爵书屋金石文愚得笔记》、《台诗三录》均未刊。道光中卒，年五十七。金鹗字风荐，号诚斋，幼承庭训，端重如成人，不苟言笑，跬步必饬。惟质甚鲁，日仅诵三四行。稍长，折节读书，专心致志，熟而弗忘。中年以还，转加敏捷，于书无不窥，旁及形家言，尤精天文算法，词章乃其余事。受知于大兴朱珪，补诸生。阮元建诂经精舍，檄召鹗及洪氏兄弟讲肄其中，业益进，名益噪。邃于三礼之学，披郤导窾，实事求是，著《求古录礼说》十五卷。补遗一卷，又《乡党正义》一卷，《四书正义》八卷。无墨守门户之见，标奇矜异之情。嘉庆二十一年优贡入京，与当时巨儒游处，咸相推服。未二载卒，年四十九。王引之为敛具南还。盖自姚、严而后，皖派之经学，已渐趋于浙矣。龚、戴复缵今文之绪，而定海黄氏、瑞安孙氏、德清俞氏、余杭章氏，皆以考据灵光殿清末，其由来固不可不知也。

（四）段氏大弟子——陈奂（附金锷）

与龚、魏同时治经学，而称为茂堂高足，肩正统派之薪传者，曰长洲陈奂。字硕甫，号师竹，晚自号南园老人。咸丰初举孝廉方正。少从师于塾中，见《五礼通考》心好之，纂要钞录，始得窥为学涂术。继就江沅（字铁君）游，精研小学，遂通六书音韵。段玉裁罢官居吴下，与沅祖江声善，尝曰："我作《六书音韵表》，惟江氏祖孙知之，余鲜有知者。"奂尽一昼夜探其梗概。会将刊《经韵楼集》，命沅复审，奂窃视之，加朱墨正其讹误，玉裁见之，称其学出孔、贾上，亟召见，大称赏，录为弟子。教治《毛诗》、《说文》三载，学大进。龚自珍为段外孙，亦与沅善，首缔交焉。定庵学佛，以江沅为第一导师，沅承家学，又师事彭尺木（绍升），定庵有《知归子赞》，即尺木，自号怀归子，识其慕尺木也。玉裁卒，奂游京师，谒王念孙，王久以老病谢客，见硕甫刺，欣然令仆扶掖出晤，订忘年交。引之亦加敬礼，欢如家人。并获交胡承珙、胡培翚、郝懿行、金鹗等。出都主钱塘汪氏振绮堂先后二十年,生平大著作半成于此。道光末应两江总督陆建瀛聘,至江宁,校刊群籍,书成辞归,不复出。同治二年,曾国藩重其名,敦聘,未就道以疾卒,年七十八。奂尝言:“大毛公诂训传,言简意赅。”遂殚精竭虑,专攻毛传,以毛传一切礼数名物,自汉以来,无人称引,韬晦不彰,乃博征古书,发明其义,大抵用西汉以前旧说,而与东汉人说诗者不苟同。又以毛氏之学,源出荀子,而善承毛氏者惟郑仲师、许叔重两家,故于《周礼注》、《说文解字》每所取说,著《毛诗传疏》三十卷。于先汉微言大义,靡不曲发其蕴,而名物训诂,复与《广雅疏证》相出入。初在京师,识胡承珙,知亦攻《毛诗》,与己同恉,意其研讨有年,于毛氏经传必为完书,故己所治诗,特编为义类。及胡卒,遗言以所撰后笺草本相属,始知胡书特条举传义,不为统释,乃有揉义类作疏之志。汪远孙趣之,遂创稿,迄六年而后定。自言“毕生思虑荟萃于兹”。又以疏中称引博广难明,西汉诸儒说礼器制度,可补古经残阙,同传异笺者数端,更举条例,立表示图,为《毛诗说》一卷。准以古音,依四始为《毛诗音》四卷。仿《尔雅》例编《毛诗传义类》十九篇一卷。以郑多本三家,与毛不同术,为《郑氏笺考征》一卷。又有《诗语助义》三十卷,系江沅所点定者。顾其虽宗毛学,亦颇稽撰三家同异,而兼通礼经,以旁证《春秋》、《穀梁》为《穀梁逸礼》一卷,授子弟子杨显,使畅其旨。其论《尚书大传》与《毛传》同条共贯,论《春秋》之学,从《公羊》以知例,治《穀梁》以明礼,《穀梁》文句极简,必得治礼数十年而后可明其要义。凡弟子从游者,必授以《管子》、《周礼》,令弟子元和丁士涵为《管子案》四卷。别有《师友渊源记》一卷,记所往来诸公及弟子学行甚具,与《郊禘或问》、《宋本集韵校勘记》俱未刊。门下士若同郡管庆祺、马钊、费宝锷,德清戴望其尤著者也。金锷字诚斋,临海人,优贡生,博闻强识,邃精三礼之学。受知于山阳汪廷珍,与析难辩论,成《礼说》二卷。嘉庆二十四年卒于京邸,所著《求古录》一书,取宫室、衣服、郊祀、井田之类,贯串汉、唐诸儒之说,条考而详辨之。鹗又尝辑《论语乡党注》厘近旧说,颇得意解,卒后稿全佚。陈奂求得之,厘为《求古录礼说》十五卷,《乡党正义》一卷。

(五) 皖南之学者——包世臣、世荣、姚配中、俞正燮

世臣字慎伯,泾县人,少工词章,有经济大略,喜言兵。嘉庆十三年举人,大挑以知县发江西,一权新喻,被劾去。复随明亮征川、楚,发奇谋,不见用,遂归卜居金陵。世臣精悍有口辩,遨游公卿间,东南大吏每遇兵荒、河漕、盐法诸巨政,无不屈节咨询。世臣亦慷慨言之,建海运可救漕弊之议。又论盐法仿铁硝之例,听商贩领,课入必倍。西北水利有田四百万亩,宜置官屯,可抵南漕之数。惟治经无所成,而书法为世所珍贵,著有《小倦游阁文集》,别编《安吴四种》。从弟世荣,字季怀,少就伯父读,家极贫苦,初为文,时有奇气,从世臣学诗,同游扬州,独旅居垂二十年。闭户不通人事,惟遇先进之绩学敦行者,则以弟子行自处。与薛传均、刘文淇、姚配中诸人友善,互相切劘,学乃益进。由十九岁应考,八试始拔置案首。道光十五年乡试中式,春官报罢,南返,卒于家,年四十三。尝念郑氏笺毛而说《诗》多以礼,复学《三礼》。以古书不可臆通,悉检诸经注疏以下古今图籍数千卷,积十余年成训诂八卷,草木二卷,鸟兽一卷,舆地一卷统曰《学诗识小录》。述吉凶、典礼、器服、乐章者十卷,未有名,文淇等编次之,本其意定名为《诗礼征文》。凡皆贯穿驰骋,洽通而不错迕,卓然无愧为雅儒云。姚配中,字仲虞,旌德人,弱冠已博览经史,旁通百家,而尤嗜《易》。既善张惠言《虞氏义》,因求李氏《集解》研究群说,郑氏最优,苦其简略,意推之至形梦寐,成《周易参象》十四卷;又为论十篇,说其通义,附于编后。复又删通义十编为三,移冠编首,题曰《周易姚氏学》。又以《月令》一编实先王体天穷民之大经,其义一皆本于卦气,为《月令笺》三卷,继总其要为《月令说》一卷,复合之为《周易通论月令》二卷。又嗜琴,知传谱舛误者多,乃更正世所盛习者十数曲,又自制七曲,原数说声,上溯本始,为《琴学》二卷。又嗜书,为《书学拾遗》四千余言。又注《智果心成颂》,以传立书大幅执笔之法。家贫而守坚,学优而遇蹇,以廪膳生终。卒于道光二十四年十月,年五十三。俞正燮,字理初,黟县人。天资英敏,读书过目成诵。偶有所作,必荟萃群书,以意贯穿,走笔立就,如宿构。侍养句容学署,尝与邑人王乔年同撰《阴律拟实》,时称为穷理尽性之书。方年二十余,负所业北谒孙星衍于兖州道署,适孙既为伏生建立博

士,复求左氏后裔,因作《左丘明子孙姓氏论》、《左山考》、《左墓考》、《申杂难篇》。孙多采其文以折众论。理初陈古刺今之识,亦由是益坚,故其议论学术与孙恒相出入也。治经一以汉儒为宗,谓秦、汉去古不远,师说相承,可信者多。每解一义,依经为据,有脱误始取证先秦诸书、汉诸儒以衷至是,而又不牵于注疏,不离畔于训诂。并研史籍暨诸子百家九流等说,剖析疑似,莫不服其精确。道光元年,江南乡试中式,翌春赴礼闱,主考为阮元,榜发竟报罢,闻者扼腕。王藻任分校官,引以为恨。索其所著书与程春海校刊十五卷,取辑成之年,颜曰《癸巳类稿》。余十九卷,则张穆编定,曰《存稿》,刊入杨氏《连筠簃丛书》。盖皆正燮读书之札记,积岁月排比以为文也。初下第后,拣选得知县,留京师,佐给事中叶继善修《会典》。继馆侍郎陈用光所,为校顾氏《方舆纪要》。道光十五年,林则徐聘修《两湖通志》。晚主讲江宁惜阴书院,昌明朴学,裁成后进,一时质疑问难者轸履相错。学政祁宿藻赠额曰:"经师人表。"其礼重如此,卒年六十六。所著尚有《说文经纬》各一卷,校补《海国纪闻》二卷,咸丰间毁于兵火。《四养斋诗》三卷,另梓行。

一百三十四　江北之经学家

(一) 仪征刘氏四世——文淇、毓崧、寿曾、师培

刘文淇,字孟瞻,江苏仪征人。嘉庆二十四年优贡生,候选训导。父业医,舅凌曙爱其颖悟,自课之。稍长即精研古籍,贯串群经,于毛、郑、贾、孔之书及宋、元以来诸学说,博览冥搜,实事求是。于《左传》致力特勤,尝谓:"《左氏》之义,为杜注剥蚀已久,其稍可观览者,大抵袭取旧说。"爰辑《左传旧注疏证》一书,取贾、服、郑三人之注,疏通证明。凡杜氏所排击者纠之,所剿袭者彰之,其沿用韦昭语注者,亦一一标记。他如《说文》、《五经异义》所引先师古文家说,《汉书·五行志》所载刘子骏说,及经疏、史注、《御览》等书引《左传》不题姓名,而与杜注异者,亦皆服、贾旧义,凡若此并称为旧注,而加以疏证。其顾、惠补注下逮近人专释左氏之书,苟有可采,咸与登列,末始下以己意,定其从违,仍复旁稽博考,

详为证佐，务期左氏之大义微言，炳然著明。草创四十年，长编已具，然后依次排比成书。又谓孔氏义疏所袭取，多袭刘光伯《述议》，《隋·经籍志》及《孝经疏》云：述议者述其义疏议之，然则光伯本载旧疏议其得失，其引旧疏，必当录其姓名。孔颖达《左传疏序》只云据以为本，初非故袭其说。至永徽中，诸臣详定，乃将旧注姓氏削去，袭为己语。因细加剖析，成《左传旧疏考正》八卷。又据《史记·秦楚之际月表》，知项羽曾都江都，核其时势，推见割据之迹，作《楚汉诸侯疆域志》三卷。据《左传》、《吴越春秋》、《水经注》等书，谓唐、宋以前扬州地势，南高北下，且东西两岸未设堤防，与今运河形势迥不相同，成《扬州水道记》四卷。尚有《读书随笔》二十卷，《青溪旧屋集》十二卷，诗一卷。文淇事亲纯孝，父老目眚，朝夕扶掖，寒夜温其足，舅氏遗孤毓瑞，收育之，延方申为其师。申通虞氏《易》，皆文淇所教，故文淇于今文学亦颇有心得也。卒年六十六。子毓崧，字伯山，一字松崖，道光二十年举优贡。弱不好弄，从父受经，长益致力于学，由是以淹通经史有声江、淮间。两淮运司郭沛霖延课其子，知赏极深，至以家寄托。最后曾国藩殊礼异之，聘入书局。为人质直之气，溢于眉宇，无贵贱、老幼一接以诚。平生无妄语，无惰容，为人谋必忠，临财勿苟得。避乱以来，间关转徙，而性甘淡泊，虽饔飧不继，脱然不以为累。自父为左氏学，缵承先志，旁通经史、诸子、百家，凡所寓目，悉留于心，或广坐道其原委，闻者私校原书，不讹一字。前后十赴乡闱，多以三场实对见摈，卒不改故操。以荐授八旗官学教习。咸丰九年后绝意进取，同治六年病卒，年五十。著有《春秋左氏传大义》二卷，《周礼》《毛诗》《礼记》旧疏考正各一卷，《经传通义》十卷，《史乘》、《诸子通义》各四卷，《彭城征献录》十卷，《旧德录》一卷，《王船山年谱》二卷，《通义堂笔记》十六卷，《文集》十六卷，《诗集》一卷。子四人，长寿曾最有名。寿曾字恭甫，一字芝云，少工文章，夙承庭训，遂洞达许、郑之学。资材开敏，行谊尤惇笃，事继母黄以孝闻。毓崧卒后，国藩招寿曾入书局，所刊群籍，多为校定。同治三年，光绪二年，两中副榜，既不得第，乃以佐戎幕，保举知县，加同知衔，非其志也。惟念《左氏疏义》三世之学，未有成书（文淇编成一卷），创立程限，锐志研纂。体素充实，顾既悴精《左疏》，仍兼书局雠校文字之役,精力耗损,犹不自已。光绪七年,由江宁返扬州,遘微疾竟卒,年四十五。疏稿属至襄公四年,千秋大业,终亏一篑,海内学人闻之,咸为累欷不释,诚经生之厄运已!所著书有《传雅堂集》、《芸云杂记》各若干卷,《读左札记》等。师培,寿曾犹子也(父贵曾),字申叔。为人虽短视口吃,而敏捷过诸父。一目辄十行下,记诵久而弗渝。既传先业,以《春秋》三传同主诠经,《左传》较《公》、《穀》尤赅备,审其义例,知笔削所昭,类存微恉,汉儒说左氏,创获实多,亦较二氏为密,爰阐厥科条,著之凡例,成《春秋左氏传例略》一卷。又据《汉志礼古经》五十六卷,卷与篇同,谓于今文十七篇外,增多之三十九篇,实即《逸礼》,计其散亡,当在东晋以前。爰举篇名之确可征信者成《佚礼考》一卷。又以郑氏目录于经文十九篇分属吉、凶、嘉、宾四礼,不得目为此经旧谊,爰广征两汉经师之说,为《礼经旧说考略》若干卷。又以《周礼》先师说六乡之吏,即冢宰六官,亦即六军之将,自郑、马以乡吏别六官,迥异古说,乃申古制,正其违失,成《周礼古注集疏》二十卷。又辨汉收图籍,非谓诗书,中秘古文,藏诸汉武帝,即安国所献孔壁书,断非嬴秦旧籍,成《驳太誓答问》一卷。又遵《汉志》以《周书》为孔子所删百篇之余,近儒每援之以说群经,参校编定,成《周书补正》六卷。若五官、三监、九服、濮路、月令、明堂诸考,则别著为篇,成《周书略说》一卷。师培说经之书,略具于此,其他间有撰述,未遑写定,或孤文只义,靡得而详焉。清代经师治古文者,自高邮王氏父子以降,迄于定海黄氏、德清俞氏、瑞安孙氏,各揭厥识,匡微补缺,阐发宏多。若夫广征古说,足诤马、郑之违,且钳令师之口,则诸家或未之逮。故述造视前师为省,而精当寖寖过之。信乎研精覃思,持之有故者矣。又历检群籍,至于内典道藏,无不究宣,尝取老、庄、荀、董之书,雠正讹脱,独创新解,撰《老子斠补》二卷,《庄子校义》一卷,《荀子斠补》若干卷,《吕氏春秋斠补》一卷,《楚辞考异》八卷,《贾子新书斠补》二卷,《春秋繁露斠补》三卷,所发正几数百事,均王、黄、俞、孙之所未铨,每论定一说,必旁推交通,百思莫能或易,乃著简毕,其精审有如此。生平精力夺于著述,世变纷纶,匪所能悉。曾用文学鼓吹革命,后以贫病故,为佥壬牵引,入于坎陷,甚至列名筹安,论者惜之。师培于学无所不窥,而论文则考型六代,撢源两京,尝谓汉、魏之际，文学未尝别自成科，宋立四学，文学乃与儒玄分馆，故《南史》恒以文史、文义并词，而文章志诸书，亦以当时称盛。凡所持论，见《文说》、《广文言说》、《文笔诗笔词笔考》，又裒次所为辞赋诗文若干首，成《左庵文集》五卷。《经学历史》一书虽属讲义，而要言不繁，论近代学术系统、近代汉学变迁，尤精核。清代正统派之汉学家，当以师培与章炳麟为殿军矣。清末主讲安徽公学、两江优级师范、四川国学院，执经问业者甚众。民国以后，任北京大学教授，八年十二月二十日卒于北京，年才三十有六。病笃时，收同事黄侃（太炎门人）为弟子，尽以刘氏四世之遗稿付之，传家绝业，秘诸枕中。侃卒，闻为其婿所得云。

（二）许桂林、梅毓与刘熙载

许桂林，字同叔，号月南，又号月岚，江苏海州人。与兄乔林、石华齐名。由拔贡生举嘉庆二十一年江南乡试，旋丁内艰，以哀毁卒，年四十三。生平好学深思，至性纯粹，躬行践履，博综群书。体素弱，不耐劳，惟读书则精神焕发，故日以诂经为事。余力兼娴六书九数，人以疑义就质，有问必答，蔼然可亲。治诸经皆有发明，尤邃于《易》，撰《易确》二十卷。谓："说经当以经为主，与经合者为是，与经违者为非。"乃取乾为主，而以全《易》皆乾所生，博观约守，于《易》义实有独见。复因《春秋》三传，治《穀梁》者恒少，成《穀梁传年月释例》一卷。折衷汉、宋，成《四书因论》二卷。于算术采集《宣夜》遗文，通之以西法，成《宣西通》三卷。读《数理精蕴》撮其简要切于日用者，成《算牖》四卷，并先后刊行。他如《毛诗后笺》、《春秋左传地名考》、《步纬》、《简明法》、《味无味斋文集》、《骈体文》、《壹籁词》等，尚三四十种，百余卷。又通古音，曾为《许氏说音》以配洨长《说文》，惜并不传。唐陶山刺海州，延课其子，交谊甚笃。甘泉罗士琳从之游，后遂以畴人名世云。梅毓字延祖，江苏甘泉人。道光中，举江南乡试。诗人稽庵子也。稽庵名植之，通经术，工词章，与刘文淇、包世臣、薛传均、刘宝楠、陈立辈为友，尝同试金陵，为著书之约，文淇任治《春秋左氏传》，稽庵任治《穀梁》，宝楠任治《论语》，立任治《公羊》。嗣后立作《公羊疏》，垂老仅就。宝楠《论语疏》，及子恭冕始克写定。文淇《左传疏》，则三世未有成书。稽庵疏《穀梁》,更止发凡起例而已。延祖继之,亦甫草创长编数卷,遽卒。延祖又尝治《毛诗郑笺》、《小尔雅》,复拟续江藩《汉学师承记》,遗稿并散弗传。别有《刘更生年谱》一卷,收《积学斋丛书》中。其《续师承记商例》,如谓:“拟仿《汉书·儒林传》例,以所习之经为类,不以年世为叙次之后先。又前书附传诸人,有并无学术而亦得列入者,未免太滥。又更有似是而非者,痛斥传注,一似千古不传之秘,至今始发其覆,大言不惭,谬妄已极。又或其人书未成而没,以及并未著书而确宗汉学,必取其遗文一二篇,于学确有发明者列入,始为信而有征。”所论均极精当,使其成书,必不在江记下。惜其年不永耳。刘熙载字融斋,晚号寤涯,江苏兴化人。少孤贫,力学笃行,读书睹指识微,约言孱守,中道光二十四年进士,改庶吉士,授编修。咸丰时召对称旨,奉命值上书房。六年京察一等,记名以道府用,不乐为吏,请假客山东,授徒自给。久之,胡林翼延主江汉书院,疏荐其贞介绝俗,学冠时人。征为国子监司业,督学广东,历官左春坊,左中允,行部所至,萧然如寒素。暨乞病归,襆被箧书而已,卒年六十九。熙载治经,无汉、宋门户之见,如论格物,兼取郑义。论《毛诗》古韵不废吴棫叶音。尝读《尔雅·释诂》至“卬”、“吾”、“台”、“予”,以为四字能摄一切之音,以推开齐合撮,靡不若矢之贯的。复论六书中较难知者,莫如谐声,叠韵双声,皆谐声也。许君时未有双声叠韵之名,然“河”、“可”叠韵也,“江”、“工”双声也,孙炎以下切音下一字为韵,取叠韵,下一字为母,取双声,非许君实开之乎?徐注《说文》字音取孙愐唐韵音切为定,因著《四音定切》四卷,《说文双声》二卷,《叠韵》二卷,且于音韵小学,确有卓见。他著有《持志塾言》二卷,《艺概》六卷,《昨非集》四卷。

(三) 丁晏、成儒与陈玉树

丁晏,字俭卿,号柘堂,江苏山阳人。性嗜典籍,勤学不辍。阮元摄漕督,以汉《易》十五家发策,条对万余言,精奥为当世冠。道光元年举人,兼通史事,故经世优裕。尝在籍办堤工,司账务,修府城,浚市河,有功乡里。咸丰间,太平军蔓延大江南北,两江总督檄行府县兴团练,广积贮,为守御计，以柘堂主其事。旋为疾者所纠，议遣戍，捐缴台费获免。咸丰十年，捻匪扰淮安北关，号召练勇，分布要隘，城赖以全。随叙前绩，由侍读衔内阁中书加三品衔，光绪元年卒，年八十有二。少多疾病，迨长，读书养气，日益强固，用是得享高寿。柘堂笃好郑学，于《诗笺》、《礼注》研讨尤深。谓毛公之学得圣贤之正传，其所称道，与周、秦诸子相出入。康成申畅毛义，修敬作笺，孔疏不能寻绎，误谓破字，改毛援引疏漏，多失郑旨，因博稽互考，证之故书雅记，义若合符，乃撰《毛郑诗释》四卷。宋欧阳氏《诗谱补亡》，今通志堂刊本讹脱踳驳，爰据正义排比重编，撰《郑氏诗谱考正》一卷。以康成兼采三家诗，王应麟有《三家诗考》，附刊《玉海》之后，舛谬错出，世无善本，乃搜采原书，校雠是正，撰《诗考补注》二卷，《补遗》一卷。郑氏注礼至精，去古未远，不为凭虚臆说，迄今可考见者，如《仪礼丧服注》多依马融师说……原本先儒，确有依据，凡此释义，补孔之遗阙，皆前人未发之秘，疏通证明，灿若爟火。撰《三礼释注》共八卷。又辑《郑康成年谱》，署其堂曰“六艺”。取康成《六艺论》以深景仰之思，且总括其书曰《六艺堂诗礼七篇》。晏以顾炎武云梅赜伪古文雅密非赜所能为，考之《家语》后序及《释文》、《正义》，而断为王肃伪作，盖肃雅才博学，好作伪以难郑君，郑君之学昌明于汉，肃为古文孔传以驾其上，后儒误信之。近世惠栋、王鸣盛颇疑肃作伪，而未能畅其旨，特著论申辨之，撰《尚书余论》二卷。又以胡渭《禹贡锥指》能知伪古文而不能信好古学，踵谬沿讹，自逞意见，后之学者，何所取正？既为《正误》以匡其失，复采获古文，甄录旧说，砭俗订讹，断以己意，期于发挥经文，无取泥古，引用前人说，各系姓氏于下，辑《禹贡集释》三卷。晏治经学，不掊击宋儒，尝谓：“汉学、宋学之分，门户之见也，汉儒正其诂，诂正而义以显；宋儒析其理，理明而诂以精。二者不可偏废。”其于《易》，述程子之传，撰《周易解故》一卷，《周易述传》二卷，《讼卦浅说》一卷。于《诗》，有《陆疏校正》二卷。于《礼》，有《佚礼枝微》一卷，《投壶考原》一卷。于《孝经》，有《述注》一卷，《征文》一卷。又有《北宋二体石经记》一卷，《读经说》一卷。莫不博通训诂，笃守家法。余所撰有《金天德大钟款识》一卷，《子史粹言》二卷，司农、陈王、靖节、宣公四家《年谱》四卷。钞《淮南万毕术》一卷，《石亭纪事》二卷,《淮亭雅录》一卷,《百家姓韵语》三编一卷,未刊者尚多。《左氏纂注》致力颇勤,遗稿仅有传钞三本。手校书籍极多,必彻终始。所著书四十七种,凡一百三十六卷,其已刊者为《颐志斋丛书》。成孺初名蓉镜,后更今名,字芙卿,一字心巢,江苏宝应人。诸生,性至孝,父殁三日哭气绝而后属者再。授经养母,母有所欲必百计致之。非省试及岁试无百里之游,三十后遂绝意科举,不忍一日去母也。既受聘襄校金陵书局,则奉母居江宁,时年已逾五十,犹依依为孺子慕,识与不识,佥称为孝子焉。孺为学不专一家,凡历算、方舆、典礼、音声、训故之属,旁及古文辞,靡不洞微穴幽,有所纂述,而折衷于程、朱。操履敦笃,耻为空言,一屏出主入奴之习。与门弟子论学,亦以主敬穷理为宗;又随其材器而牖之,不拘于一格。光绪六年,主讲长沙校经堂,为博文、约礼两斋,世颇则之。交游多海内之望,然绝远声誉,见者不知为名儒也,卒年六十八。所著《禹贡班义述》二卷,《心巢文录》若干卷。又以《班义述》详于考古,乃复拟撰《禹贡今地释》,首取今地释汉地,更取汉地证禹迹,期补前书之未备。又拟编《论语类释》,仅释义理等字,略如五礼通礼,一类之中,又分子目,采经子之文入之,惜竟无传。又著《大清学案》粗具凡例,不遑编纂,惟宗派表有写定之稿耳。陈玉树,字惕庵,后更名玉澍,江苏盐城人。以优贡生中光绪十四年举人,拣选知县。弱龄授章句,辄兀坐一室,据案凝思以为常,十年遂尽通经史大义。父蔚林以善治《毛诗》名,曾拟续王述曾《诗异字考》未就,于是上承先业,潜心研讨,知三家字与毛异,毛与毛亦有异也;顾其中有今古之分,正假之别,或杂以讹俗,亦所不免。乃区别异同,考订雅俗,成《毛诗异文笺》十卷。光绪十二年肄业南菁书院,游定海黄氏门,饫闻绪论,以治经不可不先通《尔雅》,释《尔雅》不可不创通义例,研治三载,发明经文在上在下,文同训异,文异训同诸例。就犍为孙郭以下,至清儒邵、郝等注义,旁逮王氏《述闻》,俞氏《平议》,各有所遹遵,亦各有所匡正,成《尔雅释例》五卷。又以子夏在圣门传经最多,无子夏则几无汉儒之经学,而年系未详,作《卜子夏年谱》二卷。继谓:“通经不但明训故,要求其涉于经世之用。”更渐读历史、舆地、掌故与夫百家之说,故其为文,驰辩博喻,取证前古,烂然溢目,与浙东之学相近。自少时读书辨志,虽处贫贱困陒;而浩然之气不为之夺。慨士习之颓坏,著《教育刍言》三卷;叹民气之嚣张,著《民权释惑》二卷;防奸商之偷漏,著《米禁刍言》一卷;均能不畏强御,一意孤行。晚应两广总督岑春煊聘,归病风痺,未几卒,年五十四。他所著诗文有《后乐堂三集》,共二十五卷,并纂修己志十卷。

一百三十五　西南之经学家

(一) 郑珍父子

郑珍,字子尹,晚号紫翁,贵州遵义人。自幼精力超迈,寓目辄能记诵。舅黎氏多蓄典籍,悉鼓箧读之,恒达旦,数年而学以大明。道光五年,选拔贡生,受知于歙县程侍郎恩泽。程诏之曰:“为学不先识字,何以读三代、秦、汉之书?”遂大感悟,进求诸声音文字之原,与古宫室冠服车舆之制。久之,经术益更涵肆,莫可殚诘。以道光十七年举于乡,大挑二等,选荔波训导。咸丰五年,叛苗犯荔波,知县蒋嘉穀病,珍率兵拒战,卒完其城。苗退告归,同治二年,大学士祁寯藻荐于朝,特旨以知县分发江苏补用,未行而疾作,三年卒,年五十九。其为学也,初实致力于许、郑,以为明训诂为读传注、通经义之阶,其于二家,尊信最笃,既治三反,苟有惑则发愤覃思,又不合,则群综诸儒之说,旁参曲证,必求一得当程、朱之义理而后已。如是者积三十余年,始于三礼六书涣然冰释。尝谓:“遵义汉牂柯地,自郡人尹珍从许慎受经以教南域,后遂无有经术发闻者。”故毅然以道真自命。以经莫难读于《仪礼》,则为《仪礼私笺》八卷。人道莫重于亲属,则为《亲属记》二卷。古制莫晦于《考工》,则为《轮舆私笺》二卷。小学莫详于《说文》,则为《说文新附考》六卷,《逸字》二卷。奇字莫详于汉简,则为《汉简笺正》八卷。汉学莫盛于康成,则为《郑学录》四卷。方是时海内之士,崇尚考据,珍师承其说,实事求是,不立异,不苟同,洞知诸儒者之得失。复从莫与俦(字犹人,一字杰夫,独山人。嘉庆进士,改庶吉士,出知盐源县。举卓异,旋改遵义府学教授。以六艺故训教士,有《贞定远集》,其子友芝,与珍齐名),益得闻巨儒宗旨,于经最深《三礼》,墨守司农,不敢苟有出入,《仪礼》十七篇,皆有发明,半未脱稿,所成《仪礼私笺》，仅有《士昏》、《公食大夫》、《丧服》、《士服》四篇，而《丧服》一篇，反复寻绎，用力尤深。他著有《凫氏图说》、《深衣考》、《说隶》、《樗茧录》、《母教录》、《世系一线图》、《老子注》、《明鹿忠节公无欲斋诗注》、《巢经室诗钞》、《文钞》。而所撰《遵义府志》古今文献，搜罗精密，好古之士，比之《华阳国志》。珍以自汉尹珍后西南无传经者，遂取以自为名字，故学成而褎然为巨儒焉。子知同，字屈庐，能世其学，《说文逸字考》、《新附考》、《汉简笺正》，皆知同所订补也。《考工轮舆私笺图》，亦知同所绘。此外尚著有《经义慎思篇》、《说文本经答问》、《说文类例》、《说文考异》、《小学丛考》、《经文正俗补注》、《愈愚录》、《聊以自娱录》、《楚辞解诂通释》、《屈庐文稿》、《屈庐诗草》、《明堂沟洫图考述闻》、《说文浅说》。

（二）莫友芝

友芝字子偲，自号郘亭，晚又号眲叟，贵州独山人。父与俦官遵义府学教授，日倡导朴学，友芝默然湛深，笃治许、郑之学，与郑珍为同志相友善，历五六年，业益进。黔中士林官私举口推郑、莫，而两人遂名冠西南。家贫嗜古，喜聚珍本书，积既久读之恒彻旦暮不息，寝食俱废。爰通苍雅故训，六经名物制度，旁及金石目录家言，率究其奥赜。疏导源流，辨析正伪，鲜铢寸差失。复工诗善书，求者沓至。居常好游览，喜谈论，遇人无贵贱贤愚一接以和。暇日相与商较古今，评骘术业高下，娓娓忘倦。顾外虽乐易，而中实介然有以自守。自道光十一年举于乡，其后连岁走京师，朝贵争欲罗致，必慎择其可，否即婉谢之。会试报罢，签取知县，且选官，意不乐为，辄弃去。往从胡林翼于太湖，为校刻《读史兵略》。既又从曾国藩安庆、金陵，凡客文正所者逾十年，江南底定，寓妻子于白下，遍走江淮、吴越间，尽识其魁儒硕彦。同治四年，苏抚李鸿章请州县吏于朝，有诏征用，卒不出。十年以往，求文宗、文汇两阁书，赴扬州抵兴化，病卒，年六十一。友芝生平，志存文献，思为《黔志》一书，润色边裔。道光中偕郑珍撰《遵义县志》，博采汉、唐以来图书地志，荒经野史，援证精确，体例谨核，成书四十八卷。时论以配《水经注》、《华阳国志》。又辑明代黔人诗歌，因事存人，因人考事，为《黔诗纪略》三十二卷，贵州文献，始烂然可述。

居金陵,得唐写本《说文》木部残卷,自谓:"此吾西州漆书也。"以举正段、严二家校注,撰《笺异》一卷。至句容山中,搜讨梁碑,躬自监拓,惟恐一字见遗,撰《梁石记》一卷。其余有《声韵考略》四卷,《过庭碎录》十二卷,《宋元旧本书经眼录》三卷,附录一卷,《樗萌谱注》一卷,《郘亭诗钞》六卷,《郘亭遗文》八卷,《遗诗》八卷。编订未竟者,则《郘亭经说》、《书典经眼录》、《旧本未见书经眼录》、《影山词》各若干卷。

(三) 龙启瑞

字翰臣,又字辑五,广西临桂人。父光甸,字见田,历官黔阳、武陵知县,乍浦、台州同知,所至断滞狱,修文教,摘奸发伏,以廉能称。道光二十九年卒,年五十八。启瑞以道光二十一年一甲一名进士,授翰林院修撰。二十三年充顺天乡试同考官。二十四年充广东乡试副考官。二十七年大考翰詹以侍讲升用。七月提督湖北学政。湖北人士知礼尚文,启瑞专以根抵之学振之,著《经籍举要》一书,以示学者。又以学政之职有三要:一曰防弊,二曰厉实学,三曰正人心风俗。故所作文檄,告诫周详。既复举旧日所闻及近所施行者为《视学须知》一卷。丁父忧归,咸丰元年,巡抚邹鸣鹤奏办团练,以启瑞总其事。二年七月,省城解围,以守城叙功,得旨以侍讲学士升用。五年回京。六年四月,授通政司副使。十一月提督江西学政。七年三月,授江西布政使。时太平军据东南,江西仅省会及一府未陷,库藏久虚,启瑞焦劳筹度,饷糈赖以不竭。会岁旱蝗,斋心祈祷,力求驱捕之法,蝗患顿除。尝劝民积谷备荒,复以暇修普济育婴诸善政,惠心泽民,都邑感慕。八年九月卒于官,年四十五。启瑞少与其乡吕璜、朱琦、王锡振为古文,步趋桐城。已从上元梅曾亮游,文日益进。后交汉阳刘传莹,切劘经义,尤讲音韵之学,贯穿于顾、江、苗、段、王、孔、张、刘诸家之书,而著《古韵通说》二十卷。其论古韵宽严得失曰:

> 论古韵者,自顾氏以前失之疏,自段氏以后过于密,江氏酌中,亦未为尽善。顾氏规模粗备,其考据精确,有不可磨灭者。段氏分"之"、"脂"、"支"三部,发前人所未发,余所分者,求之古经率多可

据。虽分配入声,未为精审,不免千虑之失;然而分合周备,条理井然,可谓文而不烦,博而知要者矣。后之阳湖张氏、高邮王氏、曲阜孔氏、歙江氏诸子之学,博足以综其蕃变,精足以定其指归,皆由段氏精而求之以极于无可复加之地。至张氏之分为二十一部,与高邮王氏略同,其依据《说文》,折衷经韵,使人观形可以得声之误,复审音可以定形之讹,而于通转流变之间,尤能言之尽意。同时武进刘氏复有《诗声衍》之作,观其序论及标目部分,盖亦窃取张氏之意而为之者也。其论入声同部异韵,及异部同用,较诸家尤为明备。觉段氏之精于《说文》,犹未见及张氏,有言凡言古韵者,分之不嫌密,合之不嫌广,惟分之也密,故其合之也脉络分明,不至因一字而疑各韵可通,亦不至因各韵而疑一字之不可通,故今之集古韵也,意主于严,而其为通说也,则较之顾氏而尚觉其宽。其分也有所以可分之由,其合也有所以得合之故,皆为剖而明之,不敢拘前人成说,不敢执一已私见,亦曰参之古书以求其是,质之人心而得其安而已。……学者从事于二十部之古韵,则于其纷纭轇轕者,有若泾渭之难淆,燕越之各判矣。然于此而与之道古,或不免拘执而难通,又将讳其所不合以为安,则又与于诬古欺人之甚,故为之说,有十以通之,大都本通韵之文为之根柢。通韵只通其数字,通说则举其一字,盖全书皆严其所以分之界,而于此终著其所以合之由,是古韵之学之大成也,故以名其全书焉。

启瑞又以《尔雅》一书,学者多苦其难读,因采邵、郝、卢、阮诸说,于发疑正读之交,讲明至是,间复参以己见,著《尔雅注集证》三卷。他著有《小学高注补正》、《是君是臣录》、《班书识小录》、《通鉴识小录》、《诸子精言》、《庄子字诂》及《经德堂诗文集》十二卷。

(四) 王崧、王熙震

王崧,字伯高,原名藩,字西山,云南浪穹人。嘉庆己未,礼闱中式,居京师淡于荣利,日以稽古穷经为务。一时后进多相质难请益,崧亦乐与酬对,孜孜不倦。阮元刊《经解》,晚始得其《说纬》一书,虽收入者仅四条,而如论孔子删《诗》,谓三千之说不足信,《诗》大小序取首二句为原本,以下则卫宏所作。舜家门之难,据《孟子》以驳崔东壁《考古录》。子见南子,言夫子为立辄事责子路,故作誓辞示无反于正名之义。类皆反复辨证,剀切详明,于并世诸儒,无所苟同,亦不肆为攻驳。惜全稿传本甚稀。他著有《乐山堂集》二卷。王熙震,字晓岚,一字惕庵,四川阆中人。道光十七年拔贡,以小京官历户部主事,累迁至郎中,外任宜昌府知府。治狱迕上官旨,开缺归,为锦屏书院山长。少贫,未尝读书,里人孔广絪奇其貌,令就学己塾,读书务得解始已。偶读《大雅》至"乃立冢上",叩其义,师曰:"大社也。"叩何为"大社"?师弗能答。自是每诵一书必释其义,每释一义,必参稽他籍,广求多证,学日通博。及官京师,对人默默,不稍骋议论,世无知其能学者。一日因共祁寯藻论篆籀变迁,多补洨长所未逮,寯藻大惊曰:"初以君特习帖括,不谓淹雅出时流上!"遂顷心交之。比罢归,益覃精群籍,撰《大戴礼记注》四十卷,《后汉书义证》若干卷,《惕庵读书志》若干卷,《文集》若干卷,稿藏于家。卒年八十。

一百三十六　浙粤派经学家

(一) 定海黄氏父子——式三、以周

始桐城方苞以古文鸣,复依附宋儒,自诩因文见道,而与当时所谓汉学者争长。迨姚鼐见拒于东原,两派益用水火。其实东原著《孟子字义疏证》,讨论汉儒心性之学,精确处迥非桐城空疏所能望其项背。尔后阮元亦本其意,辑《性命古训》,然究于宋学无与。独浙中承黄、万余绪,言礼多兼杂汉宋,嗣竟成为一派。德清许宗彦(字周生,嘉庆己未进士,与王引之、张惠言同榜。杜门著书垂二十年,著《止水斋诗文集》二十卷)尝云:"后之儒者研究心性而忽略庸近,是知有上达而不由于下学,必且虚无惝恍而无所归;考证训诂名物,不务高远,是知有下学而不知有上达,其究琐屑散乱而无所统;圣贤之学,不若是矣。"盖即持平汉、宋者。戴望治今文而出入宋五子,且表章习斋之说,范围愈广。于是定海黄氏、番禺陈

氏、南海朱氏,闻风兴起,于晚清学术放一异彩焉。式三字薇香,性至孝,父素严,先意承志,恒得欢心。尝赴省试,母暴卒,归而号恸几绝,誓不再应举,以岁贡终。每值父母忌日,涕泣哀思,行之终身如一日。于学不守门户,博综群经。治《易》言卦辞、爻辞一意相承,六十四卦爻辞同者,亦一意相承。又释《系辞》衰世之义,谓伏羲世衰而神农作,"《易》之兴也,其于中古乎?"中古谓神农也。以此申神农重卦之义。治《春秋》作《释救》、《释人》、《释名》、《释盗》、《释杀》、《释妇人》,以订杜预释例之讹。特长治《三礼》,论郊禘、论学校,并谨守郑君家法。其说匠人明堂之制,阐发郑义尤精。凡撰《易释》四卷,《尚书启蒙》三卷,《诗从说》一卷,《叙说通》三卷,《诗传笺考》二卷,《春秋释》二卷,《论语后案》二十卷。喜读《文献通考》,虽穷居无位,而当世之务,筹之甚熟。作《兵事十策》,唏嘘于海上之事,惜无用其言者,越数岁,事果验。居间处默,反体此心,阴阳消长,悚然危惧,谓寂守于内,非入学之道。乃仿韩愈作《五箴》,提呼惕息,老而愈确。顾对人乐易,不立崖岸,苟遇请益,告之一出于诚。以此群服其义,而后生之造就尤众。年七十四,得偏痺疾,病革,诸子扶之起,书别语告兄弟、宗族、门弟子,端坐而逝。是同治元年也,年七十四。以周字元同,号儆季,式三四子。幼承家学,与兄儆孟、儆仲相砥砺,以传经明道自任。同治九年优贡,旋举于乡。会试选誊录,期满,当得知县不就。又十年大挑,用教职,补分水县训导。生平挚孝如其父,事亲三十余年,未尝去左右,而非礼勿动,粹然儒者。为学不拘汉、宋门户,体亭林"经学即理学"之训,上追孔门之遗言。说《易》综举辞变象占,于郑、王无所偏执。《诗》多宗序,《书》必条贯大义,《春秋》用比事之法,《三传》校以经例,定其短长,而《三礼》尤邃。凡详考象说,昼夜研索,成《礼书通故》百卷,列五十目,囊括大典,本支敕备,究天人之奥,斟古今之宜,盖与杜氏《通典》比隆,其校核异义过之。诸先儒之聚讼,至是涣然冰释。又辑《军礼》、《司马法》二卷。而论田制,取北朝均田为准,校定用尺,谓当今八寸一分,不如是车不足容三人。均田制为以周所欲施行,要其根极,终以治礼为主也。故别著《经训比义》三卷。尝谓:"三代下经学郑君、朱子为最,而汉学家破碎大道,宋学家弃经臆说,不合郑、朱,何论孔、孟?欲挽汉、宋学之流弊，岂惟礼学乎？或云：礼为忠信之薄，是言一出而周衰；或云：礼岂为我辈设？是言一出而晋乱。学术不明而治术敝。”故考帝王典礼，务在求通，以告后圣可行。论者谓其博学详说，去非求是，足以窥见先王制作之覃奥，比秦蕙田书，博虽不及，精或过之。初四明之学，杂采朱、陆，及近世万季野、全谢山学始端实，至以周益醇。躬法吕、朱，亦不委蛇也。独不喜陆、王，以执一端为贼道。镇海胡洪安悦象山之言，与以周纵言义理，以周曰：“经外之学，非所知也。”江苏学政黄体芳延任南菁书院讲席，历十五年，江南高材生率出其门。光绪十四年以学政瞿鸿禨荐，赐内阁中书衔。十六年复以学政潘衍桐荐，补处州府教授。二十五年卒，年七十二。晚年著《子思子辑解》七卷，述“夫子之教必始于诗，而终于礼乐”，及“仁义为利”之说，极精纯。他著有《儆季杂著》二十二卷，《黄帝内经》九卷，《集注》九卷。古文《世本》等皆卓然可传世。从兄以恭，字质庭，举人，著有《尚书启蒙疏》二十八卷，《读诗管见》十二卷，光绪八年卒，年五十四。

（二）徐时栋与朱一新

时栋字定宇，一字同叔，学者称柳泉先生，浙江鄞县人。资性通敏，委已于学。道光二十六年举人，以输饷授内阁中书，两上春官，即家居不复出。湖西烟屿楼藏四部书六万卷，尽发而读之，丹黄杂下，穷旦夕弗倦。洎遭兵燹，图籍俱尽，乃营新宅，购藏如其旧。寝息于中，老而弥笃，覃思精诣，著书数百卷。治经尤有心得，不傍汉，不循宋，尝主先秦之书以平众难，故鲜蹈墨守之弊。《尚书·汤誓》有二，一为伐桀，见于今文，一为祷旱，错见于古书。梅氏窃取旧文，以缀汤诰，而祷旱之誓湮，则作《逸汤誓考》。《太誓》亡于秦火，河内女子所献，亦伪书也。清儒或据以为真，则作《三太誓考》。言《诗》音者，始自陈第，亭林辈继之，往往以汉、魏之音强合古音，独以《诗》证《诗》，分为七部，而周人之韵以著，则有《诗音通》。避乱建隩，杜门说诗，恒发明新义，则有《山中学诗记》。读充宗之书而嫌其疏漏也，因作《春秋规万》。读西河之书而斥其妄也，因作《舜典补亡驳义》、《四书毛说驳正》。又尝补朱辑之《逸经》，正毕校之《吕览》，旁逮群经《国语》，并多论撰焉。既校刊宋、元四明六志，复附以札记佚文余考。又为宋袁正献公请从祀,详其本末,作《事实录》,考其系代,作《世谱略》。为舒氏子孙校宋文靖公遗集,参稽群书,纠近刻《宋元学案》之谬,作新校《广平学案》。主修县志,仿史馆儒林文苑传例,征引文句,各注本书,不厌求备,征采几逾千种。且建议为贞烈节孝请旌,至千余人,择其尤者人自为传,列诸新志。更搜访乡先正诗文踵诸家耆旧之集,凡数十册,皆以存乡邦掌献也。又辑《偃王志》、《北宋谱疏证》、《言行记》、《思旧记》,则皆徐氏一家之书也。《文集》四十卷,宗法龙门昌黎,《诗集》十八卷,亦浩浩直达,无门户之习。卒年六十。综其生平,沉潜遗经,援据古训,本汉经师之家法,而于宋代讲学诸儒仍阐发不遗余力,信乎其为通儒者矣。朱一新,字鼎甫,浙江义乌人。同治九年举人,官内阁中书。光绪二年进士,改翰林院庶吉士,散馆授编修。十一年充湖北乡试副考官,转陕西道监察御史。尝偕诸友游西山,遇雨感疾,发狂言,所语皆民穷财尽,不力求振作,非只外患必有内忧,而尤以俄为虑。闻者皆感其忠义。法窥越南,上疏请击之。尝画海防策,谓宜分北洋为一军,江、浙为一军,闽、粤为一军,治水师,扼险要,储将才,精器械,兴团练,开饷源,而归本于求实是而励人才,时论壮之。数上封事,侃侃直陈,惟论是非,不计利害。会遇灾修省诏求直言,疏劾及内侍李莲英,懿旨诘责,降主事,告归。两广总督张之洞延主广雅书院讲席,为设院规,先读书而后考艺,重实行而屏华士,仿古颛蒙之学,分经、史、理、文四者,延四分校主之。诸生赋以册记,质疑问难,以次答焉。成就甚众,因辑其讲学之词,成《无邪堂答问》五卷。其论学术,谓:“近世汉与宋分,文与学分,道与艺分,岂知圣门设教,但有本末先后之殊,初无文行与学术治术之别。汉、宋学术,务持其平,大旨学必期其有用,功必归诸实践,由训诂进求义理,而如汉学家溺于训诂以害义理者则不取,由义理采源性道,而如讲学家空衍性天以汩义理者则不从。言治术必求可行,言时务必明大势。”又以道、咸以来,士大夫好讲西汉《公羊》之学,流弊至于蔑古荒经,因反复论难,以正其失。谓:“《公羊》家多非常可怪之论,西汉大师,自有所受,要非心知其意,鲜不以为悖理伤教,故为此学者,稍不谨慎,流弊滋多。近儒惟陈立深明家法,不过为穿凿。余多蔓衍支离,不可究诘,凡群经略与《公羊》相类者,无不旁通而曲畅之，即绝不相类者，亦无不锻炼而傅合之，凭臆妄造，以诬圣人，二千年来经学之厄，盖未有甚于此者。”而于考据家随意穿凿亦不满。如云：“二王治经，精审无匹，顾往往据类书以改本书，则通人之蔽。”又云：“乾嘉诸老，逐末忘本，蔓衍支离，甚且恣肆无忌者，诚为经学之蠹。”又云：“因文以求道，训诂皆博文之资；畔道以言文，训诂乃误人之具。”又云：“乾嘉以后之戴东原集其成……而偏戾之气，博辨之词，与毛西河相近，当时海内翕然从风。不七十年而魏默深诋之已无完肤矣。”至其论西教西学、新疆铁路、吉林兵防等数十条，尤为学识通达。论日本民情浮动，而狡悍好胜，与西俗同，故西人之亲中国，不如其亲日本。第日之患俄，则视中国尤甚。俄既得库页岛，勾结鰕夷，为居高临下之势，则日之陆路可危，以海参威为泊舟之地，直指长崎，一帆可达，则日之水路可危。故俄之经营海参威，中国之忧，亦日人之患也。乃不思唇齿辅车之至计，转为远交近攻之狡谋，螳螂捕蝉，黄雀在后，愚亦甚矣。彼惟刻不忘俄，故竭力要结西人，欲为连横之计。抑知天下惟壤地相接者，利害相同，日之交邻，虽云下策，差胜于无策耳。当今时势既不能闭关自治，则交邻之道，固不能不讲求也。时中日之衅未兆，论者叹其见之远。又著有《奏疏》一卷，《诗古文词杂著》八卷，《京师坊巷志》四卷，《汉书管见》四卷，《德庆州志》，《东三省内外蒙古地图考证》。光绪二十年卒，年四十九。

（三）陈澧

陈澧，字兰甫，广东番禺人，九岁能为诗文。十七补博士弟子，入粤秀书院肄业。二十三（道光十二年）举于乡。六应会试未第，拣选河源县训导，不欲出仕，请加国子监学录衔。同治四年，诏沿海各省绘地图，督府属任其事，成《广东图》以进。为学海堂学长数十年，至老为菊坡精舍山长。以经史及汉、魏、六朝、唐、宋诗文教士，与诸生讲论文艺，勉以笃行立品。光绪七年，粤督张树声、巡抚裕宽以南海朱次琦与澧皆耆年硕德，奏请褒异，奉旨均赏给五品卿衔。八年卒，年七十三。门人请祀其主于精舍。所著书以《东塾读书记》十五卷，为最著名，又稿本十卷，遗命曰《东塾杂俎》。近年广东岭南大学复购得其遗稿钞本六百余小册，标题有《默记》、

《学思自记》、《学思录序目》、《杂论学术》及经史子集诸目,曾摘要刊诸《岭南学报》。兰甫少好为诗,及长弃去,泛滥群籍,凡天文、地理、乐律、算术、骈文、填词、书法靡不研究。中年读朱子书及诸经注疏子史,日有课程,尤好读《孟子》。谓孟子所谓性善者,人性皆有善,荀、杨辈未知也。读郑氏诸经注,谓郑氏有宗主,亦有不同,胜于许氏《异义》、何氏《墨守》之学,兼其所长,无偏无弊。著《汉儒通义》七卷云:“汉儒善言义理,无异于宋儒,宋儒讥汉儒讲训诂而不及义理,非也;近儒尊崇汉儒,发明训诂而不讲义理,亦非也。”其意与惠、戴所唱“训诂明而后义理明”者迥殊焉。兰甫谓:“近儒经学考订,正是朱子家法,乃反訾朱子,皆未知朱子之学也。朱子好考证之学,而又极言考证之病,读书玩理,与考证自是两种工夫。朱子立大规模,故能兼之,学者不能兼,则不若专意于其近者。而近百年来,为考证之学者多,专意于近者反少,则风气之偏也。”《东塾读书记》“语”、“孟”两卷,精言义理,“郑”、“朱”两卷,极论方法,尤为全书要旨所在。遵郑氏《六艺论》以《孝经》为道之根源,六艺之总会。言周礼乃古之政书,治此经者宜通古知今。论《春秋》三传,主参取不主墨守。学《易》不信虞翻之说,论《书》则谓江声轻蔑蔡传,论《诗》有毛、郑之说实非,朱子之说实是,拘守毛、郑不论是非,为汉学之病。论《礼记》、《仪礼》谓:“讲道学者必讲礼学,不然则不成,此尤关千古学术。”“古今同有之礼,倍宜钻研,今所不行者,但掇其大要可矣。”其大意盖在汉、宋兼采,勿尚门户之争,读书乃寻求大义及源流正变得失,勿取琐碎之考订。初名曰《学思录》,最后始改《读书记》,盖隐比顾亭林之《日知录》,一时学风为之丕变焉。兰甫论汉学流弊,在《读书记》中皆婉约其辞,引而不发,似不欲以空言启争端,而求以实绩开先路,但遗稿则畅言之矣。如云:

> 谓经学无关于世道,则经学甚轻,谓有关于世道,则世道衰乱如此,讲经学者不得辞其责矣。盖百年以来讲经学者,训释甚精,考据甚博,而绝不发明义理,以警觉世人,其所训释考据,又皆世人所不能解,故经学之书汗牛充栋,而世人绝不闻经书义理,此世道所以衰乱也。
>
> 今人只讲训诂、考据而不求其义理,遂至于终年读许多书,而做

人办事全无长进,此真与不读书者等耳。此风气急宜挽回。

说经者欲经文明白无疑也,欲经文明白无疑者,将以讽诵而得其义也,若既解之明白无疑,而不复讽诵以求其义,则何必解之乎？且经文之本明者,世人不读也,而惟于其难明者解之,既解亦仍归于不读而已矣。解经而不读经者,其必曰我既解之已皓首矣,后之人读之而无疑可也。然而后之人又慕其解经,于是又解经,而又不读经,不知待何人而始读之也。

兰甫所谓解经而不读经,讲训诂、考据而不求义理,以致世道衰乱,正是汉学家"买椟还珠"、"行船忘渡"之弊。夫《汉书·艺文志》次小学于六艺之末,则以小学为治经入手,其术本正。自宋儒以义理说经,不复究心于故训,举汉人之师法家法而一荡决之,元、明以降,遵而弗违,元人株守宋人之书,明人复株守元人之书,小学之不讲也久矣。则惠、戴诸儒之揭櫫小学以为士林倡,亦实足以救空疏之弊。以小学所函形声义训之赜,又当久放不讲之后,而欲通神恉达奥义,其事良难,是段、王诸儒殚毕生之心力于此而不遑他为,更不容施以訾謷。然而小学之业,至是已造其极,功成者去,诸儒既运而往矣,后来者有辙可循,自当体诸儒津逮之苦心,以蕲至于通经畜德之大道。使犹旁皇歧路,罢老尽气,上下而求索,则是以保氏胜衣所就之业,为终身托命之学,将见幼童而守一艺,白首而不能言,其不蹈锢聪明于无用之讥者几何哉？此弊清末学者类能言之,而南服通儒,自当以东塾与九江为巨擘焉。九江为康有为之本师,其事前已言之,兹不复赘。惟东塾自言:"开得基址颇大而不能起屋,垦得田地颇广而不能种禾。"颇有自知之明。盖其由汉、唐注疏以明义理,而有益有用;由宋儒义理归于读书而有本有原,仍是寻味经文,以求学行渐合为一者,固不脱经学家之本色也。其视朱九江之临死焚其遗稿,舍康成,释紫阳,一一以孔子为归,未免稍逊矣。

(四) 林伯桐与桂文灿(附侯康、侯度)

岭南学者开东塾先路者,有林伯桐,字桐君,号月亭,亦番禺人。嘉庆六年举于乡。事亲至孝,父殁,遂不复上公车。道光二十四年,选授德庆州学正。卒于官,年七十。生平敬以持己,诚以待人,于学无所不窥,尤笃志经术。研经宗汉儒,而践履独服膺朱子。《十三经注疏》皆手自丹铅,《二十四史》及诸子名家文集过目悉能举其大要,惟有若无,实若虚,见人反抑然谦退,而乡里有义当出者,则勇往不少却。前后阮(元)、邓(廷桢)两制府并尊礼之,阮延为学海堂学长,邓延课其二子。顾抱道自守,从未以私干也。所著书曰《修本堂遗书》。已刊者:《毛诗通考》三十卷,《毛诗识小》三十卷,《史记蠡测》一卷,《供冀小言》二卷,《古谚笺》十一卷,《冠昏丧祭仪考》十二卷,《公车见闻录》四卷,《修本堂稿》四卷,《月亭诗钞》二卷。未刊者:《易象释例》十二卷,《春秋左传风俗》二十卷,《三礼注疏考异》二十卷,《史学蠡测》三十卷,《古音劝学》三十卷,《两粤水经注》四卷,《粤风》四卷,《日用通考》十四卷,《修本堂文集》四卷,《外集》四卷,《骈体文钞》二卷,《禺阳山馆诗钞》十二卷。桂文灿,字子白,广东南海人,道光二十九年举人,拣选知县。同治中,献所著《经著丛书》,旋奉谕云:"所呈诸书,考证笺注,均尚详明。《群经补证》一编,于近儒诸经说多所纠正,荟萃众家,确有依据,具见潜心研究之功。"丛书为《易大义补》一卷,《禹贡川泽考》二卷,《毛诗释地》六卷,《诗笺礼注异义考》一卷,《周礼今释》六卷,《三疾评》三卷,《论语皇疏考证》十卷,《孝经集证》四卷,《孝经集解》一卷,《孟子赵注考证》一卷,《群经补证》六卷。寻复应诏陈言,其荦荦大者:曰严甄别以清仕途,曰设幕职以重考成,曰分三途以励科甲,曰裁孱弱以节糜费,曰铸银钱以资利用。载诸朝报,天下传诵,并多见之施行。光绪九年,选授湖北郧县知县,履任后,无幕客,无家人,事无大小,皆躬亲之,以积劳卒于官。岭南自嘉、道中阮元设学海堂,经学日兴,人才辈出,而其后承学之士,喜立门户,尊朱者轻郑,尊郑者薄朱,驯致有失本意。独文灿追述阮氏遗言,谓:"周公尚文,范之以礼;尼山论道,教之以孝。苟博文而不能约礼,明辨而不能笃行,非圣人之学也。郑君、朱子皆大儒,其行同,其学亦同。"因著《朱子述郑录》二卷,与《毛诗传假借考》一卷,《毛诗郑读考》一卷,《诗古今文注》二卷,《毛诗释地》六卷,《周礼通释》六卷,《春秋左传集注》一卷,《春秋列国疆域考》一卷,《图》一卷,《重辑江氏论语集解》二卷,《四书集注笺》四卷,《经学辑要》一卷,《经学博采录》十二卷,《群经舆地表》一卷,《说文部首句读》一卷,《子思子集解》一卷,《弟子职解诂》一卷,《四海记》一卷,《海国表》一卷,《海防要览》二卷,《掌故纪闻》二卷,《牧令刍言》二卷,《疑狱纪闻》一卷,《周髀算经考》一卷,《奏疏》四卷,《潜心堂文集》十二卷,稿均藏于家。又尝与修《广东图说》九十二卷,论者谓其所著书,精湛处陈兰甫或不逮云。同时与兰甫交最久,兰甫称其精深浩博者,有番禺“二侯”。长曰侯康,字君谟,道光十五年举人,少孤事母孝,家贫,欲买书,母称贷得钱,买十七史读之,卷帙皆敝,遂通史学。及长,精研注疏,湛深经术,尝谓:《汉志》载《春秋古经》十二篇者,左经也,《经》十一卷者,公穀经也。今以三传参校之,大要《古经》为优,《穀梁》出最先,其误尚寡,《公羊》出最晚,其误滋甚。乃取其义意可寻者,疏通证明之,著《春秋古经说》二卷。又治《穀梁》以证三《礼》,以《公羊》杂出众师,时多偏驳,排诋独多,著《穀梁礼证》,未完帙,仅成二卷。又仿裴松之注《三国志》例注史,尝曰:注古史与近史异,注近史者群书大备,注古史者遗籍罕存,当日为唾弃之余,今日皆见闻之助,宜过而存之。因为《后汉书补注续》一卷,《三国志补注》一卷,后汉称“续”者,以有惠栋注《三国志》,杭世骏注未完善,故不称“续”也。又补《后汉三国艺文志》各成经史子四卷,余未成。又考汉、魏六朝礼仪,贯串三礼,著书数十篇。道光十七年卒,年四十。其弟侯度,字子琴,与康同榜举人,以大挑知县分发广西,署河池州知州。咸丰五年告病归,至家遂卒,年五十七。度洽熟经传,尤好礼学,嘉兴钱仪吉尝称其研核传注,剖析异同,如辨“懿伯”、“惠伯”之为父子,“三老”、“五更”之为一人,证明郑义皆有依据。所著书为夷寇所焚,其说经文刻《学海堂集》中。

一百三十七　清世汉学之殿军

(一) 俞樾

俞樾,字荫甫,号曲园,浙江德清人。幼有夙慧,九岁即戏为书而自注其下,著述等身,实兆于此。道光三十年进士改庶吉士。以复试诗有“花落春仍在”之句,为曾国藩所激赏,散馆授编修。博物闳览,著称辇下。咸丰五年,放河南学政,奏请以郑公孙侨从祀文庙,圣兄孟皮配享崇德祠,并邀俞允。七年,以御史曹登庸劾试题割裂罢职。樾归后,侨居苏州,主讲紫阳、上海、求志各书院。而主讲杭州诂经精舍三十余年最久,课士一依阮元成法。游其门者若戴望、黄以周、朱一新、施补华、王诒寿、冯一梅、吴庆坻、吴承志、袁昶等咸有声于时。于时太平军据东南,典籍荡然。樾总办浙江书局,建议江、浙、扬、鄂四书局分刻二十四史。又于浙局精刻子书二十二种,海内称为善本。既返初服,年甫三十八,乃壹意治经。始读高邮王氏书,善之,自是专依为宗。其《群经平议》则继《经义述闻》而作,谓:“治经之道,大要在正句读,审字义,通古文假借,三者之中,通假借为尤要。王氏父子所著用汉儒读谓读曰之例者居半,发明故训,是正文字,至为精审。”其《诸子平议》则仿王氏《读书杂志》而作,校误文,明古义,所得视《群经》为多,乃几与《读书杂志》抗衡矣。又取九经诸子举例八十有八,每条各举数事以见例,使读者习知其例,有所据依,为读古书之一助,曰《古书疑义举例》。条理毕贯,视《经传释词》变而愈上,且益恢廓矣。逮后《俞楼杂纂》、《曲园杂纂》诸书出,其析疑振滞,虽多与前书相仿,或精义较甚于昔,学随年进,亦初不自讳也。尝受学长洲陈奂,罢官侨吴,犹及见宋翔凤,得闻武进庄氏之说,故治经颇右《公羊》。然为学固无常师,左右采获,深疾守家法违实录者。惟好改经字,末年稍自敕,成《经说》十六卷,比前异矣。治小学,不摭商、周彝器,谓多后世诈托为之,可以辨形体,识通假,当止于秦、汉碑铭,其审谛如此。既专以著书自娱,遂不复出。曾国藩尝谓:“李少荃拼命做官,俞荫甫拼命著书,吾皆不为也。”及国藩督两江,鸿章抚吴下,咸礼重之,时以巾服从游,往来如处士。国藩乃有闳才不荐,徒窃高位之叹!先是浙江治朴学者,本之金鹗、沈涛,其他率羼杂汉、宋。及樾施教于诂经,学者乡方,始屯固不陵。节所造就,蔚为通材,而章炳麟殆特出者已。性雅不好声色,既丧母、妻,终身不肴食,衣不过大衣。遇人岂弟,卧起有节,保真持满,故老而神志弗衰。读书著作守常程,每竟一岁,辄以写定之书,刊布于世。晚年足迹不逾江、浙,而声名扬溢海内外,远道投赠,藉申景慕。居林下阅四十余载,光绪二十八年,以乡举重逢,诏复编修原官,重赴鹿鸣筵宴。授孙陛云读,亲见其以第三人及第,典试蜀中,举特科,乞假侍左右,亦几若高邮王氏文肃之于文简,虽得年略逊怀祖,名山之业固足绍述。所著《易贯》,专发明圣人观象系辞之义。《玩易》五篇,则自出新意,不拘先儒之说。复作《艮宧易说》、《卦气值日考续考》、《邵易补》、《原易穷通变化论》、《互体方位说》,皆足证一家之学。惟既博通典籍,或旁涉稗官离流,复以笔札泛爱人,论者遂以比之随园,雷同相和,所谓貌同心异,有道于通人之前,宜不值一哂耳。光绪三十二年卒,年八十六。著述凡五百余卷,统曰《春在堂全书》。

(二)孙诒让

字仲容,浙江瑞安人,衣言之子,少好六艺古文,衣言讽之使为经世致远之学。诒让谓:"先汉诸黎献,夙义皭然,经训固未尝不可通于治也。"衣言乃授以《周官》。其后作正义,实自此始。同治六年举人,援例得主事。从父官江宁,与德清戴望、海宁唐仁义、仪征刘寿曾等游,学益进。初读《汉学师承记》及《皇清经解》,渐窥通儒治经史、小学家法,谓古子群经,有三代文字之通假,有秦、汉篆隶之变迁,有魏、晋正草之混淆,有六朝、唐人俗书之流失,有宋、元、明校雠之羼改,匡违捃佚,必有谊据,先成《札迻》十二卷。又以清代经术昌明,于诸经均有新疏,《周礼》为周公致太平之书,而秦、汉以来诸儒不能融会贯通。盖通经皆实事、实字,天地、山川之大,城郭、宫室、衣服、制度之精,酒浆、盐醢之细,郑注简奥,贾疏疏略,读者难于深究,而通之政治,尤多谬盩。刘歆、苏绰之于新、周,王安石之于宋,胶柱锲舟,一溃不振,遂为此经诟病。诒让乃于《尔雅》、《说文》正其训诂,以礼经大小戴《记》证其制度,研撢二十载,稿草屡易,遂博采汉、唐以来迄乾、嘉诸经儒旧说,参互译证,以发郑注之渊奥,裨贾疏之遗缺。其于古制疏通证明,较之旧疏实为淹贯,而注有牾违,辄为匡纠,凡所发正数十百事,匪敢破疏不破注家法,于康成不曲从杜、郑之意,实亦无悖。而以国家之富强,从政教人,则无论新旧学均可折衷于是。始为长编数十巨册,顾最录多则异议滋牴牾,不免杂出。嗣更定谊例,一切依古文弹正。删繁补失,成《周礼正义》八十六卷,并辑《三家佚注》一卷附焉。

同治末,国势浸弱,群谋所以致富强者,则作《政要》二卷,都四十篇。又以行莫贤于墨翟,故释《墨子》。因墨学既不合于儒术,其传中绝,书虽仅存,脱误几不可读,而古字古言,转多沿袭未改。非精研形势通假之原,无由贯晰。毕氏校注,初启途径,尚待补苴,乃集合诸本,为依经谊字例,逐加诠释。成《墨子间诂》十五卷,目录一卷,附录一卷,后语二卷。其订补《经说》上下篇旁行句读,正兵法各篇之讹文错简,致力独深。又以文莫正于宗彝,故考金文,盖自经典相承,诸文字少半缺略,后世遂欲以金石款识,弥其缺乏。薛书固不足道,即清阮、钱诸家,亦不审形声,无以下笔。仁和龚氏,谬戾尤众。特详审彝器情伪,摈宋人所假名,置其不可知,取可知者,辨其刻画,不爽毫发,然后传之六书,使所定文字,皆檃括就绳墨,成《古籀拾遗》三卷,《余论》一卷。仍推阐古人造字之精微,成《名原》二卷。辨析龟甲文,成《契文举例》二卷。盖甲骨文之研究,自诒让始也。他著有《周书斠补》四卷,《九族古义述》一卷,并确慎不苟。复裒其考辨杂文为《籀庼述林》十四卷,辑《永嘉郡记》一卷。至于《经迻》、《尚书骈枝》、《大戴礼记斠补》、《六历甄微》、《广韵姓氏刊误》凡若干卷均未刊。盖其学术实兼包金榜、钱大昕、段玉裁、王念孙四家。其明大义,钩深穷高,几驾四家上,巍然为有清三百年朴学之殿,洵不诬矣。晚岁尝主温州师范学堂,充浙江教育会会长。宣统元年,朝议征主礼学馆,不起。未几卒,年六十二。

(三) 章炳麟传略

在此清学蜕分与衰落期中,有一人焉能为正统派大张其军者,曰余杭章炳麟。炳麟初名学乘,字枚叔,旋以私淑顾亭林、黄梨洲,乃易名绛,字太炎,号蓟汉。太炎者,取太冲、炎武各一字,而绛则亭林原名也。祖父名鉴,字聿昭,附贡生。父名濬,字轮香,廪贡。母朱氏。同治七年十一月三十日生。长兄炳森(篯)字椿伯,长经学、医学、算学。仲兄炳业(箴)字仲明,长史学,皆名孝廉。光绪十六年,炳麟二十四岁,入诂经精舍,受学于俞樾,治小学极谨严。然固浙东人也,受全祖望、章学诚之影响颇深,大究心明、清间掌故,而种族之感,兴复之念,则遥接亭林。炳麟本一条理缜密之人,其早岁所作政论,专提倡单调的民族革命论,使众易晓,故鼓吹之力綦大。先曾为梁启超《时务报》社之编辑,尝询梁以康有为之宗旨,梁以变法维新及创立孔教对。太炎谓变法维新当世之急务,惟尊孔设教有煽动教祸之虞,不能轻于附和。戊戌春,以夏曾佑、钱恂之介,入张之洞幕府。张著《劝学篇》,上篇教忠,下篇论工艺等,以示章。章谓下篇尚合时势,张不悦。时梁鼎芬为两湖书院山长,一日询章:"闻康祖诒欲作皇帝,信否?"章答:"只闻康欲作教主,未闻欲作皇帝。其实人有帝王思想,本不足异,惟欲作教主,则未免想入非非。"梁大骇,因语张之洞谓章某心术不正,乃使人讽其离鄂。庚子唐才常开国会于上海,太炎亦加入。及汉口事失败,炳麟逃归乡里。次年春,任教苏州东吴大学,将一载,因所出论文题有《李自成胡林翼论》(各书均记李自成,恐有误,大约为李秀成也,故亦有谓为《李秀成曾国藩优劣论》),为守旧派所指摘。江苏巡抚恩铭,派员往捕,炳麟遂赴日本避难,留日三月归沪。光绪二十九年,康有为漫游欧美十七国,归著《南海先生最近政见书》,专抨击革命排满之说,炳麟乃作《驳康有为政见书》,逐日揭载于上海《苏报》。时蔡元培先生总理之爱国学社与中国教育会发生意见,吴敬恒阴袒学社,蔡与黄宗仰主张听其独立,炳麟则大反对,与吴氏龃龉。蔡先生辞职赴青岛。未几,《苏报》案发生,炳麟及邹容被捕。一般人皆谓吴陷之也。《清代七百名人传・邹容传》云:"容与章炳麟见于爱国学社,乃草《革命军》以摈满洲,炳麟为之序而刻之。会江苏候补道俞明震来检察革命党事,将逮爱国学社教员吴朓(敬恒),朓直诣明震自归,且以《革命军》进,明震缓朓,朓逸,遂名捕容、炳麟。"清吏控炳麟《驳康有为政见书》中,有"载湉小丑,未辨菽麦"一语,指为污蔑君上,大逆不道。炳麟辨之曰:"我只知清帝乃满人,不知所谓圣讳。'小丑'两字,本作类字或小孩子解。"光绪三十年四月,上海会审公堂宣判炳麟监禁三年,容二年。容年少性刚,往往不耐狱卒欺凌,时起争执。炳麟乃为之日讲佛典,以因明入正理论授之,曰:"学此可以解三年之忧矣。"光绪三十二年炳麟期满出狱,东京中国同盟会本部派员迎赴日本,主编《民报》。是年十月,《民报》举行周年纪念会,中山先生讲演《三民主义与中国民族之前途》。炳麟亦读庆祝词曰:

我汉族昆弟所作《民报》,俶载至今,适盈一岁。以皇祖轩辕之灵,洋溢八表,方行无阂。自兹以后,惟不懈益厉,为民斗杓,以起征胡之铙吹,流大汉之天声。白日有灭,星球有尽,种族神灵,远大无极。敢昭告于尔丕显皇祖轩辕,列祖金天、高阳、高辛、陶唐、有虞、夏、商、周、秦、汉、新、魏、晋、宋、齐、梁、陈、隋、唐、梁、周、宋、明、延平、太平之明王圣帝,相我子孙,宣扬国光,昭徽民听,俾我四百兆昆弟同心戮力,以底虏酋爱新觉罗氏之命。扫除腥膻,建立民国,家给人寿,四裔来享。呜呼!发扬蹈厉之音作,而民兴起,我先皇亦永有依归。《民报》万岁!汉族万岁!中华民国万岁!

炳麟自是始署太炎名,因其文章别具一格,而《民报》之传播益广。先是,炳麟在狱时,曾策动蔡孑民先生组织光复会,徐锡麟、秋瑾、陶成章、杨笃生、钟宪鬯、王小徐、孙少侯、何海樵、龚宝铨、吕熊祥等皆会员也。上海、浙江一带,皆光复会势力。民国以后,袁世凯以阴谋帝制,召赴京,软禁之于龙泉寺,炳麟有天丧斯文之叹。其自记云:"上天以国粹付余,自炳麟之初生,迄于今兹,三十有六岁。凤鸟不至,河不出图。惟余以不任宅其位,繄素王、素臣之迹是践,岂直抱残守阙而已。又将官其财物,恢明而光大之,怀未得遂,累于仇国,惟金火相革欤?则犹有继述者。至于支那闳硕,壮美之学,而遂斩其统绪,国故民纪绝于余乎!是则余之罪也。"既得释,不复从事政治。晚年讲学苏州,以民国二十五年六月十四日,病殁于吴县寓所,年六十九。所著书有《章氏丛书》四十三卷,其中《春秋左传读叙录》一卷,《镏子政左氏说》一卷,《文始》九卷,《新方言》十一卷,附《岭外三州语》一卷,《小学答问》一卷,《说文部首韵语》一卷,《庄子解故》一卷,《管子余义》一卷,《齐物论释》一卷,《齐物论释重定本》一卷,《国故论衡》三卷,《检论》九卷,《太炎文录初编》一卷,《菿汉微言》一卷。《章氏丛书续编》十七卷,其中《广论语骈枝》一卷,《体撰录》一卷,《太史公古文尚书说》一卷,《古文尚书拾遗》二卷,《春秋左氏疑义答问》五卷,《新出三体石经考》一卷,《菿汉昌言》六卷。此外《章太炎文钞》五卷,《春秋左氏读》五卷。《重订三字经》、《訄书》、《清建国别记》、《自述学术次第》(《建制月刊》印本)。其未印行者,尚有《七略别录佚文征》一卷,《驳箴膏肓评》一册,《膏兰室札记》四卷,《猝病新论》四卷,《自定年谱》一卷。

(四)太炎之学术

太炎初治小学,以音韵为骨干,谓文字先有声然后有形,字之创造及其孳乳,皆以音衍。所著《文始》及《国故论衡》中论文字、音韵诸篇,其精义多乾、嘉诸老所未发明,应用正统派之研究法,而廓大其内容,延辟其新径,实太炎一大成功也。中年以后,究心佛典,治俱舍、唯识,有所入。既亡命日本,涉猎西籍,以新知附益旧学,日益宏肆。乃用佛学解老、庄,极有理致,所著《齐物论释》虽间有牵合处,然确能为研究庄子哲学者开一新国土。其《菿汉微言》深造语极多。尝自述其治学进化之迹曰:

> 少时治经,谨守朴学,所疏通证明者,在文字器数之间。虽尝博观诸子,略识微言,亦随顺旧义耳。遭世衰微,不忘经国,寻求政术,历览前史,独于荀卿、韩非所说,谓不可易。继阅佛藏,涉猎《华严》、《法华》、《涅槃》诸经,义解渐深,卒未窥其究竟。及囚系上海,专修慈氏世亲之书,此一术也。以分析名相始,以排遣名相终,从入之深,与平生朴学相似,易于契机。出狱东走日本,尽瘁光复之业,鞅掌余闲,旁览彼土所译希腊、德意志哲人之书,时有概述。……从印度学士咨问……其所称述,多在常闻之外。以是数者,格以大乘,霍然察其利病,识其流变。……诸生适请讲述许书,余于段、桂、严、王未能满意,因翻阅大徐本十数遍,一旦解寤,的然见语言本原,于是初为《文始》。而经典专崇古文记传,删定大意,往往可知。由是所见,与笺疏琐碎者殊矣。为诸生说《庄子》,旦夕比度,遂有所得。端居深观而释《齐物》,乃与《瑜珈》、《华严》相会……始采其妙,千载之秘,睹于一曙。次及荀卿、墨翟,莫不抽其微言,以为仲尼之功贤于尧、舜,其玄远终不敢望老、庄矣。戊申之际(光绪三十四年)始玩爻象,重籀《论语》,《论语》所说,理关盛衰,又以庄证孔,而耳顺、绝四之

> 指,居然可明。知其阶位卓绝,诚非功济生民而已。至于程、朱、陆、王,终未足以餍望。凡古今政俗之消息,社会都野之情状,华梵圣哲之义谛,东西学人之所说,拘者执着而鲜通,短者执中而居间,卒之鲁莽灭裂,而调和之效终未可睹。譬彼侏儒,解遘于两大之间,无术甚矣。余则操齐物以解纷,明天倪以为量,割制大理,莫大孙顺。自揣平生学术,始则转俗成真,终乃回真向俗。……秦、汉以来,依违于彼是之间,局促于一曲之内,盖未尝睹是也。乃若昔人所谓专志精微,反致陆沉,愔穷研训诂,遂成无用者,余虽无腆,固足以雪斯耻!

其自述汇通各家之奥恉,回真向俗之经过,谓可雪训诂无用之耻,殆非溢美。盖太炎亦不满于汉学家之襞绩补苴,误以小学即经学,溺于其中而不知返也。又尝自述其学术次第云:

> 余生亡清之末,少慕异族,未尝应举,故得泛览典文,左右采获。中年以后,著纂渐成,虽兼故籍,得诸精思者多,精要之言,不过四十万字,而皆持之有故,言之成理,不好与先儒立异,亦不欲与苟同。若《齐物论释》、《文始》诸书,可谓一字千金矣。晚更患难,自知命不久长,深思所窥,大畜犹众,既以中身而殒,不获于礼堂写定,传之其人,故略述学术次第,以告学者。……余少年独治经史通典诸书,旁及当代政书而已,不好宋学,尤无意于释氏。……治经专尚古文,非独不主齐、鲁,虽景伯、康成亦不能阿好也。先师俞君(樾)曩日谈论之暇,颇右《公羊》,余以为经即古文,孔子即史家宗主。汉世齐学,杂以燕、齐方士怪迂之谈,乃阴阳家之变。鲁学犹近儒流,而成事不符已甚。……少读惠定宇、张皋文诸家《易》义,虽以为汉说固然,而心不能惬也。《易》谓易近冥昧,可以存而不论。在东因究老、庄,兼寻辅嗣旧说,观其明爻明义,乃叹其超绝汉儒也。

是知太炎排斥今文学,笃守古文家法,对钟鼎、甲龟尤不喜,仍不免有门户之见。然其辨今音、古音之异同,窥马、郑传注之原释,前无古人,发明独多。以经生而谈政治，以礼学而归历史，自由、民主之思想，爱国、尚德之儒行，均有不可及者。排满则草《天讨》之檄文，护法则书翊赞之通电，皓首穷经，无间寒暑，其影响于学界者至巨，固非清学所能限矣。观其《救学弊论》曰：

> 士先志，不足以启其志者勿教焉可也。尊其所闻则高明，行其所知则光大，不足以收高明光大者勿学焉可也。末世缀学，不得使人人有志，然犹什而得一，且学者皆趣侧诡之道，内不充实而外颇有谀闻，求其以序进者则无有也，所谓高明光大者，亦殆于绝迹矣。……夫学者之循大道亦易矣，始驱之于侧诡之径者，其翁同龢、潘祖荫耶？二子以膏粱余荫，入翰林为达官，其中实无有。翁喜读《公羊》而忘其他经史，潘好铜器款识而排《说文》，盖经史当博习，而《说文》有检柙，不可以虚言伪辞说也。以二子当路能富贵人，新进附之如蚁，遂悍然自名为汉学宗，其流渐盛。康有为起，又益加厉。谓群经皆新莽妄改，谓诸史为二十四部家谱，既而改设学校，经史于是乎为废书。转益无赖，乃以《墨子》说欺人，后之为是，亦诚翁、潘所不意，要之始祸者必翁、潘也。他且勿问，正以汉学言之，汉人不尽能博习，然约之则以《论语》、《孝经》为主，未闻以《公羊》为重也。始教儿童，皆用《仓颉篇》，其后虽废，亦习当世隶书，如近代之诵《千字文》然。未闻以铜器款识为教也。盖为约之道，期于平易近人，不期于吊诡远人。今既不能淹贯群籍，而又以《论语》、《孝经》、《千字文》为尽人所知，不足以为名高，于是务为恢诡，居之不疑，异乎吾所闻之汉学也。……若潘、翁之守《公羊》，执铜器，其于躬行何如？今之束书不观而以哲学墨辩相尚者，其于躬行复何如？前者既不得以汉学自饰，后者亦不得以王学自文，则谓之诳世盗名之术而已矣。是故高明光大之风，由翁、潘始绝之也。夫翁、潘以奇眇诡小为学，其弊也先使人狂，后使人陋，尽天下为陋儒，亦犹尽天下为帖括之士，而其害视帖括转甚。则帖括之士不敢自矜，而翁、潘之末流敢自矜也。张之洞之持论，蹈乎大方，与翁、潘不相中，然终之不能使人无陋，而又使人失其

志则何也?凡学者贵乎攻苦食淡,然后能认艰难之事而德操亦固,汉、宋之学者皆然,明虽少异,然其涉艰处国之事,文儒能坦然任之。其在官也,虽智略绝人,退则家无余财,行其素而不以钓名,见于史传者多矣。张之洞少而骄蹇,弱冠为胜保客,习其汰肆,故在官喜自尊而亦务为豪举,以其豪举,施于学子,必优其居处,厚其资用,其志固以劝人入学,不知适足以为病也。……自是惰游之士,遍于都邑,惟禄利是务,恶衣恶食是耻,微特遗大投艰有所不可,即其稠处恒人之间,与齐民已截然成阶级矣。向之父母、妻子犹是里巷翁媪与作苦也,自以阶级与之殊绝,则遗其尊亲弃其伉俪者,所在皆是。人纪之薄,实以学校居移其气体使然。观今学校竞言优秀,优秀者何?则失其勇气,离其淳朴是已。虽然吾所忧者不止于庸行,惧国性亦自此灭也。夫国无论文野,要能守其国性,则可以不殆。金与清皆自塞外胜中国者也,以好慕中国文化,失其朴劲风,比及国亡,求遗种而不得焉。上溯元魏,其致亡之道亦然。蒙古起于沙漠,入主中夏,便安其俗,言辞了戾,不能成汉语,起居亦不与汉同化,其君每岁必出居上都,及为明所覆,犹能还其沙漠,与明相争且三百年。清时蒙古已弱,而喀尔喀犹独立也。匈奴与中国并起,中行说告以勿慕汉俗,是故匈奴虽为窦宪所逐,其遗种存者,犹有突厥、回纥,横于隋、唐之间。其迁居秦海者,则匈牙利至今不亡。若是者何也?元魏、金清习于汉化,以其昔之人为无闻知,后虽欲退处不毛,有所不能,匈奴、蒙古则安其俗自若也。夫此数者悉野而少文,保其野则犹不灭,失其野则无噍类,是即中国之鉴矣!中国人事之节,吾所有者已至文,物用则比于远西为野,吾守其国性,可不弊也。今之学子,慕远西物用之美,泰半已不能处田野,计中国之地则田野多而都会少也,能处都会不能处田野,是学子已离于中国大部,以都会为不足,又必实见远西之俗行于中国然后快,此与元魏、金清失其国性何异?一旦有事,则抗节死难之士,将于何求之?……吾论今之学校,先宜改制……欲省功而易进,多识而发志者,其惟史乎?其书虽广而文易知,其事虽烦而贤人君子之事,与夫得失之故悉有之。其经典明白者若《周礼》、《左氏内外传》,又可移冠史部,以见大原。其所从入之途,则务于眼学,不务耳学,为师者亦得以余暇考其深浅也。如此则诡诞者不能假,慕外者无所附,顽懦之夫,亦渐可以兴矣。……然今之文科,未尝无历史,以他务分之,以耳学囿之,故其弊有五:一曰尚文辞而忽事实。……二曰因疏漏而疑伪造。……三曰详远古而略近代。……四曰审边塞而遗内治。……五曰重文学而轻政事。……扬榷五弊,则知昔人治史,寻其根株,今人治史,摭其枝叶。……能除耳学之制,则五弊可息,而史可兴也。吾所以致人于光大之域,使日进而有志者,不出此道。……能行吾之说,百蠹千穿,悉可使之完善。不能行吾之说,则不如汉之直授《论语》、《孝经》与近代之直授《三字经》、《史鉴节要》便读者,犹愈于今之教也。

按太炎是论,作于民国十二年,皆身经忧患之言。盖以士不立志,教不立本,弃坦途而趣绝境,舍序进而竞躐等,忽正史而取杂说,忘常道而骛新奇,毒中于一时之人心,害遂贻于累世之学术。此则太炎所谓期人速悟,而不寻其根柢,专重耳学,不重眼学之过,其弊至今犹未能革也。宋司马光《论风俗札子》云:"国之致治,在于审官,官之得人,在于选士,士之向道,在于立教,教之归正,在于择术。是知选士者治乱之枢机,风俗之根原也。近岁公卿大夫好为高奇之论,新进后生,未知臧否,口传耳剽翕然成风。至有读《易》未识卦爻,已谓十翼非孔子之言;读《礼》未知篇数,已谓《周官》为战国之书;读《诗》未尽《周南》、《召南》,已谓毛、郑为章句之学;读《春秋》未知十二公,已谓《三传》可束之高阁。"司马光所言当时学弊,以教育为致治之本,与太炎无以大殊。通经致用而归本于史,此太炎学术之精恉也。

(五)太炎对清学之批评

太炎《检论》有《清儒》一篇,对清代学者叙述綦详,不具录,其杂见于《说林》中者,如云:"季明之遗老,惟王而农(船山)为最清。宁人(顾亭林)居华阴,以关中为天府,其险可守,虽著书不忘兵革之事。其志不就,则推迹百王之制以待后圣,其材高矣。征辟虽不行,群盗为之动容,使虏得假借其名以诳耀天下,欲为至高,孰与船山榛莽之地,与群胡隔绝者!要有规画则不得不在都市,王之与顾,未有以相轩轾也。黄太冲(梨洲)以明夷待访为名,陈义虽高,将俟虏之下问,以《黄书》种族之义正之,则嗒焉自丧矣!……叔世有大儒二人:一曰颜元,再曰戴震。颜氏明三物出于司徒之官,举必循理,与荀卿相似;戴君道性善,为孟轲之徒,持术虽异,悉推本于晚周大师,近较宋儒为得真。戴君生雍正乱世,亲见贼渠之遇士民,不循法律,而以洛、闽之言相藉,其言绝痛!桑荫未移,而为纪昀所假,以其惩艾宋儒者,施转以泯华戎之界。……近世经师,审名实一也,重古证二也,戒妄牵三也,守凡例四也,断情感五也,汰华辞六也。六者不具,而能成经师者,天下无有。学者往往崇尊其师,而戴、江之徒,义有未安,弹射纠发,虽师亦无所避。苏州惠学,此风少衰。常州庄、刘之遗绪,不稽伪,惟朋党比周是务。以戴学为权度而辨其等差,吾生所见,凡有五第:研精故训而不支,博考事实而不乱,文理察密,发前修所未见,每下一义,泰山不移,若德清俞先生、定海黄以周、瑞安孙诒让,此其上也。守一家之学,为之疏通,证明文句,隐没钩深,而致之显。若善化皮锡瑞,此其次也。已无心得,亦无以发前人隐义,而通知法式,能辨真妄,比辑章句,秩如有条,不滥以俗儒狂夫之说,若长沙王先谦,此其次也。高论西汉,而谬于实证;侈谈大义,而杂以夸言。务为华妙,以悦文人,相其文质,不出辞人说经之域,若丹徒庄忠棫、湘潭王闿运,又其次也。归命素王,以其言为无不包络,未来之事,如占蓍龟,瀛海之大,如观掌上。其说经也,略法今文而不通其条贯,一字之近于译文者以为重宝,使经国为图书符命,若井研廖平,又其次也。虽然说经者明其是非,无所于党,最上者固容小小隙漏,而下者亦非无微末蚊子之得也,故曰与其过而废之也,宁过而存之。使左道乱政之说,为虏廷所假借,至于锢其人,烧其书,则肉食者之罪,通于斗极!"又批评康有为云:"近世翁同龢、潘祖荫之徒,学不覃思,徒据摭《公羊》以为奇觚,金石刻画厚自光宠,然尚不敢言致用。康有为善傅会,媚以拨乱之说,又外窃颜、李为名高,海内始彬彬然向风,其实自欺,诚欲致用,不如椽史识刑名者多矣。学者在辨名实情伪,虽致用不足尚,虽无用不足卑。古之学者学为君也,今之学者学为匠也,为君者南面之术,观世质文而已矣;为匠者必有规矩绳墨,模形惟肖,审谛如帝,用弥天地,而不求是则绝之。"又《驳建立孔教议》云:"孔子所以为中国斗杓者,在制历史,布文籍,振学术,平阶级而已。自孔子作《春秋》,然后纪年有次,事尽首尾。邱明衍传,迁、固承流,史书始粲然大备。今晚世得以识古,后人因以知前,功为第一。《周官》礼不下庶人,政典掌在天府,其事迹略具于《诗》、《书》,师氏以教国子,而齐民不与焉。自孔子观书柱下,述而不作,删定六书,布之民间,然后人知典常,家识图史,其功二也。天官守其一术,而不遍览文籍,则学术无以大就,自孔子布文籍,又吐《论语》以寄深湛之思,于是大师接踵,宏儒郁兴,虽所见殊途,而提振之功则一,其功三也。春秋以往,官多世卿,自孔子布文籍,又养徒三千,与之驰骋七十二国,辨其人民,知其土宜,识其政宣,门人余裔,起而干摩,与执政争明,而世卿废。民苟怀术,皆有卿相之资,由是阶级荡平,寒素上遂,其功四也。今忘其所以当尊,而以不当尊者奉之,适足以玷阙里之望,汙泰山之迹耳。"太炎在学术政教方面,无一不反对康有为,盖欲明其是非,无所与于党见也。

一百三十八　小学金石与校勘家

(一)江浙小学家——吴颖芳、钮树玉、袁廷梼、徐承庆、薛寿、许梿、田宝臣、丁履恒、朱骏声、庞大堃

声音、训诂为治经涂径,故凡属经师,大率先通小学。清儒因特重小学,无不竭毕生精力,溯六书之源流,抉七音之秘奥,可称前无古人,后鲜来者。然亦以此为人所讥,盖误以襞绩补苴为尽学问之能事矣。本篇所举之经学家,若严格论之,实皆小学家,如严可均、姚文田,固皆以《说文》擅长也。至专以《说文》名者,吴颖芳(字西林,自号临江乡人,浙江仁和人)有《吹豳录》五十卷,取六书七音乐略为之从流而溯其源。有《说文董理》四十卷,《音韵讨论》四卷,《文字源流》六卷。皆因许氏所列文字,经传反切,各溯其所从始,而沿其孳生。又取钟鼎文字笺释其文义,成《金

石文释》六卷。然仅以诗名,有《临江乡人诗》六卷。同时吴县钮树玉(字蓝田,又号匪石山人),著《说文解字校录》十五卷,《考异》三十卷,《段氏说文注订》八卷,《说文新附考》六卷,《续考》一卷,一字一句莫不旁征博引,备加辨晰。虽隐于贾,而实于文字、声音、训诂之学,独有心得者也。乡人袁廷梼(字又恺,一字寿阶)亦精校雠,邃小学,尝与钱竹汀、王西沚、段懋堂相过从,又与树玉及顾广圻为友,撰述皆不传。徐承庆(字梦祥,号谢山)作《说文段注匡谬》,辞达理举,与树玉之《注订》,皆段氏之诤友也。甘泉薛传均(字子韵)初工骈文,既乃与刘文淇、包世臣等五人相结,各治一经,积三载,遂博览群籍,发明毛、郑、贾、服之说。考许学独右嘉定钱氏,以《潜研堂集》中有《说文答问》一卷,深明通转假借之义,乃博引经史以证之,成《说文答问疏证》六卷。又撰《文选古字通疏义》十二卷,草创未竟,文淇诸人为纂辑缮副。文淇之门人薛寿(字介伯,江都人)兼通小学,尝从事淮南书局,最后任湖北经心书院讲席。所著有《续文选》、《古字通》、《读经札记》二卷、《学诂斋文集》二卷、《外集》二卷、《诗集》二卷。浙江海宁许梿(字珊林,号叔夏)笃志经术,精治六书,尤喜研究律学。道光十三年成进士,荐修《国子监金石志》,书成,授山东平度知州。有《洗冤录详议》,刑官奉为师法。历官淮安、镇江、徐州知府,升江苏粮储道。虽吏事精敏,而日不废学,寝馈《说文解字》,罗致古今撰述,独推钮树玉、王筠为绝诣,纂《说文疏笺》巨篇高数尺,未写定,寇乱散佚。别纂《识字略》,依韵戢孴,盖非初志。考定金石文字,手自钩抚,《古均阁宝刻录》行世亦不及十一,承学之士惜焉。泰州田宝臣(字少泉)撰《小学骈支》八卷,刊《海陵丛刻》中。武进丁履恒(字道久,别字若士)著《说文形声类篇》四卷,说者谓精核不在朱允倩之下,然实皆不如允倩之小学著名也。允倩者,朱骏声之号,字丰芑,江苏吴县人。年十三,受许氏《说文》,一读即通晓,时有神童之誉。十五入府学,适钱大昕主紫阳讲席,亦十五入泮,因重游泮宫,一见即奇其才,曰:“衣钵之传,将在子矣。”遂受业门下,益专力古学。嘉庆二十三年举于乡,屡踬春官,郁郁不得志。以知名早,叠主江荫、吴江、萧山各书院。会试数留京,又因事出居庸、大同,如是奔走风尘,穷愁落寞者积廿余年,未尝一日辍学。道光六年,始用大挑选黟县训导，著述日富。研究许书，功深且久。尝谓："自二徐以后至本朝段、钱、严、桂推衍已极精密，而六书中转注、假借二义究未有确诂。因独创义例，以为转注者，即一字而推广其义，非合数字而雷同。其训通其所可通者为转注，通其所不可通者为假借，假借不异声而役异形之字，可以悟古人之音语；转注不异字而有无形之字，可以省后世之俗书。"乃成《说文通训定声》三十二卷。又取百六韵而权衡之，作《古今韵》、《东韵》各二卷。循《尔雅》之条例，贯许氏之说解，作《说雅》四卷。会广西孙锵鸣请许海内文学士献所著书，咸丰元年，遂缮定由礼部进呈。文宗披览，嘉其赅洽，赏国子监博士衔。寻升扬州府学教授，未之官，咸丰八年卒，年七十一。余所著初刊者，曰《临啸阁群书》，为《仪礼经注一隅》二卷，《夏小正补传》二卷，《春秋左传识小录》二卷，《小尔雅约注》一卷，《通训定声补遗》一卷，《离骚补注》一卷。其他续刊及刊入别家丛书者，为《春秋三家异文核》一卷，《春秋乱蛾考》一卷，《小学识余》四卷，《六书假借经征》四卷，《岁星表》一卷，《经史答问》二十六卷。存稿校定未刊者，为《六十四卦经解》八卷，《尚书古注便读》四卷，《春秋平议》三卷，《秦汉郡国考》四卷，《天算琐记》四卷。尚有未经校定者，为《学易札记》等四十二种，又《诗传笺》等七种，存稿已佚。其子孔彰能传父业，有《说文粹》三编，《十三经汉注》及《中兴将帅别传》。庞大堃，常熟人，字子方，亦字厚甫，著《等韵辑略》三卷，于古韵颇多发明，惜其书已佚。

（二）鲁皖小学家——桂馥、王筠、许瀚、胡承拱、胡世琦、胡澍、江有诰、苗夔

清中叶以小学著名者，有山东之桂馥。馥字冬卉，号未谷，曲阜人。先世籍贵溪，明初以从征功，世袭尼山卫百户，因家焉。少嗜学，于书无所不读，尤究心小学、金石，工篆、隶。乾隆元年生，较段玉裁少一岁，长于王念孙八岁，实乾嘉学派中之翘楚也。以乾嘉学者萃于东南，孔广森虽同里晚辈（小于未谷十六岁）而依附声光，未谷得名较晚，故未与诸大师并列耳。乾隆三十三年，始用优贡赴国学，得交翁方纲，相与考订，所造益精。已而期满，补长山训导，病后生多空疏，与历城周永年置借书园，藏书万

卷,并祠汉经师其中,贫士好学者辄贷与之,此即近代图书馆之制也。五十四年举于乡,越明岁,成进士,时年五十五矣。寻授云南永平县知县,故为边邑,卧阁以治,遂得以暇日自理经生业。尝谓士不通经,不足致用;训诂不明,不足以通经。乃自诸生至通籍,四十年间,日取许氏《说文》与诸经之义相疏证,成《说文义证》五十卷,辗转推论,征引赅博,前之段若膺,后之王菉友,差相鼎足,均为许氏功臣。又绘祭酒以下,迨二徐、张有吾、邱衍之属,作《说文统系图》,因题其室曰"十二篆师精舍"。盖毕生精力咸萃于是。他著有《札璞》十卷,考据亦详赡明确,不让钱竹汀之《养新录》。复有《缪篆分韵》五卷,《晚学集》八卷,《诗集》四卷。兼娴刻印,世人比诸文三桥,然特末技,未足为未谷重也。年七十卒于官。王菉友名筠,字贯山,山东安邱人。道光元年举人。博涉经史,尤深《说文》之学,游京师三十年,出任山西宁乡知县,县在万山中,民朴事简,暇则抱一编不去手。旋权徐沟、曲沃,并号繁剧,二县皆治,亦未尝废学。著有《说文释例》二十卷,即诗书而释其条例,犹杜元凯之于《春秋》也。共分五十二目,自指事至列文变例,皆论篆籀;自说解正例至双声叠韵,皆论说解;自总文至末,则皆臆说。《存疑》数卷,专订许氏及段玉裁之误。其例目失之繁多,论说或涉穿凿,不无遗憾。而其精确之处,如论象形之字当分平看竖看,又有当放低看者,时契文尚未发见,可谓创获。复著《说文句读》三十卷,虽多采段注,及桂氏《义证》,然贯以己意,折衷一是,初不依傍于人。《说文补正》二十卷,《句读补正》三十卷,则辅翼两书者。《说文系传校录》三十卷,所以绍述大徐之学,足以骖靳钱钮焉。斯为《王氏说文五种》。他著有《禹贡正字》一卷,《毛诗重言》一卷,《毛诗双声叠韵说》一卷,《夏小正义》一卷,《弟子职正音》一卷,《蛾术编》二卷,《四书说略》四卷,《教童子法》一卷。亦不落讲章语录窠臼。《马首农言》一卷,曲雅翔核,有六朝地志风度。卒年七十一。光绪中曾由国子监将所著书择要进呈,奉旨留览。许瀚字印林,山东日照人,幼博综经史及金石文字,年逾冠,入县学。道光五年,道州何凌汉视学山左,奇其才,拔贡成均,次年入都,即寓何邸。得与公子绍基友,互相考订,治小学,尤深于声音训诂之原。至勘定宋、元、明旧籍,精审不减于顾涧宾、黄荛圃。辇下知名士若张穆、苗夔、俞燮辈，皆昕夕过从，以学问相切劘。龚自珍素少许可，独推为北方学者第一，其见重于时如此。会校录重修字典，议叙得州同衔。十五年，北闱乡试中式。五上春官不利，应聘主讲渔山书院，修辑《济宁州志》。复选授峄县教谕。旋丁忧去官。道光二十六年，河督潘芸阁延校史籍，因识丁宴、鲁一同、许梿，文字往还，契合无间，而商城杨铎交最挚。二十九年为山西杨氏校刊桂氏《说文义证》，时患偏痹，养疴里门，尚力疾从事。咸丰之乱，匪犯日照，所藏书籍悉付劫灰，未几遂卒。所著维《攀古小庐文》数卷梓行，遗著一卷，刻入《滂喜斋丛书》。《韩诗外传勘误》则仅存遗稿。其《致杨宝卿》书云："古人造字，实由于音，近代若王氏父子，高邮段氏略悟此义，惟未有专成一书者，欲治《说文》，宜先从事音韵之学。《说文》中所列重文，治之者，咸不明其例。倘将《说文》所有重文勒为一编，亦发前人未发之蕴。"此亦可见其小学之一斑矣。安徽之治小学者，乾嘉以后已渐衰，惟绩溪胡秉虔、胡澍及泾县胡承拱、胡世琦颇足称，犹乾嘉之"三胡"也。承拱字景孟，号墨庄，安徽泾县人，幼颖悟，十三岁即入邑庠。嘉庆十年成进士，选庶吉士，散馆授编修，寻迁御史，转给事中，陈奏甚多，二十四年授福建延建邵道，上官廉其能，调台湾兵备道。力行清番弥盗之法，民番安肃。事无巨细，悉心综理，用是积劳成疾，乞假归，遂不复出。道光十二年卒，年五十七。承拱自少工词章，通籍后，究心经术，遇有讲求实学者，辄殷勤造访，引为同志，不为虚文酬酢。解经多心得，不苟同前人。归益专力著作，不预外事，恒至夜分，寒暑弗辍。凡成《毛诗后笺》三十卷，《仪礼古今文疏义》十七卷，《尔雅古义》二卷，《小尔雅义证》十三卷，《求是堂诗集》二卷，奏折一卷，文集六卷，骈体文二卷。其毕生精力所专注者，要在《毛诗后笺》一书，采集甚富，是者录之，非者辨之，最精者，在能于传文前后会出指归，又能于西汉以前古书，反复寻考，贯通诗义，证明毛旨。撰稿屡易，手自写定，至鲁颂"泮水"而疾作，陈奂补之。胡澍字荄甫，一字甘伯，号石生。于培翚为族侄孙，早有文誉。道光二十四年以古学受知于督学季芝昌，补诸生。就试金陵，始得孙渊如、洪稚存著述，慨然向慕其为人。孙集中有《释人》一篇，乃博稽古训，为之疏通证明，嘉定朱右曾见而称之，益奋勉。咸丰九年举于乡，值太平军乱,资产荡然,流离奔走无宁岁。既两上春官报罢,因捐升郎中,分发户部,京曹多暇,则日以著述为事,不妄与人酬酢。为潘祖荫所引重,《滂喜斋丛书》唐释湛然《辅行记》,其手辑也。精声音、训诂之学,尤笃嗜高邮王氏书,尚有《左传服氏注义》、《通俗文疏证》俱毁于兵火。中年羸病,兼治医术,时具超悟,偶游都肆,得宋刻《内经》,遂取各本悉心校勘,作《素问校义》,说解精确,惜草例未就,仅存遗稿一卷。又著《墨守编》、《正名编》亦未成,卒年四十八。胡世琦字玉镳,少岸异,为文卓荦有奇致,弱冠举于乡,屡试春官不第,益闭户肆力经史。间出与当时通人游,并向姚姬传、程易畴、洪稚存、段若膺诸人受教请益,故其学欲从文字、声音、训诂以通其旨趣,不区章句义理而二之。嘉庆十九年进士,改庶吉士,散馆以知县用,得山东费县。后复历任即墨、沂水、曹县等,吏议失职,始浩然决意引退。归田后,亟思为政于家,捐金置产,赡其族属。卒年五十五。著《小尔雅疏证》、《三家诗辑》,惜未竟业,诗文亦藏于家。歙县江有诰字晋三,号古愚,二十二岁补博士弟子,不治举业,壹志古学。杜门著述,寒暑无间。慨周、秦后古音日舛,获顾亭林《音学五书》及江慎修《古韵标准》,冥心推究,至忘寝食。谓江书能补顾所不及,而分部尚有罅漏,因于江氏十三部析幽、侯为二,支、脂为三,又于脂部中析出祭部,又析真文为二。嗣得段若膺《六书音韵表》,所论多合,益自信。分古韵为二十部。最后见曲阜孔氏《诗声类》,析东、冬为二,遂改文二部为中统,为廿一部。书成寄示段。段大称许,曰:“余与顾、孔一于考古,江、戴则兼以审音,而晋三于二者,尤深造自得,又精呼等字母之学,不惟古音大明,亦且使今韵分二百六部者得剖析之故。”其推服如此。所著已刻者有:《诗经韵读》四卷,《群经韵读》一卷,《楚辞韵读》一卷,《先秦韵读》二卷,《汉魏韵读》一卷,《唐韵四声正》一卷,《谐声表》一卷,《入声表》一卷。以《入声表》尤精,足正亭林之失,而补其未备。未刊者,尚有《二十一部韵谱》,本段氏十七部谱例,就未析者,更分为一百二十八部,于是韵学大具。晚益深六书,著《说文六书录》、《说文分韵谱》、《说文质疑》、《说文更定部分》、《说文系传订讹》各若干卷。复著《经典正字》、《隶书纠缪》以祛俗学之误。不戒于火,版稿悉付煨烬,而目已瞽,乃口授其子锡善重录,并拟踵成例为补辑若干篇。北方治小学者,尚有苗夔,字先麓,直隶宁晋人。不好制举文,嗜六书形声之学,治许氏《说文》,精研力索,若有夙悟。得亭林《音学五书》,慕之弥笃,曰:"吾守此终身矣。"年二十余,即纂《毛诗韵订》,继又纂《广籀》一书。授徒穷乡,教八股文不中程,学子稍稍引去,弗顾也。县令闻而敬异,聘主翼经书院。道光十一年举优贡,高邮王氏睹其著述,折节下交,与畅论音学源流,由是誉望日隆。著有《说文声订》二卷,《说文声读表》七卷,《毛诗韵订》十卷,《建首字读》一卷,《说文声读考》、《集韵经存韵补正》、《经韵钩沉》等。前四书为祁寯藻酿资刻行,亦为曾国藩所推服。卒年七十五。

(三) 金石学家——刘喜海、吴式芬、陈介祺、李佐贤、夏荃、吴大澂、吴云、叶昌炽、刘鹗、罗振玉、王国维

赏鉴鼎彝碑版,仅视为一种美术品而已。而在学者观之,则举足供经史佐证。自宋刘原父、欧阳修、吕大临、赵明诚、洪景伯辈倡之于前,至有清嘉、道间,厥风益盛。沿及晚近,以石刻、甲骨、器物考辨今古文经字异同,用金文发明六书指要,以重估古史,遂卓然成为专门之学矣。清初叶奕苞(字九来,江苏昆山人)之《金石录补》二十七卷,张绍(字力臣,江苏山阳人)之《张亟斋遗集》,吴玉搢(字籍五,号山夫)之《金石存》十五卷,开其端绪。严长明(字冬友,号道甫,江宁人)及其子观(字子进),搜集益富,所撰《金石类签》、《金石文字跋尾》、《汉金石例》、《五岳贞珉考》、《五陵金石志》、《石迹表》及《江宁金石志》等,至王昶(字德甫,号述庵,一字兰泉,又字琴德,江苏青浦人)《金石萃编》一百六十卷,而集其大成。邢澍(字雨民,号佺山,甘肃阶州人)之《金石文字辨异》,与孙星衍之《寰宇访碑录》,亦皆有所发明,而陆耀遹(字劭文,江苏阳湖人)之《金石续编》简洁核实,尤胜原书。洎翁方纲(字覃溪,直隶大兴人)与阮元(字伯元,号云台,江苏仪征人)出,宏览多闻,于金石、谱录、书画、碑版之学,号称专家。翁有《西汉金石志》、《粤东金石略》,子树培(字宜泉)复著《石峰岩堂钟鼎考》、《古钱汇考》;阮有《积古斋钟鼎彝器款识》(朱为弼右甫,浙江平湖人,代为编定)、《山左两浙金石志》。吴荣光(字伯荣,号荷屋,

广东南海人)之《筠清馆金石记帖镜》,武亿(字虚谷,号授堂,河南偃师人)之《金石三跋》、《续跋》、《偃师堂石遗文录》、《读史金石集目》等,且足与相颉颃。于是赵绍祖(字绳伯,号琴士,安徽泾县人)仿《金薤琳琊》例,成《金石文钞续钞》,并搜罗断缺之本,作《金石跋》。又撰《泾川金石记》、《安徽金石略》。张廷济(字叔未,浙江嘉兴人)之《叔未金石文字》、《金石奇缘》;张燕昌(字芑堂,号文鱼,又号金粟山人,浙江海盐人)之《金石契》、《石鼓文释存》、《飞白钞》、《金粟笺说》;瞿中溶(字苌生,号木友,江苏嘉定人)之《古泉山馆金石文编》、《泉志补考》、《泉志续编》、《古玉图录》、《古泉山馆彝器图释》、《汉武梁祠画像考》、《集古官印考证》、《古镜图录》;徐同柏(字寿藏,号籀庄,自号少孺,初名大椿,字春甫,浙江海盐人)之《从古堂款识学》、《清吟阁古器款识释文》、《焦山周鼎斛新莽泉刀二品考》、《珣溪古玉式》,及同吴东发(字侃叔,号芸父)之《钟鼎款识释文》、《金石文跋尾续》、《石鼓读》,金锡鬯(字蒨穀,浙江桐乡人)之《古泉述记》,更推广研究,寖寖由金石趋向于考古。道咸以后,始有刘喜海(字燕廷)之《金石苑》数百卷,《古泉苑》一百一卷,《海东金石苑》八卷;吴式芬(字子苾,号诵孙,山东海丰人)之《攈古录》十六卷,《金石汇目分编》四十卷;陈介祺(字寿卿,号簠斋,山东潍县人)之《簠斋吉金录》八卷,《吉金文释》一卷,《十钟山房印举》若干卷。凡出土之泉币尊彝泥封"聃敦",足考古史古制,订史册沿讹者,靡不如"毛公鼎"之冠绝当时也。李佐贤(字竹明,山东利津人)之《古泉汇》多至六十四卷,实沿夏荃(字退庵,江苏泰州人)《历代钱谱考》之例,至吴大澂(字清卿,江苏吴县人)以翰林名士,累官谏垣,数上封事,号称清流,文采风韵,照耀京国,又与潘祖荫、翁同龢相结托,洊至湖南巡抚。甲午之战,自请督湘军赴前敌,甫交绥,即奔溃。民间遂有"翁同龢三次访鹤;吴大澂一味吹牛"之联语。然其所著《恒轩吉金录》、《窸斋集古录》、《说文古籀补字说》等,固皆见重于艺林也。吴云(字少甫,号平斋,晚自号曰退楼,浙江归安人)著《两罍轩彝器图释》十二卷、《古官私印考》二十七卷,《虢季子白盘考》、《汉建安弩机考》、《温虞恭公碑考》、《华山碑考》各一卷,叶昌炽(字鞠裳,江苏长洲人)著《邠州石室录》三卷、《语石》十卷,但仍不出金石学之范围。自孙诒让成《契文举例》，刘鹗（字铁云，笔名百炼生，江苏丹徒人）有《铁云藏龟》，而甲骨文之研究，于清末渐著。罗振玉（字叔蕴，一字叔言，浙江上虞人）、王国维（字静安，亦字伯隅，号观堂，浙江海宁人）撰述最多，成就最宏，遂开民国以后考古学之风气焉。彭荪毓《渔舟纪谈》云："刘恕斋因举孙星衍渊如一事，亦足以资嗢噱。先生学最富，尤喜考据。秦小砚学士瀛，其甥也，夏日食蒸饼未竟，燥裂作篆隶文。戏拓一纸，寄先生，诡云：新得一半截砖，有字不可识，请辨之。先生忻然谓字画古拙，的是秦、汉间物，旁征博引，写成一帙，缮寄学士，并求其砖。学士报曰：久为鸟鼠食去矣。备言其故，先生大恚。"似此笑柄，阮元、毕沅等皆有之，可知汲汲以求古，则赝鼎诡说亦随之而兴矣。

（四）校勘目录学家——钱熙祚、张文虎、谭莹、缪荃孙

校雠之学，造端于刘向父子，魏晋以来寖衰。列史艺文，直等于甲乙之簿，虽欧公之《崇文目》，及晁、陈两氏私家著录，类多语焉失详，且不悉家法。明人喜刊书，尤讹谬莫可究诘。自清乾隆修《四库全书》，《总目提要》皆名家著笔，纪昀、戴震、邵晋涵等与其事，足以继轨《七略》，清世目录之学，敻出前代，有由来矣。又清儒率治小学、训诂，每校一书，虽主名无征，必辨其义例，审其通假，故前此古书不可卒读者，一旦文从字顺，厥功又岂浅鲜哉？惟诸人多以经史之学显，校雠仅其余事，如朱彝尊、章学诚、卢文弨、丁杰等皆是。其专以是科见长者，乾嘉以前有何焯、鲍廷博、黄丕烈、纪昀、顾广圻五人；道、咸以后，则钱熙祚、张文虎、谭莹、缪荃孙也。何、纪、顾三人事上、中卷已述之，兹不赘。鲍廷博（字以文，号渌饮，安徽歙县人）以刊《知不足斋丛书》三十二集著名。秦恩复（字近光，号敦夫，江苏江都人）刻《石研斋八种》及《词学丛书》，黄丕烈（字绍武，号荛夫，又号后翁，江苏长洲人）刻《士礼居丛书》，而"百宋一廛"之宋元精椠或旧钞善本，尤为人所称也。与"士礼居"相颉颃者，有吴骞（字槎客，浙江海宁人）之《拜经楼丛书》。钱熙祚字锡之，一字雪枝，江苏金山人。尝仿昭文张氏《墨海金壶》例，反复雠校，加注案语，梓成《守山阁丛书》一百十种，六百五十二卷。后仿《知不足斋丛书》例，辑为小集，名曰"指海"，

亦先后刻成十二集。卒年四十四。张文虎字孟彪,又字啸山,江苏南汇人。道光六年始补邑诸生。钱熙祚辑《守山阁丛书》,以属武陵山人顾观光,顾推之自代。先后主其家三十年,凡所校雠丛书外,复有《指海珠丛别录》、《续藝海珠尘壬癸两集》、《小万卷楼丛书》,无虑数百种,一时考据家称善本焉。咸丰初,李善兰与英人艾约瑟辈译重学及《几何原本》后九本,为与校刊参订之役,艾等大折服,叹为彼国专家弗能及。曾国藩聘主书局事,从皖之宁,暨刘毓崧校雠《船山遗书》。所著已刊者,《史记札记》五卷,《舒艺室全集》二十四卷。谭莹,字兆仁,号玉生,广东南海人。幼颖敏,于书无所不窥,而尤长于词赋。肄业学海堂,道光二十四年举人,无意进取,任化州训导、琼州教授及学海堂学长、粤秀越华端溪书院监院凡数十年。后进有可造者,誉之弗去口。加以强记过人,凡先哲嘉言懿行,与夫地方沿革掌故,纵过时甚久,能备述其颠末,故府县诸志率延任纂修之役。而有功艺林,尤在校刊丛编巨帙暨粤中先正遗书焉。洋商吴崇曜雄于赀,乃劝其刊古书善本,以广流通,躬自校雠,复考证其得失源流为跋尾,先后成《粤雅堂丛书》二十集,总一百八十种,半属秘册。更辑《岭南遗书》六十二种,《粤东十三家诗集》若干卷,《楚庭耆旧遗诗》七十二卷。卒年七十三。缪荃孙,字筱山,晚号艺风老人,江苏江阴人。幼随宦于蜀,师阳湖汤成彦、双流宋玉棫。吴棠督川,延致之幕下。时张之洞主蜀学,乃执贽称弟子,为撰《书目答问》以教士。光绪二年进士,散馆授编修。光绪八年,充国史馆协修,分纂《儒林》、《文苑》、《循良》、《孝友》、《隐逸》五传。忤总裁意,谢事归。苏学政王先谦聘主南菁书院。寻复入都,以记名道府用,先后主奉天滦源、湖北经心讲席,擢国史馆提调。两湖制府裕禄延修《通志》,兼自强学堂分教。张之洞督两江,遂就钟山书院聘,领江楚编译书局事。书院改高等学堂,任总教习,为厘订学程殊详备。光绪三十三年再从之洞于鄂,感欧化锐进,国学日衰,说之洞创存古学堂,自任教务长。未几,江督端方奏派总办江南图书馆。宣统元年,唐景宗复奏充京师图书馆正监督。候补学部参议。会武昌起义,谒假南返。民国后清史馆征任总纂,以年老未能成行。卒年七十八。艺风少即博涉群籍,长考据,通训诂,尤精金石、目录之学。考订同异,辨析源流,固非黄荛圃辈只讲版本者所可及。尝主定远方濬益家,佐成《梦园书画录》,故鉴赏复冠绝一时。撰有《艺风堂读书记》一卷,《藏书记》八卷,《续记》十二卷,《金石目》十八卷,《文集》八卷,《续集》八卷,诗集《辛壬稿》、《癸申稿》若干卷。纂辑者:《续国朝碑传集》一百卷,《常州词录》三十一卷。编刊者:《云自在龛丛书》、《藕香零拾》、《烟画东堂小品》又若干种。乌程刘承干饶于资,好刻书,延荃孙及叶昌炽佐其雠校,题跋出昌炽为多。盖昌炽除金石外,好稽考目录,辨别版本,与吴大澂称莫逆。光绪十八年进士,出潘祖荫门,即馆于其家,于是凡滂喜斋宋椠元钞,皆遍阅之。每自恨家贫,不能多得异书,复叹自来藏书家节衣缩食,鸠集善本,曾不再传,遗书星散,有名姓翳如之感。因网罗前闻,捃摭轶事,成《藏书纪事诗》六卷,共二百余首,由宋迄清,贵如明衡、徽诸藩,微如安麓邨、钱听歌之属,悉载靡遗。盖著录中之别格也。所著《语石》,举夫制作之名谊,标题之发凡,书学之升降,藏弃之源流,以逮模拓装池琐闻雅故,分门别类,条理秩然,则又与《纪事诗》异曲同工者焉。

一百三十九　史地与历算学

(一) 中叶以后之史学家——梁廷枏、陈黄中、谢启昆、张宗泰、周济、梁玉绳、履绳、洪饴孙、沈钦韩、梁章钜、周寿昌、周嘉猷、顾怀三、汪远孙、程恩泽、徐文靖、雷学淇、林春溥、施国祁、万光泰、李文田、洪钧、柯绍忞、屠寄、钱仪吉、泰吉

柳诒徵《中国文化史》谓:"乾、嘉诸儒所独到者,实非经学,而为考史之学。"斯言颇有卓见。盖清儒治经,本于制度名物,皆不出历史之范围。而黄梨洲、万季野以至全谢山、邵晋涵、章学诚等,皆慨然以一代文献自任,流风所及,俨然成浙东一派。梁任公、章太炎以今古文而殿清学,固亦皆以史学为归者也。浙东以外,梁廷枏(字章冉,广东顺德人)之《南汉书》,陈黄中(字和叔,号东庄,江苏吴江人)之《宋史稿》、《国朝谥法考》、《殿阁部院年表》、《督抚年表》,谢启昆(字蕴山,号苏潭,江西南康人)之《西魏书》、《小学考》、《粤西金石志》,张宗泰(字登封,号筠岩,江苏甘泉

人)之《旧唐书疏证》、《新旧唐书合钞》、《乙部考目长编》、《新唐书天文志疏正》、《竹书纪年校补》、《二十二史日食征》、《宋辽金元朔闰考》,周济(字保绪,一字介存,号未斋,晚号止庵,江苏荆溪人)之《史义》,梁玉绳(字晖北,号谏庵,钱塘人)之《史记志疑》、《古今人物表考》,梁履绳(字处素)之《左通补释》,洪饴孙(字孟慈,又字祐甫,亮吉长子)之《世本辑补》、《三国职官表》、《史目表》、《毗陵艺文志》、《汉书艺文志》、《隋书经籍志考》、《诸史考略》,洪齮孙(字子龄,后改名惠方,亮吉幼子)之《补梁疆域志》、《汉魏六朝隋唐地理书目考证》,沈钦韩(字文起,号小宛,江苏吴县人)之《两汉书疏证》、《水经注疏证》,梁章钜(号茝林,福建长乐人)之《三国志旁证》、《国朝臣工言行纪》、《枢垣纪略》、《春曹题名录》,周寿昌(字应甫,一字荇农,晚号自庵,湖南长沙人)之《后汉书注补正》、《三国志注证遗》、《五代史证纂误补续》、《思益堂日札》,周嘉猷(号两塍,钱塘人)之《南北史表》、《南北史捃华》、《齐乘考征》,顾怀三(字秋碧,江苏江宁人)之《补后汉书艺文志》、《补五代史艺文志》,汪远孙(字久也,号小米,浙江钱塘人)之《春秋外传》、《国语发正考异》,程恩泽(字云芬,号春海,安徽歙县人)之《国策地名考》,徐文靖(字容尊,号位山,安徽当涂人)之《山河两戒考》、《竹书统笺》,雷学淇(字瞻叔,顺天通州人)之《竹书纪年古经天象考》、《图说夏小正经传考》,林春溥(字立源,号鉴堂,福建闽县人)之《开辟传疑》、《古史纪年》、《古史考年异同表》、《武王克殷日记》、《灭国五十考》、《春秋经传比事》、《战国纪年》、《竹书纪年补证》、《孔孟年表》、《孔子世家补订》、《孟子列传纂》,施国祁(字非熊,号北研,浙江乌程人)之《金史详校》、《金源杂兴诗》等,皆能纠违拾遗,补前史所未备。而《元史》之研讨与重编,最为可称。自万光泰(字循初,号柘枝,浙江秀水人)撰《元秘史略》,魏源著《元史新编》,李文田(字芍农,广东顺德人)作《元秘史注》,元史渐为人所注意。光绪初,洪钧(字文卿,江苏吴县人。同治七年一甲一名进士,《孽海花》小说即因其妾赛金花而作)出使俄、德、奥、比,复取材域外,撰《元史绎文证补》,颇多新见。于是柯绍忞(字凤荪,号蓼园,山东胶县人。光绪丙戌进士,历官翰林院编修、侍讲、侍读,国子监司业,湖南学政,贵州提学使,学部右参议,大学堂总监督,山东宣慰使等。民国后任清史馆总纂)撰《新元史》二百五十七卷,民国后列入正史。其书多取材于《永乐大典》,有《考证》卷帙甚多,后所印行者,仅五十八卷。王国维谓其诗(《蓼园诗钞》)过于史,实则先生精《穀梁》、《尔雅》,《清史稿》虽负总纂名,非出其手也。同时屠寄(字敬山,一字景山,江苏武进人)撰《蒙兀儿史记》五十卷,参照《元秘史》及西方史料,证以身所亲历调查者,对元史大加补订,惜仅本纪、列传、世系表暨地理志之一斑,其余有目无书。综合论之,清代史学之成就,乾、嘉以前较为出色,道、咸而后,惟柯先生能自成一书,若龚定庵、魏默深仅开边疆研究之绪,而卓然为新史学树立规模者,则梁任公也。若夏曾佑之《中国历史》,汪荣宝(字衮甫,江苏武进人)之《清史讲义》,黄遵宪(字公庆,广东顺德人)之《日本国志》等,虽皆有所表现,或则简略不全,或则非所专长。外此皆文献征存之类耳。如钱林(原名福林,字东生,一字志枚,号金粟,浙江仁和人)之《文献征存录》(原名《当代名流纪事》),钱仪吉(字衎石,号心壶,又号新梧,浙江嘉兴人)之《国朝碑传集》、《衎石斋纪事》,钱泰吉(字辅宜,号警石,仪吉弟,世称钱氏二石)之《清芬世守录》、《甘泉乡人稿》,以及江西李桓之《国朝耆献类征》,乌程刘锦藻之《国朝续文献通考》等,足备史家取材而已。

(二) 地理学家之继起——陈芳绩、郑元庆、赵一清、李兆洛、师范、徐松、张穆、何秋涛、沈垚、汪士铎、杨守敬、丁谦

清代地理学家,陈芳绩(字亮工,江苏常熟人)初作《舆地沿革表》,至道光中,邑人始为之刊刻传世。徐文范(字仲圃,江苏嘉定人)作《东晋南北朝舆地表》,杨丕复(字愚斋,湖南武陵人)复作《历代舆地沿革表》。郑元庆(字子余,一字芷畦,浙江归安人)作《行水金鉴》,董士锡(字晋卿,一字损甫,江苏武进人)复作《续行水金鉴》。赵一清(字诚夫,号东潜,少学于全祖望)作《水经注释》。齐召南(字次风,号琼台,晚号息园,浙江天台人)作《水道提纲》。李兆洛(字申耆,晚号养一老人,江苏阳湖人)作《历代舆地沿革图》、《历代舆地韵编》、《皇朝舆地韵编》、《历代纪元编》。师范(字端人,号荔扉,又号金华山樵)作《滇系》,张澍(字伯瀹,自号介侯,

甘肃武威人)作《续黔书蜀典》,内地山川形势,郡国建置,大略具备。徐松(字星伯,顺天大兴人)典试湖南,坐事谪伊犁,将军松筠素相知,为修《新疆识略》,又撰《西域水道记》、《长春真人西游记考》。于是龚自珍与程大理(字春庐)拟合撰《蒙古图志》,而西北舆地之学,渐著于时。张穆(字诵风,初名瀛暹,一字石洲,山西平定人)尤长地理,著《蒙古游牧记》十六卷,考据精确,以殚洽称最。阮元家居见其书,叹曰:“二百年无此作也。”推为硕儒。又著《延昌地形志》,为元魏一代地理专书,可释读《水经注》之疑,惜仅成十三卷,未卒业。李文田亦作《元史地名考》、《和林金石录》。至何秋涛著《朔方备乘》,北徼舆地之研究始极于边疆矣。秋涛字愿船,福建光泽人。儿时能举天下府厅州县名,数其四境所至。道光二十三年举于乡,逾年成进士,授刑部主事。益广交游,博览传记,学乃大进。著《律心》一书,上自《吕刑》,下至当代律文,贯串一编。祁寯藻见而奇之,惜稿本为人所窃,竟不获传。尤精舆地之学,以俄罗斯地居北徼,与我边卡相近,著录家虽事纂辑,未有专书,乃始为汇编六卷。继复增加详考,本钦定诸书及正史为据,旁采图理琛而下以逮西洋艾儒略、南怀仁辈各家论述,正其舛讹,去其荒谬,首列圣训御书十二卷,次圣武述略六卷,次考二十四卷,传六卷,纪事四卷,次考辨合二十卷,次表七卷,末为图说一卷,总八十卷。尚书陈孚恩代为进呈,文宗览之,许为学有根柢,赐名《朔方备乘》,命懋勤殿行走,未几以忧去。咸丰十年,英法联军入京,书旋散亡。秋涛亦穷困不自聊,客死于保定莲池书院,年才三十九。子芳徕赍残稿谒李鸿章,鸿章属畿辅志局为之理董校刊。其余著《蒙古游牧记补注》四卷,《周书王会篇笺释》三卷,《一灯精舍甲部稿》八卷,《校正元太祖亲征录》一卷。同时以地理名者,有乌程沈垚,垚字效三,号子敦,道光十四年贡生,英姿卓荦,言论出人意表。徐松见其所著《新疆私议》,叹曰:“吾谪戍新疆,诸水道咸所目击,犹历数十年之久始知曲折,沈君闭户家居,独从故纸中搜得之,非具绝大识力,曷克臻此!”乃为之延誉公卿间。佐姚元之修国史地理志,复为徐宝善补辑《一统志》新疆数册,并撰《道光九域志》,大体粗具,迄未成书,松考西北地理,并引垚为助。在都六年,郁悒遘瘵疾卒,年仅四十三,遗著刘翰怡为裒刻二十四卷。复有汪士铎,字振庵，别字梅村，江苏江宁人。道光二十年举人。以为圣贤大道，有体有用，体原一贯，用则万变，虽穷居于人鲜尺寸裨益，然不可不读经世书，储待他日用。从绩溪胡培翚、荆溪任泰游。与杨大堉并精《三礼》，时号“汪杨”。尝著《仪礼郑注今制疏证》，培翚亟称许之。士铎覃精舆地，于《水经注》致力尤勤。自戴、赵二家外，搜补疏栉，释以今地，而山川、阨塞、陂地、水利特加详尽。《水经注图》盖为班《志》而作，为读唐以前古书所不可少者。咸丰三年，太平军入南京，士铎仅以身免，南度岭之绩溪，居山间五年，空谷弦歌，讲诵不绝。座主胡林翼迎入鄂。金陵既下，归葺金沙井老屋以居，杜门却扫，颐情典籍。曾国藩谓：“芳絜欲师陶靖节，湛冥略近蜀君平。”其推重如此。光绪中，学政黄体芳荐于朝，授国子监助教衔，卒年八十六。所著有《水经注图》二卷，附《汉志释地略》、《汉志志疑》各一卷，《南北史补志》十四卷，《梅村文》十三卷，《诗》十五卷，《词》五卷，《笔记》六卷。而杨守敬于清末实集地学之成。守敬字惺吾，晚号邻苏老人，湖北宜都人。家世业贾，自少时虽日在肆持筹握算，而夜间则诵读弗辍。十九补诸生，同治元年举乡榜，两赴礼闱报罢，考取景山官学教习。暇日辄走海甸搜求古书以及碑版文字。又数上春官不售，武昌张裕钊荐任驻日钦使黎庶昌随员，至东京，以贱值搜得古书，为黎氏校刻《古逸丛书》，士林咸珍异之。回国选黄冈教谕，调黄州府教授。继保知县，加五品衔，张之洞督鄂，延为两湖书院暨勤成、存古二学堂教习，光绪二十九年，开经济特科，之洞奏举，名列第一。光绪三十二年选授安徽霍山知县，未赴，请以内阁中书用。武汉起义，避兵沪上，卒年七十六。著述甚富，有《禹贡本义》一卷，《汉书地理志补校》二卷，《三国郡县表补正》八卷，《隋书地理志考证》八卷，《古地理志辑本》三十二卷，《历代舆地沿革险要图》若干卷，《水经注疏》八十卷，又《要删》十二卷，《补遗》并《续补》六卷，《水经注图》八卷。其《水经注疏》尤竭毕生之力，罗振玉推其纠正全、戴、赵三家之失，创获真谛，可与王、段之小学，李壬叔之算学，同为千古绝业云。同时丁谦（字益甫，浙江仁和人）编《蓬莱轩舆地丛书》，对正史之地理考证益详赡，且用新识、新法矣。

(三) 清末之历算学家——李锐、董祐诚、罗士琳、张作楠、项名达、戴煦、徐有壬、刘衡、丁取忠、吴嘉善、李善兰、华蘅芳、世芳、吴其濬(附李元)

历算之学,我国表章在昔。至明季西学东渐,从者风靡,几成喧宾夺主之势,赖有达识,起而为沟通之,于是其道益光。王锡阐与梅文鼎祖孙,累世济美,名满天下。厥后江永、戴震亦能羽翼新法,阐扬古术。阮元所著《畴人传》,罗士琳、诸可宝复续补之,斯学变迁之迹,纪述略备。兹择其尤著者,自李锐始。锐字尚之,一字四香,江苏元和人。幼见《算法统宗》,心知其义,遂为九章八线之学。以《古算经》词理隐奥,无能通之者,乃与阳城张敦仁共著《细草》,详论二十术,而商功之平地,役功广袤之术,较若列眉。又穷探宋秦九韶数书九章,知天元一术,与借根方异,著论畅衍郭守敬、李冶之旨,兼补宣城梅氏所未备。又著《历法通考》,书竟未就,仅成《三统术注》、《四分术注》、《乾象术注》、《奉元术注》、《占天术注》、《日法朔余强弱考》六科而已。所著尚有《召诰洛诰考》、《方程新术考》、《勾股算术细草》、《弧矢算术细草》、《开方说》合刊为《李氏遗书》。董祐诚字方立,初名曾臣,江苏阳湖人。未弱冠已与兄基诚腾踔士林,举嘉庆二十三年乡试。既负经世才,衣食奔走,足迹半中国。尝取西士杜德美圜径求周绪术,反复推解,成《割圜连比例术图解》三卷。又成《补术》一卷,《椭圜求周术》一卷,《堆垛求积术》一卷,《衍补》一卷,惟素矜抱负,本欲有所施于世,而三试礼部报罢,意不能无拂郁,中道奄然(卒年三十三),仅以偏曲一节著,非其志也。罗士琳字次璆,号茗香,江苏甘泉人。以监生贡太学,用考取天文生,出阮元门,故相从最久。阮再抚浙江,开诂经精舍,名彬毕集,因得遍交通人,于当代明算之士尤多相识。咸丰三年,太平军破扬州,死之。年垂七十。初研畴人之书,精习西法,撰《宪法一隅》,阐明历学。复撰《比例汇通》,后虽悔其少作,实便初学问涂也。既睹元朱氏《四元玉鉴》,遂一意专精于天元、四元之术。以朱氏此书,实集算学之大成,乃殚力一纪,步为全草,推演订证,广为二十四卷。又著《春秋朔闰异月考》二卷,《辑补》二卷。二十年后,集所校著,都为《观我生室汇稿》十二种:《玉鉴细草》二十四卷,《释例》二卷,《续畴人传》六卷,校正《算学启蒙》三卷,《割圜密率捷法》四卷,《勾股容三事拾遗》三卷,《附例》一卷,《三角和较算例》一卷,《演元九式》一卷,《台锥积演》一卷,《周无专鼎铭考》一卷,《孤矢算术补》一卷,《推算日食增广新术》一卷。张作楠字丹邨,浙江金华人。由处州府学教授,历阳湖县、太仓州,升徐州知府。以不得于当道,遂乞假归,优游于林下者十余年。所著总称《翠微山房数学》。尝曰:"与其浪费无益,孰若以薄俸招致工匠制仪器、刻算书俾绝学大昌乎?"大率皆西人成法,推而演之,虽不外乎钞撮,然削繁就简,亦足见其苦心矣。项名达原名万準,字步莱,号梅侃,浙江仁和人。嘉庆二十一年举人,道光六年进士,改官知县不就,退而专攻算学,与乌程陈杰、钱塘戴煦交最深,晚年造诣益精进。谓古法为无所用,不甚涉猎,而专意于平弧三角。著述甚富,传者但有《下学庵勾股六术》及《图解》一卷。又著《象数原始》,卒时未竟,遗属戴煦足成之。苏抚徐有壬索定本付梓,未几殉难,书版同付劫灰。戴煦字鄂士,著《九章重差图说》一卷,《勾股和较集成》一卷,《四元玉鉴细草》若干卷,《对数简法》二卷,续一卷,《外切密率》四卷,《假数测圜》二卷,复合后四书总名曰:《求表捷术》。其他有《音分音义》二卷,《庄子内篇顺文》二卷,《陶渊明集注》十卷,《玄空秘旨》一卷。徐有壬字君青,亦字钧卿,浙江乌程人。道光九年进士,官户部,出守扬州,历川道、滇臬、湘藩以至江苏巡抚。咸丰十年,太平军破苏州,举家殉焉。所著《务民义斋算学》,曰《割圜密率》三卷,《椭圆正术》一卷,《弧三角拾遗》一卷,《朔食九服里差》三卷,《用表推日食三差捷法》一卷,《截球解义》一卷,附《椭圜求周术》一卷。其见于目录而未刻者,为《堆垛测圜》等七种,遗稿均佚。刘衡字蕴声,一字讱堂,号帘访,江西南丰人。撰《六九轩算书》五种:《日晷测算新义》二卷,《勾股尺测星新法》一卷,《筹表开诸乘方捷法》二卷,《借根方浅说》一卷,《四率浅说》一卷。丁取忠字果臣,号云梧,湖南长沙人。刻《白芙堂算学丛书》,自撰《粟布演草》二卷,《演草补篇》附之,《数学拾遗》一卷。吴嘉善字子登,江西南丰人。咸丰二年进士,光绪五年出使法兰西,所撰算书十余种,均刻入《白芙堂丛书》,有《天元一术释例》、《名式释例》、《四元浅释》等。李善兰字壬叔,号秋纫,浙江海宁人。曾从陈硕甫受经,于训诂、词章虽皆涉猎,然好之终不及算学用心之笃。方十岁,见架上有古九章,窃取阅之,以为可不学而能,从此遂好算学。三十后,所造益高,与并世明算之士率交善,时相质难。咸丰初,客上海,识英儒伟烈亚力、艾约瑟、韦廉臣三人,翻译诸书。吴、越沦陷,乃走依曾国藩安庆军中。同文馆成立,郭嵩焘荐充算学总教官,叙劳积至三品卿衔,总理衙门章京,年七十余,卒于官。所撰诸书,惟《群经算学考》未成,余皆刻于金陵,曰《则古昔斋算学》。凡《方圆阐幽》一卷,《弧矢启秘》三卷,《对数探源》二卷,《垛积比类》四卷,《四元解》二卷,《麟德术解》三卷,《椭圜正术解》二卷,《新术》一卷,《拾遗》四卷,《火器真诀》一卷,《对数尖锥变法释》一卷,《级数回求》一卷,《天算或问》一卷,共十三种,又附《考数根法》一卷。至于所译书则有《几何原本》后九卷,《重学》二十卷,附《曲线说》三卷,《代微积拾级》十八卷,《谈天》十八卷。此外尚有《植物学》八卷,别刊。无锡华氏兄弟,蘅芳字若汀,年十四,即了解算法统宗、飞归等题,嗣读天元、四元之术遂豁然贯通。咸丰初,西算代数、几何、微积等积次输入,顾读而能解者殊少,蘅芳独潜心冥索,推阐而发明之。往往稠人杂遝中闭目危坐,构思沉沉,忽悟一算数捷法,为生平所未到,则心地开朗,快若登仙。同治初,随曾国藩于安庆军,领军械所事,与同里徐寿推求动理,测算汽机,作"黄鹄"轮船,为中国自造轮船之始。四年,国藩奏设江南制造局,蘅芳擘画为多。及翻译馆开,又与寿分门笔述,译成各书,文辞朗畅,为西洋工艺文明输入中国之初基。其尝两至天津,一至湖北,每创一法,动倾中外。迭主上海格致书院暨两湖书院、无锡竣实学堂讲席,一时承学之士,因材施教,造就颇众。然每自谓:"口讲之功,不若著书之效大。"故中岁后,殚志著述,撰《学算笔谈》十二卷。以浅显易明之语,阐发精深之理,数年间,重版十数。其最精者,如开方别术,并诸商为一商,李善兰推为空前绝后之作。《积较术》一卷,与日本译行《推差新法》轨辙相同,而其成书远在十数年前。余若《行素轩算稿》、《算草》、《丛存》并多新理。所译《代数术》等十余种,皆为江南制造局书,年七十,卒于家。弟世芳字若溪,就家藏算书,潜心研求,不数年,尽通奥窔。江苏学政黄体芳召肄南菁书院,登拔萃科,名誉益著。佐幕浙、粤,旋充湖北自强学堂教员。嗣迭主致用精舍兼南菁马州书院讲席，适致用改组学堂，为订章授课，规画井井，造就成材者甚众，学风蔚然。光绪二十九年，举经济特科，再试被遗，而名不少损。南归就南洋公学总教习，寻复入都，就商部实业学堂数学教员，励学精勤，至老弥笃。所著《恒河沙馆算草》等数种，学者谓能阐中西之秘。别有《算术举隅》、《今有术》、《双套勾股》、《三角新理》，稿藏于家。至于吴其濬（字瀹斋，河南固始人）之《植物名实图考》三十八卷，并《长编》二十二卷，辨谷蔬、花草、果木千余种，李元（字太初，号浑斋，湖北京山人）之《蠕范》八卷（《浑斋七种》之一），分理、匹、生、化、体、声、食、居、性、制、材、知、偏、候、名、寿十六门，包孕万有，独出冠时，可为博物学之滥觞矣。

第三十三章　今文学运动时之文理学

一百四十　学术概论

（一）学术范围之开拓

自朴学盛行以后，理学衰微不张，《啸亭杂录》谓濂、洛、关、闽之书无读者，盖非过语。理学之薪传，反为文学家所夺。桐城派首张周敦颐“文以载道”及欧阳修“因文见道”之言，以孔、孟、韩、欧、程、朱之道统自任，排斥汉学；虽其势力不敌，然汉、宋之争，于清则始终未息。姚姬传言学问之途有三：曰义理，曰词章，曰考据；戴东原亦以为言，唐鉴谓：为学只有三门，曰义理，曰考核，曰文章。考核之事，多求粗而遗精，管窥而蠡测，文章之事，非精于义理者不能。是文理考据学家，无不以三者为中国学术之类别，而理学家且有文理会同为一，以与汉学争胜一时之意矣。当汉学鼎盛之时，姚鼐以为义理、考据、词章三者不可偏废，必义理为质而后文有所附，考据有所归。曾国藩谓：“其孤立无助，传之五六十年，学子稍稍诵其文，承用其说，道之兴废，亦各有时，岂命也欤哉？”可见姚之高弟方东树虽著《汉学商兑》，而固无奈汉学何。至国藩之时，桐城、阳湖两派学者，始遍传于苏、皖、湘、赣、广西，而管同、梅曾亮、鲁仕骥、吴德璇、朱琦龙、启瑞、吴敏树、孙鼎臣、郭嵩焘、恽敬、陆继辂、张惠言、李兆洛等，尤杰出，文学家皆不徒空文自见，且以义理、考据为之质，而今文学家亦多以文学著其微言大义，如龚、魏之流，固皆以文章见称于世，有时过于其经术也。如此则文理、经学已有混而难分之势，但文理之合一与经文之合一，显成两途，故今文家皆兼为文学家，而文学家又兼为理学家，其性质已蜕变，倘坚守一家壁垒者，均不能有号召之力。如唐鉴、倭仁、罗泽南之于理学，以及李慈铭、薛福成、张裕钊、吴汝纶之于文学等皆是已。甚至治古文之经学家，亦多汉、宋兼采，或长于文学，如朱次琦、陈澧、黄以周、俞樾、章炳麟、刘师培之辈，莫不然也。学术之趋势，既由分而合，又以国社阽危，救时为急，因之主张经世致用者，更别树一帜，清初学者顾炎武、黄宗羲、颜元、刘献廷、唐甄（原名大陶，号铸万，别号圃亭，四川达州人，从父宦于吴，因家焉。著《潜书》七十九篇，曰："君子当厄，正为学用力之时，穷厄生死，外也，小也；岂可求诸外而忘其内，顾其小而遗其大哉？"梅定九则迻录其书，谓："此必传之作，当藏之名山，以待其人耳。"）已开其端，龚、魏复沿其绪，至清末学者，无论经史文理学家，盖无不言经世矣。而曾国藩由古文以入于理学，由理学又从事小学，由博反约，遂汇其归为礼学。《曾文正公年谱》云："公在（报国）寺，为诗五首赠刘公（传莹）以明其志之所向。公尝谓：'近世所学者，不以身心切近为务，恒视一世之风尚为程而趋之，不数年风尚稍变，又弃其所业，以趋于新，如汉学、宋学、词章、经济以及一技一艺之流，皆各有门户，更迭为盛衰，论其原皆圣道所存，苟一念希天下之誉，校没世之名，则适足以自丧其守，而为害于后世。'公与刘公讨论务本之学，而规切友朋，劝诫后进，一以此意为兢兢焉。"所谓务本之学，即"必三善焉而后已"之综合的礼学。国藩在辛亥（咸丰元年）七月日记云：

有义理之学，有词章之学，有经济之学，有考据之学。义理之学，即《宋史》所谓道学，在孔门为德行之科；词章之学，在孔门为言语之科；经济之学，在孔门为政事之科；考据之学，即今世所谓汉学也，在孔门为文学之科：此四者缺一不可。予于四者，略涉津涯，天质鲁钝，万不能造其奥窍矣。惟取其尤要者，而日日从事，庶以渐磨之久，而渐有所用。……岂斯为有本之学乎？

国藩于义理、词章、考据外，益以经济学，亦曰经世学，谓符于孔门之四科，朱九江、陈东塾等皆采此说，于是经世学遂于义理、考据学外，成一专门。必兼综四者,始可为礼学。国藩解释云:“先王之道,所谓修己治人、经纬万汇者何归乎?亦曰礼而已矣。”又云:“古之君子之所以尽其心养其性者,不可得而见,其修身齐家治国平天下,则一秉于礼。自内焉者言之,舍礼无所谓道德;自外焉者言之,舍礼无所谓政事。故六官经制大备,而以《周礼》名书。……荀卿、张载兢兢以礼为务,可谓知本好古,不逐乎流俗。近世张尔岐氏作《中庸论》,凌廷堪氏作《复礼论》,亦有以窥见先王之大原。秦蕙田辑《五礼通考》,举天下古今幽明万事,而一经之以礼,可谓体大思精矣。”盖国藩以“文、周、孔、孟之圣,左、庄、马、班之才,诚不可以一方体论”者,谓为经世之礼,实即孔子所称为大学,辛稼轩有“大儒学礼小儒诗”之言,可以知之。故国藩于学术之区分,列为两大类:一曰综合学,一曰专门学。综合学即“自天地万物推极之至于一室米盐,无不条而理之”之礼学,专门学即义理、词章、考据、经济之四科也。国藩又以博深为喻,欲兼取二者之长,见道既深且博,故其学不能以四科为限;凡屏弃群言以自隘,争得失于一先生之前,皆姝姝自悦之斗筲者,又尝讥之为识字之牧猪奴。此种学术领域之开拓,实能由汉、宋以窥孔、孟之真道,固不仅通汉、宋二家之结而已。

(二)学术背景之源流

国藩之礼学,前于第十四章中已述之,兹不复赘。其所以能有此伟大之成就者,殆由中国文化之根柢与当时治学之趋势,国藩体会深微,举而措之于事功,较并世诸贤之意见略同者,更能彰明较著耳。中国文化导源孔子,孔子述而不作,即继承古代文化而集其大成,老、墨、名、法诸子,亦各得古文化之一部分,故亦可谓集当时诸子之大成。大成之学为大学,一端一技之学为小学,人之智慧有限,故治大学者少而攻专业者多,然殊途同归,各有作用,既不能举一而废百,亦不得忽全而执偏,故以“中庸”为时措之宜,“大学”为经世之方,所谓“智周乎万物”,“而观其会通”,即《易经》之相对论与辩证法也。所谓“通三统”、“张三世”、“内圣外王”、“明体达用”,即《春秋》经世济民之术也。孔子以狂狷为中行之起脚(说见顾宪成、欧阳竟无),又恶紫之夺朱,视乡愿为德贼,义极显然,可知“执两用中”之道，固非折衷模棱之说。万物并育而不相害，道并行而不相悖，是即相反相成之理，必本乎此，而后社会之进步与发展，始可达诸大同之境界。然大同亦不克一蹴而就，由据乱而至升平，由小康而进大同，层次分明，未能陨越，大学之道，略备于斯。圣人开万世太平之局，文化具推挹指导之功，孔、孟学说之精神，殊不外此。孔、孟既殁，七十子之徒，人各异说，于是大学之道不彰。秦、汉以后，抱残守阙，经师训诂之业，儒者心性之谈，皆属小学，虽今古异趣，朱、陆争辩，而执一害事，皆非孔教之真谛。明末遗民懔于亡国之惨痛，大率皆有返本求源，经世治人之思想，如李二曲云：“吾儒之学以经世为宗，一变训诂，再变词艺，而儒名存实亡矣。”顾亭林著《日知录》，黄梨洲著《明夷待访录》，王船山注《正蒙》、《礼记》，均能引古筹今，将以见诸行事，以济斯世于治古之隆。国藩居报国寺，间壁即顾先生祠，故其于亭林则称：

> 俗儒阁阁蛙乱鸣，亭林老子初金声。昌平山水委灰烬，可怜孤臣泪纵横！东西南北辙迹遍，断柯缺斧终无成。独有文书巨眼在，北斗丽天万古明。音声上溯三皇始，地志欲掩国子名。丈夫立志要须尔，击瓮拊缶乌足鸣？嗟余孱退昏庸百不力，付与四海刘传莹！

国藩之赋诗赠传莹，实即自道也，《圣哲画像记》谓：“我朝学者，以顾亭林为宗，国史《儒林传》，裒然冠首，吾读其书，言及礼乐教化，则毅然有守先待后，舍我其谁之志，何其壮也！吾图先正遗像，首顾先生，亦岂无微旨哉？”亭林之窃比《春秋》，与国藩之绍述亭林，皆所以振经世之绝学，有《春秋》拨乱返正之意，故以北斗巨眼、万古金声喻之，此国藩于词章、义理、考据、经济以外，而独辟经世礼学之由来也。换言之，即孔子“大学”、“小学”之义，至国藩而复明，尼山言礼、言学之旨，至国藩而益著，所谓通儒、通才之教，固超于专门之业矣。其时今文学家之讲“微言大义”，桐城学派之讲“文以载道”，抑何尝不以经世为归，但仍不脱词章、考据之范围，故成就不大，国藩独能合词章、义理、考据、经济而一之，以发明大学、小学之内蕴。又以博与深、道与文相譬，而证明“天下之道非两不立”，

“一则生两,两则还归于一”,“一奇一偶,互相为用,是以无息焉……两之所该,分而为三,淆而为万……故还归于一”。此即中庸辩证之道,所谓“执两而用其中于民”者也。孔子以时宜而释中,国藩以其分而释中,皆系当严则严、当宽则宽之意,而非方欲严而杂之以宽,方欲宽而杂之以严也。故《复贺耦耕书》有云:

> 窃以为天地之所以不息,国之所以立,贤人之德业之所以可大可久,皆诚为之也。故曰诚者物之终始,不诚无物。今之学者,言考据则持为骋辩之柄,讲经济则据为猎名之津,言之者不怍,信之者愦耳,转相欺谩,不以为耻。至如仕途积习,崇尚虚文,奸弊所在,蹈之而不怪,知之而不言,彼此涂饰,聊以自保,泄泄成风,阿同骇异。故每私发狂议,谓今日而言治术,则莫若综核名实:今日而言学术,则莫若取笃实践履之士,物穷则变,救浮华者莫如质,积玩之后,振之以猛,意在斯乎!

又《复黄子春书》曰:

> 国藩从宦有年,饱阅京洛风尘,达官贵人优容养望,与在下者软熟和同之象,盖已稔知之而惯尝之,积不能平,乃变为慷慨激烈、轩爽骯脏之一途,思欲稍易三四十年来不白不黑、不痛不痒牢不可破之习,而矫枉过正,或不免流于意气之偏。以是屡蹈愆尤,丛讥取戾。而仁人君子,固不当责以中庸之道,且当怜其有所激而矫之之苦心也。

是以国藩初出治军,即以严法峻刑以临之,而矫枉过正,仍系中庸之道,一般人不察,多疑为忮薄险狠者之所为,国藩乃有“虹贯荆卿之心,而见者以为淫氛而薄之;碧化长宏之血,而览者以为顽石而弃之:古今同慨,我岂伊殊!屈累之所以一沉而万世不复返顾者,良有以也”之叹。后虽“亦渐老于事,锋芒钝矣”。胡林翼贻书,且责以嫉恶不严,渐趋圆熟之

风,无复刚方之气。而国藩晚年《与袁小午书》云:

> 迩来军务渐平,时局之艰难,迥非咸丰年间可比。人才非困厄不能激,非危心深虑则不能达。而在上者不欲屡屡破格,以开幸门,仍须援资按序,各循常调。即昔之勋望赫奕者,今亦只能循分供职。无盘根错节,则利器末由显著。近日贤才之所以寂寂者,殆由于此。然内患虽平,外忧未艾,彼狡焉者虽隔数万里,而不啻近逼卧榻,非得后起英俊,宏济时艰,世变正未可知。来示以少年盛气蹈厉无前者,不宜以孟浪绳之。昔在道光之季,国藩饫闻此等议论,盖尝深恶而痛惩,今虽衰孱无似,决不欲效此模棱意态,消磨举世之英气。特狂狷两途,及所谓蹈厉无前者,亦殊不数数见。而来函所称心事如青天白日,忠爱诚悬出于天性,尤为罕觏。是则似有数焉存乎其间,而自愧引针拾芥之无具也。

此函代表曾氏晚年心境,亦可说明其择善固执,以忠诚为天下倡,欲以转移一世之风俗,陶铸一世之人才,而“江河日下,不知所届,默察天意人事,大局殆无挽回之望”。然“功业之成败,名誉之优劣,文章之工拙,概以付之运气一囊之中,而其自尽之道,则当与彼睹乾坤于俄顷,校殿最于锱铢,终不令囊独胜而吾独败”。其执狂狷两途,蹈厉无前,苟协于中,何必古人?是国藩于极高明而道中庸盖始终未变也。总之,国藩以礼为综合之学,于词章、义理、考据、经济皆各有一长,“论其原皆圣道所存”而以忠诚之心贯之。所谓:“其文经史百家,其业学问思辨,其事始于修身,终于济世,百川异派,同达于海而已矣。”“苟一念希天下之誉,校没世之名,则适以自丧其守,而为害于世。”此即亭林“博文约礼,行己有耻”之义,而国藩能以恢宏博实出之,其学盖浸浸达于孔氏之门矣。

(三) 学术贯通之意境

国藩既以中庸之达道为体,而以经世之礼学为用,求达圣人一贯之旨,其何以通汉、宋二家之结,而息渐顿诸说之争乎?其《书学案小识后》云:"近世乾、嘉之间,诸儒务为浩博,惠定宇、戴东原之流,钩研训诂,本河间献王实事求是之旨,薄宋贤为空疏。夫所谓事者非物乎?是者非理乎?实事求是,非即朱子所称即物穷理乎?名目自高,诋毁日月,亦变而蔽者也。"又《孙芝房刍论序》云:"君子之言也,平则致和,激则召争,辞气之轻重,积久则移易世风,党仇讼争而不知所止。曩者良知之说,诚非无蔽,必谓其酿晚明之祸则少过矣;近者汉学之说,诚非无蔽,必谓其致粤贼之乱,则少过矣。"又《朱慎甫遗书序》云:"嘉、道之际,学者承乾隆季年之流风,袭为一种破碎之学,辨物析名,梳文栉子,刺经典一二字,解说或至数千万言,繁称杂引,游衍而不得所归,张己伐物,专抵古人之隙。或取孔、孟书中心性仁义之文,一切变更故训,而别创一格,群流和附,坚不可易。有宋诸儒周、程、张、朱之书,为世大诟。间有涉于其说者,则举世相与笑讥唾辱,以为彼博闻之不能,亦逃之性理空虚之域,以自盖其鄙陋,不肖者而已矣。"曾氏虽针砭汉学之破碎,但不蔑其稽核之长,谓:"今日欲明先王之道,不得不以精研文字为要务。"对周濂溪以虚车讥俗儒(指训诂家)之说,则云:"虚车诚不可,无车又可以行远乎?孔、孟没而道至今存者,赖有此行远之车也。吾辈今日苟有所见,而欲为行远之计,又可不早具坚车乎哉?"此与戴东原所言"宋儒之讥训诂,轻语言文字犹渡江河而弃舟楫也",意义相同。故其"于汉、宋二家构讼之端,皆不能左袒,以附一哄;于诸儒崇道贬文之说,尤不敢雷同而苟随"。更谓:"即书籍而言道,则道犹人心所载之理,文字犹人身之血气也,血气诚不可以名理,然舍血气则性情亦胡以附丽?今世雕虫小夫,既溺于声律缋藻之末,而稍知道者,又谓读圣贤书当明其道,不当究其文字。是犹论观人者,当观其心所载之理,不当观其耳目言动血气之末也。……知舍血气无以见心理,则知舍文字无以窥圣人之道矣。"可见国藩对义理、词章、考据均能不没其长而兼容并蓄,自言:"仅汉学、宋学之分,龂龂相角,非一日矣,仆窃不自揆,谬欲兼取二者之长,见道既深且博,而为文复臻于无累,区区之心,不胜奢愿。"其自道如此,则国藩于汉学之支离破碎,宋学之枯槁狭隘,能反其蔽而采其长,对于孔子执两用中之理,体会深矣。虽推尊顾亭林、秦蕙田、姚姬传、王念孙父子,但谓:“许、郑、杜(佑)、马(端临)、顾、秦、姚、王在圣门则文学之科也。顾、秦于杜、马为近,姚、王于许、郑为近,皆考据也。”此种见解,甚为卓绝,盖礼固绾纽群学,而治礼者未必即为通儒,道与文,学与术,皆能汇归一贯,不可以一方体论者,始克臻于大成耳。是曾氏之成就,宜乎出入百家,而不为一端所囿,尝言:“立身之道,以禹、墨之勤俭,兼老、庄之静虚,庶于修己治人之道,两得之矣。”又言:“君子之立志也,有‘民胞物与’之量,有‘内圣外王’之业,而后不忝于父母之生,不愧为天地之完人。故其为忧也,以不如舜、不如周公为忧也,以德不修、学不讲为忧也,是故顽民梗化则忧之,蛮夷猾夏则忧之,小人在位、贤才否闭则忧之,匹夫匹妇不被己泽则忧之,所谓悲天命而悯人穷,此君子之所忧也。若夫一身之屈伸,一家之饥饱,世俗之荣辱、得失、贵贱、毁誉,君子固不暇忧及此也。”又寄讽当时之学者曰:

> 男儿读书良不恶,乃用文章自束缚。何(子员)吴(南屏)朱(伯韩)邵(蕙西)不知羞,排日肝肾困锤凿。河西别驾酸到骨,昨者立谈三距跃。老汤(海秋)语言更支离,万兀千摇仍述作。丈夫立志动渭莘,虫鱼篆刻安足尘?贾马杜韩一无用,岂况吾辈轻薄人?

更谓:“文章不是救时物,杨雄司马乌足骄?”似此一扫而空之态度,大有学术革命之意味,以破坏为建设,所谓:修己治人之道,内圣外王之业,即经世之礼学也。所谓以老、庄为体,禹、墨为用,即孔子中庸之道也。其气象之阔大,内容之美丰,有清二百余年,固亦少见其匹矣。惜乎学术为功业所掩,李鸿章、俞荫甫皆不能发挥光大之。清末学者与曾氏精神相近者,仅一蔡元培(字孑民,浙江山阴人。光绪十六年进士,选庶吉士,散馆授编修。首别通人、学人之义,以一身兼东西文化之长。蒋梦麟谓:“先生之中庸,为白刃可蹈之中庸,而非无举刺之中庸。”其治学处事为人,皆执两用中之理。民国后长教育部及北京大学,新学风之开拓,皆先生启之也)耳。而曾、蔡均从理学入手,惟成就不限于理学,亦足为理学放一异彩矣。

一百四十一　曾国藩同时之理学家

(一) 唐鉴与倭仁

唐鉴,字镜海,湖南善化人。嘉庆十四年进士,改庶吉士。十六年,授检讨。二十三年授监察御史,坐论淮盐引地一疏,吏议镌级以六部员外郎降补。会宣宗登极,诏中外大臣各举所知,诸城刘镮之荐鉴,出知广西平乐府。擢安徽宁池太广道,调江安粮道,擢山西按察使,迁贵州,擢浙江布政使,调江宁。内召为太常寺卿。海疆事起,严劾琦善、耆英等,直声震朝野。鉴潜研性道,宗尚洛、闽诸贤,著《学案小识》十五卷,以陆陇其、张履祥、陆世仪、张伯行四人为传道,余为翼道、守道、经学、心宗。国藩为之跋,颇推崇之。其实此书并无学术史之价值,惟以程、朱接承道统而已。中卷八十二节已评之,不复赘。时蒙古倭仁,湘乡曾国藩,六安吴廷栋,昆明窦垿、何桂珍皆从鉴考问学业。陋室危坐,精思力践,年七十,斯须必敬。致仕南归,主讲金陵书院。文宗践阼,有诏召鉴赴阙入对十五次,中外利弊无所不罄。帝以其力陈衰老,不复强之服官,令还江南,矜式多士。咸丰二年还湘,卜居于宁乡之善岩山,深衣疏食,泊然自怡。晚岁著《读易小识》,编次《朱子全集》,别为义例,以发紫阳之蕴。十一年卒,年八十四。曾国藩为上遗疏,赐谥确慎。余著有《朱子年谱考异》、《省身日课》、《畿辅水利备览》、《易反身录》、《读礼小事记》等书。鉴之学虽无足称,然亦为开风气者,能于理学衰微不振之时,独树一帜也。清代之考证学,盛起于吴、皖,而流衍于全国,惟湖、湘之间被其风最稀。鉴与善化贺长龄相友喜,罗泽南尝馆长龄家,亦与往来。而长龄纂《经世文编》,即魏源所代辑者也。源受知于安化陶澍,澍为道光间名臣,与贺均倡经世之学。胡林翼为其女婿,又缔姻左宗棠。善化孙鼎臣亦治经世学,著《畚塘刍论》,至以洪、杨之乱,归罪于乾嘉之汉学。而郭嵩焘兄弟亦皆以礼学谈性道,谈经世。以故湖南学风,蔚成一派,鉴与有力焉。鉴尝告国藩曰:“束检身心,读书明理,当以《朱子全书》为宗。……最是静字功夫要紧。……若不静,省身也不密,见理也不明,都是浮的,总是要静。”故国藩初居京师，即以朱子为日课。刘长佑督直时，剿捻意见与国藩不合，而国藩极称之。长佑告人曰：“涤翁于此乃毫无芥蒂，良由做过圣贤工夫来也。”所谓圣贤工夫，即国藩从鉴所习之理学也。鉴又告国藩经济之学即在义理内。国藩问：“经济宜如何审端致力？”鉴答：“经济不外看史，古人已然之迹，法戒昭然，历代典章，不外乎此。”其后国藩置经济与词章、义理、考据，以附孔门之四科，较唐氏又更进一层，而“不外看史”之说，亦可见镜海于湖南经世一派之主张，殆有宿契矣。倭仁，字艮斋，蒙古正红旗人。道光九年进士，十二年，授编修。十三年升翰林院侍讲，充日讲起居注官。升侍讲学士，十四年署文渊阁直阁事。十五年转侍读学士，二十二年，擢詹事府詹事。三十年赏副都统衔充叶尔羌帮办大臣。咸丰二年疏言：“乃中外之玩愒如故，人才之萎靡依然，寰海望治之心，犹未能畅然满志者何哉？或曰积重难返也，或曰辅弼乏人也，固也，非本原之论也。志不期于远大，政以苟且而自安，意不极于肫诚，事以虚浮而鲜效，则欲济当今之极弊，而转移一世之人心，亦在朝廷而已矣。愿皇上立必为尧、舜之志，始于思，辨于学，发端甚微，而为效固甚巨也。皇上端居渊默之时，深察密省，事事与唐、虞互证，危微辨欤？执中允欤？知人哲安民惠欤？必有欿然不自足，而皇然不自安者。由是因愧生奋，因奋生厉，必期如放勋、重华而后已。君志既定，然后择同德之臣，讲求治道，切劘身心，由穷理修身，以至于治平天下，此其机操之圣心而有余，即推之四海而无不足，所谓志定而天下之治成也。承艰巨之任，值多事之秋，使非困心衡虑以激发大有为之气，其何以宏济艰难哉？”上谕：“倭仁意在责难陈善，其言尚无不合，惟朕特简为叶尔羌帮办大臣，原使其扬历边疆，俾资练习，今观所奏，仍系统论治道，并未及边陲情形，岂忽近图远，转以职守为无关轻重耶？嗣后总宜留心边务，实力讲求……如有地方要务，切实敷陈，朕亦可觇其学识。毋得徒托空言，致负委任。”倭仁以理学颇负时望，其致君尧、舜之心，仍不出理学家之常套，而帝以忽近图远诫之，可见朝廷之非尽无识矣。其后内调光禄寺卿，盛京礼部侍郎，奉天府尹，都察院左都御史。同治元年，擢工部尚书，翰林院掌院学士，协办大学士。乃于同文馆招考正途出身各官，延西人教习，则奏请罢之。于是奕䜣有“以忠信为甲胄，仁义为干橹”之喻，此理学家不达时务之言,适足为识者所诟病耳。十年,授文华殿大学士,寻卒,谥文端。其与唐鉴,皆纯粹理学家,故成就甚有限也。

(二) 罗泽南之理学

泽南事已于第十四章中述之,其与刘蓉(字孟容,号霞仙,湘乡人。初随曾国藩治水军,继随骆秉章帮办军务。同治二年授陕西巡抚,五年因病奏请开缺。十二年卒)、郭嵩焘、昆焘皆湘学之健者也。《与郭意诚(昆焘)书》云:

> 学问之道,至今日卑陋极矣。词章之士,奉对偶音律之文以为掇科名之利器。修己治人之道,全不留心。一二特异之士,语品行则涉于福田果报,语经济则惟考求海防、河务、盐法、水利,以待用于斯世。迹其所学,但胜于窃取富贵者之所为,要皆从功利上起见。是以所见日陋,所行亦日卑。不知君子之学,淑身淑世,为性分内所当为。苟不务此,徒向枝叶上用功,纵做得伟然可观,终是三代以下品诣,三代以下作用,况乎以利己之心行之,尤终不能有成也?

泽南谓士之品大概有三,有富贵之士,有功名之士,有道德之士。彼盖以道德之士自期待,谓:

> 道德囿于功名,其道德不宏;功名出于道德,其功名乃大。古之人篷户萧然,歌出金石,天理日以复,人欲日以净,格物致知,正心诚意,修身齐家、治国平天下之道,已尽备之于草野之中。及临大事,决大策,不动声色,已措天下于磐石之安。何者?其蓄之有素,而出之有本也。

其所抱负如此,故一旦出而任事,确然有以自建树,异于常人。然则所谓人才本于学术,而当时汉学家徒事训诂考订,蔑弃义理不谈者,其弊害亦从可推见矣。罗山之学,大率推本横渠,归极孟子,以民胞物与为体,

以强勉力行为用。尝言:

> 人之所以禀乎气者不同,人之所得是理者未尝或异。有人于此,其性急躁,一日自知其失,痛自损抑,其人则为和平之人。其性柔缓,一日自知其非,勉自振作,其人则为刚健之人(《罗罗山文集》卷三《性理》)。贤人以健行,故能尽道义而全性天。……凡扶纲常、传圣学、位天地、育万物,莫非分内当为之事,亦莫非尽人所能为之事。然而求其能尽乎此者不可多得,物欲害之故也(卷五《健庵说》)。人之所以能撑持世运者节义,节义岂必时穷而后见哉?天下无事,士人率以名节相尚,处则浴德洁身,出则为斯民兴利除害,斯世必不至于乱。即乱矣,相与倡明大义,振厉士气,当万难措手之际,从而补救之,削平之,未始不可挽回。古之人所以能制于未乱之先,弭于既乱之后者,惟赖有此耿耿之心为之维系其间耳(卷五《重修谢叠山先生祠引》)。

凡此皆泽南未出任时之言也。及其身历戎行,仍本昔日之所信守者以为之。故曰:"天下无难事,视乎其为之者而已。以其难为,遂皆束手而不前,斯世之事,更教谁做?古人事业,固无有不从艰难中做出者。"(卷六《与曾节帅论责成重任书》)又曰:"或者斯民劫数未尽,故稍缓时日。天下之事,在乎人为,决不可以一时之波澜,遂自灰其壮志也。"(《与曾节帅论分援江西书》)又有《小学韵语序》论儒者之行事云:

> 道光戊申,课徒左氏芭蕉山房,日与诸生讲小学、大学之方,诸生以朱子《小学》一编,为人生必读之书,惟小儿初入学,遽以此授,往往不能以句。余因为之撮其大要,辑为《韵语》,方欲锓之木而粤匪之祸起矣。自戊申以来,迄今九年,一夫倡乱,祸延东南,天下弦诵之声,或几乎熄。余一介书生,倡提义旅,驰驱于吴、楚之间,而其一时同事者,及门之士居多。共患难,一死生,履险蹈危,绝无顾惜,抑何不以利害动其心耶?当天下无事之秋,士人率以文辞相尚,有言及身

> 心性命之学者,人或以为迂。一旦有变,昔之所谓迂者,奋起而匡救之,是殆所谓其愚不可及者欤!亦由其义理之说,素明于中故也。余自愧德薄,不能以身教人,窃幸诸生克自奋发,不负其平日之所习,尤愿其益相策励,日亲当代崇实之儒,拔本塞源,共正天下之学术,学术正则祸难有不难削平者,匪徒恃乎征战已也。

泽南任事之精神,处处见其与往昔之所以为学者,本末一贯,表里相通,非所谓功名出于道德者耶?其欲正学术而挽世运之旨,较之唐鉴、倭仁辈空谈道统者,固不同矣。故门弟子均能奋发有为,以助曾国藩削平大难。惜罗山献身锋镝,其弟子亦多倾全力于兵戎之间,卒无由正天下之学术,此与国藩虽勋业彪柄,固未能酬其陶铸一世人才之至愿,盖有相同之点,是不得不为中国之命运一扼腕也。刘蓉亦能学行相顾,奋起事功,而国藩《与刘孟容书》云:“吾弟能来此一存视否?吾不愿闻弟谭宿腐之义理,不愿听弟论肤泛之军政,但愿朝挹容晖,暮亲臭味,吾心自适,吾魂自安。筠老虽深藏洞中,亦当强之一行。天下纷纷,鸟乱于上,鱼乱于下,而容筠独得晏然乎?”筠老者,郭嵩焘也。此可见国藩于孟容之义理,视为宿腐,不免有头巾气耳。罗山所谓其愚不可及之迂者,以今语释之,则曰傻劲。一般湘学家之意境虽不逮国藩之阔大,然较唐、倭辈又更上一层矣。

(三) 杨文会之理学

《清代学术概论》云:“晚清思想家有一伏流,曰佛学。前清佛学极衰微,高僧已不多,即有于思想界无关系。其在居士中,清初王夫之颇治相宗,然非其专好。至乾隆时,则有彭绍升、罗有高,笃志信仰,绍升尝与戴震往复辩难。其后龚自珍受佛学于绍升,晚受菩萨戒,魏源亦然,易名承贯。著《无量寿经会译》等书。龚、魏为今文学家所推奖,故今文学家多兼治佛学。石埭杨文会少曾佐曾国藩幕府,复随曾纪泽使英,夙栖心内典,学问博而道行高,晚年息影金陵,专以刻经弘法为事。文会深通华严、法相两宗,而以净土教学者,学者渐敬信之。谭嗣同从之游一年,本其所得以著《仁学》，尤常鞭策其友梁启超。启超不能深造，顾亦好焉。其所著论，往往推挹佛教。康有为本好言宗教，往往以己意进退佛说。章炳麟亦好法相宗，有著述。故晚清所谓新学家者，殆无一不与佛学有关系，而凡有真信仰者，率皈依文会。”是文会于清末思想界，盖亦极有关系之一人也。宋儒理学，原受佛道之影响，故王阳明亦颇用释氏之说。其初欲撤儒、佛之樊者，则彭绍升也。绍升字允初，号尺木，又号知归子。江苏长洲人。父启丰，祖定求，曾祖珑，四世皆治理学。乾隆进士，工古文，初慕贾生之为人，思赫然树功烈。后读先儒书，尤喜陆、王之学。尝与吴县汪缙、瑞金罗有高游，大阅《藏经》，居深山习静，素食持戒甚严，有《二林居集》。定庵有《知归子赞》曰：“震旦之学于佛者，未有全于我知归子者也。……有美一人不可测，色究竟天三昧出，示来震旦往净域。眷属如意名闻昌，众生大祸一身当，之人尚然思故乡，汝何人斯恋一方！重曰：有美一人兮青莲之华；美人思我兮无以为家，呜呼！我如肯思兮亦既有家。”定庵盖由江沅以通于尺木者也。文会，自号仁山，性喜书，尝舁大麓自随，凡音韵、历算、天文、舆地，以及黄、老、庄、列之术，靡不探赜。会大病，见马鸣菩萨《起信论》，大好之。于是一以西土圣贤为宗，发痼于《起信》，充之以《法华》，大而化之以《华严》，会通之以《唯识》，而归其墟于净土。昼作务，夜则诵经、念佛号，或习静作观，至漏尽始就寝。其论学大旨，统以十宗，谓：“《大乘起信论》为学佛之要典，进之以《楞严正脉》、《唯识述记》，《楞严》、《唯识》通，则他经可解矣。”识者谓灵峰示灭以来，现居士身说法者，未曾有也。旅食金陵，一时邃于佛学，真定王梅叔、邵阳魏刚己、阳湖赵惠甫、武进刘开生、岭南张浦斋、长沙曹镜初皆与之游，共切磋大事。闵末法众生，不见全经，又遭兵燹，多零散，于是始发大心，流布龙藏。誓以宏法度人为务，规金陵隙地为庋经板所。同时江都郑学川亦创江北刻经处于扬州，与金陵后先倡导焉。文会少不羁，习骑射刺击之术，太平军乱，里居佐当事者襄团练，跣足荷枪，身先士卒。曾国藩克金陵，饬办谷米局，董工程，经理汉口盐局。曾随曾纪泽、刘芝田两使英、法，入世出世，随化无方，殆不可测。尝求经于日本，又偕英人李提摩太翻《起信论》成欧文，曰：“此他日佛教西行之渐也。”印度摩诃波罗来游，文会订《佛教教科书》

授之,使归而振兴母邦。是时日本真宗建本愿寺金陵,颇訾謷净土诸宗,幻人上人著《法华性理会解或问》,拂事相而谈性理,文会皆驰书辨其失。丁母忧,服阕,诏其三子曰:“我年二十八闻佛法,已誓出家,徒以母故,今母亡而我亦老,无能持出家律仪矣。汝等当自谋食,丐我一席地,尽佛教事,勿溷我!”于是析所置金陵房舍、器具,及所藏经典、造像归刻经处,公之十方。又就刻经处立校,颜曰“祇垣精舍”。设佛学研究会,兴起者日益众。宣统三年八月一日卒,年七十五。以后事属陈稺庵、陈宜甫、欧阳竟无。著有《大宗地玄文本论略注》、《阴符道德庄列发隐》及《不等观杂录》。

一百四十二　中叶以后之文学

(一) 桐城派之文学

自方苞倡古文义法,以言有物言有序而为成体之文,至姚鼐继其说,复以“神理气味者,文之精也;格律声色者,文之粗也;然苟舍其粗,则精者亦胡以寓焉?学者之于古人,必始而寓其粗,中而寓其精,终而御其精者而遗其粗者”教人,遂开桐城派之绪。姬传《赠钱献之序》云:

> 孔子没而大道微,汉儒承秦灭学之后,始立专门,各抱一经,师弟传授,侪偶怨怒嫉妒,不相通晓,其于圣人之学,犹筑墙垣而塞门巷也。久之,通儒渐出,贯穿群经,左右证明,择其长说。其蔽也,杂以谶纬,乱以怪僻猥碎,世又讥之。魏、晋之间,空虚之谈兴,以清言为高,以章句为尘垢,放诞颓坏,迄亡天下。自是南北乖分,学术异问,五百余年。唐一天下,兼采南北,定为义疏,而所取或是或非,未有折衷。宋之时,真儒乃得圣人之旨,群经略有定说,元、明因之,著为功令。至今学者颇厌功令所载为习闻,又恶陋儒不考古而蔽于近,于是专求古人名物、制度、训诂、书数,以博为量,以窥隙攻难为功,甚者欲尽舍程、朱而宗汉,枝之猎而去其根,细之搜而遗其巨,夫宁非蔽欤?

其所谓："夫汉儒之学非不佳也，而今之为汉学乃不佳，偏徇而不论理之是非，琐碎而不识事之大小，哓哓聒聒，道听途说，正使人厌恶耳。"可见姬传虽为一代文宗，而实推挹程、朱之理学家也。其弟子管同、梅曾亮、方东树、姚莹、刘开（孟涂）等犹多言士习吏治，于汉、宋是非，主持益坚，争辩尤力。嘉、道以后，其徒日繁，传布益广，桐城派之势力，已浸浸加乎汉学以上。惟内容空疏，形式拘板，在学术上贡献无多，不能与今文学家争短长耳。曾国藩在《圣哲画像记》中云："姚先生持论闳通，国藩之粗解文章，由姚先生启之也。"故时人多以国藩能振桐城派之风。如薛福成《寄庵文存序》云："桐城派流衍益广，不能无窳弱之病。曾文正公出而振之。文正一代伟人，以理学、经济发为文章，其阅历亲切，迥出诸先生上。早尝师义法于桐城，得其峻洁之旨。平时论文，必尊源六经、两汉，故其为文，气清体闳，不名一家，足与方、姚诸公并峙。其尤峣然者，几欲跨越前辈。"黎庶昌《续古文辞类纂序》云："循曾氏之说，将尽取儒者之多识格物，博辨训诂，一纳诸雄奇万变之中，以矫桐城末流虚车之饰。……本期文章，至曾文正公，始变化以臻于大。"薛、黎皆国藩门人，亦桐城派之后劲，其言绝非溢矣，盖国藩已融义理、考据、经济于词章之中，故气清体闳，不名一家，已跨越方、姚矣。福成字叔耘，江苏无锡人，以副贡生参国藩戎幕，积劳至知州，光绪十年，以建议速援朝鲜功，授宁绍台道，法舰窥镇海，福成督南洋三舰却之。十四年，除湖南按察使。明年以三品京堂出使英、法、意、比四国大臣。二十二年归至上海病卒，著有《庸庵文集》、《笔记》及《出使日记》等。其文演迤平易，曲尽事理，尤长于论事记载。黎庶昌，字莼斋，贵州遵义人。少从郑珍游，讲求经世学。同治初元，上书论时政，条举利病甚悉，以优贡生授知县，交曾国藩差序。国藩延人幕，历署吴江、青浦诸邑，两管榷关。光绪二年，郭嵩焘出使英国，调充参赞。七年命充出使日本大臣。十七年除川东道，二十一年诏陛见，遘疾去官，未几卒。《清史稿》以庶昌与马建忠合传，建忠字眉叔，江苏丹徒人，少好学，通经史，愤外患日深，乃专究西学。派赴西洋各国使馆学习洋务。光绪七年李鸿章遣建忠与英人议鸦片事。建忠以鸦片流毒，中外腾谤，当寓禁于征。英人虽未许，皆称其公。八年，鸿章派赴朝鲜，协助议约，朝鲜乱，执大院君李昰以应归。及甲申之乱,日军先入,交涉屡失机,其后卒致全败。建忠愤后继失人(指袁世凯),初谋尽毁,撰《东行录》以纪其事。建忠博学善古文辞,尤精欧文,自英、法现行文字以至希腊、拉丁古文无不兼通。以泰西各国皆有学文程式之书,中文经籍虽皆有规矩,隐寓其中,特无有为之比拟而揭示之,遂使学者论文,困于句解,知其然而不能知其所以然,乃发愤创为《文通》一书,因西文已有之规矩,于经籍中求其所同所不同者,曲证繁引,以确知中文义例之所在,务令学者明所区别,而后施之于文,各得其当,不唯执笔学为古文词,有左宜右有之妙,即学泰西古今一切文学,亦不难精求而会通焉。书出学者称其精,推为古今特创之作。又著有《适可斋记言》、《记行》等书。建忠虽非桐城派,然《马氏文通》即中国之文法,实足发明桐城派义法之旨也。曾幕中以桐城派文章著名者,尚有张裕钊,字廉卿,武昌人。咸丰元年举人,考授内阁中书,曾国藩赏其文,既来见,益告以文事利病,及唐、宋以来家法,学乃大进。相从国藩数十年,独以治文为事。国藩为文,义法取桐城,益闳以汉赋之气体。尤善裕钊之文,尝言吾门人可期有成者,惟张、吴两生,谓裕钊及吴汝纶也。裕钊文字渊懿,历主江宁、湖北、直隶、陕西各书院,成就后学甚众。尝言:文以意为主,而辞欲能尽其意,气欲能举其辞,譬之车然,意为之御,辞为之载,而气则所以行也。欲学古人之文,其始在因声以求气,得其气则意辞往往因之而益显,而法不外是矣。世以为知言。著《濂亭文集》。吴汝纶,字挚甫,桐城人。早著文名,同治四年进士,用内阁中书,曾国藩奇其文,留佐幕府,久乃益奇之。尝以汉祢衡相拟,调参直隶李鸿章幕,奏疏多出汝纶手。除补深州、冀州,其治以教育为先。主讲莲池书院,为教一主乎文,以为文者天地之至精至粹,吾国所独优,语其实用,则欧、美新学尚焉。京师大学堂设立,管学大臣张百熙荐为总教习,先赴日本考察,其国上自君相,及教育名家,妇孺学子,皆备礼接款,求请题咏,更番踵至。返国乞假省墓,遽以疾卒,年六十四。汝纶为学,由训诂以通文辞,无古今,无中外,惟是之求。对于经史子集之书,皆有诠释、点戡、评骘,凡所启发,能得其深微,尽取古人不传之蕴,昭然揭示,俾学者易于研求。尝谓:千秋盖世之勋业皆寻常耳,独文章之事,纬地经天,代不数人,人不数篇,唯此为难。中国之文，非徒习其字形而已，缀学为文，而气行乎其间，寄声音神采于文外，虽古之圣贤豪杰，去吾世邈矣，一涉其书，而其人之精神意气，若俨立乎吾目中。著有《易说》二卷，《写定尚书》一卷，《尚书故》三卷，《夏小正私笺》一卷，《文集》四卷，《诗集》一卷，《深州风土记》二十二卷。门下最著者为贺涛，字松坡，武强人，光绪十二年进士，后受学于张裕钊，涛谨守两家师说，言宜先以八家立门户而上窥秦、汉，著有《文集》四卷。汝纶同邑有萧穆者，字敬孚，博综群籍，喜谈掌故，于顾亭林、全谢山诸家之书尤熟，以通考据名，著有《敬孚类稿》十六卷。传汝纶之学者，后复有马其昶、姚永朴、永概等。

（二）经世之文学家（上）

刘师培云："望溪方氏摹仿欧、曾，明于呼应顿挫之法，以空议相演；又叙事贵简，或本末不具，舍事实而就空文，桐城文士多宗之，海内人士亦震其名，至谓天下文章莫大乎桐城。厥后桐城古文传于阳湖、金陵，又数传而至湘、赣、西粤，然以空疏者为之，则枯木朽荄，索然寡味，仅得其转折波澜。惟姬传之丰韵，子居之峻拔，涤生之博大雄奇，则又近今之绝作也。……常州人士喜治今文家言，杂采谶纬之书，用以解经，即用之入文，故新奇诡异之词，足以悦目。且江南之地，词曲尤工，哀怨清遒，近古乐府，故常州之文亦词藻秀出，多哀艳之音，则由词曲入乎之故也。庄氏文词深美闳约，人所鲜知。其以文词著者，则阳湖张氏、长洲宋氏，均工绵邈之文，其音则哀而多思，其词则丽而能则；盖征材虽博，不外谶纬、词曲二端。若曲阜孔氏，亦工俪词，虽所作出宋氏之上，然旨趣略与宋氏同，则亦治今文之故也。近人谓治《公羊》者必工文，理或然欤？……邵阳魏氏、仁和龚氏，亦治今文之学，魏氏之文，明畅条达，然刻意求新，故杂奇语，以骇俗流。龚氏之文，自矜立异，语羞雷同，文气佶孳，不可卒读；或语求艰深，旨意转晦，此特玉川之流耳；或以为出于周、秦诸子，则拟焉不伦，此又一派也。……考其变迁之由，则顺、康之文，大抵以纵横文浅陋，制科诸公，博览唐、宋以下之书，故为文稍趋于实。及乾、嘉之际，通儒辈出，多不复措意于文，由是文章日趋于朴拙，不复发于性情。然文章之征实，莫盛于此时。特文以征实为最难,故枵腹之徒,多托于桐城之派,以便其空疏。其富于才藻者,则又日流于奇诡,此近世文体变迁之大略也。近岁以来,作文者多师龚、魏,则以文不中律,便于放言,然袭其貌而遗其神。其墨守桐城文派者,亦囿于义法,未能神明变化。故文学之衰,至近岁而极。文学既衰,故日本文体因之输入于中国。其始也译书撰报,据文直译,以存其真,后生小子,厌故喜新,竞相效法。夫东籍之文,冗芜空衍,无文法之可言,乃时势所趋,相习成风,而前贤之文派,无复识其源流,谓非中国文学之厄欤?"刘氏以古文学家之立场,谓东原说经,简直高古,右考据之文为朴直征实,然亦知不复发于性情,非纯粹文学也。谓今文学家以谶纬词曲入文,其音哀而多思,其辞丽而能则,刻意求新,故杂奇语,或语求艰深,旨意转晦,其批评甚公允。桐城派之空疏,而独赞姚之丰韵,恽之峻拔,曾之博大;今文派之奇诡,而独赞庄之深美,宋之绵邈,魏之明畅,皆有特见。惟就文论文,国藩实不专守姚氏法,颇镕铸选学于古文,故为文辞藻浓郁,已拔戟自成一军矣。当时因不满汉学家之破碎支离,今文派与文理家均力主致用之说,造成砭时论世之风,与龚自珍同时者,有沈垚、潘德舆、鲁一同,与曾国藩同时者,有汤鹏、郑献甫、冯桂芬。垚生嘉庆三年,卒道光二十年,游京师,馆徐星伯家,为诸人修书以糊口,颇欲别有所造作而未遂。其地理学已见前,所著《落帆楼集》,论风俗云:

> 天下之治乱,系乎风俗。天下不能皆君子,亦不能皆小人,风俗美则小人勉慕于仁义,风俗恶则君子亦婉转于世向之中,而无以自异;是故治天下者以整厉风俗为先务。……览观史册,于古今利病,亦略识其梗概。今日风气,备有元、成(西汉两帝)时之阿谀,大中(唐宣宗年号)时之轻薄,明昌(南宋时金章宗年号)、贞祐(金宣宗年号)时之苟且。海宇清宴,而风俗如此,实有书契以来所未见。呜呼!斯非细故也。叔鱼之贿,孟孙之偷,伯鲁之不说学,苏、张之不信古人,有一于此,即不可终日,今乃合成一时之风俗,一世之人心。呜呼!斯岂细故也?

又与友人书言:“都下无一事不以利成者,亦无一人以真心相与者……亦廉耻道丧,风俗颓败故也。”又云:“垚居都下六年,求一不爱财之人而未之遇。”“都下衣冠之会,无有一人言及四方水旱者。终日华轩快马,驰骋于康庄……公事则胥吏持稿,顾名画诺,私退则优伶横陈,笙歌鼎沸。其间有文雅者,亦不顾民生之艰难,惟有访碑评帖、证据琐屑而已。”所论风俗美恶,系乎天下之治乱,今官方之颓败、世俗之苟且如此,乱将不终日而起,子敦已慨乎言之矣。其论学术人才之衰,则颇归咎于考据之学,如云:

乾隆中叶后,士人习气,考证于不必考之地,上下务为相蒙,学术衰而人才坏。……大概近日所谓士,约有数端:或略窥语录,便自命为第一流人,而经史概未寓目,此欺人之一术也。或略窥近时考证家言,东抄西撮,自谓淹雅,而竟无一章一句之贯通,此又欺人之一术也。最下者文理不通,虚字不顺,而秦权汉瓦,晋甓唐碑,撮拾琐屑,自谓考据金石,心极贪鄙,行如盗窃,斯又欺人之一术也。三者同一欺人,而习语录者最少,习考证者亦无所得食,大不如昔者之多矣。惟最下一术,则贵公子往往行之,而因以取科第,致朊仕者,踵相接。(卷八《与孙愈愚》)

夫考据于不必考之地,上下务为相蒙,则盗名欺世之行,极而至于琐屑之金石,其心贪鄙嗜利,虽察及一拇一指之细,而于一手一足之全,已不能遍识,况一心之大一身之全乎?居家则父子责利,处世则势利相倾,贪冒之习,纰缪之论,积久成俗,生心害政,其患甚大而未有艾。子敦谓以学术欺人者,盖由古人治经,原求有益于身心,今人治经,但求名高于天下,故术愈精而人愈无用。其学似仍以通儒经世为归也。如云:

“读书”二字,今殆将绝矣。夫小学特治经之门户,非即所以为学,金石特证史之一端,非即所以治史。精此二艺,本非古之所谓通儒,况但拾其唾余以瓦砾炫耀耶?然能以此炫耀者,群奉为读书人。

> 而不工世俗之书,不为昏夜之乞,虽有瓦砾之耀,终于进取尺寸无获,故以瓦砾耀者,亦落落不数见。……数十年来学者,闻见自夸之人多,读书贯穿之人少,闻见须有所凭借,故奔走形势之人,既得润其囊橐,又居然以多学自命。贯穿非空山静坐,默而好深沉之思者不能,而能之又不足以自取衣食,往往饿死于荒江老屋之中,无怪好学深思之人,日少一日也。(卷八《与张渊甫》)

其言小学特治经之门户,非即所以为学,与章实斋所谓考据乃治学之功力,而非即为学,如以功力为学,是犹指黍秫以为酒也,意义相同。但谓以瓦砾炫耀者,仍必为昏夜之乞,世俗之书,否则终于进取尺寸无获。此奔走形势之人,既得润其囊橐,又居然以多学自命;而能沉思贯穿之士,则不免饿死于荒江老屋之中矣。子敦虽注重淹通,力诋考据,又谓形声、训诂非君子进德修己之学则可,谓穷经而可不先从事于形声、训诂则不可。此何意乎?观其解释曰:

> 君子有高世之才学,必先能为时贤之所为。夫唯为时贤之所为,而觉不安于心,乃能创人所未有,而天下不以为疑,成一己之独是,而在人不以为惑。韩昌黎惟能为世俗之文,故能独创为古文,程、朱唯能贯串注疏,故能独成己说,遗书具在,不可诬也。(卷九《与许海樵》)

此与方东树所谓“人心厌于考据,则且逃而为虚无,故先为之罗以张之”之意有相同处,然较东树为深刻。盖经世学家无一不反对考据,而偏又从事考据,以致为考据家所诋者,如龚定庵、魏默深、康有为、梁任公皆是。子敦谓必先能为时贤之所为,而天下不以为疑,直以一语道破历来学者之用心矣。惟谓乃能创人所未有,成一己之独是,子敦寒士濩落,语多沉痛,使人悲其所遇则有之,而其寄豢于达人,敝心力于故纸,固未能昂首世外,独创有得。若以其言证之当世通人,则曾国藩殆为惟一之高世君子也。

(三) 经世之文学家(中)

潘德舆,字彦辅,号四农,山阳人。生乾隆五十年,卒道光十九年,年五十五。与龚、魏同时之学者也。年五六岁,母病不食,父咯血,刲臂和药以进。父察其色动,泣曰:“固知儿有是也。”既孤,大母犹在堂,孝敬弥至。居丧一遵礼制,柴瘠傫然。著《丧礼正俗》,以祭仪为家法。抚寡妹嗣子,教养尽二十年,其他行多类此。尝以挽回世运,莫切于文章,文章之根本在忠孝,源在经术。其说经不袒汉、宋,力求古人微言大义。其论治术谓天下大病,不外三言:曰吏,曰例,曰利。世儒负匡济大略,非杂纵横,即陷功利,未有能破利字而成百年休养之治者。道光八年举江南乡试第一,入都座主侍郎钟昌馆德舆于家,语人曰:“四农乃吾师也。”大挑以知县分安徽,未到官。初阮元总督漕运,招之,谢不往。后朱桂桢、周天爵皆号为名臣,折节愿纳交,德舆远引避之,以为义无所居也。天爵喟然有望尘之叹。其所与游,若永丰郭仪霄,建宁张际亮,震泽张履,益阳汤鹏,歙徐宝善,皆一时之选。德舆诗文精深博奥,有《养一斋集》二十五卷。其言曰:

> 昔胜国之士以好讲学为风尚而行衰,今日之士,以恶讲学为风尚而行亦衰。数十年来,承学之士华者骋词章,质者研考据……为士者必恶讲学,不特心性精微之言不一关虑,即伦纪理乱,官守清浊,民生利病之大故,父兄于子弟,未敢相诏告敦勗,况师友间哉!风尚既成,转相祖袭,天下之士遂真以食色为切己,廉耻为务名,攫利禄为才贤,究义理为迷惑,而官箴玷、民俗薄、生计绌、狱讼繁,百害籍籍,乘此而起。救之者严气厉色,督以峻刑,亦莫能胜。徒发愤太息,不知由于数十年前,大官之有文学者率深嫉讲学,成此风尚,而士行乃衰。士行衰而后官箴民俗生计狱讼交受其敝也。(《晚醒斋随笔序》)

又曰:

> 合四海之众,数十年之久,争为考据、词章与八股文之皆异乎圣

人之心者，以如此学术，而求其心之必恶利，必嗜义，是犹射鱼而指天也。欲救人事恃人才，欲救人才恃人心，欲救人心则必恃学术，欲救学术则必重定取士之制不可。不重定取士之制，士习所趋，如众水汹汹东下，欲以孑然一人以修身正言，力挽四海之浇俗，是又以篑土障河也。（《与鲁通甫书》）

德舆言士行之衰，归咎于不讲学，言政制之坏，归咎于科举文，皆有卓见。谓：程、朱学圣人而思得其全体，今人不满之者，每指解经不尽合乎圣人之罅隙，又笑其于经之制度、名物，往往疏而不核，不知此特文学所有不备，而德行、言语、政事荦荦大者，固孔、孟以后不可无之人。七八十年来，学者崇汉、唐之解经与百家之杂说，转视二子为不足道，无怪其制行之日趋于功利邪僻而不自知矣。此以考据家之徒重文学，而忘却义理，故制行日趋于功利邪僻。颇道能出清代学者重学轻行之流弊。刘声木《苌楚斋随笔》云："国朝诸儒，能言而不能行者，莫如大兴翁学士方纲，侈言理学，研求宋五子书，乃至跪求差事，见于《啸亭杂录》。以妾为妻，并已死之妾亦扶正，见于《翁氏家事略记》。"礼亲王《啸亭续录》云："王西庄（鸣盛）未第时，尝馆富室家，每入宅，必扬手作搂物状。人问之，曰：'欲将其财旺气，搂入己怀也。'及仕宦后，秦诿楚诿，多所干没。人问之曰：'先生学问富有，而乃贪吝不已，得无畏后世之名节乎？'公曰：'贪鄙不过一时之嘲，学问乃千古之业。'"翁、王皆乾、嘉著名之学者，其制行如此，可见德舆功利邪僻之讥，非过言矣。德舆虽推尊程、朱，然于宋儒虚静主一之说，亦颇言其失，其归宿仍在文气。谓假使一世之文，至于媕阿纤仄，悉无直气，则其士大夫可知，而其世亦可知。故士大夫之行，莫先于尊崇其廉耻，培养其直气，以自振且以振天下。士气之信屈，天下之利病治忽系焉。可见德舆非理学家，而仍为所谓"智周万物道济天下"之文人也。同邑鲁一同，字通甫，四农以诸葛武侯、陆宣公期之。一同师事德舆，文名特著。道光十五年举人。时承平久，一同独深忧，谓今天下多不激之气，积而不化之习，在位者贪不去之身，陈说者务不骇之论，风烈不纪，一旦有缓急，莫可倚仗。再试不第，益研精于学，凡田赋、兵戎诸大政，及河道变迁、地形险要，悉得其机牙。为文务切世情，古茂峻厉，有杜牧、尹洙之风。周天爵见之曰："天下大材也。岂直文字哉？"曾国藩尤叹异之，数屏驺从，就问天下事。太平军踞金陵，同年生吴棠宰清河，为草檄传示列县，辞气奋发，江北人心大定。江忠源抚皖，国藩欲一同佐之，谢不出。复书论用兵机宜，国藩皆采用之。同治二年卒，年五十九。著有《通甫类稿》、《邳州志》、《清河志》。子赍，字仲实，文有家法，亦善综核，犹父志也。惜皆未得申耳。

（四）经世之文学家（下）

汤鹏，字海秋，湖南益阳人。道光三年成进士，授礼部主事，年甫二十。负气自喜，为文震铄奇特。当轴异其才，选入军机章京，旋补户部，转贵州司郎中，擢山东道监察御史。年亦仅三十余。意志蹈厉，谓天下事无不可为者。其议论所许可独李德裕、张居正辈，徒为词章士无当也，于是勇言事，未逾月三上章。最后以言宗室尚书、叱辱满司官事，言过当，且在已奉旨处分后，罢御史，任户部员外。而时方草奏，将大有论建，未及上而改官。既见其言不用，遂大著书，欲有所表白于天下。以为事无论利钝成败，有所为，当震暴人耳目，苟不得施于事而著之言，使吾书出而人以为古尝有是言，虽工弗贵也。于是为《浮邱子》一书，立一意为干，而分数支支之，支之中又有支焉，则支复为干，支干相演，以递于无穷。大抵言军国利病，吏治要最，人事情伪，开张形势，寻蹑要眇，篇数千言者九十余篇，最四十余万言。每遇人，辄曰："能过我一阅《浮邱子》乎？"其自喜如此。又为《学术明林》十六卷，指陈前代得失。《七经补疏》明经义，《止信笔初稿》杂记见闻事实，诸作皆出示人。惟《止信笔初稿》人多未见，或问之，曰："此石室之藏书也。"值英人扰海疆，当道议抚，许通市，海秋愤甚，已黜不得进言，犹条上尚书请转奏三十事。虽召见而无所询，报闻而已。后美国求改关市约，有奏中所预计者，人以是服其精，非疏阔大略者也。既更为本部四川司郎中，京察亦竟不得上考，感慨抑郁而卒。年四十四。诗才横溢，自上古歌谣至三百篇汉、魏、六朝、唐，无不形规而神絜之，有诗三千首，晚多悲愤沉痛之作，存集二十六卷。郑献甫其名避文宗旧讳，以字行，别字小谷,广西象州人。年十五,入州学。后十年拔贡,中举人。又十年中进士。以主事用,分刑部。请假归,丁父母忧,遂不出,掌教诸书院。屡遭寇乱,流离转徙,丧所著书。总督劳崇光延为上客,广东巡抚郭嵩焘奏君学深养邃,通达治体,请饬赴广东差遣委用。献甫上书广西巡抚张嵩凯,以年老求奏免。张复奏君品高守正,足励风俗,请赐五品卿衔,献甫为书力辞,而疏已上,得旨如所请。同治十一年卒于桂林榕湖书院,年七十二。遗命葬不择时地,桂之官吏、朋友、门下士,绘像祀之。象州乱后,民失田契,官失粮册,讼狱繁兴。献甫请于官,命民呈田数粮数,总算符旧额而止,乡人服其忠信,无欺伪者,于是官给印照,讼狱遂息。献甫学识通博,所著《法论》、《储材议》、《士策》、《学官议》、《权论》、《治盗说》诸篇,皆对时政立论,言之痛切。尤不喜当时之为文者,以为道无所谓统,文无所谓派,自明人辑宋五子书,而道之统立;自明人选唐、宋八家文,而文之派别。遂若先秦以来之贤人君子,东汉以来之鸿篇巨制,皆可置之不论,具一孔之见,勒一途之归,则陈陈相因而已。故恶夫徒知有五子八家者云。献甫天资高朗,耿介豪逸,发言行事,纯任自然,谈笑讥贬,无所避忌。生平无嗜好,惟好书,终日不释卷,博览强记。《十三经注疏校勘记》皆有评点,尤熟诸史。为文章贯串古今,直抒所见,绝去修饰。凡所著《文集》六卷,《诗集》八卷,《家记》四卷,《家藏书目解题》四卷,《愚一录》若干卷。《愚一录》者说经之书,先被贼劫去,晚年追忆而为之者也。冯桂芬,字林一,号景庭,自号邓尉山人,江苏吴县人。道光二十年一甲二名进士,授编修。充广西乡试正考官,丁母忧,服阕。文宗即位,用大臣荐,召见。旋丁父忧归,比服阕,太平军已据金陵。承诏劝捐输练乡团,以克复松江诸城功,晋五品衔,擢右中允。赴京期年告归。曾国藩治军皖疆,苏州士大夫推钱鼎铭持书乞援,陈沪城危急状,及用兵机宜,累数千言,其稿桂芬所手创也。国藩读之感动,乃遣李鸿章率师东下。既解沪上围,进克苏州,皆辟以为助。桂芬立会防局,调和中外杂处者,设广方言馆,求博通西学之才,储以济变。先后主讲惜阴、敬业、紫阳、正谊各书院,讲论学术,成材甚众。以耆宿著书禅治,加三品衔。同治十三年卒,年六十六。桂芬少工骈体文,中年后乃肆力古文辞,于书无所不读,师事李申耆、李尚之,说经宗汉儒,亦不废宋,兼嗜畴人家言。著有《说文段注考证》、《校邠庐逸笺三种》、《弧矢算术细草图解》、《西算新法直解校正》、《李氏恒星图测定》、《咸丰纪元恒星表》、《丈田绘图章程》,与修《两淮盐法志》、《苏州府志》。自未仕时,入两江总督陶澍幕,已名重大江南北,务为经世有用之学,所著《校邠庐抗议》四十篇,说者谓仲长统《昌言》、荀悦《申鉴》未足比也。其自序云:

> 三代圣人之法,后人多疑为疏阔,疑为繁重,相率芟夷屏弃,如弁髦敝屣,而就其所谓近功小利者。世代更改,积今二千余年,而荡焉泯焉矣!一二儒者,欲挟空言以争之,而势恒不胜。迨乎经历世变,始知三代圣人之法,未尝有此弊,夫而后恍然于圣人之所以为圣人也。试略举数事言之:以亿万自养则有余,以一人养千百人则不足,观于今日,奉军国则民力竭,养兵勇则国力又竭,则始知兵农合一,车徒、马牛、甲兵出自民间之法之善也。取士何以始泽宫?射、御何以登六艺?观于今日,文臣不知兵,武臣不晓事,而始知圣人文武不分之法之善也。什而取不及一,视古为少;倍蓰而当一,视古为侈。观于今日,倍征无已,而始知圣人百亩而彻之法之善也。土宜出于地而无穷,远物限于地而难致,观于今日,运道阻,天庾空,而始知圣人四百里粟、五百里米之法之善也。食为民天,有食斯有民,水为谷母,治田先治水。观于今日,水利塞,稻田少,民受其饥,而始知圣人尽力沟洫之法之善也。世之盛衰在吏治,治之隆污在人才。观于今日,科目不得人,而始知圣人乡举里选之法之善也。郅治必先亲睦,百行莫先孝弟,观于今日,期功陌路,富贵贫贱不相恤,而始知圣人宗以族得民之法之善也。廉远堂高,笺疏有体;九重万里,呼吁谁闻?观于今日,谏诤取专官,民隐不上达,而始知圣人悬鞀建铎,庶人传语之法之善也。权所属则末秩亦将逞志;用不赡,则中材不能无求。观于今日,俸薄官贪,而始知圣人分田制禄之法之善也。天下有亿万不齐之事端,古今无范围不过之法律。观于今日,则例猥琐,案牍繁多,而始知圣人不铸刑书之法之善也。开边拓土,石田不耕;长驾远驭,鞭长莫

> 及。观于今日,外患不已,而始知圣人守在四夷之法之善也。术业以不专而疏,心思以不用而锢。观于今日,器用苦窳,借资荒裔,而始知圣人梓匠名官,仓庾世氏之法之善也。此类尚多,更仆难数。然则为治者将旷然大变,一切复古乎?曰:不可。古今异时,亦异势,《论语》称损益,《礼》称不相沿袭,又戒生今反古。古法有易复,有难复,有复之而善,有复之而不善。复之不善者不必论,复之善而难复,即不得以其难而不复,况复之善而又易复,更无解于不复。去其不当复者,用其当复者,所有望于先圣、后圣之若合符节矣。

桂芬之所谓复古,实即维新之意,盖居上海久,常羼以西洋之说,特借三代圣人为言耳。孙中山先生谓欧美政治,饶有三代遗风者,亦此意也。其见解与郭嵩焘大略相仿,所著《显志堂稿》十二卷,并长于治事,不为浮词云。

(五) 考据派之文学

其时为考据而以文学著名者,曰李慈铭。字炁伯,会稽人。咸丰九年,入赀为部郎,为人所给,丧其资,落魄京师,即以诗文名于时。大学士周祖培、尚书潘祖荫引为上客。同治九年乡试中式,候补户部郎中,光绪六年成进士,归本班。光绪十五年,改御史。时朝政日非,慈铭遇事建言,请临雍,请整顿台纲,大臣则纠孙毓汶、孙楫,疆臣则纠德馨、沈秉成、裕宽,数上疏,均不报。慈铭郁郁而卒,年六十六。慈铭为文,沉博绝丽,诗尤工,自成一家。性狷介,又口多雌黄,服其学者好之,憎其口者恶之。日有课记,每读一书,必求其所蓄之深浅,致力之先后,而评骘之,务得其当。后进翕然大服。著有《越缦堂文》十卷,《白华绛跌阁诗》十卷,词二卷。又日记数十册,民国后始刊行。蔡元培先生任翰林院编修时,曾馆于其家,以国文教诸生。《越缦堂日记》之梓,即蔡氏力也。《孽海花》称其"赋诗填词,文章尔雅,是一时之杰",殆非虚誉。其《日记》有评石甫(姚莹)《中复堂集》一则云:

其复黄又园书，谓自四库馆开之后，当朝大老，皆以考博为事，无复有潜心理学者，是以风俗人心日坏，不知礼义廉耻为何事。至于外夷交侵，辄皆望风而靡，无耻之徒，争以悦媚夷人为事，而不顾国家之大辱，岂非毁讪宋儒之过云云。尤猖狂无理。道光中年以后，时事日亟，正坐无读书人耳。夷变时，当国者潘、穆二公，非能为汉学者也。广事坏于耆英、琦善、奕山，江事坏于牛鉴，浙事坏于乌尔恭额、伊里布、奕经、文蔚，闽事坏于颜伯焘、怡良，皆不识一字者也。而御史陈庆镛一疏，最足持当时朝局之敝，陈固汉学名家也。石甫非世外人，何竟混沌至此乎？又谓惜抱先生孤立于世，与世所称汉学诸贤持异趋。夫惜抱以郎中告归不出，诚为恬漠，然汉学诸贤中，若西庄（王鸣盛）以阁学左迁光禄卿时，仕仅五稔，年力方盛，遽遂敝门。竹汀（钱大昕）以少詹，抱经（卢文弨）以学士，皆清华首选，毕志名山。兰皋（郝懿行）官户部十余年，不转一阶。此皆岂出姬传下者？他若巽轩（孔广森）之纯孝，北江（洪亮吉）之孤忠，皋文（张惠言）之鲠直，虚谷（武亿）之廉峻，鄦斋（李赓芸）之循良，南江（邵晋涵）之清介，以风节论，奚愧宋儒？而檠斋（金榜）、左海（陈寿祺）则脱屣词林；芝田（任大椿）、颐谷（孙志祖）则投簪台府。小雅（丁杰）、孝臣（李惇）终身进士，里堂（焦循）、叔辰（汪龙）绝意公车。懋堂（段玉裁）、申琦（李兆洛）宰县而早归，慨亭（钱塘）、仲子（凌廷堪）注令而改教，又岂以郑、许为系援，虫鱼为钓弋者乎？

慈铭为汉学家雪诬，讥姚莹为混沌，莹固姬传得意弟子之一，桐城派健者也。时与慈铭同调者，有同邑陶方琦，字子珍，光绪二年进士，选庶吉士，授编修。督学湖南，年四十卒于京邸。方琦受教慈铭，学有本末，汲汲于古，述造无间岁时。治《易》郑注，《诗》鲁故，《尔雅》汉注。又习《大戴礼记》。其治《淮南王书》，方以推究经训，搜采许注，拾补高诱，再三属草，矻矻十年，实事求是，有《淮南许注异同诂》、《许君年表》、《汉孳室文钞》，骈文诗词。谭廷献，字仲脩，仁和人。同治六年举人，少负志节，通知时事国家政制，礼能讲求其义，治经必求西汉诸儒微言大义，不屑屑章句。读书日有程课,其所为文,导源汉、魏,诗优柔善入,恻然动人。又工词,与慈铭友善,相唱和。官安徽和歙、全椒、合肥、宿松诸县,晚告归,贫甚。张之洞延主经心书院。年余谢归,卒于家。李稷勋,字姚琴,秀山人。光绪二十四年二甲一名进士,改庶吉士,授编修。充会试同考官,精衡鉴,重实学,颇得知名士。累官邮传部参议,总川汉铁路事。博学善古文,尝受诗法于王闿运,而不囿师说,专乐趋唐贤,意致深婉,得风人之遗,慈铭尝称赏之,有《甓庵诗录》四卷。后二人虽非考据家,固皆附慈铭后以传者也。

(六) 艺术家之文学

中国艺术,一如文学,后辄不逮于前,古朴淳厚之风,日趋于卑靡,殆时会使然欤? 明季自文(征明)、沈(周)、董(其昌)、陈(继儒)以来,南宗山水,盛行一时。清初四王(王时敏、王鉴、王原祁、王翚)、吴(历)、恽(格)号称宗匠,反不如朱耷(八大山人)、张风(大风)、傅山(青主)、陈洪绶(老莲)、方以智(无可大师)、龚贤(半千)、释髡残(石船)、渐江(俗姓江,名韬字六奇,晚年定名弘仁,世称梅花古衲)、道济(石涛,又号清湘老人、大涤子、苦瓜和尚)诸人襟怀高旷,笔情纵恣,能各树一帜焉。娄东、虞山两派,实为软媚枯淡之吴风,陈陈相因,毫无变化,虽清诸帝提倡于上,士大夫景从于下,画家辈出,定于一尊,而一丘之貉,殊不足观。故一代艺术可称者,似尚不及陶瓷与书法两端。陶瓷前已述之,其以书法名者,又多发为文理考据,包世臣即其一也。邓石如(本名琰,避帝讳,遂以字行,更字曰顽伯。又号完白山人,安徽怀宁人)、黄易(字小松,浙江钱塘人)工草书隶篆,然学无可称;翁方纲、刘墉(字崇如,号石庵,山东诸城人。统勋子,仕至体仁阁大学士)亦工篆分楷书,而别有表现。若纯粹为艺术文学家者,惟何绍基、赵之谦耳。绍基字子贞,晚号蝯叟,湖南道州人。道光十六年进士,选庶吉士,授编修,充国史馆协修纂修,总纂提调。为学研审《说文》经史,旁及金石、图刻、律算。实事求是,识解精超,文宗先正义法,书根篆分会通鲁公、北海,自成一体。性坦率与人无町畦,见不善,必面斥之,人咸亲其和而惮其峻焉。曾国藩家书云:“讲诗古文而艺通于道者,则有何子贞;才气奔放,则有汤海秋。"又云:"何子贞之谈字,其精妙处无一不合,其谈诗尤最符契。"又云:"何子敬(绍京)近待我甚好,常彼此作诗唱和,盖因其兄钦佩我诗,且谈字最相合,故子敬亦改容加礼。子贞现临隶字,今年已千叶矣。近又考订《汉书》之讹,每日手不释卷。盖子贞之学,长于五事:一曰《仪礼》精,二曰《汉书》熟,三曰《说文》精,四曰各体诗好,五曰字好。此五事者,渠意皆欲有所传于后,以余观之,上三事余不甚精,不知深浅若何。若字则必传千古无疑矣。诗亦远出时手之上,而能卓然成家。"(道光二十二年致弟书)绍基果不出国藩所料,仅以字传,而文学亦斐然可观也。咸丰二年绍基任四川学政,士心翕感,文教蔚兴。对地方一切情形,皆直言无隐,权贵侧目,谤焰炽腾,卒以条陈时事,罣议镌秩。遂绝意仕进,角巾筇杖,纵探峨嵋、瓦屋诸峰,饮酒赋诗,匝月忘返。旋去蜀,主山左泺源、长沙城南书院有年,薄游吴、越,诸当事聘主扬州书局,兼主孝廉堂讲席,士以得游其门相夸耀。同治十三年卒,年七十五。所著《东洲诗文集》四十卷,诗类黄庭坚。弟绍京,孙维朴(字诗孙)均工书。赵之谦字㧑叔,一字益甫,号冷君,会稽人。天禀环异,自二岁即能把笔作书,读书过目不忘。又好湛深之思,故凡经史百家,名物之赜,性道之微,无不博览旁通,得其窾要。弱冠补博士弟子,家贫不能自给,会缪梓权守越,咨以笺奏之事。与同门绩溪胡培系、胡澍,溧阳王晋玉等相善焉。梓权死难,忌者摭浮言上闻,人莫敢讼之。之谦伏阙上书,卒邀恤典。咸丰九年举于乡,春官报罢,以国史馆誊录议叙知县,分发江西。巡抚刘坤一檄修《江西通志》。覃心钩考,援据精确,书成,委署鄱阳县。又署奉新、南城,所至翕然。风骨严峻,庶事毕举,服官逾勤,体力渐衰。再丧厥偶,益自悲悼,于时天下骚动,援闽各军,络绎过境,供办不济,时有龃龉,公私之累,哀郁中伤,未几病卒,时光绪十年十月初一日也,年五十六。之谦性孝友,居恒俯仰时事,慨积弱之弊,谓必当除文法之密,收胥吏之权,破格以进天下之才。平生学术治术,皆以空言为戒。论学主金坛段氏,高邮王氏及武进庄氏、刘氏,蕲进于西汉巨儒微言大义之诣。既治许氏《说文》,又博求商、周吉金,汉后、隋前诸乐石,以穷六经之支流正变。同时吴县潘祖荫尚书,顺德李文田学士,大兴刘铨福刑部,绩溪胡澍户部,仁和魏锡曾嵯尹,皆相推重。古文奥衍,与周双庚以奇古相尚,晚与汪中、龚自珍、魏源为近。骈文尤伟丽,有六朝人风度。书初学颜平原,后习北碑,纵为草法,体势侧媚,光彩动人,古未有也。画如其书,随笔渲染,饶有逸趣。至其篆刻则使刀如笔,视石若纸,而结体新奇,古艳映发,并代诸子,皆莫能及。著《国朝汉学师承续记》未成,其成者,《六朝别字记》一卷,《悲庵居士诗剩》一卷,《悲庵居士文存》一卷,《四书文》一卷。又《补寰宇访碑录》四卷。校刻书有邹汉勋《敩艺斋遗书》及《内勇庐闲话》、《英吉利广东入城始末》、《张忠烈年谱》。此外尚有沈曾植(字乙盦,号寐叟,吴兴人)及弟子唐文治(字蔚芝,号茹经,太仓人),张尔田谓其负斯文之寄于贞元绝续之交,延祖宗养士之泽且十余年者也。

一百四十三　诗词及小说

(一) 清末之诗人

梁任公先生云:“有清一代学风,与欧洲文艺复兴时代相类甚多,然最相异之一点,则美术、文学不发达也。清之美术,虽不能谓甚劣于前代,然绝未尝向新方面有所发展,今不深论。其文学,以言夫诗,真可谓衰落已极。吴伟业之靡曼,王士禛之脆薄,号为开国宗匠。乾隆全盛时,所谓袁(枚)、蒋(士铨)、赵(执信)三大家者,臭腐殆不可向迩。诸经师及诸古文家,集中多亦有诗,则极拙劣之砌韵文耳。嘉、道间,龚自珍、王昙、舒位号称新体,则粗犷浅薄。咸、同后竞宗宋诗,只益生硬,更无余味。其稍可观者,反在生长僻壤之黎简、郑珍辈,而中原更无闻焉。直至末叶,始有金和、黄遵宪、康有为元气淋漓,卓然称大家。以言夫词,清代固有作者,驾元、明而上,若纳兰性德、郭麐、张惠言、项鸿祚、谭献、郑文焯、王鹏运、朱祖谋皆名其家。然词固小道者也。以言夫曲,孔尚任《桃花扇》,洪昇《长生殿》外,无足称者。李渔、蒋士铨之流浅薄寡味矣。以言夫小说,《红楼梦》只立千古,余皆无足齿数。以言夫散文,经师家朴实说理,毫不带文学臭味。桐城派则以文为‘司空城旦’矣。其初期魏禧、王源较可观,末年则魏源、曾国藩、康有为。清人自夸其骈文,其实极工者,仅一汪中。次则龚自珍、谭嗣同辈。其最著名之胡天游、邵齐焘、洪亮吉辈，已堆垛柔曼无生气，余子更不足道。要而论之，清代学术，在中国学术史上价值极大，清代文艺美术，在中国文艺美术史上价值极微，此吾所敢昌言也。”此言或以为过分，然清代文坛艺术之衰落，固不可易也。王昙又名良士，字仲瞿，浙江秀水人。乾隆举人，工画，好游侠，通兵家言，善弓矢，上马如飞，慷慨悲歌，不可一世。诗文奇肆，窦光鼐评其《西楚霸王庙碑》，谓二千年无此手笔。有《烟霞万古楼集》。舒位，字立大，号铁云，顺天大兴人。十岁下笔成章，乾隆五十三年举人。家吴中，以贫故，恒负米湘湖间。嘉庆二十五年闻母丧，戴星而奔，遂以毁卒，年五十一。尝谓人无根柢学问必不能诗，无真性情即能诗亦不工，故其诗必出新意，不沿袭古法，而精力所到，他人百思不及。赵翼跋其诗，谓：“无一意不奇，无一语不妥，无一字无来历。”著有《瓶水斋诗集》十七卷，《皋桥今雨集》二卷。法式善《三君咏》，即位与王昙、孙原湘也。黎简，字简民，一字未裁，号二樵，广东顺德人。十岁能诗，由山谷入杜，峻拔清峭，刻意新颖，书得晋人意，有《五百四峰草堂诗文钞》、《药烟阁词钞》、《芙蓉亭乐府》、《注庄韵学》。郑珍事已见前章，其诗皆因“遭时世之乱，极人生之不堪，流离转徙，致于穷且死”而作，故风格沉郁凄怆。陈衍谓其“历前人所未历之境，状人所难状之景”（《石遗室诗话》），盖事实也。金和字亚匏，江苏上元人。其诗在打破前人一切之束缚，用语体日记散文而写作，故自题《椒雨集》云：“是卷半同日记，不足言诗，如以诗论之，则军中诸作，语言痛快，已失古人敦厚之风，尤非近贤排调之旨。”但又云：“所作虽不纯乎纯，要之语语皆天真。时人不能为，乃谓非古人。”至黄遵宪（字公度，广东嘉应州人）云：“我手写我口，古岂能拘牵？即今流俗语，我若登简编。五千年后人，惊为古斓斑。”又云：“各人有面目，不必与古人同，吾欲以古文家抑扬变化之法作古诗。”梁任公谓：“近世诗人能镕铸新理想以入旧风格者，当推黄公度。”（《饮冰室诗话》）又辑金和及遵宪诗为《晚清两大家诗钞》，其题辞曰：“我认为这两位先生是中国文学革命的先驱，我认这两部诗集——金著《秋蟪吟馆诗钞》，黄著《人境庐诗草》——是中国有诗以来一种大解放。”盖以二人皆用语体入诗也。实则白香山之诗，老妪能解，陶潜、李白、杜甫、王维之诗,抑何尝不用语句入诗耶!自李义山堆砌典故,以獭祭为高,而诗乃陈陈相因,转成无聊谜语,缛笔肤词,失发摅性灵之旨矣。清末所谓同光体者,即任公所谓"竞宗宋诗,只益生硬"者也。就中以陈三立(字伯严,晚筑散原精舍于金陵,世称散原先生。江西义宁人。光绪十二年进士。父宝箴,佐曾国藩治军储,官至湖南巡抚。散原与谭嗣同、梁启超佐行新政。戊戌政变,父子放归田间。散原、嗣同与庐江吴葆初彦复、四川丁尔康叔雅,海内称四公子)、郑孝胥称最。《石遗室诗话》云:"近来诗派,海藏以伉爽,散原以奥衍,学诗者不此则彼矣。"孝胥颇负奇气,以材略自喜,言诗须有惘惘不甘之情,晚挟溥仪立伪满洲国,遗讥千古,其诗与画,虽为一时所称,而终见鄙弃。惟散原忘怀世事,风骨嶙嶙,孝胥《海藏楼杂诗》云:"义宁贤父子,豪杰心所归,伯严不急仕,峻节如其诗。栖迟对蒋山,睥睨郁深悲。天将纵其才,授子肆而奇。神骨重更寒,绝非人力为。安能抹青红,搔头而弄姿。……大名虽震世,岂如我独知!"又《春阴简李审言》句云:"论诗君勿谬见推,此事散原真杰作。"可见孝胥亦自以为不如矣。伯严论诗,最恶俗恶熟,尝评某也纱帽气,某也馆阁气,故语必惊人,字忌习见。然观其《崝庐述哀》云:

> 昏昏取旧途,惘惘穿荒径。扶服崝庐中,气结泪已凝。岁时辟踊地,空棺了不剩。犹疑梦恍惚,父卧辞视听。儿来撼父床,万唤不一应。起视读书帷,蛛网灯相映。庭除迹荒芜,颠倒盆与甑。呜呼父何之!儿罪等枭獍。终天作孤儿,鬼神下为证。(五首之一)

又《戏题放翁诗》云:"匡时报国寻常语,四字吾生审未曾。"又《天津戏赠瘿公》(彦复别号,非罗瘿公惇曧也)云:"酸儒不值一文钱,来访瘿公涨海边。执袂擎杯无别语,喜心和泪语彭嫣。彭嫣(瘿公宠姬)不独怜才耳,谁识彭嫣万劫心?吾友堂堂终付汝,弥天四海为沉吟。"则知散原诗取法铙歌,颇有古风,非尽艰深之作矣,宜乎群推为当代一流。《中国散文史》并谓其为文更胜于为诗,故可称者非一端也。同时以诗名者尚有易顺鼎、樊增祥。顺鼎字仲硕,一字实父,湖北龙阳人。自作《哭厂传》以见意云：

> 哭厂幼奇慧，十五为诸生，有名，十七举于乡，所为诗歌文词，天下见之，称曰才子。已而治经，为训诂考据家言；治史为文献掌故家言；穷而思及于身心，又为理学语录家言；然性好声色，不得所欲，则移其好于山水方外，所治皆不能竟其业。年未三十而仕，官不卑（按曾以同知候补河南，又任两湖书院分教。光绪二十五年出为广西江右道），不二年弃去。筑室万山中，居之，又弃去。综其生平二十余年内，初为神童，为才子，继为酒人，为游侠少年，为名士，为经生，为学人，为贵官，为隐士。忽东忽西，忽出忽处，其师友谑之，称为神龙。其操行无定，若儒若墨，若夷若惠，莫能以一节称之。为文章亦然，或古或今，或朴或华，莫能以一诣绳之。要其轻天下，齐万物，非尧、舜薄汤、武之心，则未尝一日易也。哭厂谓天下无不可哭，然未尝哭……而独不见其母为可哭，于是无一日不哭，誓以哭终其身，死而后已，自号曰哭厂。

增祥字嘉父，号云门，别号樊山，湖北恩施人。与左宗棠构讼湖南副将樊燮子也。光绪三年进士，李慈铭亟称其才。累官陕西布政使。诗尤有名，欢娱能工，不为愁苦之词，艳体之作，自谓可方驾冬郎，《疑雨集》不足道也。所赋《彩云曲》，即咏洪钧遗妾傅彩云事，即后更名赛金花者。沈曾植以为的是香山，不只梅村也。殊为过誉。增祥诗思迅疾，以清新博丽为主，工于隶事，巧于裁对。初取径于中、晚唐，晚年亦为宋诗。与易哭厂称两雄。惟增祥不喜用眼前习见故实，而顺鼎则必用人人所知者。增祥诗境，到老不变，而顺鼎则变动不居，无所不学，无所不似。以学晚唐温、李者为最佳。然长歌当哭，极诡谲之致，读者哀其遇而奇其才也。易以民国九年卒，年五十九。樊以民国二十年卒，年八十六。樊、易虽以诗名，冠当世，实则与王闿运皆同属托兴摩拟之作，不随时代风气为转移，适足以为清代旧诗坛之结束人物而已。三原于右任先生以报人鼓吹革命，其《再出关》诗曰：

目断庭闱怆客魂,仓皇变姓出关门。不为汤武非人子,付与河山是泪痕!万里归家才几日,三年蹈海莫深论。长途苦羡西飞鸟,日暮争投入故村。

“不为汤武”二句,真大雅元音,高出樊山、哭厂多矣。惜以后为书名所掩耳。至诗僧苏曼殊(始名宗之助,后名玄瑛,字子毅,曼殊其号。母日人河合氏,嫁广东香山苏某,五岁随来中国,因姓苏),民国七年卒,年三十五。其诗哀怨凄婉,与黄景仁仲则仿佛。景仁与洪亮吉齐名,亮吉称其诗:“秋虫咽露,病鹤舞风。”曼殊诗受章太炎指点,太炎称其“厉高节抗浮云”。二人皆穷愁潦倒而工。所作近体七绝及译拜轮诗,声情并茂,亦非樊、易所能望其项背也。然《晚清诗选》中,佳作(如《哀朝鲜》之起句云:“矗矗风云生亚陆,日人欢笑韩人哭。韩人已矣何足悲?伤心怕为韩人续!”咏慈禧回銮后事云:“白发二三老臣侍,青鸾四十一年孤。”樊、易诗近万首,自诩工巧浑成,何曾有此佳什!)多无名氏,殊可慨矣。

(二) 中叶后之词曲

清代之词,号称复兴,盖以其成绩在诗文之上耳。纳兰性德、陈维崧、朱彝尊、顾贞观、吴绮、曹贞吉、彭孙遹等,皆卓然称大家。自竹垞开浙西词派,“家白石而户玉田”,领导词坛百余年。厉鹗、项鸿祚继之,其势一振。然浙派寄兴不高,格调日弱,于是张惠言起而矫之,以深美闳约为旨,尊周邦彦而薄姜夔(白石)、张炎(玉田)。嘉、道以后,皆从此风。实则惠言长于文字考据,对词之理论,研究颇深,而作品皆平庸,谭廷献称之为“学人之词”。周济《宋四家词选》叙论云:“问途碧山(王沂孙),历梦窗(吴文英)、稼轩(辛弃疾),以还清真(周邦彦)之浑化。”此为常州派之词统。常派盛时,几夺浙派之席,然同陷于拟古之病,故虽名家辈出,如张琦、董士锡、恽敬、黄景仁、左辅、钱季重、李兆洛、丁履恒、陆继辂等,究未能解脱古典之范围也。江阴蒋春霖于道、咸之际(嘉庆二十三年生,同治七年卒),卓然自立,一反花鸟情感之咏作,描写社会衰乱之暗影,谭献谓:“咸丰兵事,天挺此才,为倚声家杜老。”(《箧中词》)所著《水云楼词》，论者称之为词史。吴梅《词学通论》云：

> 嘉庆以前词家，大抵为其年（陈维崧）、竹垞（朱彝尊）所牢笼。皋文（张惠言）、保绪（周济）标寄托为帜，不仅仅摹南宋之垒，隐隐与樊榭（厉鹗）相敌，此清朝词派之大概也。至鹿潭（春霖字）而尽扫葛藤，不傍门户，独以风雅为宗，盖托体更较皋文、保绪高雅矣。……鹿潭律度之细，既无与伦，文笔之佳，更为出类。而又雍容大雅，无搔头弄姿之态，有清一代，以水云为冠，亦无愧色焉。

吴氏为民国后大词家，其言当非溢美。兹录《水云楼词》二章如下：

> 枫老树流丹，芦华吹又残。系扁舟、同倚朱栏。还似少年歌舞地，听落叶、忆长安。哀角起重关，霜深楚水寒。背西风、归雁声酸。一片石头城上月，浑怕照、旧江山。（《唐多令》）
>
> 野幕巢乌，旗门噪鹊，谯楼吹断笳声。过沧海一霎，又旧日芜城。怕双燕、归来恨晚，斜阳颓阁，不忍重登。但红桥风雨，梅华开落空营。劫灰到处，便遗民、见惯都惊，问障扇遮尘，围棋睹墅，可奈苍生。月黑流萤何处？西风黯、鬼火星星。更伤心南望，隔江无限峰青。（《扬州慢》，癸丑十一月二十七日，贼趋京口，报官军收扬州。）

任公先生言清词而未及春霖，亦一疏也。所述仅谭献、郑文焯、王鹏运、朱祖谋四人。献字仲修，号复堂，仁和人。与庄棫（字白石，丹徒人），并称于同、光间，标比兴，崇体格，乃常州嫡派也。朱祖谋《彊村语业》云："皋文后，私淑有庄、谭。"谭为《复堂词》，庄有《蒿菴词》。郑文焯，字俊臣，号叔问、大鹤山人，满洲人；著有《樵风乐府》、《大鹤山房全书》，词宗白石。王鹏运，字幼霞，自号半塘老人，晚号鹜翁，广西临桂人。同治九年举人，光绪十九年授御史，以谏修颐和园，几遭谴。二十八年得请南归，寓扬州，时艰日亟，愤懑滋甚。三十年以省墓道苏州病卒，年五十六。鹏运才识闳通，不获竟其用。嗜金石书画，尤精研词学，生平悃款抑塞，一寄托乎是。其《四印斋所刻词》自南唐迄元如干家。著有《半塘定稿》。朱祖谋原名孝臧,字古微,号沤尹,又自号上彊村民,浙江归安人。少时随宦河南,遇王鹏运,交甚得。鹏运之词,取谊于周济,取律于万树。然常语人曰:“万氏持律太严,弊失之拘,然使来者之有人,综群言于至当,俾倚声一道,不致流为句读不缉之诗,则筚路开基,万氏实为初祖。”祖谋分铢博究,上去阴阳,矢口平亭,不假检本,鹏运惮焉,谓之“律博士”。祖谋以光绪九年进士,累官礼部侍郎。二十二年赴京师,鹏运举词社,邀祖谋,时时语以源流正变之故,使从南宋入手,明以后词,不须寓目,如是三年,可以视今人词矣。义和团之变,祖谋偕修撰刘福姚就鹏运以居,痛世运之凌夷,发愤叫呼,相对太息,既困守穷城,乃约为词课,拈题刻烛,喁于唱酬,赏奇攻瑕,诙谐间作,若忘其在颠沛兀黜中者,即所传《庚子秋词》也。鹏运投劾,之上海,讲学于南洋公学,而祖谋亦视学广东南下,鹏运出示所为词九集,将都为《半塘定稿》。祖谋词初学吴文成,晚又肆力苏轼、辛弃疾二家。民国后,校刻唐、五代、宋、金、元词总集四种,别集一百六十八家,名曰《彊村丛书》。盖词起晚唐,越三百余年而有南宋之刻百家词,又四百余年为明末造,而有常熟毛晋汲古阁之刻,又且三百年,而后有祖谋之校刻也。词苑于是为第三结集矣。所收较鹏运之《宋元三十一家词》,江标之灵鹣阁《汇刻宋元名家词》,吴昌绶之双照楼《刊影宋元词》为多。自作之词,颇近浙派,奉梦窗,与周之琦《金梁梦月词》、戈振《翠薇花馆词》均模仿古人。惟词集之整理,较可称耳。

清代曲学,已成元、明之余响,而杂剧则一蹶不振。吴梅《中国戏曲概论》云:“清人戏曲,逊于明代。推源其故,约有数端:开国之初,沿明季余习,雅尚词章,其时文士,皆用力于诗文,而曲非所习,一也。乾、嘉以还,经术昌明,名物训诂,研钻深造,曲家末艺,等诸自郐,二也。又自康、雍后家伶日少,台阁诸公,不喜声乐,歌场奏艺,仅习旧词,闻及新著,辄谢不敏。文人操翰,宁复为此?三也。又光、宣之季,黄冈俗讴,风靡天下,内廷法曲,弃若土苴,民间声歌,亦尚乱弹,上下成风,如饮狂药。才士按词,几成绝响,风会以趋,安论正始!四也。”曲学衰落之原因,观吴氏之论可知。然乾隆以前之传奇作者,依昆曲而尚称全盛。李(渔)、孔(尚任)、洪(昇)、蒋(士铨)号四大家。至乾隆年间花部代雅部(昆曲)而起。花部者,即各地方土戏之总称也。亦曰"乱弹"。有京调、汉调、徽调、川调、二黄调、弋阳腔、梆子腔、高阳腔、西皮等,典文固远不如昆曲,但声调和美,文辞通俗,扮演滑稽,内容复杂,易得一般人之欣赏。《梦中缘传奇序》有云:"长安(京师)之梨园兴盛,而所好惟秦声啰(啰啰调)弋(弋阳腔),厌听吴骚,闻歌昆曲,辄哄然散去。"《燕兰小谱》亦云:"昆曲已非北京人所喜。"可见乾隆以后,花部已趋兴盛,取旧戏正统之昆曲而代之矣。就中以二黄、西皮为最流行,亦合称"皮黄",后所称京戏为平剧者也。二黄始于湖北之黄冈、黄陂,原为一种牧歌,渐传至湖南、两粤、安徽,被称为"湖广调"。与徽调相混,徽调中之"高拨子"只有二黄弦,遂变为二黄;又受秦腔(梆子腔)、西皮弦之影响,又变为西皮。故京戏以皮黄为主,而实糅合湖广、徽、秦诸腔调也。自四大徽班入京,程长庚整理创建,"脱胎于昆曲者十居七八,而模仿于徽、汉、秦腔者十居二三。"长庚主三庆班,卢胜奎代为编剧,有《全本列国志》、《全本三国志》等,名角如林,一剧有演至半年者。加以慈禧太后之提倡,皮黄遂盛行一时。至光绪中,山西梆子流传京师,始渐与皮黄分庭抗礼,以民国初年为最盛,后渐与昆曲皆被淘汰,而皮黄独称为国剧矣。至于散曲,朱彝尊、厉鹗、吴锡麒以词人之笔,发清雅之音,其作品有张小山、乔梦符之风格,后人评为"词人之曲"。可称为"曲人之曲"者,惟一赵庆熺。字秋舲,浙江仁和人。有《香消酒醒曲》一卷,套数十一,小令九。任中敏《清人散曲提要》云:"赵氏以《咏月》套中《江儿水》一曲名于时。大概其作能融元人北曲之法入南曲,故虽为南曲,而不病萎靡,有若明人施绍莘。曲之风格,必如此始完全投合,斯乃曲人之曲。"推挹备至。道情由于散曲,久失其传,清初惟《耍孩儿》、《清江引》数曲尚为时俗所唱。郑板桥(名燮,字克柔,江苏兴化人。乾隆元年进士。官山东范县、潍县知县,以请赈忤大吏,乞疾归。家贫,性落拓不羁,喜与禅宗尊宿及其门子弟游,日放言高谈,臧否人物,以是得狂名。善诗,工书画,人以郑虔三绝称之)作《道情》十首,所写富贵人生之无常,及渔樵、耕读、牧竖之闲适生活,最与道情之本旨相近。如:"老渔翁,一钓竿,靠山崖,傍水湾,扁舟来往无牵绊。沙鸥点点轻波远,荻港萧萧白昼寒。高歌一曲斜阳晚,一霎时波摇金影,蓦抬头月上东山。”文字清新,意境高远,绝无迂腐庸俗之习,而情趣盎然,为古典化之散曲,别开生面。徐灵胎(名大椿,号洄溪,吴江人。生康熙三十二年,卒乾隆三十六年,年七十九)以名医作《道情》三十八首,如《田家乐》、《读书乐》、《时光叹》、《时文叹》、《劝孝》、《劝葬亲》、《戒争产》、《戒酒》、《戒赌》诸篇,其自序云:“半为警世之谈,半为闲游之乐,总不离见道之语。若古人果如此,则此音自我续之;若古人不如此,则此意自我创之。”文字真实通俗,不特为词曲之解放,亦为新诗体、白话文开先路也。今举《寿吴复一表兄六十》一首如下:

> 我的姨娘,是你亲娘;我的亲娘,是你姨娘。姊妹双双,单生着你我两个儿郎。你今日六十捧瑶觞,要我一句知心话讲。你从来潇洒襟怀,不晓得慕势趋荣,问舍求田伎俩,注几卷僻奥经书,作几首古淡文章。常只是少米无柴,境遇郎当。你全不露穷愁情状。终日笑嘻嘻,只向亲知索酒尝,不论黄白烧刀,千杯百盏无推让。忆当年外祖父母在江乡,与你随母拜高堂,寄读在母舅书房,《千家诗》、《百家姓》齐呼迭唱。转眼光阴,俱是白头相向。从今后愿岁岁年年,同你对秋月春花醉几场。见你时如见我姨娘,转念我亲娘!

此种寿辞,较道情更作进一步之解放,直类民间歌谣矣。清代民歌之搜集,以乾隆末年王廷诏(字楷堂,金陵人)所编《霓裳续谱》为早。盛安序云:“先生制艺诗歌而外,偶寄闲情,撰为雅曲,缠绵幽艳,近步《花间》。”实则其中有西调,有杂曲,共五百四十七首。杂曲包括秧歌、扬州歌、莲花落、北河调、边关调、马头调、岭头调。至道光年间,华广生(字春田,济南人)又刊《白雪遗音》,则八角鼓、湖广调皆在其中。其体裁似小令似套曲或戏词。作风极粗俗尖新,然赤裸之美,不可掩也。

(三) 清末之小说

清代之诗文词曲,虽无足观,而小说则特别发达。吴敬梓、蒲松龄、曹雪芹为文坛增光不少,金圣叹(人瑞)之小说批评,打破向来文人轻视小说之习,使小说与诗文词曲,具有同等之文学价值,以故清代正统派学者,亦无不以余力创作小说,如纪昀之《阅微草堂笔记》、袁枚之《新齐谐》(初名《子不语》)、俞樾之《右台仙馆笔记》等皆是也。至晚清,小说受时代环境之影响,突飞猛进,日趋繁荣,创作翻译竟达一千五百种以上,可谓盛矣。其原因一为印刷新闻事业之发达,传播较易,需要增多;二为学术界受西洋文化之影响,充分认识小说之重要性;三为外患日亟,内政窳败,维新革命运动,均借小说以作宣传之利器。梁任公所办之《新小说》杂志开其端。清末最有名之小说家,如李伯元、吴趼人、曾朴,皆曾办小说杂志,李曰《绣像小说半月刊》,吴曰《月月小说》,曾曰《小说林》。论小说之社会功用者,如梁任公《小说与群治之关系》,松岑《论写情小说与新社会之关系》,天僇生《论小说与改良社会之关系》;论小说之文学价值者,如夏穗卿《小说原理》,楚卿《论文学上小说之位置》,王国维《红楼梦评论》等。殆已受西洋文学之影响,作原理上之文学批评,较之金圣叹之徒作文字批评者,进步殊不可以道里计。兹分类述之如下:

一、社会小说　刘鹗字铁云,江苏丹徒人,笔名洪都百炼生。少时颇放荡不羁,后行医,复改业商,尽丧其资。因治河有功,渐至以知府用。曾上书请敷铁道,又主张开山西煤矿,既成,世俗指为汉奸。庚子乱后数年,以私售仓粟之罪诬之,流新疆死。其学博而杂,崇泰州学派,倡儒、佛、道合一之说,实即太谷教之南宗也。金石、文字、医算、占卜无所不习,又留心西洋科学,提倡维新。所著《老残游记》一书,述其行医各地,以所见所闻,描写当时之政治民生社会实况。其《自序》云:"吾人生今之时,有身世之感情,有家国之感情,有宗教之感情,其感情愈深者,其哭泣愈痛。此洪都百炼生所以有《老残游记》之作也。棋局将残,吾人将老,欲不哭泣也得乎?"可见作者之心情与态度,为家国之衰亡悲也。是书初发表于《绣像小说》,仅二十回。天津《日日新闻》又载二编六回。坊间刊行之四十回本,后半系伪造。铁云在描写人物个性,及山光水色,均有独到之处,其于超现实之人生哲学,借二奇女而发抒之,亦颇深刻生动。惜一时兴到之作,未成完璧耳。李伯元名宝嘉,别署南亭亭长,江苏上元人。少时擅制艺及诗赋,以第一名入学。累举不第,乃赴上海,先后办《指南报》、《游戏报》、《海上繁华报》及《绣像小说》,所著有《醒世缘弹词》、《庚子国变弹词》、《海天鸿雪记》、《李莲英繁华梦》、《活地狱》、《文明小史》及《官场现形记》。尤以最后一书为代表作。其自序云:"南亭亭长有东方之诙谑,与淳于之滑稽,又熟知官吏之龌龊卑鄙之要凡,昏愦糊涂之大旨。……以含蓄蕴藉存其忠厚,以酣畅淋漓阐其隐微。……这不像本教科书,倒像部《封神传》、《西游记》,妖魔鬼怪,一齐都有。"可见此书之内容,固以刻划官吏之腐败昏愦为能事。而《文明小史》述新旧交替时代之社会,描写维新分子之投机丑恶,幽默讽刺,极形尽致。与《官场现形记》皆同属社会小说之佳构也。光绪三十二年卒,年四十。吴趼人名沃尧,字茧人,别署我佛山人,盖以其为广东南海佛山镇人也。二十余岁至上海,卖文为生。后客山东,游日本,皆不得意。终复居上海,文字之暇,则尽力于教育事业,宣统二年卒,年四十四。所著有《痛史》、《九命奇冤》、《二十年目睹之怪现状》、《瞎骗奇闻》、《电话奇谈》、《恨海》、《劫余灰》、《新石头记》、《两晋演义》等,而以《二十年目睹之怪现状》与《九命奇冤》最有名。《怪现状》共一百零八回,连载于梁任公主办之《新小说》中,历记二十年中所遇所见所闻天地间惊奇之事,对政治社会之暴露与谴责,与李伯元态度相同,而经验丰富,观察细密,文笔流畅,深得读者欢迎。自述所见只有三种东西:第一种是蛇虫鼠蚁;第二种是豺狼虎豹;第三种是魑魅魍魉。其所描写皆此三种东西之面目也。惟言违真实,或伤溢恶,仅足供闲散者谈笑之资而已。《九命奇冤》述雍正间发生于广东之一大命案。系根据旧小说《梁天来警富新书》(安和著)而改作。胡适认为是书用中国讽刺小说的技术,用西洋侦探小说的布局,倒装叙述,谨严统一,要算最完备的一部小说了。可谓赞赏备至。曾朴字孟朴,又字小木,又字籀斋,别署东亚病夫。江苏常熟人,其子虚白有《曾孟朴先生年谱》,附录《孽海花》后。孟朴父之撰，字君表，为时文名手，著《登瀛社稿》，《孽海花》中之曹以表公坊即影射之撰。孟朴以光绪十八年中举，会试未第，捐内阁中书。二十一年回南，遭父丧，守制家居。时与谭嗣同、林旭、唐才常等游，又从陈季同学法文。光绪三十一年创设《小说林》，翌年增设宏文馆书店，即发表《孽海花》小说。盖因爱自由者金松岑之作而改编者，出版后，行销几五万本。自言："这书主干的意义，只为我看着这三十年是我中国由旧到新的一个大转关，一方面文化的推移，一方面政治的变动，可惊可喜的现象，都在这一时期内飞也似的进行。我就指这些现象，合拢了他的侧影或远景，和相连系的一些细事，收摄在我笔头的摄影机上，叫他自然地一幕一幕的展现，印象上不啻目击了大事的全景一般。"（《修改后要说的几句话》）故林纾谓："《孽海花》非小说也，彩云是此书主中之宾，但就彩云定为书中主人翁误矣。"可见此书虽借洪钧、傅彩云事为穿珠之线，而其所穿者乃"一朵珠花"。且为"伞形花序"，层层推展，结构复杂，实为甲午以前历史社会之写照。其人其事，皆有所本，且所写为上层之达官名士，世局攸关，其价值固尚优于《儒林外史》也。惜原欲写至辛丑年者，竟以精力不继而至"青阳港好鸟离笼"即戛然中止。民国后，其老友张鸿（燕谷）承其遗志，为《续孽海花》三十回，自言无曾氏华美之文笔与熟练之技术，但于原书旨趣，体会有素，各展所长，亦异曲而同工耳。

二、平话小说　清代说书人之杂技，有用大鼓、弦子鼓或玉鼓者，其书词皆谐韵如弹词、道情一类。如《玉钏缘》、《玉蜻蜓》、《珍珠塔》、《再生缘》、《再造天》、《天雨花》、《凤凰山》、《安邦志》、《定国志》、《珍珠凤》、《果报录》、《凤双飞》、《三笑姻缘》、《笔生花》等，皆在民间流行，而大半由教唱之人所编制，率无名氏。《老残游记》所述白妞、黑妞之说书，均此类矣。亦有用白话者，谓之说平书，内容多揄扬勇侠，赞美粗豪，实明人《水浒传》、《包公案》之流亚也。《中国小说史略》云："是侠义小说之在清，正接宋人话本正脉，因平民文学之历七百年而再兴者也。"其源流可见。自咸丰间石玉昆说书，改《忠烈义侠传》为《三侠五义》，从宋真宗"狸猫换太子"故事讲起，次叙包拯降生及断案事迹,因感化三侠(南侠展昭,北侠欧阳春,双侠丁兆兰、丁兆蕙)、五鼠(钻天鼠卢方,彻地鼠韩彰,穿山鼠徐庆,翻江鼠蒋平,锦毛鼠白玉堂)相率投诚就职,人民大安。此为侠义小说中一大创作。《中国小说史略》云:“其中人物之见于史者,惟包拯、八王等数人,故事亦多非实有。五鼠虽明人之《龙图公案》皆载及,而并云物怪,与此之为义士者不同。至于构设事端,颇伤稚弱,而独于写草野豪杰,辄奕奕有神,间或衬以世态,杂以诙谐,亦令莽夫分外生色。值世间方饱于妖异之说,而此遂以粗豪脱略见长,于说部中露头角也。”是书出版后十余年,俞樾叹其“事迹新奇,笔意酣畅,描写已细入毫芒,点染又曲中筋节。……如此笔墨,方许作平话小说,如此平话小说,方称得天地间另是一种笔墨。”(《重编七侠五义序》)于是“爰据史传,订正俗说”,改编狸猫换太子第一回,又加艾虎、智化及沈仲元为七侠,更名《七侠五义》,序而传之,盛行于江、浙间。以后乃有《小五义》、《续小五义》、《英雄八大义》、《英雄小八义》、《七剑十三侠》、《七剑十八义》等作品。至仍仿《包公案》而作者,有《施公案》、《彭公案》、《刘公案》等,以施世纶、彭鹏、刘墉为青天而佐以侠士义贼,因有黄三泰、黄天霸、窦尔墩一流人物之附会。流传社会,极得民众之欢迎,然文字拙劣,难登大雅之堂。就中亦有特出者,即道光时文康之《儿女英雄传》是也。康姓费莫,字铁仙,满洲镶红旗人。马从善序其事云:“以资为理藩院郎中,出为郡守,洊擢观察。丁忧旋里,特起为驻藏大臣,因病不果行,遂卒于家。先生少受家世余荫,门第之盛,无与比伦。晚年诸子不肖,家遂中落,先时遗物,斥卖略尽。先生块处一室,笔墨之外无长物,故著此书以自遣。其书虽托于稗官家言,而国家典故,先世旧闻,往往而在。且先生一身亲历乎盛衰升降之际,故于世运之变迁,人情之反复,三致其意焉。先生殆悔已往之过,而抒其未遂之志欤?”是书原本有五十三回,今残存四十回。纯用京话写成,流利通俗,允称佳作。有谓思想浅陋者,实则代表当时社会,未可以后人眼光评之也。后有续书三十二回,则不足述矣。

三、言情小说　以才子佳人之离合悲欢而写言情小说者，在清代实指不胜屈。除《红楼梦》为中国文学之杰作外，如《后红楼梦》、《续红楼梦》、《红楼复梦》、《红楼补梦》、《红楼重梦》、《红楼再梦》、《红楼圆梦》、《增补红楼》、《鬼红梦》、《红楼梦影》等皆欲补其缺陷，结以团圆，殊失悲剧小说之美的价值，文笔亦拙劣不堪。自《品花宝鉴》出而倡优艳迹，顿成新篇。此书刊于咸丰二年，作者陈森字少逸，江苏常州人。久寓北京，出入戏院，尤熟于名伶故事。因以见闻叙名士男伶之风流韵事。摹绘柔情，敷陈恩爱，同性相恋，足见清末风俗，酷好男风也。京城率多男妓，称为"像姑"，传梅兰芳即由此出身。而"上海一埠，自从通商以来，世界繁华，日新月盛。北自杨树浦，南至十六铺，沿着黄浦江，岸上的煤气灯、电灯，夜间望去，竟是一条火龙一般。福州路一带，曲院勾栏，鳞次栉比。一到夜来，酒气熏天，笙歌匝地，凡是到了这个地方，觉得世界上最要紧的事情，无有过于征逐者。"(《海天雪鸿记》)于是花也怜侬之《海上花列传》出焉。作者韩庆邦，字子云，号太仙，江苏松江人。科举屡试不第，遂淡于功名，移居上海，为《申报》作论说。喜作狭邪游，笔墨之资，尽归北里。经验既富，观察亦密，用苏州方语，写许多妓女之事，逼真自然，善于穿插，实清末小说中之杰构。其《例言》云："合传之体有三难：一曰无雷同，一书百十人，其性情、言语、面目、行为，与彼稍有仿，即是雷同。一曰无矛盾，一人而后见数见，前与后稍有不符之处，即是矛盾。一曰无挂漏，写一人而无结局，挂漏也；叙一事而无收场，亦挂漏也。知是三者，而后可言说部。"是书确能绘影绘声，刻划入微，写各人之个性，无雷同矛盾之弊。继此而作者，则有漱六山房之《九尾龟》，警梦痴仙之《海上繁华梦》，俞达(字吟香，长洲人。题厘峰慕真山人)之《青楼梦》，及《青楼宝鉴》、《绘芳园》等。而李伯元之《海天鸿雪记》及魏子安之《花月痕》较有名。子安字秀仁，福建侯官人，长于诗词，故书中文字，缠绵可诵，盖自夸才学，以泄愁恨。如"薄命怜卿甘作妾，伤心恨我不成名"、"多情自古空余恨，好梦由来最易醒"之句，皆读者所乐道也。

第三十四章　东西文化之输入

一百四十四　译书与科学

（一）西洋文明传入之第二期

东西两方文化之接触，自汉代已启其端绪，唐、宋而后，交通尤繁，如景教东来，火药、印刷术西渐，率多一鳞半爪，影响不大。自利玛窦入中国，耶稣会士以学术为传道之媒介，于是天文、历法、算学、测量、物理、生理、医药等科，均有输入，哲学、论理，亦曾述及。同时耶稣会士亦介绍中国之孔孟学说于西洋，因促成西洋理性哲学支配近代思想之启蒙运动，而百科全书派之民主运动，且由是而启焉。但自十八世纪以后，教皇禁止中国天主教徒祀祖、敬天、尊孔，引起康熙帝之反感；加以天主教徒参加诸王夺谪之争，致雍正继位，明诏禁教，西洋人除任职钦天监者外，一概遣返澳门。乾隆时代，取缔更严，内地教士一经查出，轻则驱逐，重则正法，在京供职之西人，永远不准复回本国。因此中西文化之沟通，随之而中断。禁教后之百年间，西洋进步极速，变化最大，民主、自由之思潮，工业、交通之革命，科学发达，一日千里，中国固懵然无知也。英人以鸦片倾销，垄断中国之贸易，所重仅在商业利益。既而与中国龃龉，发生鸦片战争，《江宁条约》订立，五口开放通商，各国势力，遂相率侵入。中国创痛巨深，始对于西洋文明，重加认识，渐事模仿，此为西学东渐之第二期。其影响之大，范围之广，途径之复杂曲折，利害得失之难于估计，盖无过于斯时矣。为之先导者，仍系教士，但非旧日之天主教而为新兴之基督教耳。马礼逊（Robert Morrison）承伦敦传教会之命，最早来华，为新教作开山事业，亦犹耶稣会之利玛窦也。其传教译经,前于第二十五章中已述之。关于输入西学方面,马氏拟在广州、澳门设立学校,受阻未成,乃派其助手米怜(Wm. Milne.)往马六甲开设英华书院及出版《察世俗每月统纪传》(英文名 *Chinese Monthly Magazine*),是书虽为一月刊性质,而实属中国报纸杂志之权舆。其中有数期由马氏及梁发、麦华陀(Walter Henry Medhurst)三人编辑,余均出米怜一人之手。时在嘉庆二十年左右,即西历一八一五年八月五日也。马六甲有华侨数千人,生活艰苦,入院肄业者寥寥无几。杂志每期销数不及千册,间亦流入广州。马氏才学热心虽有余,而成绩则远逊于利玛窦。盖利玛窦之宣传方式,以宗教寄托于学术,甚得上层社会之崇信;而马礼逊注重讲道译经,中文造诣有限,不能与士大夫接近,故在华二十余年,受洗信徒,仅有十人,且全非士林人物。其后南洋创刊之杂志,尚有一八二三年之《特选撮要》(*Monthly Magazine*),一八二八年之《天下新闻》(*Universal Gazette*)。而英华书院则于道光二十二年迁至香港。咸丰三年八月,复出刊《遐迩贯珍》(*Chinese Serial*),由麦华陀编辑。继之者则为奚礼尔(C. B. Hillier)与理雅各(James Legge)。至咸丰六年停刊。先是,英、美两国之圣经会,因马礼逊翻译汉文圣经,广事宣传,纷纷捐款赞助。并派教士多人来华工作,就中以美国海外传教会之裨治文(E. C. Bridgman)及荷兰传教会之郭士立(K. F. A. Gutzlaff,德国普鲁士人)为最著。郭于道光十三年,在广州发行《东西洋每月统纪传》(*Eastern Western Monthly Magazine*),是为中国内地有报刊杂志之始。道光二十一年,又组织福汉会,以训练中国教士,派入内地工作。瑞士巴色会之韩山文(Theodore Hamberg,瑞典人),美国南部浸信会之罗孝全(I. J. Roberts),皆受其感召而来。裨治文则与米怜之子及施氏(J. Stronach)等刊行委办译本(Delegate's Version)之《新旧约》。西教士来华者,至道光末年,已有一百四十人之多,编译宣传小册二百六十六种,郭氏与麦华陀二人即各居五分之一。然教士虽有刊物之发行,教育会(如益智会及马礼逊教育会等)及男女学塾之创设,并编印书籍,开办医院(如伯驾〔Dr. Peter Parker〕之仁济医院),但多偏于宗教方面,其活动范围,亦不出广澳、南洋一带,于西洋文化之输入,影响殊不大。洎鸦片战后,上海为国际贸易集中之地,外国教士悉随使节而迁移,竞向内地活动。太平军兴,建都金陵,京、沪密迩,一切对外交涉,几无不以上海为枢纽。于是货品出入于吴淞,人文荟萃于申江,报纸、杂志繁兴,学校、工厂林立。如《华北先驱》(*North China Herald*)报,及《六合丛谈》(*Shanghai Serials*)杂志,其宗旨即在"通中外事情,载远近之事,介绍近时西学概况"。美国人所设之约翰书院,天主教所设之震旦公学,英国人所设之墨海书院,又不仅传教译书,且附有图书馆、天文台、印刷所。至太平军入南京,仅天主教在江南,已有学校七十八所,其于中西文化之沟通,又与新教徒携手而并进矣。

(二) 外国教士之传播事业

当时教士活动之范围扩大,来者益多,除麦华陀、裨治文、理雅各等外,尚有戴作士(Charles Taylor)、艾约瑟(Joseph Edkins)、杨笃信(Griffith John)、玛高温(MacGowan)、花牧师(Rev. J. L. Hohmes)、赫威尔(Rev. J. B. Hartwell)、柯罗福(Cawford)、慕维廉(Wm. Muirhead)、卢卫廉(Wm. Lobschied)、史密士(Bishop George Smith)、丁韪良(W. A. P. Martin)、伟烈亚力(A. Wylie)、聂牧师(Rev. J. L. Nevius)、卫三畏(S. W. Williams)、哈巴(Andrew P. Happer)、史丕亚(Robert E. Speer)、傅兰雅(John Fryer)等,而以艾约瑟、杨笃信、丁韪良、理雅各、伟烈亚力、傅兰雅对西学之贡献较大,清末数理学家李善兰所译诸书,均与彼等合作者也。诸可宝《畴人传三编》云:

> 李善兰……咸丰初客上海,识英吉利文士伟烈亚力、艾约瑟、韦廉臣(A. Williams)三人,从译诸书。……明徐、利二公所译《几何原本》,其前六卷也,后九卷未译。自万历迄今,中国天算家,愿见全书久矣。道光壬寅,国家许息兵,与泰西各国定约,此后西士愿习中国经史,中士愿习西国天文、算法者听;闻之心窃喜。岁壬子(咸丰二年)来上海,与西士伟烈亚力约,续徐、利二公未完之业。伟烈君无书不览,尤精天算,且熟习华言,遂以六月朔为始,日译一题。中间因应试、避兵诸役,屡作屡辍,凡四历寒暑,始卒业。是书泰西各国皆有

> 译本,顾第十卷阐理幽玄,非深思力索,不能骤解,西士通之者亦鲜。故各国俗本,掣去七、八、九、十四卷,六卷后即继以十一卷,又有前六卷单行本,传录译述,难免参错,翻刻讹夺,是正无人,故夏五三豕,层见叠出。当受笔时,辄以意匡补,伟烈君言:异日西士欲求是书善本,当反访诸中国矣。……艾君约瑟语余曰:西国言重学者,其书充栋,而以胡威立所著者为最善,约而赅也。先生亦有意译之乎? 余曰诺。于是朝译《几何》,暮译《重学》(W. Hewell, *Mechanics*),阅二年,同卒业。……罗君密士,合众国之天算名家也,取代数、微分、积分三术,合为一书,分类设题,较若列眉,嘉惠后学之功甚大。伟烈亚力闻而善之,亟购求其书,请余共事,译行中国。既竣,名之曰《代微积拾级》。时《几何原本》刊行后之一年也。……余与伟烈君所译《谈天》(Herschel, *Outline of Astronomy*) 一书,皆主地动及椭圆立说。……又京卿所译两书,尚有《植物》一种。

此可见李善兰最初翻译西洋算学、物理学、微积分、生物学诸书皆西教士威烈、艾约瑟之助也。然皆系私人之翻译事业,其成就仅在少数人。自江南制造局成立,附设翻译馆,译书之业,始臻极盛。光绪初年,杨笃信在沪讲演,谓西洋文化,如政制、哲学、文学、科学,均为基督教产物,同为华人所需要。因此教士之工作,益趋译书、兴学之一途,格致书院及广学会成立,傅兰雅(John Fryer)、韦廉臣、林乐知(Y. J. Allen)、李提摩太(Timorthy Richard)等所编译之《格致汇编》、《万国公报》、《益智新录》、《西国近事汇编》、《益闻录》等,皆风行一时。尤以广学会之出书近五百种,外人所办学校之学生有一万六千余人,其贡献之大可想见矣。《万国公报》由英华书院每礼拜六出书一卷,本名《中西新报》,周刊也。《格致汇编》详论制造机器诸法,绘图集解,月出一卷,月刊也。日报则先有上海字林洋行之《上海新报》,创于同治初年,后则为《字林沪报》。继起者曰《申报》。倡于同治十一年,英人美查主之,延山阴何桂笙、上海黄梦尘主笔政。特所载猥琐,每逢试年,必载闱艺,与外报之能开通智识、昌明学术者不同。时天南遁叟王韬颇有时名,间撰时务论说,弁之报首,销数遂大增,获利亦厚。美查之友郎松设一船厂,连年折阅,美查遂以《申报》所获补助之,而申报馆遂大受影响。光绪中叶改组,添招商股,由吴县庸裕福任经理,旋为江海关道蔡乃煜出资收买。后又转售于沪人。是报为吾国首创之日报,仍系收买外人者。至国人所办之报,则为《新闻报》。光绪十九年,上海电报局总办经元善纠股开设也。初利用二等官电以传递新闻,消息较他报为灵通。甲午之役又痛诋当局之失计,直言不讳,一时大为民众所欢迎,销数之多,广告之繁,在沪报中竟首屈一指。同治十三年美人葛理有《汇报》刊行,笔墨雅饰,议论闳通。粤人亦创设《汇报》、《益报》等,但皆维持不久。是时铅印、石印之术,传入中国,如墨海书院所设之印书局,英人所设之点石斋,皆为最早者。继之则有美华书馆(美人江君设)、拜石山房(江宁人设)、同文书馆(广东人设)。不仅译书办报,资以便利,即中国旧籍之流通,书画真迹之影印,实为文化传播之利器焉。

(三) 同文馆与制造局之翻译西书

同治元年,总理衙门于北京设立同文馆,造就通事,教习英人丁韪良首译《万国律例》(Wheaton, *Element of International Law*),国际法之传入中国自此始。此后丁氏复编有《格致入门》、《法国律例》、《星轺指掌》、《公法便览》、《英文举隅》、《富国策》、《物理测算》、《全体通考》、《公法会通》、《算学课艺》、《新加坡律例》、《中国古世公法论略》、《天学发轫》、《同文津梁》等。而法人教习毕利于亦编有《化学指南》、《俄国史略》、《各国史略》、《化学阐源》、《汉法字汇》等共二十种。李鸿章亦于上海设立广方言馆,就敬业学院隙地,起造房屋,制极宏敞。由冯桂芬拟定章程。上海制造局成立后,同治六年,始设翻译馆,译格致、化学、制造各书,提调一人,口译二人,笔述三人,校对、画图四人。八年,大拓基地,以广方言馆移附之,规模渐扩。《瀛壖杂志》云:"广方言馆后为翻译馆,人各一室,日事撰述,旁为刻书处,乃剞劂者所居。口译之西士,则有傅兰雅、林乐知、金楷理诸人,笔受者则为华若汀(衡芳)、徐雪村(寿)诸人,自象纬、舆图、格致、器艺、兵法、医术,罔不搜罗毕备。诚为集西学之大观。"《清稗类钞》云:“无锡徐雪村寿精理化学,于造船、造枪炮弹药等事,多所发明。并自制镪水、棉花、药汞、爆药,我国军械既赖以利用,不受西人之居奇抑勒。顾犹不自满,进求其船坚炮利工艺精良之原,始知悉本于专门之学,乃创议翻译泰西有用之书,以探索根底。曾文正公深韪其言,于是聘订西士伟烈亚力、傅兰雅、林乐知、金楷理等,复集同志华蘅芳、李凤苞、王德均、赵元益诸人以研究之。阅数年,书成数百种,于是泰西声光化电、营垒、军械各种实学,遂以大明。”此可知翻译馆创议于徐寿,其后与广方言馆合而为一矣。惟谓书成数百种,盖略言之耳。梁任公《西学书目表序例》云:

曾文正公开府江南,创制造局,首以翻译西书为第一要义。数年之间成者百种。而同时同文馆及西士之设教会于中国者,相继译录,至今二十余年,可读之书,约三百种。……译出各书,都为三类:一曰学,二曰政,三曰教。今除教类之书不录外,自余诸书,分为三卷:上卷为西学诸书,其目曰算学、曰重学、曰电学、曰化学、曰声学、曰光学、曰汽学、曰天学、曰地学、曰全体学、曰动植物学、曰医学、曰图学。中卷为西政之书,其目曰史志、曰官制、曰学制、曰法律、曰农政、曰矿政、曰工政、曰商政、曰兵政、曰船政。下卷为杂类之书,其目曰游记、曰报章、曰格致、曰西人议论之书、曰无可归类之书。官局所译者,兵政类为最多,盖昔人之论,以为中国一切皆胜西人,所不如者兵而已。西人教会所译者,医学类为多,盖教士多业医也。制造局首重工艺,而工艺必本格致,故格致诸书,虽非大备,而崖略可见。惟西政各籍,译者寥寥,官制、学制、农政诸门,竟无完帙。

据此可知制造局所译工艺、格致一类之书,不过百种。又《大同译书局叙例》言:“官译之书,若京师同文馆、天津水师学堂、上海制造局始事迄今垂三十年,而译成之书,不过百种。”大约此不过百种之译书,十分之九皆自然科学及军事、工艺之类,属于西政者,实寥寥无几也。在制造局从事译业者,以徐寿及其子建寅与华蘅芳为巨擘。雪村幼习举业,继以无裨实用,遂专究格物致知之学,积岁勤搜,凡数学、律名、几何、重学、矿产、汽机、医学、光学、电学靡不穷源竟委,而制器尤精。曾国藩以其深明器数,博涉多通,奏举奇才异能,以宾礼罗致幕下。国藩常愤西人专揽制器之利,谋所以抵制之,遂委雪村建机器局于安庆。乃与华蘅芳、吴嘉廉、龚芸棠及次子建寅潜心研究,造器制机一切事宜,皆由手造,不假外人,程功之难,数十倍于今日。初试造木质小轮船一艘,国藩命名曰黄鹄。江南制造局设于上海,复令雪村总理局务。时百事草创,安置机器,建筑工厂,辄与华若汀监理之。建寅亦累出奇思为之佐,并助成惠吉、操江、测海、澄庆、驭远等船。国藩于同治七年九月疏陈机器局情形云:"另立学馆,以习翻译。翻译一事,系制造之根本,洋人制器,出于算学,其中奥妙,皆有图说可寻。特以彼此文字扞格不通,故虽日习其器,究不明夫用器与制器之所以然。本年局中委员翻译甚为究心,先后订请英国伟烈亚力、傅兰雅、玛高温三名,专择有裨制造之书,详细翻出。现已译成《汽机发轫》、《汽机问答》、《运规约指》、《泰西采煤图说》四种。拟俟学馆建成,即选聪颖子弟,随同学习,妥立课程,先从图说入手,切实研究。庶几物理融贯,不必假手洋人,亦可引申另勒成书,此又择地迁厂及添设翻译馆之情形也。"由此可知外人之从事口译者,傅兰雅、林乐知外,尚有伟烈亚力、玛高温与金楷理共五人,林、金隶美国籍,余皆英人。梁任公《西政丛书序》云:

利、徐以来,西学始入中国,大率以天算、格致为传教之阶梯,自晚明以逮乾嘉,魁儒巨子,讲者益寡。互市以后,海隅士夫,怵念于败衄,归咎于武备,注意于船械,兴想于制造,而推本于格致,于是同文馆、制造局、船政所各事,南北踵起。而旁行之书,始行于学官,象鞮之笔,渐齿于士类。然而旧习未涤,新见未莹,则咸以为吾中国之所以见弱于西人者,惟是武备之未讲,船械之未精,制造之未娴,而于西人所以立国之本末,其何以不戾于公理,而合于吾圣人之义者,则瞠乎未始有见。故西文译华之书数百种,而言政者可屈指数也。吾既未识西人语言文字,则翘颈企踵仰余沥于舌人之手,一新译政书出,购之若不及。虽然，新译之书，未必其彼中之良也。

梁氏《变法通议·论译书》一条亦详言官局旧译之书，兵学几居其半，其间及算学、电学、化学诸门者，则皆将资以制造，以为强兵之用。盖自强运动时期之接受西洋文明，仅限于船炮工艺一端，故其所译，专以兵学为主也。

（四）论译书之利弊

江南制造局之设，实为吾国采用坚甲利兵政策之集成，而西洋之科学文明，亦随之以输入。然所译之书，既皆属于技艺之末，未窥其本，又以口译耳食之言，往往讹误百出。叶瀚《论译书之弊》曰：

> 自中外通商以来，译事始起，京师有同文馆，江南有制造局，广州有医士所译各书，登州有文会馆所译学堂使用各书，上海益智书会又译印各种图说。总税务司赫德译有《西学启蒙》十六种，傅兰雅译有《格致汇编》、《格致须知》各种。馆译之书，政学为多；制局所译，初以算学、地学、化学为优，兵学、法学皆非专家，不得纲领；书会、税司各学馆之书，皆师弟专习，口说明畅，条理秩然，讲学之书，断为善本。然综论其弊，皆未合也。一曰不合师授次第。统观所译各书，大多类编专门，无次第，无层级，无全具文学卷帙，无译印次第章程一也。一曰不合政学纲要。其总纲则有天然、理数、测验要法，师授先造通才，后讲专家。我国译书，不明授学次第，余则或只零种，为报章摘录之作，为教门傅翼之书，读者不能观厥会通，且罔识其门径，政学则以史志为据，法律为纲，条约、章程、案据为具，而尤以哲学、理法为其本，我国尤不达其大本所在，随用遂名，实有名而无用，二也。一曰文义难精。泰西无论政学，有新造之字，有沿古之字，非专门不能通习。又西文切音，可由意拼造，孳乳日多，汉字尚形，不能改造，仅能借用，切音则字多诘屈，阅者生厌；译义则见功各异，心志难齐。此字法之难也。泰西文法，如古词训，语有定法，法各不同，皆是创造，不如我

国古文、骈文之虚模砌用,故照常行文法,必至扞格不通……此文法之难也,三也。一曰书既不纯,读法难定。我国所译,有成法可遵者,有新理琐事可取者,有专门深纯著作前,尚有数层功夫,越级而进,万难心解者。取材一书,则嫌不备,合观各书,又病难通。起例发凡,盖甚难焉。坐此四弊,则用少而功费,读之甚难。欲读之而标明大要,以便未读之人,又难之难也。

译书之弊如此,而欲效法西洋,又非译书不可,于是马建忠建议设翻译书院,其言曰:

窃谓今日之中国,其见欺于外人者甚矣!道光季年以来,彼与我所立约款、税则,则以向欺东方诸国者,转而欺我。于是其公使傲昵于京师,以陵我政府;其领事强梁于口岸,以抗我官长;其大小商贾盘踞于租界,以剥我工商;其诸色教士散布于腹地,以惑我子民。夫彼之所以悍然不顾,敢于为此者,欺我不知其情伪,不知其虚实也。然而其情伪虚实,非不予我以可知也。外洋各国,其政令之张弛,国势之强弱,民情之顺逆,与其上下一心,相维相系,有以成风俗而御外侮者,率皆以本国语言文字,不惮繁琐而录之于书。彼国人人得而知之,并无一毫隐匿于其间。中国士大夫其泥古守旧者无论已,而一二在位有志之士,又苦于言语不通,文字不通,不能遍览其书,遂不能遍知其风尚,欲其不受欺也得乎?虽然,前车之覆,后车之鉴也。然则欲使吾士大夫之在位者,尽知其情实,尽通其壅蔽,因而参观互证,尽得其刚柔操纵之所以然,则译书一事,非当今之急务欤?语云:"知己知彼,百战百胜。"战胜于疆场则然,战胜于庙堂,亦何独不然!泰西各国,自有明通市以来,其教士已将中国之经传纲鉴,译以拉丁、法、英文字。康熙间,于巴黎设一汉文书馆,近则各国都会,不惜重资皆设汉文馆。有能将汉古今书籍下至稗官小说译成其本国语言者,则厚廪之。其使臣至中国,署中皆以重金聘汉文教习,学习汉文,不尽底蕴不止。各国之求知汉文也如此;而于译书一事,其重且久也又如此。近今上海制造局、福州船政局与京师译署虽设有同文馆，罗致学生，以读诸国语言文字，第始事之意，止求通好，不专译书。即有译成数种，或仅一事一艺之用，未有将其政令治教之本原条贯，译为成书，使人人得以观其会通者。其律例、公法之类，间有摘译，或文辞艰涩，于原书之面目，尽失本来。或挂一漏万，割裂重复，未足资为考订之助。夫译之为事难矣，译之将奈何？其平日冥心钩索，必先将所译者与所以译者，西国之文字，深笃嗜好，字栉句比，以考彼此文字孳生之厚，异同之故。……译成之文，适如其所译而止，而曾无毫发出入于其间。夫而后能使阅者所得之益，与观原文无异。今之译者，大抵于外国之语言，或稍涉其藩篱，而其文字之微辞奥旨，与夫各国之所谓古文词者，率茫然而未识其名称。或尽通外国文字语言而汉文则粗陋鄙俚，未窥门径，使之从事译书，阅者展卷未终，俗恶之气，触人欲呕。又或转请西人之稍通华语者，为之口述，而旁听者乃为仿佛摹写其词中所欲达之意，其未能达者，则又参以己意，而武断其间。盖通洋文者不达汉文，通汉文者又不达洋文。亦何怪夫所译之书，皆驳杂迂讹，为天下识者所鄙夷而讪笑也？夫中国于应译之书，既未全译，所译一二类，又皆驳杂迂讹，而欲求一精通洋语、洋文，兼善华文，而造其堂奥，足当译书之任者，横览中国，同心盖寡。则译书之不容少缓，而译书之才之不得不及时造就也不待言矣。余生也晚，外患方兴，内讧洊至，东南沦陷，考试无由。于汉文之外，乃肆意于拉丁文字，上及希腊，并英、法语言。盖拉丁乃欧洲语言文字之祖，不知拉丁文字犹汉文之昧于小学，而字意未能尽通。故英、法通儒，日课拉丁古文词转译为本国之文者此也。少长，又复旁涉万国史事、舆图、政教、历算、度数，与夫声光、化电，以及昆虫、草木、金石之学，如是者五六年，进读彼所谓性理、格致之书。又一二年而后于彼国一切书籍，庶几贯穿融洽，怡然理顺，涣然冰释，遂与汉文无异。前者随郭侍郎出使，随往英、法，暇时因举曩所习者，在法国考院，与考其文字、格致两科，而幸获焉。又进与考律师之选，政治之选，出使之选，亦皆获焉。曾拟将诸国政教之源流，律例之同异，以及教养之道，制用之经，古今沿革之风,货财敛散之迹,译为一书,而为事拘牵,志未得遂。近复为世诟忌,摈斥家居,幸有暇日,得以重理旧业。今也倭氛不靖,而外御无策,盖无人不追悔于海禁初开之后,士大夫中能有一二人深知外洋之情实而早为之计者,当不致有今日也。余也蒿目时艰,窃谓中国急宜创设翻译书院,爰不惜笔墨,既缕陈译书之难易得失于右,复将书院条目与课程胪陈于左。倘士大夫有志世道者,见而心许,采择而行之,则中国幸甚!

此议发于光绪二十年,中日之战正亟,殊未遑及此也。甲午败后,国人于自强运动之船炮政策,发生极大反感。因有"西人之所强者在兵,而所以强者不在兵;不师其所以强,而欲师其所强,是犹欲前而却行也"之变法论。日日论变法,孰从而变之?势不能举一国之才智而尽学西文、读西书,则译书又为变法强国之第一义矣。

(五)官设之编译图书局

戊戌变法以前,言维新者,无不以认识外国之政教制度为亟务。然则如何方能认识?不外译书与游学而已。光绪二十二年刑部侍郎李端棻上推广学校以励人才一折,主张应行推广者,约有五点:一曰设藏书楼,二曰创仪器院,三曰开译书局,四曰广立报馆,五曰选派游历。其论开译书局事云:

兵法曰:"知己知彼,百战百胜。"今与西人交涉而不能尽知其情伪,此见弱之道也。欲求知彼,首在译书。近年以来,制造局、同文馆等处,译出刻成已百余种,可谓知所务矣。然所译之书,详于艺术而略于政事,于彼治国之本末,时局之变迁,言之未尽,至于学校、农政、商务、铁路、邮政诸事,今日所亟宜讲求者,一切章程条理,彼国成有专书,悉无译本。又泰西格致新学,月异岁殊,后来居上。今所已译出者,率十年以前之书,且数亦甚少,未能尽其所长。今请于京师设大译书馆,广集西书之言政制者,论时局者,言学校、农商、工矿者,及新法、新学近年所增者，分类译出，不厌详博，随时刻布，廉价发售，则可以增益见闻，开广才智矣。

其说与马建忠之建议盖相类，惟变书院为书馆耳。然主译各国时政之书及居官考订之书，固无异也。同时陈次亮著《庸书内外篇》亦论译西书云："苟以此事责成各使，督率参佐，专译有用之书，先期奏明，给予优叙，奋勉者奖，庸惰者除，既觇通才，亦免浮滥。进呈而后，发各省官局，刊布颁行。……分门别类，弃短取长，经费无需另筹，开古今同文之治，养国家戡乱之才，所谓举一反三，事半而功倍者也。"光绪二十四年，康梁变法之议，喧腾全国，御史杨深秀奏请译书云："自交涉以来，同、光以前，诸臣亦未尝不言变法，而其所见率皆在筑炮台，购兵舰，买枪炮，练洋操而已，尚未知讲求学校也。当今直省督抚亦纷纷渐知立学堂矣，然学堂以何物教之？尚未计及也。言学堂而不言译书，亦无从收变法之效也。同治时大学士曾国藩先识远见，开制造局，首译西书，而奉行者不通原本，徒译兵学、医学之书，而政治经济之本，仍不得一二。以是变法，终不得其法也。考日本之变法也，尽译泰西精要之书，且其文字与我同，但文法稍有颠倒，学之数月而可大通，人人可为译书之用矣。"此不仅言译书为变法之前提，并以译日本所翻之西书为捷径，后此翻译事业之急剧发展，大率皆由此捷径也。御史李盛铎亦请开馆译书，谓："由东译华，较译自西文，尤为便捷。请饬下出使大臣，查日本所译西书，全数购寄，以便译印。"于是盛宣怀在南洋公学附设译书院，孙家鼐筹办京师大学堂奏开编译局。得旨照准，而梁启超以举人上书请设翻译书堂，总理衙门即议以启超在上海所经营者改为译书官局。得旨赏启超六品卿衔办理译书局事务，拨开办费一万两，按月译书经费三千两。未几政变起，而启超之译书局尚未成立也。庚子以后，同文馆归并于京师大学堂，其附设之编译书局，管学大臣张百熙以李希圣为编局总纂，严复为译局总纂，均以编纂课本为原则。所译成者，有《算法》一卷，《形学》五卷，《三角》一卷，《力学》一卷，《动静力学》、《气水学》、《热学》、《光学》、《电学》各一卷，《实践教育学》五册，《欧洲教育史要》三册，《中等矿物学》、《东西洋伦理学史》、《特殊教育学》、《独逸教授法》各一册。光绪三十二年,学部奏拟官制职守,拟设编译图书局,即以学务处原设之编译局改办。编译图书局以石屏袁嘉穀(字树五,癸卯经济特科第一名)为局长,遵义杨兆麟(甲午探花),桂阳夏寿山(戊戌榜眼),寿县王寿彭(癸卯状元),桂县刘福姚(壬辰状元),镇海虞铭新(留学生考试翰林),静海高毓浵,易州陈云浩,兰溪刘焜,卢氏史宝安,江夏胡大勋,六合汪昇远,仁和邵章,武昌水祖培(以上俱癸卯科进士),上元徐潞,闽县林忠植(俱甲辰科),以及顾澄、陈宝泉、高步瀛、王国维等皆为编纂。《袁树五传》云:

> 大学士荣公(庆)长学部,辟君为编译图书局长,君网罗海内耆宿,聚之一堂,上下古今,斟酌中外,邃密商量,编教科书甚夥。译外国文书,刊印流通。书坊以新著专利求审定,粹者可之,驳者否之,不徇情,不受方物,时论以为公。

编译图书局之职责,为编纂及审定教科书,在此方面颇有成就,惟所译之书甚少。时王国维静安任局员,译欧籍,成《辩学》一种。又编《宋元戏曲史》,设坐于著书楼北之北窗,镇日默默,晨入夕出,三年如一日。学部长官闻其贤,派之总务科行走,俸增易擢。静安婉谢,告嘉穀曰:"性不耐官,愿随局长编书也。"嘉穀曰:"兼任可乎?"静安曰:"不可。"嘉穀益贤之,知为朴学者,将来必能大成,后果然。静安之嗜康德、叔本华、尼采之书,盖亦在斯时。惟官设译局之影响,似尚不如私人译书对西学之输入,贡献较大。其译才之最著者,即严复是也。

一百四十五　严复之翻译事业

(一) 严复传略

复原名宗光,字又陵,一字几道,福建侯官人。早岁师事同里黄宗彝,饫闻宋、元、明诸儒学行。同治间,沈葆桢以巡抚居忧在里,奉诏创船政局,招试才杰为海军储才,得复文,奇之,且用拔冠其曹。时年十五也。复自记其事曰:“不佞年十五,则应募为海军生。当是时,马江船司空草创未就,借城南定光寺为学舍,同学仅百人,学旁行书算其中,晨夜伊毗之声与梵呗相答。距今五十许年,当时同学略尽,屈指殆无一二存者,回首前尘,塔影山光,时犹呈现于吾梦寐间也。已而移居马江之后学堂卒业。旋登建威帆船、扬武轮船为实习,北逾辽渤,东环日本,南暨马来、息叨、吕宋,中间又被檄赴台湾之背旂莱、苏澳,咸与绘图以归。最后乃游英之海军大学,返国年廿七八,合肥李文忠公方治海军,设学于天津之东制造局,不佞于其中主督课者,前后二十年。庚子排外祸作,清朝群贵以祖宗三百年社稷为之孤注。迨城下盟成,水师学堂不复收,盖至是不佞与海军始告脱离,而年鬓亦垂垂老矣。”(《海军大事记弁言》)又陵被派赴英留学,为光绪二年,其时英国大学者达尔文、赫胥黎、斯宾塞尔均仍在,进化论正风靡一时,又陵受其影响独深。又郭嵩焘方使英,引为忘年交,时与论析中西学术、政制,往往日夜不休,嵩焘大为激赏。日本之伊藤博文、大隈重信之伦,皆与复同时留英者也。而伊藤、大隈等归国皆用事,图富强,翦我琉球以去,复困教职无所用,则大戚。法越事起,鸿章为德璀琳辈所绐,皇遽定约,复愤而自疏。甲午之战,海军熸焉。复以死绥者过半,非同学,即门生,腐心切齿,以为今日之事,正坐平日学问之非,与士大夫心术之坏,决致力言论译述以警世。发表《论世变之亟》、《原强》、《辟韩》等文。德宗欲变法,特诏遴选人才,复被荐,召对称旨,退草万言书上之,略云:

中国积弱,于今为极,此其所以然之故,由于内治者十之七,由于外患者,十之三耳。而天下汹汹,若专以外患为急者,此所谓为目论者也。今日各国之势,与古之战国异,古之战国务兼并,而今之各国谨平权,此所以宋、卫、中山不存于七雄之世,而荷兰、瑞士、丹麦尚瓦全于英、法、德、俄之间。且百年以降,船械日新,军兴日费,量长较短,其各谋于攻守之术也亦日精,两军交绥,虽至强之国,无万全之算也。胜负或异,死丧皆多,且难端既构,累世相仇,是以各国重之。使中国一旦自强,与各国有以比权量力,则彼隐销其侮夺觊觎之心,而所求于我者,不过通商之利而已,不必利我之土地人民也。惟中国之终于不振而无以自立,则以此五洲上腴之壤,无论何国得之,皆可以鞭笞天下,而平权相制之局坏矣。虑此之故,其势不能不争,其争不能不力,然则必中国自主之权失,而后全球杀机动也。虽然彼各国岂乐于是哉?争存自保之道,势不得不然也。今夫外患之乘中国,古有之矣,然彼皆利中国之弱,而后可以得志。而今之各国,大约而言之,其用心初不若是,是故徒以外患而论,则今之为治尚易于古叔季之时。夫易为而不能为,则其故由于内治之不修,积重而难反,而外患虽急,尚非吾国病本之所在也。其在内治云何?法既敝而不知变也。今日吾国之富强,民之智勇,无一事及外洋者,其所以然之故,所从来也远。大抵建国立群之道,一统无外之世,则以久安长治为要图;分民分土,地丑德齐之时,则以富国强兵为切计,此不易之理也。顾富强之盛,必待民之智勇而后可几;而民之智勇,又必待有所争竞磨砻而后日进,此又不易之理也。欧洲国土,当我殷、周之间,希腊最盛,文物政治皆彬彬矣。希腊中衰,乃有罗马,罗马者汉之所谓大秦者也。庶几一统矣,继而政理放纷,民俗抵冒,上下征利,背公营私;当此之时,峨特、日耳曼诸种起而乘之,盖自是欧洲散为数十国焉。各立君长,种族相矜,互相砥砺,以胜为荣,以负为辱,盖其所争,不仅军旅、疆场之间而止,自农、工、商、贾至于文词、学问,一名一艺之微,莫不如此,此所以始于相忌,终以相成,日就月将,至于近今百年,其富强之效,遂有非余洲所可及者,虽曰人事,抑亦其地势之乖离破碎使之然也。至于我中国,则北起龙庭、天山,西缘葱岭、轮台之限,而东南界海,中间数万里之地,带山砺河,浑整绵亘,其地势利为合,而不利为分,故当先秦、魏晋、六朝、五代之秋,虽暂为据乱,而其治终归于一统。统既一矣,于此之时,有王者起,为之内修纲维,而齐以法制;外收藩属,而优以羁縻,则所以御四夷而抚百姓,求所谓长治久安者,事已具矣。夫圣人之治理不同,而其求措天下于至安而不复危者,心一而已。圣人之意,以谓天下已治、已安矣,吾为之弥纶至纤悉焉,俾后世子孙谨守吾法,而有以相安养,相保持,永永乐利,不可复乱,则治道至于如是,是亦足矣,吾安所用富强为哉?是故其垂谟著诫,则尚率由而重改作，贵述古而薄谋新。其言理财也，则重本而抑末，务节流而不急开源，戒进取，敦止足，要在使民无冻饿，而有以制丰歉、供租税而已。其言武备也，则取诘奸宄，备非常，示安不忘危之义，外之无絜长度大之劲敌，则无事于日讲攻守之方，使之益精益密也。内之与民休息，去养兵转饷之烦苛，则无由蓄大支之劲旅也。且圣人非不知智勇之民之可贵也，然以为无益于治安而或害吾治，由是凡其作民厉学之政，大抵皆去异尚同，而旌其纯良谨悫。所谓豪侠健果，重然诺，与立气概之风，则皆惩其末流而黜之矣。夫如是数传之后，天下靡靡驯伏，易安而难危，乱民无由起，而圣人求所以措天下之方，于是乎大得，此其意非必欲愚黔首，利天下，私子孙也，以为安民长久之道莫若此耳。盖使天下常为一统而无外，则由其道而上下相维，君子亲贤，小人乐利，长久无极，不复乱危，此其为甚休可愿之事，固远过于富强也。不幸为治之事，弊常伏于久安之中；而谋国之难，患常起于所防之外，此自前世而已然矣。而今日乃有西国者，天假以舟车之利，闯然而破中国数千年一统之局，且挟其千有余年所争竞磨砻而得之智勇富强，以与吾相角，于是吾所谓长治久安者，有儳然不终日之势矣。今使中国之民，一如西国，则见国势倾危若此，方且相率自为，不必惊扰仓皇，而次第设施，自将有以救正，而数稔之间，吾国固已富且强矣。顾中国之民有所不能者，数千年道国明民之事，其处势操术，与西人绝异故也。夫民既不克自为，则其事非倡之于上，固不可矣。然所成其如是者，率皆经数千载自然之势流衍而来，对待相生，牢不可破，故今日审势相时而思有所变革，则一行变甲，当先变乙，及思变乙，又宜变丙，由是以往，翼蔼纷纭，设但支节为之，则不特徒劳无功，且所变不能久立。又况兴作多端，动靡财力，使其为而寡效，则积久必至不支，此亦事之至可虑者也。

又陵之所论，盖迥异乎当时言变法者。其意以为欧洲立国之精神，与中国长治久安之政策，完全不同，殆由环境限之。所谓“处势操术与西人绝异”是已。又言：“中人好古而忽今，西人力今以胜古。中主恒，西主变。”此即后人所谓西方为动的文化,东方为静的文化之义也。西方文化命脉之所在,“不外于学术则黜伪崇真(科学),于刑政则屈私以为公(民主)”。其所以行之常通,以其重自由。西洋观化言治,以民力民智民德为准。中国欲救亡,“必从事西学,然后知中国从来政教少是而多非。秦以来之为君,正所谓大盗窃国者耳。”又言:“斯民也,固天下之真主也。”盖又陵于西洋文明之来源,体认最真,而于中国数千年自然流衍之积弊,亦观察最切。西人以民主、自由为基础,故能致富强;中国如不从根本上改变,而但支节为之,则不特徒劳无功,且积久必至不支。其识见之远大,已预测清末之改革运动必致失败矣。惜曲高和寡,影响有限。宣统元年,海军部立,特授协统,寻赐进士出身,充编译局总纂。旋以硕学通儒征为资政院议员。三年,授海军部一等参谋官。民国后,任京师大学堂监督,充公府顾问,参政院参政。筹安会列复名,复实不知也,亦不亟辩。由是谤议日滋,杜门不出。民国十年卒,年六十九。

(二) 又陵之学术

自鸦片战争以来,林则徐首倡“制船必求其坚,造炮必求其利”之论,谓:“此物置之不讲,真令岳、韩束手。”故一到广州,即令人译澳门、新加坡、印度、伦敦之报纸,及《世界地志》(Murray, *Geography*)、《国际公法》(De Vattel, *Law of Nations*)并辑《华事夷言录要》,以求知己知彼。魏源之《海国图志》,系就则徐所付之《四洲志》而改编,所谓“师夷之长技而制夷”,即则徐之主张也。以后奕䜣、文祥、曾国藩、李鸿章等所提倡之自强运动,仍不过海防运动之延续而已。制器、造船、译书,以及路、电、邮、航之设施,均不出实用科学之范围。及甲午战败,国人始憬然于坚甲利兵之不足恃,而一意变法,从事于政治之改革,梁启超之《时务报》,可为代表。洋务虽变为时务,然所谓“时务”者,废科举,立学校,改法制,行新政,数端可以尽之。外国教士之鼓吹宣传,如林乐知、蔡尔康等之《万国公报》,李提摩太之《泰西新史揽要》(Mackenzie, *History of the Nineteenth Century*)、《迈尔通史》等,亦均以欧洲各国改革之成就为楷模,从未有介绍西洋之哲学原理,作文化之比较探讨者,有之,盖自又陵始。又陵自拳匪祸作，避地居上海七年，殚心著述，以匡时拂俗为务，举中外治术学理，抉其得失，治以名学，而推本于求诚。以为诚者非他，真实无妄之知是已。其言曰：

"名学"者，求诚之学也。顾所重尤在求，据已知以推未知，席既然以明未然。其已知既然，为公例可也，为散著可也。名学所辩论，非所信者也。在据所征以为信，盖信一理一言者，必不徒信也，必有其所以信者，此所以信者，正名学所精考征验而不敢苟者也。顾吾国所谓学，告吾以所以信者则如何？自晚周、秦汉以来，六经不离言词文字而已，求其仰观俯察，近取诸身，远取诸物，如西人所学于自然者，不多遘也。夫言词文字者，古人之言词文字也，乃专以是为学，故极其弊为支离，为逐末，既拘于墟而束于教矣，而课其所得，或求诸吾心而不必安，或放诸四海而不必准，如是者转不若屏除耳目之用，收视反听，归而求诸方寸之中，辄恍然而有遇。此达摩所以有廓然无圣之言，朱子晚年所以恨盲废之不早，而王阳明居夷之后，亦专以先立乎其大者教人也。惟善为学不然，学于言辞文字以收前人之所得者矣，乃学于自然。自然者何？内之身心，外之事变，精察征验，而所得或超于向者言辞文字外也。则思想日精，而人群相为生养之乐利，乃由吾之新知而益备焉。此天演之所以进化，而世所以无退转之文明也。"知"者，人心之所同具也；"理"者，必物对待而后形焉者也，吾心之所觉，必证诸物之见象，而后得其符也。王阳明谓吾心即理，使六合旷然无一物以接于吾心，当此之时，心且不可见，安得所谓理者哉？此中国言明心见性而不本之格物致知者之所以为修辞不立其诚也。然执是遂谓中国言词文字之所著者，一切无当于学，则亦不可也。古书难读，中国为甚。英国名学家穆勒约翰有言：欲考一国之文字语言而能见其理极，非谙晓数国之言语文字者不能也。岂徒言语文字之散著者而已！即至大义微言，古之人殚毕生之精力以从事于一学，当其有得，藏之一心则为理，动之口舌，著之简策则为词，固皆有其所以得此理之由，亦有所以载焉以传之故。自后人之读古人之

> 书,而未尝为古人之学,则于古人所得以为理者,已有切肤精忾之异矣。又况历时久远,简牍沿讹,声音代变,则通假难明,风俗殊尚,则事意参差,夫如是,则虽有故训疏义之勤,而于古人诏示来学之旨,愈益晦矣。故曰读古书难。虽然,彼所以托焉而传之理,固自若也,使其理诚精,其事诚信,则年代国俗无以隔之,其故不传于兹,或见于彼,事不相谋而各有合,考道之士,以其所得于彼者,反以证诸吾古人之所得,乃澄湛精莹,如寐初觉,其亲切有味,较之占毕为学者万万有加。而生今日者,乃转于西学得识古之用焉。此可与知者道,难与不知者言也。

此为又陵治学之大恉,可以抉出科学之底蕴,在学于自然,无征不信,以归纳之方法,求心安之公理。其言明者著论,必以历史之所发见者为之本基,其间籀取公例,则必用内籀归纳之术而后可存。若夫向壁虚造,用前有假如之术,立为原则,演绎之,及其终事,罔不生心害政。意极豁然,盖科学皆用归纳法也。吾国古人"仰观天象,俯察地理,近取诸身,远取诸物",以格物而致知,以修辞而立诚,即物明理,实事求是,意义完全相符。故谓于西学得识古之用,后来新文化运动标揭科学、民主,与夫实验主义,即导源于又陵之说也。惟因其文字古朴,不能畅达,知者甚鲜。又陵主张中西二学,兼途并进,或借自它之耀,祛旧知之蔽;而向者专以言词文字为学,则不免支离逐末之弊;必学于前人之所得,证诸自然,则年代国俗无以隔之,事不相谋而各有合。此即学术无新旧无国界之义也。岂不更高于新文化运动之全盘西化与新汉学乎?

(三) 又陵之译书

又陵所译之书,有赫胥黎《天演论》,斯密亚当《原富》,耶方斯《名学浅说》,穆勒约翰《名学》、《群己权界论》,斯宾塞尔《群学肄言》,甄克思《社会通诠》,法人孟德斯鸠《法意》诸书,皆支配欧美近代思想之名著,其《天演论译例》言:

一、译事三难：信、达、雅。求其信，已大难矣，顾信矣，不达，虽译犹不译也，则达尚焉。海通以来，象寄之才，随地多有，而任取一书，责其能与于斯二者，则已寡矣。其故在浅尝一也，偏至二也，辨之者少三也。今是书所言，本五十年来西人新得之学，又为晚出之书，译文取明深义，故词句之间，时有所颠倒附益，不斤斤于字比句次，而意义则不倍本文，题曰达恉，不云笔译，取便发挥，实非正法。什师有云"学我者病"，来者方多，幸勿以是书为口实也。一、西文句中，名物字多，随举随释，如中文之旁支，后乃遥接前文，足意成句，故西文句法，少者二三字，多者数十百言，假令仿此为译，则恐必不可通。而删削取径，又恐意义有漏，此在译者将全文神理融会于心，则下笔抒词，自然互备。至原文词理本深，难于共喻，则当引衬以显其意。凡此经营，皆以为达，即所以为信也。一、《易》曰：修辞立诚。子曰：辞达而已。又曰：言之无文，行之不远。三者乃文章正轨，亦即译事楷模，故信达而外，求其尔雅，此不仅期以行远已耳。实则精理微言，用汉以前字法句法，则为达易；用近世利俗文字，则求达难；往往抑义就词，毫厘千里。审择于斯二者之间，夫固有所不得已也。岂钓奇哉？不佞此译，颇贻艰深文陋之讥，实则刻意求显，不过如是。又原书论说，多本名数格致及一切畴人之学，傥于之数者向未问津，虽作者同国之人，言语相通，仍多未喻，矧夫出以重译也耶！

又陵凡译一书，皆本信、达、雅三例，以古文辞达奥旨，不断断字比句次之间。与他书有异同者，辄旁考博证，列入后案，张皇幽眇，以补漏义，国人之译欧西哲学、名学、政治、社会、经济诸科，盖自严氏启其机镝焉。自以平生师事服膺者，厥惟桐城吴汝纶，每译一书，必以质正。汝纶高文硕望，常以晚周以来，诸子各自名家，其大要有集录之书，有自著之言。集录者，篇各为义，不相统贯，原于《诗》、《书》者也。自著者，建立一干，枝叶扶疏，原于《易》、《春秋》者也。汉之士争以撰著相高，其尤者《太史公书》继《春秋》而作，扬子《太玄》，拟《易》而为之，是皆所谓一干而枝叶扶疏者也。及唐中叶，而韩退之出，源本《诗》、《书》，一变而为集录之体，宋以来因之,是故汉氏多撰著之编,宋多集录之文,其大略也。集录既多,而向之所谓撰著之体不复多见,间一见之,其文采不足以自发,知言者摈焉勿列也。独近世所传西人书,率皆一干而众枝,有合于汉氏之撰著,又惜吾国之译言,大抵弇陋不文,不足传载其义,独推又陵博涉兼能,文章学问,奄有东西数万里之长,扬子云笔札之功,赵充国四夷之学,美具难并,钟于一手。求之往古,殆邈焉罕俦。复书最先出者,赫胥黎《天演论》,汝纶读而叹曰:“自中土翻译西书以来,无此鸿制,匪直天演之学,在中国为初凿鸿蒙,亦缘自来译手,无似此高文雄笔也。”兹录其导言以为例:

赫胥黎独处一室之中,在英伦之南,背山而面野,槛外诸境,历历如在几下。乃悬想二千年前,当罗马大将恺彻未到时,此间有何景物?计惟有天造草昧,人功未施,其藉征人境者,不过几处荒坟,散见坡陀起伏间;而灌木丛林,蒙茸山麓,未经删治如今日者则无疑也。怒生之草,交加之藤,势如争长相雄,各据一抔壤土,夏与畏日争,冬与严霜争,四时之内,飘风怒吹,或西发西洋,或东起北海,旁午交扇,无时而息。上有鸟兽之践啄,下有蚁蝝之啮伤,憔悴孤虚,旋生旋灭,菀枯顷刻,莫可究详。是离离者亦各尽天能,以自存种族而已。数亩之内,战事炽然,强者后亡,弱者先绝,年年岁岁,偏有留遗,未知始自何年,更知止于何代。苟人事不施于其间,则莽莽榛榛,长此互相吞并混逐蔓延而已,而诘之者谁耶?英之南野,黄芩之种为多,此自未有记载以前,革衣石斧之民所采撷践踏者,兹之所见,其苗裔耳。邃古之前,坤枢未转,英伦诸岛,乃属冰天雪海之区,此物能寒,法当较今尤茂。此区区一小草耳,若迹其始祖,远及洪荒,则三古以还年代方之,犹瀼潟之水比诸大江,不啻小支而已。故事有决无可疑者,则天道变化,不主故常是已。特自皇古迄今,为变盖渐,浅人不察,遂有天地不变之言,实则今兹所见,乃自不可穷诘之变动而来。京垓年岁之中,每每员舆,正不知几移几换,而成此最后之奇。且继今以往,陵谷变迁,又属可知之事,此地学不刊之说也。假其惊怖斯言,则索证正不在远。试向立足处所,掘地深逾寻丈,将逢蜃灰,以是蜃灰,知其地之古必为海。盖蜃灰为物，乃嬴蚌脱壳积而成，若用显镜察之，其掩旋尚多完具者，使是地不前为海，此恒河沙数嬴蚌者，胡从来乎？沧海风尘，非诞说矣。且地学之家，历验各种僵石，知动植庶品，率皆递有变迁，特为变至微，其迁极渐，即假吾人彭聃之寿，而亦由暂观久，潜移弗知。是犹蟪蛄不知春秋，朝菌不知晦朔，遽以不变名之，真瞽说也。故知不变一言，决非天运，而悠久成物之理，转在变动不居之中。是当前之所见，经二十年、三十年而革焉可也。更二万年、三万年而革焉亦可也。特据前事，推将来，为变方长，未知所极而已。虽然，天运变矣，而有不变者行乎其中，不变惟何？是名“天演”。以天演为体而其用有二：曰物竞，曰天择。此万物莫不然，而于有生之类为尤著。物竞者，物争自存也，以一物以与物物争，或存或亡，而其效则归于天择。天择者，物争焉而独存，则其存也必有其所以存，必其所得于天之分，自致一己之能，与其所遭值之时与地，及凡周身以外之物力，有其相谋相剂者焉。夫而后独免于亡，而足以自立也。而自其效观之，若是物特为天之所厚，而择焉以存也者，夫是之谓“天择”。天择者，择于自然，虽择而莫之择，犹物竞之无所争，而实天下之至争也。斯宾塞尔曰：天择者存其最宜者也。夫物既争存矣，而天又从其争之后而择之，一争一择，而变化之事出矣。

此文殆与明、清间之善为古文者无异，而其涵理则一新，故誉之者以为可以自成一子，盖亦无甚愧焉。若言西洋文化之输入中国，自当以又陵之译书为滥觞，盖前者皆一技一艺之术耳，不得云学也。且又陵介绍西洋文化，绝无笼统肤浅之弊，独惜当时正在东洋留学生之稗贩狂潮中，竟未能发生交流之作用，殊可慨矣。

一百四十六　林纾之翻译事业

（一）林纾传略

海通以还，中国翻译西洋著作，自宗教、格致、军器、工艺而稍及于史地、法政,至严复始翻译西洋思想,林纾始翻译西洋文学。二人者,同生一地,均以古文翻译,一则力追先秦诸子,骎骎入古;一则文宗《史》、《汉》、韩、欧,款款动人。世称"严林",齐名译坛,皆晚清之奇杰也。纾原名群玉,字琴南,号畏庐,后又自号冷红生、六桥补柳翁、蠡叟、践卓翁。福建闽县南台人。生咸丰二年,幼时,父赴台湾谋生,寄养外祖家,外祖家贫,月不举火凡五六日,一家九口,赖其母陈氏及姊针黹以自给,时琴南已入塾就学,遇家中不举火,母以四文钱市馎饦给食。《先妣事略》述咸丰十年事云:"澳门贼以铜艇阑入内港,聚江南桥下,谬言与南船竞铁锚,发炮互击。纾家横山,距江三里,飞弹蚩然,日夜从屋上过,比屋奔徙略尽。宜人以无食故不得去,先大母方病,大姊稍省人事,键纾不令出,拥弟及妹,环宜人而泣。宜人方缝旂,抚慰大姊,言抵夜尽三旂,可得钱四百许,明日大父母及尔兄弟,当饱食矣。纾时冲幼,不知母言之悲也。"母氏劬劳境遇艰苦如此。越年,琴南十岁,其叔国宾谋得馆职,月归三金助家用。同治元年,从同里薛锡极受欧文及杜诗,薛嘉其颖悟。是年秋,其父自台湾月寄三十金归,自此举家乃略得温饱,但无力购新书,月积钱数百于市上购得零本《汉书》及诸子史籍,三年积破书三橱,都遍读之。母喜甚,告琴南曰:"吾家累世业农,汝能变业向仕宦,良佳!但城中某公,官卿贰矣,乃被人毁舆,捣其门宇,不务正而据高位,耻也;汝能谨愿,如若祖父,畏天而循分足矣。"同治三年,从朱苇如习制举文,校阅残烂古籍凡二千余卷,是与欧阳修幼时家贫,于友人败簏中乞得《韩集》残本,补缀寻诵,日后卒承古文正统,其事正类,殊足感人。尝画棺于壁,而挈其盖,立人于棺侧,题曰:"读书则生,不则入棺。"同治九年父病,由台归闽,不治逝世,琴南哀极病肺,常咯血,但犹夜挟书策,就母姊刺绣灯下,共桌而读,终卷始寝。且肆为诗歌,乡人目为狂生。越年执业陈蓉圃门下,病未愈,读书习画不辍,尝曰:"果以明日死,今日已饱读吾书矣。"其积苦力学又如此。同治十三年,自设馆授徒谋给养。光绪四年,其弟秉耀赴台湾病死,琴南二度赴台(同治六年曾赴台省父),料理其后事。光绪八年乡试举人,年已三十一矣。十一年从谢章铤学经义,有志通洽汉、宋。十四年读书龙潭精舍,日与徐祖蕃讲诵程朱之学。十六年、十八年,两赴礼部试,报罢而归。

光绪二十一年北上至京，与陈衍、高凤歧、卓孝复等叩阙上书，抗议割台澎、辽东事。是年丁母忧。光绪二十三年，著《闽中新乐府》，皆由愤念国仇，忧闵败俗之情，发为讽刺之言，亢激之音。越年，又至京，与高凤歧上书论德据胶州湾事，请下诏罪己，并陈筹饷、练兵、外交、内治四策。二十五年，掌教杭州东城讲舍，移家居焉。二十七年，又赴京主金台书院讲席，又受五城学堂聘为总教习。初识吴汝纶，琴南《送姚叔节归桐城序》云："马通伯见余，述其师吴挚甫。挚甫先生与余聚京师累月，旋亦物故。"盖未尝师事之也。琴南移译说部，始于光绪二十三年，其年悼亡，客马尾，时王寿昌自法国归，因得闻小仲马著作，涉笔成帙。及任教京师，所译《茶花女遗事》出版，一举成名，国人诧为得未曾有。琴南自谓尤凄婉有情致，说者以为与其适遭鼓盆之戚有关。自光绪三十二年起，即主讲京师大学堂伦理学及古文辞，民国后始离去。六年，开文学讲习会，三载始辍。民国十三年卒，年七十三。门人私谥贞文先生，有《畏庐文集》、《诗集》、《春觉斋论文》、《论画》等。琴南生平任侠尚气节，嫉恶素严，闻有不平，辄愤起，忠恳之诚，发于至性。念德宗以英主被扼，每述及，辄不胜哀痛。十谒崇陵，匍伏流涕，逢岁祭，虽风雪勿为阻。尝蒙赐书"贞不绝俗"额，感幸无极，誓死必表于墓曰"清处士"。遗老多讥其学顾亭林，出之好名，其实琴南仅效孙夏峰以举人终其身，殆与梁济（梁漱溟之父）自沉遗书，谓殉清乃殉初年之所学，而以谒陵为象征耳。自述幼年读《杨椒山年谱》则闭房大哭。新文化运动兴起时，琴南致书北京大学校长蔡元培先生亟论之，有云："不知救国之道，必度人所能行；补偏之言，必使人以可信。若尽反常轨，侈为不经之谈，则毒粥既陈，旁有烂肠之鼠；明燎宵举，下有聚死之虫。何者？趋甘就热，不中其度，则未有不毙者。方今人心丧敝，已在无可救挽之时，更侈奇创之谈，用以哗众，少年多半失学，利其便已，未有不糜沸麕至，而附和之者，而中国之命，如属丝矣。晚清之末造，慨世之论者恒曰：去科举，停资格，废八股，斩豚尾，复天足，逐满人，扑专制，整军备，则中国必强。今百凡皆遂矣，强又安在？于是更进一解，必覆孔孟，铲伦常为快。呜呼！因童子之羸困，不求良医，乃进责二亲之有隐瘵，逐之，而童子可以日就肥泽，有是理耶？外国不知孔孟，然崇仁仗义，矢信尚智守礼,五常之道,未尝悖也,而又济之以勇。弟不解西文,积十九年之笔述,成译著一百三十三种,都一千二百万言,实未见中有违忤五常之事,何时贤乃有此叛亲蔑伦之论?此其得诸西人乎?抑别有所授耶?……须知天下之理,不能就便而夺常,亦不能取快而滋弊,使伯夷、叔齐生于今日,则万无济变之方。孔子为圣之时,时乎井田封建,则孔子必能使井田封建,一无流弊,时乎潜艇飞机,则孔子必能使潜艇飞机,不妄杀人;所以名为时中之圣。时者,与时不悖也。卫灵问陈,孔子行;陈恒弒君,孔子讨;用兵与不用兵,亦正决之以时耳。今必曰天下之弱,弱于孔子,然则天下之强,亦莫强于威廉,以柏灵一隅,抵抗全球,皆败衄无措,直可为万世英雄之祖。且其文治武功科学商务,乃及工艺,无一不冠欧洲,胡为恹恹为荷兰之寓公?若云成败不可以论英雄,则又何能以积弱归罪孔子?彼庄周之书,最摈孔子者也,然《人间世》一篇,又盛推孔子。所谓人间世者,不能离人而立之谓,其托颜回托叶公子高之问难,孔子指陈以接人处众之道,则庄周亦未尝不近人情,而忤孔子。乃世士不能博辨为千载以上之庄周,竟咆哮为千载以下之桓魋,一何可笑也!"琴南以笃志卫道而与新文化运动抗,在当时谓为不合时宜,但事后审之,不能谓其无所见也。然琴南晚年之心境,易而为憔悴忧伤,其《七十自寿诗》有云:

> 畏庐身世出寒微,颠顿居然到古稀。多病似无生趣望,奇穷竟与饿夫几。回头未忍思家难,傲骨原宜老布衣。今日王城成小隐,修篁影里掩柴扉。
>
> 谁拥皋比扇丑图?磨牙泽吻龁先儒。江河已分随流下,名教何曾待我扶!强起捋须撩虎豹,明知袭狗类鼯鼩。一篇道命程朱录,面目宁甘失故吾。

幼而奇特,老而强矫,是知琴南生平,殊不负所学矣。

(二) 琴南之译业

琴南以译述西洋之小说著名,其数量之多,文笔之健,至今尚无能出其右者。然琴南固不懂外国文,由他人口讲而笔述之,“口述者未毕其词,而纾已书在纸,能限一时许就千言,不窜一字,见者竞诧其速且工。”(陈衍撰传语)其自序却而斯狄更斯《孝女耐儿传》云:“余耳受而手追之,声已笔止,日区四小时,得文字六千言。”此种写作之能力,真可独步文坛,七步八叉,无多让焉。计所译小说属于伦理类者八种,社会者二十一种,传记轶事二十三种,义侠二种,讽世二种,政治五种,实业一种,探险八种,军事三种,笔记七种,神怪十四种,哀情九种,言情三十六种,侦探十三种,滑稽三种,寓言二种,戏剧二种,共一百五十九种,都一千数百万言。原作以英国为最多,凡一百种,法国二十七种,美国十三种,俄国八种,瑞士二种,希腊、德国、比利时、西班牙、日本各一种。未详作者国籍四种。尚有交稿未印者十七种,及存目待访者若干种,洋洋大观,世称“林译小说”。享名之盛,良非偶然。自琴南介输名著,然后吾国人始知欧美之有家庭伦理,其社会、风土、民性,皆与吾相近似,所谓东海、西海,其心同、其理同也。琴南称司各德、狄更斯之文,不下于太史公,于是乃知西方之有文学,向之认稗官为小道者,始敢跻于文学家之林,而自破其谬囿。其倡导之功,不可没也。所译《黑奴吁天录》,亦为美国禁华工而发,民胞物与之怀,竟影响及于革命思想,斯为意想不到之力量。琴南自述:“凡译诸书,均恃耳而屏目,则真吾生之大不幸矣。”又云:“纾本不能西文,均取朋友口述者而译,此海内所知,至于谬误之处,咎均在己,与朋友无涉也。”论者或谓其非直译,与原书不尽相符,然琴南能以一己之文心,通西洋之文心,意境神韵,风味宛在,其译文有时更胜于原作。译序每多借题发挥伦常爱国、救时拯敝之言,慷慨淋漓,笔酣墨舞,感人甚深。文学鉴赏之力,往往非口述者所能及,而对司各德、仲马、狄更斯等之批评,恰如其分,神乎其神,故读林译者,须赏识于牝牡骊黄之外,不当以一字一句责之也。胡适《五十年来中国之文学》批评林氏“是介绍西洋近世文学的第一人……自有古文以来,从不曾有这样长篇的叙事写情的文章。……替古文开辟一个新殖民地。能读原书的,自然总觉得这种译法不很满意,但平心而论,林译的小说,往往有他自己的风味,他对于原书的诙谐风趣,往往有一种深刻的领会,故他对于这种地方,往往更用气力,更见精彩。他的大缺陷在于不能读原文,但他究竟是一个有点文学天才的人,故他若有了好助手,他了解原书的文学趣味,往往比现在粗读原文的人高得多。现在有许多人对于原书,既不能完全了解,他们运用白话的能力,又远不如林纾运用古文的能力,他们要批评林译的书,那就未免太冤枉他了。平心而论,林纾用古文做翻译小说的试验,总算是很有成绩了。古文不曾做过长篇的小说,林纾居然用古文译了一百多种长篇小说,还使许多学他的人也用古文译了许多长篇小说。古文里很少滑稽的风味,林纾居然用古文译了欧文与狄更斯的作品。古文不长于写情,林纾居然用古文译了《茶花女》、《迦茵小传》等书。古文的应用,自司马迁以来,从没有这种大的成就。"斯言极为公允。盖琴南能以其文笔发挥古文之功能,而自成一派,确属文学史上之一奇迹也。所译小说之最脍炙人口者,约有下列各种:

《茶花女遗事》《贼史》《拊掌录》《撒克逊劫后英雄略》《块肉余生述》《玉楼花劫》《孝女耐儿传》《爱国二童子》《伊索寓言》《歇洛克奇案开场》《鲁滨孙飘流记》《海外轩渠录》《旅行述异》《滑稽外史》《黑奴吁天录》《迦茵小传》《吟边燕语》《十字军英雄记》《剑底鸳鸯》《鬼山狼侠传》《魔侠传》《利俾瑟战血余腥记》《滑铁卢战血余腥记》《美国童子万里寻亲记》《大食故宫载余》《义黑》《梅孽》《红礁画桨录》《冰雪因缘》《离恨天》《蟹莲郡主传》《血华鸳鸯枕》《香钩情眼》《橡湖仙影》《鹦鹉缘》《伊罗埋心记》《情天补恨录》《罗刹因果录》《社会声影录》《不如归》

助琴南口译者,有仁和魏易,长乐曾宗巩,闽县王寿昌、陈器、王庆通、王庆骥、林驺、廖琇琨、林凯、严培南、严璩、叶于沅,静海陈家麟,吴县毛文钟,侯官李世中,铅山胡朝梁,永福力树谖等。

(三) 琴南之学艺

琴南文宗韩、柳,少时务博览,中年后,案头唯有《诗》、《礼》二疏,

《左》、《史》、《南华》及韩、欧之文，此外则《说文》、《广雅》，无他书矣，其由博返约也如此。其论文主意境、识度、气势、神韵，而忌率袭庸怪，文必己出。尝曰：古文唯其理之获，与道无悖者，则味之弥臻于无穷。若分画秦、汉、唐、宋加以统系派别，为此为彼，使读者炫惑莫知所从，则已格其途而左其趣。经生之文朴，往往流入枯淡；史家之文，则又隳突，恣肆无复规检：二者均不足以明道。唯积理养气，偶成一篇，类若不得已者，必意在言先，修其辞而峻其防，外质而中膏，声希而趣永，则庶乎近之矣。琴南既不主门户派别，亦自不承为桐城。民国十年过沪访康有为，有为问其奈何学桐城？纾言未尝桐城，并心骇其说之奚所自来也。但对人“诋毁桐城，不值一钱”，亦不谓然。认为“后生小子，于古文一道，望之不知津涘”。在京师时，先后与桐城诸人吴汝纶、马其昶、姚永概相论古文，气味颇投。吴谓其所作，务抑遏掩蔽，能伏其光气者。马则称纾文过于吴先生之所称。姚评虽取径韩、柳，而其真仍不可掩閟。盖其尊义法，忌赝体，戒楬响，均与桐城派接近也。自谓其文当伯仲柈湖、柏岘，柈湖为吴敏树，柏岘为梅曾亮，亦均桐城名家。敏树不自承桐城，而深好归震川，亦同于纾。曾国藩列敏树于桐城，国人之视琴南，与琴南之自承，盖亦同于敏树也。其《与姚叔节书》云：

> 夫瞢然不省中国四千余年继绍之绝学，则蔽于东人之言，此少年轻僄者所为，虽力攻吾学，而不即隳堕于其手。敝在庸妄巨子，剽袭汉人余唾，以挦扯为能，以饾饤为富，补缀以古子之断句，涂垩以《说文》之奇字，意境义法，概置弗讲，侈言于众，吾汉代之文也。伧人入城，购搢绅残敝之冠服，袭之以耀其乡里，人即以搢绅目之，吾弗敢信也。

又于《古文辞类纂选本序》云：

> 前清之末，作者属谁？彼割裂古字，填写古字，用以骇众者，且持古文宜从小学入手之论。然则王西庄、钱竹汀诸老，宜奉为古文之祖

> 矣！而又谓读书宜多，夫读书固宜多，而刘贡父讥欧九为不读书，试问学古文者，宜崇欧耶？抑崇刘耶？此等鼠目寸光，亦足啸引徒类，谬称盟主，仆尚何暇而与之争！然此辈亦非废书不观者。所苦英俊之士，为报馆文字所误，而时时复搀入东人之新名词。新名词何尝无出处？惟刺目之字，一见之字里行间，便觉不韵。而近人复倡为马、班革命之说，夫马、班之学，又焉可及？不能学马、班者，正与革命无异；且浮妄不学者，尚不知马、班为谁，又何必革？仆为此惧，故趁未朽之年，集合同志，为古文讲演之会。

琴南所称之庸妄巨子，指章炳麟，近人指梁启超，亦当时两大文派，盖经学家之古今文派，自与琴南之纯文学持论不同，而任公之“新民丛报体”具有大电力，颇吸引读者，风靡一世，正统派之文学家讥之为“野狐禅”，称之为“报馆文字”。琴南隐然以古文正宗自负，陷于两面作战，不得不尔。设非译有西洋小说，为古文开辟一新疆域，以保持作战之壁垒，则徒以载道之空文而与之争，亦将与桐城派同趋没落而已。琴南以血性为文章，不关学问，尤善叙悲音，吐属凄梗，令人不忍卒读，正是文学言情之本色，故能于清末文坛吐露光芒，不为古文学之时流所压倒，亦云幸矣。其后白话文兴，琴南又斥为“都下卖浆之徒”，并谓：“非读破万卷，不能为古文，亦并不能为白话。”力为古文护法。临终已不能执笔，犹以指画于子琮手掌云：“古文万无灭亡之理，其勿怠尔修。”此真可谓鞠躬尽瘁，生死以之者也。其论文独举其生平辛苦所获有者，倾困竭廪，唯恐言之不尽。《文微》一著最晚出，黄侃谓彦和以后，求如是书之笼圈条贯者，盖已稀矣。论诗以自然为主，以感人为能。谓诗者，不得已之言也。忧国思家，叹逝怨别，吊古纪行，因人情之所本有者，播之音律，使循声而歌之，一触百应，乃有至于感泣者。若《谷风》、《桑柔》、《板荡》、《离骚》、杜甫《北征》诸作是尔。其次则闲适若陶、韦之属，俯仰悠然，亦足自抒其乐。郭兰石《增默庵遗集序》云：“诗之有性情境地，犹山水之各擅其胜。汉之曹、刘，唐之李、杜，宋之苏、黄，六子成就，各雄于一代之间，不相沿袭以成家，即就一代人言之，亦意境各别。凡侈言宗派，收合党徒，流极未有不衰者也。时彦务以江西立派,欲一时之后生小子,皆为蹇涩之音。有力者既为之倡,而乱头粗服,亦自目为天趣,以冒江西矣。识者既私病其鲜味,然宗派既立,亦强名之为涩体,吾未见其能欺天下也。”有谓其诗以文家、画家法作诗者。盖琴南擅山水,自言得法墨井、石谷。论画间参文法论画法,如其论文间参画法论文法,又如其作诗间参画法入诗法云。

一百四十七　东洋文化之输入

(一) 留学生与东西文化

近代输入西方文明,自译书外,以游学为一大导线。初各国订约,未有及游学者,同治七年,志刚、孙家谷等使美,订《中美续约》(亦称《蒲安臣条约》〔*Burlingame Treaty*〕),始立专款。嗣后中国人欲入美国大小官学学习各种文艺,须照相待最优国之人民,一体优待。美国人可以在中国按约准外国人居住地方,设立学堂,中国人亦可在美国一体照办。翌二年,曾国藩、李鸿章纳容闳议,请派幼童出洋留学,每年三十人,十五年后,分起挨次回华,作维新事业之干部。同治十年,派陈兰彬、容闳在上海设立出洋局,办理招生事宜。十一年,兰彬带领学生曾笃恭、梁敦彦、詹天佑、欧阳赓、钟文耀、吴仰曾、邝荣光等三十人放洋,容闳则先期赴美布置入学及其他事。此为第一批留美学生。年龄最大者曾笃恭十六岁,最小者邝荣光十岁,詹天佑为十二岁,欧阳赓十四岁,梁敦彦十五岁,钟文耀十三岁,吴仰光十一岁也。到美后即在康乃提卡(Connecticut)州之哈佛(Hartford)分别寄宿入学。十二年,第二批之容骙(闳之侄)、唐国安(在沪局办理派遣学生事唐廷枢之子)以及蔡廷干、吴应科、温秉忠等三十人赴美。十三年,第三批之周长龄(寿臣)、唐绍仪、梁如浩、邝景阳(孙谋)、黄季良等三十人赴美。容闳在哈佛柯令街(Collins Street)建一监督办事处,作管理留学生之中心,学生教师悉住此。光绪元年第四批学生梁丕旭(诚)、刘玉麟等三十人赴美。二年,吴子登任留美学生监督,谓学生行动太自由,不尊师长,不读中文,转好运动,且有改装剪发入教者,咎闳管理过于放纵,屡以此向总署报告。故四批学生到美后,即停止选派。光绪七年,总署令将全部留学生一概遣送返国。容闳不得已,遂率教职员及学生百余人,离美回国。其中有三人在美逝世,数人事先回华,数人留美未回(梁任公《新大陆游记》云:“中国初次出洋学生,除归国者外,其余尚留美者约十人。内惟一郑兰生者,于工学心得甚多,有名于纽约,真成就者此一人也。次则容骙,在使馆为翻译,文学甚优,亦一人也。其余或在领事署为译员,或在银行为买办,人人皆有一西妇。”又《留美中国学生会小史》云:“光绪六年,南丰吴嘉善为监督,其人好示威,一如往昔之学司。接任之后,即招各生到华盛顿使署中教训。各生谒见时,均不行跪拜礼。监督僚友金某大怒,谓各生适异忘本,目无师长,固无论其学难期成材,即成亦不能为中国用。具奏请将留学生裁撤。署中各员均窃非之,但无敢言者。独容闳力争无效,卒至光绪七年遂将留学生一律撤回。”按《小史》所记每批学生姓名多错误,而监督之不满学生西化,奏请裁撤,当系事实也)。回国学生中,惟詹天佑、欧阳赓二人在耶鲁大学毕业,于工程界负盛名。其余则唐绍仪、蔡廷干、梁敦彦数人耳。光绪十六年,总理衙门奏请出使英、法、俄、德、美五国大臣,每届酌带学生两名,后又各增两名,为数既少,功效亦未大彰。故《清代学术概论》云:“晚清西洋思想之运动,最大不幸者一事焉。盖西洋留学生殆全体未尝参加于此运动,运动之原动力及其中坚,乃在不通西洋语言文字之人,坐此为能力所限,而稗贩、破碎、笼统、肤浅、错误诸弊,皆不能免。故运动垂二十年,卒不能得一健实之基础,旋起旋落,为社会所轻。就此点论,则畴昔之西洋留学生,深有负于国家也。”此言殆非过责,究其实则留英学生中,有一严复,留美学生中,有一詹天佑,亦足以自豪矣。且官派留美学生,居美最久者不过十年,浅者仅七年,大学毕业者二人,未入大学者居其半,何能望其于文化之灌输有何助力乎?留学生之能发生绝大影响者,不在西洋而在东洋。甲午之战,吾国败于日本,于是国人均以日本效法西洋而强盛,则吾何不效法日本?光绪二十一年,南北洋及鄂省派赴日本游学生各二十名,又浙江四名。而游学之风复盛,人取速化,不求深造,但可学得皮毛,即能回国致用。官私学生,因此多往日本矣。辛丑变法,各省创办学校,赴日本学师范者尤夥。其议由张之洞倡之。日本高等师范学校校长嘉纳治五郎为之特设速成师范班于弘文学院，有数月毕业者，一年毕业者，略讲教授管理之法，即归国创办学校。而陆军学生亦然，不能正式入仕官者，亦有专为中国人而设之武城学校。光绪末年，提倡教育，改革军制者，大抵皆日本留学生也。自光绪三十一年考试出洋学生，予以进士、举人出身，并授以翰林、主事、知县等官，利禄之途既开，人人以出洋为猎官之捷径，而日本之中国留学生，多至数万。革命、保皇两党，亦以日本为活动之中心，东洋思想之输入，使中国之社会，发生极大变化，此虽间接灌输西洋文化，然实为日本式之西洋化也。当时留学欧、美者，亦不乏人，有由官费派送者，有由教会资给者，有由自费而远游者，观于游日之足以得官，亦争归而应考试。光绪三十二年赏赐进士之陈锦涛、颜惠庆、谢天保、颜德庆、施肇基，赏赐举人之施肇祥、陈仲篪、王季点、廖世纶、曹志沂等，大都留学欧、美者也。然其人数究不迨在日本者之多，势反有所不敌。故清末之新学新政，大半采用日本之体制，混而言之曰洋化。自光绪三十四年，美国国务卿海约翰建议庚子赔款给还一半，即作中国学生来美留学之经费。逾年遂设游美学务处于北京。并建游美学生肄业馆于清华园。于是游美之学生日多。民国以后，学术思想多采美国之风尚，皆以此也。然《留美学生月报》有自讼之文曰：

> 留美学生因犯虚浮与蔑视国学之病，当然缺乏深沉的思想与独立的精神，模拟而不创造，依人而不自主，故治国则主亲美，经商则为买办，服务社会则投降教会机关，办理教育则传播拜金主义，怠惰苟且，甚少建白。辛亥革命，无留美学生之流血；五四运动，无留美学生之牺牲。人家吃尽辛苦，而留美学生安享其成。彼不明华事之美国人，动辄称许留美学生为改造中国之发动机。其实此等浮夸之谀词，适足消磨留美学生之志气而已。（《中国文化史》引）

此盖有感于美国记者班佛所作《归国留学生》一文而发，谓西人归自东方者，往时多说救中国者惟有留学生，而今则改变其辞曰：祸中国者，官僚之外，即留学生。吾国对于留学政策所获之效果如此，其于文化之交流,果有何裨益耶?

(二)维新与译书

康、梁于维新运动之初,即以译书为中国自强第一策。然译西洋之书,则通其文字非七年不可,不若假手日本文,数月而通矣。故大收日本之书,作《书目志》以待天下之译者。有为序云:

> 圣人譬之医也,医之为方,因病而发药,病变而方亦变矣。圣人之为治法也,随时而立义,时移而法亦移矣。孔子作六经而归于《易》、《春秋》,"易"者随时变易,穷则变,变则通。孔子虑人之守旧方而医变症也,其害将至于死亡也。《春秋》发三世之义,有拨乱之世,有升平之世,有太平之世,道各不同,一世之中,又有天地文质三统焉。条理循详,以待世变之穷而采用之。呜呼!孔子之虑深以周哉!吾中国大地之名国也,今则耗矣、衰矣,以大地万国皆更新,而吾尚守旧故也。伊尹能治病国者也,曰用其新,去其陈,病乃不存。汤受其教,故言日新又新。积池水而不易,则臭腐兴,身面不沐浴,则垢秽盈,大地无风之扫荡改易,则万物不生。物新则生,旧则老,新则鲜,旧则黯,新则洁,旧则败,天之理也。今中国亦汲汲思自强而改其旧矣,而尊资格使耆老在位之风未去,楷书割裂之文、弓刀步石之制未除,补缀其一二,以具文行之,譬补漏糊纸于覆屋破船之下,亦终必亡而已矣。即使扫除震荡,推陷其旧习而更张之;然泰西之强,不在军兵炮械之末,而在其士人之学,新法之书,凡一名一器,莫不有学。理则心伦生物,气则化光电重,业则农工商矿,皆以专门之学为之,此其所以开辟地球,横绝宇内也。……泰西于各学,以数百年考之,以数十国学士讲之,以功牌科第激厉之,其室户堂门,条秩精详,而冥冥入微矣。吾中国今始舍而自讲之,非数百年不能至其域也。彼作室而我居之,彼耕稼而我食之,至逸而至速,决无舍而别讲之理也。……而泰西百年来之书,万百亿千,吾中人识西文者寡,待吾数百万吏士,识西文而后读之,是待百年而后可。故今日欲自强,惟有

译书而已。今之公卿明达者,亦有知译书者矣,曾文正公之开制造局以译书也,三十年矣,仅百余种耳。今既使各省并起,而延致泰西博学专门之士,岁非数千金,不能得一人,得一人矣,而不能通中国语言文字,犹不能译也。西人有通学游于中国,而通吾之语言文字,自一二教士外,无几人焉。则欲译泰西诸学之要书,亦必待之百年而后可。彼环数十国之狡焉思逞者,岂能久待乎?是诸学终不可得兴,而终不能求明而自强也。夫中国今日非变法日新不可,稍变而不尽变不可,尽变而不兴农、工、商、矿之学不可,欲兴农、工、商、矿之学,非令士人尽通物理不可,凡此诸学,中国皆无其书,必待人士之识泰西文字,然后学之,泰西文字,非七年不可通,人士安得尽人通其学,不待识泰西文字而通其学,非译书不可矣。然即欲译书,非二十行省并兴不可,即二十行省尽兴而译之矣,译人有人矣,而吾岌岌安得此从容之岁月?然则法终不能变,而国终不能强也。康有为昧昧思之曰:天下后起者胜于先起也,人道后人逸于前人也。泰西之变法至迟也,故至倍根至今五百年,而治艺乃成。日本之步武泰西至速也,故自维新至今三十年,而治艺已成。大地之中,变法而骤强者,惟俄与日也,俄远而治效不著,文字不同也。吾今取之至近之日本,察其变法之条理先后,则吾之治效,又三年而成,尤为捷疾也。且日本文字,犹吾文字也,但稍杂空海之伊吕波文,十之三耳。泰西诸学之书,其精者日人已略译之矣。吾因其成功而用之,是吾以泰西为牛,日本为农夫,而吾坐而食之,费不千万金,而要书毕集矣。使明敏之士人,习其文字,数月而通矣。于是尽译其书,译其精者而刻之,布之海内,以数年之期,数万之金,而泰西数百年、数万万人士新得之学举在是。吾数百万之吏士识字之人,皆可以讲求之,然后致之学校以教之,或崇之科举以励之,天下向风,文学辐辏,而才不可胜用矣。于是言矿学而矿无不开,言农、工、商而业无不新,言化、光、电、重、天文、地理而无不入微也。以我温带之地,千数百万之士,四万万之农、工、商,更新而智之,其方驾于英、美而逾越于日、俄,可立待也。日本变法,二十年而大成,吾民与地十倍之,可不及十年而成之矣。迩者购铁舰、枪炮筑营垒以万万计,而挫于区区之日本,公卿士夫恐惧震动,几不成国。若夫一铁舰之费数百万矣,一克虏伯炮之微,费数万金矣,夫以数万金可译书以开四万万人之智,以为百度之本,自强之谋而不为,而徒为购一二炮以为赍敌藉寇之资,其为智愚何如也?呜呼!日人之祸,吾自戊子上书言之,曲突徙薪,不达而归,欲结会以译日书久矣,而力薄不能成也。呜呼!使吾会成,日书尽译,上之公卿,散之天下,岂有割台之事乎?故今日其可以布衣而存国也,然今不早图,又将为台湾之续矣。

康氏之意,自强必须维新,维新必须译书,而译泰西之书,又必须取捷径于日本,费少而力省,事半而功倍。梁启超书其后曰:"译书之亟亟,南海先生言之既详矣,……愿我公卿读政治、宪法、行政之书,习三条氏之政议,探究以返观,发愤以改政,以保我四万万神明之胄。愿我君后,读明治之维新书,借观于寇雠,而悚厉其军政,以保我万万里之疆域,纳任昧于太庙,以广鲁于天下,庶几南海先生之志,则启超愿鼓歌而道之,跪坐而进之,馨香而祝之。"此维新运动领导人物之言,可以知其大旨所在,固以输入东西洋之文明,为改造中国唯一之动力矣。

(三)东籍之翻译

康、梁既以译书为维新之端,故戊戌以前,有为即译著《日本明治变法考》、《俄皇彼得变政记》、《突厥守旧削弱记》、《波兰分灭记》、《法国革命记》等书以上之德宗。德宗感奋,始有百日之维新。政变以后,康、梁亡命海外,任公在日本所办之《新民丛报》,专以鼓吹维新为职志,所著《论学日本文之益》,即为译书而发。其言曰:

日本自维新三十年来,广求智识于寰宇,其所译、所著有用之书,不下数千种,而尤详于政治学、资生学(即理财学,日本谓之经济学)、智学(日本谓之哲学)、群学(日本谓之社会学)等,皆开民智强国基之急务也。吾中国之治西学者固微矣,其译出各书,偏重于兵学、艺学，而政治、资生等本原之学，几无一书焉。夫兵学、艺学等专门之学，非舍弃百学而习之，不能名家，即学成矣，而于国民之全部，无甚大益，故习之者希，而风气难开焉。使多有政治学等类书籍，尽人而能读之，以中国人之聪明才力，其所成就，岂可量哉？今者余日汲汲将译之以饷我同人，然待译而读之缓而少，不若学文而读之速且多也。此余所以普劝我国人之学日本文也。或问曰：日本之学从欧洲来耳，而欧学之最近而最精者，多未能流入日本，且既经重译，失真亦多，与其学日本文，孰若习英文矣？答之曰：子之言固我所知也，虽然学英文者经五六年而始成，其初学成也，尚多窒碍，犹未必能读其政治学、资生学、智学、群学等之书也。而学日本文者，数日而小成，日本之学，已尽为我有矣。天下之事，孰有快于此者？夫日本于最新、最精之学，虽不无欠缺，然大端固已粗具矣，中国人而得此，则其智固可以骤增，而人才固可以骤出，如久餍糟糠之人，享以鸡豚，亦已足果腹矣，岂必太牢然后为礼哉？

又著《东籍月旦》一文，谓："欲读西文政治、经济、哲学等书，最速非五六年之功不能，若循级以上进，则尤非十余年不可。向来治西学者，既无远志，又或困于境遇，不能卒业……何怪乎于精深之学一无所闻也？若治东学者，苟于中国文学既已深通，则以一年之功，可以尽读其书而无隔阂。即高等专门诸科，苟好学深思者，亦常不待求师而能识崖略，故其效甚速也。然则以求学之正格论之，必当于西而不于东，而急就之法，东固有未可厚非者矣。"此于输入西洋文化而必借径于日本，乃急就之法，言之甚为详尽。故张君劢谓梁任公先生运输欧洲十九世纪之思想于中国，乃历史上值得大书特书者，盖维新派人物对东籍之翻译，实辗转介绍西洋思想也。据任公是文所述普通学科中之伦理一项，有元良勇次郎之《伦理讲话》，冈田良平所译法人查弥著之《伦理学教科书》，河津祐之所译法人福灵著之《修身原论》，添田寿一所译英国倍因氏《伦理学》，中村清彦所译英国《珂氏伦理学》，田中登作所译《斯氏伦理原论》，立花铣三郎所译德国罗哲埃著之《伦理学新书》，渡边又次郎所译美国越布列著之《伦理学》。又育成会《伦理学书解说》十二册,乃集杜威、斯帝芬、弥尔海脱、泡尔森、薛格瓦脱、阿里士多德、康德、麦恳治、士焦域、明司德保、温德、格里安十二家之伦理学书。此外尚有主乐派之伦理说,赛斯氏伦理学。真洋洋大观矣。其次则历史一科,所举世界史、万国史、西洋史,有本多浅治郎、元良勇次郎、箕作元八、峰岸米造、矶田良、长泽市藏、天野为之、下山宽一郎、辰巳小次郎、小川银次郎、今井恒郎、阪本健一、重野安、浮田和民、坪内雄藏、枰平康国等十六种。又译法国米夭黎著之《欧洲新政史》,英国马恳西著之《十九世纪史》,美国札逊著之《十九世纪列国史》、《欧洲十九世纪史》,法国比缁儿著之《今世欧洲外交史》,法国基梭著之《欧罗巴文明史》,而有贺长雄之《近时外交史》,尤为我国学校教课所采用。至东洋史之编著,如桑原骘藏之《东洋史》,儿岛献吉郎之《东洋史纲》,市村瓒次郎之《东洋史要》,木寺柳次郎之《东洋历史》,藤田丰八之《东洋史》,田中萃一郎之《东邦近世史》,市村瓒次郎之《支那史》,那珂通世之《支那通史》,田口卯吉之《支那开化小史》,白河次郎之《支那文明史》,中西牛郎之《支那文明史论》。就中以那珂、桑原二氏之书,在我国最通行。清末中国学校所用教科书,大半皆由日本翻译而来。名词皆沿用日本,如哲学、经济学、社会学等,观梁氏二文前后之所称,即知其始欲以智学、资生学、群学译西文,后亦不得不从日译矣。当时留日学生习政法、教育者居十九,故政法之学校,在清末建立殊多,而教育制度,一切皆仿效日本也。

一百四十八　西学源出中国说

(一) 西学源出中国之由来

鸦片战后,中国受制西人,国几不国,欲图自强维新,即不得不模仿西法,输入西学。但用夷变夏之思想,向为儒家所反对,故主张维新者,乃利用"老子化胡说"之经验,以倡"西学源出中国"说。其意盖在减少反对者之口实,未必尽属自我陶醉耳。《老子化胡经》为道家所乐道,宋僧法明问曰:"老子化胡成佛,老子为作汉语化?为作胡语化?若汉语化胡,胡即不解。若胡语化,此经到此土便须翻译。未审此是何年月?何朝代?何人诵胡语?何人笔受?”道士不能答,但佛出于老之说,为佛教初传入中国时,减去不少阻力。利玛窦传天主教,亦利用中国古说,谓上帝即天主,抑何尝不具此种意味耶?及梅毂成悟西洋之代数学即我国之天元术,谓远人慕化,复得故物,东来之名(Algebra 译言东来法),彼尚不能忘所自。康熙帝遂言:“论者以古法、今法之不同,不知历法源出中国,传及于极西。西人守之不失,测量不已,岁岁增修,所以得其差分之精密,非有他术也。”(《康熙政要》引《御制文集》)乾隆修《四库全书》,馆臣亦言:“《周髀算经》本文之广大精微者,皆足以存古法之意,开西法之源。欧罗巴人言地圆,即《周髀》所谓地位覆槃滂沱四隤而下也。其言东西里差,即《周髀》所谓东方日中,西方夜半,西方日中,东方夜半,昼夜易处,如四时相反,是谓节气合朔,如时早晚,随东西不同之故也。其新法历书,述第谷以前,西法三百六十五日四分日之一,每岁之小余成一日,亦即《周髀》所谓三百六十五日者三,三百六十六日者一也。西法出于《周髀》,此皆显证。特后来测验增收,愈推愈密耳。”(《四库全书总目·周髀算经》)于是阮元更推论及他,曰:

> 自西人尚巧算,屡经实测修改,精务求精,又值中法湮替之时,遂使乘间居奇。世人好异喜新,同声附和。不知九重本诸《天问》,借根昉自《天元》,西人亦未始不暗袭我中土之成说成法,而改易其名色耳。如诸轮变为椭圆,不同心天变为地球动是已。元且思张平子有地动仪,其器不传,旧说以为能知地震,非也。元窃以为此地动天不动之仪也。然则蒋友仁之谓地动,或本乎此,或为暗合,未可知也。西法之最善者,无如八线。然舍表无以布算,苟如罗(士琳)氏以密率招差,是其法亦无异乎元朝授时历草,更安知八线表不亦由于此乎?(《续畴人传序》)

阮氏不仅以九重本诸《天问》,借根昉自天元,八线出于历草,又以西洋地员之说,即曾子十篇注释天员之意,亦即《周髀》日行之意。又著《自鸣钟说》(见《研经室三集》),谓其制出于古之刻漏。晷漏有四:曰铜壶,曰香篆,曰圭表,曰辊弹,辊弹即自鸣钟之制,宋以前本有之,失其传耳。至道光年间,邹伯奇著《学计一得》,论西法皆古所有云:

> 梅勿庵言和仲宅西,畴人子弟散处西域,遂为西法之所本。伯奇则谓西人天学未必本之和仲,然尽其伎俩,犹不出《墨子》范围。《墨子·经上》云:“圜,一中同长也。”即几何言圜面惟一心,圜界距心皆等之意。又云:“同重体合,类异;二体不合,不类同异,而俱之于一也。同异交得放有无。”此比例规更体更面之意。又云:“日中正南也。”又《经下》云:“景迎日。”又云:“景之大小,说在地。”亦即表度说测影之理。此《墨子》俱西洋数学也。西人精于制器,其所恃以为巧者,数学之外有重学、视学。重学者,能举重若轻,见邓玉函《奇器图说》及南怀仁所纂《灵台仪象图志》,说最详悉。然其大旨,亦见《墨子·经说下》招负冲木一段,升重法也;两轮高一段,转重法也。视学者,显微为著,视远为近,详汤若望《远镜说》,然其机要亦《墨子·经下》“临鉴而立,一小而易,一大而正”数语,及《经说下》“景光至远,近临正鉴”二段,足以赅之。至若泰西之奉上帝,佛氏之明因果,则尊天明鬼之旨,同源异流者耳。《墨子·经上》云:“此书旁行,正无非。”西国书皆旁行,亦祖其遗法。故谓西学源出《墨子》可也。

自西学源出《墨子》之说出,陈澧谓西洋制镜之法,出于古之阳燧;冯桂芬谓《书》曰:“不愆于六步七步,乃止齐焉。”亦即西法之兵操也。张之洞《劝学篇》更谓:“昔孔子有言曰:‘吾闻之,天子失官,学在四夷,犹信。’是此二语,乃春秋以前相传之古说。《列子》述化人,以穆王远游,西域渐通也,邹衍谈赤县,以居临东海,商舶所传也。故埃及之古刻,类乎大篆;南美洲之碑,勒自华人。然则中土之学术政教,东渐西被,盖在三代之时,不待畴人分散,老子西行而已然矣。”王仁俊《格致精华录》亦言:“盖自东周前罗马人汉尼巴潜入中国,得《素问》等书,归国后力学数十年,故医学流入外国矣。”西洋文明输入中国愈亟,而西学源出于中国之说愈盛,光绪年间,一切皆需维新,亦一切皆由中国古制所遗,礼失而求诸野,故不得不然也。

(二) 西学源出于墨子说

西学既源出中国,何以在中国不发达,而反大行其道于西洋乎?盖以中国士大夫向以制器为雕虫小技不足学,而守其所谓形上之道也。如刘岳云《格物中法序》云:

> 夫夷之技,一工人耳。荐神之所不道,而学士大夫之所鄙也。乌足言哉?乌足言哉?然而居今之时,欲移易其耳目,莫若即中国所自有者著之,俾知中国之才百倍于夷狄,特屏弃弗为,别求其至远至大者也。

汤震《危言》云:

> 中国所守者形上之道,西人所专者形下之器。中国自以为道而渐失其所谓器,西人毕力于器而有时暗合于道。彼既赓而续之,变而通之,神而明之。

薛福成亦云:"中国少年精力,多靡于时文、试帖、小楷之中;非若西洋亿兆人之奋其智慧,专收有用之学,遂能直造精微。"薛氏虽言中国重时文,西洋精科学,两方致力不同,然又谓:耶教源出《墨子》,光学、重学出自《经说下篇》,机器、船械出自《鲁问》、《公输》数篇,旗语、灯语出自《旗帜篇》,显微镜、望远镜不出《墨子》所云景大、景小之范围。黄遵宪更扩而充之曰:"泰西之学,其源流皆出于《墨子》。其谓人有自主权利,则《墨子》之'尚同'也。其谓爱汝邻如己,则《墨子》之'兼爱'也。其谓独尊上帝,保汝灵魂,则《墨子》之尊天、明鬼也。至于机器之精,攻守之能,则《墨子》备攻备突、削鸢能飞之绪余也。而格致之学,无不引其端于《墨子》经上下篇。当孟子时,天下之言半归于墨,而其教衍为七,门人邓陵、禽猾之徒,且蔓延于天下。其人于泰西,源流虽不可考,而泰西之贤推衍其说,至于今日,而地球万国行墨之道者,十居其七。距之辟之于二千余岁之前,逮今而骎骎有东来之意。呜呼!何其奇也!余足迹未至欧西,又不通其语言文字,末由考其详。顾余问东西之人,盛称泰西者,莫不曰:其国大政事,大征伐,皆举国会议,询谋佥同而后行;其荐贤授能,拜爵叙官,皆以公选;其君臣上下无疾苦不达之隐,无壅遏不宣之情;其人皆乐善好施,若医院,若义学,若孤独园,林立于国中;其器用也,务以巧便胜,其学问也,实事求是,日进而不已;其君子、小人皆敬上帝,怵祸福;其法律详而必行;其武备修而不轻言战。余初不知其采何术致此,今而知为用墨之效也。"(见《日本国志·学术志》)黄氏不仅谓科学出于《墨子》,即政教亦出于《墨子》。王闿运并言:"南方之墨,由南洋而越海岛,故墨学被于海西。……十世之后,九州之外,释迦、耶稣皆无位而奉为圣师,墨子之赐哉!至今西洋祖其制器,而去其节用、明鬼不便已者,其学乃遂大昌。"(《墨子七十一篇叙》)宋育仁《采风记》描述墨子之徒,西行教化耶稣之情形,更历历如绘。其言曰:

墨氏尚俭、尚同、兼爱,数称天鬼,虽无传教西域踪迹,而自汉张骞寻河源,见条支鸟卵,行已至地中海。是地中海以东,耶稣教之祖国,汉时已大通。墨氏之教,秦以后微于中邦,而转流于西土。埃及为泰西文教最古之国,其盛在周末至秦汉之际。文直行,类钟鼎,而每书皆分为数格,如史表。考墨氏《经说》上下篇有"释文"、"释言"、"释名"、"释实"诸条,皆坚白同异之辨,大意是改定名实语言文字,而语多难解,其总纲则在《经说》上下篇。篇末云:"此书旁行,正无非。"谓书意旁行,而直读亦相通不背也。埃及文直读而兼旁行,正与相合,墨氏之学,盖早流埃及。耶稣生于汉哀帝时,有博士从东方来,见有星降于犹太,知生真人。该撒分封之。希律王都都于犹太,闻之,欲杀耶稣。神示逃往埃及,长而还乡。时有约翰在约旦河施洗,耶稣从受洗礼。……耶稣生而智慧,十二岁即能入殿讲论,长于埃及,必多识中土流传埃及之古书,故其教律训言,迥异于摩西,而同于墨翟者十三。约翰衣褐食蝗虫野蜜,创行洗礼,责以色列人不可恃亚伯罕言行,皆与摩西之徒相背。《新约》书马太、马可、约翰传福音皆述其事,而不言所自来。惟路迦传言其母亚伦之后,而无世系。且与耶稣同岁而生,不应耶稣向其受洗。况既有出处,何得有该撇人诘所从来,而约翰不答?后约翰为希律王所杀,惟门人收葬,未闻有亲属。路迦此一段话,明是附会,观其刻己教人,遗亲外身,确系墨家者流,疑是中土之人,述墨氏遗教者。耶稣亲从受业,故得于墨教尤深。

西学源出墨子之说,至清末而大盛,盖以墨氏之发明,近于科学,于格物之理,多有相似处,故不免为当时人所附会也。实则与老子化胡之说,同属不经之谭而已。章炳麟《太炎文录·征信论上》云:"释伽言空,不因于老庄,景教事天,不本于墨子,远西之言历算者,不资于厉王丧乱,畴人在吏。世人取其近似者言之,遂若典常耳。"可以见矣。

(三)西学源出中国之类别

谓西学源出中国者,清初只有天算、重学、测量等,如张自牧《蠡测卮言》云:"今西国格致会分十五家,其覃精研思,考验真实,皆卓然可观。其源多出于《墨子》及《关尹》、《淮南》、《亢仓》、《论衡》诸书。天文、算学、重学、测量诸家,则本盖天宣夜及《周髀九章》之遗,西人所谓东来法也。……畴人子弟,挟其艺以游西域,彼中聪明才智之士,未尝闻圣人之大道,其智慧无所用之,乃以毕生心力致于艺术,亦自成数千年之绝技。专就技术而论,本高出于宋、明,固无庸其讳饰。万历以后之天文,康熙以后之算法,此其最著名者。究竟持一艺之长,中国之绪余耳。"至清末则又及于声光、化电、医药、制造、兵法、文字,谓皆见我中国载籍。《蠡测卮言》云:"天文、历算,本盖天宣夜之术,《周髀经》、《春秋元命苞》等书言之详矣。《墨子》曰:'化征易,若龟为鹑。五合水火土,其绝也莫绝。'此重学之祖也。'临鉴立景,二光夹一光,足被下光,故成景于上;首被上光,故成景于下。鉴者近中,则鉴大,景亦大;远中,则所鉴小,景亦小。'

此光学之祖也。亢仓子云:‘蜕地之谓水,蜕水之谓气。’气学之祖也。《礼经》言:‘地载神气,神气风霆,风霆流形,百物露生。’电学之祖也。《关尹子》言:‘石击石生光,雷电缘气以生,可以为之。’《淮南子》言:‘黄埃,青曾,赤丹,白礜,元砥,历岁生澒,其泉之埃,上为云。阴阳相薄为雷,激扬为电。炼土生木,炼木生火,炼火生云,炼云生水,炼水生土。’中国之言电气详矣。……《韩非子》、《吕氏春秋》备言墨翟之技,削鸢能飞,巧輗拙鸢,斑斑可考。泰西智士,从而推衍其绪,而精理名言,奇技淫巧,本不能出诸中国载籍之外。”又钱德培《欧游随笔》云:“不独泰西器械之学,始自中国,即化学、光学、重学、力学、医学、算学,何莫不自中国开其风?种植稼穑,造酿酒酱,染色漂白,烧瓷器、玻璃、瓦缶,炼丹药、铅粉、银朱,打铁点钢,制火药和石灰,皆化学也。光学则以水晶作眼镜,重学则造桥梁,作环洞。力学则建亭台,起楼阁。医学则药物之外,亦尚针砭。算学则九章无不悉备。人所谓泰西之学者,盖无非中国数千年前所创,彼袭取而精究之,分门别类,凡人得精一艺者,即可致身富贵,故不惜工作相试验,事理愈推愈广。”此外则“倚商立国,《洪范》八政之遗也;籍民为兵,《管子》连乡之制也;议员得庶人在官之意,而民隐悉闻;书院有书升论秀之风,而人才辈出;罪人罚锾,实始《吕刑》;公法睦邻,犹秉《周礼》;气球炮垒,即输攻墨守之成规;和约使臣,乃历聘会盟之已事;用人则乡举而里选,理财则为疾而用舒。”(见陈炽《盛世危言序》)至梁任公作《古议院考》谓:“问:子言西政,必推本于古,以求其从同之迹,敢问议院,于古有征乎?曰:法先王者法其意,议院之名,古虽无之,若其意则在昔哲王所恃以均天下也。……《洪范》之卿士,《孟子》之诸大夫,上议院也。洪范之庶人,孟子之国人,下议院也。苟不由此,何以能询?苟不由此,何以能交?苟不由此,何以见民之所好恶?故虽无议院之名,而有其实也。”是西洋之民主政治,亦由中国启之,而法律、经济之缘附古义者,更无论矣。甚至谓西乐音律,亦与中国相符,庞贝古城之房屋街道,率同华制。文字之兴,肇于中国,而辗转流布,渐达于泰西。埃及古碑所镌文字,尤类我国古时虫鸟之篆,钟鼎之铭,会意象形,宛然可指。并述释家言,造字者兄弟三人,长曰梵,其字右行;中曰佉卢,其字左行;季曰仓颉,其字下行。墨子衍佉卢之绪,以求自异于儒家,特著于《经上篇》中,秦、汉金石之刻,亦间有用其体者。其后传入西域,具见马、班之书,渊源可溯也。凡此诸说,皆以见西法实中法所流传,至万历间复还中国,非西人之创论也。凌廷堪《校礼堂文集·读孟子》云:"西人之说,征之《虞书》、《周髀》而悉合,古圣人固已深知之,非吾所未有。由说之者不得其意耳,则惊其为创者,过也。西人之说,既合于圣人,自当兼收并采,以辅我所未逮。不可阴用其学,而阳斥之,则排其为异者,亦过也。"至王仁俊著《格致古微》、《格致精华录》始集其大成,《古微》分经史子集四部,《精华录》分天学、历学、地学、政事、风俗、商学、船政、铁政、文学、字学、算学、电学、矿学、化学、医学、工学、声学、捷学、气学、光学、影学、重学、汽学、力学、兵学、人事、身学、衣服、器用、制造、异产、杂报、庶物,三十三部门,论西学、西政,无一不本诸中国。其《格致古微》略例云:"力图自强,不外格致,虽采西学,实本中书。……格致之学,中发其端,西竟其绪。……夷而中国则中国之,兼罗外籍,此物此志也。"盖清末国人亟于变法图强,而又虑用夷变夏,故新学家谓夷法皆中国之法,采用夷法,不啻复古,借以减少反对者之口实而已。

(四) 西学源出中国之作用

西学与中学,本为两个世界之文化而绝不相同,其间虽有类似者,则亦东海、西海有圣人焉,此心同此理同之原则耳。何以国人必牵强附会,谓西学全出于中国耶?盖以孟子有"用夏变夷,未闻变于夷者"之言,故清末自命为正人者,动以不谈洋务为高见,鄙西学为可耻。有讲求西学者,则斥之曰名教罪人、士林败类。如倭仁反对同文馆讲天文算学,则曰:"何必夷人?何必师事夷人?议和以来,耶稣之教盛行,无识愚民,半为煽惑,所恃读书之士,讲明礼义,或可维持人心。今复举聪明隽秀,国家所培养而储以有用者变而从夷,正气为之不伸,邪气因而弥炽。数年以后,不尽驱中国之众咸归于夷不止。"此种态度,普及于一般读书人之脑中,对于接受西洋文化,实为莫大之障碍。于是主张维新者,遂不得不造出西学源出中国之说,以为之护符。谓中西学术,异派同源,接受西学,非舍己而从人也。江标《变学论》云：

凡诸西学之急需，皆我中邦之素习。盖格致之学，本大学之所兆基，特机械之心，为我儒所不尚耳。至于合中西为一学，则异柯同本，异派同源，并非舍己而从人，背师而他学也。

又辑《中外经济政治汇考》，酌议同文馆章程疏云：

论者不察，必有以为不急之务者，必有以舍中国从西人为非者，且有以中国之师事西人为深可耻者，此皆不达时务之论也。查西说之根据，实本于中术之天元，彼西土目为东来法。特其人性情缜密，善于运思，遂能推陈出新，擅名海外耳。其实法固中国之法也。

汤震《危言》更以古方市医喻之云：

夫欲率天下人而克践其实，必先率天下人而不讳其名。明明中国旧有之绝技，自有之创制，而闭塞其耳目，夭阏聪明，甚而至一艺之成，一能之擅，或推而远之曰西学，崇而奖之曰西学，其不为泰西所匿笑者乎？有医者然，非《内经》不方，非《素问》不药，其子病，医之，辄大渐。有市医，别投以剂，愈，医者怪其虽愈而方不古也。方不古而愈，亦不足贵也。夫病亦愈焉而已，方古而不愈，孰若方不古而愈？而况市医仍本古方而变化之，实通古方而消化之！惟其意不惟其方，此其所以愈，此其所以出医者上也。夫今之喋喋称西学者，非其凡事凡物能出奇于无穷哉？然市医所变化消化于我古方者也。……彼既能因我之所创，我胡勿创彼之所因？非无创巨痛深之日，非无情见势绌之时，曾不意土地之大，人民之众，而相蒙相安，病遂至此！不自议振新，而唯以用夷为议；不自愤积弱，而唯以变夏为愤，朝章国计民生之重且大者，既惮于更张；而一艺一能，亦弛焉而不学，学焉而不底于精。如以西学为不必学，岂中学亦不必学乎？如以西学为不屑学，岂

> 中学亦屑学乎？比而论之，愿人善用其议，善发其愤，求形下之器，以卫形上之道。否则，士夫以口舌相腾而立穷，将士以血肉相薄而立陨，是直医者执古方而咎病之不愈也。而况所执之方，又已幽缪不合于古也？

此说更进而言西学即中学，时方即古方，如以西学为不屑学，即等于以中学为不屑学，又乌乎可！是以《欧游随笔》谓“吾人要看得遂，解得通，不必以现在西人之所能，别命其名曰西法，遂至名公卿大夫理学屏弃之不暇，使自富自强之道，无自而日求其精进”矣。于是王之春对反对西学者，乃反唇以讥之曰：“西学非仅西人之学也，名为西学，则儒者以非类为耻；知其本出于中国，则儒者当以不知为耻。……《韩非子》、《吕氏春秋》备言墨翟之技，削鸢能飞，巧輗拙鸢，斑斑可考。泰西智士，从而推衍其绪，而精理名言，奇技淫巧，本不能出中国载籍之外。儒生于百家之书，历代之事，未能博考，乍见异物，诧为新奇，亦可哂矣。”（《国朝柔远记·蠡测卮言·广学校》）唐才常更能发其覆，力赞唱为此说用心之苦，曰：“说者谓天子失官，守在四夷，彼其学习皆吾昔人所已道者。如地球浑圆及天地动之说，《大戴记》、《周髀经》、《易乾坤凿度》、《河图括地象》俱已发其覆。他如《墨子》、《亢仓子》、《庄》、《列》、《淮南》所言，有志之士，渊渊以思，爬思旧义，证彼天学、气学、化学、重学、电学、光学所自来，意欲正其名曰古学，以导引中国智能之士。其用心之苦，良可钦企！”（《通学汇编·〈朱子语类〉已有西人格致之理条证》）西学源出中国说最大之作用，盖在导引中国智能之士，不以非类为耻，而以不知为耻耳。

（五）民族自信心之恢复

西学源出中国说之弥漫清末也，尚有恢复民族自信心之作用存焉。盖甲午一役，我国四十年来所提倡之自强运动已被日本炮火所粉碎；庚子之役，又举守旧派之势力而摧毁之，于是攘夷之论，一变而为媚夷，自尊之念，一转而为自卑。信心顿失，乃视吾国人之聪明才智，固远不及西洋矣。虽学亦何益哉？于是维新派又言：“大抵西人政教，泰半本之《周官》；西人艺术,泰半本之诸子。试取《管》、《墨》、《关》、《列》、《淮南》等书,以类求之,根源具在。然则谓我中国今不如古则有之,而妄谓中不如西也可乎?”(见《危言》)“夫夷之法,皆中国之法也……乃夷无一不赖中国,而中国反曰‘吾知远出夷下’,抑独何欤?……岂夷狄智而中国愚哉。”(见《格物中法序》)“昔者宇宙尚无制作,中国圣人仰观俯察,而西人踵中国圣人之制作而研精不辍,中国又何尝不可为之?若怵他人我先,而不欲自行其短,是讳疾忌医也。若谓追随不易,而虑始终不胜人,是因噎废食也。”(薛福成《西法为公共之理说》)“士大夫于读书明理,通经致用,行有余力,取周秦诸子之书博考而深思之,而采用其所长,于制器利用,皆有所益,正足以见中国之大。”(张自牧《蠡测卮言》)以上皆与王仁俊所谓:“若欲蠲除痼疾,力行实政,莫如修明五帝三王之道,而不废格致之学,行见声教四讫,一统五洲。”有相同处,可见中国民族之伟大,而非西人所能及,尚何自卑之有?故维新运动者又仿儒家法先王之说。而与复古派相合流矣。宋育仁之《时务论》云:

> 顾议救时而必斤斤于复古者,诚见外国之盛强,在于法治之密而近于古,非因循补苴之治术所能与之争。《周官》圣人经世之术,外国略得其意,而其效立睹,非汉唐以下诸人之所及见。论者不相其本,欲举国效洋,而天下哼哼,不服其名;狃于习见,闭口不谈;而天下汹汹,交丧其实。孰知乎外国之为治有得有失乎?其失者彼夷狄之法;其得者,乃古昔圣贤之意也。今出证于外国富强之实效,而正告天下以复古之美名,名正言顺,事成而天下悦从,而四海无不服。
>
> 诚求外国富强之故,乃隐合于圣人经术之用,则言救时之策者,孰愈于复古乎?请证其效。外洋之富,在工者四,凡一都会,率有工作厂一区,或官督而工作,或民集股为公司,其出入一听于主厂会计,而百工服事受值焉。此《周官》考工之事也。泰西诸国例皆同,平人有罪,则罚令坐监工作,以国为赎,期满则舍。此《周礼》司空之役也。……今中国之患弱而忧贫,路人知之矣。敌国之富强,反求于古,则备用经术,而富强立效,天下大安,敌国怀畏,有长久之福,圣治

之明，则何所顾虑而不师于古？

宋氏以西国之富强，近于古法，故维新即所以复古。“敌国已睹之效，以明经术之用”，则“唐虞、三代之风，渐将复见；英、德、法、美之盛，渐将可希矣”（宋恕《六卑斋议》）。对于主张复古而又反对西学之人，则斥之为不智。如陈炽《盛世危言序》云：

> 良法美意，无一非古之转徙迁流，而仅存于西域者。故……以西法为西法，辞而辟之，可也；知西法固中国之古法，鄙而弃之，不可也。今日日思复古，而于古意之尚存于西者，转深闭固拒，畏而恶之；譬家有明月珠，遗之道路，拾而得之者，不私不秘，举而归诸我，我乃按剑疾视拒之而不受也，智乎？不智乎？

提倡西学之苦心，真可谓无微不至，盖不仅使攘夷复古之说，消灭于无形，复可使民族自尊之心，恢复于一旦。最后则谓天命如此，逆天不祥，中国之当变与不当变，可不烦言而解矣。陈炽《庸书内篇》云：

> 自黄帝以来，重贤累圣，文章功业，震烁古今。至于秦，天下之祸亟矣。……中国大乱，抱器者无所容，转徙而之西域。彼罗马列国，《汉书》之所谓大秦者，乃于秦汉之际，崛兴于葱岭之西，得先王之绪余，而已足纵横四海矣。阅二千载，久假焉而不能不归也。第水陆程途，数逾万里，旷绝而无由自通。天乃益资彼以火器、电报、火轮舟车，长驱以入中国。中国弗禁也，天祸中国欤？实福中国也。天厌中国欤？实爱中国也。譬我有奇宝焉，遗之道路，拾遗秘而不出，亦人之常情耳。今彼日饵我以言，日挟我以势，若惟恐我之不受然者。我之却之也愈坚，彼之欲归我也愈甚。物各有主，天实为之，彼虽欲自私自秘焉，而有所不得也。我而终拒之，是逆天也，逆天者不祥莫大焉。君子观于此，而中国之当变与不当变者从可识矣。

其以天命为说者,盖谓世界之潮流趋势耳。今世界大通,文化交流,我虽欲深闭固拒,岂可得哉?是列强之压迫中国,惟恐我之不受,则亦天意欲重造中国,使古今中西之文明汇合复盛而已。若遁天倍情,忘其所受,强分彼此,疑而却之,嚣嚣然自命为圣人之徒,实即背古之罪人也。然此种苦心孤诣之宣传,对于西洋文化之输入,除宪政思想外,究有几许助力,似尚不无疑问;民国以后之新文化运动,提倡全盘西化,而竟风靡全国,即可为清末维新运动之效果,作一解答矣。然而守旧派之代表人物王先谦有言曰:

> 中国学人,大病在一空字,理学兴则舍程朱而趋陆王,以程朱务实也。汉学兴则诋汉学,以汉学苦人。新学兴,又斥西而守中,以西学尤繁重也。至如究心新学者,能人所难,宜无病矣,然日本维新从制造入,中国求新从讲论入,所务者名,所图者私,言满天下,而无实以继之,则仍然一空,终古罔济而已。

此种见解,实超越恒流,不可以其守旧而废之。其所批评者,虽为清末之维新人物,顾不啻为后日之新文化运动作当头棒喝矣。新文化运动弥漫数十年,所提倡之科学与民主安在?盖“日本维新从制造入,中国求新从讲论入”二语可以尽之矣。惟中山先生能了解此义,故提倡恢复固有文明,迎头赶上科学,惜其言为革命之功业所掩,以致真懂文化者,反不能在文化史上占一席地,殊可慨也!